NCS 전공필기
직무수행능력평가

고시넷

빈출테마와 최신기출

공기업 전공
경제학

✔ 꼭 나오는 최신이론 · 빈출테마 상세한 해설과 강의
✔ 최신 공기업 경제학 기출문제 완벽분석
✔ 기출예상문제로 만든 실전모의고사 수록
✔ 빈출지문에서 뽑은 필수핵심 ○/×문제 수록

gosinet
(주)고시넷

정오표 및 학습 질의 안내

정오표 확인 방법

고시넷은 오류 없는 책을 만들기 위해 최선을 다합니다. 그러나 편집에서 미처 잡지 못한 실수가 뒤늦게 나오는 경우가 있습니다. 고시넷은 이런 잘못을 바로잡기 위해 정오표를 실시간으로 제공합니다. 감사하는 마음으로 끝까지 책임을 다하겠습니다.

고시넷 홈페이지 접속	고시넷 출판-커뮤니티	정오표

🌐 www.gosinet.co.kr

모바일폰에서 QR코드로 실시간 정오표를 확인할 수 있습니다.

학습 질의 안내

학습과 교재선택 관련 문의를 받습니다. 적절한 교재선택에 관한 조언이나 고시넷 교재 학습 중 의문 사항은 아래 주소로 메일을 주시면 성실히 답변드리겠습니다.

이메일주소 ✉ passgosi2004@hanmail.net

스마트폰에서 검색
고시넷

www.gosinet.co.kr

최고 강사진의
동영상 강의

03:47 / 10:00

수강생 만족도 1위

류준상 선생님

- 서울대학교 졸업
- 정답이 보이는 문제풀이 스킬 최다 보유
- 수포자도 만족하는 친절하고 상세한 설명

고시넷 취업강의 수강 인원 1위

김지영 선생님

- 성균관대학교 졸업
- 빠른 지문 분석 능력을 길러 주는 강의
- 초단기 언어 영역 완성을 위한 강의
- 언어 영역의 자신감을 심어 주는 강의

고시넷 한국사 대표 강사

유남훈 선생님

- 동국대학교 졸업
- 1강으로 정리하는 한국사 만족도 만점
- 시험에 나올 문제만 콕콕 짚어 주는 강의
- 시험 결과로 증명하는 강의력
- EBS 직업 취업 강의

공부의 神

양광현 선생님

- 서울대학교 졸업
- 초심자부터 심화 과정까지 완벽한 이해를 돕는 쉬운 설명
- EBS 직업 취업 강의(공기업 NCS)
- 칭화대 의사소통 대회 우승
- 공신닷컴 멘토

구성과 활용

1 공사·공단 및 금융기관 필기시험 안내

건강보험심사평가원, 공무원연금공단, 국민연금 등과 같은 공사 · 공단과 농협, 신한은행, 우리은행 등과 같은 금융기관의 필기시험을 한눈에 볼 수 있도록 구성하였습니다.

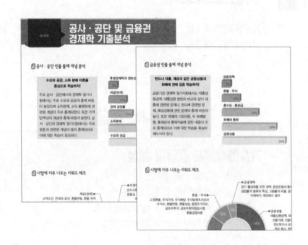

2 공사·공단 및 금융권 경제학 기출 분석

최근 경제학 시험의 기출을 공사 · 공단과 금융권으로 분리하여 정리하였으며 경제학 필기시험에서 출제된 주요 키워드를 분석하여 최근 시험의 흐름을 파악할 수 있도록 하였습니다.

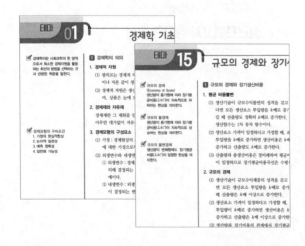

3 테마 유형 학습

주요 공기업과 금융기관에서 출제되는 경제학 필기시험을 대비하기 위해 경제학 원론에서 주로 다뤄지는 내용을 테마별로 수록하여 핵심 이론을 빠르게 학습할 수 있도록 구성하였습니다.

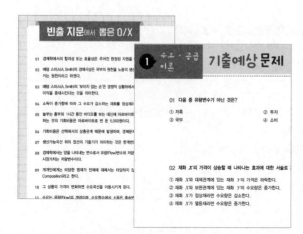

4 빈출 지문에서 뽑은 O/X 및 기출예상문제

테마별로 빈출되는 내용을 바탕으로 정리한
O/X 문제를 제시하여 핵심이론에 대한
반복학습이 가능하도록 하였으며 기출예상문제를
수록하여 이론을 완벽하게 숙지할 수 있도록
구성하였습니다.

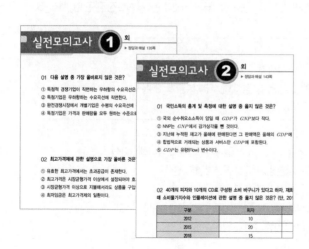

5 실전모의고사 2회분

실전모의고사 2회분을 각각 50문항씩 수록하여
경제학 필기시험에 효율적으로 대비할 수 있도록
하였습니다.

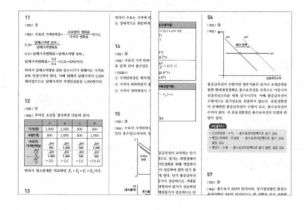

6 상세한 해설과 오답풀이가 수록된 정답과 해설

기출예상문제 및 실전모의고사의 상세한 해설을
수록하였고 오답풀이 및 보충 사항들을 수록하여
문제풀이 과정에서의 학습의 효과가 극대화될 수
있도록 구성하였습니다.

공사·공단 및 금융기관 필기시험안내

건강보험심사평가원 HEALTH INSURANCE REVIEW & ASSESSMENT SERVICE	**[행정직]** ▶직업기초능력 ▶직무수행능력 [필수5통합]	1.의사소통, 2.문제해결, 3.정보, 4.조직이해_40문항 • 법학, 행정학, 경영학, 경제학 등 통합전공지식_20문항 • 보건의료지식(10문항) 총30문항
공무원연금공단	**[사무직]** ▶직업기초능력 ▶직무수행능력	1.의사소통, 2.수리, 3.문제해결, 4.자원관리, 5.대인관계, 6.정보_60문항 • 전문지식(40%) [선택 1] 경영·경제 : 경영학, 경제학 [선택 2] 행정·법학 : 행정학, 법학 [선택 3] 인문·사회 : 사회복지학, 언론홍보학
NPS 국민연금	**[사무직]** ▶직업기초능력 ▶직무수행능력 [필수5통합]	1.의사소통, 2.문제해결, 3.수리, 4.조직이해, 5.정보_60문항 • 경영학, 경제학, 법학, 행정학, 국민연금법 등 사회보장론 관련 지식_50문항
근로복지공단	**[일반직]** ▶직업기초능력 ▶직무수행능력 [필수5통합]	1.의사소통, 2.문제해결, 3.자원관리, 4.수리_70문항 • 법학, 행정학, 경영학, 경제학, 사회복지학_30문항
KIbO 기술보증기금	**[일반직]** ▶직업기초능력 ▶직무수행능력 [필수/선택]객관식 +단답·약술형	1.의사소통, 2.수리, 3.문제해결, 4.정보, 5.조직이해_40점 [기술보증 및 기술평가] 경제학/경영학 중 택1 • 경제학(미시, 거시, 계량경제학), • 경영학(중급회계, 재무관리, 마케팅, 경영정보시스템) [채권관리] 법학(민법, 상법, 민사소송법)
DTRO 대구도시철도공사	**[사무직]** ▶직업기초능력 ▶직무수행능력 [선택1]	직업기초능력평가_200점/40문항 • 행정학개론, 경영학개론, 회계학개론, 법학개론, 전산학개론, 교통공학 중 택1_200점/40문항 ※전공과목 조정점수제
대전광역시 도시철도공사 DAEJEON METROPOLITAN RAPID TRANSIT CORPORATION	**[사무직]** ▶공통필수 ▶직무능력 [선택1]	직업기초능력평가_50문항/100점 • 경제학원론, 경영학원론, 법학개론, 행정학원론 중 택1(50문항/100점)
인천교통공사	**[사무직]** ▶직업기초능력 ▶직무수행능력 [선택1]	1.의사소통, 2.문제해결, 3.대인관계, 4.정보_40문항/100점 • 행정학원론, 경영학원론, 경제학원론, 법학개론, 통계학개론, 전산학개론 중 택1_40문항/100점

SH 서울주택도시공사	**[사무직]** ▶ 직업기초능력 ▶ 직무수행능력 　[선택1]	1.의사소통, 2.수리, 3.문제해결, 4.대인관계, 5.조직이해, 6.직업윤리_50문항 • 법학, 행정학, 경영학(회계분야 제외), 경제학, 회계학 중 택1_50문항
KR 한국철도시설공단	**[사무직]** ▶ 직업기초능력 ▶ 직무수행능력 　[선택1]	1.의사소통, 2.조직이해, 3.문제해결, 4.자원관리, 5.직업윤리_50% • 법학, 행정학, 경제학, 경영학, 회계학, 전산학, 지적학 중 택1_50%
KAC 한국공항공사	**[행정직]** ▶ 직업기초능력 ▶ 직무수행능력 　[선택1]	1.의사소통, 2.수리, 3.문제해결, 4.정보, 5.자원관리 _50문항 • 법률 : 법학(민법, 상법) • 경영 : 경영학(재무관리 포함) • 회계 : 회계학(재무회계, 원가 및 관리회계)
인천국제공항공사	**[사무직]** ▶ 직업기초능력 ▶ 직무수행능력 　[선택1]	1.의사소통, 2.수리, 3.문제해결, 4.자원관리, 5.정보, 6.조직이해, 기술_50점 • 경영 : 경영학, 경제학 중 택1_50점 • 행정 : 법학, 행정학 중 택1_50점
HUG 주택도시보증공사	**[일반직]** ▶ 직무적합도 ▶ 직무능력	1.의사소통, 2.수리, 3.문제해결, 4. 조직이해, 5.대인관계_40문항/100점 • 채용분야별 전공필기_80문항/200점 　경영 : 경영학 일반, 중급회계, 재무관리 　경제 : 미시, 거시, 국제경제학 　법학 : 민법, 상법, 민사소송법 　전산 : SW 설계, SW 개발, DB 구축, 프로그래밍 언어 활용, 정보시스템 　　　구축 관리
한국농어촌공사 **kr** Clean & Green	**[행정직]** ▶ 직업기초능력 ▶ 직무수행능력 　[선택1]	1.의사소통, 2.문제해결, 3.수리, 4. 정보, 5.자원관리_50문항/100점 • 경상 : 경영학, 경제학 중 택1 • 법정 : 법학(민법(가족(x)), 민소법, 행정법), 행정학(조직, 인사, 재무) 중 택1
LH	**[사무직(일반행정)]** ▶ 직업기초능력 ▶ 직무수행능력 　[선택1]	1.의사소통, 2.수리, 3.문제해결, 4.조직이해, 5.회사상식(대인관계, 직업윤리 포함)_60% • 법률학, 행정학, 경영학, 경제학, 회계학 중 택1_40% ※ 표준점수제 조정
한국산업인력공단 HUMAN RESOURCES DEVELOPMENT SERVICE OF KOREA	**[일반직]** ▶ 직업기초능력 ▶ 직무수행능력 　[필수3]	1.조직이해, 2.의사소통, 3.수리, 4.문제해결, 5.직업윤리, 6.자원관리_40점 • 한국사(전 범위)_20점, 영어(문법, 어휘, 독해)_20점

공사 · 공단 및 금융기관 필기시험안내

ex 한국도로공사	**[행정직]** ▶직업기초능력 ▶직무수행능력	1.문제해결, 2.정보, 3.조직이해, 4.자원관리, 5.의사소통_30% • 경영 : 경영학원론, 회계학(중급 재무회계), 경제학원론 • 법정 : 행정학원론, 정책학, 헌법, 행정법
Ksure 한국무역보험공사	**[일반직]** ▶직업기초능력 ▶직무수행능력	1.의사소통, 2.수리, 3.문제해결_60점 • 직무능력평가_140점 : 경영학, 경제학 중 택1 • 직무능력논술_100점, 영어(TOEIC, TOFLE, TEPS로 대체_100점)
한국가스공사	**[사무직]** ▶직업기초능력 ▶직무수행능력 [전공선택1]	1.의사소통, 2.수리, 3.문제해결, 4.자원관리, 5.정보 등_50문항/100점 • 경영, 경제, 회계, 법학_50문항/100점
LX 한국국토정보공사 Korea Land and Geospatial InformatiX Corporation	**[기획 경영직]** ▶직업기초능력 ▶직무수행능력 [필수3통합]	1.의사소통, 2.문제해결 3.자원관리, 4.조직이해_60문항/60분 • 기획행정 : 행정학(20)+경제학(20)+기초통계학(20)_60문항/70분 • 경영회계 : 경영학(20)+회계학(20)+기초통계학(20)_60문항/70분 • 건축행정 : 건축계획(20)+건축시공(20)+건축관계법규(20)_60문항/70분
캠코 한국자산관리공사	**[청년인턴]** ▶직업기초능력 ▶직무수행능력 [선택1]	없음 [금융일반] • 경영학, 경제학, 법학 중 택1_70문항
항만공사 (부산, 인천, 울산, 여수광양)	**[사무직]** ▶직업기초능력 ▶종합 직무능력	1.의사소통, 2.자원관리, 3.수리, 4.조직이해, 5.문제해결_50문항/60분 • 공통 : 한국사(10)_10문항 • 사무/물류관리 기초상식(경영학원론+경제학원론+물류관리/국제물류 개론)_40문항 ※직무능력 총 50문항/60분
한국관광공사	**[일반직]** ▶직업기초능력 ▶직무수행능력 [선택1]	1.의사소통, 2.수리, 3.문제해결, 4.자원관리_40문항/50% • 관광학개론, 관광법규, 역사, 관광지식_40문항/30% • 경제학, 경영학 중 택1_40문항/50%
국립공원관리공단	**[일반직]** ▶직업기초능력 ▶직무수행능력 [선택1]	1.의사소통, 2.문제해결, 3.자원관리, 4.정보, 5.조직이해 • 경영학, 교육학, 재무회계학 중 택1

한국전력공사	**[사무직]** ▶ 직업기초능력 ▶ 직무수행능력 [필수5통합]	1.의사소통, 2.수리, 3.문제해결, 4.자원관리, 5.정보, 6.기술, 7.조직이해_50점 • 법정, 상경, 인문, 사회, 시사상식 등_50점
KPX 전력거래소	**사무직(상경 · 법정)** ▶ 직업기초능력 ▶ 직무수행능력 [선택1]	1.의사소통, 2.문제해결, 3.수리, 4.조직이해, 5.자원관리_40% • 자원분야 전공과목 90%＋한국사 10% • 경제학(미시, 거시), 경영학(재무회계 포함)중 택1_60%
친환경 에너지 기업 **한국수력원자력(주)**	**[사무직]** ▶ 직업기초능력 ▶ 직무수행능력 [필수5통합]	1.의사소통, 2.수리, 3.문제해결, 4.기술, 5.자원관리, 6.기술_70% • [기초전공지식] 법학, 행정학, 경제학, 경영학(회계학 포함)_25% • 회사상식＋한국사 등_5%
KOEN 한국남동발전 KOREA ENERGY	**[사무직]** ▶ 직업기초능력 ▶ 직무수행능력 [필수2통합]	1.의사소통, 2.문제해결, 3.자원관리 • 법정/상경 중 택1 • 법정 : 법(헌 · 민 · 상 · 행 · 노), 행정학 분야 지식 • 상경 : 경영학, 경제학, 회계학 분야 지식 • 한국사 : 10문항 ※한국사능력검정시험 고급(1, 2급) 수준
KOMIPO 한국중부발전	**[4급(나)]** ▶ 직업기초능력 ▶ 직무수행능력 [필수]	1.의사소통, 2.조직이해, 3.수리, 자원관리_50% • 한국사 및 직무지식평가_70문항/50% 　– 공통 : 한국사 10문항 　– 직군별 전공지식 : 50문항 　– 직무수행능력평가 : 직군별 직무상황 연계형 10문항
CWP 한국서부발전(주)	**[사무직]** ▶ 직업기초능력 ▶ 직무수행능력 [필수2통합]	1.의사소통, 2.수리, 3문제해결, 4.자원관리, 5.정보, 6.기술, 7.조직이해_100점 • 법정/상경 중 택1_한국사 포함(100점) • 법정 : 법(헌 · 민 · 상 · 행 · 노), 행정학 분야 지식_70문항 • 상경 : 경영학, 경제학, 회계학 분야 지식_70문항 • 한국사 : 10문항 ※한국사능력검정시험 고급(1, 2급) 수준
한국남부발전(주)	**[사무직]** ▶ 직업기초능력 ▶ 직무수행능력 [필수7통합]	• 직무능력평가(K–JAT) : 100점 만점 환산 • 법정/상경 중 택1_한국사/영어 포함(100점) • 법정 : 법(헌 · 민 · 상 · 행 · 노), 행정학 분야 지식_50문항 • 상경 : 경영학, 경제학, 회계학 분야 지식_50문항 • 한국사(20문항/25점)＋영어(20문항/25점)

공사 · 공단 및 금융기관 필기시험안내

한국동서발전(주)	**[사무직]** ▶ 직업기초능력 ▶ 직무수행능력 [필수3통합]	1.의사소통, 2.수리, 3.문제해결, 4.자원관리, 5.정보_100점 • 법정/상경 중 택1_전공(90점)+한국사(10점)=100점 • 공통 : 한국사_10점 • 상경 : 경영학(40%), 경제학(30%), 회계학(30%)_90점 • 법정 : 법(헌 · 민 · 행 · 상 각 15%), 행정학(40%)_90점
한국전력기술(주)	**[일반직]** ▶ 직업기초능력 ▶ 직무수행능력 [필수]	1.의사소통, 2.조직이해, 3.자원관리, 4.수리(인지요소 80문항)_50% • 기술/연구 : 해당분야 전공지식(기사수준, 공업수학 포함) • 사무 : 사무분야 전공지식(통합전공)
한국지역난방공사 KOREA DISTRICT HEATING CORP.	**[사무직]** ▶ 직업기초능력 ▶ 직무수행능력 [선택1]	1.의사소통, 2.자원관리, 3.수리, 4.문제해결, 5.정보, 6.조직이해_50점 • 경영학, 경제학, 법학, 행정학, 회계학 중 택1_45점 • 한국사_5점 ※한국사능력검정 중급수준_고졸채용은 초급수준
TS 한국교통안전공단 Korea Transportation Safety Authority	**[행정직]** ▶ 직업기초능력 ▶ 직무수행능력 [필수3통합]	1.문제해결, 2.의사소통, 3.수리, 4.자원관리, 5.조직이해, 6.기술, 7.정보 60문항_5지선다형 • 경영, 경제, 행정 통합 40문항_4지선다형
KODIT 신용보증기금 KOREA CREDIT GUARANTEE FUND	**[금융 사무직]** ▶ 직업기초능력 ▶ 직무수행능력 [필수5통합]	1.의사소통, 2.문제해결, 3.수리_20문항/20점 • 통합금융상식(경영, 경제, 법학 등 금융업무 수행을 위한 직무수행능력)_60문항/80점 • 논술(경영, 경제, 금융, 사회 최근 이슈 등 논술 2주제 중 1 선택)_100점
HF 한국주택금융공사	**[일반전형]**	• 금융 · 경영 · 경제상식 객관식 10문항/10점 • 전공시험(경영, 경제, 법 택1) 객관식 20문항/20점, 약술 2문항/40점, 논술 1문항/30점
MG 새마을금고	**[일반직]** ▶ 필수1 ▶ 선택1	• 인성 · 직무적성검사 • 민법(친족, 상속법 제외), 회계학, 경영학 중 택1
농협	**[일반직]** ▶ 인적성 및 직업기초능력 ▶ 직무수행능력 [필수통합]	• 인적성평가(직업윤리, 대인관계 등)_325문항/45분 1.의사소통, 2.문제해결, 3.수리, 4.정보_50문항/70분 • 금융경제분야 및 시사상식_30문항/25분 • 논술평가(금융 · 경제/IT · 디지털/시사상식 중 택1)_서술형 1문항/40분

농협중앙회 6급	**[일반직] [사무직]** ▶인적성 및 직업 기초능력	1.의사소통, 2.수리, 3.문제해결, 4.정보, 5.자원관리_50문항
	▶직무능력 [필수통합]	• 농업 · 농촌관련 시사상식, 디지털 상식 및 금융 · 경제 시사관련 용어 및 기초지식_30문항
힘! 좋은 은행 IBK기업은행	**[일반직(금융영업)]** ▶직업기초능력	1.의사소통, 2.수리, 3.문제해결 4.자원관리, 5.정보, 6.조직이해_40문항
	▶직무수행능력 [필수통합]	• 경영 · 경제 · 금융/일반사회 등 해당분야의 직무역량평가_객관식(40문 항)/주관식(10문항)
✸ KB국민은행	**[UB(일반)]** ▶직업기초능력	1.의사소통, 2.문제해결 3.수리_40문항/40점
	▶직무수행능력 [필수통합]	• 금융영업, 디지털 부분 활용_40문항/40점 • 상식(경제/금융/일반상식)_20문항/20점
◎신한은행	**[일반직 /Retail Service]** ▶직업기초능력	1.의사소통, 2.수리, 3.문제해결_50문항/60분
	▶직무수행능력 [필수통합]	• [기업/WM/Retail Service] 경제일반, 경영일반, 금융상식 • [IB/자금운용/금융공학] 경제/경영일반, 회계/재무, 파생상품
우리은행	**[일반직 개인금융]** ▶직업기초능력	1.의사소통(20), 2.수리(26) 3.문제해결(14) 4.조직이해(20)_80문항
	▶직무수행능력 [필수2통합]	• 일반상식(20), 경제지식(20)_40문항
하나은행	**[일반직]** ▶인 · 적성검사	• 인 · 적성검사(언어_연상문제, 응용수리, 판단력, 범주화, 공간지각_도형 추리 등), 유형별 예시문제와 시간제한
	▶직무수행능력 [필수1]	• 상식(일반상식, 경제금융상식)
한국은행 THE BANK OF KOREA	**[종합 기획직]** ▶전공학술 [선택1]	• 경제학 : 미시 · 거시 · 계량 · 화폐금융 · 국제경제학_300점 • 경영학 : 인사 · 재무 · 마케팅 · MIS · 회계학(고급회계 제외) · 경영전 략 · 계량경영학_300점 • 법학 : 헌법, 민법, 형법, 상법, 행정법, 민소법, 형소법_300점 • 통계학 : 기초통계학, 수리통계학, 회귀분석, 실험계획법, 표본조사론, 시 계열분석_300점
	▶논술	• 공통_100점
	※ 주요 경제 · 금융이슈, 인문학 등이 분석형, 서술형, 논문형으로 출제(객관식X)	

공사·공단 및 금융권 경제학 기출분석

📄 공사·공단 빈출 출제 개념 분석

수요와 공급, 소득 분배 이론을 중심으로 학습하자!

주요 공사·공단에서의 경제학 필기시험에서는 주로 수요와 공급의 출제 비중이 높았으며 소득분배, 소득 불평등에 관련된 개념이 주로 출제되었다. 또한 가격탄력성의 개념의 출제 비중이 높았다. 공사·공단의 경제학 필기시험에서는 주로 원론과 관련된 개념이 많이 출제되므로 이에 대한 학습이 중요하다.

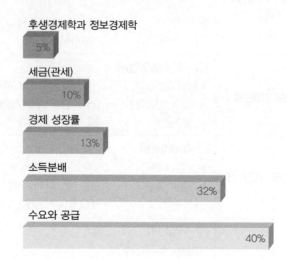

후생경제학과 정보경제학 5%

세금(관세) 10%

경제 성장률 13%

소득분배 32%

수요와 공급 40%

📄 시험에 자주 나오는 키워드 체크

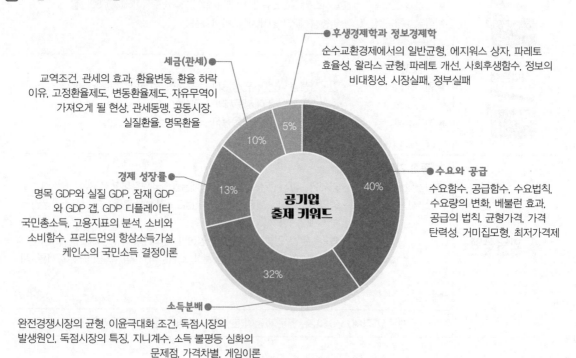

● 세금(관세) ●
교역조건, 관세의 효과, 환율변동, 환율 하락 이유, 고정환율제도, 변동환율제도, 자유무역이 가져오게 될 현상, 관세동맹, 공동시장, 실질환율, 명목환율

● 후생경제학과 정보경제학
순수교환경제에서의 일반균형, 에지워스 상자, 파레토 효율성, 왈라스 균형, 파레토 개선, 사회후생함수, 정보의 비대칭성, 시장실패, 정부실패

경제 성장률 ●
명목 GDP와 실질 GDP, 잠재 GDP와 GDP 갭, GDP 디플레이터, 국민총소득, 고용지표의 분석, 소비와 소비함수, 프리드먼의 항상소득가설, 케인스의 국민소득 결정이론

공기업 출제 키워드

● 수요와 공급
수요함수, 공급함수, 수요법칙, 수요량의 변화, 베블런 효과, 공급의 법칙, 균형가격, 가격 탄력성, 거미집모형, 최저가격제

10% 5% 40%
13%
32%

소득분배 ●
완전경쟁시장의 균형, 이윤극대화 조건, 독점시장의 발생원인, 독점시장의 특징, 지니계수, 소득 불평등 심화의 문제점, 가격차별, 게임이론

📄 금융권 빈출 출제 개념 분석

펀드나 대출, 예금과 같은 금융상품과 화폐에 관해 집중 학습하자!

금융기관 경제학 필기시험에서는 대출상환금액, 대출상환 방법의 비교와 같이 대출에 관련된 문제나, 펀드에 관련된 문제, 예금상품에 관한 문제의 출제 비중이 높다. 또한 화폐의 기초이론, 즉 화폐발행, 통화량과 통화지표에 관한 내용이 주로 출제되므로 이에 대한 학습을 확실히 해두어야 한다.

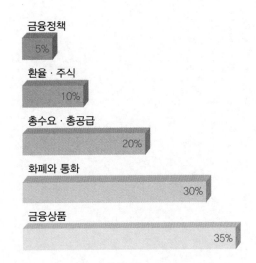

금융정책 5%
환율 · 주식 10%
총수요 · 총공급 20%
화폐와 통화 30%
금융상품 35%

📄 시험에 자주 나오는 키워드 체크

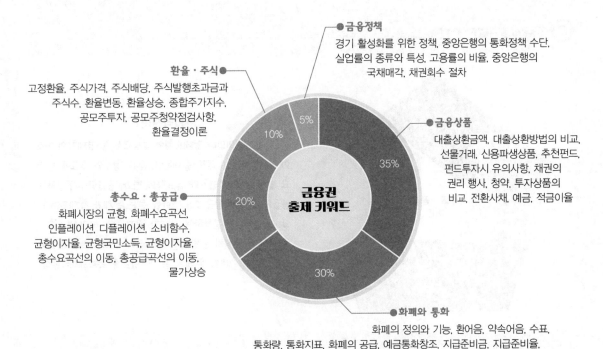

금융정책
경기 활성화를 위한 정책, 중앙은행의 통화정책 수단, 실업률의 종류와 특성, 고용률의 비율, 중앙은행의 국채매각, 채권회수 절차

환율 · 주식
고정환율, 주식가격, 주식배당, 주식발행초과금과 주식수, 환율변동, 환율상승, 종합주가지수, 공모주투자, 공모주청약점검사항, 환율결정이론

금융상품
대출상환금액, 대출상환방법의 비교, 선물거래, 신용파생상품, 추천펀드, 펀드투자시 유의사항, 채권의 권리 행사, 청약, 투자상품의 비교, 전환사채, 예금, 적금이율

총수요 · 총공급
화폐시장의 균형, 화폐수요곡선, 인플레이션, 디플레이션, 소비함수, 균형이자율, 균형국민소득, 균형이자율, 총수요곡선의 이동, 총공급곡선의 이동, 물가상승

금융권 출제 키워드

5%
10%
20%
35%
30%

화폐와 통화
화폐의 정의와 기능, 환어음, 약속어음, 수표, 통화량, 통화지표, 화폐의 공급, 예금통화창조, 지급준비금, 지급준비율, 본원통화 증가사례, 통화스와프, 유동성함정상태, 이자율, 신용가용성이론

고시넷

공기업 NCS 경제학

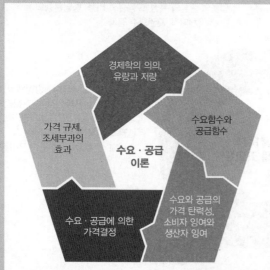

[합격전략]

경제학의 의의나 경제모형의 구성요소 등 경제학의 기초에 관한 내용이 주로 출제된다. 수요 함수와 수요곡선, 수요 법칙, 수요의 변화와 수요량의 변화, 공급함수 공급곡선, 공급의 변화와 공급량의 변화를 묻는 문제가 출제되며 수요·공급곡선을 분석하는 문제가 출제된다. 따라서 수요·공급곡선을 분석하는 방법을 알아둬야 하며 그래프가 제시되지 않았을 때도 문제를 풀 수 있도록 숙지해야 한다.

공기업
NCS
경제학

파트 1 수요·공급이론

✪ 테마 유형 학습

✪ 빈출 지문에서 뽑은 O/X

✪ 기출예상문제

경제학 기초

> ☑ 경제학이란 사회과학의 한 영역으로서 희소한 경제자원을 활용하는 최선의 방법을 선택하는 것과 관련된 학문을 말한다.

> ☑ 경제모형의 구비조건
> 1. 가정의 현실적합성
> 2. 논리적 일관성
> 3. 예측 정확성
> 4. 일반화 가능성

1 경제학의 의의

1. 경제적 자원

(1) 광의로는 경제적 자원이란 우리가 아껴 써야 하는 모든 것을 말하고, 협의로는 노동이나 자본 같이 생산과정에 투입되는 상품으로 변화될 수 있는 생산요소를 말한다.

(2) 경제적 자원은 생산과정을 거쳐 상품으로 변화하며, 생산된 상품은 시장에서 매매되며, 상품은 눈에 보이는 재화와 보이지 않는 서비스로 구분된다.

2. 경제재와 자유재

경제재란 그 재화를 얻기 위해 일정한 대가를 치러야 하는 재화를 의미하고, 자유재란 아무런 대가없이 자유롭게 획득 가능한 재화를 의미한다.

3. 경제모형의 구성요소

(1) 가정 : 경제현상의 추상화, 단순화를 위해서 변수들의 형태 혹은 경제주체의 동기 등에 대한 가정으로부터 출발한다.

(2) 외생변수와 내생변수

① 외생변수 : 경제모형에 사용되는 변수 중 그 값이 모형과 관계없이 외부적 요인에 의해 결정되는 변수이다. 거시모형에서 정부에 의해서 결정되는 정부지출이 그 예이다.

② 내생변수 : 외생변수가 일정하게 주어질 때 변수들 간의 상호관계에 의하여 그 값이 결정되는 변수이다. 수요량, 공급량, 물가 등이 그 예이다.

2 유량과 저량

1. 개념

(1) 유량(Flow) : 일정 기간을 기준으로 그 양을 측정하는 개념이다. 즉, 일정 기간 내의 변화를 나타내는 것이 유량이다.

(2) 저량(Stock) : 일정 시점을 기준으로 그 양을 측정하는 개념이다. 즉, 일정 시점의 존재량을 나타내는 것이 저량이다.

2. 구분

(1) 유량

① 국내총생산(GDP)은 1년 동안 한 나라 안에서 생산된 모든 재화와 서비스의 시장가치를 화폐 단위로 환산하여 더한 값이다. 즉 GDP는 1년이라는 일정 기간 동안 모아 측정한 값이므로 유량이 된다.

② 국제수지는 '일정 기간' 동안 한 나라가 다른 나라와 교역한 모든 경제적 거래에 따른 수입과 지출의 차이를 말한다.

③ 유량변수는 GDP · 국제수지 · 생산 · 소득 · 소비 · 저축 · 이윤 · 투자 · 수요 · 공급 등과 같이 '일정 기간' 동안 측정하는 변수이다.

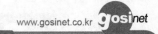

(2) 저량

① 일정 시점에 우리나라의 경제주체가 보유하고 있는 경제적 자산의 합인 국부는 저량이 된다.

② 외환보유액은 통화당국(중앙은행과 정부)이 언제든지 사용 가능한 대외자산으로서 '일정 시점'에서 한 국가가 보유하고 있는 외환채권의 총액을 의미한다.

③ 저량변수는 외환보유액·통화량·인구·부(wealth)·자산(asset)·부채(debt) 등과 같이 '일정 시점'에 측정하는 변수이다.

유량(Flow)	저량(Stock)
기간 임대료, 지대 소득, 수익 거래량, 국민총생산 주택공급-신규생산량 저량 변동(분)	시점 가격, 가치, 지가 인구, 재산, 자산(자본+부채), 국부 외채, 외환보유액, 통화량 주택 재고량
공급량 - 기간(신규택지공급량) 수요량 - 기간	공급량 - 시점(미분양주택수) 수요량 - 시점

파트1

파트2

파트3

파트4

파트5

파트6

파트7

파트8

실전1

실전2

대표기출유형

□ 다음 중 유량(Flow) 개념의 변수를 고르면?

① 물가상승률　　　　　　　　② 화폐수요

③ 종합주가지수　　　　　　　④ 시장이자율

정답 ①

해설 물가상승률이란 물가가 전년 대비 올해 얼마나 상승했는지를 나타내는 지표로서 유량 개념이다. 저량은 일정 기간의 명시가 없어도 어느 한 시점에서 측정이 가능한 것으로, 보유부동산의 시장가치는 그 시점의 부동산의 시장가치를 말하므로 저량에 해당한다.

수요함수와 공급함수

☑ 수요란 일정기간 동안 주어진 가격으로 소비자들이 구입하고자 의도하는 재화와 서비스의 총량을 의미하고, 수요함수란 특정재화에 대한 수요와 그에 영향을 미치는 요인들 간의 관계를 함수형태로 표현한 것을 의미한다.

1 수요와 수요함수

1. 수요

(1) 수요(Demand)는 일정 기간 동안에 구매하고자 하는 양을 의미하는 유량 개념으로 어떤 기간 동안에 얼마의 양으로 표현된다.

(2) 수요는 실제 구입량을 의미하는 것이 아니라 구매하고자 하는 의도된 양을 의미하므로 재화의 양이 적으면 수요자가 구매하고자 하는 양은 실제로 구매한 양을 초과할 수 있다.

2. 수요함수

(1) 수요에 영향을 미치는 요인 : 그 재화의 가격(P_x), 다른 재화의 가격(P_y), 소비자의 소득(M), 소비자의 기호(T), 인구의 크기(N), 광고, 선전(A) 등

(2) 수요함수(Demand Function) : 특정 재화에 대한 수요와 그 재화의 수요에 영향을 주는 요인들 간의 함수관계를 말한다.

$$D = f(P_x, P_y, M, T, N, A, \cdots)$$

(3) 특정 재화의 수요에 가장 큰 영향을 미치는 요인은 그 재화의 가격이므로, 다른 요인들이 불변이라고 가정하면 위의 함수는 $Q_D = f(P_x)$로 표현할 수 있다.

☑ 재화와 서비스의 가격과 수요량의 역(−)관계를 수요법칙이라하고, 이때 가격과 수요량 사이의 관계를 좌표로 나타낸 것이 수요곡선이다.

3. 수요곡선

(1) 수요곡선의 개념 : 다른 요인들이 일정하다는 가정 하에 그 재화의 가격과 수요량 사이의 관계를 좌표로 나타낸 것이 수요곡선이다. 수요곡선을 한계편익(Marginal Benefit)곡선, 지불용의곡선이라고 할 수 있다.

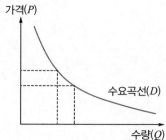

(2) 개별수요곡선과 시장수요곡선
 ① 개별수요곡선 : 개별 소비자가 각 가격에서 구매할 의사가 있는 재화나 서비스의 양을 나타내는 곡선으로, 일반적으로 우하향하는 형태이다. 즉 수요량과 가격간의 음(−)의 상관관계를 보여준다.
 ② 시장수요곡선 : 개별수요곡선을 수평방향으로 합하여 구해진다. 일반적으로 시장수요곡선은 개별수요곡선보다 기울기가 완만하다.

4. 수요법칙

(1) 정의
 ① 수요법칙(Law of Demand)이란 가격이 상승하면 수요량이 감소하고, 가격이 하락하면 수요량이 증가하는 가격과 수요량 사이에 존재하는 역(−)의 상관관계를 의미한다.

② 기펜재와 베블런 효과는 수요법칙의 예외에 해당한다. 즉 가격과 수요량 사이에 정(+)의 상관관계가 존재하는 경우로, 수요곡선이 우상향하는 형태이다.

(2) 기펜재와 베블런 효과의 수요곡선 : 기펜재와 베블런 효과를 고려하여 수요곡선을 그리면, 수요곡선은 일반적인 경우 우하향하는 형태와 달리 우상향하는 형태를 보인다.

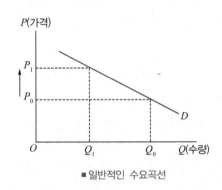
■ 일반적인 수요곡선

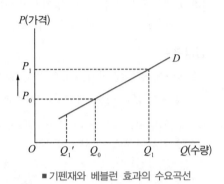
■ 기펜재와 베블런 효과의 수요곡선

5. 수요의 변화와 수요량의 변화

(1) 수요의 변화

① 수요의 변화는 수요곡선 자체가 좌우로 이동하는 것이며, 그 재화가격 이외의 다른 요인의 변동에 의하여 나타난다.

② 수요의 변화를 가져오는 요인으로는 소득수준의 변화, 인구의 변화, 소비자들의 기호변화, 다른 재화의 가격변동, 광고선전, 기술의 발달 등이 있다.

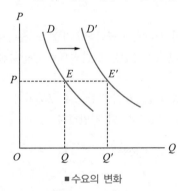
■수요의 변화

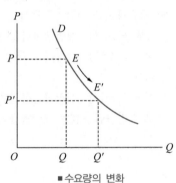
■수요량의 변화

(2) 수요량의 변화

① 특정 제품에 대한 수요의 결정요인들 중에 다른 모든 요인들은 불변이고 그 제품의 가격이 변할 때 나타나는 변화이다.

② 이는 수요함수 $Q_D = f(P_x, P_y, M, T, N, A, \cdots)$ 에서 그 재화의 가격 P_x 만이 변화할 때 가격의 변화에 따른 수요량의 변화를 의미하므로 수요곡선상의 이동으로 나타난다.

파트1

파트2

파트3

파트4

파트5

파트6

파트7

파트8

실전1

실전2

☑ **기펜재(Giffen Goods)**
가격의 하락(상승)이 오히려 수요량의 하락(증가)을 가져오는 재화를 말하며, 가격과 수요량이 같은 방향으로 이동함으로써 가격과 수요량 사이의 역의 관계를 나타내는 수요의 법칙이 적용되지 않는다.

☑ **베블런 효과(Veblen Effect)**
재화의 가격이 상승할 때 그 재화의 수요량이 증가하는 현상을 말하며 다른 사람에게 자신이 값이 오른 그 재화를 더 소비할 능력이 있음을 과시하기 위한 행동의 결과로 나타나는 경우가 많다.

2 공급함수

1. 공급

(1) 공급(Supply)이란 일정기간 동안에 주어진 가격으로 생산자들이 판매하고자 하는 재화나 서비스의 양을 의미한다.

(2) 공급이란 생산자들이 일정기간에 판매하려고 하는 의도된 재화의 양을 의미하는 것이지 실제로 판매한 양을 의미하는 것이 아니며, 이 또한 유량변수이다.

2. 공급함수

(1) 공급에 영향을 미치는 요인 : 그 재화의 가격(P_x), 생산요소의 가격변화(W), 기술의 변화(Z), 다른 재화의 가격변화(P_y), 기업 간의 경쟁 상태 등

(2) 공급함수(Supply Function) : 특정 재화에 영향을 미치는 요인들과 그 재화의 공급량 사이의 함수관계를 말한다.

$$Q_S = f(P_x, W, Z, P_y \cdots)$$

(3) 특정 재화의 공급에 가장 큰 영향을 미치는 요인은 그 재화의 가격이므로, 다른 요인들이 불변이라고 가정하면 위의 함수는 $Q_S = f(P_x)$로 표현할 수 있다.

3. 공급곡선

(1) 공급곡선의 개념 : 다른 재화들은 일정하다고 두고 재화의 가격과 수요량 사이의 관계만을 좌표에 나타낸 것으로, 일반적인 재화의 공급곡선은 우상향의 형태를 갖는다.

(2) 개별공급곡선과 시장공급곡선

① 개별공급곡선 : 개별생산자들이 주어진 가격에서 공급하고자 의도하는 재화나 서비스의 수량을 나타내는 곡선이며 개별공급곡선은 일반적으로 우상향하는 형태이다.

② 시장공급곡선 : 시장공급곡선은 개별공급곡선의 수평합으로 구해지며, 일반적으로 시장공급곡선은 개별공급곡선보다 기울기가 더 완만하다.

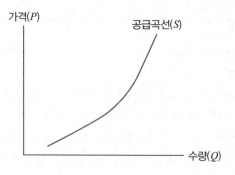

✔ 공급의 법칙
'다른 조건이 동일하다'는 가정 하에, 그 상품의 가격이 올라가면 공급은 늘어나고 가격이 내려가면 공급은 줄어드는 관계로, 공급량과 가격사이의 정(+)의 관계를 의미한다.

www.gosinet.co.kr gosinet

파트1

파트2

파트3

파트4

파트5

파트6

파트7

파트8

실전1

실전2

4. 공급의 변화와 공급량의 변화

(1) 공급의 변화 : 공급의 변화는 공급곡선 자체의 이동으로, 그 재화가격 이외의 다른 변수가 변하면 동일한 가격수준에서 공급량이 변화한다.

(2) 공급량의 변화 : 공급량의 변화는 공급곡선상의 이동으로, 특정 재화의 가격의 변화에 따라 공급량이 변화하는 것이다.

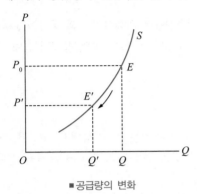

■공급량의 변화

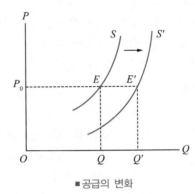

■공급의 변화

대표기출유형

□ 다음 중 수요와 공급에 대한 설명으로 바르지 않은 것은?

① 공급의 변화란 공급곡선 자체의 이동을 말한다.
② 소득이 증가하면 상품수요곡선은 항상 우측으로 이동한다.
③ 수요는 소비자가 특정 상품을 구입하고자 하는 사전적인 욕망이다.
④ 어떤 상품에 대한 수요가 증가하고 공급이 감소하면 균형가격은 증가한다.

정답 ②

해설 소득이 증가하면 정상재(상급재)의 경우에는 그 수요가 증가하여 수요곡선이 우측으로 이동하지만, 열등재(하급재)의 경우에는 그 수요가 감소하여 수요곡선이 좌측으로 이동한다.
수요·공급의 변화 → 수요·공급곡선 자체의 이동
수요량·공급량의 변화 → 한 수요·공급곡선상에서의 이동

테마 03 수요·공급에 의한 가격결정(시장균형)

☑ 가격의 종류

1. 절대가격 : 재화 1단위와 교환되는 화폐액의 크기로, 특별한 언급이 없으면 절대가격을 의미한다.

2. 상대가격 : 두 재화의 교환비율을 의미하며, 상대가격 $\left(\dfrac{P_X}{P_Y}\right)$ 으로 나타낸다.

1 균형가격

1. 균형가격 결정

균형가격은 수요측 요인과 공급측 요인의 상호작용에 의해서 수요와 공급이 균등해지는 점에서 결정된다. 즉 상반된 교환의지(수요와 공급)가 맞아 떨어져 교환이 이루어지는 가격을 균형가격이라고 한다.

2. 균형

(1) 균형의 의미

① 균형은 상반된 힘이 맞아떨어져 외부충격이 없는 한 그 상태가 계속 유지되는 상태를 의미한다. 즉 상품시장에서의 균형은 수요 측의 힘과 공급 측의 힘이 맞아 떨어진 상태를 말한다.

② 수요곡선과 공급곡선이 교차하는 점에서 균형이 성립하는데 균형에서 형성된 가격을 균형가격(Equilibrium Price), 균형 상태에서의 거래량을 균형거래량(Equilibrium Quantily)이라 한다. 오른쪽 그림의 E점은 균형이 성립된 상태이다.

(2) 초과 공급과 초과 수요

① 초과 공급(Excess Supply) : 균형가격보다 높은 가격에서는 초과공급이 존재하므로 가격을 하락시키려는 압력이 존재한다.

$P_1 > P' \Rightarrow$ 초과공급이 발생하여 가격이 내려간다.

② 초과 수요(Excess Demand) : 균형가격보다 낮은 가격에서는 초과수요가 존재하므로 가격을 상승시키려는 압력이 존재한다.

$P' > P_2 \Rightarrow$ 초과수요가 발생하여 가격이 올라간다.

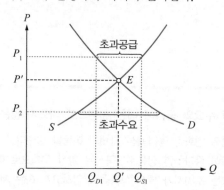

2 균형가격의 변화

1. 수요 변화에 따른 가격 변동

수요의 증가	수요의 감소
수요 곡선의 우측 이동→ 균형 가격 상승, 균형 거래량 증가	수요 곡선의 좌측 이동→ 균형 가격 하락, 균형 거래량 감소

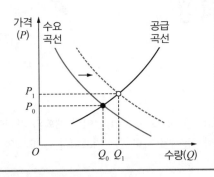

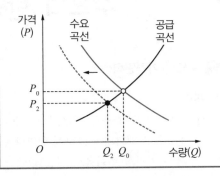

파트1

파트2

파트3

파트4

파트5

파트6

파트7

파트8

실전1

실전2

☑ 수요 변화에 따른 가격 변동 요인
  1. 수요의 증가 : 소득 증가, 기호 증가, 수요자의 수 증가, 대체재 가격 상승, 보완재 가격 하락, 수요자의 상품 가격 인상 예상 등
  2. 수요의 감소 : 소득 감소, 기호 감소, 수요자의 수 감소, 대체재 가격 하락, 보완재 가격 상승, 수요자의 상품 가격 인하 예상 등

☑ 공급 변화에 따른 가격 변동 요인
  1. 공급의 증가 : 생산 기술의 발전, 생산 요소의 가격 하락(생산 비용 감소), 공급자의 수 증가
  2. 공급의 감소 : 생산 요소의 가격 상승(생산 비용 증가), 공급자의 수 감소, 공급자의 상품 가격 인상 예상

2. 공급 변화에 따른 가격 변동

공급의 증가	공급의 감소
공급 곡선의 우측 이동 → 균형 가격 하락, 균형 거래량 증가	공급 곡선의 좌측 이동 → 균형 가격 상승, 균형 거래량 감소

3. 수요와 공급이 모두 증가하는 경우

(1) 수요와 공급이 모두 증가(감소)하면 균형거래량은 증가(감소)하나 균형가격의 변화는 수요곡선과 공급곡선의 이동 폭에 따라 달라진다.

(2) 수요와 공급 중 어느 쪽이 상대적으로 더 많이 증가(감소)하느냐에 따라 가격의 변동 방향이 결정된다.

대표기출유형

🖵 어떤 경제가 왈라스(Walras)적 균형하에 있다. 주어진 가격수준에서 수요와 공급이 모두 감소하였을 경우 균형점의 변화로 타당한 것은?

	균형거래량	균형점		균형거래량	균형점
①	증가	하락	②	감소	상승
③	증가	알 수 없음	④	감소	알 수 없음

정답 ④

해설 • 균형거래량 : 주어진 가격수준에서 수요와 공급이 모두 감소하였다면 수요곡선과 공급곡선이 모두 좌측으로 이동하여 균형점도 좌측으로 이동하므로 균형거래량은 감소한다.
• 균형점 : 수요 · 공급곡선의 상대적인 이동폭에 의해서 균형점이 위로 이동할지 아래로 이동할지가 결정되는데 문제에서는 이동폭에 대한 언급이 없으므로 균형점의 변화는 알 수 없다.

수요의 탄력성

✔ 탄력성(Elasticity)의 개념

1. 탄력성은 소비자와 생산자가 시장환경의 변화에 어떻게 반응하는가를 보여주는 지표이다.
2. 현실 경제에는 무수히 많은 현상들이 원인과 결과로 연결되어 있는데, 탄력성이란 결과변수(종속변수)의 변화율을 원인변수(독립변수)의 변화율로 나누어 구한다.
3. 수요의 가격탄력성이란 가격이 변화할 때 수요량이 얼마나 변화하는가를 나타내는 지표로, 가격이 1% 변화할 때 수요량은 몇 % 변화하는가이다.

1 수요의 가격탄력성

1. 개념

(1) 정의 : 수요의 가격탄력성(Price Elasticity of Demand)은 어떤 재화의 가격이 변할 때 그 재화의 수요량에 얼마나 변화하는가를 나타내는 지표이다. 수요량의 변화율을 가격의 변화율로 나눈 값이다.

(2) 계산식

$$\text{수요의 가격탄력성}(E_d) = -\frac{\text{수요량 변화율(\%)}}{\text{가격 변화율(\%)}} = -\frac{\dfrac{\Delta Q}{Q}}{\dfrac{\Delta P}{P}} = -\frac{\Delta Q}{\Delta P} \cdot \frac{P}{Q}$$

(수요곡선의 기울기의 역수×균형의 위치)

(3) 수요의 법칙을 만족하면 가격과 수요량의 변화방향이 반대로 나타나므로, 계산된 탄력성의 값에 음의 부호(−)를 붙이거나 절댓값을 취해 양수로 만들어 사용한다.

2. 수요곡선의 형태와 탄력성의 값

$E_d = \infty$	완전 탄력적	가격이 약간만 변해도 수요량이 무한대로 변화(수평선)
$E_d > 1$	탄력적	가격의 변동율보다 수요량의 변동율이 큼
$E_d = 1$	단위 탄력적	모든 점에서 가격변화율과 수요량변화율이 일치(직각쌍곡선)
$E_d < 1$	비탄력적	가격의 변동율보다 수요량의 변동율이 작음
$E_d = 0$	완전 비탄력적	가격이 아무리 변해도 수요량은 불변(수직선)

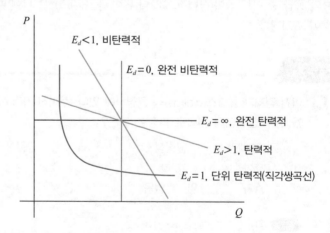

3. 수요곡선이 직선일 때의 탄력성

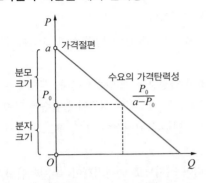
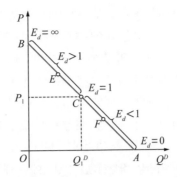

4. 수요의 가격탄력성과 판매수입(매출액)

수요의 가격탄력성의 크기	판매수입(매출액)	
	가격 하락시	가격 상승시
$E_d > 1$ (탄력적) (수요량의 변화율 > 가격의 변화율)	수요량 증가	수요량 감소
$E_d = 1$ (단위탄력적) (수요량의 변화율 = 가격의 변화율)	가계의 지출금액 불변	
$E_d < 1$ (비탄력적) (수요량의 변화율 < 가격의 변화율)	가계의 지출금액 감소	가계의 지출금액 증가

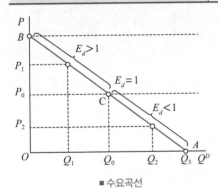

■ 수요곡선

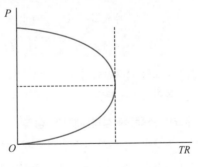

■ 총수입곡선

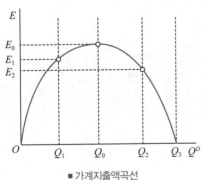

■ 가계지출액곡선

www.gosinet.co.kr **gosi**net

파트1
파트2
파트3
파트4
파트5
파트6
파트7
파트8
실전1
실전2

☑ 탄력적인 경우 : $E_d > 1$
• 가격 하락에 따른 수요량의 증가 변화가 큰 경우 : 가격 하락 분보다 수요량 증가분이 커서 가계의 지출금액(기업 판매수입) 증가
• 가격 상승에 따른 수요량의 감소 변화가 큰 경우 : 가격 상승 분보다 수요량감소분이 커서 가계의 지출금액(기업 판매수입) 감소

5. 수요의 가격탄력성 결정요인

(1) 대체재의 존재 : 대체재가 많을수록 탄력적이다.

(2) 소득점유율(소득총액에서 차지하는 비율) : 여타조건이 일정할 때 소득에서 차지하는 비중이 클수록 탄력적이다.

(3) 재화의 성격 : 필수재는 가격에 상관없이 일정량을 소비해야 하나, 사치재는 가격이 오르면 더 이상 소비를 하지 않을 수 있으므로 사치재의 성격이 강할수록 탄력적이다.

(4) 용도의 다양성 : 다양한 용도를 가진 상품일수록 탄력성이 크고, 용도가 극히 제한된 상품일수록 탄력성은 낮다.

(5) 기간의 장단(長短) : 장기에는 대처능력이 커지므로 측정기간이 길수록 탄력적이다.

(6) 가격변화의 성격 : 일시적일수록 비탄력적이고, 항구적일수록 탄력적이다.

② 수요의 소득탄력성

1. 개념

(1) 정의 : 수요의 소득탄력성(Income Elasticity of Demand)이란 소득의 변화율에 대한 수요량의 변화율을 의미하며, 소득 1%의 변화에 대한 수요량의 변화정도를 나타낸다.

(2) 계산식

$$\text{수요의 소득탄력성}(E_I) = \frac{\text{수요량의 변화율}}{\text{소득의 변화율}} = \frac{\dfrac{\Delta Q}{Q}}{\dfrac{\Delta M}{M}} = \frac{\Delta Q}{\Delta M} \cdot \frac{M}{Q}$$

(3) 수요의 가격탄력성과는 달리 양과 음의 값을 모두 가질 수 있어 앞에 음의 부호를 붙이지 않는다.

2. 수요의 소득탄력성과 재화의 성격

(1) 정상재 : 수요의 소득탄력성이 0보다 크다.

(2) 필수재 : 수요의 소득탄력성이 0에서 1 사이의 값을 가진다.

(3) 사치재 : 수요의 소득탄력성이 1이상의 값을 가진다.

(4) 열등재 : 수요의 소득탄력성이 0보다 작다.

> 탄력성의 크기에 따른 재화 구분
> (1) $E_I > 0$이면 정상재, $E_I < 0$이면 열등재
> (2) $0 < E_I < 1$이면 필수재, $E_I > 1$이면 사치재

3 수요의 교차탄력성

1. 개념

(1) 정의 : 수요의 교차탄력성(Cross Elasticity of Demand)이란 다른 재화(Y)의 가격 변화가 해당 재화(X)의 수요에 미치는 변화의 정도를 나타내는 지표이다. X재의 수요량 변화율을 Y재의 가격 변화율로 나누어 계산한다.

(2) 계산식

$$E_{XY} = \frac{X재의\ 수요량\ 변화율}{Y재의\ 가격\ 변화율} = \frac{\dfrac{\Delta Q_X}{Q_X}}{\dfrac{\Delta P_Y}{P_Y}} = \frac{\Delta Q_X}{\Delta P_Y} \cdot \frac{P_Y}{Q_X}$$

2. 교차탄력성과 재화의 성질

(1) 교차탄력성 > 0 : 대체재의 관계
    Y재 가격이 상승하면 X재 수요 증가(예 커피와 우유)

(2) 교차탄력성 < 0 : 보완재의 관계
    Y재 가격이 상승하면 X재 수요 감소(예 커피와 설탕)

(3) 교차탄력성 = 0 : 독립재의 관계
    Y재 가격이 상승해도 X재 수요 불변(예 커피와 연필)

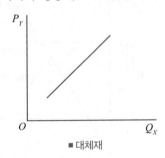
■ 대체재

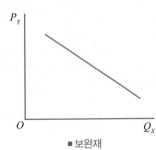
■ 보완재

대표기출유형

❑ 다음 중 수요의 가격탄력성에 대한 설명으로 적절하지 않은 것은?

① 수요에 대한 가격탄력성은 대체재가 많을수록 큰 값을 갖는다.
② 탄력성이 1보다 크면 가격이 하락함에 따라 공급자의 총수입은 증가한다.
③ 탄력성이 1보다 작으면 가격이 상승함에 따라 소비자의 총지출은 감소한다.
④ 수요의 가격탄력성은 어떤 재화의 가격이 변할 때 그 재화의 수요량이 얼마나 변하는지 나타내는 척도이다.

정답 ③

해설 수요의 가격탄력성이 1보다 작으면 가격이 상승할 경우 가격상승률에 비해 상대적으로 수요량의 감소율이 작기 때문에 소비자의 총지출은 증가하게 된다.

공급의 가격탄력성

☑ 공급의 가격탄력성은 독립변수
인 (해당)재화의 가격이 변화할
때 종속변수인 (해당)재화의 공급
량이 변화하는 정도를 나타내는
것이다.

1 개념

1. 정의

공급의 가격탄력성이란 가격이 변화할 때 공급량이 얼마나 변화하는가를 나타내는 지표를 말한다. 즉, 가격변화율에 대한 그 재화의 공급량의 변화율을 의미한다.

2. 산출식

$$\text{공급의 가격탄력성} = \frac{\text{공급량의 변화율(\%)}}{\text{가격의 변화율(\%)}} = \frac{\dfrac{\text{공급량 변화분}(\Delta Q)}{\text{원래 공급량}(Q)}}{\dfrac{\text{가격 변화분}(\Delta P)}{\text{원래 가격}(P)}} = \frac{\Delta Q}{\Delta P} \cdot \frac{P}{Q}$$

☑ 공급의 가격탄력성은 원칙적으
로 양(+)의 값을 가진다.

3. 공급곡선의 기울기와 가격탄력성

(1) 종축을 관통하는 선형공급곡선은 모든 점에서 탄력적(공급탄력성>1)

(2) 횡축을 관통하는 선형공급곡선은 모든 점에서 비탄력적(공급탄력성<1)

(3) 원점을 관통하는 선형공급곡선은 모든 점에서 단위탄력적(공급탄력성=1)

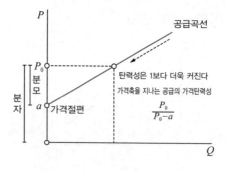

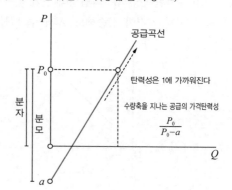

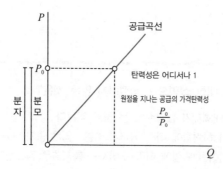

완전비탄력적	$E_S=0$	가격이 변화하여도 공급량이 전혀 변화하지 않는 경우
비탄력적	$E_S<1$	가격의 변화율보다 공급량의 변화율이 작은 경우
단위탄력적	$E_S=1$	가격의 변화율과 공급량의 변화율이 같은 경우
탄력적	$E_S>1$	가격의 변화율보다 공급량의 변화율이 큰 경우
완전탄력적	$E_S=\infty$	미세한 가격변화에 대하여 공급량이 매우 크게 변화

파트1

파트2

파트3

파트4

파트5

파트6

파트7

파트8

실전1

실전2

2 공급의 가격탄력성에 영향을 주는 요인

1. 생산량의 증가에 따른 비용의 변화

생산량을 증가시키려 할 때 시설용량의 확장이나 추가적인 투입요소 구입 등의 측면에서 평균생산비가 급격히 상승하면 가격상승에 비하여 공급증대가 상대적으로 작을 것이므로 공급의 가격탄력성은 작은 값을 가진다.

2. 다른 상품으로의 전환

어떤 기업이 한 상품의 생산으로부터 다른 상품의 생산으로 쉽게 전환할 수 있을 경우 공급의 가격탄력성이 클 것이다.

3. 가격변화에 적응하기 위한 기간

고려대상이 되는 기간이 단기보다 장기로 갈수록 공급의 가격탄력성이 커지는 경향이 있다.

4. 유휴설비

유휴설비가 많으면 가격상승 시 공급량이 쉽게 증가할 수 있으므로 공급의 가격탄력성이 커진다.

5. 저장비용

저장비용이 많이 소요되거나 저장가능성이 낮은 재화는 가격변화에 신축적으로 대응하기 어려우므로 비탄력적이다.

대표기출유형

다음 중 공급의 가격탄력성을 가장 크게 늘릴 수 있는 것은?

① 생산요소의 부족   ② 완전고용의 실현
③ 유휴설비의 존재   ④ 완전경쟁에서의 공급 부족

정답 ③

해설 유휴설비는 생산요소의 투입으로 인한 요소가격의 상승요인이 적으므로 요소가격의 부담 없이 공급을 늘릴 수 있다.

거미집모형(동태분석)

> 거미집이론은 특정 재화시장이 불균형 상태에서 균형상태로 조정되는 과정이 마치 거미집 모양과 같다는 에치켈(M. J. Eziekil)의 이론이다. 균형의 변동과정을 동태적으로 분석하는 이론이다. 따라서 시장의 여건에 따라 가격의 시간 경로가 다른 양상을 보일 수 있는데, 이 변화과정을 거미집과정(Cobweb Process)이라 한다.

1 개념

1. 순환과정

거미집이론(동태분석)에 따르면 외부충격으로 기존의 균형점에서 새로운 균형점으로 이동해 가는 것은 '수요증가 → 초과수요 → 가격폭등 → 공급증가 → 가격폭락 → 공급감소 → 가격폭등'의 과정을 거치게 된다는 것이다. 또한 단기적으로 가격이 급등하게 되면 건물착공량이 증가하게 되는데, 공급물량이 막상 시장에 출하되면 오히려 공급초과가 되어 침체국면에 접어든다는 것이다.

2. 거미집이론의 전제

(1) 수요와 공급 간 시차가 존재한다.

① 수요량은 금기(今期)의 가격에 반응해서 수량을 결정하고, 공급량은 전기(前期)의 가격에 반응해서 수량을 결정한다.

② 지금 공급되는 물량은 전기의 가격에 반응해서 전기에 착공한 물량이 시장에 나오는 것이다. 그리고 금기에 생산된 수량은 모두 금기의 시장에서 판매된다는 것을 전제로 한다.

(2) 공급자는 현재의 시장임대료에만 반응한다. 즉, 미래에 대한 예측을 하지 않는다.

3. 적용대상

(1) 농산물시장이나 부동산시장에서 가격파동을 설명하는 이론으로서 거미집이론이 자주 인용된다.

(2) 주택은 수요가 꾸준하므로 꾸준히 일정량을 지어야 하지만 상업용이나 공업용은 일반 경기에 따라 경기가 좋으면 한꺼번에 많은 수량이 착공되는 경우가 많기 때문에 부동산시장의 경우 주거용 부동산보다는 상업용이나 공업용 부동산에 더 잘 적용된다.

(3) 농산품의 탄력성과 농부의 역설 : 농산품은 공산품에 비해 수량조정에 시간이 소요되므로, 수요와 공급의 변화에 따른 가격의 변화폭이 크게 나타난다. 즉 농산품은 필수재에 해당하는 상품이 많아 수요곡선이 가파르고, 저장가능성과 생산시기 조절이 쉽지 않아 공급량을 조절하기가 어려워 공급곡선의 기울기도 가파르게 나타난다. 따라서 풍작과 흉작에 따른 수량 조절은 어렵고 가격의 변동으로 조절해야 하므로 가격의 변동폭이 크게 나타나 폭등·폭락현상이 자주 관찰된다. 이러한 산업적 특수성으로 풍년이 되면 농부의 소득은 감소하고, 흉년이 되면 농부의 소득이 오히려 증가하는 현상을 농부의 역설이라고 한다.

  ┌ 풍년 → 공급곡선 우측이동 → 가격폭락 → 총소득 감소
  └ 흉년 → 공급곡선 좌측이동 → 가격폭등 → 총소득 증가

2 거미집모형의 유형

1. (진동)수렴형

시간이 경과하면서 새로운 균형으로 접근하는 경우이다. 공급곡선 기울기의 절댓값이

수요곡선 기울기의 절댓값보다 큰 경우에 나타난다. 일반적으로 부동산시장은 공급이 진동수요보다 덜 탄력적이며, 이런 경우 거미집모형은 새로운 균형으로 수렴하게 된다.

파트1 파트2 파트3 파트4 파트5 파트6 파트7 파트8 실전1 실전2

> ☑ 거미집모형에서 동적 안정성의 달성여부는 수요곡선과 공급곡선의 형태에 따라 달라진다. 거미집모형은 수요와 공급의 가격탄력성의 상대적 크기에 따라 새로운 균형에 수렴하거나, 발산하거나, 순환하게 된다.

2. (진동)발산형

시간이 경과하면서 새로운 균형에서 점점 멀어지는 경우이다. 공급곡선 기울기의 절댓값이 수요곡선 기울기의 절댓값보다 작은 경우에 나타난다.

3. 진동형(순환형)

시간이 경과하면서 새로운 균형점에 접근하지도, 멀어지지도 않는 경우이다. 수요곡선과 공급곡선의 기울기의 절댓값이 같은 경우에 나타난다.

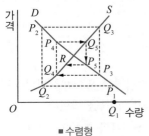 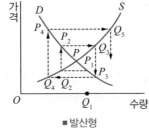 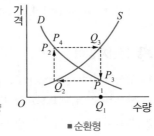

■ 수렴형　　　　　　　■ 발산형　　　　　　　■ 순환형

③ 거미집모형의 안정성

1. 모형

$$- \text{수요} : Q_t^d = a - b \cdot P_t$$

$$- \text{공급} : Q_t^s = -c + d \cdot P_{t-1}$$

2. 1계차분방정식 활용

$$b \cdot P_t + d \cdot P_{t-1} = a + c \Rightarrow b \cdot P_{t+1} + d \cdot P_t = a + c$$

> ☑ 안정성의 조건
> 수요의 가격탄력성 > 공급의 가격탄력성

> ☑ 의미
> 수요자들이 공급자들보다 가격에 민감하게 반응해야 균형에 수렴.

대표기출유형

□ 다음 중 거미집이론(Cobweb Theorem)과 관계가 없는 것은?

① 가격이 변하면 수요는 즉각적인 영향을 받는다.
② 균형가격의 안정조건을 정태과정에서 설명한 이론이다.
③ 농산물의 가격변동을 설명한 것으로부터 출발한 이론이다.
④ 가격이 변해도 공급은 일정한 기간 후에 변동을 일으킨다.

정답 ②

해설 거미집이론은 가격변화에 대한 수요량과 공급량의 변화로 균형에 접근하는 변동과정 분석이므로 동태과정에서 설명한 이론이다.

소비자잉여와 생산자잉여

- 소비자잉여
  =소비자가 누리는 가치-
  소비자가 지불한 금액
- 생산자잉여
  =공급자가 받는 금액-
  공급자가 치르는 비용
- 총잉여
  =소비자잉여+생산자잉여
  =소비자가 누리는 가치-
  공급자가 치르는 비용

1 소비자잉여

1. 소비자잉여(Consumer Surplus ; CS)는 소비자의 최대지불용의 금액에서 실제로 지불한 금액을 뺀 나머지 금액으로, 소비자가 시장 참여로부터 받는 혜택의 크기이다.

2. 소비자 A는 물건 B에 1만 원까지 지불할 용의가 있는데 7천 원만 주고 구입했다면 3천 원의 소비자잉여가 발생한 것이다.

3. 소비자의 최대지불용의는 소비로부터 예상되는 총효용(Utility)의 금전적 가치로 총편익(Total Benefit)이라고도 한다.

2 생산자잉여

1. 생산자잉여(Producer Surplus ; PS)는 공급자의 총수입에서 생산비용(기회비용)을 뺀 나머지 금액으로, 생산자가 시장에 참여하여 얻게 되는 이득을 말한다.

2. 생산비용은 공급자가 받아들일 수 있는 최저가격으로, 생산자의 판매용의이다.

3 시장균형

1. 시장의 효율성

✓ 수요폐색가격
(Demand Choke Price)
구매하려는 소비자가 없고 수요량이 0이 되는 가격 수준, 역수요곡선의 수직축 절편이다.

✓ 공급폐색가격
(Supply Choke Price)
생산하려는 기업이 없고 공급량이 0이 되는 가격 수준, 역공급곡선의 수직축 절편이다.

(1) 완전경쟁 상태에서 외부효과가 없다는 전제 아래, 한 사회의 경제적 후생은 소비자잉여와 생산자잉여의 합(즉, 경제적 잉여의 합)으로 표시할 수 있다.

(2) 경제적 잉여가 극대화될 때 시장의 효율성(Market Efficiency)이 달성되며, 이때 자원배분이 (파레토) 효율적이라고 한다.

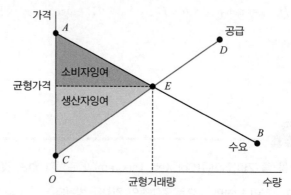

2. 시장실패의 원인

(1) 시장지배력

① 공급자나 수요자가 시장가격에 영향을 미칠 수 있는 능력

② 시장지배력(Market Power)이 존재하면 시장에서 생산 및 소비되는 재화의 수량이 경제적 잉여를 극대화하는 수량과 달라져 시장의 효율성이 저하된다.

파트1

파트2

파트3

파트4

파트5

파트6

파트7

파트8

실전1

실전2

(2) 외부효과

① 시장거래의 결과, 거래 당사자가 아닌 다른 사람이 영향을 받고 그에 대한 보상이 이루어지지 않는 경우

② 외부효과(Externalities)가 존재하면 시장에 의한 자원배분이 비효율적으로 이루어진다.

4 탄력성과 사회 잉여

1. 수요가 완전탄력적

수요가 완전탄력적인 경우 수요곡선은 수평이므로 소비자잉여는 없고 공급곡선이 우상향하면 사회적 잉여는 생산자잉여와 일치한다.

2. 수요가 완전비탄력적

수요가 완전비탄력적인 경우 수요곡선은 수직이므로 소비자잉여는 무한정 증가하고 공급곡선이 우상향하면 생산자잉여는 변함이 없다.

3. 공급이 완전탄력적

공급이 완전탄력적인 경우 공급곡선은 수평이므로 생산자 잉여와 소비자잉여는 변함이 없고, 수요곡선이 우하향하면 사회적잉여는 소비자잉여와 일치한다.

4. 공급이 완전비탄력적

공급이 완전비탄력적인 경우 공급곡선은 수직이므로 소비자잉여는 변함이 없고 생산자잉여는 무한정 증가한다.

대표기출유형

개인 a, b, c, d가 커피를 구입할 때 지불할 용의가 있는 가격이 아래의 표와 같다. 커피가격이 4,000원일 때 사회전체의 소비자잉여는?

구분	a	b	c	d
지불용의	3,000원	4,000원	5,000원	6,000원

① 2,000원   ② 3,000원   ③ 4,000원
④ 5,000원   ⑤ 6,000원

정답 ②

해설 소비자잉여(Consumer Surplus ; CS)는 소비자가 지불할 용의가 있는 최대가격과 실제 지불한 가격 간의 차이를 말한다.
- a : 구입하지 않았으므로 소비자잉여는 없다.   • b : 4,000 − 4,000 = 0
- c : 5,000 − 4,000 = 1,000   • d : 6,000 − 4,000 = 2,000
따라서 사회전체의 소비자잉여는 1,000 + 2,000 = 3,000(원)이다.

가격규제

☑ 시장 균형의 결정 원리
- 초과 수요(수요량>공급량) 상태→가격 상승 압력 발생 → 가격 상승→수요량 감소, 공급량 증가→시장 균형 달성(수요량=공급량)
- 초과 공급(수요량<공급량) 상태→가격 하락 압력 발생 → 가격 하락→수요량 증가, 공급량 감소→시장 균형 달성(수요량=공급량)

1 시장에서의 가격 결정

1. 시장 균형

(1) 의미 : 시장에서 수요량과 공급량이 일치하여 가격이 더 이상 변하지 않는 상태

(2) 균형 가격 : 수요량과 공급량이 일치하는 균형점에서의 가격

(3) 균형 거래량 : 수요량과 공급량이 일치하는 균형점에서의 거래량

2. 시장의 불균형

(1) 의미 : 시장에서 재화나 서비스 등에 대한 수요량과 공급량이 일치하지 않아 초과 수요나 초과 공급이 발생하는 상태

(2) 초과 수요 : 특정 가격 수준에서 수요량이 공급량보다 많은 경우로서 가격 상승 압력이 존재

(3) 초과 공급 : 특정 가격 수준에서 공급량이 수요량보다 많은 경우로서 가격 하락 압력이 존재

2 정부의 가격 규제 정책

1. 의의

(1) 전세나 월세 등 부동산 임대료가 너무 비싼 경우, 임금이 지나치게 낮거나 대부업체의 이율이 너무 높은 경우, 농산물의 가격이 폭락한 경우 정부는 시장에서 결정된 가격을 무시하고 의도적으로 가격을 규제하기도 한다.

(2) 가격에 대한 정부의 규제는 가격이 일정한 수준 이상으로 올라가는 것을 막는 가격상한제(Price Ceiling)와 가격이 일정한 수준 이하로 내려가는 것을 막는 가격하한제(Price Floor)의 두 가지 형태로 실시되고 있다.

2. 최고가격제(가격상한제)

(1) 의미 : 정부가 시장의 균형 가격이 너무 높다고 판단하면 시장 균형 가격보다 낮은 수준에서 가격상한선을 정하고 이를 초과하는 가격 수준에서 거래하지 못하도록 규제하는 정책이다.

최고가격제가 시행되는 시장	최고가격제 시행 이전과 이후 비교
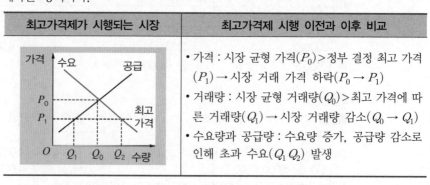	• 가격 : 시장 균형 가격(P_0)>정부 결정 최고 가격(P_1) → 시장 거래 가격 하락($P_0 \rightarrow P_1$) • 거래량 : 시장 균형 거래량(Q_0)>최고 가격에 따른 거래량(Q_1) → 시장 거래량 감소($Q_0 \rightarrow Q_1$) • 수요량과 공급량 : 수요량 증가, 공급량 감소로 인해 초과 수요($Q_1 Q_2$) 발생

(2) 사례

① 분양가 상한제 : 정부가 산정한 분양가 이하에서 아파트가 분양되도록 규제하는 제도

② 이자율 상한제 : 대출 이자율의 상한선을 정하는 정책

(3) 문제점

① 초과 수요 발생 : 정부가 최고가격제를 실시하면 초과 수요가 발생하게 되어 원하는 만큼 재화가 공급되지 못하고 재화의 배분은 가격이 아니라 추첨이나 선착순과 같이 가격경쟁 이외의 다른 방식으로 해결된다.

② 생산측면의 과소설비를 유도

③ 암시장 출현

3. 최저가격제(가격하한제)

(1) 의미 : 시장에서 형성되는 균형 가격이 너무 낮아서 시장 균형 가격보다 높은 수준에서 가격하한선을 정하고 이보다 낮은 가격 수준에서 거래하지 못하도록 규제하는 정책이다.

최저가격제가 시행되는 시장	최저가격제 시행 이전과 이후 비교
	• 가격 : 시장 균형 가격(P_0)<정부 결정 최저 가격(P_1) → 시장 거래 가격 상승($P_0 \to P_1$) • 거래량 : 시장 균형 거래량(Q_0)>최고 가격에 따른 거래량(Q_1) → 시장 거래량 감소($Q_0 \to Q_1$) • 수요량과 공급량 : 수요량 감소, 공급량 증가로 인해 초과 공급($Q_1 Q_2$) 발생

(2) 목적 : 생산자(공급자, 노동자) 보호

(3) 사례 : 임금이 일정 수준 이상으로 유지되도록 규제하는 제도인 최저 임금제

(4) 문제점

① 초과 공급 발생 : 최저가격제가 실시되면 일반적으로 공급량이 수요량을 초과하여 초과 공급이 발생하며, 최저임금제에서 초과 공급은 실업이 발생하는 것을 의미한다.

② 생산측면의 과잉설비를 유도

③ 암시장 발생

구분 \ 종류	최고가격제	최저가격제
가격설정	균형 가격 아래-가격상한제	균형 가격 위-가격하한제
효과	가격인하-소비자 보호 · 물가안정	가격상승-생산자 · 노동자 보호
사례	아파트 분양가 통제 · 전세금 통제, 법정최고이자 등	최저임금제 · 최저곡가제 등
불균형	초과 수요-재화부족	초과 공급-재화 · 노동의 과잉공급

암시장
정부의 가격 규제와 관련하여 정부가 통제하는 가격 범위를 벗어나서 거래가 이루어지는 경우를 의미한다. 넓은 의미로는 불법적인 거래가 이루어지는 모든 시장을 의미하기도 한다.

파트1 파트2 파트3 파트4 파트5 파트6 파트7 파트8 실전1 실전2

재화 · 서비스의 질	가격하락으로 저하됨.	가격상승으로 개선됨.
자원배분	과소의 자원배분에 의한 비효율성 – 후생손실이 발생	과잉의 자원배분에 의한 비효율성 – 후생손실이 발생
암시장형성	암시장에서는 규제가격보다 더 높은 가격으로 거래가 됨.	암시장에서는 규제가격보다 더 낮은 가격으로 거래가 됨.
기타	가격기구에 의한 자원배분($\times$) → 인위적 배분 : 선착순 추첨 배급제	최저임금제의 경우 노동수요의 임금탄력성이 탄력적일수록 효과적임.

4. 가격 규제와 경제적잉여

(1) 최고가격제(가격상한제)

　① 최고가격제 : 가격하락(P_C), 공급량 감소(Q_S), 실제 소비량 감소(Q_S)

　② 암시장 형성 : 가격상승(P_B), 공급량 감소(Q_S), 실제 소비량 감소(Q_S)

☑ 가격상한제를 실시할 경우 수요의 가격탄력성이 커질수록 초과수요의 값도 커진다.
가격하한제를 실시할 경우 수요의 가격탄력성이 커질수록 초과공급의 값도 커진다.

구분	가격	실제 생산 · 소비	소비자잉여	생산자잉여	경제적잉여
최고가격제	하락	감소	(일반적) 증가	감소	감소
암시장	상승	감소	감소	(일반적) 증가	감소

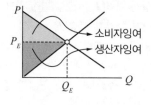 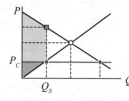 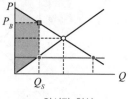

■최고가격제 시행　　　■암시장 형성

(2) 최저가격제(가격하한제) : 농산물 가격지지제, 최저임금제

　① 최저가격제 : 가격상승(P_C), 수요량 감소(Q_D), 실제 생산량 감소(Q_D)

　② 정부수매 시 : 가격상승(P_C), 수요량 감소(Q_D), 공급량 증가(Q_S), 초과공급분 비축

　③ 이중곡가제 : 구매가격(P_S) 상승, 공급량 증가(Q_S), 판매가격(P_D) 하락, 수요량 증가(Q_D)

구분	가격	실제 생산 · 소비	소비자잉여	생산자잉여	경제적잉여
최저가격제	상승	감소	감소	(일반적으로) 증가	감소
정부수매	상승	소비감소, 생산증가	감소	증가	감소
이중곡가제	—	소비증가, 생산증가	증가	증가	감소

＊ 정부수매와 이중곡가제 시행 시 재정지출(사각형 면적)이 필요하므로 경제적잉여는 감소

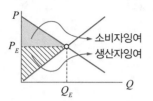

소비자잉여
생산자잉여

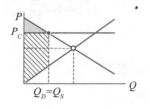

■ 최저가격제

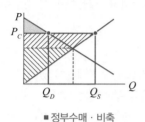

■ 정부수매 · 비축

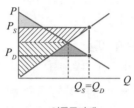

■ 이중곡가제

☑ 최저임금제와 총노동소득
(전체 노동자들의 소득)의
관계

• 최저임금제 실시 이후 노동
자들의 총노동소득(전체 노
동자들의 소득)의 증감여부
는 노동수요의 임금탄력성
에 달려있다.

• 노동수요가 탄력적인 경우
최저임금제가 실시되어 임
금이 상승하면 고용량이 대
폭 감소하므로 노동자의 총
노동소득이 감소한다.

• 노동수요가 비탄력적인 경
우 최저임금제가 실시되어
임금이 상승하더라도 고용
량이 별로 감소하지 않으므
로 노동자의 총노동소득이
증가한다.

파트1 파트2 파트3 파트4 파트5 파트6 파트7 파트8 실전1 실전2

대표기출유형

▢ 최저임금위원회에서는 2019년 최저임금을 시간당 8,350원으로 정하였다. 이는 2018년 최저임금
제 시간당 7,530원에서 인상된 수치이다. 다음 중 최저임금제에 대한 설명으로 옳지 않은 것은?

① 노동시장의 초과공급으로 비자발적 실업이 발생한다.

② 노동수요의 임금탄력성이 높을수록 효과적이다.

③ 최저임금제는 노동시장의 생산자잉여를 증가시키기 위한 정책이다.

④ 최저임금제를 통한 총노동소득의 증감여부는 노동수요의 임금탄력성에 따라 결정된다.

정답 ②

해설 노동수요의 임금탄력성이 낮을수록 효과적이다.

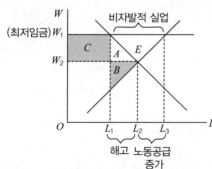

최저임금제를 실시하면 노동자들의 임금이 상승하는 효과
를 가져오지만, 비자발적 실업이 발생하며 사회적인 후생손
실을 초래하게 되는 것이다.

④ 임금상승 ┌ 노동수요의 임금탄력성>1 ⇒ 임금인상률<고용량 감소율 ⇒ 총노동소득 감소
　　　　　　└ 노동수요의 임금탄력성<1 ⇒ 임금인상률>고용량 감소율 ⇒ 총노동소득 증가

테마 09 조세부과의 효과

1 조세의 경제적 기능

1. 자원배분 기능

조세는 자원배분에 영향을 미친다. 세율에 따라 수요와 공급을 조절할 수 있는데 일반적으로는 세율이 높아지면 수요와 공급이 모두 감소하고, 세율이 낮아지면 수요와 공급이 모두 증가한다.

2. 소득재분배 기능

조세는 소득의 재분배를 조정할 수 있다. 대표적으로 누진세율이 있다. 고소득자에게는 높은 세율을 적용하고, 저소득층에는 낮은 세율을 부과하는 방식으로 대부분의 나라에서 채택하고 있다. 또한 특정 재화에 세율을 조정하는 방식도 있는데, 생필품의 경우에는 세율을 낮게 조정하고, 사치품과 기호품에는 높은 세율을 적용하여 소득의 재분배 효과를 거둘 수 있다.

3. 경기안정화 기능

조세는 경기안정화 정책에 활용될 수 있다. 경기 침체기에는 세율을 낮추어 경기를 부양할 수 있으며, 경기 과열기에는 세율을 높여 소비를 감소시키는 효과로 과도한 인플레이션을 막을 수 있다. 금리의 변동과 구분하여야 한다.

2 조세부과의 효과 분석

1. 조세부담의 귀착

(1) 조세부담분의 상대적 크기 : 수요자의 조세부담분과 공급자의 조세부담분의 상대적 크기는 탄력성에 반비례한다. 즉 상대적으로 비탄력적인 쪽이 많이 부담하므로 탄력성에 반비례하고, 수요곡선과 공급곡선의 기울기에 비례한다.

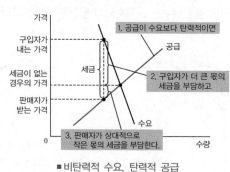

■비탄력적 수요, 탄력적 공급   ■탄력적 수요, 비탄력적 공급

(2) 조세부과 후의 가격상승폭 : 수요의 가격탄력성이 클수록 작아지고, 공급의 가격탄력성이 클수록 커진다.

(3) 법적 귀착과 경제적 귀착 : 법적으로 소비자에게 부과하거나 생산자에게 부과하거나 경제적 결과는 동일하다.

조세부담의 전가
실제 조세가 부과되었을 때 경제주체들이 경제활동의 과정에서 조세부담을 다른 경제주체에게 이전시키는 행위를 말한다.

조세부담의 귀착
정부가 부과한 조세의 전가가 이루어져 실질적으로 각 경제주체의 조세부담액이 결정되는 것을 의미한다.

예외적인 경우의 조세부담의 귀착
1. 공급이 완전탄력적인 경우 : 수요자가 전액부담
2. 수요가 완전탄력적인 경우 : 생산자가 전액부담
3. 공급이 완전 비탄력적인 경우 : 생산자가 전액부담
4. 수요가 완전 비탄력적인 경우 : 수요자가 전액부담

2. 조세와 최대 지불의사 및 최소 수취의사의 변화

구분	종량세	종가세
생산자에게 부과될 때	생산자가 소비자로부터 받고자 하는 가격이 T원만큼 상승하게 되고, 공급곡선이 단위당 조세액만큼 상방으로 평행이동한다. 	생산자가 소비자로부터 받고자 하는 가격이 $t\%$ 상승하게 되고, 이에 따라 공급곡선이 회전하면서 상방으로 이동하게 된다.
소비자에게 부과될 때	소비자가 생산자에게 지불할 용의가 있는 금액이 T원만큼 하락하고, 수요곡선이 단위당 조세액만큼 하방으로 평행이동한다. 	소비자가 생산자에게 지불할 용의가 있는 금액이 $t\%$ 하락하게 되고, 수요곡선이 회전하면서 하방으로 이동한다.

☑ 물품세의 부과방식
  1. 종량세 : 상품 단위당 일정액의 조세를 부과하는 방식
  2. 종가세 : 상품 단위당 일정세율의 조세를 부과하는 방식

파트1
파트2
파트3
파트4
파트5
파트6
파트7
파트8
실전1
실전2

3 조세부과와 자중손실

1. 자중손실의 개념

(1) 의의 : 자중손실(Deadweight Loss)이라는 것은 경제에서 균형이 최적상태가 아닐 때 발생하는 효율성 상실분($DL = B + F$)을 의미하는데, 대개 독점가격, 외부효과, 세금이나 보조금 그리고 가격상한제, 가격하한제 등이 있다.

(2) 조세의 부과

① 공급자에게 T원만큼의 종량세를 부과할 경우 : 공급자의 최소수취의사가 T원만큼 위로 이동 ⇒ P_C(공급자가 최소한 받아야 하겠다는 금액에 T원만큼을 더 받아야 세금 납부가 가능하므로)

② 수요자에게 T원만큼의 종량세를 부과할 경우 : 수요자의 최대지불의사가 T원만큼 아래로 이동 ⇒ P_P(수요자가 최대한 낼 용의가 있다는 금액에서 T원만큼은 세금이므로 공급자에게 돌아가는 금액은 그만큼 감소)

③ 조세의 귀착

㉠ 물품세를 공급자에게 부과하는 것과 소비자에게 부과하는 것은 동일한 결과

☑ 자중손실이란 거래량이 효율적인 시장 거래량 아래로 감소하면서 발생하는 총잉여의 손실을 말하며, 사중비용, 후생손실/비용이라고 한다. 발견자의 이름을 따라 하버거의 삼각형(Harberger's Triangle)이라고 한다.

ⓛ 탄력적인 경제주체의 경제적 귀착은 작고, 덜 탄력적인 경제주체의 귀착은 크 다(역탄력성). 수요곡선이 상대적으로 완만하면 수요가 더 탄력적이므로 수요 자의 부담은 작고, 공급자의 부담은 크다. 공급 곡선이 상대적으로 완만하면 공급이 더 탄력적이므로 공급의 부담은 작고, 수요자의 부담은 크다.

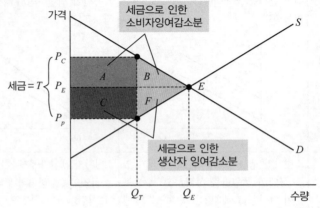

제품 한 단위당 T원만큼의 세액 중 $P_C - P_E$만큼은 소비자가 부담하고 $P_E - P_P$만큼은 공급자가 부담

2. 탄력성과 조세귀착

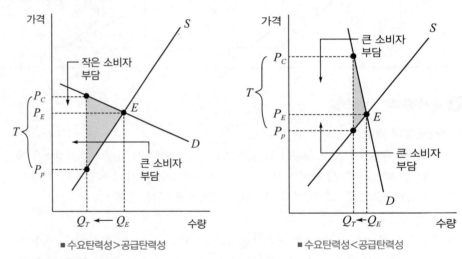

■ 수요탄력성 > 공급탄력성

■ 수요탄력성 < 공급탄력성

3. 탄력성과 자중손실

(1) 수요의 탄력성과 자중손실(동일한 공급곡선)

 ① 수요가 탄력적일 때가 비탄력적일 때보다 자중손실이 크다.

 ② 수요가 탄력적일 때 조세의 소비자 부담이 작고, 생산자 부담이 크다.

 ③ 수요가 비탄력적일 때 조세의 생산자 부담이 작고, 소비자 부담이 크다.

(2) 공급의 탄력성과 자중손실(동일한 수요곡선)
① 공급이 탄력적일 때가 비탄력적일 때보다 자중손실이 크다.
② 공급이 탄력적일 때 조세의 소비자 부담이 크고, 생산자 부담이 작다.
③ 공급이 비탄력적일 때 조세의 생산자 부담이 크고, 소비자 부담이 작다.

www.gosinet.co.kr gosinet

✓ • 수요와 공급이 탄력적일수록 자중손실이 증가한다.
• 수요와 공급이 덜 탄력적일수록 자중손실이 감소한다.

파트1

파트2

파트3

파트4

파트5

파트6

파트7

파트8

실전1

실전2

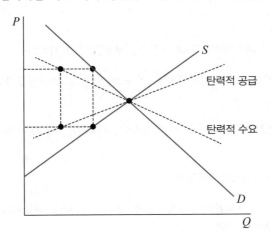

대표기출유형

📩 수요가 가격에 탄력적인 재화에 개별물품세가 부과될 때 올바른 것은?

① 소비자가격이 큰 폭으로 증가하여 소비자부담이 크다.
② 사치적 심리의 재화이므로 고소득층의 부담이 큰 폭으로 증가한다.
③ 고가(高價)이므로 낮은 세율을 적용해도 정부가 확보하는 조세수입이 많아진다.
④ 과세 이후 자중손실(Deadweight Loss)이 대폭 증가할 것이다.
⑤ 생산자에 비해 소비자부담이 클 것으로 예상된다.

정답 ④

해설 물품세가 부과될 경우
ⓐ 수요가 탄력적일수록 소비자 부담이 작고, 공급이 탄력적일수록 생산자 부담이 작아진다.
ⓑ 수요와 공급이 탄력적일수록 조세부과시 거래량이 크게 감소하므로 자중손실(사회적인 후생손실)이 증가한다.

빈출 지문에서 뽑은 O/X

01 경제학에서의 합리성 또는 효율성은 주어진 한정된 자원을 이용하여 주어진 목적을 최대한 달성하는 것이다. (O / ×)

02 애덤 스미스(A. Smith)의 경제사상은 국부의 원천을 노동의 생산물로 보았으며, 노동분업은 한 나라의 부를 증대시키는 원천이라고 하였다. (O / ×)

03 애덤 스미스(A. Smith)의 '보이지 않는 손'은 경쟁적 상황하에서 각 개인의 이기적 동기에 따른 의사결정이 사회적 이익을 증대시킨다는 것을 의미한다. (O / ×)

04 소득이 증가함에 따라 그 수요가 감소하는 재화를 정상재라고 한다. (O / ×)

05 놀부는 흥부와 1시간 동안 비디오를 보는 대신에 아르바이트를 해서 5,000원을 벌었다. 놀부가 아르바이트를 하는 것의 기회비용은 아르바이트로 번 돈 5,000원이다. (O / ×)

06 기회비용은 선택에서의 상충관계 때문에 발생하며, 경제문제에서만 발생한다. (O / ×)

07 생산가능곡선 위의 접선의 기울기가 의미하는 것은 한계변환율이다. (O / ×)

08 경제학에서는 양을 나타내는 변수로서 유량(Flow)변수와 저량(Stock)변수를 구분하여 사용하는데, 보유부동산의 시장가치는 저량변수이다. (O / ×)

09 개개인에게는 타당한 명제가 전체에 대해서는 타당하지 않을 수도 있다는 사실을 구성의 오류(Fallacy of Composition)라고 한다. (O / ×)

10 그 상품의 가격이 변화하면 수요곡선을 이동시키게 된다. (O / ×)

11 수요는 유량(Flow)의 개념이며, 수요함수에서 소득은 종속변수이다. (O / ×)

12 시장수요곡선의 기울기는 개별수요곡선의 기울기보다 가파르다. (O / ×)

13 가격이 오르는 데도 일부 계층의 과시욕이나 허영심 등으로 인해 수요가 줄어들지 않는 현상을 베블런효과라고 한다. (O / ×)

14 다른 사람들이 어떤 상품을 많이 소비하고 있기 때문에 자기는 그 재화의 소비를 중단하거나 줄이는 경우를 편승효과(Bandwagon Effect)라고 한다. (O / ×)

15 맥주와 대체관계에 있는 소주에 대한 수요곡선을 좌측으로 이동시키는 요인으로 맥주의 가격 하락을 들 수 있다. (O / ×)

16 기펜재는 반드시 열등재일 필요는 없다. (O / ×)

17 단기공급곡선이 우상향하는 것은 한계생산물체증의 법칙이 작용하기 때문이다. (O / ×)

18 소득이 5% 증가할 때 수요량이 1%밖에 증가하지 않았다면 이 상품은 기펜재(Giffen Goods)이다. (O / ×)

www.gosinet.co.kr **gosi**net

파트1
파트2
파트3
파트4
파트5
파트6
파트7
파트8
실전1
실전2

[정답과 해설]

| 01 | ○ | 02 | ○ | 03 | ○ | 04 | × | 05 | × | 06 | × | 07 | ○ | 08 | ○ | 09 | ○ | 10 | × | 11 | × | 12 | × |
| 13 | ○ | 14 | × | 15 | ○ | 16 | × | 17 | × | 18 | × | | | | | | | | | | | | |

01 경제학에서 합리성 또는 효율성이란 경제주체가 경제원칙, 즉 최소의 비용으로 최대의 효과를 얻으려고 노력한다는 것을 의미한다.

02 애덤 스미스(A. Smith)는 국부의 원천을 노동의 생산물이라고 보았으며, 한 상품의 가치는 그 상품을 생산한 노동에 의하여 형성되고, 가치의 크기는 그 사회에 있어서의 평균적인 생산조건하에서 그 상품을 생산하는 데 필요한 노동시간(사회적 필요노동시간)에 의하여 결정된다는 노동가치설(Labor Theory of Value)을 주장하였다.

03 애덤 스미스(A. Smith)는 인간의 이기적 욕망을 자연스러운 본성으로 파악하고 경쟁적 시장에서 개인들의 이기적 욕망 추구행위가 '보이지 않는 손', 즉 눈에 보이지 않는 가격기구에 의한 효율적인 자원배분을 통해 사회적으로 바람직한 상태가 된다고 주장하였다.

04 열등재(하급재)는 소득이 증가함에 따라 그 수요가 감소하는 재화이다. ↔ 정상재(우등재)

05 기회비용이란 어떤 행위 대신 다른 행위를 했을 때 얻을 수 있으리라 예상되는 가치, 즉 어떤 행위를 함으로써 포기해야 하는 가치를 의미한다. 따라서 놀부가 아르바이트를 하기 위해 포기한 것은 흥부와 1시간 동안 비디오를 보았다면 얻을 수 있었던 즐거움이다.

06 기회비용이란 어떤 행위를 함으로써 포기해야 하는 가치로, 경제문제뿐만 아니라 비경제적인 문제에서도 발생한다.

07 생산가능곡선 위의 접선의 기울기는 X재 생산량을 1단위 증가시킬 때 감소시켜야 하는 Y재의 수량, 즉 한계변환율을 의미한다.

08 저량은 일정기간의 명시가 없어도 어느 한 시점에서 측정이 가능한 것으로, 보유부동산의 시장가치는 그 시점의 부동산의 시장가치를 말하므로 저량에 해당한다.

09 구성의 오류란 부분적 성립의 원리를 전체적 성립으로 확대 추론함에 따라 발생하는 오류로, 절약의 역설, 가수요가 여기에 해당한다.

10 수요곡선은 다른 조건이 불변이란 가정하에 가격과 수요량의 관계를 나타내는 곡선으로 가격의 변화는 수요곡선상의 이동으로 나타난다.

11 수요는 유량(Flow)의 개념이지만, 수요함수는 그 재화의 가격과 수요량 사이에 존재하는 함수관계로, 일정기간 동안의 가격에 대응하는 소비자들의 구매 의도량을 나타내는 것이므로 소득은 종속변수가 아니고 매개변수로 작용한다.

12 시장수요곡선이란 시장에 존재하는 소비자들의 개별수요곡선을 수평으로 합한 것으로, 개별수요곡선의 기울기보다 완만하다.

13 베블런효과(Veblen Effect)란 상류층 소비자들에 의해 주로 이루어지는 소비행태로, 가격이 오르는 데도 수요가 줄어들지 않고 오히려 증가하는 현상을 의미하는데, 미국의 사회학자이자 사회평론가인 베블런(T. B. Veblen)이 1899년 출간한 저서 『유한계급론(有閑階級論)』에서 유래한 말이다.

14 백로효과(Snob Effect)란 편승효과(Bandwagon Effect)와 반대되는 것으로 다른 수요자가 수요하기 때문에 개별 수요자가 수요를 감소시키는 현상을 말한다.

15 수요곡선이 좌측으로 이동하는 것은 그 재화의 수요가 감소된다는 것을 의미하며, 맥주와 소주는 대체재이므로 맥주의 가격 하락은 맥주의 수요 증가와 소주의 수요 감소를 유발한다.

16 기펜재는 열등재로서, 소득 증가로 인한 소비 감소의 효과가 대체효과보다 커서 가격이 내려도 수요량이 늘지 않고 오히려 줄어드는 재화를 말한다.

17 단기공급곡선이 우상향하는 것은 한계생산물체감의 법칙이 작용하기 때문이다.

18 소득이 증가할 때 수요량이 증가하는 재화는 정상재이다. 기펜재는 대체효과보다 소득효과가 더 큰 열등재로, 가격이 하락하면 수요량도 줄어드는 재화를 말한다.

19 수요의 가격탄력성이 가격수준에 관계없이 일정하다면 수요곡선은 직선이다. (○ / ×)

20 수요의 가격탄력성은 가격 한 단위의 변화에 대한 수요량의 변화를 측정한 것이다. (○ / ×)

21 수요의 가격탄력성이 1보다 클 때 이 재화의 가격이 하락하면 이 재화에 대한 소비자의 총지출액은 증가한다. (○ / ×)

22 X재 수요의 가격탄력성이 1보다 크면 X재의 가격이 올랐을 때 X재의 총매출액이 증가한다. (○ / ×)

23 가격이 10% 상승할 때 수요량이 12% 감소하는 재화에 대해 최저가격제가 적용되어 가격이 10% 상승하면 그 재화는 매출량이 감소하고, 매출액도 감소한다. (○ / ×)

24 다른 변수는 고정되어 있는 상황에서 소득이 상승함에 따라 기펜재의 수요는 증가한다. (○ / ×)

25 수요곡선이 우하향하는 직선이면, 이 수요곡선상의 어떤 점에서도 수요의 가격탄력성은 일정하다. (○ / ×)

26 재화의 가격은 상승하고 소득은 일정한 경우에 수요에 대한 대체효과는 발생하지만 소득효과는 발생하지 않는다. (○ / ×)

27 X재와 Y재가 서로 보완재일 경우에 X재의 가격이 상승할 때 Y재에 대한 수요가 증가한다. (○ / ×)

28 시장균형가격보다 낮은 수준에서 최고가격이 설정될 경우 공급량보다 수요량이 커지는 초과수요가 발생한다. (○ / ×)

29 정부가 전세금상한제를 실시할 경우 장기적으로 나타나는 현상은 임대주택의 부족이며 이를 통해 주택난이 심화된다. (○ / ×)

30 소비자잉여란 소비자가 그것 없이 지내는 것보다 오히려 그것을 위하여 지불하여도 좋다고 생각하는 금액과 그가 실제로 지불한 금액의 차액을 말한다. (○ / ×)

31 X재 공급자에게 정부가 종량세를 부과하였을 경우, X재에 대한 수요가 탄력적이고 공급이 비탄력적일수록 소비자부담은 커지고 공급자부담은 작아진다. (○ / ×)

32 물품세의 전부를 소비자가 부담하는 경우는 수요곡선이 완전탄력적이거나 공급곡선이 완전비탄력적인 경우이다. (○ / ×)

www.gosinet.co.kr **gosi**net

파트1

파트2

파트3

파트4

파트5

파트6

파트7

파트8

실전1

실전2

[정답과 해설]

19	×	20	×	21	○	22	×	23	○	24	×	25	×	26	×	27	×	28	○	29	○	30	○
31	×	32	×																				

19 수요곡선이 우하향의 직선인 경우에는 수요곡선을 따라 우하향으로 이동할수록 수요의 가격탄력성이 점점 작아진다.

20 수요의 가격탄력성은 가격이 1% 변할 때 수요량의 변화 정도를 측정하는 지표이다.

21 수요의 가격탄력성이 1보다 클 때 가격이 하락하면 소비자의 총지출액은 증가하고, 가격이 상승하면 소비자의 총지출액은 감소한다.

22 X재 수요의 가격탄력성이 1보다 클 때 X재의 가격이 상승하면 X재의 수요량이 감소하므로 총매출액도 감소하며, X재의 가격이 하락하면 X재의 수요량이 증가하므로 총매출액도 증가한다.

23 수요의 가격탄력성은 $-\dfrac{\text{수요량 변화율}}{\text{가격 변화율}}$이므로 가격이 10% 상승할 때 수요량이 12% 감소하였다면 수요의 가격탄력성은 1.2이다. 즉, 수요가 탄력적이므로 가격이 상승하면 재화의 매출량뿐만 아니라 매출액도 감소한다.

24 소득이 상승하면 기펜재의 수요는 감소한다.

25 수요곡선상의 각 점마다 가격탄력성은 다르다.

26 재화의 가격 상승은 대체효과와 소득효과를 가져온다.

27 X재와 Y재가 서로 보완재일 경우에 X재의 가격이 상승하면 Y재의 수요가 감소하고, X재의 가격이 하락하면 Y재의 수요가 증가한다.

28 시장균형가격보다 낮은 수준에서 최고가격이 설정되면 초과수요가 발생하여 암시장의 출현 등 부작용이 나타나며, 시간이 흐를수록 초과수요가 심화된다.

29 정부가 전세금상한제를 실시하면 임대업자는 추가로 임대주택을 건설하지 않으려 하기 때문에 초과수요가 존재하게 된다. 따라서 임대주택이 부족해지며 주택난이 심화된다.

30 소비자잉여란 소비자가 그 물건 없이 지내기보다는 그 정도의 돈을 지불해서라도 사야 되겠다고 생각하는 가격과 그가 실제로 지불하는 가격의 차액을 말한다. 즉, '소비자잉여＝상품구입시 얻는 총효용－실제 지불한 화폐액'이다.

31 X재에 대한 수요가 탄력적이고 공급이 비탄력적일수록 소비자부담은 작아지고 공급자부담은 커진다. 소비자부담은 커지고 공급자부담이 작아지는 경우는 수요가 비탄력적이고 공급이 탄력적인 경우이다.

32 물품세의 전부를 소비자가 부담하는 경우는 수요곡선이 완전비탄력적(수직)이거나 공급곡선이 완전탄력적(수평)인 경우이다. 물품세의 전부를 생산자가 부담하는 경우는 수요곡선이 완전탄력적(수평)이거나 공급곡선이 완전비탄력적(수직)인 경우이다.

기출예상 문제

01 다음 중 유량변수가 아닌 것은?

① 저축
② 투자
③ 국부
④ 소비

02 재화 X의 가격이 상승할 때 나타나는 효과에 대한 서술로 가장 옳은 것은?

① 재화 X와 대체관계에 있는 재화 Y의 가격은 하락한다.
② 재화 X와 보완관계에 있는 재화 Y의 수요량은 증가한다.
③ 재화 X가 정상재라면 수요량은 감소한다.
④ 재화 X가 열등재라면 수요량은 증가한다.

03 다음은 사과와 배의 수요함수를 추정한 식이다. 이에 대한 설명으로 옳지 않은 것은?

- 사과의 수요함수 : $Q_A = 0.8 - 0.8P_A - 0.2P_B + 0.6I$
- 배의 수요함수 : $Q_B = 1.1 - 1.3P_B - 0.25P_A + 0.7I$

(단, Q_A는 사과 수요량, Q_B는 배 수요량, P_A는 사과 가격, P_B는 배 가격, I는 소득을 나타낸다)

---

① 사과와 배는 보완재이다.
② 사과와 배는 모두 정상재이다.
③ 사과와 배 모두 수요법칙이 성립한다.
④ 사과와 배 모두 가격 및 소득과 무관한 수요량은 없다.

04 전력 과소비의 원인 중 하나로 낮은 전기료가 지적되고 있다. 다음 중 전력에 대한 수요곡선을 이동시키는 요인이 아닌 것은?

① 소득의 변화
② 전기료의 변화
③ 도시가스의 가격 변화
④ 전기 기기에 대한 수요 변화

05 구두에 대한 수요곡선과 공급곡선이 다음과 같은 함수로 나타난다고 할 때, 구두의 균형가격은?

- $Q_d = -0.5P + 200$
- $Q_s = P - 100$

(단, Q_d는 구두수요량, Q_s는 구두공급량, P는 구두가격을 나타낸다)

① 50
② 100
③ 200
④ 300

06 X재의 시장수요곡선은 $Q = 300 - 2P + 4I$이고, 시장공급곡선은 $Q = 3P + 50$이다. I가 25에서 20으로 감소할 때, X재의 시장균형가격의 변화는? (단, Q는 수량, P는 가격, 그리고 I는 시장에 참가하는 소비자들의 소득수준을 나타낸다)

① 2만큼 하락
② 4만큼 하락
③ 6만큼 하락
④ 8만큼 하락

파트1 파트2 파트3 파트4 파트5 파트6 파트7 파트8 실전1 실전2

07 노동시장에서 노동 공급곡선과 노동 수요곡선의 기울기의 절댓값이 아래의 그래프와 같이 서로 동일하다. 근로자와 고용주에게 4대 보험료를 반반씩 나누어 부담시킬 때, 노동시장에서의 균형 급여수준과 근로자들이 수령하는 실질임금수령액을 모두 적절히 표시한 것은?

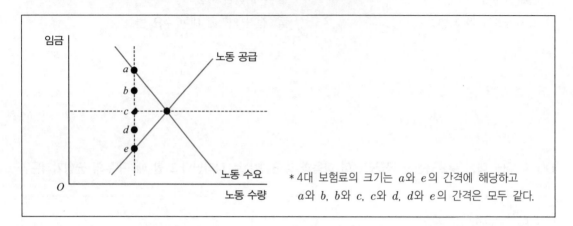

	균형 급여수준	실질임금수령액		균형 급여수준	실질임금수령액
①	a	c	②	c	c
③	c	e	④	d	e
⑤	e	e			

08 고추와 배추는 보완재이다. 고추의 가격이 상승할 때 배추에 대한 수요 및 가격의 변화는?

① 수요증대, 가격상승
② 수요증대, 가격하락
③ 수요감소, 가격상승
④ 수요감소, 가격하락

09 과자와 도넛만을 소비하는 소비자가 있다. 이 소비자는 소득이 늘면 항상 과자 소비를 줄인다. 이 경우, 도넛 가격이 하락할 때 나타나는 현상으로 적절한 것은? (단, 과자 가격은 불변이다)

① 과자 수요량은 감소한다.
② 도넛 가격이 충분히 하락하면 과자 수요량은 증가할 수 있다.
③ 도넛 수요곡선이 우측으로 이동하게 되고 장기적으로 도넛 가격은 어느 정도 상승하게 된다.
④ 도넛 수요량은 증가하지만 위의 정보로는 과자 수요량에 미치는 영향을 알 수 없다.

www.gosinet.co.kr gosinet

파트1
파트2
파트3
파트4
파트5
파트6
파트7
파트8
실전1
실전2

10 자동차 제조업체들이 생산비용을 획기적으로 절감할 수 있는 로봇 기술을 개발하였다. 이 기술개발이 자동차시장에 미치는 직접적인 파급효과로 옳은 것은?

① 수요곡선이 우측으로 이동하고, 자동차 가격이 상승한다.
② 수요곡선이 우측으로 이동하고, 자동차 가격이 하락한다.
③ 공급곡선이 우측으로 이동하고, 자동차 가격이 상승한다.
④ 공급곡선이 우측으로 이동하고, 자동차 가격이 하락한다.

11 담배수요의 가격탄력성이 0.4이며 담배의 가격은 2,000원이다. 정부가 담배소비량을 20% 감소시키고자 할 때, 담배가격의 적정 인상분은?

① 1,000원   ② 2,000원
③ 3,000원   ④ 4,000원

12 아래 표의 x, y, z, w는 각각 재화 X, Y, Z, W의 수요곡선 상의 점이다. 자료에 따르면 각 점에서 가격이 10원 상승할 때 각 재화의 수요량은 모두 10단위 감소했다고 한다. 각 점에서의 가격탄력성을 E_x, E_y, E_z, E_w라고 할 때 대소 관계를 바르게 나타낸 것은?

	x	y	z	w
가격(원)	1,000	1,000	500	500
수량(개)	500	1,000	500	1,000

① $E_x > E_y = E_z > E_w$
② $E_y > E_x = E_w > E_z$
③ $E_x > E_y > E_z > E_w$
④ $E_w > E_y > E_z > E_x$
⑤ $E_w > E_y = E_z > E_x$

13 甲은 영화 DVD 대여료가 4,000원일 때 한 달에 5개를 빌려 보다가, DVD 대여료가 3,000원으로 하락하자 한 달에 9개를 빌려 보았다. 甲의 DVD 대여에 대한 수요의 탄력성과 수요곡선의 모양에 대한 설명으로 가장 적절한 것은?

① 수요는 탄력적이고, 이때의 수요곡선은 상대적으로 완만하다.

② 수요는 탄력적이고, 이때의 수요곡선은 상대적으로 가파르다.

③ 수요는 비탄력적이고, 이때의 수요곡선은 상대적으로 완만하다.

④ 수요는 비탄력적이고, 이때의 수요곡선은 상대적으로 가파르다.

14 상품 A의 수요곡선이 우하향하는 직선일 때 옳게 설명한 것은?

① 수요곡선 상 모든 점에서 수요의 가격탄력성은 일정하다.

② 수요의 가격탄력성이 1일 때 기업의 총수입은 극대화된다.

③ 가격탄력성의 크기와 상관없이 가격이 하락할수록 기업의 총수입은 증가한다.

④ 가격이 하락할수록 수요의 가격탄력성은 증가한다.

15 수요함수가 우하향하는 직선일 때, 수요의 가격탄력성에 대한 설명으로 옳은 것은?

① 필수재에 비해 사치재의 수요는 가격변화에 대해 보다 비탄력적이다.

② 수요의 가격탄력성이 1일 때 총지출은 최대가 된다.

③ 수요의 가격탄력성은 수요곡선의 어느 점에서 측정하더라도 같은 값을 가진다.

④ 수요곡선의 임의의 점에서 수요의 가격탄력성은 수요곡선 기울기의 역수로 계산된다.

www.gosinet.co.kr gosinet

파트1

파트2

파트3

파트4

파트5

파트6

파트7

파트8

실전1

실전2

16 다음은 소매시장의 오리고기 수요곡선과 공급곡선이다. P_b=7, P_c=3, P_d=5, Y=2라고 할 때, 시장균형점에서 오리고기에 대한 수요의 가격탄력성은?

> • 수요곡선 : $Q_D = 105 - 30P - 20P_c + 5P_b - 5Y$
>
> • 공급곡선 : $Q_S = 5 + 10P - 3P_d$
>
> (단, P는 소매시장 오리고기 가격, P_b는 쇠고기 가격, P_c는 닭고기 가격, P_d는 도매시장 오리고기 가격, Y는 소득이다)

① $\dfrac{1}{6}$　　　　　　　　　　　② $\dfrac{1}{3}$

③ 3　　　　　　　　　　　　　　　④ 6

17 쌀에 대한 시장수요함수는 다음과 같을 때, P는 쌀의 가격이고, Q_d는 쌀의 수요량이다. 〈보기〉에서 옳은 것을 모두 고르면?

$$Q_d = 100 - P$$

보기

> ㄱ. 쌀의 수요탄력성은 가격의 증가함수이다.
> ㄴ. 쌀의 수요는 비탄력적이다.
> ㄷ. 쌀 판매로부터 얻는 수입은 가격의 증가함수이다.
> ㄹ. 쌀의 수요량이 75이면 쌀의 수요탄력성은 1이다.

① ㄱ　　　　　　　　② ㄷ　　　　　　　　③ ㄱ, ㄷ

④ ㄴ, ㄷ　　　　　　　⑤ ㄴ, ㄹ

18   다음 그림은 보통사람과 중증환자에 대한 의료서비스 수요곡선을 나타낸다. 보통사람의 수요곡선은 D_1, 중증환자의 수요곡선은 D_2일 때, 옳지 않은 것은?

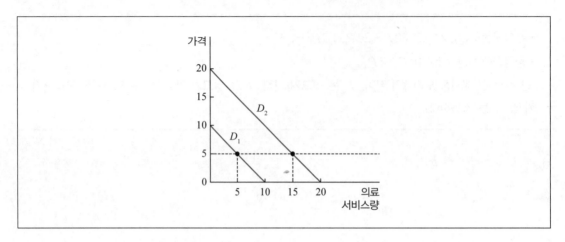

① 보통사람은 가격 5에서 탄력성이 1이다.

② 중증환자는 가격 5에서 탄력성이 $\frac{1}{3}$이다.

③ 이윤을 극대화하는 독점병원은 보통사람보다 중증환자에게 더 높은 가격을 부과한다.

④ 가격 5에서 가격 변화율이 동일할 경우 보통사람이나 중증환자 모두 수요량의 변화율은 동일하다.

19   전년도 기상 여건이 좋아 배추와 무 등의 농산물 생산이 풍년을 이루었다. 그러나 농민들은 오히려 수입이 줄어 어려움을 겪는 현상이 발생하였다. 이러한 소위 '풍년의 비극'이 발생하게 된 원인은?

① 가격의 하락과 탄력적 공급이 지나친 판매량 감소를 초래하였다.

② 가격의 하락과 비탄력적 공급이 지나친 판매량 감소를 초래하였다.

③ 공급의 증가와 탄력적 수요가 가격의 지나친 하락을 초래하였다.

④ 공급의 증가와 비탄력적 수요가 가격의 지나친 하락을 초래하였다.

파트1

파트2

파트3

파트4

파트5

파트6

파트7

파트8

실전1

실전2

20 수요의 가격탄력성에 대한 설명으로 적절하지 않은 것은?

① 탄력성이 1보다 크면 가격이 하락함에 따라 공급자의 총수입은 증가한다.

② 수요의 가격탄력성은 어떤 재화의 가격이 변할 때 그 재화의 수요량이 얼마나 변하는지 나타내는 척도이다.

③ 수요에 대한 가격탄력성은 대체재가 많을수록 큰 값을 갖는다.

④ 탄력성이 1보다 작으면 가격이 상승함에 따라 소비자의 총지출은 감소한다.

21 A 기업이 생산하는 X 재에 대한 수요가 가격 비탄력적인 경우, A 기업이 X 재의 가격을 인상한다면 A 기업의 총수입은?

① 감소한다.   ② 증가한다.

③ 일정하다.   ④ 알 수 없다.

22 정부는 마약을 퇴치하기 위해서 마약의 국내 반입 저지와 국내 판매상에 대한 단속강화를 추진하고 있다. 이와 같은 정부 정책으로 예상되는 결과로 적절하지 않은 것은? (단, 마약 수요는 가격 변화에 대해 비탄력적이다)

① 마약 거래량이 감소한다.   ② 마약 가격이 상승한다.

③ 마약 판매상의 판매수입이 감소한다.   ④ 수요곡선은 이동하지 않는다.

23 A시의 시내버스시스템이 적자상태에 있어 수입을 증대시킬 방안을 찾고 있다. A시의 대중교통과 직원은 버스요금 인상을 주장하는 데 반해, 시민단체는 버스요금 인하를 주장한다. 양측의 주장에 대한 설명으로 옳은 것은?

① 직원은 버스에 대한 수요가 가격탄력적이라고 생각하지만, 시민단체는 수요가 가격비탄력적이라 생각한다.

② 직원은 버스에 대한 수요가 가격비탄력적이라고 생각하지만, 시민단체는 수요가 가격탄력적이라 생각한다.

③ 직원과 시민단체 모두 버스에 대한 수요가 가격비탄력적이라 생각하지만, 시민단체의 경우가 더 비탄력적이라고 생각한다.

④ 직원과 시민단체 모두 버스에 대한 수요가 가격탄력적이라 생각하지만, 직원의 경우가 더 탄력적이라고 생각한다.

24 다음 〈보기〉에서 옳은 것을 모두 고르면?

> 보기
>
> ㄱ. 원유의 가격은 크게 하락하였으나 거래량은 가격 하락폭에 비해 상대적으로 하락폭이 적었다. 이는 원유의 수요와 공급이 비탄력적인 경우에 나타나는 현상이라 할 수 있다.
>
> ㄴ. A는 항상 매달 소득의 $\frac{1}{5}$을 일정하게 뮤지컬 혹은 영화티켓 구입에 사용한다. 이 경우 뮤지컬 혹은 영화티켓의 가격이 10% 상승하면 A의 뮤지컬 혹은 영화티켓 수요량은 10% 감소한다.
>
> ㄷ. B 기업이 판매하고 있는 C 상품의 수요의 가격탄력성은 1.2이다. B 기업은 최근 C 상품의 가격을 인상하기로 결정했고 이로 인해 총수입이 증가할 것으로 예상하고 있다.
>
> ㄹ. 다른 모든 요인이 일정불변할 때, 담배세 인상 이후 정부의 담배세 수입이 증가했다. 이는 담배 수요가 가격에 대해 탄력적임을 의미한다.

① ㄱ, ㄴ　　　　　② ㄱ, ㄷ　　　　　③ ㄴ, ㄷ

④ ㄱ, ㄴ, ㄹ　　　　⑤ ㄴ, ㄷ, ㄹ

25 수요곡선의 식이 $Q_d = \dfrac{21}{P}$일 때, 이 재화의 수요의 가격 탄력성은?

① 0　　　　　　　　　② 0.42

③ 1　　　　　　　　　④ 1.5

26 다음 그림은 가로축에 공급량(Q), 세로축에 가격(P)을 나타내는 공급곡선들을 표시한 것이다. 이에 대한 설명으로 옳은 것은?

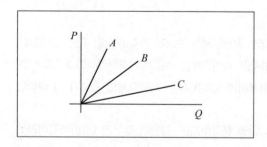

① 공급곡선 A의 가격에 대한 탄력성이 C의 가격에 대한 탄력성 보다 높다.

② 공급곡선 C의 가격에 대한 탄력성이 A의 가격에 대한 탄력성 보다 높다.

③ 공급곡선 B의 가격에 대한 탄력성이 C의 가격에 대한 탄력성 보다 높다.

④ 공급곡선 A의 가격에 대한 탄력성은 B의 가격에 대한 탄력성과 같다.

27 해외 관광상품 시장의 수요 및 공급함수가 다음과 같이 주어질 때, 시장 균형에서의 수요와 공급의 가격탄력성이 바르게 연결된 것은? (단, 단위는 Q만 명, P만 원이다)

• 수요함수 : $Q_d = 210 - P$ • 공급함수 : $Q_s = 2P$

---

① (0.5, 1.0)   ② (0.5, 2.0)

③ (1.0, 1.0)   ④ (1.0, 2.0)

28 두 재화 간의 가격의 교차탄력성이 0보다 작다면, 두 재화 간의 관계는?

① 보완재의 관계   ② 대체재의 관계

③ 정상재와 열등재의 관계   ④ 사치재와 필수재의 관계

29 탄력성에 대한 설명으로 옳은 것은?

① 가격이 1% 상승할 때 수요량이 4% 감소했다면 수요의 가격탄력성은 1이다.

② 소득이 5% 상승할 때 수요량이 1%밖에 증가하지 않았다면 이 상품은 기펜재(Giffen Goods)이다.

③ 잉크젯프린터와 잉크카트리지 간의 수요의 교차탄력성은 0보다 작다.

④ 수요의 소득탄력성은 항상 0보다 크다.

30 돼지고기 수요의 닭고기 가격에 대한 교차탄력성이 2일 때, 돼지고기 수요량이 10% 감소하였다. 이 경우 닭고기 가격은 얼마나 감소하였는가?

① 1%   ② 2%

③ 5%   ④ 10%

파트1
파트2
파트3
파트4
파트5
파트6
파트7
파트8
실전1
실전2

31 최근 정부는 경유 자동차의 구매 수요를 현재보다 20% 줄이고 대기정화를 위한 재원을 확보하기 위해 유류가격을 인상하려고 한다. 경유 자동차 구매 수요의 경유가격 탄력성은 −3, 경유 자동차 구매 수요의 휘발유가격 탄력성은 2이다. 경유가격을 10% 인상하였다면 위 목표를 달성하기 위해 휘발유가격을 얼마나 인상하여야 하는가?

① 5%   ② 7.5%   ③ 10%
④ 12.5%   ⑤ 15%

32 수요의 탄력성에 대한 다음 내용 중 옳게 기술한 것은?

① 수요곡선의 기울기가 −2인 직선일 경우 수요곡선의 위 어느 점에서나 가격탄력성이 동일하다.
② 수요의 가격탄력성이 탄력적이라면 가격인하는 총수입을 증가시키는 좋은 전략이 아니다.
③ X재의 가격이 5% 인상되자 Y재 수요가 10% 상승했다면 수요의 교차탄력성은 2이고 두 재화는 대체재이다.
④ 가격이 올랐을 때 시간이 경과될수록 적응이 되기 때문에 수요의 가격탄력성이 작아진다.
⑤ 수요의 소득탄력성이 비탄력적인 재화는 열등재이다.

33 사과에 대한 수요의 가격탄력성은 0.8이며, 소득탄력성은 0.4라고 한다. 그리고 사과에 대한 수요가 바나나 가격의 변화에 보이는 교차탄력성은 0.4라고 한다. 이제 사과 가격이 1%, 소득이 2%, 바나나 가격이 2% 상승한다고 할 때 사과수요량의 변화율(%)은?

① −0.4   ② −0.8
③ 0.4   ④ 0.8

34 어떤 판매자가 경매를 통해 물건 100개를 판매하려고 한다. 경매 방식은 '구매자는 원하는 가격과 물량을 동시에 제시하고, 판매자는 입찰 가격을 높은 가격부터 낮은 가격순으로 나열하여 높은 가격을 제시한 참가자들에게 물건 100개를 소진할 때까지 판매'하는 형식이다. 이때 100번째 물건이 판매되는 참가자의 입찰 가격이 유일한 낙찰 가격으로 판매가격이 되고, 각각의 입찰자는 자신이 제시한 입찰 물량을 낙찰 가격에 구매한다. 모든 참가자는 이러한 절차와 방식을 알고 있다. 다음 표는 판매자가 참가자들로부터 동시에 입찰을 받아 정리한 결과이다. 입찰 결과에 대한 설명으로 옳은 것은?

참가자	입찰 가격(원)	입찰 물량(개)	참가자	입찰 가격(원)	입찰 물량(개)
A	11,200	5	E	9,900	40
B	11,000	10	F	9,800	10
C	10,500	20	G	9,600	30
D	10,300	20			

① 낙찰 가격은 9,900원이다.

② 구매자가 진정한 가격을 입찰한다(truth-revealing)는 전제하에 구매자 잉여는 47,000원이다.

③ 참가자 G는 낙찰되어 제시한 30개 물량 중 10개를 배정받아 스스로 제시한 개당 9,600원에 구입한다.

④ 참가자 7명 중 2명은 하나의 물량도 낙찰받지 못한다.

35 철수의 연간 영화관람에 대한 수요함수는 $Q = 30 - \left(\dfrac{P}{400}\right)$이고, 비회원의 1회 관람가격은 8,000원이지만, 연회비를 내는 회원의 1회 관람가격은 4,000원으로 할인된다. 철수가 회원이 되려고 할 때 지불할 용의가 있는 최대 연회비는? (단, Q는 연간 영화관람 횟수, P는 1회 관람가격이다)

① 70,000원   ② 60,000원

③ 50,000원   ④ 40,000원

36 어떤 소비자가 이동통신회사의 요금 제도를 비교하여 어느 통신회사를 선택할지 고민하고 있다고 하자. L사는 통화시간에 관계없이 월 12만 원을 받으며, K사는 월정액 없이 1분에 1,000원을 받는다. 소비자의 이동전화 통화수요는 $Q_d = 150 - \dfrac{P}{20}$ 이고 이때 Q_d 는 분으로 표시한 통화시간을 나타내고, P 는 분당 전화요금을 나타낸다. 이 소비자가 L, K사로부터 얻게 되는 소비자잉여는 각각 (I), (II)라고 할 때, (I), (II)를 옳게 고르면?

	I	II			I	II
①	100,000	225,000		②	105,000	100,000
③	105,000	120,000		④	225,000	120,000
⑤	225,000	100,000				

37 어떤 재화의 시장 수요곡선은 $P = 300 - 2Q$ 이고, 시장 공급곡선은 $P = 150 + Q$ 일 때의 시장균형에 대한 설명으로 옳은 것은? (단, Q 는 수량, P 는 가격을 나타낸다)

① 사회적잉여는 3,750이다.
② 균형가격은 50이다.
③ 균형거래량은 30이다.
④ 생산자잉여는 2,500이다.

38 소비자잉여에 대한 설명으로 옳은 것은?

① 가격이 같을 경우 수요가 탄력적일수록 커진다.
② 가격이 같을 경우 공급이 탄력적일수록 커진다.
③ 수요가 완전탄력적일 경우 소비자잉여는 0이다.
④ 공급이 완전탄력적일 경우 소비자잉여는 0이다.

www.gosinet.co.kr **gosi**net

파트1

파트2

파트3

파트4

파트5

파트6

파트7

파트8

실전1

실전2

39 소비자잉여에 대한 설명으로 옳은 것은?

① 공급이 감소하여 가격이 상승한 경우 소비자잉여는 감소한다.

② 수요가 증가하여 가격이 상승한 경우 소비자잉여는 감소한다.

③ 수요의 탄력성이 클수록 소비자잉여도 크다.

④ 공급의 탄력성이 클수록 소비자잉여도 크다.

⑤ 소비자잉여를 늘리는 정책은 자원배분의 효율성도 제고한다.

40 X재는 열등재이며 수요, 공급의 법칙을 따른다. 최근 경기 불황으로 소비자들의 소득이 감소했다. 또한 원료비 하락으로 X재의 대체재인 Y재 가격이 내렸으며 X재의 가격은 최종적으로 상승했다. 다음 중 옳은 설명은? (단, X재의 공급곡선에는 변화가 없었다)

① X재의 거래량은 감소하였다.

② 변화 전후의 두 균형점은 동일한 수요곡선상에 있다.

③ X재의 판매수입이 증가하였다.

④ Y재가 X재의 보완재였다면 X재의 가격은 하락했을 것이다.

⑤ X재 생산자의 생산자잉여는 감소했다.

41 수요의 법칙과 공급의 법칙이 성립하는 상황에서 소비자잉여와 생산자잉여에 대한 설명으로 옳은 것을 〈보기〉에서 모두 고르면?

보기

ㄱ. 콘플레이크와 우유는 보완재로, 콘플레이크의 원료인 옥수수 가격이 하락하면 콘플레이크 시장의 소비자잉여는 증가하고 우유 시장의 생산자잉여도 증가한다.

ㄴ. 콘플레이크와 떡은 대체재로, 콘플레이크의 원료인 옥수수 가격이 상승하면 콘플레이크 시장의 소비자잉여는 감소하고 떡 시장의 생산자잉여도 감소한다.

ㄷ. 수요와 공급의 균형 상태에서 생산된 재화의 수량은 소비자잉여와 생산자잉여를 동일하게 하는 수량이다.

---

① ㄱ   ② ㄴ

③ ㄱ, ㄷ   ④ ㄴ, ㄷ

42 정부의 가격통제에 대한 설명으로 옳지 않은 것은?

① 최고가격제를 실시할 경우 암시장이 발생할 수 있고 암시장에서의 거래가격이 최고가격제 실시 전의 시장거래가격보다 더 높아질 수 있다.

② 자원배분의 왜곡을 초래한다.

③ 최고가격제를 실시하면 시장거래가격이 낮아지고 공급되는 제품의 질이 저하될 수 있다.

④ 최고가격제는 저소득층에게 공평한 기회를 제공하며 사회적 후생을 증대시킨다.

⑤ 실효성 있는 최저임금제는 비자발적 실업을 발생시킨다.

43 완전경쟁시장에서 수요와 공급이 〈보기〉와 같다고 하자. 만약 정부가 가격상한을 15원으로 정한다면 초과수요와 가격상한으로 인한 후생손실은 각각 얼마인가?

> • 수요 : $Q_d = 300 - 5P$ • 공급 : $Q_s = 10P$
>
> (Q_d : 수요량, Q_s : 공급량, P : 가격)

① 50, 2,250   ② 50, 375   ③ 75, 375

④ 75, 2,250   ⑤ 100, 750

44 보청기의 수요함수가 $Q = 370 - 3P$이고 공급함수가 $Q = 10 + 6P$이다. 보청기 보급을 위해서 정부가 보청기 가격의 상한을 36으로 정하였다. 이때 발생하는 초과수요를 없애기 위해 정부가 보청기 생산기업에게 보청기 한 대당 지급해야 하는 보조금은? (단, Q는 생산량, P는 가격을 나타낸다)

① 6   ② 8

③ 10   ④ 12

www.gosinet.co.kr gosinet

파트1

파트2

파트3

파트4

파트5

파트6

파트7

파트8

실전1

실전2

45 정부가 노동자 보호를 위하여 최저임금제도를 실시하기로 결정하였다. 이때 정부가 책정한 최저임금 수준이 노동시장의 균형임금 수준보다 낮게 책정되어 있을 때 나타날 수 있는 효과는?

① 실업을 유발한다.
② 노동에 대한 초과수요를 유발한다.
③ 임금수준을 상승시킨다.
④ 노동시장에 아무런 영향을 주지 못한다.

46 최저임금이 오를 때 실업이 가장 많이 증가하는 노동자 유형은?

① 노동에 대한 수요가 탄력적인 비숙련노동자
② 노동에 대한 수요가 비탄력적인 비숙련노동자
③ 노동에 대한 수요가 탄력적인 숙련노동자
④ 노동에 대한 수요가 비탄력적인 숙련노동자

47 정부는 최저임금제 시행이 실업 증가라는 부작용을 초래한다는 논리와 최저 생활수준의 보장을 위해 최저임금 인상이 불가피하다는 여론 사이에서 고민하고 있다. 정부가 실업을 최소로 유발하면서 최저임금을 인상할 수 있는 경우는?

① 숙련노동자의 노동수요가 탄력적인 경우
② 숙련노동자의 노동수요가 비탄력적인 경우
③ 비숙련노동자의 노동수요가 비탄력적인 경우
④ 비숙련노동자의 노동수요가 탄력적인 경우

48 어떤 산업의 노동수요곡선과 노동공급곡선 식이 아래와 같다고 한다. 하루 법정 최저실질임금이 60,000이라 할 때, 이 노동시장의 실업인구는?

> • $ND = 800,000 - 4w$ • $NS = 380,000 + 4w$
> (단, 여기에서 ND는 노동수요, NS는 노동공급, w는 하루의 실질임금이다)

① 20,000
② 30,000
③ 40,000
④ 60,000

49 다음 설명 중 옳지 않은 것은?

① 수요곡선이 공급곡선보다 더 탄력적인 경우에 세금이 부과되면, 소비자가 생산자보다 세금을 적게 부담하게 된다.

② 수요곡선과 공급곡선의 탄력성이 낮을수록 세금 부과 시 사회적 후생손실의 발생이 작아진다.

③ 이론적으로는 세율이 너무 높아지면 오히려 정부의 세수입이 줄어들 수 있다.

④ 석유에 대해 세금을 새로 부과하는 경우 단기보다 장기에 사회적 후생손실이 더 크다.

⑤ 최저임금제의 효과는 노동의 수요곡선보다는 노동의 공급곡선의 탄력성의 크기에 달려있다.

50 어떤 생산물시장의 수요곡선이 $Q = -\dfrac{1}{2}P + \dfrac{65}{2}$로, 공급곡선이 $Q = \dfrac{1}{3}P - 5$로 주어졌다. 정부가 가격을 통제하기 위해서 가격상한 또는 가격하한을 55로 설정할 때 총잉여는 각각 얼마인가?

	가격상한 시 총잉여	가격하한 시 총잉여		가격상한 시 총잉여	가격하한 시 총잉여
①	125	125	②	125	187.5
③	187.5	250	④	250	187.5
⑤	250	250			

51 정부가 소비자 보호를 위해 쌀 시장에 가격상한제를 적용하고 있다고 하자. 이런 상황에서 쌀 농사에 유리한 기후 조건으로 쌀 공급이 소폭 증가했을 때 예상되는 현상으로 옳은 것은? (단, 시장 균형가격은 과거나 지금이나 가격상한선보다 높다)

① 규제로 인한 자중후생손실이 감소한다. ② 시장에서의 거래 가격이 하락한다.
③ 공급자잉여가 감소한다. ④ 소비자잉여가 감소한다.

파트1

파트2

파트3

파트4

파트5

파트6

파트7

파트8

실전1

실전2

52 완전경쟁시장에서 정부가 시행하는 가격상한제에 대한 설명으로 옳은 것은?

① 최저임금제는 가격상한제에 해당하는 정책이다.

② 가격상한제를 실시할 경우 초과공급이 발생한다.

③ 가격상한은 판매자가 부과할 수 있는 최소가격을 의미한다.

④ 가격상한이 시장균형가격보다 높게 설정되면 정책의 실효성이 없다.

53 수요함수와 공급함수가 각각 $D=10-P$와 $S=3P$인 재화에 1원의 종량세를 공급자에게 부과했다. 이 조세의 경제적 귀착(Economic Incidence)으로 옳은 것은? (단, D는 수요량, S는 공급량, P는 가격을 나타낸다)

	소비자	생산자			소비자	생산자
①	0.75원	0.25원		②	0.5원	0.5원
③	0.25원	0.75원		④	0원	1원

54 담배에 대한 수요곡선과 공급곡선이 모두 직선이고 담배소비세가 없었을 때의 균형 거래량은 월 1,000갑이라고 하자. 담배 1갑당 500원의 담배소비세가 부과됨에 따라 소비자가 실제로 부담해야 하는 담배 가격은 2,500원에서 2,900원으로 올랐고, 생산자가 받는 실제 담배 가격은 2,500원에서 2,400원으로 하락하였다. 정부가 담배소비세 부과를 통해 얻는 세수가 40만 원이라고 할 때 다음 설명 중 옳은 것은?

① 담배소비세 부과 후 균형 거래량은 월 900갑이다.

② 담배소비세로 인한 소비자잉여의 감소는 32만 원이다.

③ 담배 수요의 가격탄력성은 공급의 가격탄력성보다 크다.

④ 담배소비세로 인한 후생손실은 5만 원이다.

55 한 주부가 청바지를 1벌에 8,000원에 구매하려고 한다. 그런데 현재 청바지 가격은 1벌에 5,000원이다. 만약 청바지에 대한 물품세가 1벌당 5,000원이 부과되어 청바지의 가격이 10,000원으로 상승하였을 경우 옳지 않은 것은?

① 세금이 부과되기 전 소비자잉여는 3,000원이다.

② 세금이 부과되고 나면 소비자잉여는 발생하지 않는다.

③ 세금이 부과되고 나면 사회적 순손실은 3,000원만큼 발생한다.

④ 세금이 부과되고 나면 사회적 순손실은 5,000원만큼 발생한다.

56 수요와 공급의 법칙이 성립하는 자동차 시장에서 세금부과 전의 균형거래량은 250대이다. 자동차 1대당 5만 원의 세금이 부과될 때 소비자는 3만 원, 생산자는 2만 원의 세금을 각각 부담하게 된다. 정부가 1,000만 원의 조세수입을 확보할 경우, 세금부과에 의한 자중손실은?

① 50만 원
② 75만 원
③ 125만 원
④ 250만 원

57 어떤 상품의 시장이 완전경쟁적이다. 그 시장의 수요함수와 공급함수가 아래와 같을 경우, 정부가 이 상품에 대해 단위당 3의 물품세를 부과한다면 부과 후 정부의 조세수입과 사회적 후생손실을 바르게 나타낸 것은?

- 수요함수(D) : $Q_d = -2P_d + 40$
- 공급함수(S) : $Q_s = P_s - 5$

	조세수입	후생손실		조세수입	후생손실
①	24	2	②	24	3
③	24	4	④	20	2
⑤	20	3			

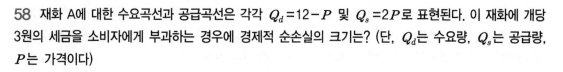
58 재화 A에 대한 수요곡선과 공급곡선은 각각 $Q_d = 12 - P$ 및 $Q_s = 2P$로 표현된다. 이 재화에 개당 3원의 세금을 소비자에게 부과하는 경우에 경제적 순손실의 크기는? (단, Q_d는 수요량, Q_s는 공급량, P는 가격이다)

① 1원   ② 3원
③ 5원   ④ 7원

59 완전경쟁시장에서 수요곡선은 $Q_d = 120 - P$이고 공급곡선은 $Q_s = 2P$이다. 여기에 정부가 개당 30원의 종량세를 부과하였다면, 세금으로 인한 경제적 순손실은 얼마인가?

① 300원   ② 400원
③ 500원   ④ 600원

60 타이어에 대한 수요(Q_d)와 공급(Q_s)함수가 각각 $Q_d = 700 - P$와 $Q_s = 200 + 4P$로 주어져 있다. 정부가 소비자에게 타이어 1개당 10원의 세금을 부과한다면, 공급자가 받는 가격(P_s)과 소비자가 지불하는 가격(P_d)은? (단, P는 가격을 나타낸다)

	P_s	P_d			P_s	P_d
①	98원	108원		②	100원	110원
③	108원	98원		④	110원	100원

61 어떤 상품의 수요곡선과 공급곡선식이 아래와 같다. 정부가 상품 1개당 25원의 세금을 생산자에게 부과하는 경우와 소비자에게 부과하는 경우 각각의 세금 수입은?

• $Q_d = 150 - 2P$	• $Q_s = -100 + 3P$

	생산자에게 부과한 경우	소비자에게 부과한 경우			생산자에게 부과한 경우	소비자에게 부과한 경우
①	500원	500원		②	500원	750원
③	750원	750원		④	1,750원	1,750원

62 어떤 재화의 수요곡선과 공급곡선이 〈보기〉와 같이 주어져 있다고 하자. 정부가 이 재화의 수요자들에게 단위당 15의 조세를 부과할 경우 생산자가 부담하는 세금(A)과 수요자가 부담하는 세금(B)은 각각 얼마인가? 그리고 조세부과로 인한 경제적 순손실(C)은 얼마인가?

> **보기**
>
> - $Q_s = 100 + 3P$　　　　- $Q_d = 400 - 2P$
>
> (Q_s : 공급량, Q_d : 수요량, P : 재화의 가격)

	A	B	C			A	B	C
①	5	10	270		②	6	9	135
③	6	9	270		④	9	6	135
⑤	9	6	270					

63 졸업식장에서 사용되는 꽃다발에 대한 수요는 $P = 100 - 2Q$, 공급은 $P = 50 + 3Q$라 한다. 빈곤층을 돕기 위해 시당국은 꽃 한다발당 20원을 소비세로 부과하기로 하였다. 이때 소비자잉여 감소분과 생산자잉여 감소분은 각각 얼마인가? (단, P는 꽃다발의 시장가격, Q는 꽃다발의 수를 나타낸다)

① 48, 72　　　　② 72, 48　　　　③ 64, 96
④ 96, 64　　　　⑤ 88, 68

64 사람들이 비만을 초래하는 식품을 덜 섭취하도록 유인하기 위해 비만유발식품에 대한 중과세 법안을 국회가 통과시켰을 경우, 어떤 현상이 일어날 것인지에 대한 내용으로 옳지 않은 것은? (단, 비만유발식품의 수요의 소득탄력성은 0보다 크고 1보다 작다)

① 중과세되는 비만유발식품의 가격이 상승한다.
② 비만유발식품에 대한 중과세는 누진적이다.
③ 비만유발식품에 이미 길들여진 사람들이 보다 많은 중과세 부담을 지게 된다.
④ 비만유발식품에 대한 중과세는 공급자에게 일부 귀착될 수 있다.

www.gosinet.co.kr gosinet

파트1

파트2

파트3

파트4

파트5

파트6

파트7

파트8

실전1

실전2

65 X재 수요곡선은 가격탄력성이 0인 직선이고, 공급곡선은 원점을 통과하는 우상향하는 직선이다. 공급자에게 물품세가 부과될 경우 물품세가 부과되지 않은 경우와 비교할 때, 다음 설명 중 옳은 것은?

① 시장거래량은 감소한다.

② 생산자잉여는 변화 없다.

③ 소비자가 지불하는 가격은 변화 없다.

④ 공급자가 물품세를 납부하고 실제 받는 가격은 하락한다.

66 우상향하는 공급곡선과 우하향하는 수요곡선을 갖는 X재에 대하여 정부가 소비세를 부과하기로 결정하였다. 다음 중 소비세 부과의 효과에 대한 설명으로 옳은 것은?

① 수요곡선과 공급곡선의 가격탄력성이 비탄력적일 때는, 탄력적인 경우보다 소비세 부과로 인한 후생순손실은 적어진다.

② 소비세를 부과하기 이전에 비하여 소비자는 더 높은 가격을 지불하지만, 공급자가 받는 가격에는 변화가 없다.

③ 소비자잉여와 생산자잉여의 감소가 발생하지만, 이는 정부의 세수증가로 충분히 메워진다.

④ 공급곡선의 가격탄력성이 수요곡선의 가격탄력성보다 클 때, 공급자의 조세부담이 수요자보다 크다.

67 어떤 재화의 수요곡선은 우하향하고 공급곡선은 우상향한다고 가정한다. 이 재화의 공급자에 대해 재화 단위당 일정액의 세금을 부과했을 때의 효과로 옳은 것은?

① 단위당 부과하는 세금액이 커지면 자중적 손실은 세금액 증가보다 더 가파르게 커진다.

② 다른 조건이 일정할 때 수요가 가격에 탄력적일수록 소비자가 부담하는 세금의 비중은 더 커진다.

③ 다른 조건이 일정할 때 수요가 가격에 탄력적일수록 세금 부과에 따른 자중적 손실은 크다.

④ 세금부과 후에 시장가격은 세금부과액과 동일한 금액만큼 상승한다.

68 토지 공급의 가격탄력성이 완전히 비탄력적일 때, 토지 공급에 세금을 부과할 경우 미치는 영향으로 옳은 것은? (단, 토지 수요의 가격탄력성은 단위탄력적이다)

① 토지 수요자가 실질적으로 세금을 모두 부담한다.

② 토지 공급자가 실질적으로 세금을 모두 부담한다.

③ 토지 수요자와 공급자가 모두 세금을 부담한다.

④ 토지 수요자와 공급자가 모두 세금을 부담하지 않는다.

69 탄력성에 대한 설명으로 옳지 않은 것을 〈보기〉에서 모두 고르면?

보기

ㄱ. 수요의 가격탄력성이 비탄력적일 경우 가격을 올리면 기업의 매출액은 감소한다.

ㄴ. 수요의 가격탄력성이 탄력적인 재화의 판매자에게 세금이 부과되면 재화의 균형거래량은 줄어든다.

ㄷ. 어떤 재화의 구매자에게 종량세가 부과되더라도 결과적으로는 구매자와 판매자가 공동으로 절반씩 부담한다.

ㄹ. 대체재가 적은 재화일수록 수요의 가격탄력성이 낮다.

ㅁ. 매달 10kg의 사과를 구매하는 소비자의 수요의 가격탄력성은 완전 비탄력적이다.

① ㄱ, ㄴ   ② ㄱ, ㄷ   ③ ㄱ, ㄹ

④ ㄱ, ㄹ, ㅁ   ⑤ ㄴ, ㄷ, ㅁ

70 정부가 특정 재화의 공급을 촉진하기 위해 소비자에게 재화 한 단위당 보조금을 지급한다고 할 때, 이 보조금 정책의 시행으로 소비자와 생산자잉여, 정부의 수입 및 총 사회적 후생에 미치는 영향으로 옳지 않은 것은?

① 소비자 잉여는 증가한다.   ② 정부의 수입은 감소한다.

③ 총 사회적 후생은 증가한다.   ④ 생산자 잉여는 증가한다.

71 다음 그래프는 생산자 보조금 지급과 사회후생의 변화에 관한 것이다. 아래의 설명 중 옳지 않은 것은? (단, S_1 : 원래의 공급곡선, S_2 : 보조금 지급 이후의 공급곡선, D : 수요곡선, E_1 : 원래의 균형점, E_2 : 보조금 지급 이후의 균형점, P : 가격, Q : 수량이다)

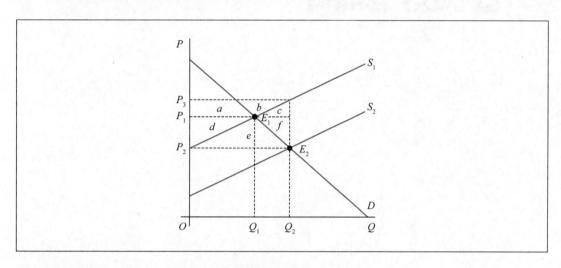

① 보조금 지급 후 생산자가 최종적으로 수취하는 가격은 P_3이다.
② 보조금 지급으로 인한 생산자잉여 증가분은 $a+b$이다.
③ 낭비된 보조금의 크기는 $c+f$이다.
④ 보조금의 크기는 $a+b+c+d+e+f$이다.
⑤ 보조금 지급으로 인한 소비자잉여의 증가분은 $d+e+f$이다.

72 다음 조건을 만족하는 두 시장에서 A 시장의 보조금을 없애고 B 시장의 보조금을 제품 단위당 $2T$ 수준으로 올릴 경우에 대한 설명으로 옳은 것은?

- A 시장과 B 시장에서는 동일한 제품이 거래되고 있다.
- A 시장과 B 시장의 수요곡선과 공급곡선은 서로 동일하다.
- A 시장과 B 시장의 수요곡선은 우하향하고 공급곡선은 우상향한다.
- 두 시장에서 거래되는 제품에 대해 단위당 T의 보조금을 소비자에게 지급하고 있다.

① 두 시장에 지급되는 보조금의 합은 이전과 동일하다.
② 두 시장에 지급되는 보조금의 합은 이전보다 작아진다.
③ 두 시장의 자중손실의 합은 이전보다 커진다.
④ 두 시장의 자중손실의 합은 이전과 동일하다.

공기업 NCS 경제학

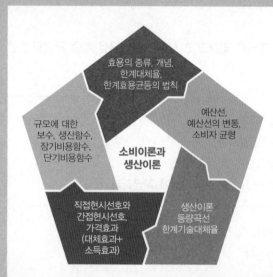

효용의 종류, 개념, 한계대체율, 한계효용균등의 법칙

예산선, 예산선의 변동, 소비자 균형

규모에 대한 보수, 생산함수, 장기비용함수, 단기비용함수

소비이론과 생산이론

직접현시선호와 간접현시선호, 가격효과 (대체효과+ 소득효과)

생산이론 등량곡선 한계기술대체율

[합격전략]

총효용의 개념 및 평균효용, 한계효용이 무엇인지 알아야 하며 한계효용균등의 법칙과 같은 효용 이론에 대해 파악하고 있어야 한다. 또한 스미스의 역설과 같이 구체적인 경제이론에 관한 문제가 출제되므로 이에 대한 이해가 필요하다. 무차별곡선이나 소득소비곡선, 생산함수에 관한 문제가 출제되며 비용에 관한 문제가 출제된다. 특히 단기비용함수와 단기비용곡선, 장기비용함수와 장기비용곡선은 중요한 내용이므로 완벽하게 학습해야 한다.

공기업
NCS
경제학

파트 **2**
소비이론과 생산이론

✪ 테마 유형 학습

✪ 빈출 지문에서 뽑은 O/X

✪ 기출예상문제

효용의 종류

☑️ **효용의 정의**

1. 효용(Utility)이란 소비자가 재화나 서비스를 소비할 때 느끼는 주관적인 만족도를 말한다.
2. 기수적 효용과 서수적 효용
   - 기수적 효용(Cardinal Utility) : 각 상품묶음의 효용을 측정하여 부여한 절대적인 값이 의미를 가지는 선호체계를 말한다.
   - 서수적 효용(Ordinal Utility) : 상품묶음 간의 효용의 순서만이 의미를 가지는 선호체계를 말한다.

1 개념

1. 총효용

(1) 총효용(Total Utility ; TU)이란 소비자가 일정기간 동안 재화를 소비함으로써 얻게 되는 만족도의 총량을 의미한다.

(2) 일반적으로 총효용은 재화의 소비량을 증가시킴에 따라 증가하지만 소비량의 증가가 한계점에 도달하면 그 재화의 소비량은 만족의 포화점(Saturation Point)이 되며, 합리적인 소비자는 재화를 포화점 이상으로 소비하지 않는다.

2. 평균효용

(1) 평균효용(Average Utility ; AU)이란 소비자가 일정기간 동안 재화를 소비할 때 그 재화의 1단위당 효용으로 즉 그 재화의 총효용을 소비량으로 나눈 값이다.

$$\text{평균효용}(AU) = \frac{\text{총효용}(TU)}{\text{소비량}(Q)}$$

(2) 총효용곡선상의 한 점과 원점을 연결한 직선의 기울기이다.

(3) 원점에서 연결한 직선과 총효용곡선이 접하는 지점에서 평균효용은 가장 크다.

3. 한계효용

(1) 한계효용(Marginal Utility ; MU)이란 소비자가 일정기간 동안 재화를 소비할 때 추가적인 그 재화 한 단위의 소비량 증가를 통해 얻는 효용의 증가분을 의미한다.

(2) 총효용의 변화분을 소비량의 변화분으로 나눈 값이다.

$$\text{한계효용}(MU) = \frac{\text{총효용의 변화분}(\Delta TU)}{\text{소비량의 변화분}(\Delta Q)}$$

(3) 총효용곡선상의 한 점에서 접선의 기울기이다.

(4) 한계효용은 욕망의 강도에 정비례하고, 존재량에 반비례한다.

2 총효용과 한계효용

1. 총효용과 한계효용의 관계

총효용 = Σ한계효용

(1) 총효용 증가 ⇔ 한계효용>0

(2) 한계효용=0 ⇔ 극대, 극소, 변곡점

(3) 총효용 감소 ⇔ 한계효용<0

☑️ 총효용을 미분하여 한계효용을 구할 수 있다.

2. 한계효용체감의 법칙

(1) 한계효용체감의 법칙(Law of Diminishing Marginal Utility)이란 다른 재화의 소비량이 일정한 상태에서 한 재화의 소비량이 증가할수록 그 재화의 한계효용이 감소하는 현상이다.

(2) 발견자인 고센(H. Gossen)의 이름을 따서 '고센의 제1법칙'이라 한다.

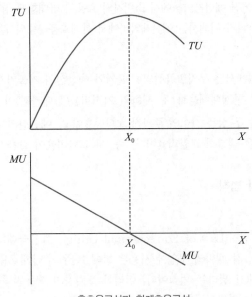

■ 총효용곡선과 한계효용곡선

파트1
파트2
파트3
파트4
파트5
파트6
파트7
파트8
실전1
실전2

대표기출유형

▢ 다음 중 한계효용이 0일 때 총효용에 대한 설명으로 옳은 것은?

① 극소   ② 0

③ 1   ④ 극대

정답 ④

해설 한계효용(Marginal Utility ; MU)이란 소비자가 재화 1단위를 추가적으로 소비함에 따라 얻게 되는 총효용의 증가분으로, 한계효용이 0일 때 총효용은 극대가 된다.

효용이론

☑ 효용이론
1. 효용이론이란 주어진 가격과 소득으로 가장 합리적인 구매 방법을 찾으려는 최적배분이론이다.
2. 가정
• 합리성 : 소비자는 주어진 조건에서 총효용이 극대화되는 소비를 결정한다.
• 기수적 효용 : 효용을 수치적으로 측정할 수 있다.
• 화폐의 한계효용 : 화폐의 단위당 효용은 일정하다.
• 한계효용의 체감 : 재화의 소비량이 증가할수록 모든 재화의 한계효용은 체감한다.

1 소비자행동의 균형

1. 소비자균형의 의의

소비자균형은 주어진 예산제약하에서 소비자의 효용이 극대화된 상태를 의미하며, 소비자의 균형이 극대화되기 위해서는 예산제약하에서 한계효용균등의 원리가 성립하여야 한다.

2. 균형조건

(1) 소비자균형점에서는 무차별곡선의 기울기와 예산선의 기울기가 같으므로 Y재로 표시한 X재의 한계대체율과 두 재화의 가격비율(상대가격)이 일치한다.

(2) 한계대체율은 두 상품 사이의 주관적 교환비율이고, 예산선의 기울기에서 '−'를 제거한 상대가격은 객관적 교환비율이다. 즉, 두 교환비율이 같을 때 효용은 극대화된다.

2 한계효용균등의 법칙

1. 의의

한계효용균등의 법칙(Law of Equimarginal Utility, 효용극대화조건)이란 주어진 예산의 범위 내에서 각 재화의 구입에 사용된 화폐 1단위의 한계효용이 균등할 때, 소비자의 총효용은 극대가 된다는 법칙이다. 이러한 소비자의 행동원리를 효용극대화라 하며 '고센의 제2법칙'이라고도 한다.

$$\frac{MU_X}{P_X} = \frac{MU_Y}{P_Y}$$

$$P_X \cdot X + P_Y \cdot Y = I \text{ (여기서 } I \text{는 소득)}$$

$$\frac{MU_1}{P_1} = \frac{MU_2}{P_2} = \cdots = \frac{MU_n}{P_n}$$

$$P_1 \cdot Q_1 + P_2 \cdot Q_2 + \cdots + P_n \cdot Q_n = I$$

2. 수요곡선의 유도

(1) 효용극화조건(소비자균형조건)을 이용한 수요곡선의 도출

① 최초의 효용극화 조건은 $\dfrac{MU_X}{P_X} = \dfrac{MU_Y}{P_Y}$ 이다.

② 만약 X재 가격이 하락하면 $\dfrac{MU_X}{P_X} > \dfrac{MU_Y}{P_Y}$ 이 된다.

③ X재 가격이 하락하면 X재 소비량이 증가, Y재 소비량이 감소하여 효용은 증가한다. 따라서 X재 가격이 하락할 때 수요곡선은 우하향한다. 즉, 가격과 소비량 간에는 반비례 관계가 성립한다.

(2) 한계편익을 이용한 수요곡선의 도출

① 효용극화조건은 다음과 같다.

$$\frac{MU_X}{P_X} = \frac{MU_Y}{P_Y} = \lambda \text{ 에서 } \frac{MU_X}{P_X} = \lambda \text{ 이 성립함.}$$

② $\lambda > 0$에서 $P_X = \dfrac{MU_X}{\lambda}$, 즉 한계편익 곡선이 바로 수요곡선이 된다.

③ $Q_X \uparrow \rightarrow MU_X \downarrow \rightarrow P_X \downarrow$이므로 소비량($Q_X$)과 가격($P_X$) 간에는 반비례 관계가 성립한다.

3 스미스의 역설(Smith's Paradox, 가치의 역설)

1. 스미스(A. Smith)의 견해

(1) 일반적으로 효용은 소비자들이 각 재화나 서비스에 부여하는 가치를 통해 간접적으로 판단할 수 있다. 그러나 효용과 가치가 반드시 일치한다고는 할 수 없다.

(2) 일상생활에 있어서 필요한 재화인 물의 가격은 매우 낮은 데 비해, 존재하지 않더라도 문제가 없는 재화인 다이아몬드의 가격은 매우 높게 형성된다.

(3) 물의 사용가치(총효용)는 크고 교환가치(가격)는 작고, 다이아몬드의 사용가치(총효용)는 작고 교환가치(가격)는 크다고 한다.

2. 한계효용학파의 견해

(1) 한계효용이론에서 가격은 총효용이 아닌 한계효용에 의해 결정된다. 만약 물과 다이아몬드의 존재량이 동일하다면, 물이 다이아몬드보다 사용가치(총효용)가 더 크므로 물의 한계편익곡선은 다이아몬드의 한계편익곡선보다 상방에 위치할 것이다.

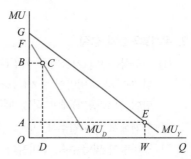

(2) 그러나 다이아몬드의 존재량은 O_D이므로 가격은 O_B로 높게 결정되고, 물의 존재량은 O_W이므로 가격은 O_A로 낮게 결정된다. 따라서 물의 한계편익곡선은 다이아몬드의 한계편익곡선보다 상방에 위치한다(물 : MB_Y, 다이아몬드 : MB_D).

> **☑ 효용이론의 한계**
>
> 1. 효용의 가측성 : 효용은 개인적, 주관적, 심리적 평가이므로 객관적인 측정이 곤란하다.
> 2. 소비자행동의 합리성 : 경제적 합리성의 의해 경제활동을 하는 합리적인 경제인을 가정하지만 이러한 경제인은 실존하지 않는다.
> 3. 재화의 불가분성 : 재화에는 단위가 존재하므로 연속적으로 분할할 수 없다.
> 4. 화폐의 한계효용 일정 : 화폐의 한계효용은 불변이라고 가정하지만 가변적이다.

파트1 파트2 파트3 파트4 파트5 파트6 파트7 파트8 실전1 실전2

대표기출유형

💬 **다음 중 한계효용이론에 대한 설명으로 타당하지 않은 것은?**

① 소득이나 화폐의 단위당 한계효용은 점차 감소한다.

② 소비를 함으로써 얻는 추가 소비된 총효용의 증가분을 나타낸다.

③ 주어진 소득으로 효용극대를 최대화하는 소비행동을 하는 합리적 소비자를 가정한다.

④ 각 재화의 소비수준에서 얻어지는 효용은 기수적 측정이 가능하므로 재화 간의 효용비교뿐만 아니라 개인 간의 효용비교도 가능하다.

정답 ①

해설 한계효용이론에서는 소득이나 화폐의 단위당 한계효용이 일정하다고 가정한다.

무차별곡선

☑ 한계효용이론은 기수적 효용이론으로, 각 재화의 소비량에 따른 효용의 크기를 기수적으로 측정할 수 있다는 가정을 이용하여 소비자이론을 설명한다.
무차별곡선이론은 효용을 기수적으로 측정할 수는 없지만 한 재화의 묶음을 다른 묶음과 비교하여 선호의 순서를 만들 수는 있다는 서수적 효용개념을 이용하여 소비자이론을 설명한다.

1 개념

1. 무차별곡선의 정의

(1) 무차별곡선(Indifference Curve)은 소비자에게 동일한 효용(만족)을 주는 재화의 여러 가지 조합을 연결한 곡선이다.

(2) 소비자가 동일한 만족을 얻을 수 있는 두 종류의 재화로 만들 수 있는 여러 가지 배합점들의 궤적이다.

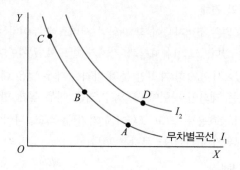

2. 무차별곡선의 성질

(1) 우하향(−)의 기울기를 가짐(부의 기울기).
한 재화의 소비량이 증가(감소)하면 동일한 만족을 유지하기 위해 다른 재화의 소비량이 감소(증가)해야 하기 때문이다.

(2) 원점에서 멀어질수록 만족수준이 더 큼.
소비량이 많을수록 소비자의 만족수준이 높아지기 때문이다.

(3) 원점에 대해 볼록함.
한계대체율, 즉 두 재화의 한계효용 비율이 체감하기 때문이다.

(4) 서로 다른 무차별곡선은 교차할 수 없음.

2 한계대체율

☑ X재를 1단위 더 소비하면 효용은 MU_X만큼 증가하므로 Y재를 $\dfrac{MU_X}{MU_Y}$만큼 감소시켜야 동일한 효용을 유지한다.
$MU_X \cdot (1) + MU_Y \cdot$
$\left(-\dfrac{MU_X}{MU_Y}\right) = 0$
즉, X재 1단위와 대체되는 Y재의 크기는 $\dfrac{MU_X}{MU_Y}$이다.

1. 한계대체율의 개념

(1) 한계대체율(Marginal Rate of Substitution : MRS)이란 동일한 수준의 효용을 유지하면서 한 재화를 추가적으로 소비하고자 할 때, 대체해야 하는 다른 재화의 수량이다. 즉, 두 상품 사이의 주관적인 교환비율로 무차별곡선의 접선의 기울기를 의미한다.

(2) X재와 Y재의 한계효용 비율로 나타낼 수 있다.

$$한계대체율(MRS_{XY}) = -\frac{\Delta Y}{\Delta X} = \frac{MU_X}{MU_Y}$$

2. 무차별곡선과 한계대체율

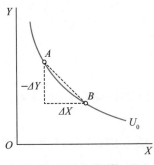

■ 두 점 사이에서 정의한 MRS ■ 한 점에서 정의한 MRS

3. 한계대체율체감의 법칙(한계효용체감 가정)

한계대체율체감의 법칙(Law of Diminishing ; MRS)이란 두 재화 X, Y를 소비할 때, 동일한 효용수준을 유지하면서 X재 소비량을 1단위 증가(감소)시키기 위해 감소(증가)시켜야 하는 Y재 소비량이 지속적으로 감소(증가)하는 현상을 의미한다.

⟨우하향 무차별곡선에서 X재 소비증가시⟩

X재 소비량(Q_X)↑ → X재 한계효용(MU_X)↓

Y재 소비량(Q_Y)↓ → Y재 한계효용(MU_Y)↑ ⟹ $\dfrac{MU_X}{MU_Y} = MRS_{XY}$ ↓

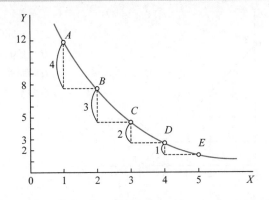

파트1
파트2
파트3
파트4
파트5
파트6
파트7
파트8
실전1
실전2

☑ 무차별곡선이 원점에 대해 볼록한 모양을 갖는다는 것은 한계대체율체감의 법칙이 성립함을 의미한다. X재 소비량을 증가시킴에 따라 무차별곡선상의 접선의 기울기가 점점 완만해지는 현상을 말한다.

☑ 모든 상품에 대해 한계효용체감의 법칙이 성립하고, 한 상품 소비량의 변화가 다른 상품의 한계효용에 영향을 미치지 않으면, 한계대체율체감의 법칙은 자동적으로 성립한다.

☑ 한계대체율이 일정하면 무차별곡선은 우하향하는 직선 형태를 보이며, 한계대체율이 체증하면 무차별곡선은 원점에 대해 오목한 형태를 보인다.

대표기출유형

🗨 정상재들에 대한 무차별곡선의 설명으로 옳은 것은?

① 원점에서 멀어질수록 더 높은 효용수준을 나타낸다.

② 무차별곡선들을 모아 놓은 것을 무차별지도라고 부른다.

③ 기수적 효용개념에 입각하여 소비자의 선택행위를 분석하는 것이다.

④ 소비자에게 같은 수준의 효용을 주는 상품묶음의 집합을 그림으로 나타낸 것이다.

정답 ③

해설 무차별곡선은 선호의 순서만이 의미를 갖는다고 보는 서수적 효용(Ordinal Utility)개념에 입각하여 소비자의 선택행위를 분석한다. 효용을 구체적인 단위로 측정한 기수적 효용(Cardinal Utility)개념에 입각하여 소비자의 선택행위를 분석하는 것은 한계효용이론이다.

예산선

✓ 예산선(가격선 ; Budget Line, Price Line)이란 주어진 소득으로 최대한 구입 가능한 X재와 Y재 수량 배합점들의 궤적을 의미한다.

1 예산제약과 예산선

1. 예산제약

(1) 소득과 X재와 Y재의 가격이 주어지면, 소비자는 재화의 구입에 따른 지출을 자신의 소득과 일치시킨다.

(2) X재와 Y재의 가격이 각각 P_X와 P_Y로 주어져 있고 소비자의 소득이 I원인 경우의 예산제약식은 다음과 같다.

$$P_X \cdot X + P_Y \cdot Y = I$$
$$Y = \frac{I}{P_Y} - \frac{P_X}{P_Y} \cdot X$$

✓ 소비자는 예산선 위의 점뿐만 아니라 그 아래로 만들어진 삼각형 안에 있는 어떤 점도 선택 가능하다. 예산선상은 모든 소득을 전부 사용할 경우의 소비점을 나타내며, 그 내부는 예산의 일부를 사용할 경우까지 포함하며, 예산집합(Budget Set) 혹은 기회집합(Opportunity Set)이라 표현한다.

2. 예산선

(1) 예산선은 소비자의 구매능력을 그래프로 나타낸 것이다.

$$Y = \frac{I}{P_Y} - \frac{P_X}{P_Y} \cdot X$$

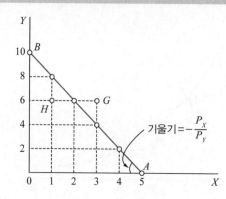

A : X재만을 선택
B : Y재만을 선택
H : 예산미만
G : 예산초과

(2) 예산선의 기울기는 두 상품의 상대가격에 음의 부호(−)를 붙인 것으로, 이는 시장에서 결정되는 객관적 교환비율을 의미한다.

(3) 위 그래프에서 Y재만을 선택하고 있을 때 X재 5개를 선택하려면 Y재 10개를 포기해야 하므로 X재 선택의 기회비용은 Y재 수로 2이다.

(4) 절편의 의미

① X축 절편 : Y재는 소비하지 않고 X재만 소비했을 때, X재의 소비량

② Y축 절편 : X재는 소비하지 않고 Y재만 소비했을 때, Y재의 소비량

2 예산선의 변동

1. 소득의 변화와 예산선의 변화

(1) 가격이 일정한 가운데 소득만이 변화할 경우, 예산선의 기울기에는 변화가 없다.

(2) 소득이 증가하면 바깥쪽으로 평행이동하고, 소득이 감소하면 안쪽으로 평행이동한다.

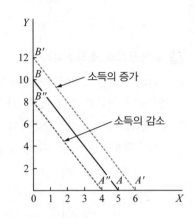

2. 가격의 변화와 예산선의 변화

두 재화의 가격 중 한 재화의 가격이 변화하면 두 재화의 상대가격과 기울기가 변화한다.

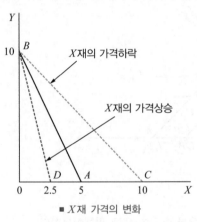

■ X재 가격의 변화

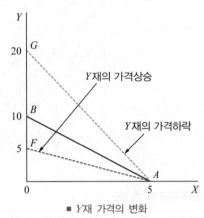

■ Y재 가격의 변화

(1) X재의 가격상승 : 기울기의 절댓값이 커지고 Y절편은 불변, X절편은 작아져 시계방향으로 회전이동한다.

(2) X재의 가격하락 : 기울기의 절댓값이 작아지고 Y절편은 불변, X절편은 커지므로 시계반대방향으로 회전이동한다.

☑ 두 재화의 가격이 동시에 같은 비율로 상승한 경우 : 상대가격에는 변화가 없으나, 두 절편이 같은 비율로 감소하므로 원점쪽으로 평행이동한다. 즉, 소득이 감소한 경우와 같다. 명목소득은 불변이나 실질소득이 감소했음을 의미한다.

☑ 두 재화의 가격이 동시에 같은 비율로 하락한 경우 : 상대가격에는 변화가 없으나, 두 절편이 같은 비율로 증가하므로 바깥쪽으로 평행이동한다. 즉, 소득이 증가한 경우와 같다. 명목소득은 불변이나 실질소득이 증가했음을 의미한다.

☑ 소득과 가격이 모두 같은 비율로 상승하거나 하락한 경우 : 명목소득은 증가 혹은 감소하지만, 실질소득은 불변이므로 예산선은 변화가 없다.

대표기출유형

📝 다음 중 재화의 가격이 일정할 경우 가격선의 위치를 결정하는 것은?

① 재화량　　　　　　　　② 소득수준

③ 수요곡선　　　　　　　④ 무차별곡선

정답 ②

해설 예산제약식이 $P_X \cdot X + P_Y \cdot Y = I$ 이므로 재화의 가격은 가격선의 기울기를 결정하며, 가격선의 위치는 소득수준 I의 크기에 의해 결정된다.

05 소비자균형

☑ $P_X \cdot X + P_Y \cdot Y = I$

MRS_{XY}(무차별곡선의 기울기)

$= \dfrac{P_X}{P_Y}$ (예산선의 기울기)

☑ 한계대체율은 두 상품 사이의 주관적 교환비율이고, 예산선의 기울기에서 '-'를 제거한 상대가격은 객관적 교환비율이다. 즉, 두 교환비율이 같을 때 효용이 극대화된다.

☑ 소득이 변화하면 소비자균형점이 이동하여 재화의 소비량이 변화하는데, 이를 소득효과(Income Effect)라 한다.

1 소득변화와 소득소비곡선

1. 재화의 가격은 불변이고 소득이 변화하면 예산선은 평행이동한다. 따라서 무차별곡선과 예산선의 접점인 소비자균형점도 이동하게 된다.

2. 두 재화의 상대가격은 불변이며, 소득의 변화에 따른 소비자균형점들을 연결한 궤적을 소득소비곡선(Income-Consumption Curve ; ICC) 또는 소득확장경로라고 한다.

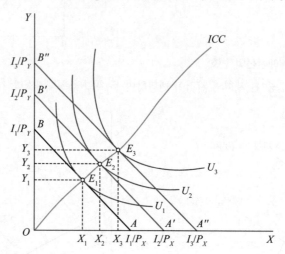

☑ 소득이 증가(감소)함에 따라 소비량이 증가(감소)하는 재화는 정상재(Normal Goods)라 하고, 소득이 증가(감소)함에 따라 소비량이 감소(증가)하는 재화는 열등재(Inferior Goods)라고 한다.

2 소득변화의 효과

1. 소비자의 소득이 증가(감소)하면 예산선은 오른쪽(왼쪽)으로 평행이동한다.

2. 두 재화가 모두 정상재일 때, 두 재화 모두 소비량이 증가한다.

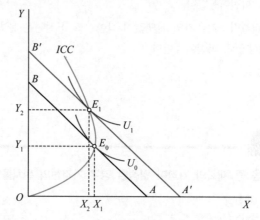

3. 한 재화(X)가 열등재일 때, 열등재(X)의 소비량은 감소한다.

③ 엥겔곡선

1. 상대가격이 일정하고 소득이 변화할 때, 소비자균형의 궤적을 소득−수량 축 위에 그린 곡선을 엥겔곡선(Engel Curve)이라 한다.

2. 소득이 변화할 때 재화의 소비량을 나타내며, 소득소비곡선으로부터 도출된다.

3. 정상재의 엥겔곡선은 우상향, 열등재의 엥겔곡선은 좌상향의 형태를 보인다.

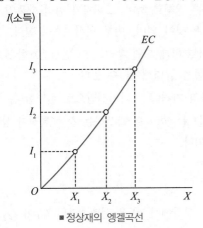

■ 정상재의 엥겔곡선

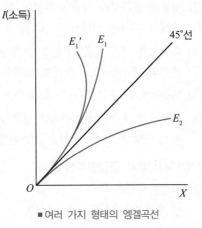

■ 여러 가지 형태의 엥겔곡선

파트1
파트2
파트3
파트4
파트5
파트6
파트7
파트8
실전1
실전2

✓ **소득소비곡선과 엥겔곡선의 형태**

수요의 소득탄력성에 의해 영향을 받는다.

1. 소득탄력성이 1인 경우 : 소득소비곡선과 엥겔곡선은 원점을 통과하는 방사선의 형태이다.

2. 소득탄력성이 1보다 큰 경우 : 소득소비곡선과 엥겔곡선은 완만한 형태가 된다.

3. 소득탄력성이 1보다 작은 경우 : 소득소비곡선과 엥겔곡선은 가파른 형태가 된다.

4. X재의 소득탄력성이 0보다 작은 경우 : 소득이 2배로 늘 때 X재의 소비는 감소하고, Y재의 소비는 2배 이상으로 증가한다. 이 경우 X재의 소득소비곡선과 엥겔곡선은 음의 기울기를 가지게 된다.

5. X재의 소득탄력성이 0인 경우 : 소득이 2배로 늘 때 X재의 소비는 변함없고 증가한 소득은 모두 Y재 소비에 지출되므로, X재의 소득소비곡선과 엥겔곡선은 수직선의 형태가 된다.

대표기출유형

🗨 **다음 설명 중 적절하지 않은 것은?**

① 필수재에 대한 엥겔곡선(Engel Curve)은 우하향의 형태를 보인다.

② 수요의 가격탄력성이 0보다 크고 1보다 작은 재화를 필수재라고 한다.

③ 어떤 재화의 가격소비곡선이 우상향할 경우 그 재화에 대한 수요곡선은 반드시 우하향의 형태를 보인다.

④ 마샬(Marshall)에 의하면 일반적으로 대체재 상호 간에는 대체관계가 나타나지만, 예외도 존재한다.

정답 ①

해설 필수재에 대한 엥겔곡선(Engel Curve)은 우상향의 형태를 보인다.

현시선호이론

현시선호이론(Theory of Revealed Preference)은 효용의 가측성을 인정하지 않고 무차별곡선도 전제하지 않는다. 또 소비행태를 설명할 때는 소비자의 주관적 영역이 아니라, 객관적으로 관찰 가능한 것만으로 설명하고자 한다. 즉, 효용이 아니라 시장에서 표출된 소비자의 구체적인 구매행위를 기초로 하여, 주어진 가격과 소득 조건하에서 만족 극대화를 추구하는 소비자의 선택원리를 다루는 이론이다.

1 개요

1. 개념

(1) 행동에 일관성을 지닌 합리적인 소비자를 전제로 하며, 소비자가 여러 상품의 조합 중에서 하나를 선택하면 선호를 보여 준 것이 되며, 이를 현시선호라 한다.

(2) 소비자가 어떤 것을 선택하면, 즉 현시선호하게 되면 우리는 그 현시선호한 소비점에서의 행동을 보고 소비자 전체의 행동을 규명해 볼 수 있다.

(3) 객관적으로 관찰 가능한 소득(I), 재화의 가격(P), 가격선만으로 설명한다.

(4) 소비자의 주관적 선호관계를 전부 알 필요는 없고 필요로 하는 것은 특정한 상품묶음이 선택됨으로써 현시된 선호관계뿐이다.

2. 직접현시선호와 간접현시선호

(1) 직접현시선호

① 재화묶음 Q_2를 모두 구입할 수 있는 상황에서 Q_1을 선택했다면 Q_1이 Q_2보다 직접적으로 현시선호되었다고 한다.

② 재화묶음 Q_1이 선택되었다고 하면 가격선상의 모든 점은 물론 빗금 친 삼각형 내부의 모든 점들에 비해 Q_1이 선호된다는 것이다.

(2) 간접현시선호 : 재화묶음 Q_1이 Q_2보다 (직접현시)선호되었고, Q_2가 Q_3보다 (직접현시)선호되었다면 Q_1이 Q_3보다 간접적으로 현시선호되었다고 한다.

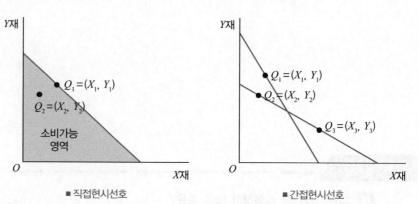

■ 직접현시선호   ■ 간접현시선호

3. 현시선호의 공리

현시선호이론에서 최소한으로 필요한 가정은 소비자들이 일관성 있게 행동한다는 것이다. 일관성 있는 행동을 현시선호의 약공리와 현시선호의 강공리로 분류한다.

(1) 현시선호의 약공리

① 약공리는 직접현시선호관계로부터 나온다.

② 위의 그림에서 소비자가 Q_2를 구입할 수 있음에도 불구하고 시장에서 Q_1을 선택하였다면 이 소비자는 다음에 Q_1과 Q_2를 동시에 선택 가능할 때 결코 Q_2 대신 Q_1을 선택하지 않는다.

③ Q_1이 Q_2보다 직접현시선호되면, 어떠한 경우에도 Q_2가 Q_1보다 직접현시선호되어서는 안 된다. 이를 현시선호의 약공리라고 한다.

(2) 현시선호의 강공리

① 강공리는 간접현시선호관계로부터 나온다.

② 위의 그림에서 재화묶음 Q_1, Q_2, Q_3 중에서 Q_1이 Q_2보다 선호되었고 Q_2가 Q_3보다 선호되었다면 Q_1은 Q_3보다 선호된 것이다.

③ 이러한 상황에서 Q_3가 Q_1보다 간접현시선호되어서는 안 된다. 일단 Q_1이 Q_3보다 간접현시선호되었으면 어떠한 경우라도 Q_3가 Q_1보다 간접현시선호되어서는 안 된다. 이를 현시선호의 강공리라고 한다.

(3) 약공리와 강공리의 관계

① 현시선호의 강공리가 성립하면 약공리는 자동적으로 성립한다. 그러나 현시선호의 약공리가 성립한다고 해서 강공리가 성립하는 것은 아니다.

② 현시선호이론에서 최소한으로 필요한 가정은 현시선호의 약공리이다. 강공리는 예산집합이 서로 다른 경우에도 선호체계를 파악할 수 있게 해 주는 보완적인 역할을 한다.

③ 현시선호의 약공리는 문자 그대로 소비자들의 합리적인 소비선택행위에 관한 최소한의 기준이다.

④ 소비자의 선택행위에는 일관성이 있어야 한다는 것이다. 현시선호이론에서는 현시선호의 약공리만을 이용하여 시장에서 관찰된 소비자의 선택으로부터 수요곡선을 도출하고 있다.

4. 소득변화에 따른 선호영역

원래 가격선 AB상에서 E점을 선호했다면, 가격선이 CD로 이동하면 CD상의 모든 점을 선택해도 모순이 아니다.

CG구간을 선호하면 X재 열등재, GI구간을 선택하면 X재·Y재 정상재, ID구간을 선택하면 Y재는 열등재이다.

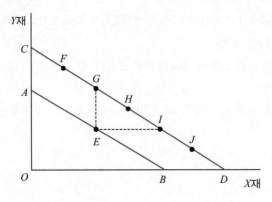

2 가격효과와 수요곡선 도출

1. 가격효과

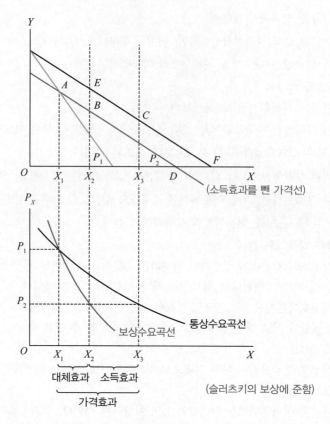

(1) X재 가격이 P_1에서 P_2로 하락했다면, X재의 소비량이 증가하여 예산선이 오른쪽으로 회전이동을 한다(단, X재는 정상재이다).

(2) 가격하락은 상대가격과 실질소득의 변화를 유발한다.

(3) 회전이동한 예산선에서 소득효과로 인한 X재의 증가분을 빼려면 예산선을 최초의 소비점이 이루어진 A점까지 평행이동해야 한다. ← 슬러츠키 보상

(4) AD구간 내에서 소비자가 B점을 선택했다면 X_1에서 X_2로의 변화는 대체효과로 인한 소비량의 증가분을 의미한다.

(5) EF구간 내에서 소비자가 C점을 선택했다면 소득효과로 인해서 X_2에서 X_3로 소비량이 증가할 것이다.

(6) 소비량이 증가함에 따라 수요곡선이 도출될 수 있는데, 이를 통상수요곡선이라고 한다.

(7) 소득효과를 제외한 대체효과로 인한 수요곡선을 보상수요곡선이라고 한다.

2. 현시선호이론에 의한 무차별곡선의 도출

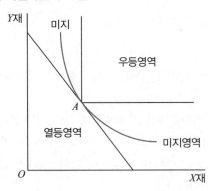

(1) 소비자가 A점을 현시선호하였다면, A점을 제외한 가격선 아래 부분은 열등영역으로, 어떠한 점도 A점과 동일한 만족을 주지 못한다.

(2) 우등영역은 A점보다 더 많은 X, Y재를 구매할 수 있으므로, A점과 동일한 만족점은 존재하지 않는다.

(3) 우등영역과 열등영역을 제외한 나머지 부분에 존재하는 A점과 같은 만족을 주는 상품의 조합점들을 이어 보면, A점을 지나면서 우하향하는 무차별곡선이 그려진다.

www.gosinet.co.kr

파트1
파트2
파트3
파트4
파트5
파트6
파트7
파트8
실전1
실전2

대표기출유형

💬 다음 중 현시선호이론에 대한 설명으로 옳은 것은?

① 수요의 법칙은 강공리가 전제되어야만 성립한다.

② 한계대체율 체감의 가정하에 수요곡선을 도출하는 이론이다.

③ 현시선호이론은 새뮤얼슨, 힉스 등에 의해서 전개된 이론으로, 효용개념을 사용한다.

④ 현시선호이론은 소비자가 합리적인 행동을 한다는 가정하에서 수요곡선을 도출하는 이론으로, 관측된 수요로부터 그 배경이 되는 선호관계를 설명하고자 한다.

정답 ④

해설 ① 현시선호이론에서는 약공리만 만족해도 수요의 법칙이 성립한다. 또한 강공리가 성립하면 약공리는 자동적으로 성립한다.

② 현시선호이론에서는 시장에서 관찰된 소비자의 행위로부터 수요곡선을 도출한다.

③ 현시선호이론은 새뮤얼슨, 힉스 등에 의해서 전개된 이론으로, 효용개념 없이도 수요곡선의 도출이 가능하다는 장점이 있다.

가격효과(대체효과 + 소득효과)

☑ 가격변화로 인한 수요량의 변화
(가격변화)는 대체효과와 소득효
과의 합으로 구성된다.
• 대체효과 : 가격변화에 따른 두
재화 간 상대가격의 변화로 인
해 재화의 소비량이 변화하는
효과
• 소득효과 : 가격변화에 따른 실
질소득의 변화가 재화의 소비
량을 변화시키는 효과. 즉 실질
소득의 변화에 의해 유발된 소
비량의 변화

1 대체효과

1. 대체효과(Substitution Effect)란 실질소득이 불변인 상황에서 상대가격의 변화로 생기
는 효과를 의미한다.

2. X재의 가격 하락은 Y재에 대한 X재의 상대가격이 하락함을 의미하므로, X재의 소비
를 증가시키고 Y재의 소비를 감소시킨다. 이로 인한 수요량의 변화를 대체효과라 한다.

3. 대체효과는 상대적으로 저렴해진 물건은 더 많이, 상대적으로 비싸진 물건은 더 적게
수요하는 방향으로 나타난다.

2 소득효과

1. 개념

(1) 소득효과(Income Effect)란 상대가격이 불변인 상황에서 실질소득의 변화로 생기
는 효과를 말한다.

(2) X재의 가격이 하락하면 동일한 (명목)소득으로 이전에 구매할 수 없었던 상품묶음
을 구매할 수 있게 되고, 이에 따라 소비자의 실질소득(가처분소득)은 증가한다. 이
때 발생하는 수요량의 변화가 소득효과이다.

2. 상품의 성격에 따른 소득효과

(1) 정상재의 경우에는 실질소득이 증가하면 수요가 증가하고, 열등재일 경우에는 실질
소득이 증가하면 수요가 감소한다.

(2) 정상재의 경우 대체효과와 소득효과가 같은 방향으로 작용하며, 열등재의 경우 반대
방향으로 작용한다.

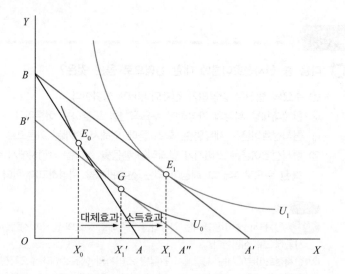

3 가격효과와 기펜재

1. 기펜재의 개념

기펜재(Giffen Goods)란 특수한 열등재의 경우로, 가격이 하락할 때 소비량을 증가시키는 대체효과보다 소비량을 감소시키는 소득효과가 커서, 가격이 하락할 때 소비가 오히려 줄어드는 재화를 말한다. 따라서 기펜재는 수요법칙에 예외적이다.

2. 기펜재의 조건

반드시 열등재여야 하며 대체효과의 크기보다 소득효과가 더 커야 한다. 따라서 기펜재는 반드시 열등재이지만, 열등재라고 해서 반드시 기펜재는 아니다.

3. 재화에 따른 가격효과분석

(1) 재화의 가격 변화와 수요량의 변동 방향

상품	대체효과	소득효과	가격효과
보통재＋정상재	－	－	－
보통재＋열등재	－	＋	－
기펜재	－	＋	＋

(2) 재화의 가격 하락에 따른 소비량 증감

상품	대체효과	소득효과	가격효과
보통재＋정상재	증가	증가	증가
보통재＋열등재	증가	감소	증가
기펜재	증가	감소	감소

파트1
파트2
파트3
파트4
파트5
파트6
파트7
파트8
실전1
실전2

대표기출유형

📖 다음 중 일반적으로 어떤 재화의 가격이 하락할 때 그 재화에 대한 수요가 증가하는 이유로 적절한 것은?

① 전시효과   ② 대체효과

③ 소득효과   ④ 가격효과

정답 ③

해설 소득효과는 한 재화의 가격 하락이 상대적으로 실질소득의 증대를 가져오게 됨에 따라 그 재화의 구입을 증대시키는 효과이다.

생산이론

☑️ 생산의 개념

생산이란 생산요소를 사용하여 유용한 재화나 서비스를 만들어 내는 행위를 말하며 생산요소란 생산과정에 투입되는 인적, 물적 자원을 말한다(예 노동, 자본 등).

1 생산함수

1. 생산함수란 일정 기간 동안 사용한 생산요소의 양과 생산할 수 있는 최대한의 상품량 사이의 관계를 나타내는 함수이다.

$$Q = f(L, K)$$
**Q : 산출량 L : 노동 투입량 K : 자본 사용량

2. 독립변수인 생산요소의 투입량이나 종속변수인 산출량은 일정 기간에 대해서 정의되는 유량(flow) 개념이다.

2 총생산, 평균생산, 한계생산

1. **총생산곡선**

   (1) 총생산이란 투입된 생산요소로부터 생산되는 재화의 총량을 말하며, 가변투입요소가 증가하면 총생산량은 증가한다. 총생산물은 한계생산물의 총합의 관계가 성립한다.

   (2) 총생산곡선(Total Product Curve ; TP곡선) : 자본 투입량 K는 고정되어 있다고 가정하면, 변곡점의 왼쪽에서는 산출량이 빠른 속도로 증가하다가(총생산곡선이 아래로 볼록) 오른쪽으로 가면서 증가속도가 둔화되는(총생산곡선이 위로 볼록) 형태를 보인다.

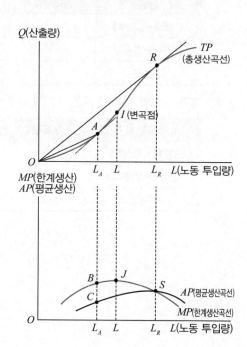

2. **평균생산곡선**

   (1) 노동의 평균생산(Average Product of Labor ; APL) : 투입된 노동 1단위당 산출량을 의미한다.

$$\text{노동의 평균생산}(APL) = \frac{\text{산출량}}{\text{노동 투입량}} = \frac{Q}{L}$$

   (2) 평균생산곡선이 최대값을 가질 때 평균생산과 한계생산이 일치한다.

3. 한계생산곡선

(1) 노동의 한계생산(Marginal Product of Labor ; MPL) : 생산요소가 노동과 자본이고 노동만 가변요소일 경우 생산함수는 $Q = f(L, K)$이며 노동의 한계생산물(MPL)은 $\dfrac{\Delta Q}{\Delta L}$이다.

(2) 노동의 한계생산은 총생산곡선에 대한 접선의 기울기와 그 값이 같다.

(3) 한계생산곡선은 총생산곡선의 변곡점에서 최대가 되고 그 후 감소한다.

4. 한계생산체감의 법칙

한계생산곡선에서 처음에는 노동의 한계생산이 점차 증가하다가 J점을 지나면서 감소하기 시작하는 것을 한계생산체감의 법칙(Law of Diminishing Marginal Product)이라고 한다.

$$\frac{d MP_N}{dN} < 0$$

5. 한계생산과 평균생산의 관계

(1) 평균생산 체증 $AP_L < MP_L$

(2) 평균생산 불변 $AP_L = MP_L$

(3) 평균생산 체감 $AP_L > MP_L$

☑ 다른 생산요소를 고정시킨 채 하나의 생산요소 투입량을 증가함에 따라 한계생산량이 점점 감소하는 현상으로 고정요소가 존재하기 때문에 단기에 나타나는 현상이다.

☑ 한계생산체감의 법칙이 성립하기 위해서는 한 가지 이상의 생산요소가 고정되어 있어야 하는데, 기간이 장기일 때는 모든 요소가 가변적이므로 이 법칙의 실질적 의미는 거의 없어지게 된다.

파트1
파트2
파트3
파트4
파트5
파트6
파트7
파트8
실전1
실전2

대표기출유형

❑ 다음 중 평균생산물과 한계생산물의 관계에 대한 설명으로 옳은 것은?

① 평균생산물이 증가할 때 한계생산물은 계속 증가한다.

② 평균생산물이 극대일 때 한계생산물은 평균생산물과 같다.

③ 평균생산물과 한계생산물이 일치할 때 산출량은 극대이다.

④ 평균생산물이 감소할 때 한계생산물은 평균생산물보다 크다.

정답 ②

해설 평균생산물(AP_L)과 한계생산물(MP_L)의 관계

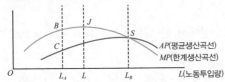

평균생산물이 극대인 S점에서 한계생산물은 평균생산물과 같다.

등량곡선

☑ 한계생산력균등의 법칙
일정한 비용으로 극대생산량을 얻기 위하여 각 생산요소의 한계생산력이 균등한 점에서 각 생산요소의 투입비율을 결정하여야 한다는 법칙이다.

1 등량곡선

1. 등량곡선의 정의

(1) 등량곡선이란 동일한 산출량을 생산할 수 있는 생산요소 투입량의 조합을 그림으로 나타낸 것을 말하며, 여러 등량곡선을 그린 것을 생산무차별지도라 한다.

(2) 소비자의 선호체계의 특성이 무차별곡선의 성격에 반영되는 것처럼 생산기술의 특성은 등량곡선의 형태에 반영된다.

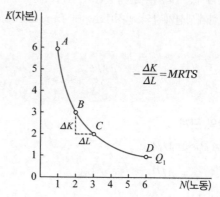

☑ 등량곡선과 무차별곡선의 차이점
등량곡선은 생산량의 크기를 구체적인 숫자로 표시하나(기수적), 무차별곡선은 총효용의 크기를 구체적인 숫자로 표시할 수 없다(서수적).

2. 등량곡선의 성격

(1) 우하향하는 모양(부의 기울기) : 장기에는 모든 생산요소가 가변적이기 때문에 요소 간 대체가 발생하므로 생산요소의 사용량을 줄이면서도 동일한 생산량을 유지하기 위해서는 다른 생산요소의 사용량이 증가해야 한다.

(2) 구체적인 생산량을 표시(기수적) : 등량곡선이 원점에서 멀수록 더 많은 산출량수준을 나타낸다.

(3) 원점에 대해 볼록한 모양(convexity) : 이것은 한계기술대체율($MRTS$)이 체감하는 것을 의미한다.

(4) 등량곡선은 서로 교차할 수 없음 : 등량곡선이 서로 교차하면 모순이 발생한다.

2 한계기술대체율

1. 한계기술대체율의 개념

☑ 한계기술대체율은 등량곡선상의 한 점에서 접선의 기울기로 노동과 자본의 한계생산량의 비율로 표시한다. 생산과정에서 ΔK만큼의 자본이 ΔN만큼의 노동으로 대체되어도 생산량에 아무런 변화가 없는 경우의 교환비율을 의미한다.

(1) 한계기술대체율(Marginal Rate of Technical Substitution ; $MRTS$)이란 동일한 생산량을 유지하면서 노동의 투입량 1단위를 추가적으로 증가시켰을 때 감소해야 하는 자본의 투입량을 말한다.

(2) 한계기술대체율은 등량곡선상에서 한 생산요소를 다른 생산요소로 대체할 수 있는 비율을 의미한다.

$$MRTS_{LK} = -\frac{\Delta K}{\Delta L}$$

2. 한계기술대체율과 한계생산량의 관계

(1) 등량곡선상의 한 점에서 다른 점으로 이동할 때 노동투입량의 증가(ΔL)와 자본투입량의 감소(ΔK)에 의한 생산량의 변화(ΔQ)는 다음과 같다.

$$\Delta Q = MP_N \cdot \Delta L + MP_K \cdot \Delta K$$

(2) 등량곡선상에서 생산량의 변화는 없으므로 $\Delta Q = 0$이다.

$$0 = MP_N \cdot \Delta L + MP_K \cdot \Delta K$$

$$MRTS_{LK} = -\frac{\Delta K}{\Delta L} = \frac{MP_N}{MP_K}$$

3. 특수한 형태의 등량곡선

생산요소 간 대체가 불가능한 완전보완적인 경우의 생산함수는 L자 형태의 등량곡선이고, 대체가 완전한 경우의 생산함수는 우하향하는 선형의 등량곡선이다.

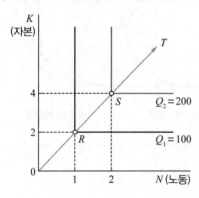

■ 레온티에프 생산함수의 등량곡선

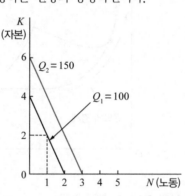

■ 완전대체의 등량곡선

☑ 한계기술대체율 체감의 법칙
동일한 생산량을 유지하면서 자본을 노동으로 대체함에 따라 한계기술대체율이 점점 감소하는 현상을 말한다.

파트1
파트2
파트3
파트4
파트5
파트6
파트7
파트8
실전1
실전2

대표기출유형

🗨 다음 중 한계기술대체율($MRTS$)을 측정하는 것은?

① 가격선　　　　　　　　　② 등비용선

③ 등량곡선　　　　　　　　④ 무차별곡선

정답 ③

해설 한계기술대체율은 등량곡선의 기울기나 생산성기준의 교환비율로 측정된다.

규모에 대한 보수

☑ 규모에 대한 보수의 유형

모든 생산요소의 투입량을 λ배 ($\lambda > 0$) 증가시키는 경우 생산량의 변화로 구분한다.
- 규모에 대한 보수 불변(규모의 수확 불변) : λ배로 증가
- 규모의 경제(규모에 대한 보수 증가) : λ배보다 크게 증가
- 규모의 불경제(규모에 대한 보수 감소) : λ배보다 작게 증가

1 규모에 대한 보수의 개념

1. 규모에 대한 보수는 모든 생산요소를 똑같은 비율로 변동시킬 때 산출량이 어떤 비율로 변하는가를 나타낼 수 있다.

$$Q(\lambda L, \lambda K) = \lambda^k Q(L, K) \gtreqless \lambda Q(L, K)$$

2. 기업이 규모를 확대할 때 반드시 모든 생산요소들은 똑같은 비율로 증가하는 것은 아니다.

3. 현실에서는 규모에 대한 보수 불변을 흔히 볼 수 있다.

4. 생산규모를 늘려나가는 경우 생산규모가 너무 작으면 규모에 대한 보수가 증가(규모의 경제)하다가 규모에 대한 보수 불변을 거쳐 생산규모가 너무 커지면 규모에 대한 보수 감소(규모의 불경제)로 돌아서는 것이 일반적이다.

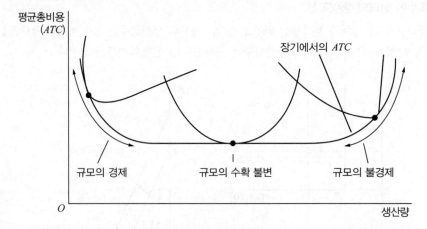

2 규모에 대한 보수의 종류

1. 규모에 대한 보수 불변

$Q = A L^\alpha K^\beta$에서 $\alpha + \beta = 1$인 경우, 노동과 자본을 똑같이 k배 증가시키면 $A(kL)^\alpha (kK)^\beta$이고 생산량(Q)은 $k^{\alpha + \beta} Q$가 된다.

2. 규모에 대한 보수체감

$Q = A L^\alpha K^\beta$에서 $\alpha + \beta < 1$인 경우, $\alpha + \beta = \frac{1}{2}$이라면 생산요소를 k배 증가시키더라도 생산량(Q)은 k배보다 적게 증가한다. 이는 생산요소 투입에 비해 생산량의 증가가 따라오지 못한다는 의미이며 전체 생산량의 감소를 의미하는 것은 아니므로 총생산량은 증가한다.

3. 규모에 대한 보수체증

$Q = A L^\alpha K^\beta$에서 $\alpha + \beta > 1$인 경우, $\alpha + \beta = 2$라면 생산량(Q)은 $k^2 Q$가 된다. 즉, 생산요소를 똑같이 k배 증가시키면 생산량은 k배보다 더 많이 증가함을 알 수 있다.

3 규모에 대한 보수의 원인

1. 보수체증(규모의 경제) 원인

(1) 분업에 따른 전문화 : 조직이 커질수록 세분화되고 생산성이 증대되며 작업의 반복에 의한 숙련도 증가로 작업의 효율성이 증대되고 전문화된다.

(2) 고정비용 분산효과 : 증가된 생산량에 고정비용이 분산되어 고정비용이 절감된다.

(3) 비용의 공유효과 : 규모가 커질수록 공동활동을 통해 비용이 절감된다.

(4) 경영의 효율성 : 경영자의 능력에 부합하는 기업의 규모가 필요하다.

(5) 대량구매 할인 : 생산요소를 대량으로 구매하는 경우에 할인을 받을 수 있고, 제품을 도매할 경우에 판매·운영비가 절약되어 기술이나 경영측면과 무관한 금전상의 이득을 얻을 수 있다.

2. 보수체감(규모의 불경제) 원인

(1) 노동의 지나친 전문화는 일을 단순반복적으로 만들어 사기저하와 인간소외를 초래하고, 기계의 지나친 전문화는 기계 고장 시 전체 공정을 멈추게 한다.

(2) 경영측면에서 생산규모가 지나치게 커지면 각 부문의 활동을 효과적으로 통제하고 조정하는 일이 어려워져 관료주의 폐단이 발생한다.

> ✓ • 규모에 대한 수익 증가
> ⇒ 규모의 경제
> • 규모에 대한 수익 감소
> ⇒ 규모의 불경제
> 역은 항상 참이 아님

파트1
파트2
파트3
파트4
파트5
파트6
파트7
파트8
실전1
실전2

대표기출유형

다음 중 규모의 경제(Economy of Scale)가 나타나는 사례로 적절한 것은?

① 제품시장의 수요독점일 경우

② 생산요소 시장이 공급독점일 경우

③ 고정비용이 높고 가변비용이 낮을 경우

④ 제품의 가격이 평균비용보다 낮을 경우

정답 ③

해설 규모의 경제는 투입규모가 커질수록 장기평균비용이 줄어드는 현상을 말하며, 생산량을 증가시킴에 따라 평균비용이 감소하는 현상을 의미한다. 규모의 경제가 실현되는 산업들은 전기, 철도, 가스 등과 같이 고정비용이 매우 크고 상대적으로 가변비용이 작은 산업들이다.

콥-더글라스 생산함수

☑ 생산함수는 재화를 생산하기 위해 투입된 생산요소의 양과 생산된 재화의 양 사이에 존재하는 관계를 나타내튼 함수이다.

☑ 콥-더글라스 생산함수의 특성
- 가장 대표적인 일차동차생산함수이다.
- 단기적으로는 수확 체감의 법칙이 나타난다.
- 장기적으로 규모에 따른 수익이 불변한다.

1 콥-더글라스 생산함수의 형태

콥-더글라스 생산함수는 생산량과 생산요소 간의 관계를 설명하기 위한 것으로 실증분석에서 가장 많이 사용되는 대표적인 생산함수이다.

$$Q = AL^{\alpha}K^{\beta} \quad (\text{단, } A > 0, \ 0 < \alpha, \ 0 < \beta)$$
$$**A : \text{효율계수} \quad \alpha, \ \beta : \text{분배 계수}$$

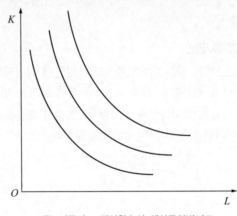

■ 콥-더글라스 생산함수의 생산무차별지도

2 한계생산물

노동과 자본이 투입량이 증가할 때 한계생산이 체감하는지 여부는 α와 β의 크기에 따라 달라진다.

$$MP_L = \frac{\partial Q}{\partial L} = \alpha AL^{\alpha-1}K^{\beta}$$
$$MP_K = \frac{\partial Q}{\partial K} = \beta AL^{\alpha}K^{\beta-1}$$

1. 노동의 한계생산

α가 1보다 크면 노동의 한계생산이 체증, α가 1보다 작으면 노동의 한계생산이 체감한다.

2. 자본의 한계생산

β가 1보다 크면 자본의 한계생산이 체증, β가 1보다 작으면 자본의 한계생산이 체감한다.

3 요소소득 분배율

1. 총소득에 대한 노동소득 분배율

노동소득 $= MP_L \times L = \alpha Q$

2. 총소득에 대한 자본소득 분배율

자본소득 $= MP_K \times K = \beta Q$

4 한계기술대체율

한계기술대체율은 자본–노동비율 $\left(\dfrac{K}{L}\right)$의 함수로 나타난다.

$$MRTS_{L,\ K} = \frac{aAL^{a-1}K^{b}}{bAL^{a}K^{b-a}} = \frac{a}{b}\left(\frac{K}{L}\right)$$

L이 증가하고 K가 감소하면 한계대체율은 체감한다.

5 일반형 $Q = AL^{\alpha}K^{\beta}$

- $\alpha + \beta > 1$: 규모에 대한 수확 체증
- $\alpha + \beta = 1$: 규모에 대한 수확 불변
- $\alpha + \beta < 1$: 규모에 대한 수확 체감

파트1
파트2
파트3
파트4
파트5
파트6
파트7
파트8
실전1
실전2

대표기출유형

생산함수가 다음과 같이 콥–더글라스 생산함수의 형태로 주어졌다. 이민자가 증가함에 따라 노동량이 10% 증가했다고 할 때, 자본의 실질임대가격의 변화로 가장 적절한 것을 고르면? (단, $\sqrt{1.1} ≒ 1.05$로 계산하고 소수점 아래 셋째 자리에서 반올림한다)

$$Y = AK^{-0.5}L^{0.5}$$
(단, A, K, L은 각각 총요소생산성, 자본량, 노동량을 나타낸다)

① 약 5% 감소한다.　　② 약 5% 증가한다.　　③ 약 10% 감소한다.
④ 약 10% 증가한다.　　⑤ 변화 없음.

정답 ②

해설 각 생산요소의 가격(임대가격과 임금)은 각 생산요소의 한계생산물과 같으므로
$Y = AK^{-0.5}L^{0.5}$에서 자본의 한계생산물(MP_k)은 Y를 K에 대하여 미분하면 다음과 같다.
$MP_{K_1} = 0.5AK^{-0.5}L^{0.5} = 0.5A(L/K)^{0.5}$
노동량이 10% 증가한 생산함수는 $Y = AK^{-0.5}(1.1L)^{0.5}$가 되고 이것의 한계생산물은 다음과 같다.
$MP_{K_2} = 0.5AK^{-0.5}(1.1L)^{0.5} = 0.5A(1.1L/K)^{0.5} = 0.5A \times 1.05(L/K)^{0.5}$
$MP_{K_2} - MP_{K_1} = 0.5A(1.1L/K)^{0.5} - 0.5K^{-0.5}L^{0.5} = 0.5A \times 1.05(L/K)^{0.5} - 0.5A(L/K)^{0.5}$
$\qquad\qquad = (1.05-1) \times 0.5A(L/K)^{0.5} = 0.05 \times 0.A(L/K)^{0.5}$
따라서 0.05, 즉 5% 증가하였다.

비용의 개념

합리적 선택을 위해서는 비용을 정확히 계산해야 한다. 비용이 과소평가되면 비용대비 편익이 크게 나타나고, 비용이 과대평가되면 좋은 대안이 높은 비용으로 선택되지 않을 수 있다.

1 명시적 비용과 암묵적 비용

1. 명시적 비용

명시적 비용(Explicit Costs)이란 현금 지출이 필요한 요소비용, 즉 실제로 화폐를 지불한 비용으로 회계적 비용이라고도 한다.

2. 암묵적 비용

암묵적 비용(Implicit Costs)이란 현금 지출이 필요하지 않은 요소비용으로 장부에 기록되지는 않지만 실제로 대가를 지불한 비용이다.

2 기회비용과 매몰비용

1. 기회비용

(1) 기회비용(Opportunity Cost)이란 그것을 선택함으로 포기할 수밖에 없는 많은 선택가능성 중에서 가장 가치 있는 것이 보유하고 있는 가치이다.

(2) 선택에 따른 진정한 비용으로 여러 대안들 중 하나의 대안을 선택할 때 선택하지 않은 대안들 중 가장 좋은 것, 즉 차선의 가치이다.

> 기회비용=명시적 비용+암묵적 비용

2. 매몰비용

이미 투입되어 다시 회수할 수 없는 비용을 말하며 의사결정에 영향을 미치지 못한다. 본전 생각으로 매몰비용에 연연하면 더 큰 손해를 볼 수 있다.

3 경제적 비용과 회계적 비용

1. 경제적 비용

(1) 경제적 비용(Economic Cost)이란 명시적 비용과 암묵적 비용을 합한 것이다.

(2) 경제학에서는 기업가가 보유하는 생산요소에 대한 기회비용인 잠재적 비용을 고려한다는 점에서 회계적 비용과 구별된다.

> 경제적 비용(기회비용)=회계적 비용(명시적 비용)+암묵적 비용

2. 회계적 비용

회계적 비용(Accounting Cost)이란 직접 대금을 지불하고 구입하는 자원에 소요되는 비용으로 명시적 비용이라고도 한다.

> • 경제학적 이윤=총수입－기회비용(명시적 비용+암묵적 비용)
> • 회계학적 이윤=총수입－명시적 비용

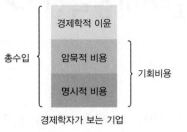

경제학자가 보는 기업   회계사가 보는 기업

4 생산비용과 거래비용

1. 생산비용

생산비용이란 어떤 재화 또는 서비스를 생산하는 데 드는 비용으로 생산공장 내에서 발생하는 비용이다.

2. 거래비용

거래비용(Transaction Cost)이란 어떤 재화 또는 서비스를 거래하는 데 수반되는 비용으로 생산공장을 떠난 상태에서 발생하는 비용이다.

대표기출유형

❓ 각종 거래행위에 수반되는 비용으로 정보수집, 협상 비용과 정보의 비대칭 등으로 인한 비용은?

① 거래비용　　　　　　　　　　② 기회비용

③ 매몰비용　　　　　　　　　　④ 경제적 비용

정답 ①

해설 거래비용 : 기업 간 거래 과정에서 발생하는 비용으로 거래 전에 정보 수집이나 협상을 위해서 소요되는 비용과 계약 준수에 대한 감시 비용이나 재계약 비용 등을 포함한다.

② 기회비용 : 어떤 자원이나 재화를 이용하여 생산이나 소비를 하였을 경우, 다른 것을 생산하거나 소비했었다면 얻을 수 있었던 잠재적 이익을 말한다.

③ 매몰비용 : 지출한 비용 중 회수할 수 없는 비용을 말한다.

④ 경제적 비용 : 명시적 비용에 잠재적 비용을 더한 비용으로 기업가가 보유하는 생산 요소에 대한 기회비용인 잠재적 비용을 고려한다는 점에서 회계적 비용과 구분된다.

단기비용함수와 단기비용곡선

☑ 고정비용(Fixed Cost)

1. 재화의 생산량 증감에 관계없이 고정투입요소와 관련되어 지출되는 비용을 말한다.
2. 공장설립비용이나 기계·건물 등의 감가상각비와 유지비, 이자, 지대, 임대료 등의 경상비가 포함된다.

☑ 가변비용(Variable Cost)

1. 가변투입요소와 관련된 비용으로 재화의 생산량 증감에 따라 변동하는 비용을 말한다.
2. 원재료 구입비나 인건비 등으로 생산량이 변화하면 크기가 변화하는 비용이 포함된다.

1 단기총비용

1. 총고정비용

(1) 총고정비용(Total Fixed Cost ; TFC)은 재화의 생산량 증감에 관계없이 일정한 비용이다.

(2) 총고정비용은 횡축에 평행인 형태이다.

(3) 토지의 지대, 건물의 임대료, 기계의 감가상각비 등 고정된 생산요소에 지출되는 비용 총액이다.

2. 총가변비용

(1) 총가변비용(Total Variable Cost ; TVC)은 재화의 생산량 증감에 따라 변동하는 비용으로, 재화의 생산량이 증가하면 커지고 재화의 생산량이 감소하면 적어진다.

(2) 총가변비용은 재화의 생산량의 증가함수이다.

(3) 생산량이 증가하면 총가변비용은 일정생산수준까지는 빠르게 증가하다가 적정한 생산수준까지는 느리게 증가하고 생산량이 더욱 증가하면 다시 빠르게 증가한다.

3. 총비용

(1) 총비용(Total Cost ; TC)은 일정한 생산량을 생산하기 위해 지출되는 생산비용으로 총고정비용(TFC)과 총가변비용(TVC)의 합으로 구성된다.

(2) 총비용곡선은 총가변비용 곡선을 총고정비용의 크기만큼 상방 이동시킨 것과 같다. 따라서 총가변비용곡선과 총비용곡선은 수직축 위의 절편에만 차이가 있을 뿐 형태는 같다.

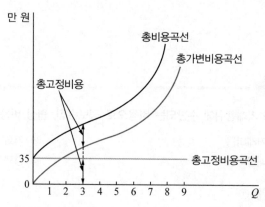

2 단기평균비용과 한계비용

1. 평균고정비용

(1) 평균고정비용(Average Fixed Cost ; AFC)이란 일정한 생산량을 생산하기 위해 고정요소에 지출된 재화 생산량의 1단위당 비용을 말한다.

$$AFC = \frac{TFC}{Q}$$

(2) 재화 생산량이 증가함에 따라 평균고정비용은 감소한다. 즉, 우하향의 기울기를 가진다.

2. 평균가변비용

(1) 평균가변비용(Average Variable Cost ; AVC)은 일정한 생산량을 생산하기 위해 가변요소에 지출된 재화 생산량의 1단위당 비용을 말한다.

$$AVC = \frac{TVC}{Q}$$

(2) 원점에서 그은 직선이 총가변비용곡선과 접하는 생산량수준에서 평균가변비용은 최소가 된다.

(3) 생산량이 증가함에 따라 평균가변비용은 처음에는 감소하다가 나중에는 증가하므로, U자 형태이다.

(4) 평균가변비용은 원점에서 총가변비용곡선상의 한 점에 연결한 직선의 기울기이며, 원점에서 그은 직선이 총가변비용과 접하는 생산량수준에서 평균가변비용은 최소가 된다.

☑ 평균고정비용곡선은 원점에서 총고정비용곡선상의 한 점에 연결한 직선의 기울기로, 생산량이 증가함에 따라 원점에서 연결한 직선의 기울기인 평균고정비용은 감소한다.

☑ 평균가변비용은 생산량이 증가함에 따라 처음에는 감소하다가 나중에는 증가한다.

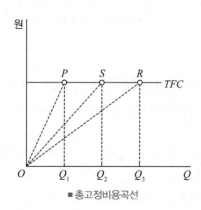
■총고정비용곡선

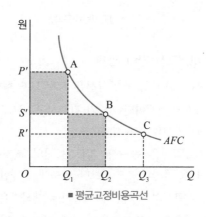
■평균고정비용곡선

3. 평균비용

(1) 평균비용(Average Cost ; AC)은 일정한 생산량을 생산하기 위해 생산량의 1단위당 지출된 비용으로, 총비용(TC)을 생산량(Q)으로 나눈 것이다.

(2) 평균비용의 기하학적 의미는 원점에서 총비용곡선상의 한 점에 연결한 직선의 기울기이다.

(3) 평균비용은 단기에는 평균고정비용(AFC)과 평균가변비용(AVC)으로 구성된다.

$$AC = \frac{TC}{Q}$$

$$AC = AFC + AVC = \frac{TFC}{Q} + \frac{TVC}{Q}$$

4. 한계비용

(1) 한계비용(Marginal Cost ; MC)은 재화의 생산량을 추가적으로 1단위 변화시킬 때 총비용의 변화분을 의미한다.

$$MC = \frac{\Delta TC}{\Delta Q} = \frac{\Delta TFC}{\Delta Q} + \frac{\Delta TVC}{\Delta Q} (= \frac{\Delta TVC}{\Delta Q})$$

$$\Delta TFC = 0$$

(2) 한계비용곡선은 총가변비용곡선 혹은 총비용곡선 위의 각 점에서 그은 접선의 기울기를 나타낸다.

(3) 생산량이 증가함에 따라 한계비용은 처음에는 감소하다가 나중에는 증가한다.

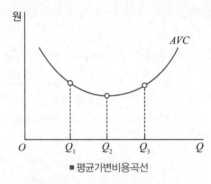

■ 평균가변비용곡선

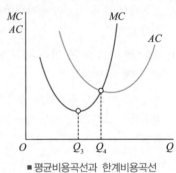

■ 평균비용곡선과 한계비용곡선

3 비용곡선 간의 관계

1. AC, AVC, MC곡선은 모두 U자 형태이고, AFC곡선은 직각쌍곡선 형태이다.

2. $MC < AC$이면 AC가 감소하고, $MC > AC$이면 AC가 증가하고, $MC = AC$이면 AC곡선의 최저점이다.

3. MC곡선은 반드시 AVC곡선의 최저점을 밑에서 관통하고, AC곡선의 최저점은 AVC곡선의 최저점보다 위쪽에 존재한다.

4. AC곡선의 최저점에 대응하는 생산량은 최적 생산량이다.

5. 총비용은 평균비용곡선 아래 면적과 같다.

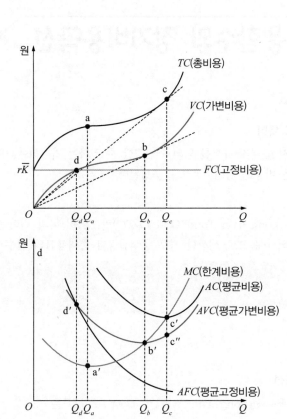

파트1

파트2

파트3

파트4

파트5

파트6

파트7

파트8

실전1

실전2

대표기출유형

💬 다음 중 평균비용이 증가하는 경우는 무엇인가?

① 한계비용이 극소이다.　　　　　　　② 한계비용과 평균비용이 같다.

③ 한계비용이 평균비용보다 작다.　　　④ 한계비용이 평균비용보다 크다.

정답 ④

해설 평균비용(AC)이 증가하는 경우는 평균비용보다 한계비용(MC)이 더 크다는 것을 의미한다. 즉, $MC >$ AC이면 AC가 증가한다.

장기비용함수와 장기비용곡선

1 장기비용함수

1. 장기비용이론의 특징

장기에는 생산시설 내지 규모를 임의로 변경할 수 있다는 가정하에 가변요소만 존재하기 때문에 모든 비용은 가변비용으로 구성된다.

2. 장기총비용함수

장기총비용함수(Long-run Total Cost ; LTC)란 생산설비의 변화를 통하여 주어진 생산량을 최소의 비용으로 생산할 경우 총생산량과 총비용간의 함수관계를 말한다.

$$Q = F(L, K)$$
$$LTC = C(Q)$$

2 장기비용곡선

1. 장기평균비용곡선

(1) 장기평균비용곡선(Long-run Average Cost ; LAC)은 자본을 포함하여 모든 생산요소들의 투입량을 변화시킬 수 있을 때 나타나는 생산량과 평균생산비용의 관계를 보여주는 곡선으로 수없이 많은 단기평균비용곡선들을 감싸는 포락선(envelope curve)의 성격을 가진다.

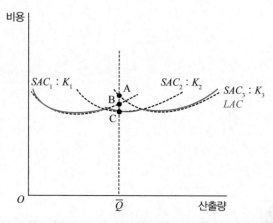

(2) 단기평균비용이 최저가 되는 점과 실제 조업이 이루어지는 점 사이에 차이가 나는 것은 일반적인 현상이다. 단기평균비용곡선의 최저점과 장기평균비용이 일치하지 않는 이유는 장기평균비용곡선이 U자형을 띠는 기술적 요인 때문이다.

(3) 장기평균비용곡선의 최저점의 왼쪽에서는 규모의 경제가 작용하여 장기평균비용이 하락하고, 오른쪽에서는 규모의 불경제가 작용하여 장기평균비용이 증가한다.

(4) 장기평균비용곡선의 최저점에서 이 곡선과 접하는 단기평균비용곡선에 상응하는 공장의 규모가 최적시설규모이다.

2. 장기한계비용

(1) 생산수준이 Q_a일 때 SAC_A로 주어진 단기평균비용곡선이 a점에서 장기 평균비용에 접하고 있는 것을 볼 수 있다. 이 생산수준에서 LMC는 SMC_A와 교차한다(a'점).

(2) 장기한계비용곡선은 장기평균비용곡선의 최저점인 c점을 통과하고, 두 곡선의 교점에서는 다음과 같은 관계가 성립하며 완전경쟁시장에서의 장기균형점이 된다.

$$LAC = LMC = SAC_B = SMC_B$$

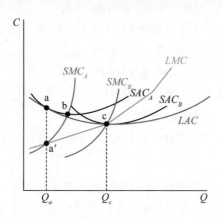

파트1

파트2

파트3

파트4

파트5

파트6

파트7

파트8

실전1

실전2

대표기출유형

🔲 **장기비용곡선과 단기비용곡선에 대한 설명으로 옳지 않은 것은?**

① 장기총비용곡선은 단기총비용곡선보다 아래에 있다.

② 장기한계비용곡선은 단기한계비용곡선보다 아래에 있다.

③ 장기평균비용곡선은 단기평균비용곡선보다 아래에 있다.

④ 각 생산량에서 최저 단기평균비용이 장기평균비용이 된다.

정답 ②

해설 장기한계비용곡선은 단기한계비용곡선보다 위에 있을 수도 있고 아래에 있을 수도 있다.

규모의 경제와 장기생산비용

☑ **규모의 경제**
(Economy of Scale)
생산량이 증가함에 따라 장기평균비용(LAC)이 지속적으로 하락하는 현상을 의미한다.

☑ **규모의 불경제**
생산량이 증가함에 따라 장기평균비용(LAC)이 지속적으로 상승하는 현상을 의미한다.

☑ **규모의 불변경제**
생산량이 변화함에도 장기평균비용(LAC)이 일정한 현상을 의미한다.

☑ **규모의 경제와 규모수익의 관계**
생산함수가 동차함수이고 요소가격이 일정할 때 규모수익체증인 경우 규모의 경제가 나타나고, 규모수익체감인 경우 규모의 불경제가 나타나며, 규모수익불변인 경우 규모의 불변경제가 나타난다.

1 규모의 경제와 장기생산비용

1. 평균 비용불변

(1) 생산기술이 규모수익불변의 성격을 갖고 있다면 모든 생산요소 투입량을 k배로 증가시킬 때 산출량도 정확히 k배로 증가한다. 즉, 생산함수는 1차 동차 함수이다.

(2) 생산요소 가격이 일정하다고 가정할 때, 요소 투입량을 k배로 증가하면 생산비용은 k배로 증가하고 산출량도 k배로 증가한다.

(3) 산출량과 총생산비용은 정비례하여 평균비용이 일정하므로 장기평균비용곡선은 수평선이 된다.

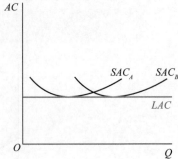

2. 규모의 경제

(1) 생산기술이 규모수익체증의 성격을 갖고 있다면 모든 생산요소 투입량을 k배로 증가시킬 때 산출량은 k배 이상으로 증가한다.

(2) 생산요소 가격이 일정하다고 가정할 때, 요소 투입량이 k배로 증가하면 생산비용은 k배로 증가하고 산출량은 k배 이상으로 증가한다.

(3) 생산량과 장기비용의 관계에서 장기평균비용곡선은 우하향하게 된다.

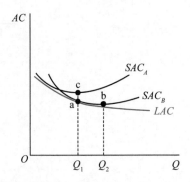

3. 규모의 불경제

(1) 생산기술이 규모수익체감의 성격을 갖고 있다면 모든 생산요소 투입량을 k배로 증가시킬 때 산출량은 k배 미만으로 증가한다.

(2) 생산요소 가격이 일정하다고 가정할 때, 요소 투입량이 k배로 증가하면 생산비용은 k배로 증가하지만, 산출량은 k배 미만으로 증가한다.

(3) 생산량과 장기비용의 관계에서 장기평균비용곡선은 우상향하게 된다.

(4) 규모의 불경제가 존재하기 때문에 약간 작은 규모의 공장을 짓고 평균비용이 낮은 수준에서 가동시키는 것이 유리하다.

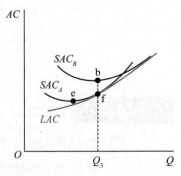

www.gosinet.co.kr **gosi**net

3 범위의 경제

1. 범위의 경제의 의의

(1) 여러 기업이 한 재화씩 나누어 생산할 때 보다 한 기업이 여러 가지 상품을 함께 생산할 때가 더 낮은 비용으로 생산가능하여 더욱 경제적인 경우를 범위의 경제(Economies of Scope)가 있다고 한다.

(2) 기업의 다각화 경영의 이론적 근거를 제공하며 결합생산의 비용절감효과를 보여준다.

(3) 한 기업이 여러 상품을 생산하는 것보다 여러 기업이 한 상품씩 나누어 생산하는 것이 더 효율적일 때 범위의 불경제가 있다고 한다.

2. 범위의 경제가 발생하는 경우

(1) 하나의 생산시설이나 투입요소가 여러 상품의 생산과정에서 동시에 사용되는 경우

(2) 어떤 한 상품을 생산하는 과정의 부산물이 다른 상품의 생산요소가 되는 경우

☑ **범위의 경제와 규모의 경제의 관계**
범위의 경제는 여러 재화의 결합생산 시 평균비용이 하락하는 현상을 의미하고 규모의 경제는 한 재화의 생산량 증가와 평균비용의 관계를 의미하므로 양자 사이에는 체계적 관계가 없다.

파트1

파트2

파트3

파트4

파트5

파트6

파트7

파트8

실전1

실전2

대표기출유형

🗨 다음 중 범위의 경제(Economies of Scope)가 발생하는 경우는?

① 비용이 완전히 분산될 때
② 고정비용이 높고 한계비용이 낮을 때
③ 유사한 생산기술이 여러 생산물에 적용될 때
④ 전체 시장에 대해 하나의 독점자가 생산할 때

정답 ③

해설 범위의 경제란 결합생산의 이점으로 인해 한 기업에서 여러 가지 재화를 동시에 생산하는 것이 여러 기업이 각각 한 가지의 재화를 생산할 때보다 효율적인 경우 나타나므로, 유사한 생산기술이 여러 생산물에 적용될 때 규모의 경제가 발생하게 된다.

빈출 지문에서 뽑은 O/X

01 무차별곡선은 원점에 대하여 오목하며, 생산가능곡선이 원점에 대하여 오목한 것은 기회비용 체증을 나타낸다. (O / ×)

02 일정한 수입을 가진 사람이 여러 가지 재화를 구입할 때 효용을 극대화하기 위해서는 생산비체감의 법칙에 따라 소비를 하는 것이 바람직하다. (O / ×)

03 한계효용이 체감한다는 것은 재화의 구입이 처음 단위에서는 지출이 적으나 단위를 추가할수록 지출이 늘어난다는 의미이다. (O / ×)

04 어떤 재화의 한계효용곡선이 수평에 가깝다면 그 재화의 가격에 대한 수요탄력성은 1보다 크다. (O / ×)

05 무차별곡선은 두 재화 간의 대체가 어려울수록 경사가 완만하게 볼록하다. (O / ×)

06 무차별곡선이 서로 교차하는 이유는 조합 사이에는 효용수준이 다르기 때문이다. (O / ×)

07 무차별곡선과 예산선이 만나는 점은 이윤극대화가 달성되는 점이다. (O / ×)

08 재화의 가격이 주어진 경우 예산선 결정에 중요하게 작용하는 기준은 소득수준이다. (O / ×)

09 단기적인 상황에서 수요곡선이 좌측으로 이동하면 가격은 하락하고, 거래량도 감소한다. 낮은 가격에서는 공급이 감소하며, 그 결과 공급곡선이 좌측으로 이동하여 거래량은 감소하지만, 가격은 다시 상승하게 될 것이다. (O / ×)

10 균형가격보다 낮게 정해진 최저가격은 공급과잉을 초래하여 시장가격을 더 낮아지게 하고, 균형가격보다 높게 정해진 최저가격은 공급부족을 유발하여 시장가격을 더 오르게 한다. (O / ×)

11 기펜재(Giffen Goods)의 경우 대체효과와 소득효과가 함께 작용하며, 소득효과의 절댓값이 대체효과의 절댓값보다 작기 때문에 수요량의 변화와 가격의 변화가 같은 방향으로 움직이게 한다. (O / ×)

12 어떤 재화의 가격소비곡선이 수평선일 때 그 재화에 대한 수요곡선은 직각쌍곡선이다. (O / ×)

13 수요의 가격탄력성이 1보다 크고 2보다 작은 재화를 필수재라고 한다. (O / ×)

14 이자율 상승으로 인해 현재의 소비를 증가시키고 미래의 소비를 감소시키는 것을 소비에 있어서의 시간에 걸친 대체효과라고 한다. (O / ×)

15 대체효과와 소득효과가 반대 방향으로 작용하는 재화의 경우 대체효과의 크기가 소득효과의 크기보다 크다면, 보통수요곡선의 기울기가 보상수요곡선의 기울기보다 가파르다. (O / ×)

16 대체효과와 소득효과가 같은 방향으로 작용하는 재화의 경우 대체효과의 크기가 소득효과의 크기보다 작다면, 보통수요곡선의 기울기가 보상수요곡선의 기울기보다 가파르다. (O / ×)

17 대체효과와 소득효과가 반대 방향으로 작용하는 재화의 경우 대체효과의 크기가 소득효과의 크기보다 작다면, 보통수요곡선과 보상수요곡선은 일치한다. (O / ×)

파트1

파트2

파트3

파트4

파트5

파트6

파트7

파트8

실전1

실전2

[정답과 해설]

01	×	02	×	03	×	04	○	05	×	06	×	07	×	08	○	09	×	10	×	11	×	12	○
13	×	14	×	15	○	16	×	17	×														

01 한계대체율이 체감하면 무차별곡선은 항상 원점에 대하여 볼록하다.

02 일정한 수입을 가진 사람이 여러 가지 재화를 구입할 때 효용을 극대화하기 위해서는 원당 한계효용균등의 법칙에 따라 각 상품의 가격단위당 한계효용이 균등하도록 소비량을 정하는 것이 바람직하다.

03 한계효용체감의 법칙이란 다른 재화의 소비량이 일정한 상태에서 한 재화의 소비를 증가시킴에 따라 그 한계효용은 점차 감소한다는 것이다.

04 한계효용이론에 의하면 수요곡선의 형태는 한계효용곡선에 의존하므로, 한계효용곡선이 수평에 가깝다면 수요곡선의 형태도 수평에 가까워지기 때문에 그 재화의 가격에 대한 수요탄력성은 매우 커지게 된다.

05 한계대체율은 무차별곡선의 기울기를 의미하므로 두 재화 간의 대체가 어려울수록 원점에 더욱 볼록하다.

06 무차별곡선이 서로 교차한다면 다른 무차별곡선과 효용이 같다는 것을 의미하기 때문에 모순이 되므로 무차별곡선은 서로 교차하지 않는다.

07 원점에 볼록한 무차별곡선과 예산선이 접하는 점은 효용의 극대화를 이루는 점(소비자균형점)이다.

08 예산제약식에서 재화의 가격이 결정되면 가격선의 기울기가 결정되며, 예산선의 위치는 소득수준의 크기에 의해 결정된다.

09 시장의 수요곡선이 좌측으로 이동하면 공급곡선상에서 좌하향으로 이동하므로 낮은 가격에서는 공급량이 감소한다.

10 균형가격보다 높게 정해진 최저가격은 초과공급상태가 나타나고 장기적으로는 초과공급이 더욱 커진다.

11 기펜재(Giffen Goods)는 소득효과의 절댓값이 대체효과의 절댓값보다 크기 때문에 가격이 하락할 때 수요량이 감소하게 되는 열등재, 즉 수요량의 변화와 가격의 변화가 같은 방향으로 움직인다.

12 가격소비곡선은 수요의 가격탄력성에 따라 형태가 결정되는데, 수평선의 형태라면 수요의 가격탄력성이 1과 같다는 것을 의미한다. 따라서 수요곡선은 직각쌍곡선의 형태를 띤다.

13 필수재는 수요의 소득탄력성이 0보다 크고 1보다 작은 재화를 말한다.

14 이자율 상승으로 기회비용이 커지므로 현재의 소비는 감소하고 미래소비가 증가하는 대체효과가 발생한다.

15 대체효과와 소득효과가 반대 방향으로 작용하는 재화의 경우 대체효과의 크기가 소득효과의 크기보다 크다면 열등재를 의미하는데, 열등재는 보상수요곡선의 기울기가 보통수요곡선의 기울기보다 완만하다.

16 대체효과와 소득효과가 같은 방향으로 작용하는 재화인 정상재는 보통수요곡선의 기울기가 보상수요곡선의 기울기보다 완만하다.

17 대체효과와 소득효과가 반대 방향으로 작용하는 재화의 경우 대체효과의 크기가 소득효과의 크기보다 작다면 기펜재를 의미하는데, 기펜재는 보통수요곡선은 우상향하고 보상수요곡선은 우하향한다.

18 마샬(Marshall)에 의하면 A재화가 B재화의 대체재일 때 B재화는 반드시 A재화의 대체재이다. (○ / ×)

19 약공리는 A가 B보다 선호되고 B가 C보다 선호된 경우 A가 C보다 간접적으로 선호되었다고 보며 어떠한 경우에도 이와 같은 간접선호체계가 바뀌지 않아야 한다는 기본 가정을 둔다. (○ / ×)

20 특정한 소비를 증대시키기 위해서는 현금보조가 가격보조보다 우월하다. (○ / ×)

21 모든 생산요소가 10배 증가하면 생산량이 10배 증가하는 경우를 규모에 대한 수익 체감(Decreasing Returns to Scale ; DRS)이라 한다. (○ / ×)

22 장기에 어느 기업이 생산량을 2배 증가시키려 할 때, 이 기업의 생산함수가 규모에 대한 수익 체증을 나타내면, 이 기업은 생산요소를 2배 이상 투입해야 한다. (○ / ×)

23 장기에 어느 기업의 A 공장 생산함수가 규모에 대한 수익 체증을 나타내면, 이 기업이 생산량을 증가시키기 위해서는 B 공장을 세워 생산하는 것이 바람직하다(단, A와 B 생산함수는 동일하다). (○ / ×)

24 수확체감의 법칙이 작용하고 있을 때 가변생산요소의 투입을 한 단위 더 증가하면 한계생산물은 감소하지만 총생산물과 평균생산물은 증가한다. (○ / ×)

25 변화하는 기회비용 하에서 생산가능곡선의 형태는 직선으로 나타난다. (○ / ×)

26 생산가능곡선이 원점에 대해 볼록한 경우에 한 재화의 생산이 증가함에 따라 기회비용은 점점 감소한다. (○ / ×)

27 기술진보가 발생하면 생산가능곡선과 등량곡선은 원점으로부터 멀어진다. (○ / ×)

28 평균비용이 증가하는 경우에는 한계비용이 평균비용보다 크다. (○ / ×)

29 평균고정비용곡선은 최저점이 없다. (○ / ×)

30 한계비용이란 정상이윤을 남길 때의 한계생산비를 의미한다. (○ / ×)

31 한계비용이 상승하면 평균가변비용도 상승한다. (○ / ×)

32 평균가변비용이 하락하면 한계비용도 하락한다. (○ / ×)

33 평균가변비용이 최소로 될 때 한계비용과 평균가변비용은 같다. (○ / ×)

34 한계비용이 평균비용보다 작은 구간에서 생산량을 감소시키면 평균비용이 감소한다. (○ / ×)

35 자본은 고정요소이고 노동은 가변요소라고 가정할 때, 임금수준과 단기총생산함수는 알려져 있다면 단기평균비용을 알 수 있다. (○ / ×)

36 경제학에서 말하는 장기(Long-Run)와 단기(Short-Run)의 기본적인 차이는 단기에서는 모든 투입물이 고정되어 있으나, 장기에서는 모든 투입물이 가변적이라는 것이다. (○ / ×)

37 생산에 따르는 규모의 경제란 생산물이 증가함에 따라 단위당 비용이 하락한다. (○ / ×)

38 장기한계비용(LMC)이 장기평균비용(LAC)보다 클 때 규모의 경제가 나타난다. (○ / ×)

www.gosinet.co.kr gosinet

파트1
파트2
파트3
파트4
파트5
파트6
파트7
파트8
실전1
실전2

[정답과 해설]

18	×	19	×	20	×	21	×	22	×	23	×	24	×	25	×	26	○	27	×	28	○	29	○
30	×	31	×	32	×	33	○	34	×	35	×	36	×	37	○	38	×						

18 대체재 상호간에는 일반적으로 대체관계를 나타내지만 반드시 대체재는 아니다. 즉, $\epsilon_{xy} = \epsilon_{yx}$가 되는 것은 아니다.

19 강공리는 A가 B보다 선호되고 B가 C보다 선호된 경우 A가 C보다 간접적으로 선호되었다고 보며 어떠한 경우에도 이와 같은 간접선호체계가 바뀌지 않아야 한다는 기본 가정을 둔다.

20 특정한 소비를 증대시키기 위해서는 가격보조가 현금보조보다 우월하다. 즉, 가격보조＞수량보조＞현금보조 순이다.

21 모든 생산요소가 10배 증가하면 생산량이 10배 증가하는 것은 규모에 대한 수익 불변(Constant Returns to Scale ; CRS)이다.

22 어느 기업의 생산함수가 규모에 대한 수익 체증을 나타내는 경우에 생산량을 2배 증가시키려 한다면, 생산요소를 2배보다 적게 투입해도 생산량을 2배로 늘릴 수 있다.

23 어느 기업의 A 공장 생산함수가 규모에 대한 수익 체증을 나타내면, A 공장의 생산량이 증가할수록 단위당 생산비가 낮아진다. 즉 규모의 경제가 발생한다는 것을 의미하므로 이 기업이 생산량을 증가시키기 위해서는 A 공장의 생산량을 늘리는 것이 더 바람직한 방법이다.

24 수확체감의 법칙이 작용하고 있을 때 가변요소의 투입을 한 단위 더 증가하면 한계생산물은 감소하지만 총생산물과 평균생산물은 증가할 수도 있고 감소할 수도 있다.

25 생산가능곡선이란 한 나라의 모든 가용자원을 사용하여 생산할 수 있는 두 재화 조합의 궤적으로, 변화하는 기회비용 하에서의 생산가능곡선은 원점에 대하여 볼록하거나 오목한 곡선의 형태로 나타난다.

26 생산가능곡선이 원점에 대하여 볼록하면 기회비용이 체감하고, 오목하면 기회비용이 체증한다. 생산가능곡선의 기울기의 절댓값은 X재 생산을 1단위 증가시킬 때 희생(감소)하는 Y재의 수량으로 표시되며 X재 1단위의 기회비용(한계변환율)을 Y재의 수량으로 표시한다.

27 생산가능곡선은 원점에서 멀어지고 등량곡선은 가까이 이동한다.

28 평균비용(AC)이 증가하면 평균비용보다 한계비용(MC)이 더 크다는 것을 의미한다. 즉, $MC > AC$이면 AC가 증가한다.

29 평균고정비용(AFC)은 생산량이 증가함에 따라 점점 감소하여 우하향하는 직각쌍곡선의 형태이므로 최저점이 없다.

30 한계비용이란 생산량의 1단위 변화에 따른 총생산비의 변화분을 말한다.

31 한계비용이 평균가변비용보다 작을 경우에는 한계비용이 상승하거나 하락해도 평균가변비용은 하락한다.

32 평균가변비용이 하락하더라도 한계비용은 상승할 수 있다.

33 평균가변비용의 최저점을 한계비용이 지나므로 서로 교차하게 된다. 즉, 한계비용과 평균가변비용이 같게 된다.

34 한계비용이 평균비용보다 작은 구간에서 생산량을 감소시키면 평균비용이 증가한다.

35 단기평균비용 AC를 구하기 위해서는 총가변비용과 총고정비용을 알아야 하는데, 총고정비용을 알기 위해 필요한 자본임대료나 자본고용량 등이 제시되지 않았으므로 알 수 없다.

36 경제학에서 말하는 장기(Long-Run)와 단기(Short-Run)의 차이는 장기에서는 모든 투입물이 가변적이고 단기에서는 적어도 한 가지 투입물이 고정되어 있는 것이다.

37 규모의 경제란 생산규모가 커짐에 따라서 평균비용이 점차 감소하는 것으로, 기업이 생산량을 증가시킬 때 생산요소의 투입비율이 변하는 것까지 포함해서 장기평균비용이 낮아지는 것을 의미한다.

38 규모의 경제는 장기평균비용(LAC)이 감소하는 구간에서 나타나며, 이 구간에서는 장기한계비용(LMC)곡선이 장기평균비용(LAC)곡선보다 아래에 위치한다.

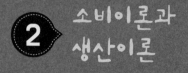

기출예상 문제

01 어떤 합리적 소비자가 주어진 예산을 여러 재화를 위한 소비에 나누어 지출하는 선택을 하였다. 이에 대한 설명으로 가장 적절한 것은?

① 각 재화에 지출되는 금액 단위당 한계효용은 같아진다.

② 각 재화의 한계효용은 극대화된다.

③ 각 재화에 대한 수요의 가격탄력성은 1이 된다.

④ 가격이 낮은 재화일수록 소비량은 더 크다.

⑤ 각 재화에 대한 지출금액은 동일하다.

02 갑은 주어진 돈을 모두 X재와 Y재 소비에 지출하여 효용을 최대화하고 있는데, X재의 가격은 100원이고 Y재의 가격은 50원이다. X재 마지막 1단위의 한계효용이 200이라면, Y재 마지막 1단위의 한계효용은?

① 50

② 100

③ 200

④ 400

03 다음 글을 읽고 〈보기〉에서 옳은 설명을 모두 고르면?

효용극대화를 추구하는 어느 소비자의 X재와 Y재에 대한 효용함수가 $U(X, Y)$로 주어져 있고, 예산제약식은 $P_X X + P_Y Y = I$이다. 이때, $P_X=5$, $P_Y=50$, $I=10,000$이며, 이 예산제약선상의 어느 한 점에서 X재의 한계효용 MU_X는 120, Y재의 한계효용 MU_Y는 60이다(단, P_X는 X재의 가격, P_Y는 Y재의 가격, I는 소득이며, X재와 Y재의 한계효용은 체감한다).

파트1
파트2
파트3
파트4
파트5
파트6
파트7
파트8
실전1
실전2

> **보기**
>
> ㄱ. 예산제약선을 따라 X재의 소비를 늘리고, Y재의 소비를 줄이면 총효용이 증가한다.
> ㄴ. 소득 I가 12,000으로 증가하면, MU_X는 반드시 감소하고 MU_Y는 반드시 증가한다.
> ㄷ. 소득 I가 12,000으로 증가하면, MU_X는 반드시 증가하고 MU_Y는 반드시 감소한다.

① ㄱ   ② ㄴ   ③ ㄷ
④ ㄱ, ㄴ   ⑤ ㄱ, ㄷ

04 무차별곡선(Indifference Curve)에 대한 설명으로 가장 적절한 것은?

① 선호체계에 있어서 이행성이 성립한다면, 무차별곡선은 서로 교차할 수 있다.

② 두 재화가 완전대체재일 경우, 무차별곡선은 원점에 대해서 오목하게 그려진다.

③ 무차별곡선이 원점에 대해서 볼록하다는 것은 한계대체율체감의 법칙이 성립하고 있음을 의미한다.

④ 두 재화 중 한 재화가 비재화일 경우에도 상품조합이 원점에서 멀리 떨어질수록 더 높은 효용수준을 나타낸다.

05 정상재의 무차별곡선에 대한 설명으로 옳은 것을 〈보기〉에서 모두 고르면?

> **보기**
>
> ㄱ. 소비자에게 같은 수준의 효용을 주는 상품묶음의 집합을 나타낸다.
> ㄴ. 더 높은 효용수준을 가질수록 원점에서 더 멀어진다.
> ㄷ. 기수적 효용 개념에 입각하여 소비자의 선택행위를 분석한다.
> ㄹ. 무차별지도는 무차별곡선들을 모아 놓은 것이다.

① ㄱ, ㄷ   ② ㄷ, ㄹ
③ ㄱ, ㄴ, ㄹ   ④ ㄱ, ㄴ, ㄷ

06 무차별곡선이론에 대한 설명으로 옳지 않은 것은?

① 효용의 주관적 측정 가능성을 전제한다.
② 무차별곡선과 예산제약선을 이용하여 소비자균형에 대해 설명한다.
③ 무차별곡선의 기울기는 한계기술대체율이다.
④ 무차별곡선은 우하향하며 원점에 대해 볼록하게 그려진다.

07 X재와 Y재에 대한 지출총액은 100원이고 X재의 가격은 10원이다. 효용을 극대화하는 소비량이 $X=5$, $Y=10$일 때, 한계대체율은?

① 12   ② 1
③ 2   ④ 5

08 재화의 성질 및 무차별곡선에 대한 설명으로 옳지 않은 것은?

① 모든 기펜재(Giffen Goods)는 열등재이다.
② 두 재화가 대체재인 경우, 두 재화 간 교차탄력성은 양(+)의 값을 가진다.
③ X축에는 공해를, Y축에는 정상재를 나타내는 경우 무차별곡선은 수평이다.
④ 두 재화가 완전대체재인 경우, 두 재화의 한계대체율(Marginal Rate of Substitution)은 일정하다.

09 동환이는 인터넷 게임과 햄버거에 자신의 용돈 10만 원을 소비함으로써 효용을 극대화하고 있다. 인터넷 게임과 햄버거의 가격은 각각 1만 원과 5천 원이다. 만약 동환이의 용돈이 10% 인상되고 인터넷 게임과 햄버거의 가격도 10% 인상된다고 할 때, 동환이의 두 상품 소비량은 어떻게 되겠는가?

① 인터넷 게임의 소비량만 증가한다.
② 햄버거의 소비량만 증가한다.
③ 인터넷 게임과 햄버거의 소비량이 모두 증가한다.
④ 인터넷 게임과 햄버거의 소비량 모두에 변화가 없다.

10 다음 중 두 재화를 소비하는 소비자가 효용을 극대화하는 최적 소비 묶음을 찾는 과정에 대한 설명으로 적절한 것은?

① 두 재화 간의 한계대체율과 두 재화의 상대가격비율이 일치하는 수준에서 효용을 극대화하는 최적 소비 묶음이 결정된다.

② 한 재화의 소비로부터 얻는 소비자의 한계효용과 그 재화의 가격이 일치하는 수준에서 효용을 극대화하는 최적 소비 묶음이 결정된다.

③ 원점에 대해 볼록한 형태의 무차별곡선의 경우 한계대체율체증의 법칙이 성립하므로 예산제약선과 무차별곡선의 접점에서 최적 소비묶음이 결정된다.

④ 두 재화의 가격과 소비자의 소득 모두가 종전의 1.5배 수준으로 올랐다고 할 때, 예산제약선은 원점에서 더 멀어진 위치로 평행이동한다.

11 어떤 소비자가 주어진 예산 범위 내에서 A, B 두 재화를 구매하였다. A 재화의 가격은 단위당 10원, B 재화의 가격은 단위당 20원이고 현재 한계대체율 $\left(\dfrac{A\ 재화의\ 한계효용}{B\ 재화의\ 한계효용}\right)$은 3이라고 할 때, 다음 중 옳은 것은? (단, 모서리해(Corner Solution)는 없다고 가정한다)

① 현재 상태에서 소비자의 효용은 극대화되고 있다.

② A 재화의 소비를 늘리고 B 재화의 소비를 줄여야 효용이 극대화된다.

③ A 재화의 소비를 줄이고 B 재화의 소비를 늘려야 효용이 극대화된다.

④ 각 재화에 지출한 돈에서 마지막 1원어치의 한계효용은 A 재화가 B 재화에 비해 작다.

⑤ 현재 소비점에서 무차별곡선의 기울기와 예산선의 기울기는 일치한다.

12 X재와 Y재를 소비하는 소비자 A의 효용함수가 $U(X,\ Y)=\min(3X,\ 5Y)$일 때, 두 재화 사이의 관계와 Y재의 가격은? (단, X재의 가격은 8원이고 소비자 A의 소득은 200원, 소비자 A의 효용을 극대화하는 X재 소비량은 10단위이다)

① 완전보완재, 12원   ② 완전보완재, 20원

③ 완전대체재, 12원   ④ 완전대체재, 20원

13 효용의 극대화를 추구하는 소비자 甲은 X재와 Y재만 소비하는데, 甲이 X재와 Y재의 소비로부터 얻는 한계효용은 소비량에 관계없이 각각 50과 30으로 일정하다. X재의 가격은 4, Y재의 가격은 2, 소득은 10일 때, 甲의 최적 소비조합 $(X,\ Y)$는?

① (0, 5)　　　　　　　　　　　　② (1, 3)

③ (2, 1)　　　　　　　　　　　　④ (2.5, 0)

14 효용함수가 $U(X,\ Y)=X+Y$인 소비자가 있다. $P_X=2$, $P_Y=3$일 때, 이 소비자의 소득소비곡선(Income−Consumption Curve)을 바르게 나타낸 식은?

① $X=0$　　　　　　　　　　　　② $Y=0$

③ $Y=\dfrac{2}{3}X$　　　　　　　　　　　④ $Y=\dfrac{3}{2}X$

15 철수는 용돈으로 X, Y 두 재화만 소비한다. 용돈이 100원이고 X, Y의 가격이 각각 1원일 때 철수는 $(X,\ Y)=(50,\ 50)$을 소비했다. 그런데 X의 가격은 그대로이고 Y의 가격이 두 배로 오르자 어머니가 원래 소비하던 상품묶음을 구매할 수 있는 수준으로 용돈을 인상해 주었을 때, 다음 중 옳지 않은 것은?

① 철수의 용돈은 50원만큼 인상되었다.　　② 새로운 예산집합의 면적은 변화 전보다 크다.

③ X의 기회비용이 변화 전보다 감소하였다.　④ 새로운 효용은 변화 전의 효용 이상이다.

⑤ 철수는 Y를 50개보다 많이 구매할 것이다.

16 자신의 소득을 두 재화 X와 Y에 모두 지출하는 소비자의 소득은 6,000원이고, X재와 Y재의 가격이 각각 200원과 700원일 때 X재 16개와 Y재 4개를 구입했다. 소득은 그대로인데 X재와 Y재 가격이 각각 100원과 1,000원으로 바뀐다면, 다음 중 현시선호이론의 약공리를 위반하는 경우는?

① X재 40개와 Y재 2개를 구입한다.　　② X재 30개와 Y재 3개를 구입한다.

③ X재 20개와 Y재 4개를 구입한다.　　④ X재 10개와 Y재 5개를 구입한다.

파트1
파트2
파트3
파트4
파트5
파트6
파트7
파트8
실전1
실전2

17 다음 상황을 참조하여 A가 선호하는 지원방식을 순서대로 나열한 것은?

> A는 월 60만 원의 소득을 음식(F)과 의복(C)을 소비하는 데 모두 지출하여 효용함수는 $U=2FC$ 이고, 음식의 가격은 2만 원, 의복의 가격은 1만 원이다. 정부에서 A의 음식 소비를 지원하기 위해 다음 3가지 방안을 고려하고 있다(단, U는 효용을, $a>b$ 는 a를 b보다 선호함을, $a \sim b$는 a와 b에 대한 선호가 무차별함을 의미한다).

> ㄱ. 음식 1단위당 5천 원의 보조
> ㄴ. 10만 원의 정액보조
> ㄷ. 음식 5단위를 구입할 수 있는 음식바우처 지급

① ㄱ>ㄴ>ㄷ ② ㄱ~ㄴ~ㄷ ③ ㄴ>ㄱ>ㄷ
④ ㄴ~ㄷ>ㄱ ⑤ ㄴ>ㄷ>ㄱ

18 A시에 거주하는 70세 이상 노인들에 대한 설명으로 옳은 것은?

> A시의 시민은 대중교통(X재)과 그 밖의 재화(Y재)를 소비하여 효용을 얻는다. A시의 70세 이상 노인은 X재를 반값으로 할인 받고 있었다. 이제 A시에서 70세 이상 노인에게 X재 요금을 할인해 주는 것 대신, 이전에 할인 받았던 만큼 현금으로 지원해 주는 현금지원정책을 시행하기로 했다.

① 현금지원정책시 예산선의 기울기가 대중교통요금 할인시 예산선의 기울기와 같다.
② X재 소비가 현금지원정책 실시 전에 비해 증가한다.
③ Y재 소비가 현금지원정책 실시 전에 비해 감소한다.
④ 소득으로 구매할 수 있는 X재의 최대량이 현금지원정책 실시 후 증가한다.
⑤ 효용이 현금지원정책 실시 전에 비해 감소하지 않는다.

19 매년 40만 원을 정부로부터 지원받는 한 저소득층 가구는 매년 100kg의 쌀을 소비하고 있다. 그런데 올해부터 정부가 현금 대신 매년 200kg의 쌀을 지원하기로 했다. 쌀의 시장가격은 kg당 2,000원이어서 지원되는 쌀의 가치는 40만 원이다. 쌀의 재판매가 금지되어 있다고 할 때, 다음 설명 중 옳지 않은 것은? (단, 이 가구의 무차별곡선은 원점에 대해 볼록하다)

① 이 가구는 새로 도입된 현물급여보다 기존의 현금급여를 선호할 것이다.
② 현물급여를 받은 후 이 가구의 예산집합면적은 현금급여의 경우와 차이가 없다.
③ 이 가구는 새로운 제도하에서 쌀 소비량을 늘릴 가능성이 크다.
④ 만약 쌀을 kg당 1,500원에 팔 수 있는 재판매 시장이 존재하면, 이 가구는 그 시장을 활용할 수도 있다.

20 다음 중 가격이 상승할 때 수요량이 증가하는 재화 X에 대한 설명으로 옳은 것은?

① 재화 X는 정상재이다.
② 재화 X의 수요의 소득탄력성은 0보다 크다.
③ 재화 X는 대체효과와 가격효과가 동일한 방향으로 나타난다.
④ 재화 X의 가격 변화에 따른 소득효과는 대체효과보다 더 크다.

21 다음 재화에 대한 설명 중 옳지 않은 것은?

① 열등재의 가격이 상승하는 경우, 소득효과로 인하여 소비자들은 그 재화를 덜 소비하게 될 것이다.
② 모든 기펜재(Giffen Goods)는 열등재이다.
③ 재화의 가격이 하락하는 경우, 대체효과는 가격변화 전보다는 그 재화를 더 많이 소비하게 한다.
④ 정상재의 가격이 하락하는 경우, 소득효과로 인하여 소비자들은 그 재화를 더 많이 소비하게 될 것이다.
⑤ 재화가 정상재인 경우 엥겔곡선(Engel Curve)은 우상향한다.

파트1

파트2

파트3

파트4

파트5

파트6

파트7

파트8

실전1

실전2

22 다음 소비자이론에 대한 설명 중 옳지 않은 것은?

① 무차별곡선이 L자형이면 가격효과와 소득효과는 동일하다.

② 기펜재는 열등재이지만 모든 열등재가 기펜재는 아니다.

③ 재화의 가격이 변하더라도 무차별곡선 지도는 변하지 않는다.

④ 열등재의 가격이 하락할 때 수요량이 늘어난다면 이는 대체효과가 소득효과보다 작기 때문이다.

⑤ 소득소비곡선(ICC)이 우상향하는 직선이면 두 재화 모두 정상재이다.

23 다음 〈보기〉에서 옳은 것을 모두 고르면?

보기

ㄱ. 가격소비곡선이 우하향하는 경우 수요곡선은 우하향할 수 있다.

ㄴ. 동일한 수요곡선상에 있는 서로 다른 재화묶음을 소비하더라도 소비자가 느끼는 만족감은 동일하다.

ㄷ. 우상향하는 엥겔곡선은 해당 재화가 열등재임을 의미한다.

ㄹ. 소득소비곡선과 엥겔곡선의 기울기는 수요의 소득탄력성의 부호에 의해 결정된다.

ㅁ. 수요곡선은 대체효과의 절댓값이 소득효과의 절댓값보다 클 경우에 우하향한다.

① ㄱ, ㄴ, ㄷ   ② ㄱ, ㄷ, ㄹ   ③ ㄱ, ㄹ, ㅁ

④ ㄴ, ㄹ, ㅁ   ⑤ ㄷ, ㄹ, ㅁ

24 다음은 가계의 노동소득과 여가 사이의 관계를 나타낸 그래프이다. 가로축(L)은 여가, 세로축(C)은 노동소득이며, 총 가용 시간(하루 24시간)에서 여가를 제외한 나머지 시간은 노동으로 사용한다. 가계의 노동소득과 여가 사이의 관계가 A에서 B로 변화할 때, 이에 대한 설명으로 옳지 않은 것은?

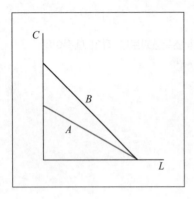

① A보다 B의 경우에 시장임금률이 더 높다.

② A에서 B로 변화할 경우 가계의 효용이 최소한 같거나 더 높아진다.

③ A보다 B의 경우에 가계의 노동소득이 더 높아진다.

④ A에서 B로 변화할 경우 여가와 노동소득이 동시에 증가할 수도 있다.

⑤ A에서 B로 변화할 경우 노동시간은 더 줄어들 수도 있다.

25 자국과 외국 두 국가 모두 한 가지 재화만을 생산하며, 노동투입량과 노동의 한계생산량의 관계는 다음 표와 같다. 자국과 외국의 현재 노동부존량은 각각 11과 3이고 모두 생산에 투입된다. 국가 간 노동이동이 자유로워지면 세계 총생산량의 변화는?

노동투입량(명)	1	2	3	4	5	6	7	8	9	10	11
노동의 한계생산량(개)	20	19	18	17	16	15	14	13	12	11	10

① 4개 증가　　② 8개 증가　　③ 12개 증가　　④ 16개 증가

26 다음 표는 생산함수가 $y = z\sqrt{k}\sqrt{h}$로 동일한 A국과 B국의 1인당 $GDP(y)$, 1인당 물적자본스톡(k), 1인당 인적자본스톡(h)을 나타내고 있다. B국의 1인당 GDP가 A국의 1인당 GDP의 2.4배라고 할 때, B국의 생산성은 A국 생산성의 몇 배인가? (단, z는 생산성을 나타낸다)

구분	1인당 $GDP(y)$	1인당 물적자본스톡(k)	1인당 인적자본스톡(h)
A국	100	100	25
B국	( )	100	64

① 1.2　　② 1.5　　③ 2.0　　④ 2.4

27 $Y = AK^{0.3}L^{0.7}$인 콥-더글라스(Cobb-Douglas) 생산함수에 대한 설명으로 옳은 것을 〈보기〉에서 모두 고르면? (단, Y는 생산량, K는 자본량, L은 노동량을 나타낸다)

보기

ㄱ. 자본가에게는 전체 소득의 30%, 노동자에게는 전체 소득의 70%가 분배된다.

ㄴ. 만약 이민으로 노동력만 10% 증가하였다면 총생산량과 자본의 임대가격은 상승하나 실질임금은 하락한다.

ㄷ. 만약 노동력과 자본 모두가 10%씩 증가하였다면 총생산량, 자본의 임대가격, 실질임금 모두 10%씩 증가한다.

ㄹ. A는 기술수준을 나타내는 매개변수로 A가 상승하면 총생산량은 증가하나 자본의 임대가격과 실질임금은 변화하지 않는다.

---

① ㄱ, ㄷ, ㄹ   ② ㄱ, ㄴ   ③ ㄱ, ㄴ, ㄹ

④ ㄱ, ㄴ, ㄷ   ⑤ ㄱ, ㄷ

28 어느 기업의 생산함수는 $Q = 2LK$이며, 단위당 임금과 단위당 자본비용은 각각 2원 및 3원이다. 이 기업의 총 사업자금이 60원으로 주어졌을 때, 노동의 최적 투입량은? (단, Q는 생산량, L은 노동투입량, K는 자본투입량이며, 두 투입요소 모두 가변투입요소이다)

① $L = 10$ ② $L = 15$

③ $L = 20$ ④ $L = 25$

29 $Q = L^2 K^2$인 생산함수에 대한 설명으로 옳은 것을 모두 고르면? (단, Q는 생산량, L은 노동량, K는 자본량이다)

ㄱ. 2차 동차함수이다.

ㄴ. 규모에 따른 수확체증이 있다.

ㄷ. 주어진 생산량을 최소비용으로 생산하는 균형점에서 생산요소 간 대체탄력성은 1이다.

---

① ㄱ   ② ㄴ

③ ㄱ, ㄷ   ④ ㄴ, ㄷ

30 A 기업의 생산함수는 $Y = \sqrt{K+L}$ 이다. 이 생산함수에 대한 설명으로 옳은 것은?

① 규모에 대한 수확불변을 나타낸다.

② 자본과 노동은 완전보완관계이다.

③ 이윤극대화를 위해 자본과 노동 중 하나만 사용해도 된다.

④ 등량곡선(Isoquant Curve)은 원점에 대해 볼록하다.

31 총 노동량과 총 자본량이 각각 12단위인 경제에서 완전보완관계인 노동 1단위와 자본 2단위를 투입하여 X 재 한 개를 생산하며, 완전대체관계인 노동 1단위 혹은 자본 1단위를 투입하여 Y 재 한 개를 생산한다. 이 경우 X 재 생산량이 6일 때, 생산의 파레토 최적 달성을 위한 Y 재 생산량은?

① 8   ② 6

③ 4   ④ 3

32 다음 중 생산 요소 증가에 따른 생산량 변화를 규모에 대한 수익(Returns to Scale)으로 설명할 때, 옳지 않은 것을 모두 고르면? (단, 장기에는 모든 생산요소가 가변요소이므로 생산요소 투입량을 증가시킬 수 있다)

> ㄱ. 모든 생산요소가 2배 증가하면 생산량이 3배 증가하는 경우를 규모에 대한 수익체증(Increasing Returns to Scale ; IRS)이라 한다.
>
> ㄴ. 모든 생산요소가 10배 증가하면 생산량이 10배 증가하는 경우를 규모에 대한 수익체감(Decreasing Returns to Scale ; DRS)이라 한다.
>
> ㄷ. 어느 기업의 A공장 생산함수가 규모에 대한 수익체증을 나타내면, 이 기업이 생산량을 증가시키기 위해서는 동일한 공장 B를 세워 생산하는 것이 바람직하다(A, B 생산 함수는 동일).
>
> ㄹ. 어느 기업이 생산량을 2배 증가시키려고 한다. 이 기업의 생산함수가 규모에 대한 수익체증을 나타내면, 이 기업은 생산요소를 2배 이상 투입해야 한다.
>
> ㅁ. 생산함수가 $Q = L^{\frac{1}{2}} K^{\frac{1}{2}}$ (L=노동, K=자본)이면, 생산함수는 규모에 대한 수익불변(Constant Returns to Scale ; CRS)을 보인다.

① ㄴ, ㄹ   ② ㄹ, ㅁ   ③ ㄱ, ㄷ, ㄹ

④ ㄴ, ㄷ, ㄹ   ⑤ ㄴ, ㄷ, ㅁ

33 소규모 기업인 A 기업의 생산함수가 $Y = L^2$로 주어져 있다면 이에 대한 설명으로 옳지 않은 것은? (단, L은 노동, Y는 생산량을 나타낸다)

① 규모의 경제가 나타난다.

② 노동투입이 증가함에 따라서 노동의 한계생산은 증가한다.

③ 생산요소시장이 완전경쟁적일 때, 평균비용은 우하향한다.

④ 생산요소시장이 완전경쟁적일 때, 한계비용은 우하향한다.

⑤ 한계비용이 평균비용을 통과하는 점에서 효율적 생산량이 존재한다.

34 A 기업의 생산비용함수는 매 기간 $C(Y) = Y^2$이다(C는 생산비용, Y는 생산량). A 기업이 두 기간(1기, 2기)에 걸쳐 총 100만큼의 Y를 생산하고 비용최소화 전략을 취하고 있을 때 다음 중 옳은 것은? (단, 두 기간의 현재가치 차이는 없다)

① 생산비용함수는 한계비용체감을 나타낸다.

② 생산비용함수는 규모에 따른 수익불변을 나타낸다.

③ 1기와 2기에 각각 50을 생산할 것이다.

④ 두 기간의 생산량 합이 100이면 1기와 2기에 각각 얼마를 생산해도 상관없다.

35 A 기업의 장기총비용곡선은 $TC(Q) = 40Q - 10Q^2 + Q^3$이다. 규모의 경제와 규모의 비경제가 구분되는 생산규모는?

① $Q = 5$

② $Q = \dfrac{20}{3}$

③ $Q = 10$

④ $Q = \dfrac{40}{3}$

36 생산함수가 $Q(L, K) = \sqrt{LK}$ 이고, 단기적으로 K가 1로 고정된 기업이 있다. 단위당 임금과 단위당 자본비용이 각각 1원 및 9원으로 주어져 있다. 단기적으로 이 기업에서 규모의 경제가 나타나는 생산량 Q의 범위는? (단, Q는 생산량, L은 노동투입량, K는 자본투입량이다)

① $0 \leq Q \leq 3$ ② $3 \leq Q \leq 4.5$

③ $4.5 \leq Q \leq 6$ ④ $3 \leq Q \leq 6$

37 한 기업이 여러 상품을 동시에 생산함으로써 비용상의 이점이 생기는 경우를 나타낸 경제개념은?

① 규모의 경제(Economies of Scale)   ② 범위의 경제(Economies of Scope)

③ 규모의 비경제(Diseconomies of Scale)   ④ 범위의 비경제(Diseconomies of Scope)

38 한 기업이 여러 제품을 함께 생산하는 경우가 각 제품을 별도의 개별기업이 생산하는 경우보다 생산 비용이 더 적게 드는 경우를 설명하는 것은?

① 범위의 경제   ② 규모에 대한 수확체증

③ 규모의 경제   ④ 비경합적 재화

39 생산자비용 및 생산자선택이론에 대한 설명으로 옳은 것은?

① 생산량 증가 시 한계비용이 평균비용보다 크면 평균비용은 하락한다.

② 공급곡선이 원점을 통과하여 우상향하는 직선인 경우 공급의 가격탄력성은 기울기에 관계없이 모두 1이다.

③ 한 재화의 생산량 증가에 따라 평균비용이 감소하는 것을 범위의 경제라 한다.

④ 총비용곡선이 직선인 경우에도 기업의 이윤극대화 산출량은 0이나 무한대가 될 수 없다.

40 생산비용에 대한 설명으로 옳은 것을 모두 고르면?

ㄱ. 총비용함수가 $TC = 100 + \sqrt{Q}$인 경우 규모의 경제가 존재한다(단, Q는 생산량이다).

ㄴ. 한 기업이 두 재화 X, Y를 생산할 경우의 비용이 $C(X, Y) = 10 + 2X + 3Y - XY$이고, 두 기업이 X, Y를 독립적으로 하나씩 생산할 경우의 비용이 각각 $C(X) = 5 + 2X$, $C(Y) = 5 + 3Y$인 경우 범위의 경제가 존재한다.

ㄷ. 매몰비용과 관련된 기회비용은 0이다.

---

① ㄱ, ㄴ   ② ㄱ, ㄷ

③ ㄴ, ㄷ   ④ ㄱ, ㄴ, ㄷ

41 비용에 대한 설명으로 옳은 것은?

① 매몰비용은 경제적 의사결정을 하는 데 있어서 고려되어서는 안 된다.

② 공장부지나 재판매가 가능한 생산시설을 구입하는 데 지출된 비용은 고정비용이자 매몰비용이다.

③ 평균비용곡선이 U자 형태로 되어있을 때, 한계비용곡선은 평균비용곡선의 최저점을 통과할 수 없다.

④ 수입보다 비용이 커서 손실이 발생한 기업은 조업을 중단하여야 한다.

42 전직 프로골퍼인 어떤 농부는 골프 레슨으로 시간당 3만 원을 벌 수 있다. 어느 날 이 농부가 15만 원 어치 씨앗을 사서 10시간 파종하였는데 그 결과 30만 원의 수확을 올렸다면, 이 농부의 회계학적 이윤(또는 손실)과 경제적 이윤(또는 손실)은 각각 얼마인가?

① 회계학적 이윤 30만 원, 경제적 이윤 30만 원

② 회계학적 이윤 15만 원, 경제적 손실 15만 원

③ 회계학적 손실 15만 원, 경제적 손실 15만 원

④ 회계학적 손실 15만 원, 경제적 이윤 15만 원

43 비용에 대한 설명으로 옳은 것은?

① 조업을 중단하더라도 남아 있는 계약 기간 동안 지불해야 하는 임대료는 고정비용이지만 매몰비용은 아니다.

② 평균총비용곡선이 U자 모양일 때, 한계비용은 평균총비용의 최저점을 통과하지 않는다.

③ 한계수확체감 현상이 발생하고 있는 경우, 생산량이 증가함에 따라 한계비용은 감소한다.

④ 가변비용과 고정비용이 발생하고 있고 평균총비용곡선과 평균가변 비용곡선이 모두 U자 모양일 때, 평균가변비용의 최저점은 평균총비용의 최저점보다 더 낮은 생산량 수준에서 발생한다.

44 평균비용(Average Cost ; AC)곡선과 한계비용(Marginal Cost ; MC)곡선 사이의 관계에 대한 설명으로 옳은 것은?

① MC가 증가하면 AC도 증가한다.

② MC가 증가하면 AC는 MC보다 더 크다.

③ AC가 증가하면 MC는 AC보다 더 적다.

④ AC가 증가하면 MC는 AC보다 더 크다.

45 U자 형태의 평균비용곡선과 한계비용곡선 간의 관계에 대한 설명으로 옳지 않은 것은?

① 한계비용이 평균비용보다 낮을 때에는 평균비용곡선이 음의 기울기를 갖게 된다.

② 평균비용곡선과 한계비용곡선이 서로 교차하는 점에서 평균비용은 최소가 된다.

③ 한계비용이 최소가 되는 점에서 평균비용곡선은 한계비용곡선을 아래에서 위로 교차하며 지나간다.

④ 평균비용이 최소가 되는 점보다 생산량을 증가시키는 경우에는 한계비용이 평균비용보다 높다.

46 기업의 생산활동과 생산비용에 대한 설명으로 옳지 않은 것은?

① 평균비용이 증가할 때 한계비용은 평균비용보다 작다.

② 단기에 기업의 총비용은 총고정비용과 총가변비용으로 구분된다.

③ 낮은 생산수준에서 평균비용의 감소추세는 주로 급격한 평균고정비용의 감소에 기인한다.

④ 완전경쟁기업의 경우, 단기에 평균가변비용이 최저가 되는 생산량이 생산중단점이 된다.

47 어떤 기업의 고정비용(Fixed Cost ; FC)은 50이고, 평균가변비용(Average Variable Cost ; AVC)은 100이다. 〈보기〉에서 이 기업의 단기생산비용에 대한 설명으로 옳은 것을 모두 고르면?

보기

ㄱ. 총가변비용곡선은 원점을 통과하는 직선이다.
ㄴ. 평균고정비용곡선은 기울기가 음(−)이다.
ㄷ. 한계비용곡선은 기울기가 양(+)이다.
ㄹ. 총비용곡선은 기울기가 양(+)이다.

① ㄱ, ㄷ   ② ㄱ, ㄹ   ③ ㄴ, ㄷ
④ ㄱ, ㄴ, ㄷ   ⑤ ㄱ, ㄴ, ㄹ

48 총비용을 TC, 생산량을 Q라 할 때 총비용함수가 $TC = 10 + Q + 4Q^2$이다. 다음 중 옳지 않은 것은?

① $Q=1$일 때 $AVC=10$ ② $Q=10$일 때 $MC=81$
③ $Q=5$일 때 $AC=23$ ④ $Q=5$일 때 $TC=115$

49 총비용을 TC, 생산량을 Q라 할 때 총비용함수가 $TC = 100 + 20Q$이다. 다음 중 옳은 것을 모두 고르면?

ㄱ. 생산량이 1일 때, 총고정비용은 120이다.
ㄴ. 생산량이 2일 때, 총가변비용은 40이다.
ㄷ. 생산량이 3일 때, 평균가변비용은 20이다.
ㄹ. 생산량이 4일 때, 한계비용은 20이다.

① ㄱ   ② ㄴ, ㄷ
③ ㄴ, ㄹ   ④ ㄴ, ㄷ, ㄹ

공기업 NCS 경제학

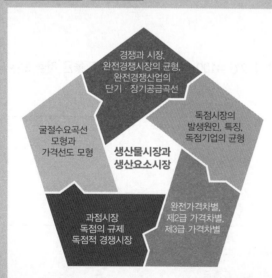

◎ 빈출유형 기출 분석

경쟁과 시장,
완전경쟁시장의 균형,
완전경쟁산업의
단기·장기공급곡선

굴절수요곡선
모형과
가격선도 모형

독점시장의
발생원인, 특징,
독점기업의 균형

생산물시장과
생산요소시장

과점시장
독점의 규제
독점적 경쟁시장

완전가격차별,
제2급 가격차별,
제3급 가격차별

[합격전략]

경쟁과 시장에 관한 내용이 주로 출제된다. 완전경쟁시장, 완전경쟁기업의 수입, 완전경쟁기업의 단기균형, 완전경쟁산업의 이윤극대화, 개별기업의 장기균형에 관한 문제가 주로 출제되며 완전경쟁산업의 단기·장기 공급곡선, 독점시장, 독점의 특징, 독점 기업의 균형에 관한 내용이 출제된다. 독점기업을 막기 위한 세금 부과 방법, 게임이론, 이윤을 극대화하기 위해 기업이 택하는 전략 등이 출제되므로 이에 대한 학습이 필요하다.

공기업
NCS
경제학

파트 3
생산물시장과 생산요소시장

✪ 테마 유형 학습

✪ 빈출 지문에서 뽑은 O/X

✪ 기출예상문제

경쟁과 시장

시장이란 상품에 관한 정보가 수요자와 공급자 사이에 교환되고 그 결과로 상품의 거래가 이루어지는 제도 및 기구 등 추상적인 매개체를 의미한다.

☑ 시장이론에서의 단기와 장기
1. 단기(short-run) : 기존 기업이 산출량 변화를 통한 공급의 반응은 가능하지만, 진입이나 이탈을 통한 공급량 조절은 불가능한 기간을 말한다.
2. 장기(long-run) : 신규 기업의 진입이나 기존 기업의 이탈이 가능할 만큼 충분히 긴 기간을 의미하며, 산업에 따라 달라 질 수 있다.
3. 초단기(very short-run ; 시장기) : 기간이 아주 짧아 상품의 공급량이 고정되어 있는 기간을 말하며, 초단기에 공급곡선은 수직이다.

1 시장의 분류

시장의 구분	기업의 수	재화의 동질성	가격통제정도	진입장벽
완전경쟁시장	무수히 많음	동질적	전혀 없음	없음
독점적 경쟁시장	다수	이질	어느 정도 있음	거의 없음
과점시장	소수	1. 동질적 2. 이질적	상당히 큼	높음
독점시장	하나	동질적	매우 큼	진입불가

2 기업의 행동준칙과 이윤극대화조건

1. 기업의 행동준칙

(1) 기업은 생산으로부터 얻은 수입이 그 생산에 따른 총가변비용에 미달하는 경우 생산을 중단한다(단기 고정비용이 모두 매몰비용일 때).

(2) 기업은 그 한계수입이 한계비용보다 클 때에 생산하며 한계수입이 한계비용과 일치될 때까지 생산을 확대한다.

2. 이윤극대화의 조건

(1) 이윤극대화 산출량
① 기업의 이윤 : $\pi(Q) = TR(Q) - TC(Q)$
② TR, TC곡선 사이의 (수직)거리가 가장 먼 Q^*의 산출량에서 이윤이 극대화된다.

(2) 이윤극대화의 1차 조건 : $MR = MC$
① $MR > MC$일 때 생산량을 증가시키면 이윤이 증가한다.
② $MR < MC$일 때 생산량을 감소시키면 이윤이 증가한다.
③ $MR = MC$일 때 이윤이 극대화 또는 극소화된다.

(3) 이윤극대화의 2차 조건 : MC곡선의 기울기 $> MR$곡선의 기울기
한계비용곡선이 한계수입곡선을 아래에서 위로 지나야 한다.
① $0 \sim Q^{**}$ 구간 : $MR < MC$이므로, 생산량이 증가하면 이윤이 감소한다.
② $Q^{**} \sim Q^*$ 구간 : $MR > MC$이므로, 생산량이 증가하면 이윤이 증가한다.
③ Q^*의 오른쪽 구간 : $MR < MC$이므로, 생산량이 증가하면 이윤이 감소한다.
④ Q^{**}에서는 손실이 극대화되고, Q^*에서는 이윤이 극대화되므로, 이윤극대화 조건으로 Q^*에서 MC곡선의 기울기 $> MR$곡선의 기울기가 성립한다.

파트1

파트2

파트3

파트4

파트5

파트6

파트7

파트8

실전1

실전2

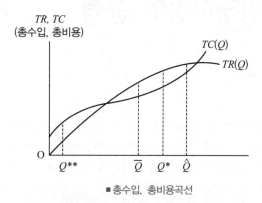

■ 총수입, 총비용곡선

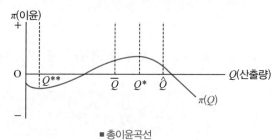

■ 총이윤곡선

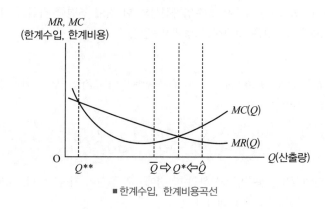

■ 한계수입, 한계비용곡선

대표기출유형

📱 다음 중 기업의 이윤극대화 충분조건(2차 조건)으로 옳은 것은?

① MR(한계수입) = MC(한계비용) ② MR 곡선 기울기 = MC 곡선 기울기

③ MR 의 변화율 < MC 의 변화율 ④ TR 곡선기울기 = TC 곡선기울기

정답 ③

해설 이윤극대화 조건

• 이윤극대화의 필요조건(1차 조건) : $MR = MC$

• 이윤극대화의 충분조건(2차 조건) : MR 의 변화율 < MC 의 변화율

완전경쟁시장의 균형

☑ 완전경쟁시장의 조건
1. 다수의 공급자와 수요자(가격
   수용자)
2. 동질적인 상품
3. 자원의 완전한 이동성(자유로
   운 진입과 퇴거)
4. 완전한 정보 : 경제주체들이 거
   래와 관련된 모든 경제적, 기술
   적 정보를 가지고 있다.

1 완전경쟁기업의 수입

1. 총수입

완전경쟁시장의 개별기업은 가격순응자(Price Taker), 즉 가격을 주어진 것으로 받아들이므로 판매량(공급량)이 증가할수록 총수입(Total Revenue ; TR)도 비례적으로 증가한다. 따라서 완전경쟁쟁기업의 총수입은 생산량에 비례한다.

$$총수입(TR) = 가격(P) \times 판매량(Q)$$

2. 평균수입

(1) 평균수입(Average Revenue ; AR)은 총수입을 판매량으로 나눈 것으로 항상 가격(P)과 일치한다.

$$AR = \frac{TR}{Q} = \frac{P \times Q}{Q} = P$$

(2) 평균수입(AR)은 원점에서 총수입곡선상의 한 점에 연결한 직선의 기울기이다. 따라서 평균수입곡선은 수평선의 형태가 된다.

3. 한계수입

(1) 한계수입(Marginal Revenue ; MR)은 판매량이 추가로 1단위 변화할 때 총수입의 변화분을 의미한다.

$$MR = \frac{\Delta TR}{\Delta Q} = \frac{P \times \Delta Q}{\Delta Q} = P$$

(2) 한계수입(MR)은 총수입곡선상의 한 점에서의 접선의 기울기이다. 따라서 한계수입곡선은 수평선의 형태가 된다.

(3) 완전경쟁시장에서는 시장가격이 불변이므로 Q가 한 단위 증가하면 TR은 P만큼 증가한다.

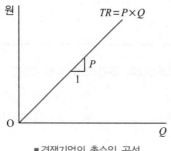

■ 경쟁기업의 총수입 곡선

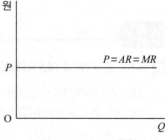

■ 경쟁기업의 평균수입 곡선

파트1

파트2

파트3

파트4

파트5

파트6

파트7

파트8

실전1

실전2

2 완전경쟁기업의 단기균형

1. 완전경쟁기업의 수요곡선

(1) 완전경쟁시장의 수요곡선은 개별소비자의 수요곡선을 수평합하여 구하므로 우하향한다.

(2) 완전경쟁시장에서 개별기업은 가격수용자로 행동하므로, 시장에서 결정된 가격수준에 순응하여 개별기업이 인식하는 수요곡선은 수평이다.

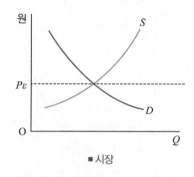
■시장

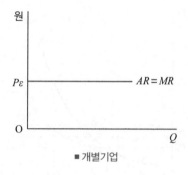
■개별기업

2. 완전경쟁기업의 이윤극대화

(1) 이윤극대화 생산량

$$이윤(\pi) = 총수입(TR) - 총비용(TC)$$

(2) 이윤극대화 1차 조건(필요조건 = 전제조건)

$$MR = MC$$

따라서 완전경쟁기업의 경우 $P = AR = MR \Rightarrow P = AR = MR = MC$

(3) 이윤극대화 2차 조건(충분조건) : 한계비용곡선이 상승하면서 한계수입곡선과 교차할 때

$$MR곡선의\ 기울기 < MC곡선의\ 기울기$$

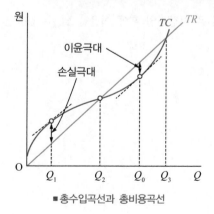
■총수입곡선과 총비용곡선

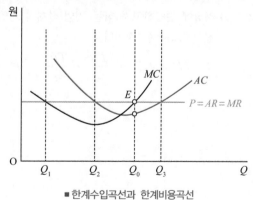
■한계수입곡선과 한계비용곡선

3. 완전경쟁기업의 단기공급곡선

(1) 고정비용이 모두 매몰비용으로 가정하자.

(2) 단기공급곡선의 도출 : $P > AVC$이면 생산을 지속하고, $P < AVC$이면 생산을 중단하고, $P = AVC$이면 생산중단 여부(생산중단점)를 결정한다.

(3) 가격이 평균가변비용보다 낮아지면 공급량이 0으로 떨어지기 때문에 완전경쟁기업의 단기공급곡선은 평균가변비용곡선(AVC)을 상회하는 우상향의 한계비용곡선이다.

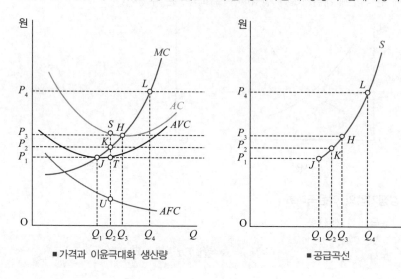

■ 가격과 이윤극대화 생산량　　　　■ 공급곡선

3 개별기업의 장기균형

1. 개념

생산요소는 모두 가변, 기업의 진입 및 퇴출이 자유롭다.

2. 개별기업의 장기 진입·퇴출 조건

(1) 시장가격이 평균비용보다 낮을 때 기존기업은 시장에서 퇴출한다.

$$TR < TC \rightarrow \frac{TR}{Q} < \frac{TC}{Q} \rightarrow P < AC$$

(2) 시장에 진입하고자 하는 기업(잠재적 기업)은 시장진입 후에 이윤을 낼 수 있다면 진입하고자 할 것이다.

즉, $TR > TC \rightarrow \frac{TR}{Q} > \frac{TC}{Q} \rightarrow P > AC$

3. 개별기업의 장기균형 조건

(1) $LAC = P$: 경제적 이윤이 0이다. 즉 기업은 정상이윤만 얻는다. 또한 진입과 퇴출의 동기가 없어진다.

(2) $P = MC$: 이윤극대화 조건

(3) 장기균형점 B에서는 기업이 최적규모로써 최적산출량을 생산하고 있으며, 초과이윤은 없고 정상이윤만이 존재한다.
$P = MR = SMC = LMC = SAC = LAC$의 관계가 성립한다.

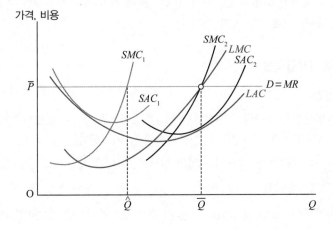

파트1
파트2
파트3
파트4
파트5
파트6
파트7
파트8
실전1
실전2

대표기출유형

□ **단기의 완전경쟁기업에 대한 설명으로 옳지 않은 것은?**

① 완전경쟁기업이 직면하는 수요곡선은 수평선이다.

② 완전경쟁기업이 받아들이는 가격은 시장수요와 공급의 균형가격이다.

③ 완전경쟁기업의 경우에 평균수입과 한계수입은 동일한 선으로 나타난다.

④ 일정한 생산량수준을 넘어서서 공급하는 경우에 총수입은 오히려 감소한다.

정답 ④

해설 완전경쟁시장에는 가격이 일정하므로 생산량(판매량)이 증가할수록 총수입도 증가하게 된다.

완전경쟁산업의 공급곡선

1 산업의 단기공급곡선

1. 단기에는 진입과 퇴출이 불가능하므로, 시장에 참여하는 기업의 수가 일정하여, 개별 기업의 단기공급곡선을 수평으로 더하면 완전경쟁적 산업의 단기공급곡선이 된다.

2. 이 도출과정에서는 모든 기업들이 동시에 생산량을 늘려도 생산요소들의 가격이 변화하지 않는다는 조건이 충족되어야 한다. 만약 생산요소 가격이 오른다면 산업의 공급곡선은 더욱 가파른 기울기를 가질 것이다.

2 산업의 장기공급곡선

1. 비용불변산업

> ☑ 장기에서는 기업의 수가 변화하므로 개별기업의 수평으로 더하는 방법으로 산업의 장기공급곡선을 도출할 수 없다. 즉 완전경쟁시장의 장기공급곡선은 개별기업의 반응과 더불어 기업수의 변화까지도 고려해야한다. 따라서 산업의 장기공급곡선의 형태는 산업 전체의 산출량이 증가할 때 투입요소의 가격이 어떻게 변화하느냐에 따라 달라진다.

(1) 비용불변산업은 산출량이 변화하더라도 투입요소의 가격이 현재의 수준에서 변하지 않고, 개별기업의 비용구조가 동일한 상황을 가정한다.

현재 P^*의 가격에서 대표적 기업의 생산·공급량은 Q^*이고, 산업 내 모든 기업에 의한 생산·공급량은 Q_M^*이다.

(2) 시장가격이 P^*보다 조금이라도 높은 수준으로 주어지면 초과이윤이 지속되므로, 신규진입으로 산출량이 증가하면서 가격은 원래 수준으로 하락하고, 개별기업의 산출량도 원래 수준인 P^*으로 되돌아간다. 따라서 비용불변산업의 장기공급곡선은 수평선이 된다.

(3) 비용불변산업의 조정과정 : 수요증대 → 가격상승 → 초과이윤발생 → 신규진입 → 공급증가 → 장기공급곡선 수평

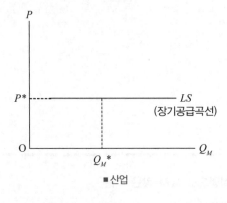

■산업

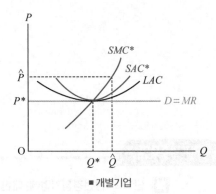

■개별기업

2. 비용체증산업의 경우

(1) 비용체증산업은 신규기업이 진입할 때, 투입요소의 가격이 상승하고, 개별기업의 비용구조가 동일한 상황을 가정한다.

(2) 산업전체의 공급량이 Q_M^*에서 Q_M'로 증가하면, 투입요소의 가격이 상승하고, 기업의 평균비용곡선은 위로 이동한다. 새로운 장기평균비용곡선은 LAC'이고, 산업

전체에서 Q_M^* 만큼의 상품이 공급되려면 가격이 $\overline{P}$ 로 상승해야하는데, G점과 H점을 잇는 우상향하는 모양의 장기공급곡선이 된다.

(3) 비용체증산업의 장기조정과정 : 수요증대 → 가격상승 → 초과이윤발생 → 신규진입 → 공급증가 → 생산요소수요증가 → 요소가격상승 → 비용곡선상방이동 → 장기공급곡선 우상향

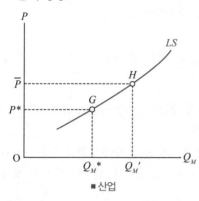

■ 산업

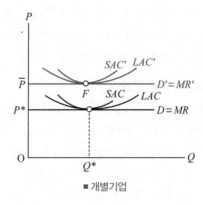

■ 개별기업

3. 비용체감산업의 경우

(1) 신규기업이 진입할 때, 생산기술향상으로 생산비용이 하락하고, 개별기업의 비용구조가 동일한 상황을 가정한다.

(2) 가격은 원래 수준보다 하락하지만, 개별기업의 산출량은 원래 수준으로 되돌아간다. 따라서 비용체감산업의 장기공급곡선은 우하향한다.

(3) 비용체감산업의 장기조정과정 : 수요증대 → 가격상승 → 초과이윤발생 → 신규진입 → 공급증가 → 생산기술향상 → 비용곡선하방이동 → 장기공급곡선 우하향

대표기출유형

🗨 생산요소에 대한 어떤 산업의 수요가 생산요소시장에서 극히 미세한 일부분을 차지하고 있다면 이 산업의 장기공급곡선은?

① 정의 기울기를 가진다.　　　　　② 수평선이다.
③ 부의 기울기를 가진다.　　　　　④ 수직선이다.

정답 ②

해설 생산요소에 대한 산업의 수요가 극히 미세하다는 것은 생산요소시장이 완전경쟁이라는 의미이고, 완전경쟁시장에서는 가격이 최적규모에서 결정된다. 그러므로 이 산업의 장기공급곡선은 비용불변산업이므로 수평이다.

독점시장의 발생원인과 특징

> ☑ 독점시장이란 한 재화나 서비스의 공급이 단일 기업에 의해 이뤄지는 시장조직형태를 말하며, 생산물시장이론에서 독점은 주로 공급독점(Monopoly)만을 다루지만 특수한 경우 수요독점이 존재할 수도 있다.

1 독점시장의 개요

1. 독점의 성립조건

(1) 한 기업이 그 시장에서 생산물의 유일한 판매자이다.

(2) 그 생산제품과 유사한 대체재가 없다.

(3) 독점기업은 가격설정자로 행동하고, 시장지배력을 가진다.

2. 독점 발생의 원인

다른 기업의 진입을 막는 진입장벽이 존재하기 때문에, 초과 이윤이 발생하더라도 다른 기업이 진입할 수 없어 한 기업만이 존재한다.

(1) 기업이 진입장벽을 만든 경우 : 주요 투입요소의 공급 장악(토지나 광산, 원재료 등의 독점적 소유)이나 기술을 독점적으로 보유하고 있거나, 한 기업이 다른 경쟁기업을 흡수 합병한 경우이다.

(2) 정부의 정책에 의한 진입장벽 : 정부는 발명을 촉진하기 위해 특허권(Patent)을 부여해 발명자로 하여금 일정한 기간 동안 독점적인 지위를 부여하거나, 어떤 기업에 독점적 판매권, 즉 전매권을 주어 경쟁자의 진입을 막을 수도 있다.

(3) 자연발생적인 진입장벽 → 규모의 경제 : 비용함수의 특징상, 시장수요에 비해 최소 효율규모가 매우 큰 경우 다른 인위적인 진입장벽이 없어도 경쟁체제의 존립이 어려울 수 있다. 이러한 경우의 독점을 자연독점이라 하는데, 규모의 경제가 크게 존재할 경우, 경쟁적으로 여러 기업이 생산할 때보다 한 기업이 생산할 때 보다 낮은 비용으로 생산이 가능해진다.

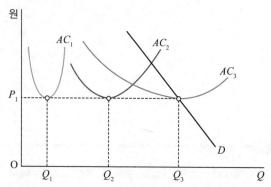

(4) 생산요소 및 원재료의 독점적 소유 : 어느 한 기업이 생산요소 및 원재료를 독점적으로 소유하면 독점이 발생한다.

파트1

파트2

파트3

파트4

파트5

파트6

파트7

파트8

실전1

실전2

2 독점의 특징

1. 독점의 일반적 특징

(1) 독점시장에서는 독점기업이 시장의 유일한 판매자이므로 가격설정자로 행동한다.

(2) 동일한 재화에 대해 서로 다른 가격을 설정하는 가격차별정책을 실시할 수 있다.

(3) 독점시장에서는 밀접한 대체재가 존재하지 않는다. 잠재적 경쟁상태는 존재하지만 진입과 이탈이 자유롭지 않은 상황을 가정한다.

(4) 경쟁의 부재 : 독점시장에서는 대체재가 존재하지 않으므로 경쟁대상기업이 없다.

2. 공급곡선과 수요곡선

(1) 시장수요를 보고 이윤극대화 판매량을 결정하므로 독점기업의 공급곡선은 따로 존재하지 않는다.

(2) 시장 내 유일한 판매자이므로 시장수요곡선이 곧 독점기업의 수요곡선이 되므로, 독점기업이 직면하는 수요곡선은 우하향한다.

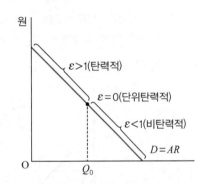

3 독점기업과 경쟁시장의 기업

독점기업	경쟁시장의 기업
• 유일한 공급자 • 기업이 직면한 수요곡선이 마이너스 기울기를 갖는다. • 가격설정자 • 판매량을 늘리려면 가격을 낮추어야 한다. • 따라서 한계수입이 가격보다 낮다.	• 무수히 많은 경쟁기업 • 무한탄력적 수요곡선 • 가격수용자 • 더 팔기 위해 가격을 낮출 필요 없다. • 따라서 한계수입과 가격은 항상 일치한다.

대표기출유형

진입장벽이란 신규진입기업에 대한 기존기업의 경쟁상의 우위를 말한다. 다음 중 높은 진입장벽을 형성하는 요인이라고 볼 수 없는 것은?

① 높은 이윤율

② 규모의 경제성

③ 판로의 배타적 소유와 지배

④ 원료의 배타적 소유와 지배

정답 ①

해설 높은 이윤율의 존재는 오히려 다른 기업의 시장진입을 촉진하는 역할을 한다.

독점기업의 균형

> ☑ 완전경쟁기업과 달리 독점기업이 인식하는 수요곡선이 우하향하므로, 독점기업은 $MR = MC$인 점에서 이윤을 극대화시켜주는 산출량을 결정한 후, 수요곡선상에서 가격을 결정한다.

1 독점기업의 단기균형

1. 독점기업의 단기균형 조건(=이윤극대화조건) → 생산량 결정

(1) $MR = MC$인 점에서 이윤극대 산출량이 결정된다.

(2) MC선의 기울기 $\left(\dfrac{dMC}{dQ}\right)$ > MR선의 기울기 $\left(\dfrac{dMR}{dQ}\right)$

(3) 독점기업은 $MR = MC$가 충족되는 점에서 생산량과 가격을 결정하므로 시장수요곡선에 의해 시장가격 P_m과 Q_m이 결정된다.

(4) 정리하면, 독점기업의 이윤극대화조건은 $P > MR = MC$이다.

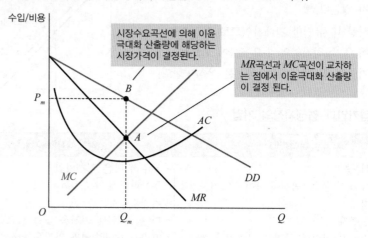

시장수요곡선에 의해 이윤극대화 산출량에 해당하는 시장가격이 결정된다.

MR곡선과 MC곡선이 교차하는 점에서 이윤극대화 산출량이 결정 된다.

2. 독점시장 단기균형의 특징

(1) 공급곡선이 존재하지 않는다.
    독점기업은 수요곡선이 주어지면 이윤이 극대가 되도록 수요곡선의 한 점을 선택하여 가격과 생산량을 결정한다.

(2) 단기균형은 수요의 가격탄력성이 1보다 큰 부분에서 발생한다.

$$MR = P\left(1 - \frac{1}{\varepsilon_p}\right) > 0 \Rightarrow \varepsilon_p > 1$$

(3) 완전경쟁균형에서는 $P = MC$가 성립하지만, 독점기업의 균형은 $P > MC$이므로 생산량이 사회적인 최적수준에 미달한다.

(4) 독점기업은 일반적으로 초과이윤을 얻지만 단기에 항상 초과이윤을 얻는 것은 아니다.

3. 독점기업의 이윤

(1) 독점이윤 발생 : MR곡선과 SMC곡선이 교차하는 Q_m에서 독점기업의 이윤은 극대화되며, 이때의 독점가격은 P_m이다.

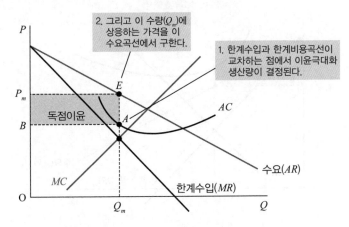

(2) 정상이윤만 발생하는 경우 : 이윤의 존재여부는 가격과 평균비용 간 차이로 측정하며, $P = AC$일 때에 정상이윤만 발생한다.

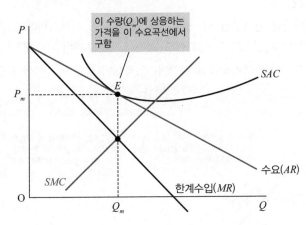

☑️ 단기균형의 특징
1. 독점기업은 가격설정자로 행동한다.
2. 단기균형에서 $P > SMC$가 성립한다.
3. 독점기업이라도 단기에는 이윤을 얻을 수도 있지만, 손실을 볼 수도 있다.
4. 독점기업의 경우 공급곡선이 존재하지 아니한다.
5. 단기균형에서 수요의 가격탄력성은 1보다 크다.

(3) 손실이 발생하는 경우 : 이윤의 존재여부는 가격과 평균비용 간 차이로 측정하며, $P < AC$일 때 손실이 발생한다.

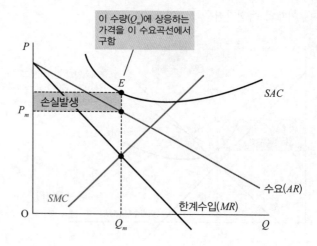

이 수량(Q_m)에 상응하는 가격을 이 수요곡선에서 구함

2 독점기업의 장기균형

1. 장기균형의 조건

(1) 독점시장에서는 단기균형 시 초과이윤(독점이윤)이 존재하더라도 신규기업들이 시장에 진입할 수 없으므로, 장기에도 계속적으로 초과이윤을 획득한다.

(2) 장기균형은 장기한계비용곡선과 한계수입곡선이 일치하는 점에서 달성된다.

$$P = AR > LAC = MR$$

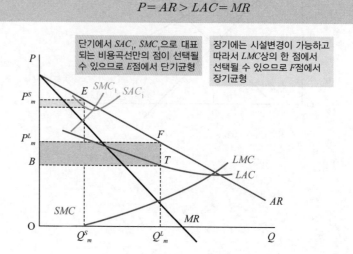

단기에서 SAC_1, SMC_1으로 대표되는 비용곡선만의 점이 선택될 수 있으므로 E점에서 단기균형

장기에는 시설변경이 가능하고 따라서 LMC상의 한 점에서 선택될 수 있으므로 F점에서 장기균형

www.gosinet.co.kr

파트1

파트2

파트3

파트4

파트5

파트6

파트7

파트8

실전1

실전2

2. 장기균형의 특징

(1) 초과이윤 획득

① 독점기업이라도 단기에는 손실을 볼 수 있으나, 장기에서 손실을 보게 되면 시장에서 이탈할 것이므로, 장기에 시장에 남아 있는 독점기업이라면 최소한 0 이상의 경제적 이윤을 얻고 있다.

② 독점기업은 장기에서 시설규모를 조절할 수 있으므로 수요조건에 비추어 알맞은 시설규모로 전환함으로써 단기에서 보다 더 큰 이윤을 획득할 수 있다.

(2) 초과설비의 보유

① 초과설비의 보유로 인하여 완전경쟁시장에 비해 비효율성을 유발한다.

② 수요곡선이 우하향하므로 한계수입곡선은 반드시 수요곡선에 비해 아래에 위치하고, LMC곡선은 LAC곡선의 최저점을 통과하는데, 독점기업의 장기균형에서는 반드시 $MR = MC$를 만족해야 하므로, $MR = MC$인 점에서 초과이윤을 얻기 위해서는 LAC의 극소점의 왼쪽에서 $MR = MC$가 성립해야 한다. 따라서 최적시설 규모보다 적은 상품을 생산하게 되어 초과설비를 보유하게 된다.

(3) 사회후생손실 발생 : 독점기업의 장기균형에서는 $P > MC$이므로 과소생산으로 인한 사회후생의 손실이 발생한다.

대표기출유형

🔲 독점시장에 대해서 정부가 가격을 통제하고자 한다. 이때 통제가격이 독점균형가격보다 약간 낮을 경우 일어나는 현상으로 옳은 것은?

① 공급량이 변하지 않는다.　　　　② 공급량이 증가할 수 있다.

③ 독점자의 공급곡선이 이동한다.　　④ 독점자의 한계비용곡선이 이동한다.

정답 ②

해설 독점기업은 정상이윤에 독점이윤을 더하여 판매하므로 통제가격이 독점균형가격보다 약간 낮을 경우 공급이 증가할 수도 있다.

가격차별

✔ **가격차별의 정의**

1. 가격차별(Price Discrimination) 이란 독점기업이 생산비가 동일하고 동질적인 재화에 대하여 서로 다른 가격을 책정하여 판매하는 정책을 말하며, 가격차별을 실시하는 독점을 차별독점이라 한다.
2. 독점기업이 가격차별을 실시하는 가장 큰 이유는 독점이윤의 증대에 있다.

✔ **가격차별이 가능한 조건**

1. 소비자(시장)를 수요의 가격탄력성 크기에 따라 두 개 이상으로 분리 가능해야 한다.
2. 시장분리에 소요되는 비용이 시장분리에 의해 얻는 수익보다 적어야 한다.
3. 분리된 소비자 간에 전매(재판매)가 불가능해야 한다.

1 제1급 가격차별 또는 완전가격차별

1. 의의

제1급 가격차별(First-degree Price Discrimination)이란 독과점기업이 각 소비자의 최대 지불용의에 따라 가격을 설정하는 것을 말하며 완전가격차별(Perfect Price Discrimination)이라고도 한다.

2. 특징

(1) 가격차별이 없다면 생산량은 Q_m 이지만, 각 소비자들로부터 최고 가격을 받아낸다면 수요곡선 자체가 한계수입곡선이 되므로 E점에서 균형이 성립한다.

(2) 수요곡선과 한계비용곡선이 교차하는 점에서 생산량이 결정되고 자원배분에 있어서는 완전경쟁시장과 같아지나 독점기업이 모든 소비자잉여를 차지한다.

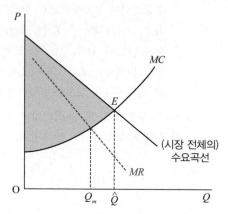

2 제2급 가격차별

1. 의의

제2급 가격차별(Second-degree Price Discrimination)이란 독과점기업이 상이한 판매수량에 대해 상이한 단위가격(평균수입)을 설정하는 것으로, 각 소비자의 보상수요곡선을 모르는 경우(정보의 비대칭성) 독점자가 사용하는 가격차별을 말한다.

2. 특징

(1) 상품을 1단위씩 나누어서 다른 가격을 매기는 것이 아니라 몇 개의 덩어리로 나누고 각각의 덩어리에 대해서 다른 가격을 매기는 것으로서 가장 흔한 형태이다.

(2) 순수 독점에 비해 생산량은 증가하므로 생산측면의 비효율성이 일부 개선된다.

(3) 소비자잉여 중 일부분은 소비자에게 남겨지며, 순수 독점에 비해 자중손실도 감소한다.

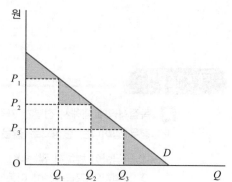

(4) 독점자가 특정한 성격의 매커니즘을 소비자에게 제시하고, 소비자로 하여금 스스로 소비유형을 드러내게 한다. 즉, 높은 가격을 낼지 낮은 가격을 낼지를 소비자가 결정한다.

(5) 교통기관의 좌석별 요금제(일반, 특실), 수량할인(대량구매할인), 사용량에 따라 적용되는 전기, 전화요금제, 극장할인제도의 경우 조조할인, 심야할인 등이 그 예이다.

3 제3급 가격차별

1. 의의

제3급 가격차별(Third-degree Price Discrimination)이란 서로 다른 수요곡선을 갖는 소비자그룹을 구별하여 각 그룹의 소비자들에게 다른 가격을 책정하는 것으로, 가격탄력성이 서로 다른 소비자특성에 따른 가격차별을 말한다.

☑ 의미
1. 소비자들을 몇 개의 그룹으로 구분한다(상품은 구분하지 않음).
2. 그룹 간에는 다른 가격이 형성된다.
3. 그룹 내의 모든 소비자에게는 동일한 가격이 적용된다.
4. 학생할인, 성인 요금, 어린이 요금, 수출가격과 국내가격 등이 그 예이다.

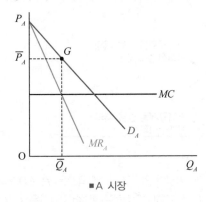

■A 시장

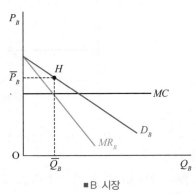

■B 시장

2. 제3급 가격차별 기업의 이윤극대화

(1) 시장을 서로 다른 가격탄력성을 가진 시장으로 분리하여 각 시장마다 서로 다른 수준의 가격을 설정한다.

(2) 제3급 가격차별의 이윤극대화조건은 $MC = MR_A = MR_B$로 한계비용이 각 시장의 한계수입과 같아야 한다.

(3) 시장별 판매량과 가격의 결정 : 각 시장별 한계수입과 한계비용이 일치하는 수준에서 판매량과 가격을 결정한다.

대표기출유형

💬 **가격차별과 관련된 다음 사례 중 성격이 다른 것은?**

① 극장에서 아침에 상영되는 영화에 할인요금을 적용한다.
② 자동차회사는 차종에 따라 가격을 달리하여 자동차를 판매한다.
③ 구내식당의 점심메뉴는 저녁메뉴와 동일하지만 더 저렴한 가격으로 판매한다.
④ 자동차회사는 동일차종에 대해 해외시장과 국내시장에 다른 가격으로 판매한다.

정답 ②

해설 차종이 다르다는 것은 다른 재화, 즉 제품의 품질이 다른 것이므로 가격차별이 아니다.

독점의 규제

☑ **독점정책의 기본구도**

1. 국유화(Nationalization)는 효율성이나 공평성 측면에서 생기는 문제를 원천적으로 해결할 수 있어 이론적으로는 유효하나 현실적으로 공기업의 비효율성으로 인해 바람직하지 못한 측면도 나타난다.

2. 정부의 규제(Regulation)를 통해 독점이윤을 제한하고 효율적인 산출량을 선택하도록 유도할 수 있다. 규제대상으로는 가격 규제, 수익률 규제, 조세부과 등이 있을 수 있다.

3. 경쟁의 촉진(독점금지법과 경쟁체제의 도입)이란 독점력을 증가시키기 위한 기업 간의 인수합병을 금지하거나 담합행위를 처벌하여 진입장벽을 낮추고 독점산업에 경쟁체제를 도입하여 독점의 폐해를 줄이려는 시도이다.

1 가격 규제

1. 한계비용 가격설정

(1) 의미 : 한계비용 가격설정(MC Pricing)이란 자연독점이 아닌 경우, 수요곡선과 독점기업의 한계비용곡선이 교차하는 점을 찾아 그 점에서의 가격과 산출량을 선택하도록 유도하는 정책을 말한다.

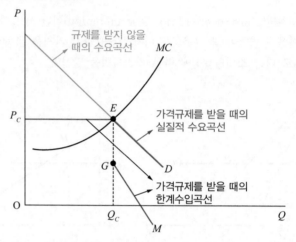

정부가 $P=MC$인 P_C에 가격규제를 실시하면, 기업이 인식하는 수요곡선은 $P_C ED$가 되고, 기업이 인식하는 한계수입곡선은 $P_C EGM$이 되며, 기업이 인식하는 한계비용곡선은 $P_C EMC$가 된다. 따라서 한계수입곡선과 한계비용곡선이 교차하는 E점에서 독점기업의 이윤이 극대화된다. 즉, 독점기업은 Q_C만큼을 생산해 P_C의 가격에 판매하게 되는데, 이 산출량과 가격의 조합은 완전경쟁일 경우와 같게 되어 효율적 자원배분이 달성된다.

(2) 문제점
 ① 규모의 경제가 존재하는 경우에는 독점기업이 규모의 경제로 자연독점의 성격을 갖고 있을 때, 손실을 입게 만든다.
 ② 정보의 왜곡으로 인한 한계 : 정부는 개별기업의 비용에 대한 정보를 정확하게 알기 어렵다. 정부가 가격규제를 실시하고자 할 경우 비용에 대한 정보를 기업에 의존하게 되는데 이 과정에서 왜곡된 정보에 기초하여 가격규제정책을 실시할 경우, 자원배분은 일부 개선되지만 비효율성을 완전히 제거할 수 없다.

2. 평균비용 가격설정

(1) 한계비용 가격설정방식으로 독점기업이 손실을 입게 될 경우, 그 대안으로 평균비용에 입각하여 규제가격을 설정(AC Pricing)할 수 있다. 즉, 자연독점인 경우 규제가격을 평균비용에 일치시켜 최소한 손실은 보지 않게 하면서 가능한 한 많은 상품을 가장 낮은 가격에 공급하도록 유도가 가능하다.

(2) 문제점 : 규제 당국이 평균비용을 산정하면 독점기업이 비용절감 노력을 하지 않게 된다.

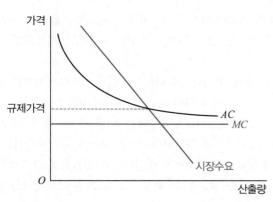

자연독점인 경우, 한계비용곡선은 평균비용곡선의 아래쪽에 위치하게 된다. 이 상황에서 $P = MC$가 성립하도록 상한 가격을 설정해 놓을 경우, 가격(평균수입)이 평균비용보다 작아져 기업은 손실을 보게 된다.

www.gosinet.co.kr **gosinet**

파트1

파트2

파트3

파트4

파트5

파트6

파트7

파트8

실전1

실전2

3. 이중가격설정

(1) 의의 : 이중가격설정(Two-tier Pricing)은 한계적 소비자에게는 MC에 해당하는 낮은 가격을 받고, 기업의 손실을 다른 그룹에 속하는 소비자에게 높은 가격으로 팔아 메우는 방식으로 자연독점기업으로 하여금 손실을 보지 않게 할 수 있다.

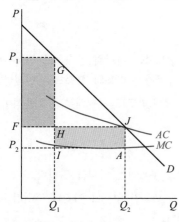

$P = MC$에서 생산을 유도한 뒤, $MR = MC$인 점에서 독점판매량을 독점가격으로 판매를 허용하여 이윤을 보장하고, $P = MC$의 가격으로 나머지를 판매하도록 하여 손실을 보전하게 하는 방식이다. 즉, 한 그룹의 소비자에게서 나오는 손실이 다른 그룹의 소비자에게서 나오는 이윤으로 상쇄되도록 유도하는 방법을 이중가격제라 한다.

P_2는 $MC = AR$, P_1은 손실을 메우는 가격, 소비자 2는 $(Q_2 - Q_1)$만큼의 상품구입, 소비자 1은 Q_1 소비하는데, 두 사각형의 면적을 같게 한다.

(2) 문제점 : 동일한 재화를 소비자별로 다른 가격에 구입하게 되므로 공평성의 문제가 제기될 수 있다.

4. 수익률 규제

(1) 의의 : 규제대상이 되는 기업의 시장수요와 비용구조에 대해 잘 알지 못할 경우 수익률을 일정한 수준에서 통제하는 방식을 채택한다.

(2) 규제방식 : 투하된 자본에 대한 공정한 수익률을 실제 수익률 수준으로 규제한다. 공정한 수익률을 일반적으로 한 경제 안에서 자본이 평균적으로 얻는 수익률로 해석하여 이 수익률 수준에서 규제를 실시하면, 독점기업이 이윤을 증대시키기 위해 가격을 높이거나 산출량을 줄일 유인이 사라진다.

(3) 문제점

① 공정한 수익률은 명확하게 정의되어 있지 않은 개념이므로 문제가 될 수 있다.

② 수익률이 잘못 선택된 경우에는 효율성과 공평성의 측면 모두에서 심각한 문제가 발생할 수 있다.

③ 합리적으로 선택되더라도 독점기업이 수익률이 보장되므로 효율적 경영을 추구하지 않게 되어 일부러 비효율적으로 운영되게 만드는 유인을 제공하기도 한다.

④ 에버치-존슨 효과

 ㉠ 수익률 규제의 결과 노동과 자본의 투입비율에 교란을 일으키는 효과를 말한다.

 ㉡ 독점기업에게 허용되는 수익률이 경쟁적인 산업에서의 자본수익률보다 더 높게 책정될 경우, 규제를 받는 독점기업의 입장에서 볼 때 자본을 많이 투입할수록 더욱 유리하므로 과도한 자본을 투입하게 만드는 유인으로 작용하기도 한다.

 ㉢ 자본을 과도하게 투입함으로써 규제가 없었더라면 선택했을 요소결합비율, 즉 비용극소화를 가져오는 요소결합비율을 스스로 포기하는 결과를 불러올 수 있다.

2 조세부과

1. 종량세

(1) 의의 : 판매단위당 일정금액을 과세하는 방식으로, 가변비용이 증가하는 동일한 효과를 나타낸다.

(2) 부과의 효과

 ① 종량세를 수요자에게 과세하는 경우에 수요자는 가격의 상승으로 인식한다.

 ② 종량세를 공급자에게 과세하는 경우에 공급자는 비용의 상승으로 인식한다.

(3) 결과 : 종량세를 부과하면 단기에 산출량은 감소하므로 자원배분의 효율성이 악화된다.

2. 정액세

(1) 정의 : 생산량과 관계없이 일정금액의 조세를 부과하는 방식을 말한다.

(2) 부과의 효과 : 단기적으로는 산출량과 가격에 변화가 없으나 이윤의 크기가 달라지므로 장기적으로 진입이탈이 발생할 수 있다.

3. 법인세와 소비세

(1) 법인세

 ① 상품 X를 생산하는 독점기업은 최초에 $MC_0 = MR$인 생산량 X_0를 P_0의 가격으로 공급하여 $\square P_0 BFG$만큼의 독점이윤을 얻고 있다.

 ② 이 독점기업에 이윤에 대하여 일정비율로 부과하는 법인세는 고정비용이 증가한 것처럼 한계비용을 변동시키지 않는다. 따라서 고정비용의 성격인 법인세가 부과될 경우 기업의 한계비용은 변하지 않고 평균비용만 AC_0에서 AC_1으로 상승하게 된다.

 ③ 한계비용이 변하지 않기 때문에 이윤을 극대로 하는 가격과 생산량은 종전수준과 같다. 그 결과 독점이윤이 $\square P_0 BFG$에서 $\square P_0 BJH$로 감소한다. 즉 법인세는 독점이윤만을 감소시킬 뿐 독점가격과 독점생산량은 변화시키지 않는 것이다.

 ④ 시장을 교란시키지 않으면서 독과점기업의 초과이윤 일부를 회수하고자 할 때는 법인세를 부과하면 된다.

www.gosinet.co.kr gosinet

파트1
파트2
파트3
파트4
파트5
파트6
파트7
파트8
실전1
실전2

(2) 소비세

① 소비세는 생산량에 따라 증감하기 때문에 가변비용의 성격을 갖는다.

② 종량세의 형태로 소비세가 부과될 경우 기업의 평균비용이 AC_0에서 AC_1으로 상승함은 물론 한계비용도 MC_0에서 MC_1으로 상승한다. 그 결과 가격은 P_0에서 P_1으로 오르고, 생산량은 X_0에서 X_1으로 감소하며, 독점이윤은 $\square P_0 BFG$에서 $\square P_1 JRH$로 감소한다.

③ 독점이윤만 감소시키는 법인세와는 달리 소비세는 독점이윤을 감소시킬 뿐만 아니라 독점가격을 상승시키고 독점공급량을 감소시킨다.

④ 따라서 독점이윤을 감소시키고 독점상품에 대한 소비를 억제시킬 필요가 있을 때 소비세를 부과하면 된다.

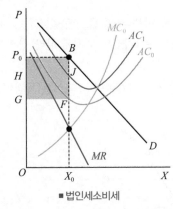
■법인세소비세

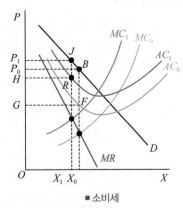
■소비세

(3) 법인세와 소비세의 독점규제 효과

① 독과점기업의 이윤에 매기는 법인세는 제품 생산량과 가격에 영향을 미치지 않고 이윤만을 축소시킨다. 그러나 제품에 매기는 소비세는 가격을 상승시키고 생산량을 감소시킨다.

② 독점상품이 사치품일 경우 소비세를 부과하면 독점이윤이 감소함은 물론 가격이 오르기 때문에 소비가 억제되고, 독점상품이 생활필수품일 경우 법인세를 부과하면 가격을 오르게 하지 않으면서 독점이윤만 감소시킨다.

대표기출유형

□ 전기, 가스, 상수도 등 공공서비스는 흔히 자연독점의 성격을 갖고 있다. 이 산업에서 평균비용가격설정방식을 채택하는 이유로 타당한 것은?

① 자원의 효율적인 배분을 위해서
② 모든 국민이 공공서비스를 이용할 수 있도록 하기 위해서
③ 한계비용에서 가격을 설정하면 자연독점기업이 손실을 보기 때문에
④ 한계비용에서 가격을 설정하면 자연독점기업의 비용절감유인이 부족해지기 때문에

정답 ③

해설 자원배분의 효율성 측면에서 볼 때 한계비용가격설정이 가장 바람직한 방법이지만 자연독점의 경우에 한계비용가격설정을 하게 되면 손실이 발생하게 된다. 즉, 자연독점의 경우에 평균비용가격설정을 하는 것은 자연독점기업에 적자가 발생하지 않도록 하기 위해서이다.

독점적 경쟁시장

☑ 의의

1. 독점적 경쟁시장(Monopolistic Competition Market)은 밀접한 대체재를 공급하는 기업들이 많이 존재하는 시장형태, 즉 다수의 기업이 차별화된 재화나 서비스를 생산하는 시장을 말한다.
2. 독점적 경쟁시장은 완전경쟁시장과 독점시장의 성질을 모두 가지고 있는 시장형태이다.
3. 예로는 주류시장, 과자류시장, 음료수시장, 백화점, 약국, 미용실, 주유소, 편의점, 커피숍 등이 독점적 경쟁시장에 해당한다.

☑ 특징

1. 시장에 많은 수의 기업들이 존재해 차별화된 상품을 생산한다.
2. 다수의 기업이 존재하므로 한 기업의 행위는 경쟁자의 주의를 끌지 못하며, 보복적인 조치를 유발하지 않는다.
3. 신규기업의 진입과 기존 기업의 이탈이 완전히 자유롭다.
4. 모든 기업들은 동일한 수요곡선과 비용곡선에 직면하고 있다.

☑ 독점적 경쟁의 경제적 효과

1. 차별화된 상품공급 : 독점적 경쟁시장의 기업들은 차별화된 상품공급에 노력한다.
2. 유휴시설의 존재 : 장기균형산출량은 장기평균비용곡선이 최저가 되는 수준보다 작다.
3. 과소생산(비효율적인 산출량) : 장기균형상태에서 선택한 산출량의 수준에서 가격이 한계비용보다 더 높다. 즉, 독점적 경쟁기업의 장기균형생산량은 완전경쟁기업의 장기균형생산량보다 적다.
4. 가격이 한계비용보다 높다 ($P > MC$).
5. 독점적 경쟁시장에서 기업들은 치열한 비가격경쟁으로 인한 사회적 낭비를 초래한다.

1 독점적 경쟁의 단기균형

1. 독점적 경쟁기업의 수요곡선

(1) 독점적 경쟁하의 개별기업이 직면하는 수요곡선은 상품 상호 간의 대체성이 높기 때문에 우하향의 탄력적인 형태를 가진다.

(2) 이는 독점보다 수요곡선이 훨씬 탄력적이고, 각 기업이 어느 정도의 독점력을 가진다는 사실을 반영한다.

2. 단기균형의 도출

각 기업은 독점하의 기업과 유사한 방식으로 이윤극대화를 추구한다. 즉, $MR = MC$인 점에서 균형이 성립한다. 평균비용곡선과 수요곡선의 위치에 따라 경쟁기업은 초과이윤을 얻을 수도 있고 손실을 입을 수도 있다.

(1) 초과이윤(독점이윤)이 발생하는 경우 : $P > AC$이면 초과이윤(독점이윤)이 발생한다.

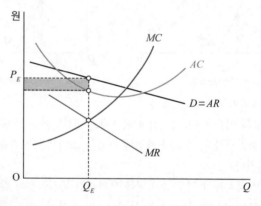

(2) 정상이윤만 발생하는 경우 : $P = AC$이면 정상이윤만 발생한다.

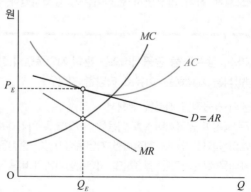

(3) 손실이 발생하는 경우 : $P < AC$이면 손실이 발생한다.

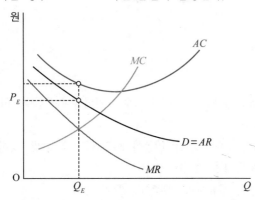

2 독점적 경쟁의 장기균형

1. 독점적 경쟁기업의 장기균형은 이윤극대화 조건인 $MR = SMC = LMC$가 충족되고, 정상이윤만 존재하는 $P = SAC = LAC$인 E점에서 이루어진다.

2. 기업의 수요곡선(D)과 장기평균비용곡선(LAC)이 생산수준에서, 한계수입곡선(MR)과 장기한계비용곡선(LMC)은 반드시 일치하며, 이 생산수준에서 이윤극대화가 일어나고 극대화된 이윤은 0이므로 신규진입은 없다. 이 상태가 독점적 경쟁의 장기균형점이다.

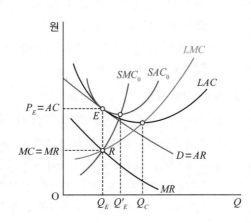

- 장기균형은 신규기업들의 시장진입이나 퇴출한 기존기업들이 시설규모의 조정을 이룬 이후 달성되는 균형상태이다.
- 독점적 경쟁시장의 단기균형 시 초과이윤(독점이윤)이 발생하면 신규기업들이 시장에 진입할 수 있다.

파트1

파트2

파트3

파트4

파트5

파트6

파트7

파트8

실전1

실전2

대표기출유형

독점적 경쟁시장에 대한 설명으로 옳지 않은 것은?

① 독점적 경쟁시장의 장기균형에서는 $P = AR = LAC$이 충족된다.
② 진입장벽이 존재하지 않기 때문에 기업의 진입과 퇴출이 자유롭다.
③ 개별 기업은 단기에는 초과이윤을 얻을 수 있지만, 장기에는 정상이윤을 얻는다.
④ 독점적 경쟁시장에 속하는 기업은 평균비용곡선의 최저점에서 가격이 결정된다.

정답 ④

해설 장기에 평균비용곡선의 최저점에서 가격이 결정되는 것은 완전경쟁시장에 속하는 기업이다.

과점시장

☑ **과점의 성립 원인**
1. 시장협소로 인한 경우
2. 규모의 경제가 있는 경우
3. 법령, 정책, 특허권 등에 의한 경우
4. 소수의 생산자가 카르텔을 형성하여 진입저지활동을 펴는 경우

☑ **복점시장(Duopoly Market)**
2개의 공급자(기업)가 시장을 지배하는 시장형태

1 과점시장의 개념

1. 의의

(1) 과점시장(Oligopoly Market)이란 소수의 기업들이 시장수요의 대부분을 공급하는 시장형태를 말한다.

(2) 개별기업이 시장에서 차지하는 비중이 높고, 한 기업의 생산량이나 가격변화는 다른 기업의 업적에 영향을 미친다.

(3) 예로 자동차시장, 정유산업, 맥주시장 등이 있다.

2. 과점의 분류

(1) 순수과점 : 동질적인 상품이 제공되는 과점을 말한다.
   예 철강, 시멘트, 석유 등

(2) 차별화된 과점 : 상품의 질에 약간씩 차이가 있는 경우를 말한다.
   예 자동차, 냉장고, 세탁기 등

3. 과점시장의 특징

(1) 소수의 기업만이 존재하므로 기업 간 상호의존성이 높다.

(2) 과점기업들은 광고나 제품 차별화 등 비가격 경쟁을 통해 경쟁한다.

(3) 과점기업은 경쟁을 피하고 담합이나 카르텔을 통해 공동이익을 추구하려는 유인이 존재한다. 완전한 담합을 통하여 독점기업처럼 행동하는 것이 가장 유리하지만, 각 기업의 이익을 우선시하는 이기적 동기로 인해 하나의 기업처럼 행동하기는 어렵다.

2 복점시장이론

모형	쿠르노(Cournot) 모형	베르트랑(Bertrand) 모형	슈타켈버그(Stackelberg) 모형(수량선도 모형)
가정	• 분석의 편의를 위해 시장에 두 개의 기업만 존재하는 복점을 가정한다. • 추측변이는 0이라고 가정한다. • 동시에 의사결정을 하며 의사결정의 대상은 산출량이다.	• 두 개의 기업이 존재하고 각 기업은 동시에 의사결정을 한다. • 각 기업이 생산하는 재화는 동질적이며 각 기업의 한계비용은 동일하다. • 의사결정대상이 산출량이 아니라 가격이다.	• 선도기업은 추종기업의 반응을 고려하여 먼저 의사결정을 하고, 추종기업은 선도기업의 산출량을 보고 자신의 이윤극대화 산출량을 결정한다. • 추종기업의 추측된 변화는 0이지만 선도기업의 추측된 변화는 0이 아니다.

www.gosinet.co.kr **gosi**net

파트1

파트2

파트3

파트4

파트5

파트6

파트7

파트8

실전1

실전2

시장 균형	각 기업의 반응곡선이 만나는 점에서 시장균형이 이루어진다.	• 전략변수가 가격인 과점시장에서 각 기업이 취할 수 있는 가장 낮은 가격은 0이며, 독점가격보다 높은 가격을 제시하는 것은 이윤극대화의 원리에 어긋나므로 가장 높은 가격은 독점가격이다. • 각 기업은 치열한 가격경쟁을 하므로 시장가격은 두 기업이 제시할 수 있는 가장 낮은 가격인 한계비용수준에서 결정된다.	• 선도기업과 추종기업의 시장균형 : 선도기업은 추종기업의 반응을 추측하여 자신의 이윤극대화 산출량을 결정하며, 추종기업은 선도기업의 주어진 생산수준에서 자신의 이윤극대화 산출량을 결정한다. • 선도기업과 선도기업의 시장균형 : 두 기업이 서로 선도자라고 생각하는 경우 두 기업은 모두 위 모형의 선도기업처럼 행동할 것이므로 선도경쟁하의 균형은 존재할 수 없는 균형이다. 이처럼 각 기업이 서로 선도기업이 되려고 하는 것을 슈타켈버그 전쟁이라고 한다.
생산량 비교	• 독점일 경우 : 완전경쟁의 $\frac{1}{2}$ • 쿠르노균형일 경우 : 완전경쟁의 $\frac{2}{3}$ • 한계비용이 일정하며 동일한 경우	완전경쟁과 동일	• 독점일 경우 : 완전경쟁의 $\frac{1}{2}$ • 과점일 경우 : 완전경쟁의 $\frac{1}{3}$ (쿠르노) • 선도기업일 경우 : 완전경쟁의 $\frac{1}{2}$ (스타겔버그) • 추종기업일 경우 : 완전경쟁의 $\frac{1}{4}$ (스타겔버그)

대표기출유형

🗨 다음 중 과점시장에 대한 설명으로 옳지 않은 것은?

① 동질적 상품의 베르트랑(Bertrand) 경쟁가격은 완전경쟁가격보다 높다.

② 쿠르노(Cournot)경쟁의 경우 기업의 수가 많을수록 균형가격은 낮아진다.

③ 굴절수요곡선의 경우 한계비용이 변화해도 가격은 변화하지 않을 수 있다.

④ 슈타켈버그(Stackelberg) 모형의 선도기업은 쿠르노균형의 생산량보다 더 많이 생산하고자 한다.

정답 ①

해설 베르트랑 모형에서는 각 기업은 모두 상대방보다 약간씩 낮은 가격을 설정하려고 하므로 결국 가격은 한계비용과 같아진다.

굴절수요곡선 모형과 가격선도 모형

☑ 굴절수요곡선 모형의 개요

1. R.L. Hall, C.J. Hitch, P.M. Sweezy(1939)에 의하여 제시된 이론이다.

2. 이 모형은 과점가격의 상대적인 경직성을 설명하는 이론으로, 과점시장에서는 수요곡선이 굴절한다는 것이다.

1 굴절수요곡선 모형

1. 굴절수요곡선 모형(Kinked Demand Curve Model)의 가정

(1) 한 과점기업이 가격을 인하하면 다른 경쟁기업도 따라서 가격을 인하한다.

(2) 한 과점기업이 가격을 인상하면 다른 경쟁기업은 따라서 가격을 인상하지 않는다.

2. 내용

(1) 수요곡선과 한계수입곡선 : 그림에서 BG와 BH는 각각 특정기업의 가격변화에 다른 기업이 동조하지 않는 경우의 수요곡선과 한계수입곡선이며, AI와 AK는 각각 특정기업의 가격변화에 여타기업이 동조하는 경우의 수요곡선과 한계수입곡선이다. 그러므로 가격인상에는 여타기업이 동조하지 않고 가격인하에는 여타기업이 동

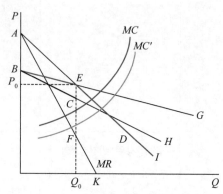

조한다는 가정에 따른다면, 특정기업의 수요곡선 D는 BEI와 같이 굴절된 형태로 나타나며 한계수입곡선 MR은 $BCFK$와 같이 불연속인 형태로 나타난다.

(2) 생산량과 균형가격

① 가격을 PA점 이하로 내리면 경쟁기업도 따라서 가격을 내려, 수요량의 증가는 크지 않다.

② 가격을 올릴 때 경쟁기업이 현재의 가격을 그대로 유지한다면 가격을 올린 기업의 수요는 격감한다.

③ 그러므로 PA 위쪽에서의 수요곡선은 완만한 기울기이고, 아래쪽에서는 가파른 기울기이다.

④ 기대의 비대칭성 때문에 그 기업은 (현재의 산출량과 가격을 나타내는) E점에서 굴절이 있는 수요곡선에 직면한다.

⑤ 이처럼 굴절된 수요곡선의 한계수입곡선은 불연속성을 보이고, 그림에서 보이는 것처럼 한계비용이 오르거나 내려도 MC와 MC' 사이에 머무는 한 E점이 계속 이윤극대화점이 되어 가격은 안정적이다.

⑥ 과점시장에서 나타나는 가격의 안정성은 기업이 인식하고 있는 수요곡선에 굴절이 있기 때문에 생겨난 현상이다.

3. 굴절수요곡선의 한계

(1) 굴절수요곡선이 존재를 입증할 수 없다.

(2) 과점시장에서 가격이 쉽게 변화하지 않는다는 사실을 사후적으로 확인해 주고 있을 뿐이며 처음 그 가격이 어떻게 생성된 것인가에 대해서는 아무런 설명도 못한다.

(3) 과점시장의 가격이 다른 시장의 가격보다 안정적이라는 증거가 없다.

2 가격선도 모형(불완전한 담합)

1. 가정

(1) 지배적 기업은 가격경쟁에 의해 소기업들을 퇴출시킬 수 있지만, 독점금지법에 위배되므로 지배적 기업은 소기업들과 공존을 모색하면서 자신의 이윤극대화를 유지한다.

(2) 과점기업 중에서 지배적 위치에 있는 가격선도기업이 시장가격을 설정·변경하고 다른 기업들은 가격추종자로서 선도기업의 결정에 따른다.

2. 지배적 기업에 의한 가격선도모형

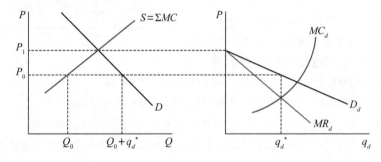

(1) 지배적 기업에 의한 가격선도 모형(Price-leadership Model)이란 과점시장에서 기업들이 공개적으로 단합하지 않고서도 비용조건이 우월한 지배기업(Dominant Firm)이 가격을 선도하고 이를 다른 기업들이 추종한다는 모형이다.

(2) 그림과 같이 지배기업은 이윤을 극대화하기 위해 한계비용 MC_d와 한계수입 MR_d 가 일치하도록 q_d^*를 생산하고 수요곡선 D_d에 따라 가격을 P_0로 결정하면 추종기업들은 공급곡선 $S = \sum MC$에 따라 P_0의 가격으로 Q_0을 생산한다.

3. 카르텔 모형

(1) 카르텔 모형(Cartel Model, 완전한 담합)은 과점기업들이 공식적으로나 비공식적으로 단합함으로써 독점기업처럼 행동하여 전체기업의 공동이윤을 극대화하고 각 기업들이 이윤을 분할하는 모형이다.

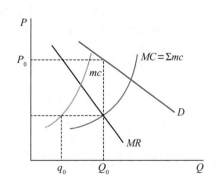

> ☑ 과점기업들이 암묵적인 상호협조관계를 통해 공동의 이익을 추구하는 것으로 보는 모형, 즉 다른 기업에 비해 우월한 위치에 있는 지배적 기업이 가격을 선도하고 다른 기업들이 이를 그대로 받아들이는 암묵적인 협조체제를 유지한다고 보는 모형이다.

파트1
파트2
파트3
파트4
파트5
파트6
파트7
파트8
실전1
실전2

(2) 그림과 같이 기업들은 단합하여 모든 기업들의 한계비용곡선을 횡으로 합한 기업전체의 한계비용곡선 $MC = \sum mc$와 한계수입 MR이 일치하는 점에서 Q_0을 생산하고 시장수요곡선 D에 따라 P_0의 가격을 부과하여 전체기업의 이윤을 극대화한다.

(3) 이 이윤은 단합한 각 기업의 한계비용에 따라 배분되는데, 한계비용이 mc인 개별기업은 q_0을 생산하여 전체 이윤 중에서 $\dfrac{q_0}{Q_0}$의 비율에 해당하는 이윤을 획득한다.

(4) 카르텔의 불안정성 : 개별 기업의 입장에서 볼 때는 자신의 가격만을 약간 내려 상품 판매량을 현저히 증가시킴으로써 더욱 큰 이윤을 얻을 가능성이 존재한다. 다른 기업들이 P_0의 가격을 계속 견지하고 있는 상황에서 만약 이 기업만이 가격을 그 이하로 낮춘다면 약간의 가격인하로도 판매량을 크게 늘릴 수 있다.

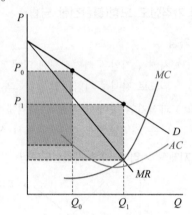

(5) 담합 이탈의 유인이 커지는 경우
  ① 카르텔에 참여하는 기업의 수가 많아서 개별행동의 적발이 힘들 때
  ② 개별행동을 한 기업에 대한 신속한 보복이 힘들 때
  ③ 개별행동을 취한 기업에 치명적인 타격을 입히기 힘들 때
  ④ 상품이 이질적이어서 가격차이가 품질차이를 반영하는지 알기 힘들 때
  ⑤ 경기가 침체되어 수요 부족으로 이윤의 저하가 심각한 문제로 등장할 때

3 기타 과점시장이론

1. 비용할증에 의한 가격설정

(1) 비용할증에 의한 가격설정은 과점시장 내의 기업들이 단위생산비용에 적당한 비율의 마진을 얹어 가격을 설정하는데 $P = AC(1+m)$이다. AC는 평균비용, m은 마진율이다. 비용할증에 의한 가격설정 방식을 통하여 이윤극대화한다.

(2) 수요 측 요인을 전혀 고려하지 않는 한계가 있지만 이윤극대화와 양립할 수 있다.

(3) 기업이 정상적인 생산수준에서 평균비용 AC에 적절한 마진율 m을 얹어서 가격을 결정한다고 가정하면 $P = AC(1+m)$이다. 여기에서 m에 대해 정리하면 $m = \dfrac{P-AC}{AC}$이 된다. 평균비용이 최저가 되는 생산수준 $AC = MC$, $m = \dfrac{P-MC}{MC}$ 이다. 이윤극대화 조건 $MR = MC$이고, 이윤극대화되는 마진율 $m^* = \dfrac{P-MR}{MR}$ 이다.

$MR = P\left(1 - \dfrac{1}{\epsilon_p}\right)$이기 때문에 $m^* = \dfrac{1}{\epsilon_p}$이고, 마진율이 가격탄력성과 반비례한다.

2. 경합시장의 모형

(1) 의의

① 시장에 자유롭게 진입할 수 있고, 아무런 비용도 들이지 않고 이탈해 나갈 수 있는 시장을 말한다.

② 1970년대 후반 보몰(W. Baumol)과 윌릭(R. Willig)이 제안하였으며 치고 빠지는 식의 진입위협에 노출된다.

(2) 내용

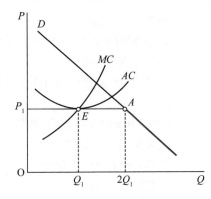

① 산업에 일시적인 초과이윤의 기회가 엿보일 경우, 진입하여 초과이윤을 얻고 여건이 악화되기 이전에 어떠한 비용도 들이지 않고 다른 산업으로 옮겨갈 수 있다.

② DD 시장수요곡선의 경우 개별기업의 이윤은 E점에서 극대화되고, 이윤은 0이다. 평균비용곡선의 최저점에서 생산하는데 $P = MC$가 성립된다.

파트1
파트2
파트3
파트4
파트5
파트6
파트7
파트8
실전1
실전2

대표기출유형

◻ 다음 중 가격선도이론에서 가격결정의 메커니즘으로 타당한 것은?

① 가격추종기업과 가격선도기업의 담합
② 시장수요곡선과 시장공급곡선의 교차점
③ 시장수요곡선과 가격선도기업의 공급곡선의 교차점
④ 가격선도기업의 한계수입(MR)과 한계비용(MC)의 일치점

정답 ④

해설 가격선도이론에서 가격결정의 메커니즘은 가격선도기업의 한계수입과 한계비용이 일치하는 점에서 결정된다.

게임이론

☑ 게임이론의 발전

1. 이 이론은 폰 노이만(J. von Neumann)과 모르겐슈테른(O. Morgenstern)에 의하여 확립되었다.
2. 이후 내쉬(J. Nash)에 의해 비협조적 게임에 있어서 내쉬균형(Nash Equilibrium)이란 개념이 제시되면서 발전의 계기가 마련되었다.
3. 게임이론은 경제학뿐만 아니라 다른 각 분야에서 전략적인 상황을 분석하기 위한 도구로 사용되고 있다.

☑ 종류

• 영합 게임(Zero-sum Game) : 경기자들 보수의 합이 항상 0이 되는 게임이다.
• 비영합 게임(Non Zero-sum Game) : 경기자들의 보수의 합이 0이 되지 않는 게임이다.
• 정합 게임(Constant-sum Game) : 경기자들 보수의 합이 일정한 게임이다.
• 비정합 게임(Non Constant-sum Game) : 경기자들 보수의 합이 일정하지 않은 게임이다.

☑ 우월전략의 특징

1. 우월전략균형이 존재한 경우가 현실적으로 그리 많지 않지만 존재한다면 유일하며 매우 안정적이다.
2. 그러나 그 균형이 효율적이라는 보장은 없다.
3. 우월전략균형은 각 경기자가 상대방의 모든 전략에 대해 최적인 전략을 가지고 있을 것을 요구하고 있어, 이 조건을 충족시키기는 어렵다.

1 게임이론의 기초

1. 기초 개념

(1) 의의 : 상호 연관되어 있는 둘 이상의 경제주체가 각각 자신의 이익을 추구하고 있는 경쟁적 상황에서의 선택행위를 체계적으로 분석하는 것이다.

(2) 게임이론의 구성요소

① 경기자(Player) : 게임의 기본적 의사결정단위를 구성하는 주체이며 개인, 기업 등이 해당된다.

② 전략(Strategy) : 경기자가 선택할 수 있는 행위에 대한 계획을 말하며, 전략의 수는 유한하다.

③ 보수(Payoff) : 게임의 결과 각 경기자가 받는 이득으로, 서수적인 효용수준 혹은 화폐단위로 표현한다.

④ 보수행렬(Payoff Matrix) : 경기자의 전략과 보수를 하나의 표로 체계적으로 정렬한 것을 말한다.

2 우월전략균형

1. 우월전략의 의의

상대방이 어떤 전략을 선택하느냐에 관계없이 자신의 보수를 가장 크게 만드는 전략을 우월전략 혹은 지배전략이라고 한다.

2. 개념

		기업 2	
		(전략)b_1 적은 광고비	(전략)b_2 많은 광고비
기업 1	(전략)a_1 적은 광고비	(8, 8)	(1, 10)
	(전략)a_2 많은 광고비	(10, 1)	(4, 4)

표에서 기업 1이 전략 a_2를 선택할 경우 상대방이 어떤 전략을 쓰는지에 관계없이 a_1을 선택했을 때 보다 더 큰 보수를 얻는다. 즉 기업 1의 우월전략은 a_2이고, 기업 2의 우월전략은 b_2이다. 따라서 우월전략균형은 (a_2, b_2)이다.

3 내쉬균형

1. 내쉬전략의 의의

각 경기자가 상대방의 전략을 주어진 것으로 보고 자신에게 최적인 전략을 선택하는 전략을 말한다.

2. 개념

내쉬균형이란 각 경기자가 내쉬전략을 사용하여 도달한 최적전략조합을 말한다.

		기업 2	
		b_1	b_2
기업 1	a_1	(10, 5)	(3, 3)
	a_2	(3, 3)	(5, 10)

표의 게임에서 기업 1이 a_1을 선택하면 기업 2가 b_1을 선택해 각각 10억 원과 5억 원의 이윤을 얻는 것이 내쉬균형이다. 우월전략균형은 존재하지 않지만 $(a_1,\ b_1)$, $(a_2,\ b_2)$ 두 개의 내쉬균형이 존재한다.

3. 특징

(1) 우월전략균형은 상대의 모든 전략에 대해 최선의 전략이 되어야 존재하지만 내쉬균형은 상대방의 주어진 전략에 대해서만 최선의 전략이 되면 존재한다.

(2) 우월전략균형이 존재하지 않는 게임에서도 내쉬균형은 존재하며, 우월전략균형이 존재하면 내쉬균형은 반드시 존재한다.

4 혼합전략균형

1. 동전 맞추기 게임

		경기자 2	
		앞	뒤
경기자 1	앞	(1, −1)	(−1, 1)
	뒤	(−1, 1)	(1, −1)

(1) 각자가 선택한 것을 비교해 둘의 선택이 일치하면 경기자 1이 이겨 1원을 따고, 서로 엇갈리게 선택했으면 경기자 2가 이겨 1원을 따는 게임이다.

(2) 한 경기자가 하나의 전략만 고수하고 상대방이 이를 안다면 그는 항상 지게 되고, 상대방이 그 전략을 정확히 알지 못하더라도 게임이 반복되면 전략이 노출되어 불리한 입장에 놓이게 된다.

(3) 따라서 이 게임에서 무작위로 선택하는 것, 즉 아무렇게나 동전을 던져 여기서 나오는 면을 선택하는 것이 최상의 전략이 된다. 즉, 앞·뒤를 $\frac{1}{2}$의 확률로 섞어 선택하는 혼합전략이 최선의 선택이다.

2. 동전 맞추기 게임에서 기대보수

(1) 경기자 1이 각각 p와 $(1-p)$의 확률로 앞면과 뒷면을 선택하면,
  • 경기자 2가 앞면을 선택할 경우 경기자 2의 기대보수 : $p(-1)+(1-p)(1)$
  • 뒷면을 선택할 경우 기대보수 : $p(1)+(1-p)(-1)$

  $p(-1)+(1-p)(1)=p(1)+(1-p)(-1)$ 그러므로 $p^*=\frac{1}{2}$이다.

혼합전략이란 미리 선택된 확률에 의해 자신의 행동을 무작위로 선택하는 전략을 말한다. 즉, 여러 행동을 적절히 혼합하여 사용하는 전략이다.

파트1 파트2 파트3 파트4 파트5 파트6 파트7 파트8 실전1 실전2

(2) 경기자 1의 입장에서 보면 앞면과 뒷면을 각각 $\frac{1}{2}$씩의 확률로 섞는 것이 최선의 전략이다. 경기자 2의 입장에서도 같은 전략을 얻을 수 있다.

(3) 이 둘의 값이 서로 같아야만 경기자 2가 어떤 전략을 선택하든 자신이 얻을 수 있는 기대보수에 아무 변화가 없다. 즉, $\frac{1}{2}$씩의 확률로 섞는 것이 최선의 전략이다.

5 최소극대화전략

1. 최소극대화의 의미

(1) 상대방의 합리성에 대해 의심을 가질 경우 내쉬균형 전략을 사용하지 않을 가능성이 있다.

		기업 2	
		b_1	b_2
기업 1	a_1	(1, 5)	(2, 9)
	a_2	(−100, 2)	(3, 4)

(2) 표의 전략 b_2는 기업 2의 우월전략이다. 이를 아는 기업 1은 상대방이 이 전략을 선택하리라 기대하고, a_2를 선택함으로써 자신의 보수를 3억 원으로 만들려고 할 것이다.

(3) 두 기업이 각각 a_2와 b_2의 전략을 선택하는 것이 이 게임의 (유일한) 내쉬균형이다.

(4) 그런데 상대방(기업 2)이 합리적이지 않다면 기업 1은 a_2를 선택함으로 100억 원의 손실을 보게 된다.

(5) 기업 1이 조심스러운 태도를 가지며 상대방의 상황파악 능력이나 합리성에 대해 의구심을 갖고 있다면, 안전하게 전략 a_1을 선택함으로써 100억 원의 손실을 보는 결과만은 회피하려고 할 것이므로 a_1과 b_2가 최소극대화 균형이다.

2. 특징

(1) 각 전략을 선택하였을 때 예상되는 최소보수를 비교하여, 그중 최소보수가 가장 큰 전략을 택하는 전략이 최소극대화전략이다.

(2) 최소극대화전략은 위험기피적 경기자의 행태를 반영한다. 일반적으로 최소극대화전략의 해와 내쉬균형은 반드시 일치하지는 않는다. 정합게임이 최소극대화의 해는 내쉬균형과 일치한다.

6 정합게임과 안정점

1. 정합게임의 특징

(1) 정해진 보수 중에서 서로 큰 몫을 차지하려고 경합하는 경우, 한 사람의 이득은 다른 사람의 손해를 의미한다.

(2) 경기자들은 항상 상대방보다 한 단 높은 수를 써서 꺾으려고 들 것이다. 따라서 게임의 결과를 쉽사리 예측할 수 없다.

파트1
파트2
파트3
파트4
파트5
파트6
파트7
파트8
실전1
실전2

(3) 경제현상 중에는 정합게임의 틀 안에서 이해할 수 있는 것보다 그렇지 않은 것이 더 많다.

2. 두 기업이 시장점유율을 두고 경합하는 게임

(1) 정해진 크기의 시장을 두 기업이 나누어서 점유하게 되기 때문에 보수의 합이 100%로 고정되어 있다.

기업 C의 보수를 극소화하는 전략 ↓

		기업 D	
		d_1	d_2
기업 C	c_1	(20, 80)	(30, 70)
	c_2	(50, 50)	(40, 60)

(2) 기업 C의 입장에서 볼 때 전략 c_2는 우월전략이다. 기업 D의 전략은 d_2이다.

(3) 기업 C의 보수를 극소화시키는 전략은 자신의 보수를 극대화시키는 전략이다.

(4) 기업 C의 최소극대화전략은 c_2이고, 기업 D의 최소극대화전략은 d_2이다.

(5) 기업 C의 보수는 한쪽으로는 극대화되면서 다른 쪽으로는 극소화되며 기업 C의 보수가 극소(대)화가 되면 기업 D의 보수는 극대(소)화가 된다는 의미에서 안장점이다.

(6) 표의 게임에서 각 기업의 최소극대화전략은 내쉬균형전략이며 전략 c_2와 d_2의 조합은 안장점이자 동시에 내쉬균형의 성격도 겸비한다. 그러나 안장점이 없는 게임도 있다.

대표기출유형

📝 경기자 갑은 A와 B, 경기자 을은 C와 D라는 전략을 가지고 있다. 각 전략 조합에서 첫 번째 숫자는 경기자 갑, 두 번째 숫자는 경기자 을의 보수이다. 이 게임에 대한 설명 가운데 가장 옳은 것은?

		경기자 을	
		C	D
경기자 갑	A	(5, 15))	(10, 12)
	B	(−2, 10)	(8, 5)

① 우월전략을 갖지 못한 경기자가 있지만, 내쉬균형은 1개 존재한다.

② 모든 경기자가 우월전략을 가지므로 죄수의 딜레마 게임이다.

③ 다른 경기자의 선택을 미리 알 경우, 모르고 선택하는 경우와 다른 선택을 하는 경기자가 있다.

④ 내쉬균형은 파레토 효율적이다.

정답 ④

해설 내쉬균형은 파레토 효율적이다. 다른 파레토 개선이 가능한 상황이 없기 때문에 파레토 개선이 불가능하기 때문이다.

① 두 기업 모두 우월전략을 가진다. 갑은 A를, 을은 C를 우월전략으로 가진다.

② 죄수의 딜레마 상황은 아니다. 죄수의 딜레마 상황이 되기 위해서는 두 경기자가 협력을 위해서 모두 보수가 커지는 파레토 개선이 존재해야 하는데 이 경우에는 존재하지 않기 때문이다.

③ 우월전략균형이기 때문에 다른 경기자의 선택을 미리 알 경우와 모르고 선택하는 경우는 모두 같은 결과를 얻게 된다.

생산요소시장

> ☑ 생산요소란 재화와 서비스를 생산하기 위해 투입되는 노동, 토지, 자본을 말한다.

> ☑ 생산요소에 대한 수요는 재화나 서비스의 생산·공급을 위한 기업의 선택으로 유도되는 파생수요이다.

1 생산요소시장의 개념

1. 의의와 특징

(1) 생산요소시장이란 생산과정에 이용되는 투입물인 생산요소(노동, 자본, 토지 등)가 거래되는 시장을 말한다.

(2) 생산물시장에서 소비자였던 가계나 소비자는 요소시장에서는 공급자가 되고, 생산물시장에서 공급자였던 기업은 요소시장에서는 수요자가 된다. 즉 생산물시장과 생산요소시장에서는 수요자와 공급자의 위치와 역할이 바뀐다.

2. 파생수요

(1) 기업의 생산요소에 대한 수요는 기업의 이윤극대화에 따른 재화의 생산량이 결정되면 2차적으로 생산요소에 대한 수요가 정해지므로, 파생수요(Derived Demand)의 성격을 가진다.

(2) 생산물에 대한 수요가 증가하면 생산요소에 대한 수요가 증가하고, 생산물에 대한 수요가 감소하면 생산요소에 대한 수요가 감소한다.

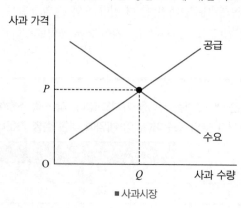

■ 사과시장

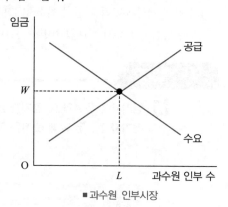

■ 과수원 인부시장

> ☑ 노동투입량이 증가함에 따라 한계생산물(MP_L)이 감소하므로 산출물가격이 일정하다면 VMP_L는 감소한다. 따라서 노동의 한계생산물가치 곡선은 노동에 대한 수요곡선으로 우하향한다.

> ☑ 생산요소시장에서의 기업의 행동원리
> 1. 생산요소시장에서 기업은 생산요소의 고용을 결정할 때, 그 생산요소를 고용할 때의 추가적인 비용과 그 요소를 구입함으로 발생하는 추가적인 수입을 비교하여 결정한다.
> 2. 적정요소고용량은 한계수입생산물(MRP_L)=한계요소비용(MFC_L)일 때 성립한다.

2 생산요소시장에서의 기업의 행동원리

1. 한계생산물가치

한계생산물가치(Value of The Marginal Product ; VMP_L)란 요소의 한계생산에 산출물의 시장가격을 곱한 금액으로 $VMP_L = MP_L$(한계생산물)$\times P$(가격)가 된다. 즉 추가적으로 고용한 노동의 한 단위가 생산한 재화를 시장에 판매할 때의 시장가치를 말한다.

2. 한계수입생산물

(1) 한계수입생산물(Marginal Revenue Product ; MRP)이란 생산요소를 1단위 추가적으로 고용할 때 총수입의 증가분을 말한다.

$$MRP_F = \frac{dTR}{dL} = \left(\frac{dQ}{dL}\right) \cdot \left(\frac{dTR}{dQ}\right) = MP_F \cdot MR$$

(2) 여기서 MRP_F는 다른 생산요소 투입량은 고정한 채 생산요소 F의 투입량을 1단위 증가시킬 때의 총수입 증가분이고, $\dfrac{dQ}{dL}$ 는 생산요소의 한계생산물, $\dfrac{dTR}{dQ}$ 는 추가적 생산물에 대한 한계수입(MR)이다.

(3) 한계수확체감의 법칙에 의해 MP_L이 감소하므로 한계수입생산곡선은 우하향한다.

3. 한계요소비용

(1) 한계요소비용(Marginal Factor Cost ; MFC)이란 생산요소를 1단위 추가적으로 고용할 때 총비용의 증가분을 말한다.

$$MFC = \frac{dTC}{dL} = \left(\frac{dQ}{dF}\right) \cdot \left(\frac{dTC}{dQ}\right) = MPL \cdot MC$$

(2) 여기서 MFC는 다른 생산요소 투입량은 고정한 채, 생산요소 F의 투입량을 1단위 증가시킬 때 총비용 증가분이고 $\dfrac{dQ}{dL}$ 는 생산요소의 한계생산물, $\dfrac{dTC}{dQ}$ 는 추가적 생산물에 대한 한계비용(MC)이다.

(3) 한계요소비용곡선은 시장의 형태에 따라 다르다. 완전경쟁적 요소시장에서 기업이 인식하는 요소공급곡선은 수평이고, 독점적 요소시장에서는 우상향한다.

4. 평균요소비용

(1) 평균요소비용(Average Factor Cost ; AFC_L)이란 요소 단위당 평균비용을 말한다.

$$AFC_L = \frac{TFC_L}{L} = \frac{w \cdot L}{L} = w$$

(2) 평균비용곡선은 요소공급곡선과 일치한다.

3 생산요소시장의 균형

1. 생산요소시장에서의 이윤극대화조건

(1) 기업의 생산요소에 대한 이윤극대화조건은 생산요소의 한계수입생산물(MRP_L)과 한계요소비용(MFC_L)이 일치하는 수준에서 결정된다.

$$MRP_L = MFC_L$$

(2) 생산물시장에서의 이윤극대화조건

$$MRP_L = MP_L \times MR, \ MFC_L = MP_L \times MC \text{이므로 } MR = MC \text{이다.}$$

(3) 따라서 생산요소를 기준으로 하든 생산물을 기준으로 하든 기업의 이윤극대화 조건은 동일하다.

☑ 생산요소시장에서의 이윤극대화조건과 생산물시장에서의 이윤극대화 조건은 동일하다.
• 생산요소시장에서의 이윤극대화조건 :
$MRP_L = MFC_L$
• 생산물시장에서의 이윤극대화조건 : $MR = MC$

2. 이윤극대화조건과 생산요소수요

생산물시장	생산요소시장
한계수입 $MR = \dfrac{\Delta TR}{\Delta Q}$	한계수입생산물 $MRP_L = \dfrac{\Delta TR}{\Delta L} = MP_L \cdot MR$
한계비용 $MC = \dfrac{\Delta TC}{\Delta Q}$	한계요소비용 $MFC_L = \dfrac{\Delta TC}{\Delta L} = \dfrac{\Delta Q}{\Delta L} \times \dfrac{\Delta TC}{\Delta Q}$ $= MP_L \cdot MC$
이윤극대화 생산량 $MR = MC$	이윤극대화 요소고용량 $MRP_L = MFC_L$

4 생산요소에 대한 수요와 공급

1. 개별기업의 가변요소에 대한 수요

(1) 노동(L)이 유일한 가변요소라고 할 때 생산물시장에서 완전경쟁기업의 이윤극대화 고용수준은 다음과 같다.

$$w = MP_L \cdot P = VMP_L$$

(2) 우하향하는 노동의 한계생산물가치곡선 (VMP_L)이 완경쟁기업의 노동수요곡선 이 된다.

(3) 임금과 노동고용량이 서로 반대인 이유는 수확체감의 법칙(=한계생산량체감의 법 칙) 때문이다.

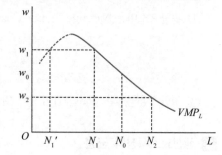

2. 생산요소에 대한 시장수요곡선

(1) 생산시장을 고려하지 않는 경우
① 생산요소에 대한 시장수요곡선은 개별기업의 수요곡선들을 수평으로 단순 합계 하여 도출한다.
② 일반적으로 시장수요곡선은 개별기업의 수요곡선보다 탄력적인 형태이다.

(2) 생산물시장을 고려하는 경우
① 개별기업의 수요곡선이 주어졌을 때 임금이 하락하면 요소(노동)고용량이 증가 한다.
② 요소고용량의 증가는 산출량 증가를 통하여 재화의 가격을 하락시킨다.
③ 재화가격의 하락은 VMP_L곡선을 하방으로 이동시킨다.
④ 생산시장을 고려하는 경우 수요곡선은 단순 수평합계보다 비탄력적이다.

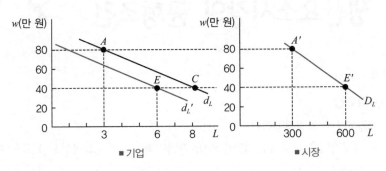

■기업　　　　　　　　■시장

3. 생산요소의 공급

  (1) 개별노동자의 합리적인 근로(소득)-여가선택을 통해 우상향하는 노동공급곡선이 도출된다.

  (2) 개별노동자의 노동공급곡선은 임금이 상승할 때 노동공급량은 증가하기 때문에 우상향의 기울기이다.

  (3) 임금이 일정수준 이상으로 상승하면 노동공급량은 감소하기 때문에 노동공급곡선은 좌상향의 기울기를 갖는다.

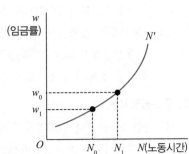

4. 생산요소의 시장공급곡선

시장공급곡선은 개별노동자의 노동공급곡선을 수평으로 합하면 된다.

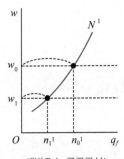 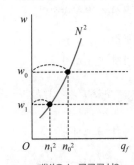 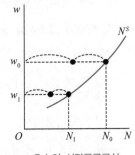

■개별요소 공급곡선1　　　　■개별요소 공급곡선2　　　　■요소의 시장공급곡선

대표기출유형

▭ 다음 중 생산요소에 대한 수요를 파생적 수요(Derived Demand)라고 하는 이유로 타당한 것은?

  ① 정부수요가 민간수요를 보완하기 때문이다.

  ② 생산요소의 수요곡선이 우하향하기 때문이다.

  ③ 생산요소에 대한 수요는 생산물에 대한 수요에 의존하기 때문이다.

  ④ 생산자들이 값이 비싼 생산요소를 싼 생산요소로 대체하기 때문이다.

정답 ③

해설 생산요소에 대한 수요는 생산물에 대한 수요발생으로 인해 이를 생산하려는 기업에 의해서 파생적으로 발생하기 때문에 파생적 수요라고 한다.

파트1 파트2 파트3 파트4 파트5 파트6 파트7 파트8 실전1 실전2

생산요소시장의 균형조건

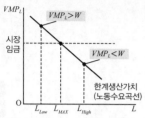

☑ • VMP_L은 노동자수 증가에 따라 체감하므로 우하향한다.
• $L < LMA_X$이면 $VMP_L > W$이므로 고용증대시 이윤이 증가한다.
• $L > LMA_X$이면 $VMP_L < W$이므로 고용감축시 이윤이 증가한다.
• 따라서 이윤극대화 기업은 $VMP_L = W$을 만족하는 수준에서 고용한다.
• 이는 경쟁기업의 경우 VMP_L이 바로 노동수요곡선임을 나타낸다.

1 개관

1. 요소수요곡선

(1) 상품시장이 완전경쟁적일 때
① 개별기업은 시장에서 가격수용자, 개별기업의 요소수요곡선은 VMP_L이며 우하향한다.
② 시장 전체의 요소수요곡선은 우하향한다.

(2) 재화시장이 불완전경쟁적일 때
① 개별기업의 요소수요곡선은 MRP_L이며 우하향한다.
② 시장 전체의 요소수요곡선은 우하향한다.

2. 요소공급곡선

(1) 생산요소시장이 완전경쟁일 때
① 개별기업의 요소공급곡선은 $AFC_L = W$으로 수평이다.
② 시장 전체의 요소공급곡선은 우상향한다.

(2) 생산요소시장이 불완전경쟁적일 때
① 개별기업의 요소공급곡선은 $AFC_L = W(L)$이며 우상향한다.
② 시장 전체의 요소공급곡선은 우상향한다.

3. 시장의 형태와 요소시장 균형조건

(1) 완전경쟁 상품시장, 완전경쟁 요소시장

$$VMP_L = MRP_L = MFC_L = AFC_L = W$$

(2) 완전경쟁 상품시장, 수요독점 요소시장

$$VMP_L = MRP_L = MFC_L > AFC_L = W$$

(3) 독점 상품시장, 완전경쟁 요소시장

$$VMP_L > MRP_L = MFC_L > AFC_L = W$$

(4) 독점 상품시장, 수요독점 요소시장

$$VMP_L > MRP_L = MFC_L > AFC_L = W$$

2 완전경쟁 상품시장, 완전경쟁 요소시장

1. 완전경쟁시장의 의미

(1) 생산물시장 : 생산물시장이 완전경쟁이면 개별기업은 가격순응자이므로 주어진 가격에서 원하는 만큼 재화판매가 가능하므로, 한계수입은 가격과 일치한다($P = MR$).

$$MRP_f = MP_f \cdot MR$$
$$MRP_f = MP_f \cdot P = VMP_f$$

(2) 생산요소시장 : 생산요소시장이 완전경쟁이면 개별기업은 가격순응자이므로 주어진 가격에서 원하는 만큼 요소고용이 가능하므로, 한계요소비용(MFC_X)은 생산요소 가격과 일치한다.

$$MFC_f = \frac{dTC}{df} = P_f$$

2. 수요곡선과 공급곡선

수요곡선은 VMP_L 곡선이고, 공급곡선은 AFC_L이 된다.

$$VMP_L = P \times MP_L = MRP_L = MR \times MP_L$$
$$AFC_L = MFC_L \times w$$

3. 이윤극대화 원리

(1) 생산시장과 생산요소시장이 모두 완전경쟁인 경우 이윤극대화 조건은 다음과 같다.

$$VMP_L = MRP_L = MFC_L = P_L, \ \ P \times MP_L = W, \ \ MP_L = \frac{W}{P} = w$$

(2) 이윤극대화 요소수요 조건은 $VMP_L = MP_L \cdot P = W$이다.

$VMP_L > W$일 때 요소수요량(고용량) 증가

$VMP_L = W$일 때 요소수요량(고용량) 불변

$VMP_L < W$일 때 요소수요량(고용량) 감소

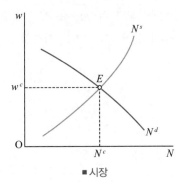

■ 시장

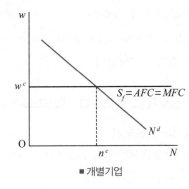

■ 개별기업

전체시장에서 균형가격이 결정되면 완전경쟁하의 개별 기업이 직면하는 노동의 공급곡선은 w^c의 높이를 갖는 수평선이 된다. 노동에 대해 지불하는 가격 w^c는 이 고용수준에서의 수요곡선의 높이와 일치하고 있으므로 w^c는 노동의 한계생산가치와 같다.

3 완전경쟁 상품시장, 수요독점 생산요소시장

1. 수요독점 생산요소시장의 개념

(1) 생산요소의 수요독점(Monopsony)이란 생산요소를 경쟁적으로 공급하는 요소공급자(소유자)들은 다수인데 요소에 대한 수요자(기업)는 오직 하나인 경우를 말한다.

(2) 생산요소시장에서 수요독점기업은 자기가 수요하는 요소고용량이 시장 전체의 요소고용량이 되므로, 우상향하는 요소의 시장공급곡선이 수요독점기업이 직면하는 요소공급곡선이 된다.

2. 수요곡선과 공급곡선

(1) 수요곡선 : 요소수요독점기업의 수요곡선은 존재하지 않으므로, 요소공급곡선 상에서 이윤이 극대화되는 고용량과 가격을 결정한다.

(2) 공급곡선 : $AFC_L = w(L)$

3. 균형조건

$$VMP_L = MRP_L = MFC_L > AFC_L = P_f$$

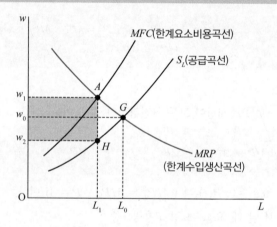

> 상품시장의 독점자가 공급곡선을 갖지 않는 것처럼, 요소수요독점자는 요소수요곡선을 갖지 않는다. 즉 생산요소의 공급곡선으로부터 한계요소비용곡선을 도출하고, 이것이 한계생산구입곡선과 교차하는 점에서 생산요소의 고용량을 선택하고, 임금은 노동자의 최소수취용의 금액인 w_2를 지급한다.

(1) 균형고용량은 A점에서 L_1, 균형가격은 w_2이다. 이는 수요독점으로 완전경쟁시장의 고용량과 가격(L_0, w_0)보다 모두 더 낮다.

(2) 수요독점자가 지불하는 임금 w_2는 한계수입생산보다 더 낮아지는데, 이 경우 수요독점적 착취(Monopsonistic Exploiyation)가 일어나고 크기는 사각형 $w_1 w_2 HA$의 면적에 해당한다.

4 독점 상품시장, 수요독점 생산요소시장

1. 수요곡선과 공급곡선

(1) 요소수요독점기업의 수요곡선은 존재하지 않는다.

(2) 공급곡선 : $AFC_L = w(L)$

2. 균형조건

$$VMP_L > MRP_L = MFC_L > AFC_L = P_f$$

요소수요독점자는 요소수요곡선을 갖지 않는다. 즉 생산요소의 공급곡선으로부터 한계요소비용곡선을 도출하고, 이것이 한계생산수입곡선과 교차하는 점에서 생산요소의 고용량을 선택한다.

5 독점 상품시장, 쌍방독점 생산요소시장

1. 쌍방독점의 의의

생산요소시장이 쌍방독점이면 요소가격과 고용량은 수요독점자와 공급독점자의 협상에 의하여 결정된다. 따라서 요소시장의 균형점이 결정되지 않는다.

> ☑ 쌍방독점(Bilateral Monopoly)이란 생산요소의 수요와 공급이 모두 독점인 경우를 의미한다.

2. 균형조건

(1) 수요독점자의 이윤극대화 조건 :
 $D(MRP) = MFC$
 요소수요독점자는 수요곡선을 갖지 않고, 공급자의 공급곡선으로부터 MFC을 도출하고, $MRP = MFC$인 점에서 고용량을 선택하며, 최소수취용의 금액을 임금으로 지불한다.

(2) 공급독점자의 이윤극대화 조건 :
 $MR = S(MC)$
 요소공급독점자는 공급곡선을 갖지 않고, 상대의 수요곡선(MRP)으로부터 한계수입곡선(MR)을 도출하여 $MR = MFC$인 점에서 공급량을 결정하고, 수요자의 최대지불용의 금액을 받아내려 한다.

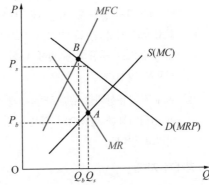

대표기출유형

❑ 생산물시장에서 독점력이 있고 요소시장에서 수요독점력이 있는 기업이 이윤을 극대화하도록 요소를 고용할 때 성립하는 조건은?

① 한계생산물가치=요소가격
② 한계수입생산=요소가격
③ 한계생산물가치=한계요소비용
④ 한계수입생산=한계요소비용

정답 ④

해설 수요독점기업의 경우 생산요소를 한 단위 더 고용함으로써 얻는 한계수입과 이 추가고용에 드는 한계비용이 같아지도록 고용량을 결정할 것이다. 즉, 한계수입생산(MRP_L)과 한계요소비용(MFC_L)이 일치하는 점에서 고용수준을 결정한다는 것을 의미한다.

기능별 소득분배

☑ • 기능별 소득분배 : 생산에 기여
한 대가로 각 생산요소별(자본,
노동, 토지)로 소득이 결정되는
과정에 대한 분석
• 계층별 소득분배 : 소득의 원천
이나 형태에 관계없이 결과적
으로 소득이 계층 간에 어떻게
분배되는가를 분석 저소득층과
고소득층 간의 소득분배와 소
득불균형 해소를 위한 정책이
관심사

1 지대의 개념

1. 전통적인 의미로 토지 사용에 대한 대가를 의미하며, 현대 경제학에서는 공급이 고정된 생산요소에 대한 대가로 지불되는 보수를 의미한다.

2. 공급이 고정되어있는 요소의 공급곡선은 수직선이므로 그 생산요소의 가격은 전적으로 수요측 요인에 의해 결정된다.

2 전용수입과 경제적 지대

1. 전용수입

(1) 전용수입(Transfer Earnings)이란 어떤 생산요소가 한 용도에서 다른 용도로 전용되지 않도록 하는 데 요구되는 최소한의 지불액, 즉 그 생산요소가 현재의 용도로 사용되는 것에 대한 기회비용을 말한다.

(2) 현재의 고용상태를 유지하는 것과 관련한 기회비용을 전용수입 혹은 이전수입이라고 한다.

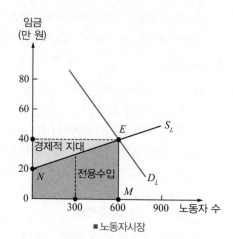
■노동자시장

2. 경제적 지대

(1) 경제적 지대(Economic Rent)란 어떤 생산요소가 실제로 벌어들이고 있는 수입과 그것의 전용수입과의 차액, 즉 생산요소가 현재 용도에 공급되도록 하는데 필요한 최소의 금액을 초과하여 지불되는 금액을 말하며, 전용수입을 초과하는 부분이다.

(2) 생산요소의 공급이 무한히 탄력적이어서 공급곡선이 수평으로 주어진 경우, 생산요소에 대해 지급하는 보수와 전용수입이 일치하여 경제적 지대는 0이다.

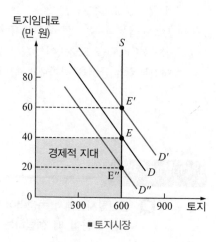
■토지시장

(3) 공급의 탄력성이 0이어서 공급곡선이 수직인 경우, 요소에 대해 지급되는 보수 전체가 경제적 지대이다.

(4) 경제적 지대란 생산요소의 공급이 가격에 대해 비탄력적이기 때문에 추가로 발생하는 소득이라고 해석할 수 있다. 따라서 생산요소의 공급이 비탄력적일수록 그 생산요소가 벌어들이는 수입 중 경제적 지대가 차지하는 비중이 커진다.

준지대

(1) 준지대(Quasi-Rent)란 공장이나 기계설비와 같이 고정되어 있는 생산요소에 지불되는 금액 또는 보수를 말하며 마샬(A. Marshall)이 토지의 차액지대와 구분하기 위하여 제시한 개념이다.

(2)
> 준지대=총수입-총가변비용

(3) 장기 완전경쟁시장에서는 고정요소가 없고, 기업의 자유로운 진입과 퇴출이 보장되므로 준지대는 0이다.

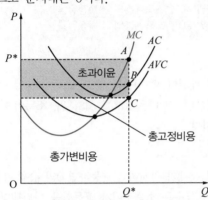 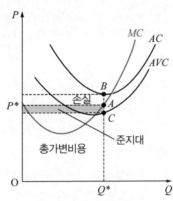

(4) 단기에 기업이 준지대>고정요소비용이면 준지대와 고정비용의 차이에 해당하는 단기초과이윤을 얻고, 준지대=고정요소비용이면 기업이윤은 0이고 준지대<고정요소비용이면 기업은 손실을 본다.

☑ 단기에 투입규모를 변경할 수 없는 생산요소의 경우 한계생산이란 개념을 정의할 수 없기 때문에 앞에서 논의해 왔던 생산요소의 가격결정이론을 적용할 수 없다.

☑ 기업은 단기에 있어서 준지대의 + 혹은 −에 따라 조업여부를 결정할 것이고, 기업은 장기에 있어서 초과이윤의 + 혹은 −에 따라 진입이탈 여부를 결정할 것이다. 즉 이윤은 경우에 따라 음(−)의 값을 가질 수 있지만 준지대가 음이 되는 경우는 없다.

대표기출유형

🗨 생산물시장에서 단기에 완전경쟁기업은 준지대를 얻을 수 있다. 다음 조건에서 준지대의 크기는?

> 이윤극대화 산출량은 100단위이며 이 산출량수준에서 한계비용은 20, 평균비용은 15, 평균가변비용은 13이다.

① 200 ② 500

③ 700 ④ 1,300

정답 ③

해설 준지대=총수입-총가변비용=(한계비용×산출량)-(평균가변비용×수량)
= (20×100)-(13×100)=2,000-1,300=700

계층별 소득분배

> ☑ 10분위 분배율이란 모든 가구를 소득의 크기에 따라 저소득 가구부터 정렬한 다음에 이것을 10등분하여 소득분포상태를 측정하는 방법이다.

1 10분위 분배율

1. 정의

10분위 분배율(Deciles Distribution Ratio)이란 최하위 40%의 소득점유율을 최상위 20%의 소득점유율로 나눈 것을 말한다.

$$10분위\ 분배율 = \frac{최하위\ 40\%\ 소득계층의\ 소득점유율}{최상위\ 20\%\ 소득계층의\ 소득점유율}$$

2. 측정

모든 가구를 소득의 크기순으로 일렬로 배열한 후 10등분 할 때 소득이 제일 낮은 10%의 가구를 제1분위, 그 다음 10%를 제2분위, 그 다음 10%를 제3분위, 소득이 가장 높은 마지막 10%의 가구를 제10분위라고 한다.

3. 평가

(1) 소득분배가 완전히 균등하면 2, 소득분배가 완전히 불균등하면 0의 값을 가진다. 즉 0과 2사이의 값을 가지며, 그 값이 클수록 소득분배가 균등함을 나타낸다.

(2) 측정이 쉬워 많이 활용되지만, 중간의 40%는 제외되므로 사회 전체의 소득분배상태를 나타내지는 못한다.

2 5분위 배율

1. 정의

5분위 배율은 소득분포상의 최상위 20%의 소득을 최하위 20%의 소득으로 나눈 비율이다.

$$5분위\ 분배율 = \frac{최상위\ 20\%\ 소득계층의\ 점유율}{최하위\ 20\%\ 소득계층의\ 점유율}$$

2. 평가

5분위 배율은 그 의미가 간결하여 이해하기 쉽지만, 최상위와 최하위를 제외한 소득의 분포를 반영하지 않는다는 단점이 있다.

3 로렌츠 곡선

1. 정의

로렌츠 곡선(Lorenz Curve)이란 계층별 소득분포자료에서 인구의 누적 점유율과 소득의 누적 점유율사이의 관계를 그림으로 나타낸 것을 말한다.

www.gosinet.co.kr gosi net

파트1
파트2
파트3
파트4
파트5
파트6
파트7
파트8
실전1
실전2

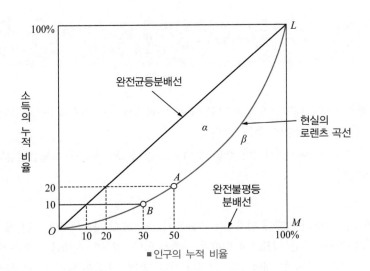

■ 인구의 누적 비율

2. 도해

(1) 정사각형의 수평축은 인구의 누적비율을 %로 나타내고, 수직축은 소득의 누적비율을 %로 나타낸다. 수평축에 나타나 있는 인구의 비율은 가장 가난한 사람으로부터 순서대로 배열했을 때의 비율을 의미한다.

(2) 계층별 소득분포자료에 기초해, 최하위 몇 %의 사람들이 몇 %의 소득을 점유하는지를 계속 찾아 점으로 나타낸 다음 이들을 이으면 로렌츠 곡선을 얻을 수 있다.

3. 해석

(1) 로렌츠 곡선이 대각선에서 우측으로 멀어질수록 소득분배는 불평등하다.

(2) 모든 사람이 똑같은 소득을 얻고 있으면 로렌츠 곡선은 대각선과 일치한다.

(3) 한사람이 모든 소득을 독점하고 나머지 사람들은 한 푼의 소득도 얻지 못하는 극단적인 불평등을 나타내는 로렌츠 곡선은 사각형의 오른쪽 테두리 선분이 된다.

(4) 소득이 평등하게 분배되어 있을수록 로렌츠 곡선이 대각선에 더욱 가까이 위치한다. 이 사실을 이용해 서로 다른 두 사회의 분배상태를 비교할 수 있다.

4. 평가

그림으로 나타내어 단순 명쾌하지만, 두 로렌츠 곡선이 서로 교차할 경우 소득분배상태를 비교할 수 없다.

4 지니 계수

1. 정의

지니 계수(Gini Coefficient)는 로렌츠 곡선이 나타내는 소득분배상태를 숫자로 표시하는 방법이다.

2. 해석

앞의 그림에서 로렌츠 곡선의 완전균등분배선(대각선)과 현실의 로렌츠 곡선($0L$) 사이의 면적(α)을 삼각형 0ML의 면적($\alpha + \beta$)으로 나눈 값이다(위의 그래프 참조).

$$지니\ 계수 = \frac{\alpha}{(\alpha + \beta)}$$

3. 측정치

(1) 로렌츠 곡선이 대각선과 일치한다면 0이다. 따라서 지니 계수도 0이고, 가장 불평등한 경우 지니 계수의 값은 1이다.

(2) 지니 계수는 0에서 1사이의 값을 가지며 그 값이 클수록 더욱 불평등한 분배상태를 의미한다.

4. 평가

지니 계수는 분배의 상태를 평가하는 지표로서 가장 많이 사용되지만, 현실에 존재하는 불평등의 정도를 재는 지표로서 명백한 한계가 있다. 공평한 분배라는 것은 여러 가지 측면을 포괄하는 복잡한 개념이다. 그러나 지니 계수는 소득이 얼마나 균등하게 분배되느냐는 하나의 차원에서만 평가하고 있다.

5 앳킨슨 지수

1. 개요

앳킨슨(Atkinson)은 로렌츠 곡선에 기초하여 사회후생을 비교할 수 있는 규범적인 기준을 최초로 제안하였다. 즉 먼저 사회적으로 원하는 사회후생함수를 상정하고 이를 기준점으로 하여 불평등도 지수를 구하는 것이 한 사회의 소득 불평등을 측정하는 올바른 접근법일 것이라는 견해이다.

2. 균등분배 대등소득

(1) 현재의 평균 소득보다 낮은 값이면서 만일 균등하게 소득이 분배되어 있다면 동일한 사회후생 수준을 가져다 줄 소득수준을 의미한다.

(2) 균등분배 대등소득(Equally Distributed Equivalent Income)은 하나의 이상적 상태를 말해주는 개념이기 때문에 언제나 현실의 평균소득보다 더 작은 값을 갖는다. 왜냐하면 불균등한 분배가 사회후생을 떨어뜨리기 때문이다.

(3) 현재의 평균소득과 균등분배대등소득이 동일하다면 그 사회는 완전히 이상적인 소득배분의 상태에 있다고 볼 수 있다.

3. 앳킨슨 지수

$$A = 1 - \frac{Y_{EDE}}{\overline{Y}}$$

$**\overline{Y}$: 현재의 평균소득 Y_{EDE} : 균등분배대등소득

(1) 우변의 두 번째 항의 값이 커질수록 앳킨슨 지수는 값은 작아지는데, 두 번째 항이 커진다는 것은 균등분배대등소득이 현실의 평균소득에 근접한다는 의미이다.

파트1

파트2

파트3

파트4

파트5

파트6

파트7

파트8

실전1

실전2

(2) 지니 계수처럼 앳킨슨 지수도 작은 값을 가질수록 더 균등한 소득분배를 나타낸다. 만일 앳킨슨 지수가 0.35라고 하면 소득이 균등하게 분배된다면 현재 국민소득 중 1−0.35, 즉 65%의 소득만 가지고도 현재와 동일한 수준의 사회 후생을 달성할 수 있다는 것을 의미한다.

4. 평가

(1) 한 사회에서 특정 분배상태에 대하여 전혀 불만이 없는 즉 동일한 소득상태에서 분배상태를 개선시키더라도 전혀 사회적 효용의 증가하지 않는다면 Y_{EDE}는 $\overline{Y}$와 동일하며 앳킨슨 지수는 0이 된다.

(2) 만약 현 사회의 불평등 정도가 매우 심각하다고 생각하여 완전 평등사회가 된다면 모든 소득을 포기할 수도 있는, 즉 균등분배 대등소득이 0인 상태는 앳킨슨 지수가 1이 된다.

(3) 불평등지수는 0~1의 값을 가지며 소득분배가 불평등할수록 지수가 커진다.

6 소득 재분배 정책

정부는 소득 재분배를 위해 조세 제도와 정부 지출을 이용한다. 다시 말해 고소득층에게 세금을 더 거두어 저소득층에게 나누어 주는 정책을 시행하는 것이다.

1. 조세 제도

조세 제도를 통한 소득 재분배는 고소득층에게는 더 많은 세금을 거두고, 저소득층에게는 세금을 깎아 주거나 면제해 주는 형태로 이루어진다. 소득세나 재산세에 누진 세율을 적용하거나 사치품에 대해 높은 세율을 적용하는 것이 대표적인 예이다.

2. 정부 지출

정부 지출을 이용하는 방법은 각종 사회 복지 제도를 시행하는 것이다. 저소득층에게 의료 서비스 등을 무상으로 제공하는 공공 부조나 전 국민을 상대로 제공되는 사회 보험이 이에 속한다.

대표기출유형

💬 **소득불평등도를 분석하는 방법에 대한 설명으로 가장 옳지 않은 것은?**

① 로렌츠 곡선은 서로 교차하지 않는다.

② 로렌츠 곡선은 서수적 평가방법이고 지니 계수는 기수적 평가방법이다.

③ 지니 계수는 대각선과 로렌츠 곡선 사이의 면적을 대각선 아래 삼각형의 면적으로 나눈 비율이다.

④ 로렌츠 곡선은 저소득자로부터 누적가계들이 전체 소득의 몇 %를 차지하는가를 나타내는 곡선으로, 대각선에 가까울수록 평등한 소득분배에 접근하게 된다.

정답 ①

해설 소득분배의 불평등도가 서로 다른 집단의 로렌츠 곡선은 서로 교차할 수 있다.

빈출 지문에서 뽑은 O/X

01 한계수입과 한계비용이 같아지는 점에서는 산출량을 증가시키면 한계이윤도 증가한다. (O / ×)

02 장기균형에서는 정상이윤이 사라진다. (O / ×)

03 산업 전체의 장기공급곡선은 우상향한다. (O / ×)

04 완전경제시장에서 고정비용이 모두 매몰비용이라면 단가에 가격이 평균가변비용보다 낮아지면 조업을 중단한다. (O / ×)

05 완전경쟁하에서 주어진 가격으로 상품의 판매량만 결정할 뿐이다. (O / ×)

06 수요와 공급이 일치하는 완전경쟁적 시장에서 각 소비자의 한계편익은 각 생산자들의 한계비용과 같다. (O / ×)

07 완전경쟁하의 개별기업의 단기균형에서 경쟁기업의 초과이윤은 0이 되고, 이윤극대화 공급량은 가격과 한계생산
비용은 일치하는 수준에서 결정된다. (O / ×)

08 독점적 경쟁기업은 장기적으로 가격＝한계비용인 생산량 수준에서 이윤을 극대화한다. (O / ×)

09 독점시장은 공급자가 가격설정자(Price Setter)로 기능하며, 시장규모가 협소하거나 규모의 불경제가 존재할 때
발생한다. (O / ×)

10 순수공급독점시장에서 기업이 직면하는 평균수입곡선과 한계수입곡선은 우하향한다. (O / ×)

11 독점시장에서 기업의 균형생산량은 한계수입과 한계비용이 일치하는 점에서 결정된다. (O / ×)

12 완전경쟁시장과 독점시장에서는 개별기업의 수요곡선이 수평이다. (O / ×)

13 완전경쟁기업은 어떤 주어진 가격으로 그가 원하는 만큼 판매할 수 있는 데 반해, 독점기업은 판매량을 증가시키려
면 가격을 인하하지 않으면 안 된다. (O / ×)

14 완전경쟁시장과 독점시장 모두에서 평균수입은 가격과 동일하다. (O / ×)

15 완전경쟁시장에서 기업이 상품을 한 단위 더 팔면 추가되는 수입은 가격보다 작다. (O / ×)

16 독점시장에서 기업이 상품을 한 단위 더 팔면 추가되는 수입은 가격보다 작다. (O / ×)

17 독점시장에 대해서 정부의 통제가격이 독점균형가격보다 약간 낮을 경우 공급량이 증가할 수 있다. (O / ×)

www.gosinet.co.kr **gosi**net

파트1

파트2

파트3

파트4

파트5

파트6

파트7

파트8

실전1

실전2

[정답과 해설]

01	×	02	×	03	×	04	○	05	○	06	○	07	×	08	×	09	×	10	○	11	○	12	×
13	○	14	○	15	×	16	○	17	○														

01 한계이윤(Marginal Profit)이란 생산량을 1단위 더 생산할 때 추가적으로 발생하는 이윤을 의미하는 것으로, 한계수입과 한계비용이 일치하는 점에서는 이윤은 극대화 또는 극소화된다. 조건에 따라 한계이윤은 양 또는 음이다. 즉, 한계수입과 한계비용이 같아지는 점에서는 한계이윤이 0이다.

02 완전경쟁시장은 장기균형에서 정상이윤만 획득한다.

03 산업 전체의 장기공급곡선은 산업 전체의 장기균형점을 연결하여 도출하는데, 비용조건에 따라 우상향(비용증가산업)할 수도, 수평(비용불변산업)일 수도 있고, 우하향(비용감소산업)할 수도 있다.

04 완전경쟁시장은 단기에 가격이 평균가변비용보다 낮아지면 조업을 중단해야 한다.

05 완전경쟁하에서의 가격은 일정하므로 시장가격에 순응할 수밖에 없다. 따라서 주어진 가격으로 판매량만 결정할 수 있을 뿐이다.

06 완전경쟁적 시장에서는 기업의 수요곡선의 높이는 기업의 평균수입곡선과 같으므로 소비자의 한계편익은 각 생산자들의 한계비용과 같다.

07 완전경쟁시장의 단기균형은 $P=MC$에서 성립한다. 이때 가격은 평균비용보다 높을 수도 있고 낮을 수도 있으므로 초과이윤은 0보다 클 수도 있고 작을 수도 있다(장기균형에서 초과이윤은 항상 0이다).

08 독점적 경쟁기업은 장기균형에서 $P>MC$이므로, 사회적 최적 수준보다 과소생산하게 되어 사회적 후생손실이 발생

한다. 또한 장기적으로 $P=MC$가 되어 정상이윤만 얻는다.

09 독점시장은 공급자가 가격설정자(Price Setter)로 기능하며, 규모의 경제가 존재할 때 자연독점이 발생한다.

10 순수공급 독점시장에서 기업이 직면하는 수요곡선(=평균수입곡선)과 한계수입곡선은 모두 우하향한다.

11 독점시장에서 기업의 균형생산량은 한계수입과 한계비용이 일치하는 점($MR=MC$)에서 결정된다.

12 개별기업의 수요곡선은 완전경쟁시장에서는 수평이지만, 독점시장에서는 우하향한다.

13 완전경쟁기업은 가격순응자이지만 독점기업은 가격설정자이고, 완전경쟁기업은 원하는 만큼 판매할 수 있지만 독점기업은 가격을 낮추지 않으면 판매량이 증가하지 않는다는 차이점이 있다.

14 경쟁시장과 독점시장 등 시장구조에 관계없이 수요곡선의 높이는 평균수입과 일치한다. 따라서 평균수입과 가격이 동일하다.

15 완전경쟁시장에서는 주어진 가격수준에서 원하는 만큼의 재화를 판매할 수 있기 때문에 가격과 한계수입이 같다.

16 독점시장에서는 판매량을 증가시키려면 가격을 낮출 수밖에 없으므로 상품을 한 단위 더 팔면 추가되는 수입은 가격보다 작게 된다.

17 독점기업은 정상이윤에 독점이윤을 더하여 판매하므로 통제가격이 독점균형가격보다 약간 낮을 경우 공급이 증가할 수도 있다.

18 완전경쟁기업의 공급곡선은 독점기업의 공급곡선보다 기울기가 완만하다. (O / ×)

19 독점기업이 이윤을 극대화하고 있다면 이 독점가격에서 수요는 가격비탄력적이다. (O / ×)

20 독점의 제1급 가격차별에 의할 때 소비자잉여가 최대화한다. (O / ×)

21 자연독점기업은 한계비용과 한계수입이 일치하는 수준에서 생산량을 결정하지만 손실을 볼 수밖에 없다. (O / ×)

22 X-비효율성(X-Inefficiency)이란 H. Leibenstein의 이론으로 독점기업의 독점에 기인하는 여러 가지 비효율성을 말한다. (O / ×)

23 독점적 경쟁시장에 속하는 기업은 기업은 평균비용곡선의 최저점에서 가격이 결정된다. (O / ×)

24 독점적 경쟁시장은 이윤극대화보다 판매극대화 전략의 영업전략을 세운다. (O / ×)

25 과점시장에 굴절수요곡선이 존재하게 되는 기본적인 이유는 수요가 가격 하락보다는 가격 상승에 더 탄력적으로 반응하기 때문이다. (O / ×)

26 동질적 상품의 베르뜨랑(Bertrand)경쟁가격은 완전경쟁가격보다 높다. (O / ×)

27 가격선도이론에서 가격결정의 메커니즘은 시장수요곡선과 시장공급곡선의 교차점에서 결정된다. (O / ×)

28 마크업 가격설정이론은 R. C. Hall과 C. J. Hitch가 주장한 것으로, 과점기업의 가격결정이론이다. (O / ×)

29 생산요소에 대한 수요를 파생적 수요(Derived Demand)라고 하는 이유는 생산요소에 대한 수요가 생산물에 대한 수요에 의존하기 때문이다. (O / ×)

30 완전경쟁적 요소시장에서 한 개별기업이 직면하는 요소의 공급곡선의 형태는 그 기업의 고용량 수준에서 수직선이다. (O / ×)

31 단기에 정부가 단위당 일정액의 물품세를 기업에게 부과할 경우 완전경쟁시장에서 개별기업의 노동에 대한 수요는 감소한다. (O / ×)

32 루이스의 무제한 노동공급이론에 의하면 고전학파적 실업을 케인스적 방법으로 해결하고자 하면 디플레이션이 발생하기 쉽다. (O / ×)

33 최저임금이 오를 때 실업이 가장 많이 증가하는 노동자의 유형은 노동에 대한 수요가 탄력적인 비숙련노동자이다. (O / ×)

34 생산요소시장과 생산물시장이 모두 완전경쟁적일 때, 생산물시장이 완전경쟁적일 경우가 독점적일 경우보다 기업의 생산요소수요가 더 작다. (O / ×)

www.gosinet.co.kr gosinet

파트1
파트2
파트3
파트4
파트5
파트6
파트7
파트8
실전1
실전2

[정답과 해설]

18	×	19	×	20	×	21	×	22	○	23	×	24	×	25	○	26	×	27	×	28	○	29	○
30	×	31	○	32	×	33	○	34	×														

18 독점기업의 경우에는 공급곡선이 존재하지 않는다.

19 독점기업은 항상 수요의 가격탄력성이 1보다 크거나 같은 구간, 즉 탄력적인 구간에서 재화를 생산한다.

20 제1급 가격차별에 의할 때 소비자잉여가 모두 독점기업에 흡수되기 때문에 소비자잉여는 0이 된다.

21 자연독점기업은 한계비용과 가격이 일치하는 생산량을 결정한다. 평균비용이 하락할 때 $MC < AC$이면 손실이 발생한다.

22 X−비효율성이란 최소평균비용보다 높은 평균비용으로 생산하는 비효율성을 의미하는 것으로, 독점기업의 경우 경쟁상대가 없어 기업가나 근로자의 안일한 태도에 기인하는 여러 가지 비효율적인 문제가 발생한다.

23 장기에 평균비용곡선의 최저점에서 가격이 결정되는 것은 완전경쟁시장에 속하는 기업이다.

24 독점적 경쟁시장도 완전경쟁시장이나 독점시장과 마찬가지로 차별화된 재화의 공급을 통한 이윤극대화를 추구한다. 또한, 독점적 경쟁시장에서는 다수의 기업이 상품의 질, A/S 등 비가격경쟁을 하며, 사회적으로 효율적인 생산량보다 과소생산되는 생산의 비효율이 발생하기 때문에 유휴설비가 존재한다.

25 과점시장에서는 상대기업의 가격 인하에 순응하고 상대기업의 가격 인상에는 비순응하는 즉, 수요가 가격 하락보다 가격 상승에 더 탄력적으로 반응함으로써 수요곡선이 현재의 가격수준에서 굴절된 모양을 하게 되는데, 이를 굴절수요곡선이론이라고 한다.

26 베르뜨랑 모형에서는 각 기업은 모두 상대방보다 약간씩 낮은 가격을 설정하려고 하므로 결국 가격은 한계비용과 같아지게 된다.

27 가격선도이론에서 가격결정의 메커니즘은 가격선도기업의 한계수입과 한계비용이 일치하는 점에서 결정된다.

28 마크업 가격설정이론은 한계비용을 정확하게 파악하기가 곤란하므로 평균비용에 이윤부과율을 붙여서 가격을 설정하는 과점시장의 가격결정이론으로, 비용할증가격설정이라고도 한다.

29 생산요소에 대한 수요는 생산물에 대한 수요발생으로 인해 이를 생산하려는 기업에 의해서 파생적으로 발생하기 때문에 파생적 수요라고 한다.

30 완전경쟁적 요소시장에서 기업은 가격순응자로서 완전탄력적인 요소공급곡선에 직면하므로 수평선이다.

31 단기에 정부가 단위당 일정액의 물품세를 기업에게 부과할 경우 단위당 생산비, 즉 한계비용이 상승하게 되는데 한계비용이 상승하면 개별기업의 생산량은 감소한다. 따라서 생산량이 감소함으로써 노동수요가 감소하게 된다.

32 미국의 경제학자 루이스(A. Lewis)는 농촌의 잠재실업인구가 공업부문에 고용되게 함으로써 공업부문의 저축을 증가시켜야 한다고 주장하였고, 고전학파적 실업을 케인스적 방법으로 해결하고자 하면 인플레이션이나 국제수지적자를 야기하기 쉽다고 보았다.

33 최저임금이 상승하면 단위당 임금은 상승하지만 노동수요량의 감소로 인해 실업이 증가하게 되는데, 노동에 대한 수요가 탄력적일수록 노동수요곡선이 완만해지므로 노동고용량이 큰 폭으로 감소한다. 따라서 노동에 대한 수요가 탄력적인 비숙련노동자의 실업이 가장 많이 증가하게 된다.

34 생산물시장이 완전경쟁적일 경우에는 요소수요곡선이 한계생산물가치곡선이지만, 독점적일 경우에는 요소수요곡선이 한계수입생산곡선이므로 기업의 생산요소수요는 완전경쟁적일 경우가 더 많다.

35 완전경쟁시장에 속한 기업이 이윤극대화를 추구할 때 한 생산요소의 한계생산물가치가 그 생산요소의 가격보다 높다면 기업은 이 생산요소의 투입을 감소시킨다. (O / ×)

36 생산물시장에서의 독점인 어떤 기업이 완전경쟁인 요소시장에서 활동하고 있다면 이 기업은 한계생산물가치 (VMP_L)보다 낮은 요소가격을 지불한다. (O / ×)

37 수요독점기업의 한계요소비용(MFC_L)은 평균요소비용의 위쪽에 놓인다. (O / ×)

38 생산요소의 수요독점기업은 한계요소비용과 한계수입생산이 일치하는 수준에서 요소구입가격이 결정된다. (O / ×)

39 노동시장이 완전경쟁시장으로부터 수요독점화될 경우에 고용량은 감소하고 임금은 하락한다. (O / ×)

40 10분위 분배율을 보고 고소득층과 저소득층의 소득격차를 파악할 수 있다. (O / ×)

41 가장 못 사는 사람들의 삶을 개선시키지 못한다면 아무리 전반적인 소득분배상황이 나아졌을지라도 정부의 복지 정책은 개선되어야 한다. 정부가 사회 최빈민의 복지를 극대화해야 한다는 것은 롤스(Rawls)의 정의론이다. (O / ×)

42 쿠즈네츠(Kuznets)는 기업가의 혁신에 대한 대가가 이윤이라고 하였다. (O / ×)

43 경제적 지대란 생산요소가 실제로 얻고 있는 수입과 전용수입과의 차이를 말한다. (O / ×)

44 준지대는 총수입에서 가변요소에 대한 보수를 치른 후 남게 되는 고정요소에 대한 보수이다. (O / ×)

45 차액지대설에서는 지대가 곡물가격을 결정한다. (O / ×)

파트1

파트2

파트3

파트4

파트5

파트6

파트7

파트8

실전1

실전2

[정답과 해설]

| 35 | × | 36 | ○ | 37 | ○ | 38 | × | 39 | ○ | 40 | × | 41 | ○ | 42 | × | 43 | ○ | 44 | ○ | 45 | × | | |

35 한 생산요소의 한계생산물가치(VMP_L)가 한계요소비용(MFC_L)보다 높을 경우에 해당 생산요소의 투입을 증가시키면 이윤이 증가하므로 기업은 이 생산요소의 투입을 증가시킨다.

36 생산물시장이 독점이고 생산요소시장은 완전경쟁인 경우 노동수요곡선은 MRP_L 곡선이다. 요소시장이 완전경쟁이면 요소공급곡선은 수평이고 균형점에서 임금이 결정되므로 임금은 MRP_L 과 같고, VMP_L 보다 낮은 요소가격을 지불한다.

37 불완전경쟁시장에서는 한계요소비용(MFC_L)곡선이 평균요소비용(AFC_L)곡선과 요소의 공급곡선(S_L)보다 위쪽에 위치한다.

38 수요독점이란 노동을 수요하는 기업이 하나만 있는 경우를 말하는데, 수요독점기업은 한계요소비용과 한계수입생산이 일치하는 수준에서 요소수요량이 결정되지만, 요소구입가격은 요소공급곡선을 따라 결정된다.

39 수요독점이란 노동수요기업이 하나인 경우의 노동시장형태이므로 시장의 노동공급곡선이 개별기업의 공급곡선이 된다. 이 경우에는 요소시장이 완전경쟁적인 경우보다 임금이 하락하고 고용량도 감소한다.

40 10분위 분배율을 통해 소득분배의 불평등 정도를 파악할 수

는 있으나 고소득층과 저소득층의 소득격차가 얼마인지는 파악할 수 없다.

41 롤스(Rawls)의 정의론은 각 개인이 기본적 자유에 있어서 평등한 권리를 가지며, 가장 불리한 여건을 가진 사람, 즉 최소수혜자에게 최대의 이익이 되어야 하고, 차등의 원칙은 기회균등의 원칙하에 모든 사람에게 개방된 직책이나 지위와 결부된 것이어야 한다.

42 이윤을 기업가의 혁신에 대한 대가라고 한 사람은 슘페터(Schumpeter)이다. 이윤이란 기업경영에 대한 보수로서 총수입에서 총비용을 뺀 나머지를 말한다.

43 경제적 지대란 생산요소의 공급이 가격에 대해 비탄력적이기 때문에 추가로 발생하는 소득, 즉 전용수입(기회비용)을 초과하여 지불된 소득을 말한다.

44 준지대란 공장시설 등과 같이 단기에 있어서 고정된 생산요소에 대한 보수를 의미하는 것으로, 총수입에서 전용수입이라 할 수 있는 가변요소의 기회비용을 뺀 금액이다.

45 차액지대설에서는 곡물가격이 한계지의 생산비수준에서 먼저 결정되고 지대의 크기가 결정된다. 차액지대란 토지공급이 고정되어 있고 토지마다 비옥도가 다르기 때문에 나타나는 생산력의 차이로 인해 발생하는 지대를 말한다.

기출예상 문제

01 기업의 이윤극대화에 대한 설명으로 옳은 것을 모두 고른 것은?

> ㄱ. 한계수입(MR)이 한계비용(MC)과 같을 때 이윤극대화의 1차 조건이 달성된다.
> ㄴ. 한계비용(MC)곡선이 한계수입(MR)곡선을 아래에서 위로 교차하는 영역에서 이윤극대화의 2차 조건이 달성된다.
> ㄷ. 평균비용(AC)곡선과 평균수입(AR)곡선이 교차할 때의 생산수준에서 이윤극대화가 달성된다.

① ㄱ, ㄴ

② ㄱ, ㄷ

③ ㄴ, ㄷ

④ ㄱ, ㄴ, ㄷ

02 단기의 완전경쟁기업에 대한 설명으로 옳지 않은 것은?

① 일정한 생산량 수준을 넘어서서 공급하는 경우에 총수입은 오히려 감소한다.

② 완전경쟁기업의 경우에 평균수입과 한계수입은 동일한 선으로 나타난다.

③ 완전경쟁기업이 받아들이는 가격은 시장 수요와 공급의 균형가격이다.

④ 완전경쟁기업이 직면하는 수요곡선은 수평선이다.

03 기업의 이윤극대화 조건을 가장 적절하게 표현한 것은? (단, MR은 한계수입, MC는 한계비용, TR은 총수입, TC는 총비용이다)

① $MR = MC, \; TR > TC$

② $MR = MC, \; TR < TC$

③ $MR > MC, \; TR > TC$

④ $MR > MC, \; TR < TC$

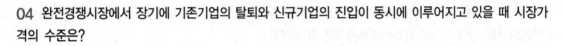

04 완전경쟁시장에서 장기에 기존기업의 탈퇴와 신규기업의 진입이 동시에 이루어지고 있을 때 시장가격의 수준은?

① 기존기업의 한계비용보다 낮다.　　　　② 기존기업의 평균비용보다 낮다.
③ 신규기업의 한계비용보다 낮다.　　　　④ 신규기업의 평균비용보다 낮다.

05 완전경쟁시장에 있는 개별기업에 대한 설명으로 옳은 것은?

① 한계수입과 한계비용이 일치하는 점에서 이윤극대화 생산량을 결정하게 되고, 이 점에서 가격과 평균수입도 한계비용과 일치하게 된다.
② 단기의 공급곡선은 총비용곡선의 최저점보다 높은 단기한계비용곡선으로 나타나게 된다.
③ 장기의 공급곡선은 총비용곡선의 최저점보다 높은 장기한계비용곡선이 되며, 따라서 우상향하는 공급곡선을 가지게 된다.
④ 개별기업이 직면하는 시장수요곡선은 수요의 법칙이 성립되는 우하향의 곡선이 된다.

06 완전경쟁시장에서 조업하는 어떤 기업이 직면하고 있는 시장가격은 9이고, 이 기업의 평균비용곡선은 $AC(Q) = \frac{7}{Q} + 1 + Q (Q > 0)$으로 주어져 있다. 이윤을 극대화하는 이 기업의 산출량 Q는?

① 8　　　　　　　　　② 7　　　　　　　　　③ 6
④ 5　　　　　　　　　⑤ 4

07 어떤 경쟁적 기업이 두 개의 공장을 가지고 있다. 각 공장의 비용함수는 $C_1 = 2Q + Q^2$, $C_2 = 3Q^2$ 이다. 생산물의 가격이 12일 때 이윤극대화 총생산량은 얼마인가?

① 3　　　　　　　　　② 5　　　　　　　　　③ 7
④ 10　　　　　　　　　⑤ 12

파트1
파트2
파트3
파트4
파트5
파트6
파트7
파트8
실전1
실전2

08 가나다 구두회사의 하루 구두 생산비용이 아래 표와 같을 때, 구두가격이 5만 원이라면 이 회사의 이윤은? (단, 구두시장은 완전경쟁적이라고 가정한다)

구두 생산량(켤레/일)	0	1	2	3	4	5
총비용(만 원)	3	5	8	13	20	28

① 0원
② 2만 원
③ 5만 원
④ 10만 원

09 다음은 가방만을 생산하는 어떤 기업의 노동자 수에 따른 주당 가방 생산량이다. 만약 완전경쟁시장에서 가방의 개당 가격이 20,000원이라면, 가방을 생산하는 이 기업은 이윤 극대화를 위하여 몇 명의 노동자를 고용하겠는가? (단, 노동자 1명의 주당 임금은 1,000,000원이며, 노동자에게 지급하는 임금 외에 다른 비용은 없다)

〈노동자의 수에 따른 주당 가방 생산량〉

노동자의 수(명)	0	1	2	3	4	5
가방 생산량(개)	0	60	160	240	280	300

① 1명
② 2명
③ 3명
④ 4명
⑤ 5명

10 완전경쟁시장의 단기균형 상태에서 시장가격이 10원인 재화에 대하여 한 기업의 생산량이 50개, 이윤이 100원이라면 이 기업의 평균비용은?

① 5원
② 6원
③ 7원
④ 8원

11 기업의 생산활동과 생산비용에 대한 설명으로 옳지 않은 것은?

① 평균비용이 증가할 때 한계비용은 평균비용보다 작다.

② 단기에 기업의 총비용은 총고정비용과 총가변비용으로 구분된다.

③ 낮은 생산수준에서 평균비용의 감소추세는 주로 급격한 평균고정비용의 감소에 기인한다.

④ 완전경쟁기업의 경우, 단기에 평균가변비용이 최저가 되는 생산량이 생산중단점이 된다.

12 다음 그림은 어느 기업의 평균수입과 평균비용을 나타낸 것이다. 이에 대한 설명으로 옳은 것은?

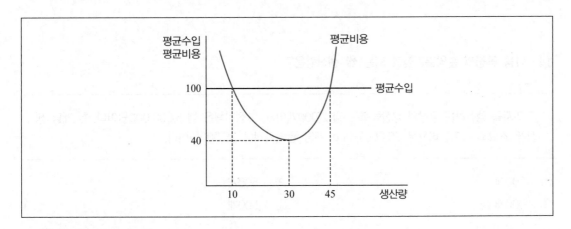

① 생산량이 증가함에 따라 가격은 떨어진다.

② 평균비용이 감소하는 구간에서는 생산량을 늘릴수록 이윤이 증가한다.

③ 최대 이윤은 1,800이다.

④ 생산량을 44에서 45로 늘리면 이윤은 증가한다.

⑤ 생산량이 30일 때 한계비용은 한계수입보다 크다.

13 현재 한국전자는 이윤극대화의 조건에 따라 TV를 201대 생산하여 전부 미국의 북미전자에 수출하고 있다. 만약 미국의 북미전자 회사에서 한국전자에 $300에 TV 1대를 추가로 사겠다는 제안을 할 경우 다음 설명 중 옳은 것은?

〈한국전자의 TV 생산량과 평균비용〉

생산량	200	201	202
평균비용(AC)	$200	$201	$202

① 북미전자의 제안을 받아들여 추가적으로 생산하여 판매하는 것이 이윤을 증가시킨다.

② 한국전자는 추가적으로 생산하여 판매해도 이윤은 변화가 없어 제안을 받아들인다.

③ 북미전자의 제안을 받아들이는 것은 이윤을 감소시킨다.

④ 한국전자는 생산량을 증가시키면 총비용은 오히려 감소하게 된다.

14 다음 공장의 손익분기점이 되는 월 생산량은?

> 의자를 생산하는 공장의 생산능력은 월 2,000개이고, 고정비용은 월 5,000,000원이다. 한 개당 생산에 소요되는 가변비용은 20,000원이고 개당 판매가격은 25,000원이다.

① 1,000개   ② 1,500개
③ 2,000개   ④ 2,500개

15 영희는 매월 아이스크림을 50개 팔고 있다. 영희의 월간 총비용은 50,000원이고, 이 중 고정비용은 10,000원이다. 영희는 단기적으로는 이 가게를 운영하지만 장기적으로는 폐업할 계획이다. 아이스크림 1개당 가격의 범위는? (단, 아이스크림 시장은 완전경쟁적이라고 가정한다)

① 600원 이상 700원 미만   ② 800원 이상 1,000원 미만
③ 1,100원 이상 1,200원 미만   ④ 1,300원 이상 1,400원 미만

파트1

파트2

파트3

파트4

파트5

파트6

파트7

파트8

실전1

실전2

16 완전경쟁기업의 총비용이 $TC = Q^3 - 6Q^2 + 12Q + 32$와 같을 때 기업이 단기적으로 손실을 감수하면서도 생산을 계속하는 시장가격의 구간은?

① $2 \sim 6$ ② $2 \sim 8$ ③ $3 \sim 10$

④ $3 \sim 8$ ⑤ $3 \sim 12$

17 어느 재화의 시장에서 가격수용자인 기업의 비용함수는 $C(Q) = 5Q + \dfrac{Q^2}{80}$이며, 이 재화의 판매가격은 85원이다. 이 기업이 이윤극대화를 할 때, 생산량과 생산자잉여의 크기는? (단, Q는 생산량이며, 회수가능한 고정비용은 없다고 가정한다)

	생산량	생산자잉여			생산량	생산자잉여
①	3,000	128,000		②	3,000	136,000
③	3,200	128,000		④	3,200	136,000

18 완전경쟁시장인 피자시장에서 어떤 피자집이 현재 100개의 피자를 단위당 100원에 팔고 있고, 이때 평균비용과 한계비용은 각각 160원과 100원이다. 이 피자집은 이미 5,000원을 고정비용으로 지출한 상태이다. 이윤극대화를 추구하는 피자집의 행동으로 가장 옳은 것은?

① 손해를 보고 있지만 생산을 계속해야 한다.

② 손해를 보고 있으며 생산을 중단해야 한다.

③ 양(+)의 이윤을 얻고 있으며 생산을 계속해야 한다.

④ 양(+)의 이윤을 얻고 있지만 생산을 중단해야 한다.

19 다음은 이윤극대화를 추구하는 어떤 기업의 단기에서의 한계수입(MR), 한계비용(MC) 및 평균비용(AC)을 표시한 그래프이다. 다음 중 각각의 생산량 수준인 점 a, b, c, d에 대한 설명으로 옳은 것을 〈보기〉에서 모두 고르면?

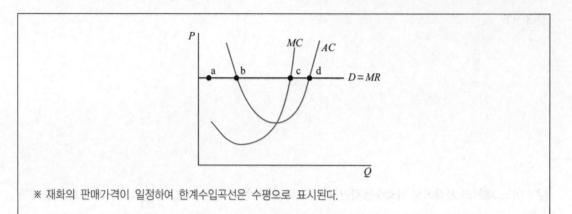

※ 재화의 판매가격이 일정하여 한계수입곡선은 수평으로 표시된다.

보기

ㄱ. 해당 기업은 손익분기점인 점 c의 생산량을 선택할 것이다.

ㄴ. 점 c에서 이윤이 최대가 된다.

ㄷ. 점 d에서 초과이윤이 발생한다.

ㄹ. 점 a, b, c, d 중에서 점 b의 순수익이 가장 크다.

ㅁ. 점 a, b, c, d 중에서 점 a의 순수익이 가장 적다.

① ㄱ, ㄴ   ② ㄴ, ㄷ   ③ ㄴ, ㅁ

④ ㄱ, ㄴ, ㅁ   ⑤ ㄴ, ㄹ, ㅁ

20 완전경쟁기업의 총비용함수가 $TC(Q) = Q - \dfrac{1}{2}Q^2 + \dfrac{1}{3}Q^3 + 40$이다. 이 기업은 이윤이 어느 수준 미만이면 단기에 생산을 중단하겠는가?

① −50   ② −40   ③ 0

④ 40   ⑤ 50

파트1

파트2

파트3

파트4

파트5

파트6

파트7

파트8

실전1

실전2

21 완전경쟁시장에서 어느 기업의 비용구조가 다음과 같다고 할 때, 시장가격이 4,000원일 경우 이 기업의 장단기 행태는?

생산량(단위)	0	1	2	3	4	5
총비용(원)	5,000	10,000	12,000	15,000	24,000	40,000

① 단기에 1단위 생산하고 장기에는 시장에서 퇴출한다.

② 단기에 2단위 생산하고 장기에는 시장에서 퇴출한다.

③ 단기에 3단위 생산하고 장기에는 시장에서 퇴출한다.

④ 단기에 4단위 생산하고 장기에는 시장에서 퇴출한다.

⑤ 단기에 공장을 닫고 장기에는 시장에서 퇴출한다.

22 아래 표는 완전경쟁기업의 비용구조이고, 이 기업의 고정비용은 100이다. 이 때 다음 두 가지 질문의 답으로 옳은 것은?

생산량	0	1	2	3	4	5	6	7	8	9	10
총비용	100	130	150	160	172	185	210	240	280	330	390

보기

(I) 현재 생산품의 시장가격은 30이다. 이윤극대화를 달성할 때의 기업의 이윤은?

(II) 이 기업이 조업을 중단하게 되는 시장가격은?

	I	II			I	II
①	−40	17		②	−30	17
③	0	17		④	−40	13
⑤	−30	13				

23 완전경쟁시장에서 기업의 단기 이윤극대화에 대한 설명으로 옳지 않은 것은?

① 개별기업의 수요곡선은 수평이며 한계수입곡선이다.

② 이윤극대화를 위해서는 한계수입과 한계비용이 같아야 한다.

③ 고정비용이 전부 매몰비용일 경우 생산중단점은 평균비용곡선의 최저점이 된다.

④ 투입요소들의 가격이 불변일 경우 시장전체의 공급곡선은 개별기업의 공급곡선을 수평으로 더하여 구할 수 있다.

24 완전경쟁시장에 관한 다음 설명 중 옳은 것은?

① 단기에 가격이 평균비용보다 낮아지면 조업을 중단한다.

② 장기균형에서는 정상이윤이 사라진다.

③ 단기에 가격이 평균가변비용보다 높으면 초과이윤이 발생한다.

④ 산업 전체의 장기공급곡선은 우상향한다.

⑤ 장기균형에서는 가격, 평균비용과 한계비용이 일치한다.

25 다음 특징을 지닌 시장의 장기균형에 대한 설명으로 옳은 것은?

특징	응답
비가격경쟁 존재	아니다
가격차별화 실시	아니다
차별화된 상품 생산	아니다
새로운 기업의 자유로운 진입 가능	그렇다
장기이윤이 0보다 작으면 시장에서 이탈	그렇다

① 단골 고객이 존재한다.

② 규모를 늘려 평균비용을 낮출 수 있다.

③ 시장 참여 기업 간 상호 의존성이 매우 크다.

④ 개별기업은 시장 가격에 영향을 미칠 수 없다.

26 다음은 완전경쟁시장에서 어떤 개별 기업의 한계비용(Marginal Cost)과 평균비용(Average Cost)을 나타낸 것이다. 현재 시장가격이 P_0라고 할 때 〈보기〉에서 옳은 것을 모두 고른 것은?

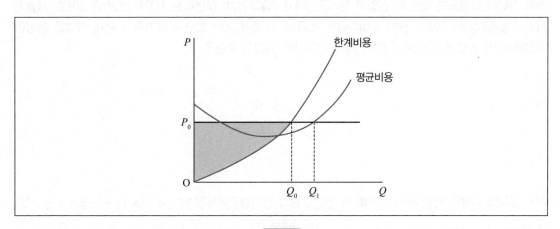

보기

ㄱ. 장기적으로 이 시장에서의 총공급량은 지금보다 증가한다.

ㄴ. 장기적으로 이 시장에서의 개별 기업의 공급량은 지금보다 증가한다.

ㄷ. 이 시장의 현재 총수요량은 Q_1이다.

ㄹ. 이 기업의 이윤은 위의 색칠한 부분과 같다.

---

① ㄱ   ② ㄱ, ㄷ   ③ ㄱ, ㄹ

④ ㄴ, ㄹ   ⑤ ㄱ, ㄷ, ㄹ

---

27 어느 마을의 어부 누구나 물고기를 잡을 수 있는 호수가 있다. 이 호수에서 잡을 수 있는 물고기의 수(Q)와 어부의 수(N) 사이에는 $Q = 70N - \frac{1}{2}N^2$의 관계가 성립한다. 한 어부가 일정 기간 동안 물고기를 잡는 데는 2,000원의 비용이 발생하며, 물고기의 가격은 마리당 100원이라고 가정한다. 어부들이 아무런 제약 없이 경쟁하면서 각자의 이윤을 극대화할 경우 어부의 수(N_0)와 이 호수에서 잡을 수 있는 물고기의 수(Q_0), 그리고 마을 전체적으로 효율적인 수준에서의 어부의 수(N_1)와 이 호수에서 잡을 수 있는 물고기의 수(Q_1)는?

① $(N_0,\ Q_0,\ N_1,\ Q_1) = (100,\ 2,000,\ 50,\ 2,250)$

② $(N_0,\ Q_0,\ N_1,\ Q_1) = (100,\ 2,000,\ 70,\ 2,450)$

③ $(N_0,\ Q_0,\ N_1,\ Q_1) = (120,\ 1,200,\ 50,\ 2,250)$

④ $(N_0,\ Q_0,\ N_1,\ Q_1) = (120,\ 1,200,\ 70,\ 2,450)$

28 비용불변 완전경쟁산업인 X재 산업 내에는 모든 면에서 동일한 N개의 기업이 생산 활동을 하고 있다. X재의 시장수요함수는 $D(X)=200-4P+M$으로 주어져 있고, M은 소비자들의 소득이다. 40개의 기업이 참여하고 있는 이 산업의 장기균형에서 개별기업이 직면하는 시장가격(P)은 5이고, 개별기업의 산출량(Q)은 5이다. 만약 소비자들의 소득이 M에서 $M+40$으로 증가하여 현재 기업과 동일한 기업들이 이 산업에 진입하는 경우, 새로 진입하는 기업의 수는?

① 4

② 8

③ 2

④ 0

29 컴퓨터 시장은 완전경쟁시장이며 각 생산업체의 장기평균비용함수는 $AC(qi)=40-6qi+\dfrac{1}{3}qi^2$으로 동일하다고 가정하자. 컴퓨터에 대한 시장수요가 $Q_d=2,200-100P$일 때, 다음 두 가지 질문의 답으로 옳은 것은? (단, qi는 개별기업의 생산량, Q_d는 시장수요량을 나타낸다)

(I) 컴퓨터 시장에서 장기균형가격은 얼마인가?

(II) 수요곡선이 변화하여 $Q_d=A-100P$가 되었다고 하자. 새로운 장기균형의 컴퓨터 생산업체 수가 최초 장기균형의 컴퓨터 생산업체 수의 두 배가 되려면 A는 얼마가 되어야 하는가?

	I	II			I	II
①	13	2,800		②	16	2,800
③	13	3,100		④	16	3,100
⑤	13	3,400				

30 어느 반도체 시장은 완전경쟁시장이며 개별 기업의 장기평균비용곡선은 $AC(qi)=40-qi+\dfrac{1}{100}qi^2$으로 동일하고, 반도체 시장수요는 $Q=25,000-1,000P$이다. 이때 반도체 시장에서 장기균형 가격과 장기균형 하에서의 기업의 수? (단, qi는 개별기업의 생산량, Q는 시장수요량, P는 시장가격이다)

	장기균형 가격	기업의 수			장기균형 가격	기업의 수
①	5	200		②	10	150
③	10	300		④	15	100
⑤	15	200				

31 다음 왼쪽 그래프는 완전경쟁시장에 놓여 있는 전형적 기업이며, 오른쪽 그래프는 단기의 완전경쟁 시장이다. 이 시장이 동일한 기업들로 이루어져 있다면 장기적으로 이 시장에는 몇 개의 기업이 조업하겠 는가?

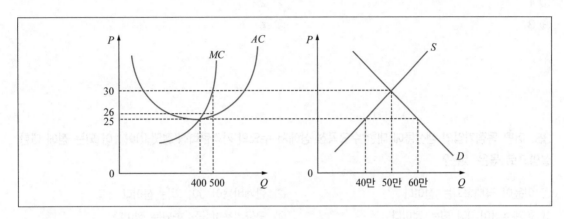

① 800개
② 1,000개
③ 1,250개
④ 1,500개

32 A시장에는 동질적인 기업들이 존재하고 시장수요함수는 $Q = 1,000 - P$ 이다. 개별기업의 장기평 균비용함수가 $C = 100 + (q - 10)^2$일 때, 완전경쟁시장의 장기균형에서 존재할 수 있는 기업의 수는? (단, Q는 시장수요량, q는 개별기업의 생산량을 나타낸다)

① 10
② 90
③ 100
④ 900

33 독점기업의 행동에 대한 설명으로 옳지 않은 것은?

① 독점기업은 수요가 비탄력적인 구간에서 생산한다.
② 독점기업은 한계수입과 한계비용이 일치하도록 생산한다.
③ 독점기업은 공급곡선을 갖지 않는다.
④ 독점기업에 대한 수요곡선은 우하향한다.
⑤ 독점기업은 완전경쟁에 비해 적은 양을 생산한다.

파트1 파트2 파트3 파트4 파트5 파트6 파트7 파트8 실전1 실전2

34 어느 독점기업이 직면하는 수요곡선이 $P=6-3Q$일 때, 이 기업의 한계수입이 0이라면 총수입은? (단, P는 가격, Q는 수요량이다)

① 1   ② 2

③ 3   ④ 4

35 어떤 독점기업의 생산물에 대한 수요곡선 상에서 수요의 가격탄력성(절댓값)이 1이 되는 점에 대한 설명으로 옳은 것은?

① 이윤이 극대화되는 점이다.   ② 한계비용이 0이 되는 점이다.

③ 한계수입이 0이 되는 점이다.   ④ 평균비용이 극소화되는 점이다.

36 독점기업인 자동차 회사 A가 자동차 가격을 1% 올렸더니 수요량이 4% 감소하였다. 자동차의 가격이 2,000만 원이라면 자동차 회사 A의 한계수입은?

① 1,000만 원   ② 1,500만 원

③ 2,000만 원   ④ 2,500만 원

37 광고를 비판하는 사람들은 광고가 수요의 가격탄력성의 크기를 ____㉠____, 기업은 ____㉡____ 수 있게 한다고 주장한다. ㉠, ㉡에 들어갈 말로 옳은 것은?

㉠	㉡
① 낮추고	광고예산을 줄일
② 높이고	보다 경쟁적이 될
③ 높이고	광고예산을 늘릴
④ 낮추고	한계비용이상으로 높은 가격을 매길

www.gosinet.co.kr gosinet

파트1
파트2
파트3
파트4
파트5
파트6
파트7
파트8
실전1
실전2

38 이윤극대화를 추구하는 독점기업 A가 양(+)의 독점이윤을 실현하고 있을 때 다음 중 옳지 않은 것은? (단, 한계비용>0이다)

① A가 선택한 공급량에서 수요의 가격탄력성은 1보다 크다.
② 가격은 한계수입보다 높다.
③ 가격은 평균비용보다 높다.
④ 한계수입은 한계비용보다 크다.

39 이윤극대화를 추구하는 어느 독점기업의 이윤극대화 생산량은 230단위, 이윤극대화 가격은 3,000원이고, 230번째 단위의 한계비용은 2,000원이다. 만약 이 재화가 완전경쟁시장에서 생산된다면, 균형생산량은 300단위이고 균형가격은 2,500원이다. 수요곡선과 한계비용곡선이 직선일 때, 이 독점기업에 의해 유발되는 경제적 순손실(Deadweight Loss)은?

① 20,000원
② 28,000원
③ 35,000원
④ 50,000원

40 어느 재화에 대한 수요곡선은 $Q=100-P$이다. 이 재화를 생산하여 이윤을 극대화하는 독점기업의 비용함수가 $C(Q)=20Q+10$일 때, 이 기업의 러너 지수(Lerner index) 값은?

① $\dfrac{1}{4}$
② $\dfrac{1}{3}$
③ $\dfrac{2}{3}$
④ $\dfrac{3}{4}$

41 항상 양수의 한계비용을 갖는 독점기업이 단기에 균형상태에 있다. 만약 독점기업이 재화의 가격을 현재의 수준보다 인하한다면 총수입의 변화는?

① 증가한다.
② 변화하지 않는다.
③ 감소한다.
④ 현재의 가격수준에 따라 다르다.

42 이윤극대화를 추구하는 어떤 독점기업이 자신의 생산물 1단위당 16원의 가격을 책정하였다. 이 기업의 한계생산비용과 한계수입이 같아지는 생산량의 수준은 10개이며 평균생산비용은 8원이라고 할 때, 다음 설명 중 옳은 것은?

① 이 기업의 총이윤은 80원보다 크다.　　② 이 기업의 한계생산비용은 16원이다.

③ 이 기업의 한계생산비용은 8원보다 작다.　　④ 이 기업의 최적생산량은 10개이다.

43 다음 독점기업의 수요함수와 총수입, 총비용함수에 대한 설명 중 옳지 않은 것은?

> • 수요함수 : $P = 1,000 - 3Q$
> • 총수입 : $TR = Q(1,000 - 3Q)$
> • 총비용함수 : $TC = Q(800 - 2Q)$
> (P : 가격, Q : 수요량, TR : 총수입, TC : 총비용)

① 한계비용곡선은 평균비용곡선의 최저점을 통과하면서 상승한다.

② 한계비용은 평균비용보다 크지 않다.

③ 이윤극대화 생산량은 100개이며 이때 가격은 700이다.

④ 독점기업의 총수입이 최대가 되는 경우는 한계수입이 0일 때이다.

⑤ 이윤극대화 생산량 수준에서는 평균비용이 한계수입보다 크다.

44 어느 독점기업의 수요함수가 $P(Q) = 25 - \dfrac{1}{2}Q$ 이며, 총비용함수는 $TC(Q) = 5Q$ 이다. 이 독점기업의 이윤을 극대화하는 가격(P)과 마크업(mark-up)은 각각 얼마인가? (단, Q는 생산량, TC는 총비용을 나타내며 '마크업 $= \dfrac{\text{가격}}{\text{한계비용}}$'으로 정의된다)

① (15, 3)　　　　　　　　② (20, 3)

③ (15, 2)　　　　　　　　④ (20, 2)

45 기업 A는 독점시장에서 재화 X를 판매하고 있다. X재의 수요함수는 $Q=120-2P$이며, 총비용함수는 $C=100+40Q$이다. 기업 A의 이윤극대화 생산량은? (단, Q는 수요량, P는 가격, C는 총비용이다)

① 10 ② 20

③ 30 ④ 40

46 어느 기업의 평균수입(AR)함수는 $AR=60-3Q$, 총비용함수는 $TC=Q^2-4Q+5$라고 할 때, 이 기업의 이윤극대화 생산량은? (단, Q는 수량, TC는 총비용이다)

① 4 ② 8

③ 12 ④ 16

47 어느 독점기업의 수요함수가 $P=30-\dfrac{Q}{2}$이고, 총비용함수는 $TC(Q)=Q^2+100$일 때, 이윤을 극대화하는 생산량은? (단, P는 가격, Q는 생산량, TC는 총비용을 나타낸다)

① 5 ② 10

③ 15 ④ 20

48 어느 독점기업의 생산비용함수가 $C=10Q^2+200Q$이고, 수요함수가 $P=2,000-50Q$일 때, 이윤을 극대화하는 생산량과 가격은? (단, C는 생산비용, Q는 생산량, P는 가격을 나타낸다)

① $Q=15$, $P=1,250$ ② $Q=20$, $P=1,250$

③ $Q=15$, $P=750$ ④ $Q=30$, $P=500$

파트1 파트2 파트3 파트4 파트5 파트6 파트7 파트8 실전1 실전2

49 어느 독점기업이 생산하는 상품을 서로 다른 두 시장 A와 B에서 판매할 때 직면하는 수요곡선이 아래와 같다. 이 독점기업이 이윤극대화 산출량을 달성할 때 한계비용이 3이라면 시장 A와 B의 최적 산출량은 얼마인가?

• 시장 A : $Q_a = 10 - 2P_a$	• 시장 B : $Q_b = 5 - P_b$

	Q_a	Q_b		Q_a	Q_b		Q_a	Q_b
①	2	4	②	4	2	③	2	2
④	1	2	⑤	2	1			

50 어느 독점기업이 직면하는 시장수요함수는 $P = 30 - Q$이며, 한계비용은 생산량과 상관없이 20으로 일정하다. 이 독점기업이 이윤을 극대화할 때의 생산량과 이윤의 크기는? (단, Q는 생산량이다)

	생산량	이윤		생산량	이윤
①	5	10	②	5	25
③	10	10	④	10	25

51 어느 제약회사의 신약은 특허 기간 중에는 독점적으로 공급되지만, 특허 소멸 후 다른 제약회사들의 복제약과 함께 경쟁적으로 공급된다. 이 약의 시장수요는 $P = 20 - Q$로 주어지고, 총생산비용은 $TC(Q) = 4Q$라고 한다. 이 약의 특허 기간 중 생산량과 특허 소멸 후 생산량은 각각 얼마인가?

	특허 기간 중 생산량	특허 소멸 후 생산량		특허 기간 중 생산량	특허 소멸 후 생산량
①	6	10	②	6	12
③	8	14	④	8	16
⑤	10	18			

www.gosinet.co.kr gosinet

파트1
파트2
파트3
파트4
파트5
파트6
파트7
파트8
실전1
실전2

52 X재화를 공급하는 독점기업이 이윤극대화를 위해 실시하는 가격차별에 대한 설명으로 옳지 않은 것은?

① X재화에 대한 수요의 가격탄력성 차이가 집단구분의 기준이 될 수 있다.

② 두 시장을 각각 A와 B, X재화 판매의 한계수입을 MR, X재화 생산의 한계비용을 MC라고 할 때, 독점기업은 $MR_A = MR_B = MC$ 원리에 기초하여 행동한다.

③ A 시장보다 B 시장에서 X재화에 대한 수요가 가격에 더 탄력적이라면 독점기업은 A 시장보다 B 시장에서 더 높은 가격을 설정한다.

④ 독점기업이 제1차 가격차별(First-degree Price Discrimination)을 하는 경우 사회적으로 바람직한 양이 산출된다.

53 수요의 특성이 다른 두 개의 분리된 시장 A와 B에서 이윤극대화를 추구하는 독점기업이 있다고 할 때, 이 독점기업의 한계비용은 5이고, 시장 A와 시장 B에서 수요의 가격탄력성이 각각 1.5 및 1.2일 때, 시장 A와 시장 B에서의 독점가격은?

	시장 A 독점가격	시장 B 독점가격		시장 A 독점가격	시장 B 독점가격
①	15	20	②	20	10
③	20	15	④	15	30

54 A사는 자동차 부품을 독점적으로 생산하여 대구와 광주에만 공급하고 있다. A사의 비용함수와 A사 부품에 대한 대구와 광주의 수요함수가 다음과 같을 때, A사가 대구와 광주에서 각각 결정할 최적 가격과 공급량은?

> • A사의 비용함수 : $C = 15Q + 20$
> • 대구의 수요함수 : $Q_{대구} = -P_{대구} + 55$
> • 광주의 수요함수 : $Q_{광주} = -2P_{광주} + 70$
> (단, C는 비용, Q는 생산량, P는 가격이다)

① $(P_{대구},\ Q_{대구},\ P_{광주},\ Q_{광주}) = (35,\ 20,\ 25,\ 20)$

② $(P_{대구},\ Q_{대구},\ P_{광주},\ Q_{광주}) = (30,\ 20,\ 40,\ 20)$

③ $(P_{대구},\ Q_{대구},\ P_{광주},\ Q_{광주}) = (30,\ 40,\ 30,\ 40)$

④ $(P_{대구},\ Q_{대구},\ P_{광주},\ Q_{광주}) = (15,\ 40,\ 25,\ 40)$

55 아래의 그림은 소규모 개방경제의 어떤 기업이 국내시장에서 독점력을 행사함을 나타낸다. 다음 설명 중 옳은 것은? (단, MR은 한계수입, D는 수요곡선, MC는 한계비용이다)

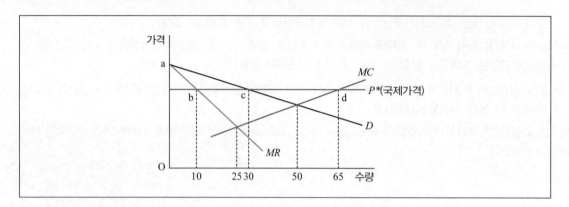

① 국내가격은 국제가격과 동일하다.

② 총생산량은 50이다.

③ 수출량은 40이다.

④ 이 기업의 실효 MR은 점 a, b, c, d를 잇는 선이다.

⑤ 독점이윤을 최대화하는 국내 소비량은 25이다.

56 통신시장에 하나의 기업만 존재하는 완전독점시장을 할 때, 이 독점기업의 총비용(TC)함수는 $TC = 20 + 2Q$이고 시장의 수요는 $P = 10 - 0.5Q$이다. 만약, 이 기업이 이부가격(two part tariff) 설정을 통해 이윤을 극대화하고자 한다면, 고정요금(가입비)은 얼마로 설정해야 하는가?

① 16 ② 32
③ 64 ④ 128

57 독점시장에 존재하는 어떤 회사의 한계비용은 500이며, 이 시장의 소비자는 모두 $P = 1,000 - Q_d$라는 수요함수를 갖고 있다. 이 회사가 두 단계 가격(two part tariff)을 설정하여 이윤을 극대화하기 위한 고정요금(가입비)은 얼마인가? (단, P는 가격, Q_d는 수요량을 나타낸다)

① 500,000 ② 250,000 ③ 125,000
④ 100,000 ⑤ 50,000

www.gosinet.co.kr gosinet

파트1
파트2
파트3
파트4
파트5
파트6
파트7
파트8
실전1
실전2

58 어느 지역에서 독점적으로 서비스를 공급하고 있는 피트니스클럽 A가 이부가격제도(two-part tariff)를 시행하려고 한다. A의 서비스에 대한 시장수요함수는 $Q = 4,000 - 5P$이다. 여기서 Q는 A가 제공하는 서비스의 양이고, P는 A의 서비스 한 단위당 가격이다. 또한 A의 서비스 제공에 따른 한계비용은 $MC = 400$이다. A가 이윤을 극대화하기 위한 이부가격제도는? (단, 단위는 원이다)

	고정회비	서비스 한 단위당 가격		고정회비	서비스 한 단위당 가격
①	400,000원	400원	②	400,000원	600원
③	100,000원	600원	④	100,000원	400원

59 A 국가의 한 마을에서 B기업이 독점적으로 운영하고 있는 골프장에 대하여 주민 10명으로 구성된 마을의 월별 수요함수는 $P = 21 - Q$이다. B 기업의 입장에서 골프 라운드 1회당 발생하는 비용이 1달러라고 할 때, B 기업은 이부가격제 전략 하에 개별 이용객들에게 연회비와 골프 라운드 1회당 이용료를 책정하려고 한다. B 기업 입장에서 이윤을 극대화시키는 1인당 연회비는? (단, 마을 주민 10명의 골프에 대한 선호도는 동일하고, P와 Q는 각각 골프장 1회 이용료 및 월별 골프 횟수를 나타낸다. 골프장 설립 비용은 국비지원을 받아 B기업 입장에서의 골프장 설립에 대한 고정비용은 없다고 가정한다)

① 120달러
② 240달러
③ 360달러
④ 400달러

60 의류 판매업자인 A 씨는 아래와 같은 최대지불용의금액을 갖고 있는 두 명의 고객에게 수영복, 수영모자, 샌들을 판매한다. 판매전략으로 묶어 팔기(Bundling)를 하는 경우, 수영복과 묶어 팔 때가 따로 팔 때보다 더 이득이 생기는 품목과 해당상품을 수영복과 묶어 팔 때 얻을 수 있는 최대 수입은?

구분	최대지불용의금액		
	수영복	수영모자	샌들
고객 (ㄱ)	400	250	150
고객 (ㄴ)	600	300	100

① 수영모자, 1,300
② 수영모자, 1,400
③ 샌들, 1,000
④ 샌들, 1,100
⑤ 샌들, 1,200

61 다음 (ㄱ), (ㄴ)에 들어갈 말로 적절한 것은?

> 자연독점에서는 평균비용이 (ㄱ)하므로, 한계비용곡선은 평균비용곡선보다 (ㄴ).

	(ㄱ)	(ㄴ)		(ㄱ)	(ㄴ)
①	감소	위에 놓여있다.	②	감소	아래에 놓여있다.
③	증가	위에 놓여있다.	④	증가	아래에 놓여있다.

62 전기, 가스, 상수도 등 공공서비스는 흔히 자연독점의 성격을 갖고 있다. 이 산업에서 평균비용 가격 설정 방식을 채택하는 이유는?

① 자원의 효율적 배분을 위해서
② 모든 국민이 공공서비스를 이용할 수 있도록 하기 위해서
③ 한계비용에서 가격을 설정하면 자연독점기업이 손실을 보기 때문에
④ 한계비용에서 가격을 설정하면 자연독점기업의 비용절감 유인이 부족해지기 때문에

63 독점에 관한 다음 설명 중 옳은 것은?

① 특허제도는 특허권을 보유한 기업에 대해 일정기간 동안 독점권을 주는 것이므로 사회후생적 관점에서 폐지해야 한다.
② 규모의 경제는 생산증가와 함께 평균비용이 일정하게 유지되는 현상을 의미하는 것으로 독점과는 관련이 없다.
③ 독점기업은 항상 초과이윤을 누릴 수 있다.
④ 독점기업이 판매량을 증가시키기 위해서는 가격을 낮추어야 한다.
⑤ 공기업은 독점상태를 유지시키는 것이 사회후생을 위해 바람직하다.

파트1
파트2
파트3
파트4
파트5
파트6
파트7
파트8
실전1
실전2

64 어느 독점기업의 수요함수는 $Q = 130 - P$이고, 총비용함수는 $C = 10Q + Q^2$이다. 정부가 이 독점기업의 가격을 한계비용 가격설정으로 규제하려고 한다. 한계비용 규제가격과 독점가격은? (단, P는 가격, Q는 수요량이다)

	한계비용 규제가격	독점가격		한계비용 규제가격	독점가격
①	90	100	②	80	90
③	70	90	④	70	100

65 다음 설명 중 정부가 독점기업에 세금을 부과하여 독점이윤을 환수하려고 할 때 나타날 수 있는 현상에 대한 내용으로 옳은 것은?

① 독점이윤에 대해 30%의 세금을 부과하면 생산량이 줄고 가격이 올라간다.
② 생산량 1단위당 100원씩 세금을 부과하면 생산량과 가격은 변하지 않는다.
③ 독점기업의 매출액에 10%의 세금을 부과하면 생산량과 가격은 변하지 않는다.
④ 독점이윤에 10%의 세금을 부과하면 독점기업은 세금 부담을 모두 소비자에게 떠넘긴다.
⑤ 독점기업에 정해진 일정 금액을 세금(lump sum tax)으로 부과해도 생산량과 가격은 변하지 않는다.

66 〈보기〉에서 독점적 경쟁에 관한 설명으로 옳은 것을 모두 고르면?

> **보기**
>
> ㄱ. 독점적 경쟁기업은 장기에는 정상이윤만 얻는다.
> ㄴ. 시장 진입과 퇴거가 자유롭다.
> ㄷ. 수요곡선이 한계비용곡선에 접할 때 장기균형점에 도달한다.
> ㄹ. 각 기업이 생산하는 재화의 이질성이 높을수록 초과설비규모가 커진다.
> ㅁ. 상품에 대한 수요는 순수 독점기업일 때보다는 덜 탄력적이고 완전경쟁기업일 때보다는 더 탄력적이다.
> ㅂ. 독점적 경쟁기업이 생산하는 재화는 서로 대체성이 높으므로 각 기업이 생산하는 재화 간의 교차탄력성은 0보다 크다.

① ㄴ, ㄹ
② ㄱ, ㄷ, ㅁ, ㅂ
③ ㄱ, ㄴ, ㄷ, ㄹ, ㅁ
④ ㄱ, ㄴ, ㄹ, ㅂ
⑤ ㄱ, ㄴ, ㄷ, ㄹ, ㅂ

67 독점적 경쟁시장에 대한 설명으로 옳지 않은 것은?

① 진입장벽이 존재하지 않기 때문에 기업의 진입과 퇴출은 자유롭다.

② 개별 기업은 차별화된 상품을 공급하며, 우하향하는 수요곡선에 직면한다.

③ 개별 기업은 자신의 가격책정이 다른 기업의 가격결정에 영향을 미친다고 생각하면서 행동한다.

④ 개별 기업은 단기에는 초과이윤을 얻을 수 있지만 장기에는 정상이윤을 얻는다.

68 독점적 경쟁시장에서 이윤극대화를 목적으로 하는 기업에 대한 설명으로 옳지 않은 것은? (단, P는 상품가격, MC는 한계비용, AR은 평균수입, LAC는 장기평균비용을 의미한다)

① 기업의 진입과 퇴출은 자유로우나 기업의 수요곡선은 우하향한다.

② 독점적 경쟁시장에 속하는 기업의 균형생산량에서는 $P > MC$이다.

③ 독점적 경쟁시장에 속하는 기업은 평균비용곡선의 최저점에서 가격이 결정된다.

④ 독점적 경쟁시장의 장기 균형에서는 $P = AR = LAC$가 충족된다.

69 이윤극대화가설에 대한 대체가설로 볼 수 없는 것은?

① 비용극소화 가설　　　　　　　　② 수입극대화 가설

③ 시장점유율 극대화 가설　　　　　④ 만족이윤가설

70 어떤 과점시장에 동일한 재화를 생산하는 두 기업 A와 B만이 존재하고, 각 기업의 생산량을 Q_A와 Q_B라고 한다. 시장수요가 $P = 100 - Q_A - Q_B$이고, 두 기업의 총비용함수가 각각 $C_A = 40Q_A$, $C_B = 40Q_B$로 주어졌을 때, 쿠르노－내쉬(Cournot-Nash) 균형에서 두 기업의 생산량을 합한 총 생산량(Q)과 균형가격(P)은?

	Q	P		Q	P
①	20	80	②	30	70
③	40	60	④	50	50

파트1

파트2

파트3

파트4

파트5

파트6

파트7

파트8

실전1

실전2

71 A, B 두 기업이 존재하는 어떤 과점시장의 시장수요곡선은 $P = a - b(Q_A + Q_B)$이다. 여기서 a, b는 상수이고 P는 가격, Q_A는 A 기업의 생산량, Q_B는 B 기업의 생산량이다. 이 시장이 쿠르노(Cournot) 모형에서 달성되는 균형상태일 때 나타날 수 있는 현상에 대한 다음 설명 중 옳은 것은? (단, 각 기업의 생산비는 0이라고 가정한다)

① 시장가격은 $\dfrac{2a}{3}$이다.

② 시장거래량은 $\dfrac{2}{3b}$다.

③ 각 기업의 생산량은 $\dfrac{a}{3b}$이다.

④ A 기업의 생산량은 $\dfrac{a}{3}$이다.

⑤ B 기업의 생산량은 $\dfrac{b}{3}$이다.

72 X재화의 시장수요곡선은 $Q = 60 - P$이다. 이 시장이 쿠르노(Cournot) 복점시장인 경우의 시장균형생산량과 독점시장인 경우의 시장균형생산량의 차이는? (단, Q는 생산량, P는 가격을 나타내고, 각 시장에 참여하는 기업들의 한계비용은 0이다)

① 10

② 20

③ 30

④ 40

73 동일 제품을 생산하는 복점기업 A사와 B사가 직면한 시장수요곡선은 $P = 50 - 5Q$이다. A사와 B사의 비용함수는 각각 $C_A(Q_A) = 20 + 10Q_A$ 및 $C_B(Q_B) = 10 + 15Q_B$이다. 두 기업이 비협조적으로 행동하면서 이윤을 극대화하는 쿠르노 모형을 가정할 때, 두 기업의 균형생산량은? (단, Q는 A사 생산량(Q_A)과 B사 생산량(Q_B)의 합이다)

	Q_A	Q_B		Q_A	Q_B
①	2	2.5	②	2.5	2
③	3	2	④	3	4

74 맥주시장이 기업 1과 기업 2만 존재하는 과점 상태에 있다. 기업 1과 기업 2의 한계수입(MR)과 한계비용(MC)이 다음과 같을 때, 쿠르노(Cournot)균형에서 기업 1과 기업 2의 생산량은? (단, Q_1은 기업 1의 생산량, Q_2는 기업 2의 생산량이다)

- 기업 1 : $MR_1 = 32 - 2Q_1 - Q_2$, $MC_1 = 6$
- 기업 2 : $MR_2 = 32 - Q_1 - 2Q_2$, $MC_2 = 4$

① (6, 15)　　　　　　　　　　　② (8, 10)

③ (9, 18)　　　　　　　　　　　④ (12, 6)

75 두 기업이 슈타켈버그(Stackelberg) 모형에 따라 행동할 때, 시장수요곡선이 $P = 50 - Q_1 - Q_2$, 개별 기업의 한계비용이 0으로 동일하다. 기업 1은 선도자로, 기업 2는 추종자로 행동하는 경우 달성되는 슈타켈버그 균형상태에 있을 때, 〈보기〉의 설명 중에서 옳은 것을 모두 고르면? (단, P는 시장가격, Q_1은 기업 1의 산출량, Q_2는 기업 2의 산출량이다)

보기

ㄱ. 기업 1의 생산량은 기업 2의 생산량의 2배이다.
ㄴ. 시장가격은 12.5이다.
ㄷ. 시장거래량은 25보다 크다.
ㄹ. 기업 1의 이윤은 기업 2의 이윤의 1.5배이다.

① ㄱ, ㄷ　　　　　　② ㄴ, ㄷ　　　　　　③ ㄱ, ㄴ, ㄷ

④ ㄱ, ㄴ, ㄹ　　　　　⑤ ㄱ, ㄷ, ㄹ

76 독점 기업 A는 두 개의 공장을 가지고 있으며, 제1공장과 제2공장의 한계비용곡선(MC)은 각각 $MC_1 = 50 + 2Q_1$, $MC_2 = 90 + Q_2$이다. A 기업의 이윤을 극대화하는 생산량이 총 80단위일 때, 제1공장과 제2공장의 생산량은? (단, Q_1은 제1공장의 생산량, Q_2는 제2공장의 생산량이다)

① (20, 60)　　　　　　　　　　② (30, 50)

③ (40, 40)　　　　　　　　　　④ (50, 30)

77 두 기업 A와 B만이 존재하는 X재 시장에서 기업 A의 비용함수는 $TC_A(Q_A)=20Q_A$이며, 기업 B의 비용함수는 $TC_B(Q_B)=20Q_B$이다. 또한 X재 시장의 시장수요함수는 $P(Q)=80-Q$이다. 두 기업이 카르텔(Cartel)을 형성하여 시장수요량을 반씩 나누어 갖기로 했다. 카르텔이 성공적으로 운영되었을 때 기업 A의 최적 생산량과 이윤은 각각 얼마인가? (단, TC_A는 기업 A의 총비용, TC_B는 기업 B의 총비용, Q_A는 기업 A의 X재 생산량, Q_B는 기업 B의 X재 생산량, P는 X재 가격, $Q=Q_A+Q_B$이다)

① (15, 450)   ② (30, 900)   ③ (15, 900)

④ (30, 450)   ⑤ (30, 50)

78 X재의 생산자는 A와 B, 두 기업밖에 없다고 하자. X재의 시장수요함수는 $Q=32-0.5P$이고, 한계비용은 24로 일정하다. A와 B가 공모해서 독점 기업처럼 이윤극대화를 하고 생산량을 똑같이 나누기로 한다면, 기업 A가 얻는 이윤은? (단, 고정비용은 0이다)

① 20   ② 64

③ 88   ④ 100

79 다음의 경제에서 재화의 가격은 얼마에 설정되는가?

> 어느 재화에 대한 시장수요함수가 $P=60-2Q$이다. 이 재화를 생산하는 지배적 기업이 하나 있고 나머지 군소기업들은 지배적 기업이 결정한 가격을 따른다. 지배적 기업을 제외한 군소기업들의 재화의 공급함수는 $P=2Q_F$이고 지배적 기업의 한계비용함수는 $MC=Q_D$이다.
> (Q_D : 지배적 기업의 생산량, Q_F : 나머지 군소기업들의 생산량, P : 가격, MC : 한계비용, Q : 시장산출량(Q_D+Q_F))

① 10   ② 20   ③ 24

④ 30   ⑤ 36

80 두 과점기업 A, B의 전략적 행동에 따라 달라지는 보수행렬이 아래와 같다고 할 때, 첫 번째 숫자는 기업 A의 이윤, 두 번째 숫자는 기업 B의 이윤을 가리킨다. 기업 A와 B의 우월전략은 각각 무엇인가?

기업 A의 전략적 결정 ＼ 기업 B의 전략적 결정	전략 1	전략 2
전략 1	(300만 원, 600만 원)	(200만 원, 400만 원)
전략 2	(50만 원, 300만 원)	(250만 원, 0원)

	기업 A	기업 B		기업 A	기업 B
①	전략 1	전략 1	②	전략 1	전략 2
③	전략 2	전략 1	④	전략 2	우월전략이 없다
⑤	우월전략이 없다	전략 1			

81 경쟁관계에 있는 두 기업이 있다. 각 기업이 10톤씩 생산해서 판매한다면 8억 원씩의 이윤을 가질 수 있고, 20톤씩 생산해서 판매한다면 6억 원씩의 이윤을 가질 수 있다. 그리고 한 기업이 10톤을 생산하고 다른 기업은 20톤을 생산해서 판매한다면 각각 5억 원과 10억 원의 이윤을 가질 수 있다. 이 상황에서 우월전략 균형은?

① 각 기업이 10톤씩 생산하는 것

② 각 기업이 20톤씩 생산하는 것

③ 한 기업이 10톤을 생산하고, 다른 기업이 20톤을 생산하는 것

④ 여기서는 우월전략균형이 존재하지 않음

파트1

파트2

파트3

파트4

파트5

파트6

파트7

파트8

실전1

실전2

82 X 재화의 시장에 A와 B 두 경쟁 기업만 있다. 각 기업의 광고 여부에 따른 예상 매출액은 다음 표와 같다. 각 기업은 자신의 예상 매출액만 알고 경쟁기업의 예상 매출액은 모른다고 할 때, 주어진 조건 하에서 각 기업의 광고 여부에 대한 설명으로 옳은 것은? (단, 괄호 안의 첫 번째 숫자는 A 기업, 두 번째 숫자는 B기업의 예상매출액이며, 두 기업은 광고 등 주요 전략에 대해 협력관계에 있지 않다)

A 기업　　　　　B 기업	광고함	광고 안 함
광고함	(40, 30)	(60, 20)
광고 안 함	(30, 50)	(50, 40)

① A기업은 광고를 하며, B기업은 광고를 하지 않을 것이다.
② B기업은 광고를 하며, A기업은 광고를 하지 않을 것이다.
③ A기업과 B기업 모두 광고를 하지 않을 것이다.
④ A기업과 B기업 모두 광고를 할 것이다.

83 다음 표는 A국과 B국 양국이 글로벌 금융위기로부터 통화긴축정책에 의한 출구전략을 추진함에 따라 발생하는 양국의 이득의 조합을 표시하고 있다. 양국 간 정책협조가 이루어지지 않는다고 할 때, 두 나라가 선택할 가능성이 높은 정책의 조합은? (단, 괄호 안의 첫 번째 숫자는 A국의 이득, 두 번째 숫자는 B국의 이득을 나타낸다)

A국　　　　　B국	약한 긴축	강한 긴축
약한 긴축	(−2, −2)	(3, −5)
강한 긴축	(−5, 3)	(0, 0)

	A국	B국		A국	B국
①	강한 긴축	약한 긴축	②	강한 긴축	강한 긴축
③	약한 긴축	약한 긴축	④	약한 긴축	강한 긴축

84 다음과 같은 직진게임(두 운전자가 마주보고 전속력으로 직진 운전하다가 한쪽이 겁을 먹고 회피하면 지는 게임)에 있어서의 보상(만족도)이 다음과 같다면 운전자 A의 우월전략(Dominant Strategy)에 관한 설명으로 옳은 것은?(단, 보상테이블은 (A, B)의 쌍으로 표시된다)

운전자 B / 운전자 A	회피	직진
회피	(10, 10)	(5, 20)
직진	(20, 5)	(0, 0)

① 우월전략이 없다.
② 운전자 A는 항상 회피를 해야 한다.
③ 운전자 A는 항상 직진을 해야 한다.
④ 운전자 A는 2개의 우월전략을 가지고 있다.

85 다음 표와 같이 복점시장에서 기업 A와 기업 B가 서로 경쟁하고 있다. 각 기업은 자신의 이윤을 극대화하기 위해서 생산량 $Q=2$ 또는 $Q=3$을 결정해야 한다. 다음 표에서 괄호 안에 앞의 숫자는 기업 A의 이윤을, 뒤의 숫자는 기업 B의 이윤을 나타낸다. 다음 〈보기〉 중 옳은 것을 모두 고르면?

기업 B / 기업 A	$Q=2$	$Q=3$
$Q=2$	(10, 12)	(8, 10)
$Q=3$	(12, 8)	(6, 6)

보기

ㄱ. 기업 A의 우월전략은 $Q=3$이다.
ㄴ. 기업 B의 우월전략은 $Q=2$이다.
ㄷ. 내쉬균형은 기업 A는 $Q=3$을, 기업 B는 $Q=2$를 선택하는 것이다.
ㄹ. 기업 A와 기업 B 모두가 우월전략을 가지지 않기 때문에 내쉬균형은 존재하지 않는다.

① ㄱ, ㄷ
② ㄱ, ㄹ
③ ㄴ, ㄷ
④ ㄴ, ㄹ
⑤ ㄱ, ㄴ, ㄷ

86 어느 복점시장에서 두 기업 A, B가 경쟁하고 있다. 불황 기간 중에 각 기업은 생산량 감소와 생산량 유지 중 하나의 전략을 선택해야 한다. 각 기업이 자신의 이윤을 극대화하고자 할 때 다음 설명 중 옳은 것은? (단, 괄호 안의 첫 번째 숫자는 기업 A의 이윤을, 두 번째 숫자는 기업 B의 이윤을 나타낸다)

기업 B의 전략 기업 A의 전략	생산량 감소	생산량 유지
생산량 감소	(100, 100)	(50, 80)
생산량 유지	(80, 50)	(70, 70)

① 두 기업 모두 생산량을 유지하는 전략조합이 파레토 효율적(Pareto Efficient)이다.
② 내쉬균형(Nash Equilibrium)에서 두 기업은 동일한 전략을 선택한다.
③ 기업 B의 전략과 상관없이 기업 A는 생산량을 유지하는 것이 우월전략이다.
④ 우월전략 균형은 1개가 존재한다.
⑤ 내쉬균형은 1개가 존재한다.

87 다음 표는 두 기업이 어떠한 전략을 사용하느냐에 따라 발생하는 이윤을 표시하고 있다. 이때 순수 전략에 의한 내쉬균형의 개수는? (단, 괄호 안의 첫 번째 숫자는 기업 A의 이윤, 두 번째 숫자는 기업 B의 이윤을 나타낸다)

기업 B 기업 A	전략 b_1	전략 b_2
전략 a_1	(1, 1)	(1, 0)
전략 a_2	(2, 1)	(0, 2)

① 0개   ② 1개
③ 2개   ④ 3개

88 다음 표는 두 기업이 선택하는 전략에 따라 발생하는 이윤의 조합을 표시하고 있다. 이와 같은 상황에서 두 기업이 선택할 가능성이 높은 이윤의 조합은? (단, 괄호 안의 첫 번째 숫자는 기업 A의 이윤, 두 번째 숫자는 기업 B의 이윤을 나타낸다)

기업 A \ 기업 B	전략 b_1	전략 b_2
전략 a_1	(5, 8)	(7, 4)
전략 a_2	(9, 6)	(8, 8)

① (5, 8)   ② (7, 4)
③ (9, 6)   ④ (8, 8)

89 A국과 B국이 자국의 수출보조금을 결정하는 정책 게임을 한다. A국과 B국의 전략은 Large, Medium, Small로 구성된다. 이 게임의 보수함수(Payoff Matrix)가 다음과 같을 때, 내쉬(Nash)균형에서 A국과 B국의 보수 조합은? (단, 보수 조합의 왼쪽 값은 A국, 오른쪽 값은 B국의 보수를 나타낸다)

A국 \ B국	Large	Medium	Small
Large	(6, 1)	(4, 2)	(1, 7)
Medium	(3, 3)	(6, 5)	(4, 4)
Small	(1, 8)	(4, 5)	(2, 6)

① (1, 7)   ② (1, 8)
③ (4, 4)   ④ (6, 5)

90 두 명의 경기자 A와 B는 어떤 업무에 대한 태만(노력수준=0)을 선택할 수도 있고, 열심(노력수준=1)을 선택할 수도 있다. 단, 열심을 선택하는 경우 15원의 노력비용을 감당해야 한다. 다음 표는 사회적 총 노력수준에 따른 각 경기자의 편익을 나타낸 것이다. 두 경기자가 동시에 노력수준을 한 번 선택해야 하는 게임에서 순수전략 내쉬(Nash)균형은?

사회적 총 노력수준 (두 경기자의 노력수준의 합)	0	1	2
각 경기자의 편익	1원	11원	20원

① 경기자 A는 열심을, 경기자 B는 태만을 선택한다.
② 경기자 A는 태만을, 경기자 B는 열심을 선택한다.
③ 두 경기자 모두 태만을 선택한다.
④ 두 경기자 모두 열심을 선택한다.

91 기업 A가 독점하고 있는 3D TV 시장에 신규기업 B가 진입 여부를 검토하고 있다. B의 선택은 진입, 포기의 두 가지가 있으며, B의 진입 여부에 따라 A의 선택은 가격인하(B 진입 보복), 현 가격유지(B 진입 수용) 두 가지가 있다. 각 경우의 보수가 아래 표와 같을 때 내쉬균형의 보수는 무엇인가? (단, 앞의 숫자는 B의 보수이고 뒤의 숫자는 A의 보수이다)

기업 B \ 기업 A	가격 인하	현 가격유지
진입	(−3, 2)	(3, 3)
포기	(0, 4)	(0, 6)

① (−3, 2) ② (3, 3) ③ (0, 4)
④ (0, 6) ⑤ (3, 3), (0, 4)

92 다음 게임에 대한 설명으로 옳지 않은 것은?

> 잠재적 진입기업 A는 기존기업 B가 독점하고 있는 시장으로 진입할지 여부를 고려하고 있다. A가 진입하지 않으면 A와 B의 보수는 각각 0과 2이다. A가 진입을 하면 B는 반격을 하거나 공생을 할 수 있다. B가 반격을 할 경우 A와 B의 보수는 각각 −1과 0이다. 반면 공생을 할 경우 두 기업이 시장을 나눠 가져 각각 1의 보수를 얻는다.

① 이 게임의 순수전략 내쉬균형은 하나이다.

② A가 진입하지 않으면 B는 어떤 전략을 택하든 무차별하다.

③ 부분게임 완전 내쉬균형에서 A는 진입을 한다.

④ A가 진입하는 경우 B는 공생하는 것이 최선의 대응이다.

⑤ A가 진입하면 반격하겠다는 B의 전략은 신빙성이 없다.

93 세계시장에서 대형항공기를 만드는 기업은 A국의 X사와 B국의 Y사만 있으며, 이 두 기업은 대형항공기를 생산할지 혹은 생산하지 않을지를 결정하는 전략적 상황에 직면해 있다. 두 기업이 대형항공기를 생산하거나 생산하지 않을 경우 다음과 같은 이윤을 얻게 된다. 이때 B국은 Y사가 대형항공기시장의 유일한 생산자가 되도록 Y사에 보조금을 지급하려고 한다면, B국이 Y사에 지급해야 할 최소한의 보조금은? (단, X사가 있는 A국은 별다른 정책을 사용하지 않는다고 가정한다)

(단위 : 백만 달러)

X사 ＼ Y사	생산	생산 않음
생산	(−1, −2)	(24, 0)
생산 않음	(0, 20)	(0, 0)

※ (,)안의 숫자는 (X사의 보수, Y사의 보수)를 말한다.

① 1백만 달러 초과

② 20백만 달러 초과

③ 2백만 달러 초과

④ 24백만 달러 초과

94 죄수의 딜레마(Prisoner's Dilemma) 모형에 대한 설명으로 옳은 것은?

① 완전경쟁시장에서의 기업간 관계를 잘 설명할 수 있다.

② 우월전략이 존재하지 않는다.

③ 죄수의 딜레마 상황이 무한반복되는 경우 참가자들 간의 협조가 더 어려워진다.

④ 과점기업들이 공동행위를 통한 독점이윤을 누리기 어려운 이유를 잘 설명할 수 있다.

95 카르텔에 대한 다음 설명 중 옳지 않은 것은?

① 일회적인 용의자의 딜레마 게임 상황과 같이 기본적으로 카르텔은 붕괴할 위험이 존재한다.

② 유한반복게임의 상황을 도입하더라도 여전히 카르텔의 불안정성은 제거되지 않는다.

③ 카르텔의 시장균형조건은 한계수입과 각 기업의 한계비용의 합이 같다는 것이며 이 조건 하에서 총산출량과 시장가격이 결정된다.

④ 카르텔의 시장균형조건 하에서 각 기업의 산출량은 시장점유율에 비례하여 할당되어야 한다.

⑤ 카르텔의 이윤극대화조건은 독점시장에서의 다공장 독점의 이윤극대화조건과 동일하다.

96 다음 중 옳은 것을 〈보기〉에서 모두 고르면?

> **보기**
>
> ㄱ. 완전경쟁시장에서 개별기업의 비용함수가 $C(Q) = Q^3 - 6Q^2 + 19Q$이고, 현재 시장에는 15개의 기업이 생산 중에 있다. 시장수요곡선은 $Q = 70 - P$라고 할 때 장기에 이 시장에는 4개 기업이 추가로 진입한다.
>
> ㄴ. 수요곡선은 $P = -3Q + 80$, 평균비용곡선은 $AC = -Q + 60$인 자연독점기업이 이윤극대화를 추구할 때 얻을 수 있는 이윤의 크기는 50이다.
>
> ㄷ. 쿠르노 모형(Cournot Model)에서 각 기업은 상대방의 가격을 고정된 것으로 보고 자신의 가격을 결정한다.
>
> ㄹ. 혼합전략을 허용하면 비협조적 게임에 있어 내쉬균형(Nash Equilibrium)이 항상 존재한다.

① ㄱ, ㄴ   ② ㄱ, ㄷ   ③ ㄱ, ㄹ

④ ㄴ, ㄹ   ⑤ ㄷ, ㄹ

97 다음 중 옳은 것을 모두 고르면?

> ㄱ. 경쟁시장에서 기업이 상품을 한 단위 더 팔면 추가되는 한계수입은 가격보다 작다.
> ㄴ. 독점시장에서 기업이 상품을 한 단위 더 팔면 추가되는 한계수입은 가격보다 작다.
> ㄷ. 경쟁시장과 독점시장 모두에서 평균수입은 가격과 동일하다.

① ㄱ   ② ㄴ   ③ ㄷ
④ ㄱ, ㄴ   ⑤ ㄴ, ㄷ

98 다음 설명 중 옳지 않은 것은? (단, P : 가격, MR : 한계수입, MC : 한계비용이다)

① 완전경쟁 시장에서는 $P = MC$에서 시장균형이 이루어진다.
② $P > MC$의 경우에는 생산량을 줄이면 효율성이 높아진다.
③ MC를 사회적 한계비용이라고 할 때 음의 외부성이 있는 경우, 생산은 $P < MC$가 되는 영역에서 이루어진다.
④ 독점의 경우에는 $P > MR = MC$가 되어서 생산량이 효율적인 생산량에 미치지 못한다.
⑤ 자연독점기업에서는 $P = MC$에서 생산이 이루어질 때 손실이 발생한다.

99 수요곡선은 $Q_d = 10 - P$이고, 공급곡선은 $Q_s = 4P$일 때 다음 중 옳은 것을 모두 고르면?

> ㄱ. 완전경쟁시장의 균형가격은 2, 균형량은 8이다.
> ㄴ. 완전경쟁시장의 경우 소비자잉여는 32이다.
> ㄷ. 정부가 최저가격을 1로 정하면 공급량은 4이다.
> ㄹ. 정부가 공급량을 2로 정하면 소비자잉여는 2이다.
> ㅁ. 독점공급자가 가격을 8로 정하면 사회후생의 손실은 18이다.

① ㄱ, ㄴ   ② ㄱ, ㄴ, ㄷ   ③ ㄱ, ㄴ, ㄹ
④ ㄱ, ㄴ, ㅁ   ⑤ ㄱ, ㄴ, ㄷ, ㅁ

100 완전경쟁기업과 독점기업에 대한 설명으로 옳은 것을 〈보기〉에서 모두 고르면? (단, 기업의 한계비용 곡선은 우상향한다고 가정한다)

> **보기**
>
> ㄱ. 완전경쟁기업은 한계수입이 평균총비용보다 작은 경우 손실을 보게 된다.
> ㄴ. 한계비용과 평균수입이 일치하는 생산량을 생산할 때 완전경쟁기업의 이윤은 극대화된다.
> ㄷ. 한계비용과 한계수입이 일치하는 생산량을 생산할 때 독점기업의 이윤은 극대화된다.
> ㄹ. 독점기업이 정상적인 이윤만을 얻도록 하기 위해서는 정부가 독점가격을 한계비용과 같도록 규제해야 한다.

① ㄴ   ② ㄱ, ㄴ   ③ ㄷ, ㄹ
④ ㄱ, ㄴ, ㄷ   ⑤ ㄱ, ㄴ, ㄷ, ㄹ

101 다음 중 불완전 경쟁이 일어나는 생산물 시장에 대한 설명으로 타당하지 않은 것은?

① 독점적 경쟁의 장기균형에서는 초과설비가 관측된다.
② 굴절수요곡선은 과점가격의 경직성을 설명한다.
③ 평균비용에 근거한 가격책정이 일반적이다.
④ 독점균형은 수요곡선의 가격탄력적인 곳에서 이루어진다.
⑤ 쿠르노(A. Cournot)모형과 베르트랑(J. Bertrand)모형은 모두 동질적인 상품의 판매를 전제로 한다.

102 기업의 시장구조와 행동원리에 대한 설명으로 옳지 않은 것은?

① 두 기업이 특정시장을 50 : 50으로 양분하고 있으면 허핀달지수(Herfindahl Index)에 의한 독과점도는 5,000이다.
② 쿠르노(Cournot) 과점시장모델에서 기업 수가 많아질수록 시장 전체의 산출량은 증가한다.
③ 독점적 경쟁시장에서 이윤극대화를 추구하는 기업의 장기균형 생산량은 평균비용이 최소가 되는 점이다.
④ 완전경쟁기업의 이윤극대화 산출량은 한계수입과 한계비용이 일치하는 점에서 결정된다.

103 그림은 X재 시장 및 X재 생산에 특화된 노동시장의 상황을 나타낸 것이다. 이에 대한 분석으로 옳은 것은?

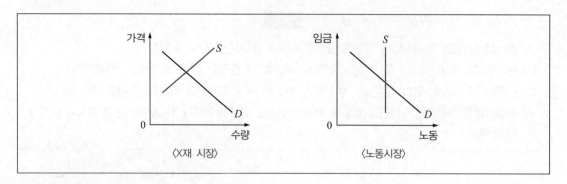

① X재에 대한 수요가 증가하면 고용량이 늘어난다.

② 노동공급이 증가하면 X재 가격이 상승한다.

③ X재에 대한 수요가 증가하면 임금이 증가한다.

④ X재 수요를 증가시키려면 노동수요를 증가시켜야 한다.

⑤ 노동공급이 감소하면 X재 수요곡선이 이동한다.

104 고급 한식에 대한 열풍으로 한식 가격이 상승하였다고 가정하자. 한식 가격의 상승이 한식 요리사들의 노동시장에 미치는 영향으로 가장 옳은 것은?

① 노동 수요곡선이 오른쪽으로 이동하여 임금이 상승한다.

② 노동 수요곡선이 왼쪽으로 이동하여 임금이 하락한다.

③ 노동 공급곡선이 오른쪽으로 이동하여 임금이 하락한다.

④ 노동 공급곡선이 왼쪽으로 이동하여 임금이 상승한다.

105 생산물시장과 노동시장이 완전경쟁적인 경우, 한 기업의 노동수요곡선을 의미하는 한계생산가치(Value of Marginal Product)곡선이 우하향하는 이유는 노동투입을 증가시킴에 따라 다음의 어느 것이 감소하기 때문인가?

① 한계생산(Marginal Product) ② 한계요소비용(Marginal Factor Cost)

③ 한계비용(Marginal Cost) ④ 평균비용(Average Cost)

⑤ 임금(Wage)

106 경쟁시장에서 이윤극대화를 추구하는 기업이 있다. 다음 중 노동수요곡선의 이동을 가져 오는 것을 모두 고르면?

> ㄱ. 노동의 가격   ㄴ. 노동수요량
> ㄷ. 기업의 상품 가격   ㄹ. 노동의 한계생산물

① ㄱ, ㄴ   ② ㄱ, ㄷ   ③ ㄴ, ㄹ
④ ㄷ, ㄹ   ⑤ ㄱ, ㄴ, ㄷ

107 완전경쟁시장에서 이윤극대화를 추구하는 한 기업이 생수를 생산하여 판매하고 있다. 갑작스런 식수원 오염사건이 발생하여 생수에 대한 수요가 급격히 증가함에 따라 발생할 수 있는 설명으로 옳은 것은?

① 생수 산업의 근로자의 임금은 하락한다.   ② 노동의 한계생산물가치가 증가한다.
③ 생수의 한계효용이 증가한다.   ④ 노동의 한계생산이 증가한다.

108 노동수요곡선에 대한 설명으로 옳은 것을 〈보기〉에서 모두 고르면?

보기

> ㄱ. 노동의 한계생산물이 빠르게 체감할수록 노동수요는 임금 탄력적이 된다.
> ㄴ. 생산물에 대한 수요가 증가하면 노동 수요곡선이 우측으로 이동한다.
> ㄷ. 노동 1단위당 자본량이 증가하면 노동 수요곡선이 좌측으로 이동한다.

① ㄱ   ② ㄴ   ③ ㄱ, ㄴ
④ ㄴ, ㄷ   ⑤ ㄱ, ㄴ, ㄷ

109 다음 〈보기〉에서 경제학에서 사용하는 '한계(Marginal)'와 관련된 설명으로 옳은 것의 갯수는?

> 보기
>
> ㄱ. 한계대체율은 동일한 효용수준을 유지하면서 한 재화 소비량을 한 단위 증가시키기 위하여 감소시켜야 하는 다른 재화의 수량을 의미한다.
> ㄴ. 한계개념은 수학의 도함수 개념을 응용한 것이다.
> ㄷ. 한계요소비용은 평균요소비용곡선의 기울기로 측정된다.
> ㄹ. 한계비용은 생산을 한 단위 더 할 때의 비용의 변화액이다.
> ㅁ. 한계생산은 생산요소를 한 단위 더 투입할 때의 생산의 변화량이다.

① 1개   ② 2개   ③ 3개
④ 4개   ⑤ 5개

110 생산요소시장에 관한 설명으로 옳지 않은 것은? (단, 생산물시장과 생산요소시장을 완전경쟁시장으로 가정한다)

① 노동과 같은 생산요소에 대한 수요는 재화와 서비스의 생산을 위해 요소들을 사용하는 기업에서 나오는 파생수요이다.

② 이윤극대화를 추구하는 기업은 한계생산물가치가 요소가격과 같아지는 점에서 요소 고용량을 결정한다.

③ 노동공급곡선이 우상향한다는 것은 임금이 상승하면 여가시간을 늘린다는 뜻이다.

④ 생산요소들은 함께 투입되므로 한 요소의 공급량의 변화는 다른 요소들의 소득에 영향을 미친다.

⑤ 생산요소에 대한 수요는 그 요소의 한계생산물가치를 반영하므로, 균형상태에서 각 요소는 한계생산물가치만큼의 보수를 받는다.

111 A기업의 고용량에 따른 노동의 한계생산물이 다음 표와 같다. A기업 제품의 가격이 20만 원이고 시장 균형 임금률이 월 300만 원일 때, A기업의 이윤극대화 고용량은? (단, 다른 조건은 일정하다)

고용량	1	2	3	4	5	6
한계생산물	10	15	30	25	10	5

① 2 ② 3
③ 4 ④ 5

112 완전경쟁적인 구두시장에서 최근 경기 침체로 구두의 수요가 줄어들어 구두가격이 하락하였다. 그러나 구두 제조기업에 고용된 노동자의 시장임금수준은 변하지 않았다면, 다음 중 나타나기 어려운 것은? (단, 한계생산체감의 법칙이 적용된다)

① 노동의 한계생산물가치(VMP)가 감소한다.
② 구두 제조기업의 고용량이 감소한다.
③ 구두 제조기업의 노동수요곡선이 하방 이동한다.
④ 새로운 고용수준에서 노동의 한계생산은 감소한다.
⑤ 시장임금수준이 하락한다면 고용량이 변하지 않을 수도 있다.

113 어떤 경쟁적 기업의 단기생산함수가 $Q = 524L - 4L^2$이다. 생산물의 가격이 3만 원이고, 임금은 12만 원이다. 이윤극대화 고용량 L은 얼마인가?

① 130 ② 65 ③ 3
④ 15 ⑤ 20

파트1
파트2
파트3
파트4
파트5
파트6
파트7
파트8
실전1
실전2

114 어느 마을의 노동공급이 $L=2W-40$와 같이 주어져 있다. 이 마을의 기업은 A사 하나밖에 없는데, A사의 노동수요는 $L=100-W$이다. 이 마을 사람들은 다른 곳에서는 일자리를 구할 수 없다면, 이때 A사는 임금률로 얼마를 책정하겠는가? (단, W는 임금률, L은 노동량이다)

① 5 ② 10 ③ 20
④ 30 ⑤ 40

115 소득분배의 불평등 정도를 나타내기 위해 가장 많이 사용되는 지표는?

① 엥겔(Engel) 계수 ② 샤프 지수(Sharpe's Ratio)
③ 지니(Gini) 계수 ④ 빅맥 지수(Big Mac Index)

116 다음은 불평등지수에 대한 설명이다. ㉠~㉢에 들어갈 말로 알맞은 것은?

> • 지니 계수가 (㉠)수록, 소득불평등 정도가 크다.
> • 십분위 분배율이 (㉡)수록, 소득불평등 정도가 크다.
> • 앳킨슨 지수가 (㉢)수록, 소득불평등 정도가 크다.

	㉠	㉡	㉢			㉠	㉡	㉢
①	클	작을	작을		②	클	작을	클
③	작을	작을	작을		④	작을	클	클

117 그림은 어떤 나라의 소득분포를 말해주는 로렌츠 곡선(Lorenz Curve)을 나타내고 있다. 다음 내용의 ㉠ ~ ㉢에 들어갈 것을 순서대로 나열하면?

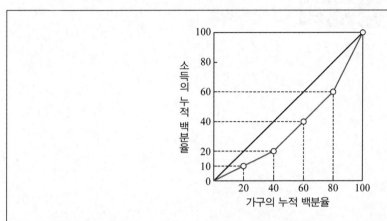

　　수직축은 소득의 누적 백분율을 나타내고, 수평축은 가구의 누적 백분율을 나타낸다. 위 그래프에서 모든 가구 가운데 소득수준 최하위 20%인 가구들은 경제 전체 소득 가운데 (㉠)%를 벌고, 소득수준이 그 다음 하위 20%인 가구들은 경제 전체소득 가운데 (㉡)%를 벌고, 소득수준 최상위 20%인 가구들은 경제 전체소득 가운데 (㉢)%를 벌었다.

	㉠	㉡	㉢		㉠	㉡	㉢		㉠	㉡	㉢
①	20	20	20	②	20	40	100	③	10	20	40
④	10	10	40	⑤	10	20	60				

118 소득분배의 측정과 관련된 설명으로 옳은 것은?

① 지니 계수의 값이 클수록 소득은 균등하다.

② 소득수준이 균등할수록 로렌츠 곡선은 45도 대각선에 근접한다.

③ 십분위 분배율은 10% 단위로 가구의 누적 비율과 소득의 누적점유율 사이의 관계를 나타낸다.

④ 쿠즈네츠 U자 가설에 따르면 경제발전 초기단계에는 소득분배가 균등해지나, 성숙단계로 들어서면 불균등이 심해진다.

파트1 파트2 파트3 파트4 파트5 파트6 파트7 파트8 실전1 실전2

공기업 NCS 경제학

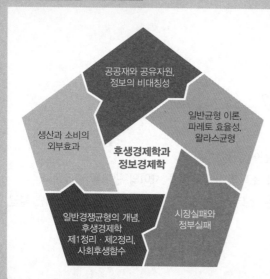

공공재와 공유자원, 정보의 비대칭성

일반균형 이론, 파레토 효율성, 왈라스균형

생산과 소비의 외부효과

후생경제학과 정보경제학

일반경쟁균형의 개념, 후생경제학 제1정리 · 제2정리, 사회후생함수

시장실패와 정부실패

[합격전략]

일반균형 이론과 왈라스균형 이론에 관한 문제가 출제된다. 또한 후생경제학의 제1정리와 제2정리의 내용이 출제되므로 이에 대한 학습이 필요하다. 사회후생함수, 사회무차별곡선의 유형, 롤스적 사회후생함수 등의 내용도 출제되고 있다. 시장실패와 정부실패, 공공재와 공유자원의 의의 및 공통점과 차이점, 공유지의 비극, 무임승차자와 같이 낯선 용어에 관한 내용이 출제되고 있으므로 이러한 용어들의 개념들을 미리 숙지하고 있어야 한다.

공기업
NCS
경제학

파트 4
후생경제학과 정보경제학

✪ 테마 유형 학습

✪ 빈출 지문에서 뽑은 O/X

✪ 기출예상문제

일반균형과 왈라스균형

☑ **일반균형상태의 의미**
경쟁적 상황에서의 일반균형상태는 각 경제주체가 자신의 이익만을 좇아 경제활동을 영위할 때 서로 상충하는 욕구가 시장의 힘에 의해 조화를 이루게 되는 상태이다.

☑ **부분균형 분석**
개별 경제주체 및 개별 시장이 각각 독립성을 갖고 있다는 가정하에서 경제를 분석하는 방법으로, 다른 조건은 모두 일정하다는 가정하에 특정 산업이나 부문에서의 경제적 변화를 분석하는 방법을 말한다.

1 일반균형 이론

1. 일반균형

(1) 일반균형(General Equilibrium)이란 경제제력 작용의 결과로서, 경제체계를 구성하는 모든 변수들이 변화하려는 경향이 존재하지 않는 상태이다.

(2) 일반균형분석은 대부분의 경제주체 및 시장이 상호의존관계를 갖고 있다는 가정하에서 경제를 분석하는 방법으로, 한 경제 내 모든 시장을 동시에 고려하여 분석한다.

(3) 일반균형분석은 부분균형분석에 비해 복잡하지만 경제의 여러 분야가 상호의존관계에 있음을 설명하기에 용이하다.

2. 일반균형이 성립하기 위한 조건

다음 조건이 모두 충족된 상태에서는 어떤 경제주체도 교란요인이 없는 한 현재의 상태에서 다른 상태로 변화하는 것을 원치 않는다. 즉, 일반균형이 성립된다.

(1) 모든 소비자들은 예산제약하에 효용 극대화를 이루는 수요(재화)와 공급(생산요소)을 결정한다.

(2) 모든 기업들은 이윤 극대화를 위해 공급(재화)과 수요(생산요소)를 결정한다.

(3) 모든 재화시장 및 생산요소시장에서 수요와 공급이 일치해 균형을 이루고 있다.

2 순수교환경제에서의 일반균형

1. 에지워스 상자

(1) 2인 2재화

① A, B 두 사람과 쌀(x), 옷(y) 두 상품이 있음을 전제로 한다.

② A는 쌀을 x_A^I, 옷을 y_A^I 만큼 보유하고 B는 쌀을 x_B^I, 옷을 y_B^I 만큼 보유한다.
  → 초기부존자원 또는 초기부존점(I, 원래부터 가지고 있는 상품)

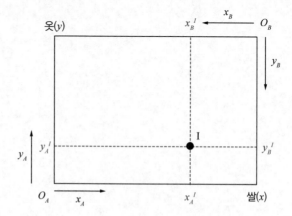

(2) 에지워스 상자(EdgeWorth Box)

① 초기부존자원(Initial Endowment) 보유 : 두 소비자는 원래부터 두 재화를 일정량만큼 보유한다.

② 자원배분(Resource Allocation) : 무수히 많은 자원배분이 존재하며, 두 소비자 간 두 재화도 특정한 상태로 배분되어 있다.

③ 실현가능배분(Feasible Allocation) : 두 소비자에게 배분된 각 재화부존량의 합은 그 재화의 총부존량을 초과하지 않는다.

(3) 자원배분

① 쌀(x)과 옷(y) 사이에 어떤 특정한 교환비율(가격비율)이 주어지면 두 사람 모두 더 이상 다른 상태로의 변화를 원치 않게 되는 균형의 상태가 성립한다.

② 두 사람이 $Q_A = (X_A,\ Y_A)$와 $Q_B = (X_B,\ Y_B)$를 소비하게 된다면 두 상품묶음의 짝 Q_A, Q_B를 가리켜 (자원)배분이라 한다.

③ 에지워스 상자 안의 모든 점들은 각각 하나씩의 실현가능한 배분을 나타낸다.

2. 교환의 발생

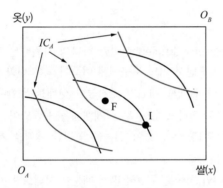

(1) A의 무차별지도는 O_A를 기준으로, B의 무차별지도는 O_B를 기준으로 기준점에 대해 볼록한 형태이다.

(2) 교환을 통해 초기부존점인 I점을 떠나 F점을 포함한 볼록렌즈 모양 안에 있는 어떤 점으로 이동하면 두 사람 모두 더 높은 효용수준에 도달한다.

(3) 두 경제주체는 모두 교환을 통해 제시된 상대가격에서 효용을 극대화한다.

3. 소비계약곡선

(1) 소비계약곡선(Consumption Contract Curve)이란 에지워드 상자 속에서 파레토 효율적인 자원배분이 달성되는 점인, 두 사람의 무차별곡선이 접하는 점들을 이은 궤적이다.

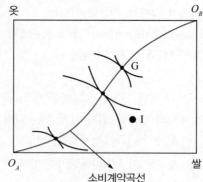

소비계약곡선

(2) 더 이상 서로에게 이득이 되는 변화가 일어날 수 없는 배분상태에 도달하면 균형이 성립한다.

4. 파레토 효율성

(1) 파레토 효율성(Pareto Efficiency)이란 하나의 자원배분상태에서 누구에게도 손해가 가도록 하지 않으면서 어느 누구에게 이득이 되는 변화를 만들어 내는 것이 불가능한 배분상태, 즉 파레토 개선이 불가능한 상태를 말한다.

(2) 무차별곡선이 서로 접하고 있어 두 한계대체율(MRS)이 서로 같아지는 모든 점은 파레토 효율적인 배분점이고, 이 점들을 연결한 궤적을 계약곡선이라고 한다.

(3) 파레토 기준의 문제점
  ① 파레토 효율적인 점들은 무수히 많기 때문에 파레토가 기준만으로는 이들의 우열을 가릴 수 없다.
  ② 사회후생함수 등을 도입하여 공평성 등의 별도의 기준을 반영하여야만 가장 바람직한 점을 찾을 수 있다.

5. 모색과정

(1) 제3의 사람이 경매자의 역할을 해 두 사람 사이의 교환을 중개한다고 가정한다.

(2) 경매자는 일단 하나의 가격을 제시한 다음, 교환하고자 하는 내용을 종합하여 초과수요나 초과공급의 존재 여부에 따라 가격을 변경한다.

(3) 초과수요가 있는 재화의 가격은 올리고, 초과공급이 있는 재화의 가격은 내리는 방식으로 상대가격을 다시 조정하는 것을 모색과정이라 한다.

6. 왈라스균형

(1) 왈라스의 법칙
  ① 왈라스의 법칙(Walras' Law)이란 모든 소비자들이 각각 자신에게 주어진 소득 내에서 효용을 극대화하도록 재화를 소비하는 경우, 초과수요의 시장가치는 항상 0이 되는 현상을 말한다.

파레토 개선(Pareto Improvement)
누구에게도 손해가 가지 않게 하면서 최소한 한 사람 이상에게 이득을 가져다주는 것이 가능한 상태를 말한다.

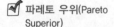

파레토 우위(Pareto Superior)
두 배분상태 중 하나의 배분상태가 다른 배분상태보다 어느 누구의 이득이 더 감소하지 않고 최소한 한 명 이상의 이득이 증가하는 상태이다. 이 경우, 다른 배분상태는 '파레토 열위'라고 한다.

② 개별시장에서 수요와 공급이 항상 일치한다는 보장은 없지만 경제 전체적으로 볼 때 총수요의 가치와 총공급의 가치는 항상 일치한다.

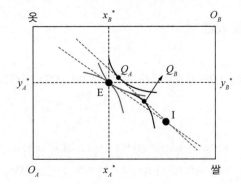

(2) 왈라스균형 : 옷의 가격(py)이 올라가고 쌀의 가격(px)이 내려가는 경우, $\dfrac{px}{py}$ 는 평 평해지고 이와 같은 모색과정은 각 재화에 대한 초과수요가 0이 되는 E점까지 계속 된다. 이 지점에서 경제가 균형의 상태에 있다고 말하며, 이와 같은 가격체계와 배분 을 왈라스균형이라 한다.

(3) 균형점의 의미
① 각 경제주체의 효용이 극대화된다.
② 각 상품에 대한 수요량과 공급량이 일치한다.
③ 각 경제주체는 가격수용자가 된다.
④ 일반경쟁균형이라 부를 수 있고 균형점이 계약곡선 위에 위치하므로 파레토 효율 적이다.

대표기출유형

📖 다음 중 완전경쟁시장의 일반균형에 대한 설명으로 가장 적절하지 않은 것은?

① 예산집합에서 각 소비자의 효용이 극대화된다.
② 각 생산자의 이윤이 극대화되고 양(+)의 값을 가진다.
③ 한 소비자의 후생을 높이려면 반드시 다른 소비자의 후생이 낮아져야 한다.
④ 선호체계와 생산기술에 대한 몇 가지 가정이 성립할 때, 초기부존자원을 적절히 재분배하면 임의의 파레토 효율적 배분을 일반균형으로 만들 수 있다.

정답 ②
해설 완전경쟁시장의 일반균형에서 각 생산자의 이윤은 0이 된다.

파트1
파트2
파트3
파트4
파트5
파트6
파트7
파트8
실전1
실전2

테마 02 일반경쟁균형과 효율성

☑ 파레토 효율성은 효율적인 자원 배분에 대한 기준만 제시하며 형평에 관해서는 어떠한 기준도 제시하지 못하였다.

1 일반경쟁균형의 개념

1. 정의

일반경쟁균형이란 모든 경제주체가 가격수용자가 되는 경쟁적 상황에서의 일반균형을 의미한다.

2. 상대가격체계

(1) 모든 상품의 가치를 측정하는 척도가 되는 상품을 단위가격재화로 설정해 그 가격을 1로 놓으면, 모든 재화의 가격은 이 재화를 단위로 표현 가능하다.

(2) n개의 독립적인 재화가 있을 때, 독립적인 가격의 수는 $(n-1)$개이다.

(3) 결론적으로 왈라스의 법칙에 따라 상호독립적인 방정식의 개수는 $(n-1)$개이고, 상대가격체계에 따라 독립적인 가격의 수도 $(n-1)$개이므로, 일반균형문제는 해결이 가능하다.

2 후생경제학의 제1정리

1. 제1정리의 내용

모든 소비자의 선호체계가 기본공리(완비성, 이행성, 연속성)와 강단조성을 갖고 경제 안에 외부성이 존재하지 않는다면, 일반경쟁균형은 파레토 효율적이다.

2. 제1정리의 의미

(1) 후생경제학의 제1정리는 애덤 스미스(Adam Smith)가 제시한 '보이지 않는 손'의 현대적 해석이다.

(2) 각 소비자가 자신의 효용을 극대화하고, 각 생산자가 자신의 이윤을 극대화하기 위해 활동하는 분권화된 경쟁시장에서 이루어진 균형은 반드시 파레토 효율적임을 의미한다.

3. 제1정리의 한계

(1) 이상적인 시장의 존재 유무 : 제1정리가 전제하고 있는 이상적인 시장의 상황은 불완전 경쟁이나 외부성의 존재로 시장의 힘이 제약을 받기 때문에 현실성이 낮다.

(2) 공평성의 문제 : 파레토 효율적인 배분에는 공평성의 기준이 누락되어 있어 반드시 최선의 배분이 아닐 수도 있다.

3 후생경제학의 제2정리

1. 제2정리의 내용

초기부존자원을 적절히 배분한 상태에서 모든 소비자의 선호체계가 볼록성이 추가된 기본공리와 강단조성을 만족시키면, 파레토 효율적인 배분은 일반경쟁균형이 된다. 즉, 제1정리의 역에 해당한다.

2. 제2정리의 의미

(1) 정부의 개입을 통한 자원의 재배분에 의해서 완전경쟁균형이 파레토 효율을 달성함을 뜻한다.

(2) 현금을 통한 이전 : 어떤 경제의 초기부존자원이 M점으로 주어져 있다면, 일반경쟁균형의 배분은 N점이다. 이 계약곡선 위에 있으며 더 공평한 배분인 H점을 실현시키고자 할 때, A에서 필요한 만큼의 정액세를 현금으로 거두어 B에게 이전시키되, 모든 거래는 시장에서 형성된 가격에 의해서 이루어지도록 하는 방법이다. 이를 통해 제2정리가 성립된다면 효율성의 상실 없이 공평성을 달성할 수 있다.

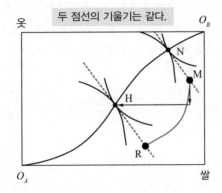

파트1
파트2
파트3
파트4
파트5
파트6
파트7
파트8
실전1
실전2

(3) 정액 이전에 의한 소득재분배

소득재분배를 위한 목적으로 가격체계에 어떤 손질을 가하는 것은 바람직하지 않다. 즉, 소득재분배를 위한 간섭을 현금이전에 국한시키고, 나머지는 시장 기능에 맡겨도 바람직한 배분상태를 실현할 수 있다.

대표기출유형

🔲 **다음 중 후생경제학의 제1정리에 관한 설명으로 옳지 않은 것은?**

① 소득분배의 최적성을 포함한다.
② 분권적 의사결정의 결과이기도 하다.
③ 외부성이 없는 경우에 최적의 결과가 된다.
④ 자원배분에 관한 정리로, 시장경제를 대상으로 한다.

정답 ①

해설 후생경제학의 제1정리에 따른 파레토 효율적인 배분이 반드시 최선의 배분은 아닐 수도 있다. 왜냐하면 공평성의 기준이 누락되어 있기 때문이다.

사회후생함수

☑ 효용가능경제는 효율성의 조건을 만족시키는 점들로 이루어져 있지만, 그렇다고 해서 이 모든 점들의 바람직한 정도가 동일한 것은 아니다. 가장 바람직한 배분을 찾기 위해서는 효율성 이외에 또 하나의 평가기준이 필요한데, 그것은 생산된 상품이 사람들 사이에 어떻게 분배되어야 바람직한지에 대한 가치판단(Value Judgement)과 밀접한 관련을 갖고 있다. 사회후생함수는 이런 가치판단을 반영하고 있다.

1 사회후생함수와 사회무차별곡선

1. 사회후생함수

(1) 의의

① 사회후생함수(Social Welfare Function ; SWF)는 구성원의 효용수준으로부터 사회전체의 후생 수준을 도출해 주는 함수이다.

② 사회후생함수는 구성원의 효용수준을 평가하는 가치판단에 따라 달라진다.

(2) 도출 : 소비자 A와 소비자 B로 구성된 사회에서의 사회후생은 A의 효용수준과 B의 효용수준에 의해 결정되므로 두 사람의 효용수준이 U_A, U_B로 주어졌을 때 사회후생함수는 다음과 같다.

$$W = f(U_A, U_B)*$$

2. 사회무차별곡선

(1) 사회후생함수로부터 사회무차별곡선(Social Indifference Curve)이 도출되며, 사회후생함수가 내포하고 있는 가치판단의 성격은 사회무차별곡선에 반영되어 나타난다.

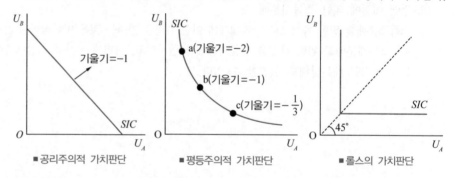

■공리주의적 가치판단   ■평등주의적 가치판단   ■롤스의 가치판단

(2) 소비자의 효용함수에서 무차별곡선을 도출하듯이 사회후생함수로부터 동일한 수준의 사회후생을 주는 U_A와 U_B조합으로 만들어지는 사회무차별곡선이 도출된다.

2 사회무차별곡선의 유형

1. 공리주의적 사회후생함수

☑ 벤담(J. Bentham)류의 가장 단순한 공리주의적 가치판단을 반영하는 사회후생함수는 단순히 개인의 효용을 합한 것으로 결정된다.

$$W = U_A + U_B$$

(1) 사회무차별곡선은 −1의 기울기를 갖는 선분이다.

(2) 두 소비자 간의 효용이 어떻게 분배되는지 관계없이 단순히 개인효용의 합으로 결정된다.

(3) 어떠한 효용수준에도 가중치를 부여하지 않는다.

파트1

파트2

파트3

파트4

파트5

파트6

파트7

파트8

실전1

실전2

2. 평등주의적 사회후생함수

$$W = U_A \times U_B$$

(1) 보다 일반적인 가치판단의 경우이며, 원점에 대해 볼록한 모양이다.

(2) 고소득자로부터 저소득자에게로 소득을 재분배해야 한다는 주장의 근거로 활용된다.

3. 롤스적 사회후생함수

$$W = \min(U_A, \ U_B)$$

(1) 레온티에프 생산함수와 비슷한 L자 형태의 함수이다.

(2) 평등주의적 경향이 극단에 이르면 롤스적 사회후생함수가 된다.

4. 바람직한 배분의 도출

(1) 바람직한 균형은 효율성과 공평성을 둘 다 만족시키는 균형이다.

(2) 종합적 효율성이 모두 충족된 효용가능경계와 사회적 가치판단을 반영하고 있는 사회적 무차별곡선과의 교점에서 가장 바람직한 배분이 이루어진다. 이 점을 극치점 (Constrained Bliss)이라고도 한다.

(3) 한 사회에 주어진 부존자원으로 가장 효율적인 생산을 하고, 생산된 재화를 가장 효율적으로 교환한 범위 내에서만 사회후생을 극대화할 수 있다.

(4) E점은 사회후생이 극대화되고 경제적 자원을 가장 바람직하게 배분한 상태를 대표한다.

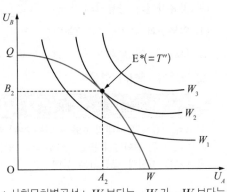

* 사회무차별곡선 : W_1보다는 W_2가, W_2보다는 W_3가 더 높은 사회 수행을 나타낸다.

> ☑ 평등주의적 사회후생함수는 높은 효용수준을 누리는 사람의 효용에 낮은 가중치를 적용하고, 낮은 효용수준을 누리는 사람들의 효용에는 높은 가중치를 적용하는 후생함수이다.
>
> ☑ • 롤즈(J. Rawls)는 한 사회에서 가장 못사는 자들의 생활수준을 가능한 한 크게 개선시키는 것이 재분배정책의 최우선 과제라고 주장한다.
> • 롤스적 사회후생함수는 최소극대화원칙(Maximin Principle), 즉 가장 못사는 자의 효용수준에 의해 사회후생이 결정된다.

대표기출유형

💬 **소득이 높을수록 소득의 한계효용이 증가한다고 가정할 때, 공리주의자의 관점으로 적절한 것은?**

① 방향에 상관없이 소득재분배는 사회후생을 증진시킨다.

② 방향에 상관없이 소득재분배는 사회후생을 감소시킨다.

③ 부자로부터 빈자로의 소득재분배는 사회후생을 증진시킨다.

④ 빈자로부터 부자로의 소득재분배는 사회후생을 증진시킨다.

정답 ④

해설 소득이 높을수록 소득의 한계효용이 증가하는 경우, 소득분배상태와는 무관하게 각 개인의 총효용 합계로 사회후생을 결정하는 공리주의자의 관점에 의하면 빈자로부터 부자로의 소득재분배는 사회후생을 증진시키게 된다.

시장실패와 정부실패

✔️ 효율적 자원배분
경제의 안정이나 공평한 분배라는 측면에서 결코 높은 점수를 받을 수 없는 시장기구가 전반적으로 긍정적인 평가를 받고 있다면, 이것은 효율적 자원배분의 측면에서 평가한 것이다.

✔️ 시장의 역할
1. 효율적인 자원의 배분
2. 소득과 부의 공평한 분배
3. 경제의 안정과 성장의 촉진

1 시장실패

1. 의의

시장실패(Market Failure)란 시장기구가 자원의 효율적 배분을 실패하는 현상, 즉 시장이 가격기구에 의해 경제적 효율성을 달성하지 못하는 경우를 말한다.

2. 발생원인

(1) 불완전경쟁

　① 시장 경제의 효율성은 경제 주체들의 자유롭고 공정한 경쟁에 의해 달성되므로 불완전한 경쟁하에서는 자원의 효율적 배분이 달성되기 어렵다.

　② 불완전경쟁의 요인으로는 과소공급, 높은 가격, 비효율적 생산 등이 있다.

　③ 불완전경쟁에 대한 대책으로 공정한 경쟁 촉진, 가격 규제, 민영기업을 공기업으로 전환, 소비자 운동 등을 개시할 수 있다.

(2) 공공재와 무임승차의 문제

(3) 공유자원과 공유지의 비극

(4) 외부성과 유인구조의 왜곡

(5) 불확실성의 문제

(6) 도덕적 해이와 역선택

자원의 효율적 배분	시장 실패
최소의 비용으로 최대의 효율을 얻는 자원 배분으로, 모든 재화가 효용을 극대화할 수 있는 사람에게 적정량 공급되는 상태 ↑	자원의 효율적 배분이 이루어지지 못한 것으로, 모든 재화가 바람직한 수준보다 과잉 또는 과소 공급되는 상태 ↑
① 완전경쟁시장 ② 사적재 : 경합성과 배제성 有 ③ 외부효과 × : 　사회적 비용=사적 비용 　사회적 편익=사적 편익	① 독과점, 동질의 상품×, 정보의 비대칭성 ② 공공재, 공유자원 ③ 외부효과 　사회적 비용≠사적 비용 　사회적 편익≠사적 편익

2 시장의 실패와 정부의 역할

1. 정부 개입에 의한 외부효과의 해결

(1) 직접 규제(Command-and-Control Policies) : 정부가 일정한 행위를 의무화하거나 금지하여 해결한다. 이 경우, 규제에 따른 비용 문제가 발생한다.

파트1

파트2

파트3

파트4

파트5

파트6

파트7

파트8

실전1

실전2

(2) 경제적 유인 이용(Market-Based Policies) : 외부 경제 효과에 대해서는 보조금을 지급하고, 외부불경제 효과에 대해서는 조세를 부과한다. 즉, 시장 기능을 도입해 외부효과를 해결한다.

(3) 오염 배출권 거래 제도(Tradable Pollution Permits) : 정부가 한정된 오염 배출권을 발행하여 거래를 허용하는 제도로, 오염 물질을 낮은 비용으로 효과적으로 줄일 수 있는 기업은 배당된 배출권을 시장에서 판매하고자 하며 오염 물질 감소에 높은 비용을 치러야 하는 기업은 차라리 배출권을 시장에서 구입하고자 할 것이다. 결과적으로 같은 양의 공해 물질을 최소의 사회적 비용으로 줄일 수 있게 된다.

☑ 피구세 제도
동태 외부성의 문제를 당사자에게 내부화하는 것이다.

2. 정부의 실패

(1) 의의
① 정부가 개입하여 오히려 시장의 효율성을 떨어뜨리는 현상을 말한다.
② 시장실패의 존재는 정부 개입의 필요조건이 될 수 있지만 충분조건은 될 수 없다.

(2) 정부의 개입이 더 큰 비효율성을 초래할 수 있는 이유는 정부의 개입으로 민간부문에서의 자유로운 의사결정이 교란되는 결과가 나타나기 때문이다. 따라서 시장의 실패가 발생하더라도 정부의 개입이 효율성을 증진시킬 수 있을 때에 한해서 개입을 시도하는 것이 현명하다.

(3) 정부실패에 대한 이론적 접근
① 공공선택이론 : 정치가나 관료도 공익이 아닌 사적인 이익을 위해 행동하기 때문에 공공정책이 항상 공익을 위해 수립된다는 보장이 없고, 오히려 국민의 희생 위에 특정 집단의 이익을 위한 공공정책이 수립될 가능성이 있다.
② 불가능성정리 : 정부도 사회의 여러 상태를 비교·평가할 수 있는 효율적이고 민주적인 의사결정체계를 가지고 있지 않다.
③ 차선의 이론 : 치유 불가능한 시장실패에 대한 정보가 충분하지 못한 상황에서 특정 부문에 대한 치유는 완벽할 수 없다.

대표기출유형

🗨 **다음 중 시장실패의 의미로 옳은 것은?**

① 시장의 가격이 경직적인 상황이다.
② 가격통제로 인한 암시장이 생기는 상황이다.
③ 바람직한 자원배분이 이루어지지 않는 상황이다.
④ 시장의 수요과 공급에 의해서 경제문제가 해결되지 않는 상황이다.

정답 ③

해설 시장의 실패란 자원의 배분이 효율적으로 이루어지지 않는, 즉 시장에서 가격기구에 의한 효율적인 자원배분이 달성되지 못하는 현상을 의미한다.

테마 05

외부효과

☑ 외부효과(외부성, Externality External Effect)
1. 개념
- 어떤 경제주체의 행위가 의도하지 않게 다른 경제주체에게 이익이나 손해를 주면서도 그 대가를 받지 못하거나 지불하지 않는 상태를 말한다.
- 이익을 주는 경우는 외부경제, 손해를 끼치는 경우를 외부불경제라고 한다.
2. 외부효과와 시장실패
- 자원배분의 비효율성이 발생한다.
- 생산의 외부효과가 존재하면 사적 비용과 사회적 비용이 불일치한다.
- 소비에 외부효과가 존재하면 사적 편익과 사회적 편익이 불일치한다.

☑ 생산과정에서 발생하는 외부효과로, 양봉업자의 접근으로 과수원업자의 과일수확량이 늘어나는 것이다(생산의 외부경제).

1 외부효과의 개념

1. 외부경제

(1) 어떤 경제주체의 생산이나 소비활동이 제3자에게 이익을 주는 경우를 외부경제 혹은 양(+)의 외부성이라 한다.

(2) 예시

① 양봉업자 주변의 과수원은 별도의 비용을 지불하지 않고도 꽃을 수분시킬 수 있고 정원을 가꾸는 행위는 주변 사람들에게 경제적 이득을 포함한 혜택을 줄 수 있다.

② 전염성 질병 예방을 위한 노력은 사회 전체에 긍정적인 영향을 끼치고 획기적 발견으로 인해 사회 전체의 기술 수준 향상이 이루어질 수 있다.

③ 교육을 통해 범죄율이 낮아짐으로 인한 사회 질서 유지가 가능하다.

2. 외부불경제

(1) 어떤 경제주체의 생산이나 소비활동이 손해를 입히는 경우를 외부불경제 혹은 음(−)의 외부성이라 한다.

(2) 예시

① 화석 연료의 이용으로 인해 발생한 공장 매연이나 자동차 배기가스 등의 대기 오염은 농작물에 피해를 주고 국민 건강에 악영향을 끼치고 공장 폐수, 생활하수 등의 무단 방류로 인한 수질 오염은 식물, 동물, 인간들에게 피해를 줄 수 있다.

② 지나친 음주로 인해 발생한 음주 운전 및 교통사고는 다른 사람에게 피해를 줄 수 있다.

③ 흡연으로 인한 질병, 불쾌감, 길거리 청결 유지를 위해 발생하는 비용 등 지나친 항생제 사용으로 인한 항생제 내성 등이 있다.

2 생산과 소비의 외부효과

1. 생산의 외부효과

(1) 사적 한계비용(Private Marginal Cost ; PMC) : 상품생산에 실제로 지출된 한계생산비

(2) 사회적 한계비용(Social Marginal Cost ; SMC) : 상품생산에 따른 한계 외부성을 화폐적 비용으로 평가하여 사적한계비용에 포함

(3) 외부한계비용(External Marginal Cost ; EMC) : 생산의 외부효과가 발생하면 제3자가 이익이나 손해를 입게 되는 크기

(4) 사회적 한계비용(SMC)=사적 한계비용(PMC)+외부한계비용(EMC)

> - 생산의 외부경제 : $PMC > SMC (= PMC + EMC (−))$
> - 생산의 외부불경제 : $PMC < SMC (= PMC + EMC (+))$

2. 소비의 외부효과

(1) 사적 한계편익(Private Marginal Benefit ; PMB) : 상품소비에 따른 개별소비자의 한계효용이며, 개별소비자의 수요곡선이 사적 한계편익곡선이다.

(2) 사회적 한계편익(Social Marginal Benefit ; SMB) : 소비에 따른 한계외부성을 포함하여 평가한 사회적 한계편익이다.

(3) 외부한계편익(External Marginal Benefit ; EMB) : 소비의 외부효과가 발생하면 제3자가 이익이나 손해를 입게 되는 크기이다.

(4) 사회적 한계편익(SMB)=사적 한계편익(PMB)+외부한계편익(EMB)

> • 소비의 외부경제 : $PMB < SMB \, (= PMB + EMB(+))$
> • 소비의 외부불경제 : $PMB > SMB \, (= PMB + EMB(-))$

파트1 파트2 파트3 파트4 파트5 파트6 파트7 파트8 실전1 실전2

소비과정에서 발생하는 외부효과로, 어떤 집이 길에 외등을 설치함으로써 옆집도 혜택을 보는 것이다(소비의 외부경제).

3. 외부효과의 유형과 자원배분

소비의 외부효과	외부경제	과소생산	사적 한계편익<사회적 한계편익
	외부불경제	과다생산	사적 한계편익>사회적 한계편익
생산의 외부효과	외부경제	과소생산	사적 한계비용>사회적 한계비용
	외부불경제	과다생산	사적 한계비용<사회적 한계비용

대표기출유형

아래 (가), (나)는 외부 효과가 발생한 사례이다. 이에 대한 올바른 설명은?

> (가) A 기업의 생산활동에 들어간 비용은 4억 9,000만 원인데 비해 이 기업의 생산활동으로 인한 사회 전체비용은 5억 5,000만 원이다.
> (나) B 상품의 판매 시장에서 거래자들이 얻는 총 편익은 2,500만 원인데 비해 이 상품으로 인한 사회 전체의 편익은 3,500만 원이다.

① (가)는 외부경제, (나)는 외부불경제에 해당한다.
② (가)는 정부의 개입으로 해결할 수 있지만 (나)는 그렇지 않다.
③ (가)는 자원의 비효율적 배분을 야기하지만 (나)는 그렇지 않다.
④ (가)는 과다 생산의 문제를, (나)는 과소 생산의 문제를 야기한다.

정답 ④

해설 (가)는 생산의 외부불경제(사적 비용<사회적 비용)로 과다 생산, (나) 소비의 외부경제(사적 편익<사회적 편익)로 과소 생산되게 된다.

공공재와 공유자원

☑ 한사람이 재화를 소비할 때, 다른 사람의 소비를 막을 수 있다면 배제성이 있다고 하고, 누군가가 재화를 소비할 때, 또 다른 누군가가 소비에 영향을 받으면 경합성이 있다고 한다.

☑ ┌ 공공재 : 배제성 + 경합성
  └ 공유자원 : 배제성 + 경합성

	경합성	비경합성
배제성	〈사적재〉 값을 치른 사람만이 독점적으로 사용할 수 있는 재화와 용역	〈자연독점〉 한산한 유료국립공원, 한산한 유료고속도로, 한산한 수영장, 케이블TV
비배제성	〈공유자원〉 자연자원, 혼잡한 무료도로, 공동소유의 목초지	〈공공재〉 국방, 치안, 공중파 TV, 무료국립공원, 한산한 국도

1 개념

1. 비경합성과 비배제성

(1) 소비의 비경합성(non-rivalry)

① 어떤 사람이 한 재화의 소비에 추가적으로 참여한다고 해서 다른 사람의 소비가능성이 줄어들지 않는 특성을 말한다(한계비용=0).

② 모든 사람들이 동시에 소비할 수도 있지만, 한 사람이 소비하는 것도 가능하다는 의미가 내포되어 있다.

(2) 소비의 비배제성(non-excludability)

① 대가를 치르지 않고 그것을 소비하려는 사람을 배제할 수 없는 특성을 말하며, 또한 가격을 부과할 수 없다.

② 배제성이 적용되지 않는다는 것은 어떤 특정 소비자 이외의 다른 소비자를 그 재화의 이용(소비)으로부터 배제하는 것이 불가능하다는 뜻이다.

③ 공공재의 경우에는 이와 같은 배제성이 적용되지 않는다. 즉 그 비용을 부담하지 않은 사람들이라고 해서 그 공공재를 이용(소비)을 배제할 수는 없다.

2. 비배제성과 비경합성에 의한 재화의 종류

(1) 공공재 : 비배제성과 비경합성의 원리가 적용되는 재화와 용역이다.

(2) 사적재(private goods) : 배제성과 경합성이 적용되는 재화와 용역을 말하며, 시장재(market goods)라고도 한다.

(3) 공유자원 : 불완전한 공공재에 속하는 재화와 서비스 중에서 비경합성의 원리가 부분적으로 적용되는 재화와 용역을 말한다.

(4) 요금재(toll goods) : 비배제성의 원리가 어느 정도 적용가능한 재화와 용역을 말하며, 비순수공공재이다.

2 공공재와 공유자원

1. 의의

(1) 공공재

① 공공재란 어떤 한 사람의 소비가 타인의 소비가치를 감소시키지 않고 똑같은 소비수준을 가지게 되며, 또한 잠재되어 있는 모든 소비자를 배제할 수 없는 재화와 용역을 말한다.

② 공공재는 공공에 의하여 소비되는 것을 말하며, 공공재의 생산은 정부도 할 수 있으며 사기업도 할 수 있다.

(2) 공유자원의 의의 : 공유자원이란 소유권이 어느 특정한 개인에게 있지 않고, 사회전체에 속하는 자원을 말하며, 자연자본 또는 사회적 공통자본이라고도 불린다.

(3) 가치재(merit goods)와 비가치재(demerit goods)

① 가치재란 사회적 관점에서 볼 때 재화의 소비가 가치가 있지만 민간부문에서 공급하는 양이 부족하여 정부가 생산 또는 공급하는 재화(주로 의료 및 주택서비스, 교육 등)를 말한다. 가치재는 경합성과 배제성이 있다.

② 비가치재란 사회적인 가치가 개인적인 자치보다 적은 재화로, 정부가 특정 재화의 생산이나 소비를 규제하는 재화이다. 마약, 술, 담배 등이 이에 해당한다.

2. 공통점과 차이점

(1) 공통점

① 어떤 사람이 재화와 용역에 대한 대가를 치르지 않아도 그 소비를 막을 수 없다.

② 공공재와 공유자원은 소유권이 불분명하고 주인이 없다.

(2) 차이점

공공재	공유자원
• 배재성과 경합성이 없는 재화 • 사람들에게 일정한 혜택을 주고, 많은 사람들이 동일한 재화를 동시에 소비할 수 있다. • 무임승차자의 문제를 낳는다.	• 배제성이 없고 경합성이 있는 재화 • 어떤 사람이 재화를 소비하면 다른 사람이 이것을 소비할 기회를 제한받게 된다. • 공유지의 비극이란 문제를 낳는다.

☑ 무임승차자
어떤 재화의 소비로부터 이득을 얻었음에도 불구하고 이에 대한 대가를 지불하지 않는 소비자를 말한다.

☑ 공유지의 비극
목초지, 어장과 같은 공동소유 자산의 활용을 둘러싸고 구성원들이 상호 협조와 타협이 없이 각자 개인 이익의 극대화만 추구할 경우, 공익이 훼손되고 궁극적으로는 공유자원이 고갈되어 개인이 이용할 수 없게 되는 공멸현상을 초래하는 것을 가리키는 개념이다.

파트1 파트2 파트3 파트4 파트5 파트6 파트7 파트8 실전1 실전2

대표기출유형

▢ **다음 중 공공재에 대한 설명으로 옳지 않은 것은?**

① 무임승차자의 문제가 있다.

② 공공재라고 할지라도 민간이 생산, 공급할 수 있다.

③ 소비에 있어서 경합성 및 배제성의 원리가 작용한다.

④ 시장에 맡기면 사회적으로 적절한 수준보다 과소공급될 우려가 있다.

정답 ③

해설 공공재는 비배제성과 비경합성의 특성을 지니고 있다.

정보의 비대칭성

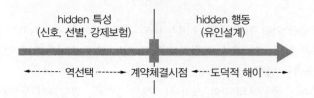

hidden 특성
(신호, 선별, 강제보험)　　　hidden 행동
(유인설계)

←------- 역선택 ------→ 계약체결시점 ←--- 도덕적 해이 -----→

- 정보의 비대칭성은 양 당사자가 정보를 똑같이 공유하는 것이 아니라 어느 한 쪽이 다른 쪽보다 더 많은 정보를 갖는 현상이다.
- 대출고객이 미래 상환능력과 의지에 대한 정보는 은행보다 대출고객 자신이 더 많이 갖기 때문에 대출시장에서는 대개 정보의 비대칭성이 존재한다.
- 금융시장에서의 정보의 비대칭은 역선택과 도덕적 해이 문제를 야기하여 시장의 효율성을 저해한다.

1 역선택

1. 의의

(1) 역선택(Adverse Selection)은 정보의 비대칭으로 인해 상대방의 특성을 알지 못하는 상황에서 불리한 선택을 하게 되는 것을 말한다.

(2) 대부자(Loaner)의 기대와 역행하는 결과를 가져올 가능성이 보다 높은 대출자(Borrower)가 대출에 적극적인 것이 일반적이므로 대부은행으로부터 선택될 가능성이 높다. 이것이 만연될 경우 부실대출자가 우량대출자를 시장에서 몰아내게 되는 현상을 레몬문제(Lemons Problem)라고도 한다.

2. 레몬문제

(1) 중고차 시장

① 중고차 구입자는 차량이 레몬(불량품)인지 복숭아(우량품)인지 잘 알지 못하므로 중고차의 시장가격은 불량품의 가격보다 높고 우량품의 가격보다 낮은 수준에서 결정되기 쉽다.

② 우량품 수준의 높은 가격이면 사는 사람이 별로 없고 불량품 수준의 낮은 가격이면 파는 사람이 별로 없게 된다. 따라서 레몬(불량품 차량)들이 거래될 가능성이 더 높아진다.

(2) 유가증권 : 투자자들이 시장에서 우량 유가증권과 불량 유가증권을 식별해 낼 수 없다면 결국 그들이 지불하고 싶은 가격은 전체의 평균 가치에 해당하는 가격이 되며 따라서 우량 유가증권은 저평가됨으로써 기업들이 발행을 꺼릴 것이고, 불량 유가증권은 고평가됨으로써 과도하게 발행될 것이다.

2 도덕적 해이

1. 의의

(1) 상대방이 자신의 행동을 관찰하지 못하는 상황에서 상대방에게 바람직하지 못한 행위를 할 수 있는 위험 또는 그러한 행위를 지칭한다.

(2) 대출자가 대부자에게 밝힌 원래의 대출목적에 맞지 않는 행위, 즉, 은행에서 주택자금융으로 대출받은 돈으로 위험한 주식투자를 하는 경우 상환이 보다 어려워지게 될 위험이 있다.

2. 지분 대 채무

(1) 주인-대리인 문제
 ① 주인(Principal)이 대리인(Agent)의 행동을 완전히 관찰할 수 없을 때 대리인이 자신의 효용을 극대화하는 과정에서 발생한다.
 ② 주인과 대리인의 인센티브 불일치, 즉 대리인(경영자)이 주인(주주)의 이익을 따르기보다 자신의 개인적 이익을 쫓아 행동할 유인을 가질 때 초래되는 문제이다.

(2) 이해관계의 상충 문제
 ① 기관의 내부적 목표가 다수일 때 목표끼리 상호 대립하면서 발생, 범위의 경제를 추구할 때 그로 인해 발생할 수 있다. 투자자의 관점에서 볼 때 도덕적 해이 문제이다.
 ② 이해관계의 갈등은 당사자들 사이에 유착관계를 형성시켜 비리로 발전할 수 있는 위험이 있다.

www.gosinet.co.kr gosinet

☑ 정보비대칭의 해결 수단
1. 역선택의 해결방법
 • 강제가입
 • 신호보내기(Signaling)
 • 걸러내기(Screening)
 • 반복거래
2. 도덕적 해이의 해결방법
 • 감시(Monitoring)
 • 동기유발
 • 적절한 유인 구조

파트1
파트2
파트3
파트4
파트5
파트6
파트7
파트8
실전1
실전2

대표기출유형

🗨 다음 중 A와 B의 대화 내용과 관련 있는 경제 현상을 올바르게 짝지은 것은?

A 대부자(Loaner)는 대출자(Borrower)의 신용상태를 정확히 알지 못하기 때문에 채무불이행의 위험에 직면할 수 있어.

B 대부자(Loaner)는 대출자(Borrower)가 자금을 대출한 이후 계약에 따라 자금을 사용하는지 알지 못하기 때문에 채무불이행의 위험에 직면할 수도 있어.

	A	B		A	B
①	역선택	외부효과	②	역선택	도덕적 해이
③	도덕적 해이	역선택	④	도덕적 해이	외부효과

정답 ②

해설 거래당사자들 사이에 정보수준의 차이가 있는 경우는 역선택이 발생하고, 감추어진 행동의 상황에서는 도덕적 해이가 발생한다.

빈출 지문에서 뽑은 O/X

01 왈라스의 법칙은 모든 시장에서 균형을 가져오는 가격체계하에서만 각 재화에 대한 초과수요의 시장가치의 총합계는 0이 된다. (O / ×)

02 파레토 최적성(Pareto Optimality)은 시장경제에서만 얻어질 수 있다. (O / ×)

03 파레토 최적 배분에서는 생산물을 어떻게 재결합하여도 한 사람의 효용을 감소시키지 않고서는 다른 사람의 효용을 증가시킬 수 없다. (O / ×)

04 파레토 개선이란 하나의 자원배분 상태에서 다른 사람에게 손해를 가하면서 최소한 한 사람 이상에게 이득을 가져다주는 것을 말한다. (O / ×)

05 파레토 최적은 사회의사결정에 있어서 다수결원리를 뜻한다. (O / ×)

06 소득이 높을수록 소득의 한계효용이 증가한다고 가정할 때 공리주의자는 빈자로부터 부자로의 소득재분배는 사회후생을 증진시킨다고 한다. (O / ×)

07 공공선택이론에서 애로우(Arrow)의 불가능성의 정리는 다수결투표를 통해서는 개개인의 선호와 사회적 선호를 일치시키기가 어렵다는 것이다. (O / ×)

08 동태적 비일관성이란 정책의 결정은 이익집단의 영향력에 의해 좌우된다는 주장이다. (O / ×)

09 시장실패란 바람직한 자원배분이 이루어지지 않는 것을 의미한다. (O / ×)

10 경제학에서 외부성은 항상 당사자 간에 대칭적으로 발생한다. (O / ×)

11 어떤 재화의 생산에 의해 외부불경제(External Diseconomies)가 발생하면 과소생산이 이루어진다. (O / ×)

12 정부가 외부불경제가 있는 재화 A의 생산에 개입하지 않을 경우 재화 A는 과도하게 생산되며, 가격이 과도하게 낮게 책정된다. (O / ×)

13 소비의 외부불경제가 발생하면 생산물이 사회적으로 바람직한 수준보다 과잉소비된다. (O / ×)

14 외부경제의 경우 재화의 소비량이 증가할수록 외부한계편익은 증가한다. (O / ×)

15 공해산업은 사회적 한계비용이 사적 한계비용보다 많다. (O / ×)

16 시장에서 자유롭게 거래할 수 있는 오염배출권제도는 누구나 면허만 가지면 오염물질을 방출할 수 있으므로 환경문제를 해결하는 방안이 될 수 없다. (O / ×)

17 외부효과가 존재할 때 사적 비용(Private Cost)과 사회적 비용(Social Cost)은 일치하기 마련이다. (O / ×)

www.gosinet.co.kr gosinet

파트1
파트2
파트3
파트4
파트5
파트6
파트7
파트8
실전1
실전2

[정답과 해설]

01	×	02	×	03	○	04	×	05	×	06	○	07	○	08	×	09	○	10	×	11	×	12	○
13	○	14	×	15	○	16	×	17	×														

01 왈라스의 법칙은 어떤 가격체제하에서도 항상 성립하는 법칙으로, 이 법칙에 따르면 n-1개의 시장이 균형을 이룰 경우 나머지 1개의 시장도 균형을 이루며, 각 재화에 대한 초과수요의 총합계가 0이 되어 모든 시장이 균형을 이루게 된다.

02 파레토 최적성은 시장경제 여부와 관계없이 모든 사회에서 통용될 수 있다.

03 파레토 최적이란 사회에 있어서 한 개인의 경제상태를 악화시키지 않고서는 다른 개인의 경제상태를 더 이상 개선시킬 수 없는 상태를 말하며, 사회의 경제적 후생이 극대화되는 상태를 의미한다.

04 파레토 개선이란 하나의 자원배분 상태에서 다른 사람에게 손해를 가하지 않으면서 최소한 한 사람 이상에게 이득을 가져다주는 것을 말한다.

05 파레토 최적은 한 배분상태가 실현 가능하고 다른 모든 실현 가능한 분배상태와 비교해 볼 때 이보다 더 나은 배분상태가 없을 때의 배분상태, 즉 만장일치적 효율성 개념을 의미한다. 다수결원리는 의사를 결정하기 위한 것으로 같은 비율의 의견이 나오면 의사를 결정할 수 없기 때문에 파레토 최적과는 관련이 없다.

06 소득이 높을수록 소득의 한계효용이 증가, 즉 한계효용이 체증한다면 두 사람이 사회 내의 총소득을 일부씩 나누어 가질 때 두 사람의 효용을 합한 것보다 한 개인이 모든 소득을 다 가질 때의 효용이 더 커진다. 따라서 소득이 높을수록 소득의 한계효용이 증가하는 경우 소득분배상태와는 무관하게 각 개인의 총효용의 합계로 사회후생을 결정하는 공리주의자의 관점에서는 사회후생함수에 의하면 빈자로부터 부자로의 소득재분배는 사회후생을 증진시키게 된다.

07 애로우(Arrow)의 불가능성의 정리는 다수결투표제도에서 투표의 모순이 발생할 수 있다는 것은 민주정치과정 속의 의사결정이 합리성을 갖는 것이 매우 어려운 일이라는 것이다. 즉, 개인들의 의사를 집약하여 사회적 선호로 나타낼 수 있는 합리적이며 민주적인 의사결정방식이 존재하지 않는다는 것을 의미한다.

08 동태적 비일관성(Time Inconsistency)은 시간의 흐름에 따라 어떤 정책에는 그와 모순되는 다른 정책이 반드시 뒤따르게 된다는 것으로, 이익집단과는 관련이 없다.

09 시장실패란 자원의 배분이 효율적으로 이루어지지 않는 것, 즉 시장에서 가격기구에 의한 효율적인 자원배분이 달성되지 못하는 현상을 의미한다.

10 외부성이란 한 경제주체가 아무런 대가 없이 다른 경제주체에게 이득을 주거나 손해를 끼치는 것을 의미하므로 항상 당사자 간에 대칭적으로 발생하는 것은 아니다.

11 외부불경제가 발생하면 과다생산이 이루어지고, 외부경제가 발생하면 과소생산이 이루어지므로 둘 다 모두 시장실패를 야기한다.

12 정부가 외부불경제가 있는 재화의 생산에 개입하지 않을 경우 이 재화는 과도하게 생산되며, 가격이 과도하게 낮게 책정된다.

13 외부불경제가 발생하면 완전경쟁시장의 균형점에서의 거래량은 사회적으로 바람직한 수준보다 커지게 된다. 즉, 과잉소비가 발생하게 된다.

14 외부경제는 외부한계편익이 양수이며 외부불경제는 외부한계편익이 음수이다.

15 공해산업은 생산의 외부불경제에 해당하므로, 사적 한계비용보다 사회적 한계비용이 많다. 공해산업은 사회적 한계비용을 증가시켜 원래의 시장균형점에서 사회적 한계비용보다 사적 한계비용이 작게 되어 시장실패를 초래한다.

16 오염면허를 시장에서 자유롭게 거래할 수 있는 오염배출권제도를 실시하면 오염저감비용이 높은 기업은 오염배출권을 구입하는 반면, 오염저감비용이 낮은 기업은 오염배출권을 매각하게 되므로 사회 전체적으로 적은 비용으로 오염을 줄일 수 있게 된다.

17 외부경제와 외부불경제가 시장실패를 야기하는 것은 외부경제와 외부불경제가 존재할 때 개별경제주체의 최적화가 사회적 최적화와 일치하지 않기 때문인데, 이것은 기본적으로 사회적 비용·편익과 사적 비용·편익이 일치하지 않기 때문이다.

18 코즈의 정리는 재산권이 거래당사자의 누구에게 귀속되는가가 외부성의 문제해결에 중요하다고 한다. (○ / ×)

19 정부가 공공재를 공급하는 핵심적인 목표는 경제안정에 있다. (○ / ×)

20 공공재에는 무임승차문제가 발생한다. (○ / ×)

21 공공재라고 할지라도 민간이 생산, 공급할 수 있다. (○ / ×)

22 공공재의 소비에 있어서는 경합성 및 배제성의 원리가 작용한다. (○ / ×)

23 공공재의 공급을 시장에 맡기면 사회적으로 적절한 수준보다 과소공급될 우려가 있다. (○ / ×)

24 티부(Tiebout)는 지방공공재의 경우에는 선호불표명의 문제가 발에 의한 투표로 해결될 수 없다고 주장한다. (○ / ×)

25 린달(Lindahl)균형에서는 공공재의 효율적 배분이 이루어진다. (○ / ×)

26 개인들의 한계대체율(MRS)을 모두 합한 것이 한계변환율(MRT)과 일치해야 공공재의 효율적 배분이 이루어진다. (○ / ×)

27 순수공공재(Pure Public Goods)의 최적 공급조건은 해당 공공재 공급의 한계비용이 이 공공재의 한계수입과 같을 경우이다. (○ / ×)

28 정치적 계약(Logrolling)이 발생하면 재정지출규모의 팽창을 억제하는 것이 일반적이다. (○ / ×)

29 투표의 역설(Voting Paradox)이란 투표자의 선호가 분산되어 있을 때에는 투표에 의한 집합적 의사결정을 할 수 없다는 것이다. (○ / ×)

30 정보의 비대칭성으로 인해 발생하는 역선택(Adverse Selection) 현상은 보험에 가입한 운전자는 운전에 주의를 덜 기울이게 된다. (○ / ×)

31 정보의 비대칭성으로 인해 발생하는 역선택 현상은 중고차 시장에 성능이 좋은 중고차들이 많이 나오게 되는 현상을 말한다. (○ / ×)

32 역선택은 정보를 갖고 있지 못한 측의 자기선택(Self-Selection)과정에서 발생한다. (○ / ×)

33 금융산업에 있어서의 도덕적 해이(Moral Hazard)는 금융거래가 이루어지기 이전에 대부자가 차입자의 위험수준을 파악할 수 없기 때문에 발생한다. (○ / ×)

34 비대칭정보의 문제가 존재하는 시장에서는 기업들이 보증을 제공하지 않으려 한다. (○ / ×)

35 생산자들은 품질이 더 좋은 제품일수록 예상수리비용이 적기 때문에 보증을 해 줄 가능성이 더 높다. (○ / ×)

36 보증은 소비자들이 기업들보다 제품의 질에 대해 많은 정보를 갖고 있을 때 신호수단으로서 가장 효과적이다. (○ / ×)

37 보증은 기업들이 소비자들보다 소비자들의 선호에 대해 많은 정보를 갖고 있을 때 신호수단으로서 가장 효과적이다. (○ / ×)

www.gosinet.co.kr gosinet

파트1

파트2

파트3

파트4

파트5

파트6

파트7

파트8

실전1

실전2

[정답과 해설]

18	×	19	×	20	○	21	○	22	×	23	○	24	×	25	○	26	○	27	○	28	×	29	○
30	×	31	×	32	×	33	×	34	×	35	○	36	×	37	×								

18 코즈의 정리는 외부불경제 발생 시 재산권을 부여하면 외부성의 문제를 해결할 수 있는데 재산권이 외부불경제를 유발한 가해자나 피해자 누구에게 귀속되는가가 중요한 것이 아니라 재산권설정 그 자체로 외부불경제를 해결할 수 있다는 것이다.

19 정부가 공공재를 공급하는 가장 중요한 핵심적인 목표는 자원배분의 효율성 향상에 있다.

20 공공재의 비배제성으로 인해 가격을 지불하지 않는 사람을 배제할 수 없기 때문에 각 개인들이 대가를 지불하지 않고 공공재를 소비하려고 하는 무임승차문제(Free Rider Problem)가 발생한다.

21 공공재라고 할지라도 민간이 공공재의 성격을 가진 재화·서비스를 생산, 공급할 수도 있다.

22 공공재는 비배제성과 비경합성의 특성을 지니고 있다.

23 공공재는 추가적인 소비에 따르는 한계비용(MC)이 0이므로 P=0이 되기 때문에 이윤극대화를 추구하는 시장에 공공재를 맡기면 사회적으로 적절한 수준보다 과소공급되는 시장실패현상이 발생할 수 있다.

24 발에 의한 투표(Voting With The Feet)란 사람들이 거주지 선택과정에서 자신의 공공재에 대한 선호를 표명하는 것을 말하는 것으로, 발에 의한 투표가 이루어진다면 선호불표명의 문제를 해결할 수 있어 지방공공재의 최적 공급이 가능해진다.

25 빅셀(Knut Wicksell)과 린달(Erik Lindahl)은 만장일치의 방법에 의한 집단적 의사결정과정은 그 결정에 참여하는 모든 개인들에게 이득을 가져다준다는 이론을 제시하였다. 즉, 집단선택의 결과로 공공재가 공급되면 그 혜택이 구성원 모두에게 돌아가게 된다는 것이다.

26 생산물 구성의 최적 조건은 두 생산물 사이의 한계변환율이 두 생산물 사이의 소비면에서의 한계대체율과 같아야 한다는 것이다.

27 공공재의 최적 공급조건은 공공재 수요에 따른 한계편익과 한계비용이 같을 때이다. 즉, 공공재의 개인수요가 다른 경제주체의 수요에 관계없이 공공재에서 편익을 얻을 수 있다면 공공재를 공급하는 한계비용은 공공재를 수요하는 사람들의 한계편익의 합과 같게 된다.

28 상호 지원을 합의하여 투표거래를 하는 정치적 계약(Log-rolling)이 발생하게 되면 그렇지 않은 경우보다 훨씬 많은 사업이 추진되므로 일반적으로 재정지출규모가 급속히 증가한다.

29 투표의 역설은 애로우(K. J. Arrow)와 블랙(D. Black)이 주장한 것으로, 다수결에 의한 대안선택의 경우 사회적 선호가 반드시 일관성을 갖는 것이 아니기 때문에 즉, 투표자의 선호가 제각기 분산되어 있기 때문에 투표에 의한 집합적 의사결정을 할 수 없다는 것이다.

30 도덕적 해이에 해당하는 사례이다.

31 정보의 비대칭성으로 인해 중고차시장에 성능이 나쁜 중고차들이 많이 나오게 되는 역선택이 발생한다.

32 자기선택(Self-Selection)이란 자신을 드러내도록 하는 장치로 역선택 현상의 해결방안이다. 따라서 자기선택과정에서 역선택이 발생하는 것은 아니다.

33 도덕적 해이는 주인과 대리인의 사이에 정보의 비대칭성으로 인해 나타나는 문제로, 대리인이 주인이 생각할 때 최선이라 생각하는 만큼 노력하지 않을 때 발생한다.

34 비대칭정보의 문제가 존재하는 시장에서는 역선택의 문제가 발생하게 되므로, 이에 대한 해결방안으로 품질이 우수한 제품을 생산하는 기업들은 보증을 제공하게 된다.

35 품질이 좋은 제품을 생산하는 기업들은 예상수리비용이 적기 때문에 보증을 통해 소비자들에게 신호를 보낼 가능성이 높다.

36 소비자들이 기업들보다 제품의 질에 대해 더 많은 정보를 갖고 있다면 기업이 군이 신호수단으로서 보증을 제공할 필요가 없어지게 된다.

37 보증은 기업들이 소비자들보다 제품의 질에 대해 더 많은 정보를 갖고 있을 때 자신이 생산하는 제품의 품질이 우수하다는 것을 알리는 신호수단으로서 효과적이다.

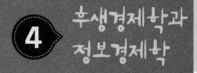

기출예상 문제

01 A, B, C 3인으로 구성된 경제상황에서 가능한 자원배분상태와 각 상태에서의 3인의 효용이 표와 같을 때, 파레토 효율적이지 않은 자원배분상태를 모두 고르면?

자원배분상태	A의 효용	B의 효용	C의 효용
가	3	10	7
나	6	12	6
다	13	10	3
라	5	12	8

① 가 ② 나, 다 ③ 가, 다, 라
④ 나, 다, 라 ⑤ 가, 나, 다, 라

02 두 명의 소비자로 구성된 순수교환경제 상황이다. 두 소비자가 계약곡선상의 한 점에서 교환을 통해 계약곡선상의 다른 점으로 옮겨갈 때, 후생에 대한 설명으로 적절한 것은?

① 두 사람 모두에게 이득이다. ② 두 사람 모두에게 손해다.
③ 한 사람은 이득이고 다른 사람은 손해다. ④ 어느 누구의 후생도 변하지 않는다.

03 다음 〈보기〉의 상황에 대한 설명으로 적절한 것은? (단, 〈보기〉 외의 다른 조건은 동일하다)

> **보기**
> • A에게는 X재 1단위가 추가(감소)된 경우와 Y재 2단위가 추가(감소)된 경우에 나타나는 효용의 증가 (감소)가 동일하다.
> • B에게는 Y재 1단위가 추가(감소)된 경우와 X재 3단위가 추가(감소)된 경우에 나타나는 효용의 증가 (감소)가 동일하다.

① 현 상태는 파레토 최적의 상태이다.

② 현 상태에서 X재, Y재에 대한 A, B의 한계대체율은 같다.

③ A의 경우 Y재의 한계효용은 X재의 한계효용보다 크다.

④ X재와 Y재로부터 각각 발생하는 한계효용의 비율은 A와 B가 같다.

⑤ A가 Y재 1단위를 B에게 양도하고 X재 1단위를 B로부터 받으면 현 상태가 개선될 수 있다.

04 효용가능경계(Utility Possibilities Frontier)에 대한 설명으로 옳은 것을 모두 고르면?

> ㄱ. 효용가능경계 위의 점들에서는 사람들의 한계대체율이 동일하며, 이 한계대체율은 한계생산 변환율과 일치한다.
>
> ㄴ. 어느 경제에 주어진 경제적 자원이 모두 고용될 때, 이 경제는 효용가능경계 위에 위치한다.
>
> ㄷ. 생산가능곡선상의 한 점에서 생산된 상품의 조합을 사람들에게 적절히 배분함으로써 얻을 수 있는 최대 효용수준의 조합을 효용가능경계라고 한다.

① ㄱ

② ㄷ

③ ㄱ, ㄴ

④ ㄱ, ㄷ

05 원점에 대해 오목한 생산가능곡선에 대한 설명으로 옳지 않은 것은?

① 기술진보가 이루어지면 생산가능곡선은 원점으로부터 바깥쪽으로 이동한다.

② 생산가능곡선이 원점에 대해 오목한 것은 재화 생산의 증가에 따른 기회비용이 체증하기 때문이다.

③ 원점에 대해 볼록한 사회무차별곡선이 주어진다면 생산가능곡선상의 한 점에서 최적의 생산수준이 결정된다.

④ 생산가능곡선의 외부에 위치하는 점은 비효율적인 생산점이고, 내부에 위치하는 점은 실현이 불가능한 생산점이다.

06 다음 표는 각각 A국과 B국의 생산가능곡선상 점들의 조합을 나타낸 것이다. 이에 대한 설명으로 옳은 것은? (단, 재화는 X재와 Y재 두 가지만 존재한다)

〈A국 생산가능곡선상의 조합〉

X재	0개	1개	2개
Y재	14개	8개	0개

〈B국 생산가능곡선상의 조합〉

X재	0개	1개	2개
Y재	26개	16개	0개

① X재를 1개 생산함에 따라 발생하는 기회비용은 A국이 B국보다 적다.

② A국이 X재를 생산하지 않는다면 A국은 Y재를 최대 10개까지 생산할 수 있다.

③ A와 B국이 동일한 자원을 보유하고 있다면 생산기술은 A국이 B국보다 우수하다.

④ B국이 X재를 1개씩 추가적으로 생산함에 따라 발생하는 기회비용은 점차 감소한다.

07 다음 설명 중 옳지 않은 것을 모두 고르면?

ㄱ. 두 개의 재화만 생산하는 경제의 생산가능곡선이 원점에 대하여 오목한 경우, 한 재화의 생산을 줄이고 다른 재화의 생산을 늘린다면 한계변환율(Marginal Rate of Transformation ; MRT)은 체증한다.

ㄴ. 단기적인 상황에서 시장의 수요곡선이 좌측으로 이동하면 가격은 하락하고, 거래량이 감소한다. 이에 따라 공급도 감소할 것이며, 그 결과 공급곡선이 왼쪽으로 이동하여 거래량은 감소하지만 가격은 다시 상승한다.

ㄷ. 균형가격보다 낮게 정해진 최저 가격은 공급과잉을 초래하여 시장가격을 더 내리게 하고, 균형가격보다 높게 정해진 최고 가격은 공급부족을 유발하여 시장가격을 더 오르게 한다.

ㄹ. 기펜재(Giffen Goods)는 대체효과와 소득효과가 함께 작용하며, 소득효과의 절댓값이 대체효과의 절댓값보다 작기 때문에 수요량의 변화와 가격의 변화가 같은 방향으로 움직인다.

① ㄴ, ㄹ

② ㄴ, ㄷ

③ ㄱ, ㄴ, ㄷ

④ ㄴ, ㄷ, ㄹ

파트1

파트2

파트3

파트4

파트5

파트6

파트7

파트8

실전1

실전2

08 기술진보가 발생하는 경우에 나타나는 현상으로 적절한 것은?

① 생산가능곡선과 등량곡선 모두 원점으로부터 멀어진다.
② 생산가능곡선은 원점에 가까워지고 등량곡선은 원점으로부터 멀어진다.
③ 생산가능곡선은 원점으로부터 멀어지고 등량곡선은 원점에 가까워진다.
④ 생산가능곡선과 등량곡선 모두 원점에 가까워진다.

09 선박과 자동차만 생산하는 A국이 있다. A국에서 선박 생산의 기술혁신으로 선박과 자동차로 표현한 생산가능곡선이 이동하였고 경제성장을 달성하였을 때, 나타나는 현상으로 적절하지 않은 것은?

① 자동차의 기회비용은 증가한다.
② 선박의 기회비용은 증가한다.
③ 생산가능곡선상의 교환 비율은 곡선상의 위치에 따라 다를 수 있다.
④ 생산가능곡선상의 교환 비율은 시간에 따라 변할 수 있다.

10 경제 전체의 파레토 효율성을 만족시키는 상황에 관한 설명으로 옳지 않은 것은?

① 각 재화 생산요소들의 한계기술대체율과 각 재화의 가격비가 일치한다.
② 각 재화의 한계변환율과 한계대체율이 일치한다.
③ 소비자들이 이용한 각 재화의 한계대체율이 일치한다.
④ 각 재화 생산요소들의 한계기술대체율이 일치한다.

11 후생경제학에 대한 설명으로 옳은 것을 〈보기〉에서 모두 고르면?

> **보기**
>
> ㄱ. 생산가능곡선(Production Possibilities Curve)상에 있는 모든 점에서는 재화와 서비스의 한계기술 대체율이 동일하다.
> ㄴ. 모든 사람들의 한계대체율이 동일할 때 생산의 파레토 효율이 달성된다.
> ㄷ. 주어진 상품 조합을 두 사람에게 배분할 때, 두 사람이 얻을 수 있는 최대 효용수준의 조합을 효용 가능곡선(Utility Possibilities Curve)이라고 한다.
> ㄹ. 주어진 경제적 자원이 모두 고용되더라도 효용가능곡선상에 있지 않을 수도 있다.
> ㅁ. 효용가능곡선상에 있는 점에서는 항상 사회후생이 극대화된다.

① ㄱ, ㄴ, ㄷ   ② ㄱ, ㄷ, ㄹ   ③ ㄱ, ㄷ, ㅁ

④ ㄴ, ㄹ, ㅁ   ⑤ ㄷ, ㄹ, ㅁ

12 다음 중 효율적 자원배분 및 후생에 대한 설명으로 옳은 것은?

① 후생경제학 제1정리는 독점시장의 경우에도 효율적 자원배분이 달성될 수 있음을 보여 준다.

② 후생경제학 제2정리는 소비와 생산에 있어 규모의 경제가 있으면 완전경쟁을 통해 효율적 자원배분을 달성할 수 있음을 보여 준다.

③ 차선의 이론에 따르면 효율적 자원배분을 위해 필요한 조건을 모두 충족하지 못한 경우, 더 많은 조건을 충족할수록 더 효율적인 자원배분이다.

④ 롤스(J. Rawls)의 주장에 따르면 A, B 두 사람으로 구성된 사회에서 각각의 효용을 U_A, U_B라 할 때, 사회후생함수는 $W = \min(U_A, U_B)$로 표현된다.

13 소득이 높을수록 소득의 한계비용이 증가한다고 가정할 때, 공리주의자의 관점으로 적절한 것은?

① 부자로부터 빈자로의 소득재분배는 사회후생을 증진시킨다.

② 빈자로부터 부자로의 소득재분배는 사회후생을 증진시킨다.

③ 방향에 상관없이 소득재분배는 사회후생을 증진시킨다.

④ 방향에 상관없이 소득재분배는 사회후생을 감소시킨다.

파트1
파트2
파트3
파트4
파트5
파트6
파트7
파트8
실전1
실전2

14 돈 1만 원을 갑, 을 두 명이 나눠 가져야 하는데, 갑의 몫을 X, 을의 몫을 Y라 한다면 갑과 을의 효용함수는 각각 $U(X) = \sqrt{X}$, $V(Y) = 2\sqrt{Y}$ 이다. 이때 공리주의적 가치판단에 의한 최적 배분은?

① $X = \dfrac{1}{5}$만 원, $Y = \dfrac{4}{5}$만 원   ② $X = \dfrac{4}{5}$만 원, $Y = \dfrac{1}{5}$만 원

③ $X = 0$원, $Y = 1$만 원   ④ $X = Y = \dfrac{1}{2}$만 원

⑤ $X = 1$만 원, $Y = 0$원

15 한집에 사는 형제 중 형은 매일 5만 원의 소득이 있으나 동생은 현재 소득이 없다. 형은 소득 5만 원의 일부를 매일 동생의 용돈으로 주고자 할 때, 각 소비금액에 대한 형과 동생의 효용이 다음 표와 같다면, 단순 공리주의적 입장에서 형이 동생에게 매일 나누어 줄 금액은?

소비금액	0만 원	1만 원	2만 원	3만 원	4만 원	5만 원
형의 효용	0	60	70	80	90	100
동생의 효용	0	10	20	30	50	70

① 1만 원   ② 2만 원
③ 3만 원   ④ 4만 원

16 외부효과의 예시로 적절하지 않은 것은?

① 브라질이 자국의 커피수출을 제한함으로써 한국의 녹차 가격이 상승한다.
② 아파트에서 발생하는 층간 소음이 이웃 주민들의 숙면을 방해한다.
③ 제철회사가 오염된 폐수를 강에 버려 생태계가 변화된다.
④ 현란한 광고판이 운전자의 주의를 산만하게 하여 사고를 유발한다.

17 아무런 규제가 없는 완전경쟁시장에서 생산량에 비례하여 환경오염을 발생하는 기업을 사회적 관점에서 적절하게 설명한 것을 〈보기〉에서 모두 고르면?

보기

ㄱ. 사회적으로 바람직한 가격 수준보다 낮은 가격이 형성된다.
ㄴ. 기업의 사적 한계비용이 사회적 한계비용보다 높다.
ㄷ. 사회적으로 바람직한 생산 수준보다 많은 양을 생산한다.

① ㄱ, ㄴ   ② ㄱ, ㄷ
③ ㄴ, ㄷ   ④ ㄱ, ㄴ, ㄷ

18 외부효과에 대한 설명으로 적절하지 않은 것은?

① 부정적 외부효과가 존재할 때, 정부의 정책은 시장의 자원배분 기능을 개선할 수 있다.
② 긍정적 외부효과가 존재할 때, 정부의 정책은 시장의 자원배분 기능을 개선할 수 있다.
③ 시장 실패는 부정적 외부효과의 경우뿐만 아니라 긍정적 외부효과의 경우에도 발생할 수 있다.
④ 정부의 정책개입이 없을 때, 부정적 외부효과가 존재하는 재화는 사회적으로 바람직한 수준보다 과소공급된다.

19 다음 〈보기〉는 그림은 어떤 재화의 생산량에 따른 사적 한계비용(PMC), 사회적 한계비용(SMC), 사적 한계편익(PMB), 사회적 한계편익(SMB)을 나타낸 것이다. 이에 대한 설명으로 적절한 것은?

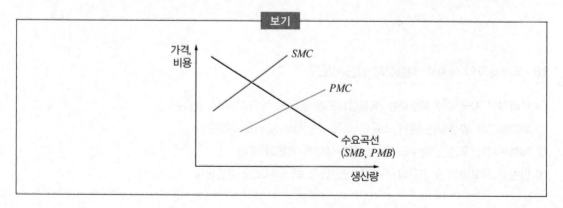

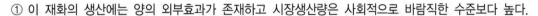

① 이 재화의 생산에는 양의 외부효과가 존재하고 시장생산량은 사회적으로 바람직한 수준보다 높다.
② 이 재화의 생산에는 양의 외부효과가 존재하고 시장생산량은 사회적으로 바람직한 수준보다 낮다.
③ 이 재화의 생산에는 음의 외부효과가 존재하고 시장생산량은 사회적으로 바람직한 수준보다 높다.
④ 이 재화의 생산에는 음의 외부효과가 존재하고 시장생산량은 사회적으로 바람직한 수준보다 낮다.

20 시장수요곡선이 $Q = 120 - P$인 X재는 독점기업이 공급한다. 이 독점기업의 사적인 비용함수는 $C(Q) = 1.5Q^2$이고, 환경오염비용을 $EC(Q) = Q^2$만큼 발생시킬 때, 사회적 순편익을 극대화하는 최적 생산량은? (단, P는 시장가격, Q는 생산량이다)

① 20 ② 30
③ 40 ④ 50

21 기업 A가 생산하는 연필의 수요곡선은 $P = 1,200$, 한계비용은 $MC = 500 + \dfrac{1}{2}Q$이다. 그런데 연필을 생산하면 흑연이 대기와 식수를 오염시키며, 이 피해가 연필 한 단위 당 500원이다. 이 기업의 사적 이윤극대화 생산량(Q_m)과 사회적 최적 생산량(Q_c)은 각각 얼마인가? (단, P는 가격, Q는 생산량이다)

	Q_m	Q_c		Q_m	Q_c
①	1,400	400	②	1,400	600
③	1,800	400	④	1,800	600

22 총비용함수와 외부비용이 각각 $C = Q^2 + 4Q$와 $EC = Q^2 + Q$로 동일한 100개의 기업들이 완전경쟁시장에서 경쟁하고 있다. 이 재화에 대한 시장수요곡선이 $Q_d = 1,000 - 100P$로 표현될 때, 사회적으로 최적인 생산량과 외부비용을 고려하지 않는 균형생산량 간의 차이는? (단, C는 각 기업의 총비용, Q는 각 기업의 생산량, EC는 각 기업의 생산에 따른 외부비용, Q_d는 시장수요량, P는 가격이다)

① 50 ② 100
③ 150 ④ 200

www.gosinet.co.kr gosinet
파트1
파트2
파트3
파트4
파트5
파트6
파트7
파트8
실전1
실전2

23 살충제 시장의 수요곡선은 $P = 150 - \frac{5}{2}Q_d$이고, 공급곡선은 $P = \frac{5}{2}Q_s$이다. 사회적 한계비용 (SMC)은 사적 한계비용(PMC)의 2배가 된다. 살충제로 인해 피해가 발생하는 호수에 대한 소유권이 어느 누구에게도 없을 때 (ㄱ) 생산되는 살충제의 양과 (ㄴ) 사회적으로 바람직한 살충제 생산량은 각각 얼마인가?

	(ㄱ)	(ㄴ)			(ㄱ)	(ㄴ)
①	20	10		②	20	20
③	30	10		④	30	20
⑤	40	20				

24 다음 〈보기〉에서 나타나는 시장 상황에 대한 설명으로 옳은 것은?

> 보기
>
> 시장수요곡선이 $P = 100 - Q_d$인 시장에서 독점적으로 생산을 하는 기업의 고정비용이 100이고 한계비용이 40이다. 이 기업이 생산하는 재화는 단위당 30만큼의 사회적 비용을 발생시킨다(단, P는 가격, Q_d는 수요량이다).

① 이 기업의 이윤극대화 생산량은 60이다.
② 이윤이 양(+)인 경우에 한해 이 기업의 생산량은 고정비용에 영향을 받지 않는다.
③ 사적 비용이 사회적 비용보다 크다.
④ 최적 생산량에서 수요의 가격탄력성은 1보다 작다.
⑤ 이 독점기업의 생산량은 사회적으로 최적이다.

25 환경 규제가 없는 자유경쟁시장에서 환경오염을 유발하는 산업에 대한 설명으로 옳은 것은?

① 사회적 최적수준보다 큰 고용효과를 갖는 경향이 있다.
② 사회적 최적수준보다 높은 가격을 책정하는 경향이 있다.
③ 사회적 최적수준보다 이윤이 낮은 경향이 있다.
④ 사회적 최적수준보다 적게 생산하는 경향이 있다.

파트1
파트2
파트3
파트4
파트5
파트6
파트7
파트8
실전1
실전2

26 외부효과에 대한 설명으로 적절한 것은?

① 어떤 재화의 생산에 의해 외부불경제가 발생한다면 사적 최적산출량은 사회적 최적산출량에 비해 과소하게 된다.

② 외부경제의 경우에는 정부개입의 근거가 없으나 외부불경제의 경우에는 정부가 개입할 필요가 있다.

③ 외부불경제가 문제가 되는 것은 사적 비용과 사회적 비용 간에 차이가 발생하기 때문이다.

④ 외부불경제의 경우는 시장실패를 야기하지만 외부경제의 경우는 그렇지 않다.

⑤ 외부효과는 항상 당사자 간에 대칭적으로 발생한다.

27 다음 표는 현재 5톤의 폐수를 방출하고 있는 공장이 폐수 방출을 줄이는 데 필요한 비용과 폐수의 방출이 줄었을 경우, 인근 주민들이 느끼는 복지의 개선을 화폐단위로 보여 주고 있다. 공장의 폐수 방출 감소량이 0톤인 경우, 사회적으로 최적 수준인 폐수 방출량에 비해 사회 후생은 얼마나 감소하겠는가?

폐수 방출 감소량	0톤	1톤	2톤	3톤	4톤	5톤
폐수 감소비용	0원	100원	220원	360원	520원	690원
주민의 복지 개선	0원	200원	350원	480원	600원	700원

① 80원　　　　　　　　② 100원　　　　　　　　③ 120원
④ 130원　　　　　　　　⑤ 0원

28 외부효과를 내부화하는 사례로 가장 적절하지 않은 것은?

① 독감예방주사를 맞는 사람에게 보조금을 지급한다.

② 배출허가권의 거래를 허용한다.

③ 환경기준을 어기는 생산자에게 벌금을 부과하는 법안을 제정한다.

④ 초·중등 교육에서 국어 및 국사 교육에 국정교과서 사용을 의무화한다.

⑤ 담배소비에 건강세를 부과한다.

29 어떤 기업이 완전경쟁시장에서 종이를 생산하고 있다. 개인적 한계비용곡선은 S, 사회적 한계비용 곡선은 S', 한계편익곡선은 D일 때, 이 기업이 외부성으로 인한 비용을 내부화하여 종이를 효율적으로 생산하도록 하기 위해 정부가 취할 수 있는 조치로 적절한 것은?

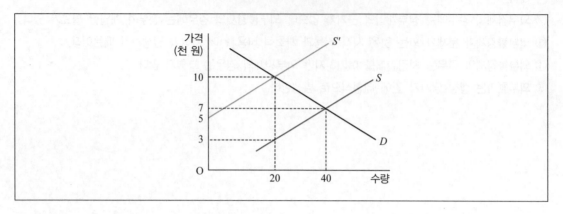

① 종이 한 단위 생산에 7천 원의 조세를 부과한다.
② 종이 한 단위 생산에 3천 원의 조세를 부과한다.
③ 종이 한 단위 생산에 7천 원의 보조금을 지급한다.
④ 종이 한 단위 생산에 3천 원의 보조금을 지급한다.
⑤ 종이 한 단위 생산에 4천 원의 보조금을 지급한다.

30 어느 물고기 양식장이 수질오염을 일으킨다고 알려져 있다. 이 양식장이 연간 x 톤의 물고기를 양식할 때, 1톤을 더 양식하는 데 들어가는 한계비용은 $(1,000x + 7,000)$원이며, 1톤을 더 양식하는 데 따른 수질오염의 피해액, 즉 한계피해액은 $500x$ 원이다. 양식장의 물고기는 톤당 10,000원이라는 고정된 가격에 팔릴 때, 정부가 과다한 양식을 제한하기 위하여 피구세(Pigouvian Tax)를 부과하기로 결정하였다면 사회적으로 최적 수준인 톤당 세액은?

① 500원   ② 1,000원
③ 1,500원   ④ 2,000원

31 페인트 산업은 생산과정에서 다량의 오염물질을 발생시켜 인근 하천의 수질을 악화시킨다. 〈보기〉와 같은 조건에서 페인트 산업이 사회적으로 바람직한 수준의 페인트 생산을 하도록 하기 위해 페인트 한 통당 부과해야 하는 피구세는 얼마인가?

보기

- 페인트 산업은 완전경쟁시장이다.
- 페인트 산업의 한계비용은 $MC = 10Q + 10,000$이다.
- 페인트 산업의 한계피해액은 $SMD = 10Q$이다.
- 주어진 가격에 대한 페인트 산업의 시장수요는 $Q = -0.1P + 4,000$이다.

① 5,000　　　　　　② 7,000　　　　　　③ 10,000

④ 20,000　　　　　　⑤ 30,000

32 다음 표는 양의 외부효과가 발생하는 시장의 사적 한계편익, 사적 한계비용, 그리고 사회적 한계편익을 제시해주고 있다. 다음 중 사회적 최적거래량(ㄱ)과, 시장의 균형거래수준이 사회적 최적수준과 같아지도록 하기 위한 세금 혹은 보조금(ㄴ)을 옳게 고른 것은?

(단위 : 개, 원)

거래량	1	2	3	4	5	6
사적 한계편익	2,700	2,400	2,100	1,800	1,500	1,200
사적 한계비용	600	1,000	1,400	1,800	2,200	2,600
사회적 한계편익	3,400	3,100	2,800	2,500	2,200	1,900

	ㄱ	ㄴ		ㄱ	ㄴ
①	5개	300원의 보조금	②	5개	700원의 보조금
③	4개	300원의 세금	④	4개	300원의 보조금
⑤	4개	700원의 세금			

33 다음 〈보기〉를 참조할 때 (ㄱ), (ㄴ)에 대한 답으로 옳은 것은?

> 보기
>
> 어느 독점기업이 생산과정에서 오염물질을 배출함으로써 외부불경제를 유발하고 있다. 독점기업의 수요함수는 $P = 90 - Q$이고, 독점기업의 한계비용은 $MC = Q$이며 생산 1단위당 외부비용은 6이다. (단, P : 가격, Q : 수요량, MC : 한계비용이다)

> (ㄱ) : 사회적으로 최적인 생산량 수준은 얼마인가?
>
> (ㄴ) : 사회적으로 최적인 생산량 수준을 달성하도록 하기 위해서는 정부가 독점기업에 생산 1단위당 조세(또는 보조금)를 얼마를 부과(또는 지불)해야 하는가?

	(ㄱ)	(ㄴ)			(ㄱ)	(ㄴ)
①	42	보조금 36		②	28	조세 6
③	42	보조금 42		④	42	조세 36
⑤	28	조세 12				

34 현재 어떤 생산자가 재화 X를 Q만큼 생산할 때 직면하게 되는 한계비용은 $MC = 2Q$, 한계수입은 $MR = 24$라고 하자. 재화 X의 생산은 제3자에게 환경오염이라는 형태의 외부불경제를 야기하는데, 재화 X가 Q만큼 생산될 때 유발되는 환경오염의 한계피해액(Marginal External Cost)은 $MEC = Q$이다. 정부는 X의 생산량을 사회적으로 바람직한 수준으로 감축시키기 위해, 생산자가 현재 생산량으로부터 한 단위 감축할 때마다 정액의 피구 보조금(Pigouvian Subsidy)을 지급하고자 한다. 정부가 이 생산자에게 지급해야 할 생산량 감축 1단위당 보조금은?

① 2

② 4

③ 6

④ 8

35 알루미늄 시장의 사적 한계비용곡선(PMC)과 사회적 한계비용곡선(SMC), 수요곡선(D)이 다음과 같다. 이 시장이 완전경쟁시장일 때, 다음 중 옳지 않은 것은? (단, P는 알루미늄 가격, Q는 알루미늄 생산량이다)

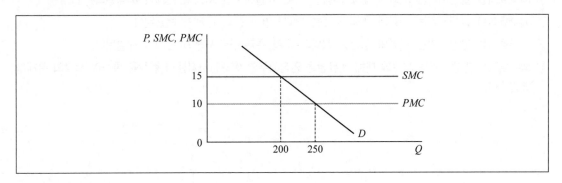

① 사회적 최적 생산량은 200이다.

② 정부개입이 없는 경우 균형에서의 총외부비용은 1,250이다.

③ 정부개입이 없는 경우 균형 생산량은 250이다.

④ 1단위당 5의 조세를 부과하면 생산량은 200이 된다.

⑤ 1단위당 5의 조세를 부과하면 생산자잉여는 감소한다.

36 외부효과에 대한 설명 중 옳은 것을 모두 고르면?

> ㄱ. 외부효과는 시장실패의 전형적인 사례로 볼 수 있다.
> ㄴ. 외부효과가 발생하는 경우 한 기업의 생산 활동이 다른 경제주체의 후생을 변화시키며, 동시에 이에 대하여 적절한 보상이 이루어진다.
> ㄷ. 코즈의 정리에 의하면 소유권이 명백하게 정의되고 협상에 비용이 들지 않는다면, 외부효과를 발생시키는 주체와 그 피해를 입는 주체 간의 협상을 통하여 자원의 효율적 배분이 이루어진다.

① ㄱ   ② ㄱ, ㄴ

③ ㄱ, ㄷ   ④ ㄱ, ㄴ, ㄷ

37 외부효과로 인한 시장의 문제점을 해결하기 위한 방법으로 제시된 코즈의 정리에 대한 설명으로 옳은 것은?

① 외부효과를 발생시키는 재화에 대해 시장을 따로 개설해주면 시장의 문제가 해결된다.
② 외부효과를 발생시키는 재화에 대해 조세를 부과하면 시장의 문제가 해결된다.
③ 외부효과를 발생시키는 재화의 생산을 정부가 직접 통제하면 시장의 문제가 해결된다.
④ 외부효과를 발생시키는 재화에 대해 소유권을 인정해주면 이해당사자들의 협상을 통하여 시장의 문제가 해결된다.

38 A국에서는 항공기 제조업체가 제품 생산과정에서 하천을 오염시켜 주민들에게 피해를 주고 있다. 이 경우 코즈의 정리(Coase Theorem)에 따라 하천문제 해결방안에 대해 설명한 것으로 옳은 것은?

① 정부가 기업에 피구세를 부과한다.
② 거래비용에 관계없이 합리적인 문제해결이 가능하다.
③ 주민들이 기업과의 협의를 통해 하천문제를 해결할 수 있다.
④ 기업이 하천에 대한 사유재산권을 가져야만 효율적인 결과를 얻을 수 있다.

39 한 방에서 살고 있는 세민과 태경은 실내 흡연 문제로 대립하고 있다. 흡연자인 세민은 담배를 1개비 피움으로써 500원 만큼의 효용을 얻으며, 비흡연자인 태경은 세민의 흡연으로 인해 600원 만큼의 비효용을 얻는다. 코즈의 정리(Coase Theorem)가 타당하다면 다음 중 나타날 수 없는 현상은?

① 이 방의 주인이 세민일 때 태경으로부터 세민에게로 자금의 이전이 발생한다.
② 이 방의 주인이 태경일 때 세민은 담배를 피우지 못한다.
③ 이 방의 주인이 세민이더라도 담배를 피우지 않을 것이다.
④ 이 방의 주인이 태경일 때 세민으로부터 태경에게로 자금의 이전이 발생한다.
⑤ 이 방의 주인이 누구든지 상관없이 세민은 담배를 피우지 못한다.

40 다음 중 코즈의 정리(Coase Theorem)에 따른 예측으로 가장 옳지 않은 것은? (단, 만족 수준 한 단위가 현금 1만 원과 동일한 수준의 효용이다)

> 김 씨와 이 씨가 한집에 살고 있다. 평상시 두 사람의 만족 수준을 100이라고 하자. 김 씨는 집 안 전체에 음악을 틀고 있으면 만족 수준이 200이 된다. 반면, 이 씨는 음악이 틀어져있는 공간에서는 만족 수준이 50에 그친다.

① 음악을 트는 것에 대한 권리가 누구에게 있든지 집 안 전체의 음악 재생여부는 동일하다.
② 음악을 트는 것에 대한 권리가 이 씨에게 있는 경우 둘 사이에 자금의 이전이 발생한다.
③ 음악을 트는 것에 대한 권리가 김 씨에게 있는 경우 그는 음악을 틀 것이다.
④ 음악을 트는 것에 대한 권리가 이 씨에게 있는 경우 집 안은 고요할 것이다.

41 A와 B는 사무실을 공유하고 있다. A는 사무실에서 흡연을 원하며 이를 통해 20,000원 가치의 효용을 얻는다. 반면 B는 사무실에서 금연을 통해 상쾌한 공기를 원하며 이를 통해 10,000원 가치의 효용을 얻는다. 코즈의 정리(Coase Theorem)와 부합하는 결과로 옳은 것은?

① B는 A에게 20,000원을 주고 사무실에서 금연을 제안하고, A는 제안을 받아들인다.
② B는 A에게 15,000원을 주고 사무실에서 금연을 제안하고, A는 제안을 받아들인다.
③ A는 B에게 11,000원을 주고 사무실에서 흡연을 허용할 것을 제안하고, B는 제안을 받아들인다.
④ A는 B에게 9,000원을 주고 사무실에서 흡연을 허용할 것을 제안하고, B는 제안을 받아들인다.

42 금연석이 별도로 없는 식당에서 흡연자와 비흡연자가 함께 앉아서 식사를 한다고 가정한다. 흡연자는 '흡연을 하는 것'과 '흡연을 하지 않는 대신 6천 원을 받는 것'이 무차별하다. 비흡연자는 담배연기 없는 상황에서 식사하는 데 1만 원을 기꺼이 지불할 용의가 있다. 코즈의 정리(Coase theorem)를 적용할 때 예상되는 결과는? (단, 협상비용은 0이다)

① 흡연자는 자신의 권리이기 때문에 흡연한다.
② 흡연자는 남을 배려하는 성격으로 흡연을 하지 않는다.
③ 흡연자는 흡연을 하지 않는 대신 비흡연자로부터 6천 원 이상 1만 원 이하를 받는다.
④ 비흡연자는 6천 원 이상 1만 원 이하를 흡연자가 흡연하지 않도록 지불하려고 하지만 흡연자는 이를 거절한다.

파트1
파트2
파트3
파트4
파트5
파트6
파트7
파트8
실전1
실전2

43 환경오염과 같은 외부성이 발생했을 경우 이에 대한 해결 방안에 대한 설명으로 옳지 않은 것은?

① 오염물질 방출량에 대한 직접적 규제는 많은 비용이 드는 등의 문제점이 있다.

② 오염물질 방출업체에 대해 공해세를 부과하는 것은 외부성의 문제를 해결하는 방안이 될 수 있다.

③ 협상비용이 무시할 정도로 작은 경우에는 정부가 개입하지 않아도 협상이 하나의 해결방안이 될 수 있다.

④ 시장에서 자유로이 거래될 수 있는 오염면허제도는 누구나 면허만 가지면 오염물질을 방출할 수 있으므로, 환경문제를 해결하는 방안이 될 수 없다.

44 어느 섬나라에는 기업 A, B, C만 존재한다. 아래의 표는 기업 A, B, C의 오염배출량과 오염저감비용을 나타낸 것이다. 정부가 각 기업에 오염배출권 30장씩을 무료로 배부하고, 오염배출권을 가진 한도 내에서만 오염을 배출할 수 있도록 하였다. 〈보기〉에서 옳은 것을 모두 고르면? (단, 오염배출권 1장 당 오염을 1톤씩 배출한다)

기업	A	B	C
오염배출량(톤)	70	60	50
오염저감비용(만 원/톤)	20	25	10

보기

ㄱ. 오염배출권의 자유로운 거래가 허용된다면 오염배출권의 가격은 톤당 20만 원으로 결정될 것이다.

ㄴ. 오염배출권제도가 실시되었을 때 균형 상태에서 기업 A는 30톤의 오염을 배출할 것이다.

ㄷ. 오염배출권제도 하에서의 사회적인 총비용은 각 기업의 오염배출량을 30톤으로 직접 규제할 때보다 450만 원 절감될 것이다.

ㄹ. 오염배출권제도 하에서 오염을 줄이는 데 드는 사회적인 총비용은 1,200만 원이다.

ㅁ. 기업 B는 오염배출권제도보다 각 기업이 오염배출량을 30톤으로 줄이도록 하는 직접규제를 더 선호할 것이다.

① ㄱ, ㄴ   ② ㄴ, ㄷ   ③ ㄱ, ㄴ, ㄷ

④ ㄷ, ㄹ, ㅁ   ⑤ ㄱ, ㄴ, ㅁ

45 강 상류에 위치한 기업 A가 오염물질을 배출하고 있으며, 강 하류에서는 어민 B가 어업 활동을 영위하고 있다. 그런데 기업 A는 자사의 오염배출이 어민 B에 미치는 영향을 고려하지 않고 있다. 사회적 최적 수준의 오염물질 배출량이 100톤이라고 가정할 때, 옳지 않은 것은?

① 현재 기업 A의 오염물질 배출량은 100톤보다 많다.

② 오염배출 문제는 기업 A와 어민 B의 협상을 통해서 해결가능하며, 이러한 경우 보상을 위한 필요자금 없이도 가능하다.

③ 기업 A에게 적절한 피구세(Pigouvian Tax)를 부과함으로써 사회적 최적 수준의 오염물질 배출량 달성이 가능하다.

④ 강 하류에 어민이 많을수록 협상을 통한 오염배출 문제의 해결은 현실적으로 어려워진다.

46 공공재와 외부성에 대한 설명 중 옳지 않은 것은?

① 인류가 환경 파괴적 행동을 계속하게 된다면 궁극적으로 지구의 파멸을 초래할 수 있다는 것은 공유지 비극의 한 예이다.

② 환경오염과 같은 부의 외부성이 존재하는 경우 사적 비용(Private Cost)이 사회적 비용(Social Cost)보다 크기 때문에 사회적으로 바람직한 수준보다 더 많은 환경오염이 초래된다.

③ 코즈의 정리(Coase Theorem)란 외부성으로 인해 영향을 받는 모든 이해 당사자들이 자유로운 협상에 의해 상호 간에 이래를 조정할 수 있다면 정부가 적극적으로 개입하지 않아도 시장에서 스스로 외부성 문제를 해결할 수 있다는 것이다.

④ 한 소비자가 특정 재화를 소비함으로써 얻는 혜택이 그 재화를 소비하는 다른 소비자들의 수요에 의해 영향을 받는 경우 네트워크 외부성이 존재한다고 한다.

47 시장실패(Market Failure)에 대한 설명으로 옳은 것을 모두 고르면?

> ㄱ. 사회적으로 효율적인 자원배분이 이루어지지 않는 경우이다.
>
> ㄴ. 공공재와 달리 외부성은 비배제성과 비경합성의 문제로부터 발생하는 시장실패이다.
>
> ㄷ. 각 경제주체가 자신의 이익을 위해서만 행동한다면 시장실패는 사회 전체의 후생을 감소시키지 않는다.

① ㄱ   ② ㄴ

③ ㄱ, ㄷ   ④ ㄴ, ㄷ

48 공공재에 대한 설명으로 옳지 않은 것은?

① 무임승차자의 문제가 있다.

② 소비에 있어서 경합성 및 배제성의 원리가 작용한다.

③ 공공재라고 할지라도 민간이 생산, 공급할 수 있다.

④ 시장에 맡기면 사회적으로 적절한 수준보다 과소공급될 우려가 있다.

49 K국의 국민은 A와 B 두 사람뿐이며, 특정 공공재에 대한 이들 각각의 수요함수는 $P=10-Q$이다. 해당 공공재의 한계비용은 공급규모와 상관없이 10원으로 일정하다. 해당 공공재의 적정 생산 수준은? (단, P는 해당 공공재의 가격, Q는 해당 공공재에 대한 수요량이다)

① 2단위   ② 5단위

③ 10단위   ④ 15단위

50 공공재에 대한 3명의 소비자들이 각기 $P=50-Q$로 표시되는 동일한 수요곡선을 가지고 있다고 한다. 공공재의 한계비용이 MC(한계비용)=30원이라면 공공재의 최적 생산량은 얼마인가? (단, P는 한 단위당 가격이며 Q는 재화의 단위수이다)

① 150단위   ② 100단위   ③ 60단위

④ 40단위   ⑤ 20단위

51 공공재인 마을 공동우물(x)에 대한 혜민과 동수의 수요가 각각 $x=50-P$, $x=30-2P$일 때 사회적으로 바람직한 공동우물의 개수(㉠)와 동수가 우물에 대해 지불하고자 하는 가격(㉡)은? (단, P는 혜민과 동수가 x에 대해 지불하는 단위당 가격이고, 공동우물을 만들 때 필요한 한계비용(MC)은 41원이다)

	㉠	㉡		㉠	㉡
①	16개	7원	②	18개	6원
③	20개	5원	④	22개	4원

52 어떤 한 경제에 A, B 두 명의 소비자와 X, Y 두 개의 재화가 존재한다. 이 중 X는 공공재(Public Goods)이고 Y는 사용재(Private Goods)이다. 현재의 소비량을 기준으로 A와 B의 한계대체율(Marginal Rate of Substitution ; MRS)과 한계전환율(Marginal Rate of Transformation ; MRT)이 다음과 같이 측정되었다. 공공재의 공급에 관한 평가로 옳은 것은?

$$MRS_{XY}^A = 1, \ MRS_{XY}^B = 3, \ MRT_{XY} = 5$$

① 공공재가 최적 수준보다 적게 공급되고 있다. ② 공공재가 최적 수준으로 공급되고 있다.
③ 공공재가 최적 수준보다 많이 공급되고 있다. ④ 공공재의 최적 수준 공급 여부를 알 수 없다.

53 공공재에 관한 설명 중 옳지 않은 것은?

① 부분균형분석에 의한 공공재의 최적공급수준은 공공재에 대한 사회의 수요곡선과 공공재의 공급곡선이 교차하는 곳에서 이루어진다.
② 공공재에 대한 사회의 수요는 각 산출량 수준에서 개인들이 지불하고자 하는 최대의 금액을 모두 합하여 구한다.
③ 공공재에 대한 개개인의 수요는 사적재에 대한 수요와는 달리 가상적이 수요 또는 의사수요라 불리운다.
④ 티부(Tiebout)는 지방공공재의 경우에는 선호불표명의 문제가 발에 의한 투표로 해결될 수 없다고 주장한다.

54 〈보기〉와 같은 노동시장에서 합리적 기대(Rational Expectations) 균형이 성립하고 기업이 위험 중립적이라고 할 때 p의 값은?

보기

• 노동시장에 두 가지 유형 A와 B의 노동자들이 각각 p와 $1-p$의 비율로 존재한다.
• 기업은 유형 A에 대해서는 15의 임금을, 유형 B에 대해서는 5의 임금을 지불할 용의가 있다.
• 기업은 노동자의 유형을 알지 못한 채 모든 노동자를 동일한 임금을 지급하여 고용한다.
• $p = \dfrac{w}{20} - \dfrac{1}{10}$(단, w는 임금이다.)

① 0.1   ② 0.3   ③ 0.5
④ 0.6   ⑤ 1

55 정보의 비대칭성으로 인하여 발생할 수 있는 현상을 모두 고른 것은?

> ㄱ. 도덕적 해이(Moral Hazard)   ㄴ. 역선택(Adverse Selection)
> ㄷ. 신호보내기(Signaling)   ㄹ. 골라내기(Screening)

① ㄱ, ㄴ

② ㄷ, ㄹ

③ ㄱ, ㄴ, ㄷ

④ ㄱ, ㄴ, ㄷ, ㄹ

56 정보의 비대칭성(Information Asymmetry)의 원인, 문제, 사례 및 해결책이 바르게 연결된 것은?

	원인	문제	사례	해결책
①	숨겨진 특징	도덕적 해이	중고차 시장	강제보험
②	숨겨진 특징	역선택	신규차 시장	성과급
③	숨겨진 행위	도덕적 해이	주인과 대리인	감시강화
④	숨겨진 행위	역선택	노동시장	최저임금

57 다음 중 정보경제와 관련된 설명으로 가장 옳지 않은 것은?

① 선별이란 사적정보를 가진 경제주체가 상대방의 정보를 더욱 얻어내기 위해 취하는 행동이다.

② 신호발생이란 정보를 가진 경제주체가 자신에 관한 정보를 상대방에게 전달하려는 행동이다.

③ 탐색행위란 상품의 가격에 대한 정보를 충분히 갖지 못한 수요자가 좀 더 낮은 가격을 부르는 곳을 찾으려고 하는 행위이다.

④ 역선택이란 상대방의 감추어진 속성으로 인해 정보가 부족한 쪽에서 바람직하지 않은 선택을 하는 현상이다.

58 다음 중 역선택에 해당하는 것은?

① 화재보험에 가입한 사람이 화재예방에 소홀히 한다.
② 사고 날 확률이 높은 사람이 상해보험에 가입한다.
③ 노동자는 실업기간이 길어지면 구직을 위한 노력을 포기한다.
④ 환경보호운동에 참여하지 않더라도 그 운동의 효과를 누릴 수 있다.

59 역선택에 관한 설명으로 옳지 않은 것은?

① 역선택은 정보를 가지고 있는 자의 자기선택 과정에서 생기는 현상이다.
② 교육수준이 능력에 관한 신호를 보내는 역할을 하는 경우 역선택의 문제가 완화된다.
③ 정부에 의한 품질인증은 역선택의 문제를 완화시킨다.
④ 역선택 현상이 존재하는 상황에서 강제적인 보험프로그램의 도입은 후생을 악화시킨다.

60 다음 중 역선택 문제를 완화하기 위해 고안된 장치와 거리가 먼 것은?

① 중고차 판매 시 책임수리 제공   ② 민간의료보험 가입 시 신체검사
③ 보험가입 의무화   ④ 사고에 따른 자동차 보험료 할증
⑤ 은행의 대출 심사

파트1 파트2 파트3 파트4 파트5 파트6 파트7 파트8 실전1 실전2

61 다음 사례를 역선택과 도덕적 해이의 개념에 따라 올바르게 구분한 것은?

ㄱ. 자동차 보험 가입 후 더욱 난폭하게 운전한다.

ㄴ. 건강이 좋지 않은 사람이 민간 의료보험에 더 많이 가입한다.

ㄷ. 실업급여를 받게 되자 구직 활동을 성실히 하지 않는다.

ㄹ. 사망 확률이 낮은 건강한 사람이 주로 종신연금(Life Annuity)에 가입한다.

	역선택	도덕적 해이		역선택	도덕적 해이
①	ㄱ, ㄹ	ㄴ, ㄷ	②	ㄴ, ㄹ	ㄱ, ㄷ
③	ㄱ, ㄴ	ㄷ, ㄹ	④	ㄴ, ㄷ	ㄱ, ㄹ

62 중고차 시장에 중고차 200대가 매물로 나와 있다. 그중 100대는 성능이 좋은 차이고, 100대는 성능이 나쁜 차이다. 성능이 좋은 차를 매도하려는 사람은 600만 원 이상에 판매하려 하고, 성능이 나쁜 차를 매도하려는 사람은 400만 원 이상에 판매하려 한다. 이 중고차 시장에서 중고차를 구매하려는 잠재적 구매자는 무한하다. 구매자들은 성능이 좋은 차는 900만 원 이하에 구매하려 하고, 성능이 나쁜 차는 500만 원 이하에 구매하려 한다. 중고차의 성능에 관한 정보를 매도자는 알고 있지만 구매자는 알지 못한다면, 이 시장에는 어떤 균형이 존재하는가?

① 모든 중고차가 700만 원에 거래되는 균형이 존재한다.

② 좋은 중고차만 900만 원에 거래되는 균형이 존재한다.

③ 좋은 중고차는 900만 원에 거래되고, 나쁜 중고차는 500만 원에 거래되는 균형이 존재한다.

④ 어떤 균형도 존재하지 않는다.

63 도덕적 해이에 대한 설명으로 옳은 것을 모두 고르면?

ㄱ. 불완전하게 감시를 받는 대리인이 자기의 이익을 좇아 행동하는 경향을 말한다.

ㄴ. 고용의 경우에 도덕적 해이를 줄이기 위하여 감시 감독을 강화하거나 보수지급을 연기하기도 한다.

ㄷ. 건물주가 화재보험에 가입한 후에는 화재예방설비를 적정 수준보다 부족하게 설치하는 경향을 보이는 것도 도덕적 해이에 속한다.

---

① ㄱ, ㄴ　　　　② ㄱ, ㄷ　　　　③ ㄴ, ㄷ　　　　④ ㄱ, ㄴ, ㄷ

64 다음 중 도덕적 해이와 가장 관련이 없는 것은?

① 스톡옵션(Stock Option)　　　　　　② 기업의 폐기물 방치
③ 정보의 비대칭성　　　　　　　　　④ 은행담보대출
⑤ 사고 건수에 따른 보험료 할증

파트1 파트2 파트3 파트4 파트5 파트6 파트7 파트8 실전1 실전2

65 주인-대리인 이론(Principal-Agent Model)을 적용하기에 적절하지 않은 것은?

	주인	대리인		주인	대리인
①	주주	회사 사장	②	회사 사장	직원
③	스포츠 구단주	프로스포츠 선수	④	병원장	환자

66 고용주는 채용된 근로자가 얼마나 열심히 일을 하는지에 대해 완벽하게 관찰하는 것이 불가능하여 고용주와 근로자 간에 비대칭 정보가 존재할 때, 이 상황에서 발생되는 문제와 그 해결방법에 대한 〈보기〉의 설명 중 옳은 것을 모두 고르면?

---보기---

ㄱ. 이 상황에서 생산성이 낮은 근로자가 고용되는 역선택이 발생한다.
ㄴ. 이 상황에서 근로자의 도덕적 해이가 발생한다.
ㄷ. 고용주가 근로자에게 효율임금을 지급한다면 이 상황을 해결할 수 있다.
ㄹ. 고용주가 근로자의 보수 지급을 연기한다면 이 상황을 해결할 수 있다.
ㅁ. 근로자가 고용주에게 자신의 높은 교육수준을 통해 자신의 생산성이 높다는 것을 신호보내기(Signaling)한다면 이 상황을 해결할 수 있다.

① ㄱ, ㄷ　　　　　　　② ㄱ, ㅁ　　　　　　　③ ㄴ, ㄹ
④ ㄱ, ㄷ, ㅁ　　　　　⑤ ㄴ, ㄷ, ㄹ

고시넷

공기업 NCS 경제학

[합격전략]

국내 총생산의 개념 및 측정방법, 측정 한계, 국민총소득 등에 관한 내용이 출제되므로 이에 대한 개념학습이 필요하다. 또한 소비와 소비함수의 의의, 케인즈의 절대소득가설, 쿠즈네츠의 실증분석, 듀젠베리의 상대소득가설과 같이 경제학자들의 이론이 많이 출제되므로 이에 대한 이해가 필요하다. 고전학파의 국민소득 결정이론이나 케인스학파의 국민소득 결정이론 등 하나의 현상에 대해 학파에 따라 설명하는 내용의 공통점이나 차이점 등을 숙지할 필요가 있다.

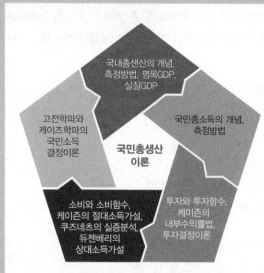

국내총생산의 개념, 측정방법, 명목GDP, 실질GDP

고전학파와 케이즈학파의 국민소득 결정이론

국민총소득의 개념, 측정방법

국민총생산 이론

소비와 소비함수, 케인즈의 절대소득가설, 쿠즈네츠의 실증분석, 듀젠베리의 상대소득가설

투자와 투자함수, 케인즈의 내부수익률법, 투자결정이론

공기업
NCS
경제학

파트 5
국민총생산이론

✪ 테마 유형 학습

✪ 빈출 지문에서 뽑은 O/X

✪ 기출예상문제

국내총생산

☑ 국민소득통계(National Income Statistics)
개별 경제지표와 달리 한 나라 경제의 전반적인 성과를 종합적으로 나타냄으로써 경제정책의 수립 및 평가와 경제분석의 기초자료로 활용되고 있다. 국민소득통계에서 세계적으로 가장 많이 인용되는 지표가 국내총생산이다.

1 국내총생산의 개념

국내총생산(Gross Domestic Product ; GDP)은 일정기간 동안 한 나라 안에서 새롭게 생산된 재화와 서비스의 시장가치를 합산한 것이다.

1. 일정기간

생산과 소득의 흐름을 1년 또는 1분기(3개월) 단위로 측정한다는 것을 의미한다.

2. 새롭게 생산

(1) GDP가 그 해 또는 그 분기에 생산된 재화와 서비스의 부가가치로 측정됨을 나타낸다. 그러나 과거에 생산된 것의 거래는 포함되지 않고 토지, 주식, 채권과 같은 금융자산의 매입을 의미하지는 않는다.

(2) 자동차 회사가 새 차를 만들어 팔면 그 금액이 GDP에 포함되지만 사람들이 사고파는 중고차의 금액은 GDP에 반영되지 않는다.

3. 재화와 서비스

사람이 살아가는 데 필요한 의·식·주와 정신적·문화적 욕구를 충족시키기 위하여 생산되는 것을 말한다.

* 재화는 쌀, 의복, 자동차, 건물처럼 물질적으로 형태가 있는 상품이고, 서비스는 운송, 숙박, 금융, 의료, 교육, 문화 활동 등과 같이 형태가 없는 사람의 노력이다.

4. 시장가치 합산

최종 생산물인 각종 재화와 서비스의 양에 이들의 시장가격을 곱해서 얻은 수치를 합산한다는 의미다. GDP는 종류가 다양하고 물리적 단위도 각기 다른 생산물을 시장가격을 기준으로 합하여 하나의 경제활동 지표로 나타낸 것이다.

2 국내총생산의 측정방법

1. 부가가치의 합

GDP는 생산활동의 각 단계에서 새로 창출된 부가가치의 합으로 구한다.

> 부가가치(Value Added)=산출액(Output)−중간투입액(Intermediate Input)

2. 최종생산물의 가치

GDP는 최종생산물의 가치만을 측정하여 구할 수도 있다.

3 국내총생산의 측정한계

1. 가사서비스, 주택소유 및 지하경제

(1) 가사도우미는 대가를 받고 서비스를 제공하기 때문에 가사도우미의 서비스는 GDP에 포함되지만, 전업주부의 가사서비스는 GDP에 포함되지 않는다.

(2) GDP의 표준 척도를 규정하는 국민계정체계(System of National Accounts ; SNA)에서 가계의 가사나 개인서비스 활동과 관련하여 타인이 대신 수행할 수 없는 기본적인 활동(식사, 음주, 수면, 운동 등)은 생산의 범주에 포함되지 않기 때문이다.

(3) 자가소유주택이 제공하는 주거서비스는 GDP에 포함되고 임대주택의 경우 세입자가 지불하는 임대료는 주택서비스를 제공받는 대가인 동시에 집주인의 임대소득이므로 GDP에 포함된다. 자가소유주택 서비스는 유사한 주택을 임대할 경우 지불해야 할 금액을 그 가계의 소득과 지출에 포함하는 방식으로 GDP에 계상된다.

(4) 마약거래, 도박, 매춘 등 불법적 거래, 반려견 돌봄과 같이 보고되거나 기록되지 않는 경제활동도 지하경제에 포함되어 GDP에 반영되지 않는다.

2. 디지털 · 공유경제

우리나라의 경우 아직 디지털 · 공유경제 규모가 크지 않지만 이와 같은 활동이 점차 확대될 것에 대비하여 기초자료를 확충하고 추계에 반영해 나가는 한편 OECD와 IMF 등 국제기구와 협력하여 논의의 진전 상황을 지속적으로 모니터링하고 있다.

대표기출유형

☐ **국내총생산을 산출할 때 집계되는 투자지출에 해당하지 않는 것은?**

① 기업의 재고 자산 증가

② 기업의 신규 기계 도입

③ 기업의 토지 신규 매입

④ 기업의 신규 주택 구입

정답 ③

해설 토지는 생산된 것이 아니므로 국내총생산을 산출할 때 포함되지 않으며, 투자는 기업의 설비 및 자본재 구입금액, 신축주택 구입금액, 재고변화분으로 구성되어 있다.

거시경제의 투자는 실물량의 증감을 의미하는 투자를 말하며, 새롭게 만들거나, 설비를 하거나, 건물을 신축하는 것을 말한다. 주식투자, 부동산투자의 개념은 소유권의 이전에 불과하므로 거시경제에서의 투자가 아니다.

GDP의 구분

☑ 명목변수
실현되는 기간의 시장가치로 측정한 변수이다.

☑ 실질변수
가격변화에 영향을 받지 않도록 고안된 변수이다. 경제활동이 일어날 당시의 시장가격을 이용하여 생산, 소비, 저축 등을 측정하면 서로 다른 기간에 측정한 동일한 변수의 값을 비교하고자 할 때 문제가 생긴다.

1 명목 GDP와 실질 GDP

1. 개념

(1) 명목 GDP : 당해 연도의 시장가치로 측정한 GDP이다.

(2) 실질 GDP : 가격 변화에 영향을 받지 않도록 기준연도의 시장가치로 측정한 GDP 이다.

(3) 실질 GDP를 이용하면 가격변동에 따른 총생산의 변동과 관계없이 서로 다른 기간에 생산된 재화와 서비스의 가치를 비교할 수 있다.

2. 산출방법

(1) 산출식 : P_0는 기준연도의 가격, P_t는 비교연도의 가격, Q_0는 기준연도의 수량, Q_t는 비교연도의 수량이라고 할 때

① (경상가격)기준연도의 명목 $GDP = P_0 \cdot Q_0$, 비교연도의 명목 $GDP = P_t \cdot Q_t$

② (불변가격)기준연도의 실질 $GDP = P_0 \cdot Q_0$, 비교연도의 실질 $GDP = P_0 \cdot Q_t$

(2) 경제성장률 $= \dfrac{\text{비교연도 실질} GDP - \text{기준연도 실질} GDP}{\text{기준연도 실질} GDP} \times 100$

2 잠재 GDP와 GDP 갭

1. 잠재 GDP : 한 나라 안에 존재하는 모든 생산요소가 완전히 고용되었을 경우 가능한 최대한의 GDP를 의미한다. 따라서 완전고용산출량 혹은 자연실업률하의 산출량과 동일한 개념이다.

2. GDP 갭

(1) GDP 갭이란 잠재 GDP에서 실제 GDP를 뺀 값을 의미한다.

(2) GDP 갭 > 0이면 경기침체로 실업이 존재하여 총수요의 확대 필요성이 있고 GDP 갭 < 0이면 경기과열로 인플레이션이 존재하며 총수요를 억제할 필요가 있다.

3 GDP 디플레이터

1. 개념

파쉐방식의 물가지수로, GDP에 포함된 재화와 서비스의 평균적인 상승을 의미한다.

2. 산출식

$$GDP \text{디플레이터} = \frac{\text{명목} GDP}{\text{실질} GDP} = \frac{P_t \cdot Q_t}{P_0 \cdot Q_t}$$

$$※ P_t \cdot Q_t = P_t^1 Q_t^1 + P_t^2 Q_t^2 + P_t^3 Q_t^3 + \cdots$$

$$P_o \cdot Q_t = P_o^1 Q_t^1 + P_o^2 Q_t^2 + P_o^3 Q_t^3 + \cdots$$

www.gosinet.co.kr gosinet

파트1

파트2

파트3

파트4

파트5

파트6

파트7

파트8

실전1

실전2

3. 비교

(1) 명목 $GDP(P_t \cdot Q_t)$: 비교연도의 가격과 산출량 모두의 요인에 의한 변화를 반영한다.

(2) 실질 $GDP(P_0 \cdot Q_t)$: 산출량 변화로 인한 효과만을 반영한다.

(3) GDP 디플레이터는 산출량 변화로 인한 효과는 상쇄되고 가격변화로 인한 효과만 반영한다.

4. GDP 디플레이터의 사용과 관련하여 주의할 점

(1) 한 나라 안에서 생산되는 재화와 서비스를 모두 포함하며 가장 포괄적인 물가지수다.

(2) GDP 디플레이터는 국내에서 생산된 재화와 서비스만 포함한다.

(3) GDP 디플레이터 측정시 가격에 곱하여지는 가중치가 매년 변화한다.

4 국민총소득

1. 국민총소득(Gross National Income ; GNI)은 일정기간 동안 한 나라 국민이 소유하고 있는 생산요소를 국내외에 제공한 대가로 벌어들인 소득의 합을 말한다.

2. 과거에는 국민소득지표로 국민총생산(GNP)이 많이 사용되었으나 GNP는 교역조건의 변화를 반영하지 못하는 단점이 있어 최근 실질 GNI로 대체되어 사용된다.

> 실질 GNI = 실질 GDP + 교역조건 변화에 따른 실질무역손익 + 실질국외순수취요소소득

3. 교역조건 $= \dfrac{수출상품의\ 가격}{수입상품의\ 가격}$ 으로 수출품 한 단위와 교환되는 수입품의 수량을 의미하며 값이 클수록 교역조건이 개선되었다고 한다.

4. 교역조건 변화에 따른 실질무역손익 + 순수취요소소득 = 0이면 실질 GDP = 실질 GNI가 성립한다.

대표기출유형

📵 다음은 밀, 밀가루, 빵만을 생산하는 A국의 2019년 경제활동을 요약한 것이다. 2019년 GDP 디플레이터가 2017년에 비해 10% 상승했다면 2019년 A국의 실질 GDP는?

- 농부들은 밀을 생산하여 2억 원을 시장에 판매하고, 1억 원을 제분업자에게 판매했다.
- 제분업자는 밀가루를 만들어 그중 3억 원을 시장에 판매하고, 7억 원을 제빵업자에게 판매했다.
- 제빵업자는 17억 원을 시장에 판매했다.

① 16억 원　　　② 18억 원　　　③ 20억 원　　　④ 22억 원

정답 ③

해설 GDP 디플레이터 = (명목 GDP ÷ 실질 GDP) × 100 ⇒ 실질 GDP = 명목 GDP ÷ GDP 디플레이터 × 100
명목 GDP는 일정기간 동안에 국내에서 생산된 모든 최종 재화와 서비스의 시장가치 총합을 의미하므로,
명목 GDP = 2억 원(농부 시장 판매) + 3억 원(제분업자 시장 판매) + 17억 원(제빵업자 시장판매) = 22(억 원)
GDP 디플레이터는 10% 증가했으므로 110%이다. ∴ 실질 GDP = 22 ÷ 110 × 100 = 20(억 원)

소비와 소비함수

> 소비함수란 소비와 소득과의 관계를 나타내는 것으로, 각 소득수준에 대응하여 사람들이 의도하는 소비의 수준을 나타낸다. 소비가 무엇에 의하여 결정되는가를 분석함으로써 국민소득의 결정에 중요한 역할을 하는 소비자행동론을 구명하는 데 있다.

1 소비함수

1. 의의

(1) 소비함수란 소비와 소비에 영향을 미치는 요소들 간의 관계를 함수의 형태로 나타낸 것이다.

(2) 총지출($C+I+G$)의 구성항목 중 가장 큰 비중을 차지하며 다른 변수들에 비해 안정적이다.

(3) 소비함수가 정의되면 저축함수도 구할 수 있다.

2. 소비성향

(1) 평균소비성향(APC)은 가처분소득(Y_d)에서 소비가 차지하는 비율을 말한다.

$$APC = \frac{C}{Y_d}$$

(2) 한계소비성향(MPC)은 가처분소득 증가분에 대한 소비증가 비율을 말한다.

$$MPC = \frac{\Delta C}{\Delta Y_d}$$

(3) 소비성향의 결정요인

① 주관적 요인 : 소비자 개인의 소비의욕

② 객관적 요인 : 가계의 소득, 부의 스톡, 임금수준, 이자율, 정부의 경제정책, 물가수준 등

2 소비함수논쟁

1. 케인스의 절대소득가설

(1) 가정

① 소비의 독립성 : 소비는 자신의 소득에 의해서만 결정되며, 타인의 소비행위와는 무관하게 이루어진다.

② 소비의 가역성 : 소비지출은 소득 수준에 따라 자유로이 움직이는 가역성을 가진다. 즉, 소득이 증가하면 소비도 증가하고, 소득이 감소하면 소비도 감소한다.

(2) 내용

① 소비의 크기는 소득, 특히 현재의 가처분소득에 따라서 결정되는 함수이다.

$$C = C_0 + cY$$
** C_0 : 기초소비 c : 한계소비성향

② 소비지출은 소득의 증가에 따라 증가하는 경향이 있지만 소득의 증가분만큼 증가하지는 않는다. 즉 한계소비성향(MPC)은 0과 1 사이의 값을 가진다.

$$0 < MPC\left(\frac{\Delta C}{\Delta Y}\right) < 1$$

③ 소득이 증가하면 한계소비성향과 평균소비성향은 감소하는 경향이 있으며 소득증가에 따른 평균소비성향이 감소한다. 즉 $MPC < APC$의 관계이다.

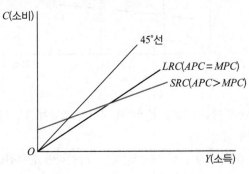

(3) 한계
① 소비는 현재 가처분소득만의 함수이므로, 재정정책(조세정책)은 매우 효과적일 수 있다.
② 절대소득가설은 너무나 단순할 뿐만 아니라 시간적 요인을 무시한 단기분석이다. 즉 케인스의 절대소득가설은 단기소비함수(SRC)이며, 장기소비함수가 LRC처럼 원점을 통과하는 것을 설명하지 못한다.

2. 쿠즈네츠의 실증분석
(1) 장기에 소득이 증가하더라도 평균소비성향(APC)은 변하지 않고, APC=한계소비성향(MPC)이다.

$$0 < APC = MPC < 1$$

(2) 단기적으로는 케인스의 소비함수가 맞지만, 장기적으로 평균소비성향이 일정하다는 사실을 케인스의 절대소득가설은 설명하지 못한다.
(3) 평균소비성향이 호황기에는 작아지고 불황기에는 커진다. 또한 고소득가구일수록 평균소비성향이 낮아진다.

3. 듀젠베리의 상대소득가설
(1) 가정
① 소비행동의 비가역성 : 소득이 증가함에 따라 일단 높아진 소비수준은 소득이 감소해도 쉽게 낮아지지 않는다.
② 소비의 외부성(상호의존성) : 개인의 소비는 사회적 의존관계에 있는 타인의 소비행태와 타인의 소득수준에 의해 영향을 받는다.

☑ 듀젠베리(Duesenberry)는 소비에 영향을 주는 요인으로서 타인의 소득과 본인의 과거 소득을 중요시하였다.

(2) 내용

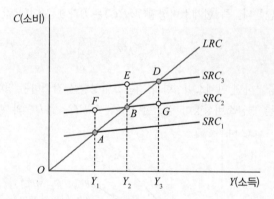

① 전시효과
  ㉠ 동류집단의 평균소득이 Y_2일 때 자신의 소득이 Y_2이면 소비점은 장기소비 함수상의 B점이다.
  ㉡ 자신의 소득이 평균소득에 미달하는 Y_1이라면 동류집단과 비슷한 소비수준을 유지하기 위해 소비점은 F점(전시효과)이 된다.
  ㉢ 자신의 소득이 Y_3이면 소비를 크게 증가시키지 않아도 체면치레가 가능하므로 소비점은 G점이 된다. 따라서 단기소비함수들은 $APC > MPC$의 특징을 가진다.
② 톱니효과
  ㉠ 자신의 소득이 Y_3이고 이때의 소비점이 장기소비함수상의 D점이라고 가정한다.
  ㉡ 소득이 Y_2로 감소하더라도 소비는 장기소비함수를 따라 B점으로 감소하지 않고, 소비의 비가역성으로 인해 SRC_3를 따라서 E점으로 소비점이 이동한다.
  ㉢ Y_2의 소득수준이 지속되면 E점의 소비를 장기적으로 유지할 수 없으므로 소비점은 B점이 된다.
  ㉣ 소득이 Y_1으로 감소할 때도 마찬가지로 F점을 거쳐 A점으로 이동한다.
  ㉤ 소득이 변화할 때 소비점이 이처럼 변화하는 것을 톱니효과라 한다.
③ 장기소비함수 : 장기적으로 소득이 추세적으로 증가하는 경향을 보이고 비례적으로 소비를 증가시키면 장기적으로 평균소비성향은 일정한 값을 가지게 된다.

$$APC = MPC$$

(3) 평가
① 경제학은 합리적인 개인을 가정하는데 반해 전시효과와 톱니효과는 비합리적 소비자를 가정하고 있다.
② 소득의 감소 시에 소비가 줄어들지 않는 비가역성으로 인해 소비함수가 비대칭적으로 되는 문제점이 있다.

4. 프리드먼의 항상소득가설

(1) 내용

① 프리드먼(Friedman)은 실제로 측정되는 소득을 실제소득이라 하고 실제소득은 항상소득 혹은 영구소득(Permanent Income)과 임시소득(Transitory Income)으로 구성된다고 보았다.

$$Y = Y_p + Y_t$$

** Y : 실제소득 Y_p : 항상소득(영구소득) Y_t : 임시소득

② 항상소득이란 평생 동안 벌어들일 것으로 기대되는 소득의 평균규모 또는 장기적 평균소득이다. 임시소득은 장기적으로 예견되지 않은 일시적인 소득으로서 양 (+)일 수도, 0일 수도, 음(−)일 수도 있다.

③ 프리드먼은 소비(C)가 임시소득(Y_t)과는 상관관계가 없고 항상소득(Y_p)에만 의존하며 항상소득의 일정비율이라고 본다. 즉 $C = m Y_p$이다. 이것을 항상소득 가설(Permanent Income Hypothesis)이라고 부른다. 여기서 m은 항상소득에 대한 한계소비성향인데 0보다 크고 1보다는 작다.

④ 항상소득가설에 의하면 임시소득이 실제소득에서 차지하는 비율이 클수록 평균 소비성향은 작아진다.

$$C = m(Y - Y_t), \quad \frac{C}{Y} = m\left(1 - \frac{Y_t}{Y}\right)$$

위 식에서 임시소득이 실제소득에서 차지하는 비중, 즉 $\dfrac{Y_t}{Y}$가 클수록 평균소비 성향이 작아짐을 알 수 있다. 이는 임시소득이 대부분 소비되지 않고 저축된다는 것을 의미한다.

⑤ 단기적으로 APC와 MPC가 일치하지 않지만 장기적으로는 $APC = MPC$이다. 점선 OA의 기울기는 불황기의 APC를, 점선 OB의 기울기는 호황기의 APC를 각각 표시한다. 두 점 A와 B를 연결하면 단기소비함수 SRC를 얻는다.

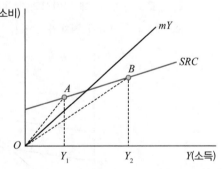

이 SRC에서는 케인스의 소비함수처럼 단기에 APC가 MPC보다 크다.

⑥ 항상소득가설에 의하면 소비는 항상소득의 일정비율이다. 장기에는 실제소득이 항상소득과 같기 때문에 소비함수가 원점을 지난다. 단기에는 임시소득이 있어서 소비축을 지난다.

(2) 한계

① 일시적인 재정정책은 임시소득의 변화만을 초래하므로 효과가 없다.

② 실제소득을 항상소득과 임시소득으로 구분하기가 어렵다.

피셔의 2기간 소비선택모형을 무한기간으로 확장하여 개인이 전 생애에 걸쳐 효용극대화의 관점에서 소비를 평준화한다고 설명하는 이론

파트1
파트2
파트3
파트4
파트5
파트6
파트7
파트8
실전1
실전2

✓ **안도·모딜리아니의 생애주기 가설**
소비자는 전 생애에 걸쳐 일정 수준의 소비를 유지하기 위하여 소비에 비해 소득이 적은 유년기와 노년기에는 음의 저축을 하고 소비에 비해 소득이 많은 중년기에는 양의 저축을 한다는 소비이론

5. 안도·모딜리아니의 생애주기가설

(1) 전제 : 소비지출은 소비자의 전 생애를 통한 총소득에 의하여 결정된다.

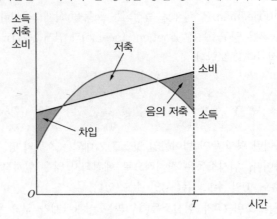

(2) 내용
① 보통 개인의 소득흐름은 생산성이 낮은 인생의 초년기와 노년기에는 상대적으로 낮고 생산성이 높은 인생의 중년기에는 상대적으로 높다.
② 소비자는 인생의 초기(청년기)에는 차입을 하고, 중년기에는 청년기의 부채를 상환하고 노후에 대비하기 위해 저축을 하고, 노년기에는 이 저축을 소비에 충당한다.
③ 전생애 T기간 동안의 소비는 그 기간 동안 여생을 통하여 얻을 것으로 예상되는 근로소득과 자원소득에 의존한다.

$$C_t = W_t + aA_t$$

** C_t : t기의 소비수준 W_t : 여생 동안 벌 수 있는 근로소득 A_t : 자산소득

(3) 소비와 근로소득과의 관계 : C_t는 t기의 소비수준, W_t는 여생 동안 벌어들일 수 있는 근로소득의 t기에 있어서의 현재가치, A_t는 여생 동안 기대할 수 있는 자산소득의 t기에 있어서의 현재가치이다.

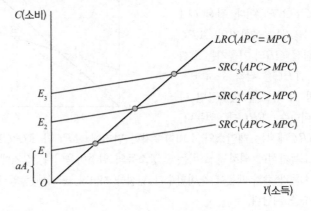

(4) 평가

① 프리드먼의 항상소득가설에서 임시소득이 양(+)인 경우는 생애주기가설의 중년층 소득에 해당하며, 생애주기가설의 생애평균소득은 프리드먼의 항상소득에 해당한다고 볼 수 있다.

② 생애주기가설은 근로소득이 급감하는 은퇴 이후 시점의 소비를 명시적으로 고려함으로써 생애주기에 따른 사람들의 저축동기에 주목하였다.

③ 생애주기가설은 소비자가 사망 전에 축적한 부를 모두 사용하는 것으로 가정하지만, 음(−)의 저축의 크기는 이론이 예측하는 것보다 작아 사망시점에 상당한 부가 남아 있는 경우가 많다.

파트1

파트2

파트3

파트4

파트5

파트6

파트7

파트8

실전1

실전2

대표기출유형

다음 중 소비함수에 관한 이론의 설명으로 옳지 않은 것은?

① 절대소득가설에 의하면 당기의 소비는 당기의 소득수준에 의하여 결정되며, 평균소비성향은 한계소비성향보다 작다.

② 상대소득가설에 의하면 당기의 소비는 당기의 소득수준 및 과거의 최고소득수준에 의존하며, 단기적으로 한계소비성향이 평균소비성향보다 작을 수 있지만, 장기적으로 한계소비성향과 평균소비성향은 일치한다.

③ 항상소득가설에 의하면 소비의 평균적인 수준은 평균적인 소득수준에 의하여 결정되며, 단기적으로 관찰된 한계소비성향이 평균소비성향보다 작을 수 있지만, 장기적으로 한계소비성향과 평균소비성향은 일치한다.

④ 생애주기가설에 의하면 개인의 소비는 평생의 소득−소비의 관계에서는 장기적으로 한계소비성향과 평균소비성향은 일치한다.

정답 ①

해설 절대소득가설에 의하면 한계소비성향은 평균소비성향보다 작다.

투자와 투자함수

☑ 투자란 일정기간 동안 생산된 최종 재화 중 기업이 구입한 자본재의 총가치를 말하며, 유량의 개념이다.

☑ 자본이란 일정시점에서 측정한 공장 및 기계설비의 양을 말하며 저량의 개념이다.

1 투자

1. 투자의 개념

국민소득수준을 결정하는 유효수요의 일부로서 투자의 증감은 투자의 승수효과를 통해서 국민소득수준을 결정할 뿐 아니라 고용수준의 결정에도 큰 영향을 미치고 실물자본의 증가, 즉 자본형성을 통하여 국민경제의 생산능력을 증가시킨다.

2. 투자의 경제적 효과(투자의 이중성)

(1) 소득창출효과 : 투자가 증가하면 총수요가 증가하고, 국민소득이 증대된다.

(2) 생산능력 증대효과 : 투자가 증가하면 자본량이 증가하고, 생산능력이 증대된다.

3. 투자의 분류

(1) 대체투자 : 생산과정에서 마모되어 없어지는 기계설비 등의 고정자본의 소모를 대체하기 위해 이루어지는 투자를 말한다.

(2) 순투자 : 고정자본의 소모분을 넘어 생산량의 증가를 위해 이루어지는 투자이다.

> **총투자＝대체투자＋순투자**
> $$I_t = (K_{t+1} - K_t) + \delta K_t$$

4. 투자의 구분

(1) 투자의 원인에 따른 구분

　① 독립투자 : 소득이나 이자율의 변화와 관계없이 기업가의 심리에 의해 행해지는 투자를 말한다.

　② 유발투자 : 소비와 소득의 변화로 인해 유발되는 투자이다.

(2) 계획의 유무에 따른 구분

　① 사전적 투자 : 사전에 계획된 투자이다.

　② 사후적 투자 : 사후적으로 실현된 투자로 항상 저축과 일치한다.

2 고전학파의 현재가치법

☑ 현재가치법은 피셔(I. Fisher)에 의해 제시된 고전학파의 투자결정이론으로, 기업이 이윤극대화를 위한 투자계획을 수립함에 있어서 투자의 시행여부를 결정하는 투자법이다.

1. 투자의 현재가치

(1) n년 동안 매년 R_0, R_1, R_2, …, R_n이라는 수익이 기대되고 연 이자율 r이 불변이라면 투자로 인한 총수익의 현재가치(Present Value ; PV)는 다음과 같다.

$$PV = R_0 + \frac{R_1}{(1+r)} + \frac{R_2}{(1+r)^2} + \cdots + \frac{R_n}{(1+r)^n}$$

(2) 투자의 순현재가치(Net Present Value ; NPV)는 예상수익의 현재가치에서 투자비용을 차감한 것이다.

$$NPV = R_0 + \frac{R_1}{(1+r)} + \frac{R_2}{(1+r)^2} + \cdots + \frac{R_n}{(1+r)^n} - C = PV - C$$

2. 투자의 결정

현재가치(PV)와 투자비용(C)을 비교하여 투자를 결정한다.

(1) $PV > C$이면 $NPV > 0$이다. 이는 수익이 투자비용보다 크다는 것을 의미하므로 기업은 투자를 할 것이다.

(2) $PV < C$이면 $NPV < 0$이므로 기업은 투자를 포기할 것이다.

3. 이자율과 투자

(1) 이자율이 상승하면 예상수입의 현재가치는 감소하고, 이자율이 하락하면 예상수입의 현재가치는 증가한다.

(2) 이자율이 상승하면 투자가 이루어지는 건수가 감소하여 투자가 감소하고, 이자율이 하락하면 투자가 이루어지는 건수가 증가하여 투자가 증가한다.

3 케인스의 내부수익률법

1. 내부수익률

(1) 투자로 인하여 기대되는 미래의 총기대수익의 현재가치와 투자액을 일치시키는 할인율을 말하며, 투자의 한계효율이라고도 한다.

(2) 투자의 현재가치를 0이 되게 하는 할인율을 말한다.

2. 내부수익률의 계산

(1) 투자금액을 C, 미래의 기대수익을 R_0, R_1, R_2, $\cdots$, R_n이라 할 때 다음 등식이 성립할 수 있게 하는 할인율 m이 투자의 한계효율(Marginal Efficiency of Investment ; MEI)이다.

$$C = R_0 + \frac{R_1}{(1+m)} + \frac{R_2}{(1+m)^2} + \cdots + \frac{R_n}{(1+m)^n}$$

(2) 투자의 한계효율은 $NPV = PV - C = 0$으로 만드는 내부할인율이다.

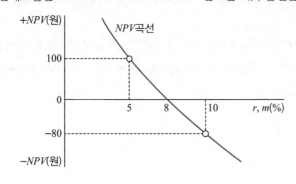

☑ 고전학파의 견해
1. 투자의 결정은 객관적인 이자율의 크기에 의해 결정된다.
2. 투자는 이자율의 감소함수이다.
3. 투자는 대체로 이자율의 변화에 민감하게 반응한다. 즉 투자의 이자율 탄력성이 매우 크다.

☑ 내부수익률법은 투자의 한계효율과 이자율에 의해서 투자가 결정된다고 보는 케인스의 투자이론이다.

☑ 현재가치법과 내부수익률법의
비교
1. 공통점 : 기대수익률에 의해 투
자가 결정되며, 투자는 이자율
의 감소함수이다.
2. 차이점
  • 현재가치법 : 객관적인 시장
    의 이자율에 의해 투자계획
    을 평가한다. 투자는 이자율
    에 탄력적이다.
  • 내부수익률법 : 기업가의 주
    관적인 내부수익률을 이용
    하여 투자계획을 평가한다.
    투자가 이자율에 비탄력적
    이라고 평가한다.

☑ 신고전학파의 투자결정이론을 정
립한 조르겐슨(O.Jorgenson)에
의하면 기업은 이윤극대화과정
에서 적정자본량을 결정하고 자
본량을 적정수준으로 조정하기
위하여 투자가 이루어지게 된다.

(3) 순현금흐름을 0으로 만드는 할인율(그림에서 8%)이 내부수익률이다. 내부수익률이
시장이자율보다 크면 투자하는 것이 기업에게 이득이다.

3. 투자비용

(1) 투자비용 C는 시장가격에 의해 결정되지만, 내부수익률 m은 기업가의 예상수익의
크기에 의해 결정되고, 예상수입의 크기는 기업가의 주관적인 평가에 의해 결정된다.

(2) 그러므로 내부수익은 기업가의 주관적인 예상수익률이다.

4. 투자의 결정기준

(1) $m > r$이면 $PV > C$이므로 이자율보다 투자의 한계효율이 크면 투자에 따른 기대
수익의 현재가치가 투자금액보다 크기 때문에 투자한다.

(2) $m < r$이면 $PV < C$이므로 투자하면 손실이 발생한다. 따라서 투자하지 않는다.

5. 케인스의 견해

(1) 투자는 기업가의 장래에 대한 기대와 동물적 감각에 의해 결정된다.

(2) 투자는 이자율의 영향을 크게 받지 않는다. 투자의 이자율 탄력성이 작다.

4 신고전학파의 투자결정이론

1. 자본의 사용자비용

(1) 자본의 사용자비용은 기업이 일정기간 동안 자본재를 사용할 때 발생하는 비용이다.

(2) 자본의 사용자비용에 영향을 주는 요인은 이자비용, 감가상각비, 인플레이션 등이다.

$$C = (i+d-\pi)P_K = (r+d) \cdot P_k$$

$^{**}C$: 비용 i : 명목이자율 d : 감가상각률 π : 인플레이션율
P_K : 자본재 구입가격 r : 실질이자율

2. 자본의 한계생산물가치

자본 1 단위를 추가적으로 사용하여 얻을 수 있는 재화를 시장에 판매한 가치를 말한다.

$$VMP_K = MP_K \times P$$

3. 적정자본량의 결정

(1) 기업의 자본고용량은 자본의 한계생산가치와 자본의 사용자비용을 비교하여 결정
한다.

(2) $VMP_K > C$일 때 자본투입량을 증가시키면 이윤이 증가되므로 적정자본량이 증가
하고, $VMP_K < C$일 때 자본투입량을 감소시키면 이윤이 증가되므로 적정자본량
이 감소한다.

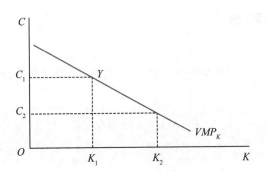

(3) 기업의 이윤극대화를 위한 적정자본량은 $VMP_K = C$, 즉 $VMP_K = MP_K \times P = (r+d)P_K = C$인 수준에서 결정된다.

(4) 적정자본량은 자본의 한계생산물, 이자율, 감가상각률에 의해 결정된다.

4. 이자율의 하락과 적정자본량의 변화

(1) 이자율, 감가상각률 하락 → 자본의 사용자비용 하락 → 적정자본량 증가 → 투자 증가

(2) 인플레이션율 상승 → 자본의 사용자비용 하락 → 적정자본량 증가 → 투자 증가

5 가속도원리

1. 내용

(1) 기업의 투자는 예상매출액에 의해 결정되며, 예상매출액은 소득수준에 의해 결정되고, 투자는 소득변동의 영향을 받는다.

(2) 대체투자가 없다면 t기의 투자수요는 목표자본량과 전년도 자본량의 차이에 해당한다.

$$I_t = K_t - K_{t-1}$$

(3) 경제의 자본계수를 $v = \dfrac{K}{Y}$라고 하면, $K = vY$가 되고 t기의 목표자본량과 총생산량사이에도 $K_t = vY_t$의 관계가 성립한다.

(4) 자본계수 v는 통상적으로 1보다 크므로 소득의 변화는 투자에 가속도적인 영향을 미친다.

2. 평가

(1) 현실적으로 소득의 변화율보다 투자의 변화율이 더 크게 나타나는 현상을 잘 설명한다.

(2) 가속도계수가 일정하다고 가정하고 이자율과 자본재가격을 고려하지 않았다는 문제가 있다.

(3) 특정 연도의 목표자본량이 그 해에 모두 실현된다고 가정하고 있는 점이 비현실적이고, 생산시설의 완전 가동(유휴시설이 없는 상태)을 가정하고 있는 점도 비판의 대상이다.

☑ 소득이 증가하면 소비가 증가하고, 소비의 증가는 생산 증가를 초래하고, 생산 증가는 다시 투자수요의 증가를 초래한다. 이때 자본재의 불가분성 때문에 유발투자의 증가율은 일반적으로 소비의 증가율보다 크다. 이와 같이 소비의 변동이 높은 비율의 유발투자의 변동을 초래하는 것을 가속도원리(Acceleration Principle)라고 한다.

✔ 자본스톡조정모형은 실제자본량
과 목표자본량 사이의 차이가 시
차를 두고 서서히 매워진다고 보
는 이론이다.

6 자본스톡조정모형

1. 투자함수

(1) 목표자본량과 실제자본량의 차이가 서서히 메워진다고 가정하므로 투자함수는 다음과 같다.

$$I_t = K_t - K_{t-1} = \lambda(K^* - K_{t-1}),\ 0 < \lambda < 1$$

** I_t : t기의 신투자, K_{t-1} : $t-1$기의 자본스톡, K^* : 적정자본량

(2) K^* 와 K_{t-1}의 갭에 일정비 λ를 곱한 만큼 신투자가 이루어진다는 것이다. K^* 와 K_{t-1}의 갭이 작아지면 t기의 신투자는 작아진다. 이 점에서 자본스톡조정모형을 신축적인 가속도원리라고도 부른다.

(3) λ는 자본량이 조정되는 속도를 의미하는 조정계수로 매기 투자의 일정비율(λ)만큼 투자가 이루어진다. 기업의 투자에 상당한 시간이 소요되는 현실을 감안한 것으로 단순가속도원리에 비해 현실에 부합하는 측면이 있다.

(4) 신축적 가속도원리에 따르면 산출량의 변화에 따른 투자의 변화는 단순가속도 원리가 제시하는 것보다 서서히 이루어진다.

2. 목표생산량, 이자율이 투자에 미치는 영향

(1) 목표생산량의 증가, 자본재가격의 하락은 자본재 보유량을 증가시켜 목표자본량의 증가로 투자가 증가한다.

(2) 이자율의 하락은 자본재 보유의 기회비용을 하락시켜 목표자본량이 증가하여 목표자본량과 실제자본량의 차이가 확대되며 투자가 증가한다.

✔ 토빈의 q이론은 미국의 경제학
자 토빈(James Tobin)이 신투자
의 변동이 증권시장의 변동과 밀
접한 연관이 있다는 것을 지적하
여 주식시장과 기업의 투자를 연
계시켜 설명한 이론이다.

7 토빈의 q이론

1. 토빈의 q이론

$$q = \frac{기업보유자본의\ 시장가치}{기업보유자본의\ 대체비용}$$
$$= \frac{주식시장에서\ 평가되는\ 기업발행주식의\ 가치 + 기업의\ 부채}{자본재시장에서\ 평가되는\ 기업보유자본의\ 가치}$$

(1) q의 분모의 자본의 자본의 대체비용(Replacement Cost)이란 자본이 천재지변으로 갑자기 소멸되었다고 가정할 때 그 자본을 복구시키는 데 들어가는 비용이다.

(2) q의 분자의 자본의 시장가치관 자본이 증권시장에서 얼마에 평가되고 있는가를 보여 주는 것으로 주식가격에 발행주식수를 곱한 것이다.

2. 투자의 결정

(1) $q > 1$: 기업 보유 자본의 시장가치가 자본의 대체비용보다 크기 때문에 기업은 자본을 더 많이 사들여 투자가 증가한다.

(2) $q < 1$: 기업보유 자본의 시장가치보다 자본의 대체비용이 크기 때문에 기업은 마모된 자본을 대체하려 하지 않아 투자가 감소한다.

✔ 이자율과 q의 관계
1. 이자율 상승→주가 하락→q
하락→투자 감소
2. 이자율 하락→주가 상승→q
상승→투자 증가

3. 특징

(1) 이자율과 투자의 직접적 관계를 설명하는 전통적인 투자이론에 비해 주가의 변동을 증가에 개재시켜 이자율 변동이 간접적으로 투자에 영향을 미치는 구조를 취하고 있다. 주가의 변동요인은 이자율 외에도 다양하므로 이자율과의 관계라는 점에서 보아 전통적인 투자이론보다 약한 관계를 가진다.

(2) 전통적인 투자함수에서 설명할 수 없는 투자유인에 관한 포괄적인 정보를 설명할 수 있다.

(3) 미래의 수익성변화가 현재의 투자에 미치는 영향을 설명할 수 있다(법인세 인하 → 기업의 예상수익 증가 → 주가 상승 → q 증가 → 투자 증가).

(4) 주식시장이 비효율적일 경우 q값의 의미가 없어지고 투자의 결정과 집행 사이의 시차를 고려하면 그 간의 변동으로 인한 영향을 설명하지 못한다.

대표기출유형

🗨 **투자이론에 대한 설명으로 옳지 않은 것은?**

① 가속도원리에 의하면 투자는 소득변화의 증가함수이다.

② 신고전학파의 투자이론에 의하면 자본의 한계생산성이 투자의 주요결정요인이다.

③ 케인스는 투자의 한계효율(Marginal Efficiency)과 이자율이 일치하는 수준에서 투자수준이 결정된다고 보았다.

④ 토빈(J. Tobin)의 q이론에 의하면 주식시장에서 평가된 어느 기업의 시장가치가 실물자본대체비용보다 큰 경우 이 기업의 투자는 감소한다.

정답 ④

해설 주식시장에서 평가된 어느 기업의 시장가치가 실물자본대체비용보다 큰 경우에는 q값이 1보다 커지므로 이 기업의 투자는 증가하게 된다.

고전학파의 국민소득 결정이론

☑ 고전학파 경제학은 1930년대의 대공황이 발생하기 전까지 폭 넓게 받아들여졌다. 그러나 대공황에 따른 광범위한 경기침체를 설명할 수 없게 되면서 그 한계를 노출하였다. 이후 케인스 학파이론에 일부의 주도권을 내어주면서 현대 경제학의 양대 흐름을 주도한다.

☑ 현대 경제학에서는 케인스학파의 이론은 주로 단기적인 경제현상을 설명하고 해결하는데 적합한 이론으로 받아들이면서 장기적인 경제현상을 설명하고 분석하는 데는 여전히 고전학파적인 견해가 유효한 것으로 간주하고 있다.

1 고전학파 경제이론의 기본적 가정

1. 세이의 법칙은 '공급은 스스로 수요를 창출한다'라는 이론으로, 공급이 이루어지면 그만큼의 수요가 생겨나 전체적으로 수요의 부족으로 인한 초과공급현상은 발생하지 않는다. 따라서 세이의 법칙이 성립한다는 가정을 받아들이는 고전학파의 경제이론에서는 지속적인 과잉생산은 발생하지 않는다.

2. 시장에서는 가격의 신축성으로 인해 즉각적인 조정이 이루어진다. 물가나 이자율, 명목임금과 같은 변수는 완전히 신축적이어서 불균형이 발생하면 즉각적으로 조정이 이루어져 경제내의 모든 시장은 항상 균형을 이룬다고 가정한다. 일시적으로 초과수요나 초과공급이 발생할지라도 가격의 신축성을 가정하는 고전학파의 이론체계 내에서는 즉각적으로 조정이 이루어져 모든 시장은 항상 청산된다.

3. 경제주체들은 모두 완전한 정보를 갖추고 있고, 모든 시장은 완전경쟁적이라고 가정한다. 따라서 모든 경제주체는 시장에서 가격수용자로 행동하며, 물가의 변화를 완벽하게 예상하여 그에 따른 즉각적인 조정이 이루어진다.

4. 노동시장과 관련하여 노동의 수요와 공급은 모두 실질임금에 의하여 결정되며, 물가가 상승하면 노동자들이 완전한 정보를 가지고 있어서 즉각적으로 명목임금의 상승을 요구하여 실질임금에 변화가 생기지 않도록 한다.

5. 화폐수량설에 입각하여 통화량과 물가는 정비례관계가 있다고 가정한다.

2 고전학파 세계에서의 국민소득의 결정(장기모형)

1. 총생산함수

(1) 총생산함수(Total Product Function) : 국민경제 전체로 확대한 단기 총생산함수는 다음과 같다.

$$Y = F(N, \overline{K})$$

Y : 경제전체의 총생산량, N : 노동의 총고용량, $\overline{K}$: 총자본량

(2) 단기 생산함수 : 단기에서 자본의 투입이 고정되어 있으므로 노동의 한계수확이 체감하는 특성을 고려하여 단기 생산함수의 그래프는 아래로 오목한 형태를 보인다.

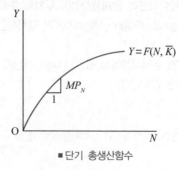

■단기 총생산함수

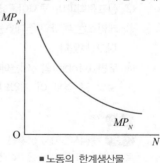

■노동의 한계생산물

(3) 단기 총생산함수와 노동의 한계생산물 : 단기에는 노동량이 증가함에 따라 일반적으로 총생산량은 체감적으로 증가한다. 따라서 단기 총생산함수로부터 우하향하는 노동의 한계생산물곡선(MP_N)이 도출된다.

2. 노동시장의 균형

(1) 노동에 대한 수요

① 개별기업의 노동에 대한 수요는 임금과 한계생산물가치가 일치하는 수준에서 결정된다.

→ 노동에 대한 수요는 $W = MP_L \times P = VMP_L$

② 고전학파는 노동의 수요와 공급은 실질임금에 의해 결정된다고 가정한다.

→ 위 식의 양변을 물가 P로 나누면 $\dfrac{W}{P} = MP_L$, 즉 MP_L곡선이 개별기업의 노동수요곡선이다.

③ 경제 전체의 노동수요곡선은 개별기업의 노동수요곡선을 수평으로 합한 것이다.

④ 고전학파전 노동수요함수 : $L_D = L_D\left(\dfrac{W}{P}\right)$, $L_D < 0$ 즉 노동수요는 실질임금의 감소함수이다.

(2) 노동에 대한 공급

① 개별적인 노동공급곡선은 후방 굴절할 수 있으나, 개별노동공급곡선의 수평함으로 도출되는 경제 전체의 노동공급 곡선은 우상향한다.

② 노동공급함수 : $L_S = L_S\left(\dfrac{W}{P}\right)$, $L_S > 0$ 즉 노동공급함수는 실질임금의 증가함수이다.

(3) 노동시장의 균형

① 노동의 수요곡선과 공급곡선이 일치하는 점에서 균형고용량이 결정된다.

② 물가가 상승하면 실질임금이 하락하고, 노동시장에 초과수요가 발생하여 실질임금을 정확히 이전과 같은 수준으로 유지할 만큼의 명목임금이 즉각적으로 상승하여 균형으로 돌아간다.

③ 균형고용량은 비자발적 실업이 존재하지 않는 완전고용수준으로 경제는 언제나 완전고용상태를 유지한다.

3 총공급곡선의 도출

1. 고전학파의 장기 총공급곡선

(1) 초기균형 : 물가가 P_0일 때, 실질임금은 $\dfrac{W_0}{P}$, 고용량은 L_0, 산출량은 Y_0이다.

(2) 물가 상승 → 일시적으로 노동시장에서 초과수요 → 균형을 회복 → 명목임금만 P_1으로 상승 → 나머지 변수들에는 변화가 없다.

(3) 물가와 총구공급량의 관계를 나타내는 총공급곡선은 완전고용 산출량수준에서 수직선이다.

명목임금으로 표시한 노동시장의 균형회복
물가 상승 → 노동수요곡선은 물가상승폭만큼 상방이동 → 노동자들이 물가상승폭을 정확히 예상 → 노동공급곡선도 물가상승폭만큼 상방이동 → 명목임금과 물가의 상승률은 같고, 고용량은 변화가 없다.

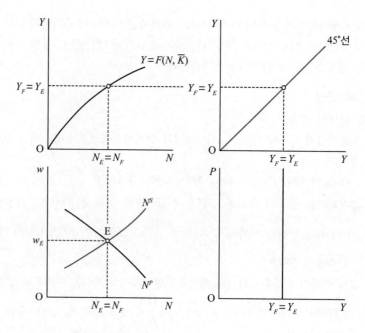

2. 고전학파 장기 총공급곡선의 이동

(1) 일정하다고 가정했던 변수가 변화하면 총공급곡선이 이동하여 장기균형 국민소득도 변화한다.

(2) 균형국민소득은 자본량증가, 인구증가, 기술발전 등 공급 측 요인에 의해서 결정된다.

(3) 수요 측 변수인 소비 투자, 정부지출 등은 균형국민 소득에 영향을 미치지 못한다.

4 대부자금시장과 이자율의 결정

1. 대부자금의 공급

폐쇄경제에서 대부자금의 공급은 민간저축과 정부저축의 합이다.

(1) 민간저축

① 가계는 가처분 소득 중 소비지출에 충당하고 남은 소득을 저축한다.

② 실질이자율이 상승하면 현재소비의 기회비용이 증가하므로 현재소비는 감소하고 저축은 증가한다.

③ 민간저축은 실질이자율의 증가함수이다. 즉 $S = S(r)$, $S_r > 0$

(2) 정부저축

① $T - G$, 정부의 재정수지에 의해서 결정된다.

② 이자율과는 관계가 없다.

(3) 대부자금시장의 공급인 총저축은 이자율의 증가함수이다.

2. 대부자금의 수요

(1) 대부자금의 수요 : 기업의 설비투자를 위한 재원조달에 의해 결정

(2) 실질이자율이 하락 → 차입비용이 감소 → 투자증가 → 대부자금의 수요증가

(3) 대부자금의 수요는 실질이자율의 감소함수이다. 즉 $I = I(r)$, $I_r < 0$

3. 대부자금시장의 균형

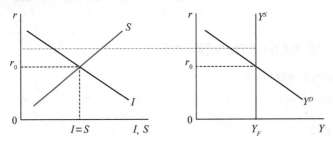

(1) 대부자금시장의 균형 : 자금의 수요와 공급이 일치하는 점에서 이자율과 거래량이 결정된다.

(2) 대부자금시장에 불균형이 발생 → 고전학파는 즉각적인 조정으로 균형이 회복된다.

(3) 대부자금시장의 균형은 경제 전체적으로 총저축과 총투자가 일치함을 의미한다.

(4) 대부자금시장의 균형은 생산물시장도 균형을 의미한다.

4. 재정정책과 구축효과

(1) 확대 재정정책(G의 증가) → 총저축($S = Y - C - G$) 감소 → 대부자금공급 감소

(2) 대부자금의 공급곡선이 왼쪽으로 이동 → 균형점 이동 → 실질이자율 상승 → 민간소비와 민간투자가 정부지출 증가분만큼 감소 → 총지출에는 아무런 영향도 미치지 못함

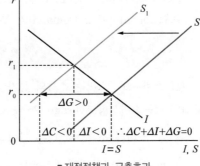
■ 재정정책과 구축효과

(3) 구축효과 : 확대 재정정책이 실질이자율을 상승시켜 민간소비와 민간투자의 감소를 초래하여 정책효과가 없어지는 효과

(4) 고전학파 모형에서 확대 재정정책은 총수요의 구성에만 영향, 균형국민소득에는 영향 없다.

☑ 고전학파모형에 대한 평가

1. 국민소득이 공급측 요인에 의해서만 영향을 받으므로 국민소득을 증대시키기 위해서는 공급능력의 증대가 중요하다.
2. 투자재원의 조달을 위해서는 저축이 필요하다. 곧 저축이 미덕이다.
3. 세이의 법칙을 전제로 하고 있어 수요의 부족현상은 일어나지 않는다. 즉 총수요에 비해 총공급이 부족한 경기 호황기를 잘 설명하는 이론이다.
4. 한계 : 물가의 신축적 조정과 완전고용의 자동적 달성을 가정하고 있으나 비현실적이다.

대표기출유형

◻ 다음 중 고전학파의 국민소득결정모형에 의할 때 노동시장에 대한 설명으로 옳지 않은 것은?

① 실질임금은 신축적이다.　　　　② 명목임금이 하방경직적이다.

③ 노동의 공급은 실질임금의 함수이다.　　④ 노동에 대한 수요는 실질임금의 함수이다.

정답 ②

해설 명목임금이 하방경직적(불완전고용)인 것은 케인스학파의 노동시장에 대한 전제이다. 고전학파의 국민소득결정모형에 의할 때 명목임금은 완전신축적이다.

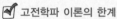
케인스학파의 국민소득 결정이론

☑ 고전학파 이론의 한계
1. 고전학파의 이론에 대한 회의
  : 가격의 신축적 조정, 완전고
  용의 상시달성, 수요부족은 발
  생하지 않는다.
2. 대공황에 대안 제시필요 : 고
  전학파모형으로 대공황을 설
  명할 수 없다.
3. 유효수요부족 : 유효수요부족
  으로 인한 경기침체를 설명할
  새로운 이론의 필요성이 대두
  되었다.

1 케인스(J. M. Keynes) 단순모형의 가정

1. 잉여생산능력이 존재

잉여생산능력이 있으므로 유효수요만 있으면 언제든지 생산이 가능하다.

2. 물가수준 불변

충분한 잉여생산능력을 보유하고 있으므로 수요가 증가하더라도 물가는 고정되어 있다.

3. 소비는 소득의 (증가)함수이다.

4. 투자지출(I), 정부지출(G), 순수출($X-M$)은 외생적이다.

2 케인스의 국민소득결정이론

1. 생산물시장의 총수요

민간경제(가계와 기업)로 구성된 단순모형에서의 총수요(Aggregate Demand)는 소비수요(Consumption Demand)와 투자수요로 구성된다.

$$Y_D = C + I$$

(1) 소비수요 : 소비는 소득의 증가함수 : $C = a + bY$, 여기서 $a > 0$, $0 < b < 1$

(2) 평균소비성향(Average Propensity to Consume ; APC)

☑ 안정적인 경제변수
일반적으로 소비는 소득이 크게
줄어도 급격히 감소하지 않고, 호
경기가 되어 소득수준이 크게 향
상되어도 일반적으로 소득이 늘
어난 만큼 소비가 증가하지 않
는다.

  ① 소비를 소득으로 나눈 값이다. $APC = \dfrac{소비(C)}{소득(Y)}$

  ② 평균소비성향은 소득에서 소비가 차지하는 비중을 말한다.

(3) 한계소비성향(Marginal Propensity to Consume ; MPC)

  ① 소비의 변화분을 소득의 변화분으로 나눈 값이다. $MPC = \dfrac{소비의\ 변화분(dC)}{소득의\ 변화분(dY)}$

  ② 한계소비성향은 소득변화분에서 소비변화분이 차지하는 비중을 말한다.

  ③ 한계소비성향(MPC)은 0보다 크고 1보다 작다($0 < MPC < 1$).

☑ 기초소비란 생존을 위해 소득이
전혀 없어도 소비해야 하는 최소
의 소비수준, 또는 소득 이외의
요인에 의해 결정되는 소비를 말
한다.

$$C = C(Y) = a + bY$$
$$**a : 기초소비(= 절대소비) \quad b : MPC$$

2. 케인스의 소비함수

☑ 양(+)의 기초소비 때문에 소득이
증가함에 따라 평균소비성향이
감소하지만 한계소비성향보다 항
상 크다.

(1) 케인스의 소비함수(Consumption Function)는 절편이 양(+)인 기초소비를 말하며, 기울기가 1보다 작은 우상향의 직선으로 표현한다.

(2) 만일 원점을 통과한다면 평균소비성향은 일정하고, 한계소비성향은 항상 일정하다.

(3) 분기점에서는 가처분소득(Disposable Income)을 모두 소비한다($APC = 1$).

(4) 케인스의 소비함수는 소득의 증가함수이다. $C = C(Y) = a + bY$

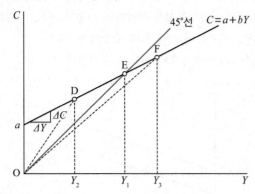

3. 케인스의 저축함수

(1) 지출측면에서 볼 때 가계의 소득은 소비와 저축의 합계이므로 저축함수(Saving Function)는 다음과 같다.

$$Y = C + S$$
$$S = Y - C = Y - (a + bY)$$
$$= -a + (1-b)Y, \text{ 여기서 } a > 0, \ 0 < 1-b < 1$$

(2) 케인스의 저축함수 : 저축은 소득의 증가함수이다. $S = S(Y) = -a + (1-b)Y$

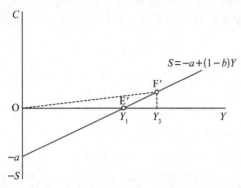

4. 투자

투자수요(Investment Demand) : 투자는 외생적으로 결정되는 심리변수이다.

(1) 독립투자(Autonomous Investment) : 이자율이나 국민소득수준과 관계없이 일정하게 이루어지는 투자이다.

$$I^D = I_0, \text{ 여기서 } I_0 \text{는 상수}$$

(2) 유발투자(Induced Investment) : 이자율이나 국민소득수준이 변화함에 따라 이루어지는 투자이다.

☑ 투자(Investment)는 다음과 같이 두 가지로 구분한다.
1. 고정투자(Fixed Investment) : 기계, 공구, 자동차 등의 설비를 구입하거나 공장, 도로, 다리 등을 건설하는 형태로 이루어진다.
2. 재고투자(Inventory Investment) : 재고를 더 늘려 보유하는 형태로 이루어진다.

5. 총수요

(1) 소비는 투자에 비해 국민소득에서 차지하는 비중이 크고, 소비는 소득의 변화에 대하여 안정적이며, 투자는 소비에 비해 변동폭이 크다.

(2) 총수요는 소비수요와 투자수요의 합으로 구성된다.

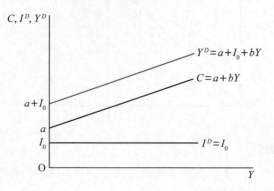

6. 총공급

(1) 케인스는 경제가 불황일 때 수요가 있어야 공급이 이루어진다고 본다.

(2) 수요가 증가하면 증가한 만큼 즉각적으로 재화 및 서비스를 공급할 수 있기 때문에 총공급곡선은 원점을 지나는 45°선이다.

7. 균형국민소득의 결정

(1) 케인스의 단순모형은 다음과 같은 4개의 방정식으로 구성된다.

$Y^D = C + I^D$

$C = a + bY, \ 0 < b < 1$

$I^D = I_0$

$Y^D = Y$

그러므로 $Y^D = a + bY + I_0$

(2) 위의 균형조건식을 다시 정리하면 다음과 같다.

$$Y_E = \frac{1}{1-b}(a + I_0) = \frac{1}{1-b}a + \frac{1}{1-b}I_0$$

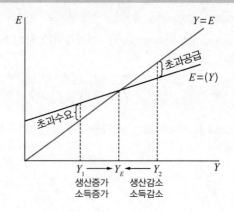

(3) 생산물시장의 불균형 : 재고변동으로 나타난다.
 ① 총수요(총지출)>총생산 : 초과수요발생, 재고를 감소시키면 생산량불변재고를 유
  지하기 위해서는 생산증가
 ② 총수요(총지출)<총생산 : 초과공급발생, 재고를 증가시키면 생산량불변재고를 유
  지하기 위해서는 생산감소

(4) 이와 같이 케인스의 단순모형에 의하면 '$C+I$'로 표시되는 유효수요(또는 총수요 :
 Y^D)의 크기에 의하여 균형국민소득을 결정된다. 이를 케인스의 '유효수요의 원리
 (Principle of Effective Demand)'라고 한다.

파트1

파트2

파트3

파트4

파트5

파트6

파트7

파트8

실전1

실전2

대표기출유형

🗨 다음 중 케인스의 균형국민소득 창출방정식에서 정부의 이전지출이 영향을 미치는 부분으로 옳은
 것은?

① 투자 ② 수출
③ 민간소비 ④ 정부지출

정답 ③

해설 이전지출은 정부가 당기의 생산활동과 무관한 사람에게 반대급부 없이 지급하는 것으로, 개인의 소득에
영향을 주기 때문에 이전지출 중 일부, 즉 한계소비성향만큼 소비되어 유효수요를 창출한다. 따라서 민간소비부
분에 영향을 미치게 된다.

빈출 지문에서 뽑은 O/X

01 *GDP*의 산정 시 가계의 신규주택 구입은 가계소비에 해당한다. (O / X)

02 빈곤층을 위한 정부보조금 지출은 *GDP* 산정에 포함되나 연말까지 팔리지 않은 중간재 생산량은 포함되지 않는다. (O / X)

03 자가 아파트의 임대료 상승분은 국내총생산에 포함되지 않는다. (O / X)

04 실질*GDP*의 단기변화는 외국에서 자국민이 생산한 금액을 반영한다. (O / X)

05 자가 보유주택의 귀속임대료가 상승하면 *GDP*가 증가하게 된다. (O / X)

06 국세청이 세무조사를 강화함에 따라 탈세규모가 줄어들면 *GDP*가 증가하게 된다. (O / X)

07 자동차 제조기업에서 판매되지 않은 재고증가분이 발생하면 *GDP*가 증가하게 된다. (O / X)

08 금융구조조정이 성공적으로 마무리되어 은행들의 주가가 급등하면 *GDP*가 증가하게 된다. (O / X)

09 도시에 거주하는 사람에 대한 농지매입규제가 폐지됨에 따라 농지가격이 상승으로 *GDP*가 증가한다. (O / X)

10 *PDI* = *PI* − 개인소득세이다. (O / X)

11 *NNP* = 총생산액 − 감가상각비이다. (O / X)

12 *NI* = *NNP* − 간접세 + 정부보조금이다. (O / X)

13 *PI* = *NI* − (사회보장부담금 + 법인세 + 사내유보이윤) + 이전지출이다. (O / X)

14 생산에 필요한 장비, 설비 및 건물, 토지를 설비투자라 한다. (O / X)

15 이미 발행된 국채에 대한 이자지급은 *GDP*에 포함되지 않는다. (O / X)

16 수출재의 국제가격이 수입재에 비해 상승할 경우에는 *GNI*증가율이 *GDP*증가율보다 높게 나타난다. (O / X)

17 *GDP*디플레이터는 기준연도의 고정된 재화와 서비스 품목구성(Basket)에 대한 가격 변화를 측정하는 지수이다. (O / X)

www.gosinet.co.kr **gosi**net

파트1

파트2

파트3

파트4

파트5

파트6

파트7

파트8

실전1

실전2

[정답과 해설]

01	✕	02	✕	03	✕	04	✕	05	◯	06	◯	07	◯	08	✕	09	✕	10	◯	11	◯	12	◯
13	◯	14	✕	15	◯	16	◯	17	✕														

01 가계의 신규주택 구입은 가계소비가 아니라 국내총투자에 해당한다.

02 빈곤층을 위한 정부보조금 지출은 이전지출에 해당하므로 GDP 산정에 포함되지 않는다. 중간재는 원칙적으로 GDP에 포함되지 않지만 연말까지 팔리지 않은 최종재 또는 중간재는 예외적으로 최종재로 간주되어 GDP 재고투자에 포함된다.

03 자가 아파트의 임대료, 즉 귀속임대료는 시장에서 거래되지 않더라도 GDP에 포함된다. 따라서 자가 아파트의 임대료가 상승하게 되면 GDP도 증가하게 된다.

04 GDP는 한 나라의 국경 안에서 생산된 최종생산물의 시장가치이므로 국내에 있는 다른 나라의 기업에 의해 생산된 상품가치는 GDP에 포함되지만, 외국에서 자국민이 생산한 금액은 반영되지 않는다.

05 자가 보유주택의 귀속임대료(Imputed Income)는 추정하여 GDP에 포함시키므로, 자가 보유주택의 귀속임대료가 상승하면 GDP가 증가하게 된다.

06 국세청이 세무조사를 강화하여 탈세규모가 줄어들면 시장가치로 평가할 수 있는 생산량이 증대되므로 GDP가 증가하게 된다.

07 판매되지 않은 재고증가분은 생산연도의 GDP에 포함시키므로 판매되지 않은 재고증가분이 발생하면 GDP가 증가하게 된다.

08 은행들의 주가 급등은 생산이 아니므로 GDP에 영향을 주지 않는다.

09 농지매입규제가 폐지되면 농지가격이 상승하지만 농지가격 상승은 생산이 아니므로 GDP에 영향을 주지 않는다.

10 개인가처분소득(PDI)=개인소득(PI)-개인소득세=민간소비지출+개인저축

11 국민순생산(NNP)=국민총생산(GNP)-감가상각비=순부가가치의 합

12 국민소득(NI)=요소소득($£$)=국민순생산(NNP)-순간접세(간접세-정부보조금)

13 개인소득(PI)=국민소득(NI)-(사회보장부담금+법인세+사내유보이윤)+이전지출

14 투자란 기업의 자본재구입액을 의미하므로 토지구입액은 투자에 포함되지 않는다.

15 이미 발행된 국채에 대한 이자지급은 이전지출에 해당하므로 GDP에 포함되지 않는다.

16 수출재의 국제가격이 수입재에 비해 상승하는 것은 교역조건 개선이므로 실질GNI가 실질GDP보다 커지게 된다. 따라서 실질GNI증가율이 실질GDP증가율보다 높게 나타난다.

17 GDP디플레이터는 비교연도의 구입량을 가중치로 사용하는 파셰방식으로 계산된다.

18 전년에 비해 공무원 수는 변화가 없고 급여가 5% 감소하였다면 명목 GDP는 감소하지만 실질 GDP에는 변화가 없다. (O / ×)

19 정부지출과 조세가 같은 액수만큼 증가했을 경우에 정부지출의 증가액은 그 전체가 주입이지만 조세의 일부는 저축에서의 누출이기 때문에 국민소득이 증가한다. (O / ×)

20 한계소비성향이 0.9인 경우 정부가 재정지출을 25만큼 증가시키고 이를 위한 재원조달로써 25만큼의 세금을 증대시킨다면 국민소득은 25만큼 증가한다. (O / ×)

21 기업의 접대비는 지하경제에 해당한다. (O / ×)

22 기업이 생산과정에서 보유하고 있는 원재료·반제품·완제품과 유통과정에서 보유하고 있는 상품의 일정기간의 양적 변화로, 기업의 투자활동 중 재고품을 증가시키는 투자활동 또는 증가분을 설비투자라고 한다. (O / ×)

23 실질임금은 물가가 내리면 감소하고, 물가가 오르면 증가한다. (O / ×)

24 고전학파의 국민소득결정모형에 의할 때 명목임금이 하방경직적이다. (O / ×)

25 '공급은 스스로 수요를 창출한다'는 이론은 유효수요의 원리이다. (O / ×)

26 정부지출이 증대되면 민간투자의 증대와 국민소득의 증가가 일어난다. (O / ×)

27 독립지출이 증가한 이후 그 수준에서 계속 유지된다면 승수효과는 발생할 수 없다. (O / ×)

28 한계저축성향이 감소하는 경우 정부지출승수의 크기가 증가한다. (O / ×)

29 케인스(J. M. Keynes)의 균형국민소득 창출방정식에서 정부의 이전지출은 민간소비에 영향을 미친다. (O / ×)

30 절대소득가설에 의하면 평균소비성향이 장기적으로 소득의 증가에 따라 감소한다고 한다. (O / ×)

31 리카도의 대등정리(Ricardian Equivalence Theorem)에 의하면 정부지출이 일정할 때 현재의 조세삭감은 현재소비를 증가시킨다. (O / ×)

32 항상소득가설은 미래지향적인 소비이론에 따르면 지속적인 명목통화량의 증가는 자산의 항구적 증가로 인식되어 소비증가효과가 크게 나타난다고 한다. (O / ×)

33 절대소득가설에 따르면 평균소비성향(APC)은 소득이 증가함에 따라 증가한다. (O / ×)

파트1

파트2

파트3

파트4

파트5

파트6

파트7

파트8

실전1

실전2

[정답과 해설]

18 ○	19 ○	20 ○	21 ×	22 ×	23 ×	24 ×	25 ×	26 ×	27 ×	28 ○	29 ○
30 ○	31 ×	32 ×	33 ×								

18 전년에 비해 공무원 수는 변화가 없고, 급여가 5% 감소하였다면 당해연도의 급여로 평가한 공공서비스 생산액은 감소하지만, 기준연도의 급여로 평가한 공공서비스 생산액은 변하지 않는다. 즉, 명목 GDP는 감소하지만 실질 GDP에는 변화가 없다.

19 균형재정정리에 따라 케인스 단순모형에서 정부지출과 조세를 같은 규모로 증가시키면 균형국민소득은 정부지출이 증가한 만큼 증가하며, 이때 승수는 1이다.

20 정부지출과 조세징수액이 같은 규모로 늘어나면 한계소비성향의 크기에 관계없이 국민소득도 정부지출 증가분만큼 증가하므로 국민소득은 25만큼 증가하게 된다.

21 기업의 접대비는 기업이 상품판로를 개척하거나 원료를 구입하는 등 영업활동을 수행하는 과정에서 업무추진을 위해 지출하는 교제비, 판공비 등으로, 영업수익을 얻기 위한 비용이므로 기업회계에서는 모두 영업비용으로 처리하고 있다.

22 설비투자란 건물, 기계, 설비와 같은 고정자본설비에 새로 투자되는 증가분으로, 낡은 설비의 대체(감가상각 또는 보전투자)도 포함된다.

23 실질임금은 물가가 내리면 증가하고, 물가가 오르면 감소한다.

24 명목임금이 하방경직적인 것은 케인스학파의 노동시장에 대한 전제이다. 고전학파의 국민소득결정모형에 의할 때 명목임금은 완전신축적이다.

25 이는 세이의 법칙을 말하는 것이고, 케인스의 유효수요의 원리는 세이의 법칙을 비판한 이론으로, 총수요의 크기가 총공급을 결정한다는 것이다.

26 정부지출이 증대되면 민간투자는 감소하고 국민소득은 증가한다.

27 독립지출이 증가한 이후 그 수준에서 계속 유지되더라도 승수효과는 다시 발생한다.

28 정부지출승수란 정부지출 증가분에 대한 국민소득 증가분의 비율을 말한다. 한계저축성향이나 한계수입성향이 감소할수록, 한계투자성향이나 한계소비성향이 증가할수록 크기가 증가한다.

29 정부의 이전지출은 개인의 소득에 영향을 주기 때문에 이전지출 중 일부, 즉 한계소비성향만큼 소비되어 유효수요를 창출한다.

30 절대소득가설이란 소득이 증가하면 소득 중에서 소비가 차지하는 비율(평균소비성향)이 감소한다는 것으로, 자유방임주의하의 자본주의경제가 유효수요 부족으로 장기적으로 침체한다는 장기정체론의 이론적 근거가 됐다.

31 리카도의 대등정리에 따르면 정부지출이 일정할 때 현재의 조세삭감은 사람들에게 저축을 증가시키는 방향으로 작용하므로 결국 소비를 변화시키지 않는다.

32 지속적인 명목통화량의 증가는 결국 그만큼 물가를 상승시켜 실질잔고가 불변이 되므로 소비에 영향이 없다.

33 절대소득가설의 평균소비성향은 소득이 증가할수록 감소한다.

34 절대소득가설에서는 소비를 결정하는 주요원인이 비슷한 집단의 소비이다. (O / ×)

35 항상소득가설에 따르면 일시적인 세율 인하정책은 소비를 증가시키는 데 큰 효과가 있다. (O / ×)

36 듀젠베리의 상대소득가설은 소비의 시간적 비가역성으로 인한 톱니효과(Ratchet Effect)를 주장하였다. (O / ×)

37 선진국과 후진국이 교섭할 때 저소득자와 후진국 국민들이 고소득자와 선진국 국민들의 생활양식에 영향을 받아 소비성향이 높아지는 현상을 전시효과(Demonstration Effect)라고 한다. (O / ×)

38 케인스의 절대소득가설에 의하면 불황기보다 호황기의 평균소비성향이 크다. (O / ×)

39 생애주기가설(Life-Cycle Hypothesis)에 의하면 절대소득가설의 경우보다 재정정책의 유효성이 감소된다. (O / ×)

40 사후적 투자와 저축이 일치할 때만 완전고용 균형국민소득이 달성된다. (O / ×)

41 토빈(J. Tobin)의 q-이론에 의하면 주식시장에서 평가된 어느 기업의 시장가치가 그 기업의 실물자본 대체비용보다 큰 경우 이 기업의 투자는 감소한다. (O / ×)

42 주식가격 하락과 미래 불확실성의 증가는 예비적 저축가설에 의하면 현재 소비가 감소한다. (O / ×)

43 투자의 한계효율은 투자자산의 기대수익률을 의미한다. (O / ×)

44 자본의 한계효율곡선은 지식수준이 동일한 경우 자본스톡의 증가에 따라 투자단위당 생산의 증가가 감소한다. (O / ×)

45 내용년수가 1년인 자산의 공급가격이 3,000만 원이고 그 기대수익이 3,450만 원이라면 자본의 한계효율은 약 15%이다. (O / ×)

46 처음의 소득 증가가 소비재의 수요를 증가시켜 지속적으로 관련 기업체의 신규 투자를 유발하여 결국 증가된 소득보다 몇 배의 투자를 가능하게 하는 현상을 가속도의 원리라고 한다. (O / ×)

47 투자의 한계효율곡선(MEI)이 우하향의 기울기를 갖게 되는 원인은 자본재의 공급곡선이 우상향의 기울기를 갖기 때문이다. (O / ×)

파트1

파트2

파트3

파트4

파트5

파트6

파트7

파트8

실전1

실전2

[정답과 해설]

34	×	35	×	36	○	37	○	38	×	39	○	40	×	41	×	42	○	43	○	44	○	45	○
46	○	47	○																				

34 절대소득가설에서 소비를 결정하는 주요원인은 현재의 가처분소득에 의해 결정된다.

35 항상소득가설에서 일시적으로 세율이 인하되더라도 항상소득은 변하지 않기 때문에 소비는 거의 증가하지 않는다.

36 듀젠베리는 개인의 소비는 사회적 의존관계에 있는 타인의 소득수준에 의해 영향을 받게 된다는 전시효과로 소비행동의 상호의존관계를 설명하였으며, 소비의 시간적 비가역성으로 인한 톱니효과를 주장하여 절대소득가설이 설명하지 못하는 소비관습의 지속성을 설명하였다.

37 전시효과란 듀젠베리가 소비행위의 상호의존성을 설명하기 위해 제시한 것으로, 경제주체의 소비행위는 자신의 소득뿐만 아니라 이웃 집단의 평균적인 소득에 따른 소비수준에 영향을 받는다는 것이다.

38 평균소비성향은 소득이 증가할수록 감소하므로 불황기의 평균소비성향이 호황기보다 크다.

39 생애주기가설에 의하면 소비가 단기소득에 의존하지 않으므로 단기적인 재정정책, 특히 세율의 변화는 소비와 총수요에 영향을 주지 않는다.

40 사전적 투자와 저축이 일치할 때만 완전고용 균형국민소득이 달성된다.

41 주식시장에서 평가된 어느 기업의 시장가치가 그 기업의 실물자본 대체비용보다 큰 경우에는 q값이 1보다 커지므로 이 기업의 투자는 증가하게 된다.

42 예비적 저축가설에 의하면 불확실성이 증가할 때 예비적 동기에 의해 저축이 증가하므로 소비가 감소한다.

43 투자의 한계효율이란 투자로 인한 기대수익의 현재가치와 투자비용을 일치시켜 주는 할인율로, 투자 1원당 기대수익, 즉 기대수익률을 의미한다.

44 자본의 한계효율곡선은 부(−)의 기울기를 갖는다. 따라서 다른 조건이 동일한 경우에 투자의 증가, 즉 자본스톡의 증가에 따라 자본의 생산성이 감소하여 자본의 한계효율이 감소하므로 투자단위당 생산의 증가가 감소한다.

45 자본의 한계효율 $= \dfrac{\text{기대수익} - \text{투자조달비용}}{\text{투자조달비용}}$

$= \dfrac{3,450 - 3,000}{3,000} = 15(\%)$

46 가속도의 원리란 작은 소비재 수요의 변화나 소득의 변화가 큰 투자재 수요의 변화로 이어져 고용의 증가, 국민소득이 증가한다는 이론으로, 국민소득의 증가분에 대한 일정비율의 투자증가가 이루어진다는 것이다. 즉, 소비재수요의 증가가 새로운 투자의 유발과정을 가져오는 효과를 말한다.

47 자본설비의 공급량을 증대시키면 자본설비의 평균생산비가 증대하게 되어 자본설비의 공급가격이 상승하게 되며, 자본재의 공급곡선은 우상향하게 된다. 이처럼 추가적인 자본설비의 공급가격 상승으로 투자계획의 예상수익률이 감소할 때 그 감소된 예상수익을 고려한 것이 투자의 한계효율이다.

기출예상 문제

01 국내총생산(GDP)의 측정방법으로 옳지 않은 것은?

① 일정기간 동안 국내에서 새로이 생산된 최종생산물의 시장가치를 합한다.
② 일정기간 동안 국내 생산과정에서 새로이 창출된 부가가치를 합한다.
③ 일정기간 동안 국내 생산과정에 참여한 경제주체들이 받은 요소소득을 합한다.
④ 일정기간 동안 국내 생산과정에서 투입된 중간투입물의 시장가치를 합한다.

02 어떤 국가의 실질 국내총생산(GDP)은 1,000단위이다. 경제주체들의 민간소비는 200단위, 투자는 150단위, 정부지출은 400단위라고 할 때, 이 나라의 순수출은 몇 단위인가?

① 150
② 200
③ 250
④ 300

03 폐쇄경제 하에서 소비(C)는 감소하고 정부지출(G)은 증가할 경우 민간저축과 정부저축에 대한 설명으로 옳은 것은? (단, 국민소득과 세금은 고정되어 있다고 가정한다)

① 민간저축과 정부저축 모두 증가한다.
② 민간저축과 정부저축 모두 감소한다.
③ 민간저축은 증가하고 정부저축은 감소한다.
④ 민간저축은 감소하고 정부저축은 증가한다.

04 해외부문이 존재하지 않는 폐쇄경제의 균형에서 총투자는 국민저축과 같고, 국민저축은 민간저축과 정부저축으로 구성되어 있다. 국민소득이 480, 소비지출이 350, 정부지출이 100, 조세가 80일 때 사적저축은?

① 30
② 50
③ 80
④ 100
⑤ 130

05 B 국가는 전 세계 어느 국가와도 무역을 하지 않으며, 현재 GDP는 300억 달러이다. 매년 B 국가의 정부는 50억 달러 규모로 재화와 서비스를 구매하며, 세금수입은 70억 달러, 가계로의 이전지출은 30억 달러이다. 이때 민간저축이 50억 달러일 경우 민간소비와 투자는 각각 얼마인가?

① 180억 달러, 50억 달러

② 210억 달러, 40억 달러

③ 130억 달러, 70억 달러

④ 150억 달러, 60억 달러

⑤ 추가 정보가 필요하다.

06 방앗간에서 밀 3톤을 3만 달러에 수입한 뒤, 밀 2톤은 소비자에게 팔아 총 3만 달러의 매상을 올리고, 나머지 1톤은 밀가루로 만들어 2만 달러를 받고 제과점에 팔고, 제과점에서는 이 밀가루로 빵을 만들어 3만 달러를 받고 소비자에게 팔았다. 이 때 국내에서 창출된 총 부가가치는 얼마인가?

① 2만 달러

② 3만 달러

③ 6만 달러

④ 8만 달러

⑤ 9만 달러

07 2020년도에 어떤 나라의 밀 생산 농부들은 밀을 생산하여 그 중 반을 소비자에게 1,000억 원에 팔고, 나머지 반을 1,000억 원에 제분회사에 팔았다. 제분회사는 밀가루를 만들어 절반을 800억 원에 소비자에게 팔고 나머지를 제빵회사에 800억 원에 팔았다. 제빵회사는 빵을 만들어 3,200억 원에 소비자에게 모두 팔았다. 이 나라의 2020년도 GDP는? (단, 이 경제에서는 밀, 밀가루, 빵만을 생산한다)

① 1,600억 원

② 2,000억 원

③ 3,200억 원

④ 5,000억 원

08 한국 법인이 100% 지분을 소유하고 있는 자동차 회사 A가 미국에 생산 공장을 설립하여 직원을 대부분 현지인으로 고용할 경우, 한국과 미국의 경제에 미치는 영향에 대한 설명으로 옳지 않은 것은?

① 미국의 GDP 증가분은 GNP 증가분보다 크다.

② 미국의 GDP와 GNP가 모두 증가한다.

③ 한국의 해외직접투자가 증가하면서 GNP가 더욱 중요해진다.

④ 한국의 GDP 감소분은 GNP 감소분보다 크다.

09 해외에 지불하는 요소소득이 해외에서 수취하는 요소소득보다 큰 경우 GDP와 GNP의 관계는?

① GDP가 GNP보다 크다. ② GDP는 GNP와 같거나 작다.

③ GDP는 GNP와 같다. ④ GDP가 GNP보다 작다.

10 자동차 중고매매업체가 출고된 지 1년이 지난 중고차(출고 시 신차가격은 2,000만 원) 1대를 2019년 1월 초 1,300만 원에 매입하여 수리한 후, 2019년 5월 초 甲에게 1,500만 원에 판매하였다. 이론상 이 과정에서의 2019년 GDP 증가 규모는?

① 증가하지 않았다. ② 200만 원

③ 1,300만 원 ④ 1,500만 원

11 2018년에 A 국에서 생산되어 재고로 있던 제품을 2019년 초에 B 국에서 수입해 자국에서 판매했다고 할 때 이 효과에 대한 설명으로 옳은 것은?

① A 국의 2019년 GDP와 GNP가 모두 증가한다.

② A 국의 2019년 수출은 증가하고 GDP는 불변이다.

③ B 국의 2019년 GNP는 증가하고 GDP는 불변이다.

④ B 국의 2018년 GDP와 2019년 투자가 증가한다.

⑤ B 국의 2018년 수입은 증가하고 2019년 수입은 불변이다.

12 국민소득에 포함되는 사항을 모두 고른 것은?

ㄱ. 기업의 연구개발비	ㄴ. 파출부의 임금
ㄷ. 신항만 건설을 위한 국고지출	ㄹ. 아파트의 매매차익
ㅁ. 로또복권 당첨금	ㅂ. 은행예금의 이자소득
ㅅ. 전투기 도입비	ㅇ. 주부의 가사노동

① ㄱ, ㄴ, ㄷ, ㅁ, ㅂ ② ㄱ, ㄴ, ㄷ, ㅂ, ㅅ

③ ㄱ, ㄴ, ㄹ, ㅂ, ㅅ ④ ㄱ, ㄷ, ㅂ, ㅅ, ㅇ

13 GDP의 측정에 대한 설명으로 옳은 것은?

① 식당에서 판매하는 식사는 GDP에 포함되지만, 주부가 가족을 위해 제공하는 식사는 GDP에 포함되지 않는다.

② 발전소가 전기를 만들면서 공해를 발생시키는 경우, 전기의 시장가치에서 공해의 시장가치를 뺀 것이 GDP에 포함된다.

③ 임대 주택이 제공하는 주거서비스는 GDP에 포함되지만, 자가주택이 제공하는 주거서비스는 GDP에 포함되지 않는다.

④ A와 B가 서로의 아이를 돌봐주고 각각 임금을 상대방에게 지불한 경우, A와 B 중 한 사람의 임금만 GDP에 포함된다.

14 다음 중 GDP 개념에 대해 옳지 않은 설명을 모두 고른 것은?

> ㄱ. GDP는 일정기간 동안 측정되므로 유량변수이다.
> ㄴ. 가계의 새로 건축된 주택의 구입은 가계소비에 해당한다.
> ㄷ. 자가 주택으로부터의 주거서비스는 GDP에 산정되지 않는다.
> ㄹ. 빈곤층을 위한 정부 보조금 지출은 GDP 산정에 포함되나, 연말까지 팔리지 않은 중간재 생산량은 포함되지 않는다.
> ㅁ. 국내의 외국인 기업의 생산도 GDP에 산정된다.
> ㅂ. 가사서비스 생산은 시장에서 생산된 것이 아니므로 GDP에 산정되지 않는다.

① ㄱ, ㄴ, ㄷ   ② ㄹ, ㅁ, ㅂ   ③ ㄱ, ㄷ, ㅁ

④ ㄷ, ㄹ, ㅁ   ⑤ ㄴ, ㄷ, ㄹ

15 다음 중 GDP가 증가하는 경우는 몇 개인가?

> ㄱ. 국세청이 세무조사를 강화함에 따라 탈세규모가 줄어들었다.
> ㄴ. 도시에 거주하는 사람에 대한 농지매입규제가 폐지됨에 따라 농지가격이 상승하였다.
> ㄷ. 자가 보유 주택의 귀속임대료가 상승하였다.
> ㄹ. 금융구조조정이 성공적으로 마무리되어 은행들의 주가가 급등하였다.
> ㅁ. 자동차 제조기업에서 판매되지 않은 재고증가분이 발생하였다.

① 1개   ② 2개   ③ 3개
④ 4개   ⑤ 5개

16 GDP에 대한 설명으로 옳은 것을 모두 고르면?

> ㄱ. 정부가 출산장려금으로 자국민에게 지급하는 금액은 GDP에 포함된다.
> ㄴ. A사가 생산한 자동차의 재고 증가는 GDP 증가에 영향을 주지 못하지만, 중고자동차의 거래량 증가는 GDP를 증가시킨다.
> ㄷ. 중국인의 한국 내 생산활동은 한국의 GDP산출에 포함된다.
> ㄹ. 아파트 옥상에서 상추를 재배한 전업주부가 이 생산물을 가족들의 저녁식사에 이용한 경우 이는 GDP에 포함되지 않는다.
> ㅁ. 한국의 의류회사가 베트남에서 생산하여 한국으로 수입 판매한 의류의 가치는 한국의 GDP에 포함되지 않는다.

① ㄱ, ㄴ, ㄷ   ② ㄱ, ㄴ, ㅁ   ③ ㄱ, ㄷ, ㅁ
④ ㄴ, ㄷ, ㄹ   ⑤ ㄷ, ㄹ, ㅁ

17 국내총생산에 대한 설명으로 옳은 것은?

① 국내총생산이 상승하면 소득불평등이 심화된다.
② 실질국내총생산은 명목국내총생산보다 항상 작다.
③ 밀수, 마약거래 등 지하경제(Underground Economy)에서 생산되는 것은 국내총생산에 포함된다.
④ 자가 주택의 경우 귀속가치(Imputed Value)를 계산하여 국내총생산에 포함시킨다.

18 실업수당과 GDP에 대한 설명으로 옳은 것은?

① 실업수당은 일종의 소득이기 때문에 GDP에 포함된다.

② 실업수당은 과거 소득의 일부이므로 GDP에 포함되지 않는다.

③ 실업수당은 부가가치를 발생하므로 GDP에 포함된다.

④ 실업수당은 정부지출이기 때문에 GDP에 포함된다.

⑤ 실업수당은 이전지출이기 때문에 GDP에 포함되지 않는다.

파트1
파트2
파트3
파트4
파트5
파트6
파트7
파트8
실전1
실전2

19 GDP에 대한 설명으로 옳지 않은 것은?

① GDP는 한 국가 내에서 모든 경제주체가 일정기간 동안에 창출한 부가가치(Value Added)의 합이다.

② GDP는 한 국가 내에서 일정기간 동안에 생산된 모든 생산물의 시장가치이다.

③ 기준연도 이후 물가가 상승하는 기간에는 명목 GDP가 실질 GDP보다 크다.

④ 기준연도의 실질 GDP와 명목 GDP는 항상 같다.

20 폐쇄경제인 A 국은 스마트폰과 택배 서비스만을 생산하며, 생산량과 가격은 다음 표와 같을 때 2018년과 2019년 실질 GDP는? (단, 기준연도는 2018년이다)

구분	스마트폰 생산량	택배 서비스 생산량	스마트폰 개당 가격	택배 서비스 개당 가격
2018년	10	100	10만 원	1만 원
2019년	10	120	9만 원	1.2만 원

	2018년	2019년			2018년	2019년
①	200만 원	234만 원		②	200만 원	220만 원
③	210만 원	234만 원		④	230만 원	260만 원

21 GDP디플레이터에 대한 설명으로 옳은 것은?

① GDP디플레이터는 소비자물가지수(CPI)에 비해 국가의 총체적인 물가변동을 측정하는 데 불리한 지표이다.

② GDP디플레이터는 명목GDP를 실질GDP로 나눈다는 점에서 명목GDP 1단위에 대한 실질GDP의 값을 확인하는 지표이다.

③ GDP디플레이터는 생산량 변화효과는 제거하고 기준가격에 대한 경상가격의 변화분만 나타내는 지표이다.

④ 우리나라의 GDP디플레이터는 장기간 증가하는 경향을 보이고 있는데 이는 국내 기업들의 생산량 증가에 기인한다.

22 어느 경제의 2020년 국내총생산이 사과 4개와 오렌지 6개로 이루어졌다. 2020년도 사과와 오렌지의 가격은 각각 10원과 5원이고 기준년도(2015년) 사과와 오렌지의 가격은 모두 5원이었다. 이 경제의 2020년도 GDP디플레이터는 얼마인가?

① 120 ② 140 ③ 71
④ 70 ⑤ 0.7

23 명목GDP가 100이고 GDP디플레이터가 125일 때, 실질GDP는?

① 80 ② 90 ③ 100 ④ 125

24 다음 표는 빵과 옷만을 생산하는 경제의 연도별 생산 현황이다. 2017년을 기준연도로 할 때 2019년의 GDP디플레이터(㉠)와 물가상승률(㉡)은? (단, 물가상승률은 GDP디플레이터를 이용하여 구한다)

재화\연도	빵 가격(원)	빵 생산량(개)	옷 가격(원)	옷 생산량(벌)
2017년	30	100	100	50
2018년	40	100	110	70
2019년	40	150	150	80

	㉠	㉡
①	144	18.2%
②	144	23.1%
③	157	18.2%
④	157	23.1%

25 작년에 비해 실질GDP가 상승하였다고 할 때, 옳은 것은?

① 명목GDP와 GDP디플레이터 모두 증가하였다.
② 명목GDP가 증가하였거나 GDP디플레이터가 감소하였다.
③ 명목GDP가 감소하였거나 GDP디플레이터가 증가하였다.
④ 명목GDP와 GDP디플레이터 모두 감소하였다.

26 A 국의 2018년도 명목GDP가 200억 달러였다. 그 후 1년 동안 명목GDP는 3% 증가하였고 같은 기간 동안 인플레이션율은 3%였다. 2018년을 기준 연도로 할 때, A 국의 2019년도 실질GDP는?

① 200억 달러 ② 203억 달러
③ 206억 달러 ④ 209억 달러

27 다음은 가상경제의 2017 ~ 2019년 간 생산활동을 정리한 표이다. 이에 대한 설명으로 옳지 않은 것은? (단, 국민소득 통계의 기준연도는 2017년이다)

연도	쌀		자동차		컴퓨터	
	수량(kg)	가격(천 원)	수량(대)	가격(천 원)	수량(대)	가격(천 원)
2017년	100	2	3,000	20,000	1,400	1,000
2018년	120	4	2,800	25,000	1,500	1,050
2019년	130	5	3,200	24,000	1,600	1,000

① 2017년의 명목GDP는 61,400,200천 원이다.
② 2018년의 명목GDP는 2017년에 비해 약 16.6% 증가하였다.
③ 2018년의 GDP디플레이터는 약 124.5이다.
④ 2018년의 실질GDP는 전년에 비해 증가하였다.
⑤ 2019년에는 전년에 비해 실질GDP가 14% 이상 증가하였다.

28 다음 그림은 A 국의 명목GDP와 실질GDP를 나타낸다. 이에 대한 설명으로 옳지 않은 것은? (단, A 국의 명목GDP와 실질GDP는 우상향하는 직선이다)

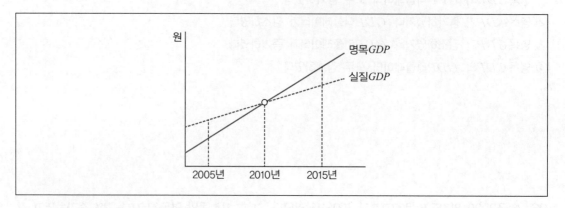

① 기준연도는 2010년이다.
② 2005년의 GDP디플레이터는 100보다 큰 값을 가진다.
③ 2010년에서 2015년 사이 물가는 상승하였다.
④ 2005년에서 2015년 사이 경제성장률은 양(+)의 값을 가진다.

29 해외에서의 대규모 이민 등으로 어떤 경제의 전체 노동자 수가 갑자기 증가하는 일이 발생한다면 단기적으로 이 경제의 GDP에 발생할 변화로 옳은 것은?

① 경제 전체의 실질GDP와 1인당 실질GDP 모두 증가할 것이다.
② 경제 전체의 실질GDP는 증가하고 1인당 실질GDP는 감소할 것이다.
③ 경제 전체의 실질GDP는 감소하고 1인당 실질GDP는 증가할 것이다.
④ 경제 전체의 실질GDP는 증가하고 명목GDP는 감소할 것이다.
⑤ 경제 전체의 명목GDP는 증가하고 실질GDP는 감소할 것이다.

30 미국 뉴욕 소재 해외 회계법인에서 근무하던 한국인 김 씨는 회사의 인력감축계획에 따라 실직하고 귀국하였다. 김 씨의 실직이 두 나라의 국민소득에 미치는 영향은?

① 한국과 미국의 GDP가 모두 감소한다.　② 한국과 미국의 GNI가 모두 감소한다.
③ 한국의 GDP와 미국의 GNI가 감소한다.　④ 한국의 GNI와 미국의 GDP가 감소한다.
⑤ 한국의 GNI는 감소하고 미국은 영향을 받지 않는다.

31 미국 국적의 A는 2019년 1년 동안 한국에 거주하며 일했다. A는 한국 소재 기업에서 총 5,000만 원의 연봉을 받았으며, 한국 소재 어학원에 연 500만 원을 지불하고 한국인에게 한국어를 배웠다. A가 한국의 2019년 GDP와 GNI에 영향을 미친 금액의 차이는?

① 5,500만 원

② 5,000만 원

③ 4,500만 원

④ 500만 원

32 케인스 소비함수의 특징이 아닌 것은?

① 한계소비성향이 0과 1 사이에 존재한다.

② 평균소비성향은 소득이 증가함에 따라 감소한다.

③ 현재의 소비는 현재의 소득에 의존한다.

④ 이자율이 소비를 결정할 때 중요한 역할을 한다.

33 다음 소비함수 중 케인스의 절대소득가설을 충족시키는 것은? (단, Y_d는 가처분소득, i는 이자율을 나타낸다)

① $C = 100 + 0.7\,Y_d$

② $C = 50 + 0.8\,Y_d - 2.5i$

③ $C = 100 + 1.2\,Y_d$

④ $C = -10 + 0.4\,Y_d$

34 국회가 2014년 1월 1일에 연간 개인 소득에 대한 과세표준 구간 중 8,800만 ~ 1억 5천만 원에 대해 종전에는 24%를 적용했던 세율을 항구적으로 35%로 상향 조정하고, 이를 2015년 1월 1일부터 시행한다고 발표했을 때, 밀튼 프리드먼(Milton Friedman)의 항상소득가설에 의하면 이 소득 구간에 속하는 개인들의 소비 행태는 어떤 변화를 보이는가? (단, 이 외의 다른 모든 사항에는 변화가 없다고 가정한다)

① 소비는 즉각적으로 증가할 것이다.

② 소비는 즉각적으로 감소할 것이다.

③ 2014년에는 소비에 변화가 없고, 2015년 1월 1일부터는 감소할 것이다.

④ 2014년에는 소비가 감소하고 2015년 1월 1일부터는 변화가 없을 것이다.

⑤ 2014년이나 2015년 등의 시간에 상관없이 소비에는 변화가 없을 것이다.

35 소비이론에 대한 설명으로 옳은 것을 〈보기〉에서 모두 고르면?

> 보기
>
> ㄱ. 절대소득가설에 따르면 가처분소득이 증가할 때 소비지출이 증가하므로 소비함수곡선이 상방으로 이동한다.
> ㄴ. 쿠즈네츠(Kuznets)의 실증분석에 따르면 장기에는 평균소비성향이 한계소비성향보다 크다.
> ㄷ. 상대소득가설은 소비의 가역성과 소비의 상호의존성을 가정한다.
> ㄹ. 항상소득가설에 따르면 현재소득이 일시적으로 항상소득 이상으로 증가할 때, 평균소비성향은 일시적으로 상승한다.

① ㄱ
② ㄷ
③ ㄱ, ㄹ
④ ㄴ, ㄷ
⑤ 모두 옳지 않다.

36 전시효과(Demonstration Effect)와 톱니효과(Ratchet Effect)로서 소비를 설명하는 이론은?

① 절대소득가설
② 상대소득가설
③ 항상소득가설
④ 라이프사이클가설

37 다음 중 이자율이 소비에 미치는 영향으로 옳지 않은 것은?

① 이자율이 상승하면 현재소비의 기회비용은 증가한다.
② 이자율이 상승하면 정상재의 경우 소득효과에 의해 현재소비가 증가한다.
③ 이자율이 상승하면 대체효과에 의해 현재소비가 감소한다.
④ 이자율이 상승하면 대체효과에 의해 미래소비가 증가한다.
⑤ 이자율이 상승하면 현재소비는 증가하지만 미래소비는 증가하거나 감소할 수 있다.

파트1
파트2
파트3
파트4
파트5
파트6
파트7
파트8
실전1
실전2

38 다음 중 생애주기가설에 대한 설명으로 옳지 않은 것은?

① 일생 동안 소득수준은 일정하지 않고 변한다.

② 나이에 따라 소비패턴이 달라진다.

③ 개인의 소비는 일생 동안에 발생할 수 있는 기대소득의 현재가치에 의존한다.

④ 소득이 높은 시기에는 소비가 많고 소득이 낮은 시기에는 소비가 적다.

39 소비이론 중 생애주기가설에 대한 설명으로 옳지 않은 것은?

① 소비자는 일생 동안 발생할 소득을 염두에 두고 적절한 소비수준을 결정한다.

② 청소년기에는 소득보다 더 높은 소비수준을 유지한다.

③ 저축과 달리 소비의 경우는 일생에 걸쳐 거의 일정한 수준이 유지된다.

④ 동일한 수준의 가처분소득을 갖고 있는 사람들은 같은 한계소비성향을 보인다.

40 다음은 소득과 소비의 관계에 대한 두 의견이다. 이에 대한 설명으로 옳은 것은?

> (가) 소비는 처분가능소득에 가장 큰 영향을 받는다. 처분가능소득이 증가하면 소비는 증가한다.
>
> (나) 사람들은 현재의 소득이 아니라 일생 동안의 소득을 고려하여 소비 수준을 결정한다. 사람들은 전 생애에 걸쳐 안정적인 소비 패턴을 유지하려고 하므로 소비는 그때그때의 소득에 민감하게 반응하지 않는다.

① (가)에 따르면 소액 복권에 당첨된 사람은 소비를 늘리지 않을 것이다.

② (가)에 따르면 경기 상승으로 회사 영업실적이 좋아져 받은 특별 상여금은 모두 저축될 것이다.

③ (나)에 따르면 일시적 실업자는 소비를 크게 줄일 것이다.

④ (나)에 따르면 장기간의 소득세 감면은 경기 활성화에 도움이 될 것이다.

41 소비이론에 대한 설명으로 옳지 않은 것은?

① 케인스의 소비함수에 따르면 평균소비성향은 한계소비성향보다 크다.

② 항상소득가설에 따르면 항상소득의 한계소비성향은 일시소득의 한계소비성향보다 낮다.

③ 생애주기가설에 따르면 총인구에서 노인층의 비중이 상승하면 국민저축률은 낮아진다.

④ 쿠즈네츠는 장기에서는 평균소비성향이 대략 일정하다는 것을 관찰하였다.

42 소비이론에 대한 설명으로 옳지 않은 것은?

① 레입슨(D. Laibson)에 따르면 소비자는 시간 비일관성(Time Inconsistency)을 보인다.

② 항상소득 가설에 의하면 평균소비성향은 현재소득 대비 항상소득의 비율에 의존한다.

③ 생애주기 가설에 의하면 전 생애에 걸쳐 소비흐름은 평탄하지만, 소득흐름은 위로 볼록한 모양을 갖는다.

④ 가계에 유동성제약이 존재하면 현재소득에 대한 현재소비의 의존도는 약화된다.

43 도마(Domar)의 성장이론에서 투자의 이중성에 대한 설명으로 옳은 것은?

① 투자에는 독립투자와 유발투자의 이중성이 있음을 의미한다.

② 투자는 사전적 투자와 사후적 투자로 이분되어 있음을 의미한다.

③ 투자는 설비투자와 재고투자의 두 부분으로 나눌 수 있음을 의미한다.

④ 투자는 생산물의 공급능력을 증가시키는 한편 총수요를 증가시키는 두 가지 역할을 수행함을 의미한다.

44 두 개의 사업 A와 B에 대한 투자 여부를 결정하려고 한다. A의 내부수익률(IRR)은 10%, B의 내부수익률은 8%로 계산되었다. 이에 대한 설명으로 옳지 않은 것은?

① 비용과 편익을 현재 가치화할 때 적용하는 할인율이 6%라면, 두 사업의 순현재가치(NPV)는 양(+)이다.

② 내부수익률 기준에 의해 선택된 사업은 순현재가치 기준에 의해 선택된 사업과 항상 일치한다.

③ 비용과 편익을 현재 가치화할 때 적용하는 할인율이 10%라면, 사업 A의 편익의 현재가치는 비용의 현재가치와 같다.

④ 비용과 편익을 현재 가치화할 때 적용하는 할인율이 9%라면, 사업 B의 경제적 타당성은 없다고 판정할 수 있다.

45 정부가 도로의 신설 여부를 결정하기 위해 해당 사업에 대해 비용-편익 분석을 수행할 때 주의해야 할 점에 대한 설명으로 옳지 않은 것은?

① 새롭게 고용되는 인력에게 지급되는 임금의 총액은 편익이 아닌 비용에 포함되어야 한다.

② 편익의 계산에서 도로건설을 통해 다른 지역의 서비스업이 이전해 오고 인구가 유입되는 이차적인 효과는 배제하는 것이 타당하다.

③ 편익이 장기에 걸쳐 발생하는 경우, 할인율이 낮을수록 사업의 경제적 타당성이 커진다.

④ 비용 계산 시 사회적 기회비용보다는 실제 지불되는 회계적 비용을 고려해야 한다.

46 자본재 가격이 일정할 때 소비재 가격이 상승하면? (단, 할인율은 일정하다)

① 자본의 한계효율곡선이 우측으로 이동한다.

② 자본의 한계효율곡선이 좌측으로 이동한다.

③ 자본의 한계효율곡선의 기울기의 절댓값이 작아진다.

④ 자본의 한계효율곡선의 기울기의 절댓값이 커진다.

⑤ 자본의 한계효율곡선은 변하지 않는다.

47 토빈의 q(Tobin's q)에 대한 설명으로 옳지 않은 것은?

① 기업의 수익성, 경제정책 등 미래에 대한 기대가 투자에 큰 영향을 미친다는 것을 강조한다.

② 자본조정비용을 고려할 경우 감가상각률이 증가하면 투자는 감소한다.

③ 토빈의 q가 증가하면 투자유인도 증가한다.

④ 전통적 투자모형인 신고전학파 투자모형과는 무관한 모형이다.

⑤ 주가변화와 투자변화 간에는 밀접한 관계가 있음을 강조한다.

파트1
파트2
파트3
파트4
파트5
파트6
파트7
파트8
실전1
실전2

48 어느 기업의 자본의 한계생산물(MP_K)이 $50-0.1K$라고 하자. 자본재 가격은 단위당 10,000원, 감가상각률은 5%로 일정하며, 생산물 가격은 단위당 200원으로 일정하다. 실질이자율이 초기 10%에서 5%로 하락하였을 때 이 기업의 초기 자본량(K_0)과 바람직한 투자수준(I)은? (단, K는 자본량이다)

① $K_0 = 375$, $I = 25$

② $K_0 = 375$, $I = 50$

③ $K_0 = 425$, $I = 25$

④ $K_0 = 425$, $I = 50$

49 고전학파의 견해에 해당하지 않는 것은?

① 세이의 법칙

② 실물부문과 화폐부문간의 양분성

③ 유동성선호설

④ 화폐수량설

50 조세법이 대부자금(Loanable Funds)의 공급을 증가시키는 방향으로 개정되었다고 가정할 때 이러한 법 개정이 대부자금 균형거래량 수준에 가장 큰 영향을 미칠 수 있는 상황은?

① 대부자금수요곡선이 매우 탄력적이며 대부자금공급곡선이 매우 비탄력적인 경우

② 대부자금수요곡선이 매우 비탄력적이며 대부자금공급곡선이 매우 탄력적인 경우

③ 대부자금수요곡선과 공급곡선 모두 매우 탄력적인 경우

④ 대부자금수요곡선과 공급곡선 모두 매우 비탄력적인 경우

51 "소비가 미덕이다"라는 말에 대한 설명으로 옳지 않은 것은?

① 구성의 오류에 해당한다.

② 저축의 역설에 해당한다.

③ 경기가 과열일 때 적용된다.

④ 고전학파 모형에서는 절약의 역설이 일어나지 않는다.

52 가상의 국가 '아일국'은 외국과의 거래 없이 폐쇄경제를 운영하고 있으며 아일국의 화폐단위는 '쩐'이라고 한다. 아일국립대의 유명한 경제학자인 '이코노' 교수는 아일국의 소비함수가 $C=100+0.8Y$임을 밝혀냈다(단, C는 소비를, Y는 국민소득을 나타낸다). 아일국에서 어느 한 해 동안의 기업투자 규모가 200쩐, 정부지출규모가 100쩐이었다면 아일국의 그 해의 균형국민소득의 크기는?

① 1,000쩐
② 1,200쩐
③ 1,500쩐
④ 2,000쩐
⑤ 2,500쩐

53 케인스의 단순폐쇄경제모형에서 가처분소득의 함수인 민간소비는 가처분소득이 0일 때 160, 한계소비성향이 0.6, 독립투자가 400, 정부지출이 200, 조세는 정액세만 존재하고 정부재정은 균형상태라고 가정할 때 균형국민소득은?

① 1,600
② 1,700
③ 1,800
④ 1,900
⑤ 2,000

54 균형국민소득(Y)이 4,000이고, 소비는 $C=300+0.8(Y-T)$, 조세(T)는 500, 정부지출(G)은 500, 투자는 $I=1,000-100r$일 때, 균형이자율은 얼마인가? (r은 % 단위로 표시된 이자율이다)

① 1%
② 3%
③ 6%
④ 8%
⑤ 10%

55 어느 나라의 거시경제모형이 다음과 같다고 하자. 이 경제의 실질 $GDP(Y)$가 5,000인 경우, 균형 실질 금리는 몇 %인가?

$$Y=C+I, \ C=500+0.6Y, \ I=2,000-100r \ (r\text{은 실질금리이며 %로 표시})$$

① 2%
② 5%
③ 10%
④ 20%

파트1 파트2 파트3 파트4 파트5 파트6 파트7 파트8 실전1 실전2

56 〈보기〉와 같은 경제 환경 하에서 개인저축과 균형이자율(r^*)은?

보기

- $Y = C + I + G$
- $G = 3,000$
- $C = 200 + 0.5(Y - T)$

- $Y = 6,000$
- $T = 1,500$
- $I = 1,000 - 40r$

(단, Y는 국민소득, C는 소비지출, T는 조세, I는 투자지출, r은 이자율, G는 정부지출이다. 이때 r의 균형 값인 균형이자율은 r^*로 표시한다.)

	개인저축	균형이자율(r^*)		개인저축	균형이자율(r^*)
①	2,050	11.25	②	2,000	11.25
③	2,050	11.50	④	2,000	11.50
⑤	2,050	12.25			

57 소비 및 저축을 하는 가계부문과 생산 및 투자를 하는 기업부문만 존재하는 단순한 거시경제에서 소비함수와 투자함수가 다음과 같을 때 이 경제의 균형 국민소득은? (단, C는 소비지출, I는 투자지출, Y는 국민소득을 나타낸다)

- 소비함수 : $C = 30 + 0.8Y$
- 투자함수 : $I = 10 + 0.1Y$

---

① 100
② 200
③ 300
④ 400

58 소비지출 $C = 100 + 0.8Y$, 투자지출 $I = 500$, 정부지출 $G = 200$일 때 균형국민소득은?

① 1,000
② 4,000
③ 5,000
④ 7,000
⑤ 10,000

59 자본이동이 완전한 소규모 개방경제가 있다. 정부재정이 균형예산이고 상품수지(무역수지)가 균형일 때 a값은? (단, Y는 국민소득, C는 소비, I는 투자, G는 정부구매, NX는 순수출, T는 조세이다)

- $Y = C + I + G + NX$
- $C = 250 + 0.75(Y - T)$, $T = aY$, $I = 750$, $Y = 5,000$

① 0.1
② 0.2
③ 0.3
④ 0.4

60 한 국민경제가 $C = 0.7(Y - T) + 25$, $I = 32$, $T = tY + 10$으로 표현될 때, 완전고용 시의 국민소득은 400이며, 정부지출은 모두 조세로 충당된다. 완전고용과 재정수지의 균형을 동시에 달성하는 t는? (단, Y는 국민소득, C는 소비, I는 투자, T는 조세, t는 소득세율이다)

① 2
② 4
③ $\dfrac{1}{2}$
④ $\dfrac{1}{4}$

61 A국가의 거시경제가 다음과 같다. 이 국가의 현재 경기상황은 어떠하며, 이를 안정시키기 위한 정부의 조세정책으로써 한계조세율은 어떻게 조정되어야 하는가?

- $Y = C + I + G$
- $C = 50 + 0.75(Y - T)$
- $I = 150$
- $G = 250$
- $T = 200 + 0.25Y$
- $\overline{Y} = 750$

(Y : 소득, C : 소비, I : 투자, G : 정부구매, T : 조세, $\overline{Y}$: 자연생산량)

	경기상황	한계조세율 조정		경기상황	한계조세율 조정
①	경기침체	2.5%p 감소	②	경기침체	5%p 감소
③	경기침체	7%p 감소	④	경기과열	2.5%p 증가
⑤	경기과열	5%p 증가			

62 어느 경제의 국민소득균형모형이 아래와 같이 주어져 있다면 (ㄱ) ~ (ㄷ)의 값은 각각 얼마인가?

> 조건
>
> - $C = 50 + 0.85\,Y_d$
> - $I = 110$
> - $X = 82$
> - $T = 0.2\,Y$
> - $G = 208$
> - $M = 10 + 0.08\,Y$
>
> (Y : 소득, Y_d : 가처분소득, C : 소비, T : 조세, I : 투자, G : 정부지출, X : 수출, M : 수입)

> (ㄱ) 균형국민소득은 얼마인가?
> (ㄴ) 균형국민소득에서 경상수지적자의 규모는 얼마인가?
> (ㄷ) 균형국민소득에서 평균소비성향은 얼마인가? (단, 소수점 넷째자리에서 반올림하시오)

	(ㄱ)	(ㄴ)	(ㄷ)		(ㄱ)	(ㄴ)	(ㄷ)
①	1,023	10	0.729	②	1,100	16	0.725
③	1,100	10	0.725	④	1,200	24	0.722
⑤	1,100	10	0.729				

63 다음과 같은 경제모형을 가정한 국가의 잠재총생산 수준이 Y^* 라고 할 때, 총생산 갭을 제거하기 위해 통화당국이 설정해야 하는 이자율은?

> - $C = 14,000 + 0.5\,(Y - T) - 3,000r$
> - $G = 5,000$
> - $T = 8,000$
> - $I = 5,000 - 2,000r$
> - $NX = 400$
> - $Y^* = 40,000$
>
> (Y는 국민소득, C는 소비, I는 투자, G는 정부지출, T는 조세, NX는 순수출, r은 이자율)

① 2%
② 4%
③ 6%
④ 8%

64 다음은 케인스의 국민소득결정모형이다. 완전고용 국민소득수준이 Y_3 이라할 때 옳지 않은 것은?

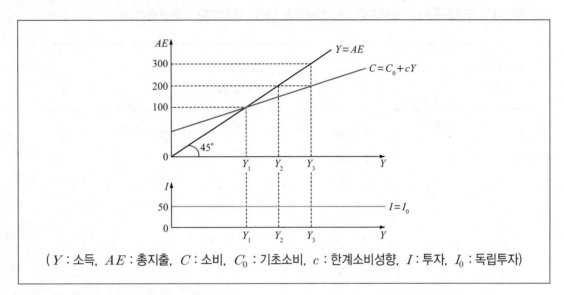

(Y : 소득, AE : 총지출, C : 소비, C_0 : 기초소비, c : 한계소비성향, I : 투자, I_0 : 독립투자)

① Y_3 수준에서 총수요는 250이다.

② 완전고용에 필요한 총수요는 300이다.

③ 위 그래프는 유발투자를 고려하고 있지 않다.

④ 디플레이션 갭이 100이다.

⑤ Y_3 수준에서 소비와 투자의 차이는 150이다.

65 정부부문 및 대외부문이 존재하지 않는 경제의 소비함수와 투자함수가 다음과 같을 때, (가) 현재의 균형국민소득과 (나) 독립투자가 400조 원 증가할 경우의 균형국민소득의 증감분을 올바르게 짝지은 것은? (단, C, I, Y는 각각 소비, 투자, 국민소득을 의미한다)

• 소비함수 $C = 600 + 0.6\,Y$	• 투자함수 $I = 2,400$

	(가)	(나)		(가)	(나)
①	7,000조 원	1,000조 원	②	7,000조 원	1,200조 원
③	7,500조 원	1,000조 원	④	7,500조 원	1,200조 원

파트1
파트2
파트3
파트4
파트5
파트6
파트7
파트8
실전1
실전2

66 다음의 거시경제모형에서 독립투자 수요를 얼마나 증가시키면 완전고용 국민소득을 달성할 수 있는 가? (단, Y : 국민소득, C : 소비지출, I : 투자지출, Y_F : 완전고용 국민소득이다)

- $Y = C + I$
- $I = 200$
- $C = 200 + 0.8Y$
- $YF = 3,000$

① 50　　　　　　　　② 100　　　　　　　　③ 150

④ 200　　　　　　　　⑤ 250

67 한계소비성향이 0.9, 소득세율이 0.1, 한계수입성향이 0.01일 때 독립투자가 300만큼 증가하였다. 저축의 변화는 얼마인가?

① 105　　　　　　　　② 115　　　　　　　　③ 125

④ 135　　　　　　　　⑤ 145

68 투자승수에 대한 설명으로 옳지 않은 것은?

① 한계수입성향이 높아지면 투자승수는 작아진다.
② 유발투자가 존재하면 투자승수는 커진다.
③ 화폐수요의 소득탄력성이 클수록 투자승수는 커진다.
④ 한계소비성향이 클수록 투자승수는 커진다.
⑤ 투자의 이자율탄력성이 클수록 투자승수는 작아진다.

파트1
파트2
파트3
파트4
파트5
파트6
파트7
파트8
실전1
실전2

69 어느 국가의 개방거시경제모형을 케인스의 단순모형에서 설정하기 위해 필요한 정보를 수집하였더니 〈보기〉와 같았다고 하자. 이 경우 완전고용을 달성하고자 한다면 정부지출을 얼마나 더 늘려야 하는가?

보기

- 독립적 소비지출 : 50조 원
- 독립적 투자지출 : 100조 원
- 독립적 정부지출 : 200조 원
- 조세수입(정액세) : 200조 원
- 독립적 수출 : 140조 원
- 독립적 수입 : 40조 원
- 한계소비성향 : 0.8
- 한계수입성향 : 0.05
- 완전고용 국민소득수준 : 1,300조 원

① 10조 원   ② 20조 원   ③ 25조 원
④ 50조 원   ⑤ 100조 원

70 가계, 기업, 정부만 존재하는 케인스 모형에서 투자와 정부지출은 소득과는 무관하며, $C=80+0.8$ $(Y-T)$, $T=0.25Y$일 때, 정부지출 승수는? (단, C는 소비, Y는 소득, T는 조세이다)

① 2   ② 2.5
③ 3.5   ④ 5

71 다음은 개방경제의 국민소득결정 모형이다. 정부지출이 100에서 200으로 증가할 경우, 균형국민소득의 변화량은? (단, Y, C, I, G, X, M은 각각 국민소득, 소비, 투자, 정부지출, 수출, 수입이다)

- $Y=C+I+G+(X-M)$
- $C=200+0.5Y$
- $I=100$
- $G=100$
- $X=100$
- $M=50+0.3Y$

① 100   ② 125
③ 150   ④ 500

72 다음과 같은 실물 부문만이 존재하는 경제에서 $C(Y) = 0.9Y$이고 $I(r) = \dfrac{100}{r}$이다. 만일 이자율이 $r = 0.01$일 때 정부가 지출을 10만큼 늘린다면 Y는 얼마나 증가하겠는가?

$$Y = C(Y) + I(r) + G$$
$(Y : GDP,\ C :$ 소비,$\ I :$ 투자,$\ r :$ 이자율,$\ G :$ 정부지출$)$

① 90   ② 95   ③ 100
④ 105   ⑤ 110

73 균형국민소득결정식과 소비함수가 다음과 같을 때 동일한 크기의 정부지출 증가, 투자액 증가 또는 감세에 의한 승수효과에 대한 설명으로 옳은 것은?

· $Y = C + I + G$ · $C = B + a(Y - T)$
(단, Y는 소득, C는 소비, I는 투자, G는 정부지출, T는 조세이고, I, G, T는 외생변수이며, $B > 0$, $0 < a < 1$이다)

① 정부지출 증가에 의한 승수효과는 감세에 의한 승수효과와 같다.
② 투자액 증가에 의한 승수효과는 감세에 의한 승수효과보다 작다.
③ 정부지출 증가에 의한 승수효과는 감세에 의한 승수효과보다 크다.
④ 투자액 증가에 의한 승수효과는 정부지출의 증가에 의한 승수효과보다 크다.

74 정부의 총수요 확대 정책 수단에는 정부지출 확대 및 조세 감면 정책이 있다. 균형 국민소득결정 모형에서 2,000억 원의 정부지출 확대와 2,000억 원의 조세 감면의 효과에 대한 설명으로 옳은 것은?

(단, 밀어내기효과(Crowding-Out Effect)는 없으며 한계소비성향은 $\dfrac{3}{4}$이다)

① 정부지출 확대는 6,000억 원, 조세 감면은 6,000억 원의 총수요 확대 효과가 있다.
② 정부지출 확대는 6,000억 원, 조세 감면은 8,000억 원의 총수요 확대 효과가 있다.
③ 정부지출 확대는 8,000억 원, 조세 감면은 6,000억 원의 총수요 확대 효과가 있다.
④ 정부지출 확대는 8,000억 원, 조세 감면은 8,000억 원의 총수요 확대 효과가 있다.

75 폐쇄경제하에서 정액세만 있는 경우 균형재정 승수의 값과 그 이유에 대한 설명으로 옳은 것을 〈보기〉에서 고르면?

보기

ㄱ. 정부지출의 증가가 조세의 증가에 의해 완전 상쇄되므로 국민생산에 미치는 영향은 전혀 없기 때문이다.

ㄴ. 정부지출의 증가는 그 자체가 즉각적으로 유효수요를 증가시키고 조세의 증가 또한 유효수요를 증가시켜 총체적으로 국민생산이 증가하기 때문이다.

ㄷ. 정부지출의 증가는 일반적으로 그 자체가 즉각적으로 유효수요를 증가시키는 반면 조세의 증가는 소비지출의 감소를 통해서만 유효수요에 영향을 미치기 때문이다.

ㄹ. 정부지출의 증가는 그 자체가 즉각적으로 유효수요를 증가시키지만 조세는 정부가 이를 거두어들이는 기간이 상황마다 다르기 때문이다.

ㅁ. 정부지출 증가에 따라 조세가 2배로 증가하여 국민생산이 감소하기 때문이다.

	균형재정승수	이유		균형재정승수	이유
①	0	ㄱ	②	1	ㄴ
③	1	ㄷ	④	−1	ㄹ
⑤	−1	ㅁ			

76 다음은 재화시장만을 고려한 케인지안(Keynesian) 폐쇄경제 거시모형이다. 이에 대한 설명으로 옳지 않은 것은?

총지출은 $E = C + I + G$이며, 여기서 E는 총지출, C는 소비, I는 투자, G는 정부지출이다. 생산물 시장의 균형은 총소득(Y)과 총지출(E)이 같아지는 것을 의미한다. 투자와 정부지출은 외생적으로 고정되어 있다고 가정한다. 즉, $I = I_0$이고 $G = G_0$이다. 소비함수는 $C = 0.8(Y - T)$이고 T는 세금이며, 고정되어 있다고 가정한다.

① $I_o = 100$, $G_o = 50$, $T_o = 50$이면 총소득은 550이다.

② 정부지출을 1 단위 증가시키면 발생하는 총소득 증가분은 5이다.

③ 세금을 1 단위 감소시키면 발생하는 총소득의 증가분은 4이다.

④ 투자를 1 단위 증가시키면 발생하는 총소득의 증가분은 4이다.

77 다음과 같은 케인스의 경제모형을 가정할 때, 정부지출승수, 투자승수, 정액조세승수를 순서대로 바르게 배열한 것은?

> - $Y = C + I + G$
> - $I = 200$
> - $T = 200$
> - $C = 0.75(Y - T) + 200$
> - $G = 200$
>
> (단, Y는 국민소득, C는 소비지출, I는 투자지출, G는 정부지출, T는 정액조세를 나타낸다)

① 3, 3, −3   ② 3, 4, −2
③ 4, 3, −2   ④ 4, 4, −3

78 한 경제에 부유한 계층과 가난한 계층이 존재하고 부유한 계층의 한계소비성향은 가난한 계층의 한계소비성향보다 작다. 정부가 경기 부양을 위해 조세를 감면하려고 할 때 다음 중 가장 적절하지 않은 것은?

① 가난한 계층의 조세 감면을 크게 할수록 경기 부양효과가 크다.
② 조세 감면 총액이 커지면 경기 부양효과가 커진다.
③ 소득분포가 경기 부양효과의 크기에 영향을 미친다.
④ 가난한 계층의 비율이 높을수록 경기 부양효과가 커진다.
⑤ 부유한 계층과 가난한 계층의 한계소비성향의 차이가 작을수록 경기 부양효과가 커진다.

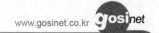

79 개방경제하에서 단순 케인지안(Keynesian) 거시경제모형의 설정에 필요한 정보를 수집하였더니 〈보기〉와 같았다. 〈보기〉에 나타난 거시경제 정책이 균형국민소득과 경상수지에 미치는 영향으로 옳은 것은?

보기

- 독립적 소비지출 : 20조 원
- 독립적 정부지출 : 200조 원
- 독립적 수출 : 160조 원
- 한계소비성향 : 0.8
- 독립적 투자지출 : 150조 원
- 조세수입 : 200조 원
- 독립적 수입 : 30조 원
- 한계수입성향 : 0.2
- 정부는 재정지출을 30조 원 늘리기로 하였다.
- 확장적 재정정책 이후 독립적 수출은 175조 원으로 증가하였다.
- 소득세는 존재하지 않고 정액세만 존재한다.

	균형국민소득	경상수지		균형국민소득	경상수지
①	100.5조 원 증가	5.5조 원 악화	②	112.5조 원 증가	변동 없음
③	110.5조 원 증가	변동 없음	④	112.5조 원 증가	7.5조 원 악화
⑤	110.5조 원 증가	3.75조 원 악화			

공기업 NCS 경제학

화폐의 정의와 기능, 통화량과 통화지표, 금융과 금융기관

본원통화, 지급준비금, 지급준비율

고전학파의 화폐수요이론, 케인스의 화폐수요이론

화폐금융론

통화승수, 통화승수 결정요인

예금통화창조, 총예금창조액, 신용승수, 순예금창조액

[합격전략]

화폐, 본원통화의 개념, 지급준비금과 법정지급준비율, 실제지급준비율 등이 출제된다. 예금통화창조, 통화승수 등의 개념과 그 결정요인, 현금통화비율이 주어져 있을 경우의 통화승수 등의 내용에 대한 이해가 필요하다. 또한 화폐수요이론에 관한 고전학파와 케인스학파의 내용이 출제되므로 이론에 관한 지식도 필요하다. 마지막으로 화폐금융정책에 관한 내용이 출제되므로 이에 대한 학습이 필요하다.

공기업
NCS
경제학

파트 6 화폐금융론

✪ 테마 유형 학습

✪ 빈출 지문에서 뽑은 O/X

✪ 기출예상문제

화폐의 기초이론

☑ **교환의 매개수단 조건**
- 표준화에 의한 가치 구별의 용이성(homogeneity)
- 어떤 재화와도 항상 교환될 수 있는 시장수용성(market acceptability)
- 가치를 나눌 수 있는 가분성(divisibility)
- 운반의 편의성(portability)
- 가치의 안정성(stability of value)

1 화폐

1. 화폐의 정의와 기능

(1) 화폐란 일상적인 거래에 직접 사용할 수 있는 자산을 말한다.

(2) 화폐의 기능

① 교환의 매개수단(Medium of Exchange) : 화폐는 상품매매과정에서 교환의 매개적 기능을 하면서 동시에 거래를 완결시키는 역할을 한다.

② 계산단위(Unit of Account) 또는 가치의 척도(Measure of Value) : 재화나 부가 가지는 가치의 크기를 객관적으로 측정하여 표시하는 기능을 하는데, 이는 상품거래의 표준이자 화폐의 단위로서의 역할을 한다.

③ 가치의 저장수단(Store of Value) : 화폐는 일반적인 구매력을 가지고 있기 때문에 그것은 지불수단이 되는 동시에 하나의 자산으로 보유되기도 한다.

2. 화폐발행의 제도

(1) 본위화폐제도

① 화폐발행량을 금이나 은과 연계하여 그 보유한도 내에서만 화폐의 발행을 인정하는 제도

② 금본위제도

㉠ 금 또는 금과 직접적으로 교환(태환)될 수 있는 지폐를 화폐로 사용하는 제도

㉡ 화폐발행액이 기본적으로 금의 생산량에 고정되므로 정책당국이 재량적으로 통화량을 증감시킬 수 없어 물가가 안정적으로 유지될 수 있는 반면, 정책의 재량은 제약을 받는다.

(2) 관리통화제도

① 중앙은행이 재량적으로 화폐발행액을 결정할 수 있도록 하는 제도

② 중앙은행이 재량적으로 통화량을 결정할 수 있어 경제상황의 변화에 능동적으로 대응할 수 있으나, 화폐발행을 억제할 수단이 없어 인플레이션의 위험이 상존한다.

2 통화량과 통화지표

1. 통화량

(1) 일정시점 시중에 유통되고 있는 화폐의 양을 말하며, 통화량이 많으면 인플레이션의 위험이 있고, 적으면 거래가 위축될 수 있어 적정수준의 통화량을 유지하는 것이 중요하다.

(2) 화폐발행액 : 중앙은행이 발행한 지폐와 동전을 말하며, 현금이라고도 한다.

> **화폐발행액=현금통화+시재금**
> (현금통화 : 민간이 보유한 현금 / 시재금 : 예금금융기관이 보유한 현금)

2. 통화지표

통화량을 측정하는 지표로 화폐의 기능이나 성격을 지닌 금융자산 중 통화에 포함시키는 범위에 따라 여러 가지로 정의될 수 있다.

(1) 본원통화 : 중앙은행이 실제로 통제할 수 있는 자산만을 포함시킨 화폐

> 본원통화＝화폐발행액＋지급준비예치금
> (지급준비예치금 : 예금금융기관들이 중앙은행에 예치한 금액)

(2) 협의 통화($M1$) ; 현금통화와 결제성예금의 합으로, 가장 유동성이 높다.

> $M1$ ＝현금＋요구불예금＋수시입출식 저축성예금($MMDA$과 저축예금)

① 결제성예금은 요구불예금과 수시입출금식 예금의 합이다.
② 결제성예금은 현금은 아니지만 수표발행 등을 통해 현금화가 가능하므로 유동성이 높다.

(3) 광의 통화($M2$) : 유동성이 높은 만기 2년 이하의 단기금융상품으로, 화폐의 거래적 기능뿐만 아니라 가치저장수단까지 포괄한다.

> $M2$＝$M1$＋준결제성 예금
> ＝$M1$＋정기예ㆍ적금＋시장형 금융상품(CD, RP, 표지어음 등)＋실적배당형 금융상품(금전신탁, 수익증권 등)＋거주자 외화예금＋기타 예금ㆍ금융채(발행어음, 신탁형 증권저축 등)

(4) 금융기관 유동성(Lf) : 은행과 비은행 금융기관을 포함하여 전 금융기관의 유동성 수준을 파악하기 위하여 개발된 지표이다.

> Lf＝$M2$＋2년 이상 장기금융상품(정기예금ㆍ적금 및 금융채)＋생명보험 계약준비금＋증권금융 예수금

(5) 광의의 유동성(L) : 전체 금융상황을 나타내며 가장 포괄적인 지표이다.

> L＝Lf＋기타 금융기관상품＋국채, 지방채＋회사채, CP

통화 지표	$M1$	현금통화＋요구불예금＋수시입출식예금
	$M2$	$M1$＋정기예금ㆍ적금 및 부금＋시장형 금융상품＋실적배당형 금융상품＋금융채＋기타(투신증권저축, 종금사 발행어음) ＊만기 2년 이상 금융상품 제외
유동성 지표	Lf (종전 $M3$)	$M2$＋$M2$포함 금융상품 중 만기 2년 이상 정기예금ㆍ적금 및 금융채 등＋만기 2년 이상 장기금전신탁＋보험회사의 보험계약준비금
	L	금융기관유동성(Lf)＋정부와 기업 등이 발행한 국채, 지방채, 회사채, 기업어음 등의 유가증권

3 금융과 금융기관

1. 금융

(1) 금융의 개념

    ① 자금의 수요자와 공급자 사이에 발생하는 자금거래를 말한다.

    ② 금융거래를 통해 개별 경제주체는 시점 간 자원배분이 가능해져 사회의 후생이 증가한다.

(2) 금융거래의 형태

    ① 직접금융

        ㉠ 자금의 공급자로부터 수요자에게 직접 자금이 이전되는 금융거래를 말한다.

        ㉡ 본원적 증권 : 자금의 수요자(차입자)가 공급자에게 자금을 공급받는 증표로 발행하는 주식, 회사채, 차용증서, 어음 등이 있다.

        ㉢ 직접금융거래는 본원적 증권을 매매하는 형태이다.

    ② 간접금융

        ㉠ 자금의 수요자와 공급자 사이에 금융기관이 개입하여 자금이 이전되는 금융거래를 말한다.

        ㉡ 간접증권 : 금융중개기관이 발행하는 예금증서, 예금통장, 보험증서 등이 있다.

        ㉢ 간접금융거래는 금융기관이 자금 수요자로부터 본원적 증권을 매입하고, 자금공급자에게 간접증권을 판매하는 형태이다.

(3) 금융시장의 형태

    ① 금융시장 : 자금의 수요자와 공급자 간에 자금거래가 발생하는 추상적인 공간

    ② 거래의 참여자

        ㉠ 직접금융시장 : 최종자금의 수요자와 공급자 사이에 직접 자금거래가 이루어지는 시장이다.

            예 주식시장, 채권시장 등

        ㉡ 간접금융시장 : 금융중개기관이 개입하여 수요자와 공급자 사이를 연결시켜 주는 금융시장이다.

            예 예금시장

    ③ 거래 상품의 기간

        ㉠ 단기금융시장 : 통상 만기가 1년 미만인 금융자산이 거래되는 시장으로, 화폐시장이라고도 한다.

            예 콜시장, CP시장, CD시장

        ㉡ 장기금융시장 : 만기가 1년 이상인 채권 및 주식이 거래되는 시장으로, 자본시장이라고도 한다.

            예 주식시장, 채권시장

2. 금융기관

(1) 금융기관의 기능

① 거래비용의 절감 : 수요자와 공급자 사이에서 금융거래를 중개하여 거래비용을 절약한다.

② 위험의 축소 : 소액의 자금을 모아 분산투자함으로써 위험을 축소시킨다.

③ 유동성의 제고 : 유동성이 높은 단기자금을 유동성이 낮은 실물자본으로 전환시키는 역할을 한다.

④ 자금 결제수단의 제공 : 화폐를 발행하고 당좌예금계정을 개설해 자금 결제수단을 제공한다.

⑤ 화폐의 공급 : 대출을 통해 통화량을 증가시키는 역할을 한다.

(2) 금융기관의 분류

① 중앙은행 : 한국은행

　ⓐ 발권은행 : 화폐(지폐와 주화)의 발행과 그 양을 조절하는 기능

　ⓑ 은행의 은행 : 일반 시중은행을 대상으로 예금을 받거나 대출을 해 주는 기능

　ⓒ 통화금융정책의 집행 : 정책수단을 동원하여 통화량을 조절하고 자금의 효율적 배분을 하는 기능

　ⓓ 정부의 은행 : 국고를 관리하고 정부에 대한 신용을 공여하는 기능

　ⓔ 외환관리 : 국제수지불균형의 조정, 환율의 안정 등을 위하여 외환관리업무의 기능

② 예금취급기관 : 예금은행, 상호저축은행, 투자신탁회사 등

③ 보험회사와 연금기금 : 생명보험회사 우체국보험, 손해보험회사 등의 보험회사 공무원연금, 군인연금, 사립학교교원연금 등의 연금기금 기관

④ 기타 금융중개기관 : 증권회사, 증권투자회사, 리스회사, 신용카드회사 등

⑤ 금융보조기관 : 금융중개와 밀접한 관련이 있는 활동을 주된 업무로 하는 금융보조기관

　예 신용보증기관, 신용평가회사, 자금 중개회사

대표기출유형

❓ **다음 중 본원통화에 대한 설명으로 옳은 것은?**

① 본원적 예금을 기초로 예금통화를 창출하는 예금은행의 예금통화

② 화폐발행액과 예금은행이 중앙은행에 예치한 지급준비예치금의 합계

③ 현금과 요구불예금에 정기예금, 정기적금과 같은 은행의 저축성예금과 거주자 외화예금

④ 거래에서 지급수단 · 유통수단으로서의 기능을 지닌 은행권과 정부 발행의 지폐 · 주화

정답 ②

해설 본원통화는 중앙은행인 한국은행이 지폐 및 동전 등 화폐발행의 독점적 권한을 통하여 공급한 통화를 말하며 화폐발행액과 예금은행이 중앙은행에 예치한 지급준비예치금의 합계로 측정된다.

www.gosinet.co.kr gosinet

파트1
파트2
파트3
파트4
파트5
파트6
파트7
파트8
실전1
실전2

화폐의 공급

본원통화	
현금통화	예금은행 지급준비금
현금통화	예금은행 시재금	중앙은행 지준예치금
화폐발행액		중앙은행 지준예치금

✔ 본원통화의 공급경로
- 정부부문 : 재정수지 적자 ⇒ 본원통화↑
- 금융부문 : 예금은행의 차입 ⇒ 본원통화↑
- 국외부문 : 국제수지 흑자, 차관도입 ⇒ 본원통화↑
- 기타부문 : 중앙은행의 유가증권 구입, 건물구입 ⇒ 본원통화↑

1 본원통화

1. 개념

(1) 본원통화는 중앙은행이 실제로 통제할 수 있는 자산을 의미하며, 중앙은행의 통화성 부채이다.

(2) 중앙은행은 본원통화를 조절하여 통화량과 이자율에 영향을 미친다.

2. 본원통화의 구성

본원통화=화폐발행액(=민간보유 현금통화+은행보유 시재금)+지급준비예치금

3. 본원통화의 공급경로

(1) 정부부문을 통한 공급 : 정부에 재정적자가 발생할 시 중앙은행이 정부에 대출을 증가시키면 본원통화가 공급된다.

⇒ 재정지출>재정수입=재정수지 적자 → 본원통화 증가

(2) 예금은행을 통한 공급 : 예금은행이 중앙은행으로부터 대출을 받으면 본원통화가 증가한다.

⇒ 예금은행의 차입 증가 → 본원통화 증가

(3) 해외부문을 통한 공급 : 수출이 증가하거나 차관 등 외자도입이 이루어지게 되면 외환이 국내에 유입되고 이러한 외환은 대부분 중앙은행에서 매입이 이루어진다. 그 과정에서 중앙은행은 외환 매입 시 그 대금을 원화로 지급하므로 본원통화가 증가한다.

⇒ 국제수지 흑자와 차관도입 → 외환유입 증가 → 원화로 교환 → 본원통화 증가

(4) 기타 자산변동을 통한 공급 : 중앙은행이 건물, 시설 등을 구입하거나 국공채와 같은 유가증권을 매입하는 경우 본원통화가 증가한다.

⇒ 중앙은행의 유가증권 매입, 건물 토지매입 → 본원통화 공급 증가

> 총통화량(M)=민간보유 현금통화(C)+예금통화(D)
>
> * 예금통화=요구불예금+수시입출금식 저축성예금

2 지급준비금과 지급준비율

1. 지급준비금(Reserves)

(1) 지급준비금이란 예금은행이 고객의 인출요구에 대비하여 보유하고 있는 현금을 말한다. 즉 예금취급기관이 예금주의 청구권에 대응하여 총예금액의 일정비율 이상을 현금(시재금)으로 보유하거나 중앙은행에 예치(지급준비예치금)하고 있는 것이다.

> - 지급준비금=예금취급기관시재금+지급준비예치금
>   =필요지급준비금+초과지급준비금
> - 총지급준비율=$\dfrac{총지급준비금}{총예금액}$

(2) 법정지급준비금 : 총예금액에서 법적으로 설정되어 있는 일정비율의 지급준비금을 말하며 필요지급준비금(Required Reserves)이라고도 한다.

2. 법정지급준비율

(1) 법정지급준비율이란 총예금액에서 법정지급준비금이 차지하는 비율을 말하며, 지급준비율이라고도 한다.

$$법정지급준비율 = \frac{법정지급준비금}{총예금액}$$

(2) 예금은행의 예금액 중 일정비율 이상으로 지급준비금을 보유하도록 중앙은행이 법적으로 정한 최소한의 비율이다.

3. 실제지급준비율

(1) 실제지급준비율 : 예금액 대비 예금은행이 실제로 보유하고 있는 현금비율을 말한다.

$$실제지급준비금 = 법정지급준비금 + 초과지급준비금$$

(2) 필요지급준비금을 초과하는 지급준비금을 초과지급준비금(Excess Reserves)이라 하며, 예금취급기관과 예금형태에 따라 서로 다른 지급준비율이 적용된다.

$$초과지급준비율 = \frac{초과지급준비금}{예금총액}$$

3 예금통화창조

1. 가정

(1) 요구불예금만 존재하며 저축성예금은 존재하지 않는다.
(2) 본원통화를 공급받은 민간은 그중 일부만을 보유하고 나머지는 저축한다.
(3) 예금은행은 다른 투자행위를 하지 않고, 대출형태의 자금운영만 한다.
(4) 예금은행은 법정지급준비금만 보유하고 초과지급준비금은 보유하지 않는다.

2. 예금통화창조과정

(1) 본원적 예금과 파생적 예금 : 본원적 예금(Primary Deposit)이란 예금은행조직 밖에서 예금은행조직으로 최초로 흘러 들어온 예금이며, 파생적 예금(Derivative Deposit)은 본원적 예금에 의해 추가로 창출된 요구불예금을 말한다.

(2) 예금통화창조과정
① 민간이 보유 현금통화를 예금하면 현금통화는 감소하지만 같은 금액만큼의 예금통화가 증가하므로 통화량에는 변화가 없다.
② 은행이 예금액 중 일부를 대출하면 현금통화가 증가하므로 통화량은 대출금만큼 증가하게 된다.
③ 은행의 예금과 대출과정에서 통화량이 증가하는 것을 은행의 예금통화창조라 한다.

3. 신용창조의 과정 예시

(1) 甲이 현금 100,000원을 A 은행에 요구불예금으로 넣었으며, 이때 법정지급준비율은 20%로 가정한다.

> 법정준비금＝요구불예금×법정지급준비율

(2) A 은행은 법정지급준비금인 20,000원을 보유하고 80,000원을 乙에게 대출해 줄수 있다. 대출을 받은 乙은 80,000원을 B 은행에 예금하고, B은행은 법정지급준비금인 16,000원을 보유하고 나머지 64,000원을 丙에게 대출하는 형식으로 신용창조과정이 반복된다.

(3) 이와 같이 '예금→대출→예금→대출'의 경로를 통해 예금통화가 창출된다.

4. 총예금창조액

(1) 총예금창조액은 본원통화가 공급되었을 때, 은행조직에 유입되어 예금은행이 신용창조과정을 통하여 창조한 요구불예금의 총액이다. 본원적 예금과 순예금창조액의 합계로, 예시에서 도출과정은 다음과 같다.

$$
\begin{aligned}
총예금창조액 &= 100,000 + 80,000 + 64,000 + \cdots \\
&= 100,000 + (100,000 \times 0.8) + (100,000 \times 0.8^2) + \cdots \\
&= 100,000 \times \frac{1}{1-0.8} \\
&= 100,000 \times \frac{1}{0.2} \\
&= 500,000
\end{aligned}
$$

(2) 즉 총예금창조액은 초항을 100,000으로 하고 공비를 0.8로 하는 무한등비급수의 합으로, 그 일반식은 다음과 같다.

$$
D^0 = S \times \frac{1}{z_l} = \frac{S}{z_l}
$$

** D^0 : 총예금창조액 S : 본원적예금 z_l : 법정지급준비율

5. 신용승수

(1) 신용승수는 현금누출이 없고 초과지불준비금이 없을 때, 요구불예금이 본원적 예금의 몇 배로 창출되는지의 비율을 의미한다.

(2) 신용승수는 법정지급준비율의 역수이다.

$$
신용승수 = \frac{1}{z_l}
$$

(3) 법정지급준비율이 높을수록 신용승수는 작아지고 법정지급준비율이 낮을수록 신용승수는 커진다.

6. 순예금창조액

(1) 총예금창조액에서 본원적 예금을 뺀 것이 순예금창조액이 되고, 순예금창조액으로부터 순신용승수가 도출된다.

(2) 순예금창조액의 도출

$$순예금창조액(D^N) = 총예금창조액(D^0) - 본원적예금(S)$$

$$D^N = D^0 - S = \frac{S}{z} - S = (\frac{1}{z} - 1)S = (\frac{1-z}{z})S$$

(3) 순신용승수

① 순신용승수는 본원적 예금이 요구불예금과 통화를 증가시킨 비율이다.

$$순신용승수 = \frac{1-z}{z}$$

② 순신용승수에는 본원적 예금이 포함되지 않기 때문에 순신용승수$\left(\dfrac{1-z}{z}\right)$는 신용승수$\left(\dfrac{1}{z_l}\right)$보다 작다.

대표기출유형

□ 본원통화란 중앙은행이 화폐를 발행하여 대리 창구를 통해 시중에 유통시킨 현금을 말한다. 본원통화가 증가하는 사례가 아닌 것은?

① 중앙은행이 건물을 구입　　　　　② 중앙은행이 국고채를 매각
③ 국제수지 흑자로 외환유입이 증가　④ 중앙은행이 정부에 대출을 증가시킴

정답 ②

해설 중앙은행이 국고채를 매각하면 본원통화는 감소한다. 중앙은행으로 현금이 들어오면 본원통화 감소, 중앙은행으로부터 현금이 나가면 본원통화 증가이다.

통화승수

☑ **통화승수의 개념**
통화승수란 통화량을 본원통화로 나눈 값이다. 즉 통화량이 본원통화의 몇 배에 해당하는가를 나타내는 비율이다.

☑ **통화승수증가요인**
- 현금통화비율(c) 감소
- 현금－예금비율(k) 감소
- 실제지급준비율(z) 감소
- 이자율 인상
- 신용사회의 발전(신용카드 · 현금카드 · 전자화폐의 증가)

1 현금통화비율이 주어져 있을 경우의 통화승수

1. 통화량(M)＝현금(C)＋예금(D)

2. 본원통화(B)＝현금(C)＋실제지급준비금(R)

3. 현금통화비율(c)＝$\dfrac{현금(C)}{통화량(M)}$, 예금통화비율은 $(1-c)$이다.

4. 현금통화(C)＝cM이고, 예금통화(D)＝$(1-c)M$이다.

5. 실제지급준비율을 z라고 하면 실제지급준비금(R)＝zD이다.

6. 통화승수(m)＝$\dfrac{통화량(M)}{본원통화(B)}$, $B=C+R$이므로

   $m=\dfrac{M}{B}=\dfrac{M}{C+R}$에서 $C=cM$, $R=zD$를 대입하면 $m=\dfrac{M}{cM+zD}$이다.

   여기에 $D=(1-c)M$을 대입하면

   $m=\dfrac{M}{cM+z(1-c)M}=\dfrac{M}{M\{c+z(1-c)\}}=\dfrac{1}{c+z(1-c)}$이다.

2 현금예금비율이 주어져 있을 때 통화승수

현금예금비율(k)＝$\dfrac{현금(C)}{예금(D)}$로 주어진다면 실제지급준비금(R)＝zD이므로

지급준비율(z)＝$\dfrac{실제지급준비금(R)}{예금(D)}$, 통화승수($m$)＝$\dfrac{통화량(M)}{본원통화(B)}$

$M=C+D$, $B=C+R$이므로

통화승수(m)＝$\dfrac{M}{B}=\dfrac{C+D}{C+R}$에서 분모, 분자를 D로 나누면 $m=\dfrac{\dfrac{C}{D}+\dfrac{D}{D}}{\dfrac{C}{D}+\dfrac{R}{D}}$이다.

$\dfrac{C}{D}=k$, $\dfrac{R}{D}=z$이므로 $m=\dfrac{k+1}{k+z}$이다.

3 통화승수 결정요인

1. 통화승수는 현금예금비율(k), 현금통화비율(c), 법정지급준비율(z_l), 초과지급준비율(z_e)에 의해 결정된다.

2. 현금예금비율, 현금통화비율, 지급준비율이 낮을수록, 예금통화비율이 높을수록 통화승수는 더욱 커진다.

www.gosinet.co.kr **gosi**net

파트1
파트2
파트3
파트4
파트5
파트6
파트7
파트8
실전1
실전2

4 신용승수와 통화승수

1. 신용승수

신용승수는 현금누출과 초과지급준비금이 없는 경우로 법정지불준비율의 역수이다.

$$신용승수 = \frac{1}{z_l}$$

2. 통화승수

통화승수는 은행조직 밖으로의 현금누출과 은행의 초과지급준비금도 보유한 경우에 도출되는 승수이다.

$$통화승수 = \frac{1}{c + z(1-c)}$$

3. 신용승수와 통화승수의 관계

(1) 통화승수를 도출할 때 예금은행조직 밖으로의 현금유출과 예금은행조직의 초과지급준비금이 존재한다고 가정하기 때문에 통화승수는 신용승수보다 작다.

(2) 만약 현금누출이 없고($c = 0$), 은행의 초과지불준비금이 없다($z_e = 0$)면 통화승수와 신용승수는 같아진다.

즉, 통화승수 $= \frac{1}{c + z(1-c)}$ 이고, 이때 $c = 0$, $z_e = 0$이면 $\frac{1}{z_e}$ 이다.

대표기출유형

☐ **다음 중 통화승수에 관한 설명으로 옳지 않은 것은?**

① 현금통화비율이 감소하면 통화승수가 증가한다.
② 법정지급준비율을 인상하면 통화승수가 증가한다.
③ 중앙은행이 이자율을 인상하면 통화승수가 증가한다.
④ 신용카드 사용이 확대되면 통화승수가 변화될 수 있다.

정답 ②

해설 통화승수 $m = \frac{1}{c + z(1-c)}$ 이므로 법정지급준비율을 인상하면 실제지급준비율(z)이 커지므로 통화승수가 감소하고, 현금통화비율(c)이 낮아지면 통화승수가 증가한다.

고전학파와 케인스의 화폐수요이론

☑ 화폐수요이론
1. 화폐수요 : 일정시점에서 경제주체가 보유하고자 하는 화폐의 양을 말하며, 저량변수이다.
2. 화폐수요이론의 흐름
  • 고전학파 : 고전적 화폐수량설(피셔) → 현금잔고수량설(마샬) → 신화폐수량(프리드만)
  • 케인스학파 : 유동성 선호설(케인스) → 재고이론(보몰)과 자산선택이론(토빈)

1 고전학파의 화폐수요이론

1. 고전적 화폐수량설

(1) 교환방정식(Equation of Exchange) : 거래개념의 교환방정식

① 화폐수량설은 물가와 통화량의 관계를 설명하는 고전학파의 이론으로 미국의 경제학자 피셔(I. Fisher)가 전개하였다.

$$MV = PT$$
**M : 통화량 V : 거래의 유통속도 P : 물가수준 T : 총거래량

② 좌변(MV)은 일정기간 동안의 총지출액, 우변(PT)은 일정기간 동안의 총거래액을 의미하며 둘은 항상 일치하므로 교환방정식은 항등식이다.

③ 화폐의 거래유통속도는 화폐가 일정기간 동안 거래에 사용된 평균 횟수, 즉 화폐 1단위의 평균 회전수를 의미한다.

④ 화폐의 거래유통속도는 총거래액을 통화량으로 나눈 값으로 측정하므로 사후적이다.

(2) 소득개념의 교환방정식

① 단기에서 거래량과 산출량은 일정한 비례관계에 있으므로 교환 방정식의 총거래량(T)을 실질국민소득인(Y)으로 대체하여 사용한다.

$$MV = PY$$
• 좌변(MV) : 일정기간 동안의 명목 거래액
• 우변(PY) : 일정기간 동안의 명목 국민소득

② 화폐의 유통속도와 실질국민소득이 일정하다는 가정하에서 통화량과 물가수준은 정(+)의 관계이다.

③ 화폐는 교환의 매개수단이므로 명목국민소득이 증가(감소)하면 화폐수요는 증가(감소)한다.

④ 고전학파의 이론체계에서 유통속도는 거래와 관련한 지불습관으로 일정하며, Y는 완전고용국민소득 수준에서 고정된 값이다.

(3) 화폐에 대한 수요

① 교환방정식 $MV = PY$를 M(통화량)에 대해서 정리하면 다음과 같다.

$$M = \frac{1}{V}PY$$

② 명목국민소득인 PY만큼의 거래가 이루어지기 위해서는 명목국민소득의 일정비율($\frac{1}{V}$)만큼의 화폐가 필요하다.

2. 현금잔고수량설(Cash Balance Equation) : 케임브리지 학파의 마샬(Marshall, A.)과 피구(Pigou, A. C.)

(1) 개념
① 화폐수요는 명목국민소득에 의해 결정된다는 이론으로 개별경제주체는 명목국민소득의 일정비율만큼 화폐를 수요한다는 것이다.
② 현금잔고방정식은 화폐보유동기를 최초로 밝힌 화폐수요이론이다(명시적으로 화폐수요함수 제시).

(2) 화폐보유동기
① 개인들이 보유하고자 하는 통화량의 결정요인에 관심을 두고, 화폐보유의 동기는 수입과 지불의 시점이 일치하지 않기 때문이라 주장한다(화폐가치저장기능을 중시).
② 수익금융자산(예 채권, 주식)의 거래비용이 존재할 경우 일부를 현금으로 보유한다.
③ 화폐는 가치의 저장수단을 가지고, 명목국민소득의 일정비율만큼 현금을 보유한다.

(3) 현금잔고방정식

$$M^d = kPY \text{ 또는 } kY$$
$$** M^d : \text{현금잔고} \quad PY : \text{명목국민소득} \quad k : \text{마샬의 } k$$

① 명목화폐수요(M^d)는 명목국민소득(PY)의 일정비율(k)로 결정된다.
② 실질화폐수요는 실질국민소득 중 일정비율로 결정된다.
③ 화폐수요는 물가 및 실질국민소득과 정비례관계에 있으므로 화폐수요의 물가탄력성 및 실질소득 탄력성은 모두 1이다.
④ 화폐수요는 이자율과는 관계없이 결정되므로 화폐수요의 이자율 탄력성은 0이다.

〈고전적 화폐수량설과 현금잔고수량설의 비교〉

	교환방정식	현금잔고방정식
화폐의 종류	$M1$	$M1$
화폐의 기능	교환의 매개수단	가치의 저장수단
화폐수요함수	$MV = PY \ [M = \dfrac{1}{V}PY]$ 묵시적 설명	$M^d = kPY$ 명시적 설명
화폐수요의 크기 및 화폐수요의 안정성	유통속도 일정, 화폐수요는 국민소득에 의해 결정	현금보유비율 일정, 화폐수요는 국민소득에 의해 결정
강조사항	화폐의 유량측 면을 강조	화폐의 저량측 면을 강조

2 케인스(Keyhes)의 화폐수요이론

1. 거래적 동기와 예비적 동기

(1) 거래적 동기(Transactions Motive)
① 가계와 기업이 일상 거래를 위하여 보유하는 화폐수요로 재화나 서비스의 구매를 위한 화폐의 보유이다.

☑ 마샬의 k의 의미
• 명목국민소득 중 현금(화폐) 보유비율
• 현금보유비율인 k는 유통속도(V)의 역수
• 현금보유비율(k)은 사회의 거래관습에 의해 결정되며 천재지변이나 전쟁, 금융혁신 등이 없는 한 일정
• 현금잔고방정식에서 k는 일정하며, 고전적 화폐수량설(교환방정식)에서 V도 일정

☑ 화폐수요의 동기
• 고전학파 : 거래적 동기
• 케인스학파 : 거래적 동기, 예비적 동기, 투자적 동기로 구분

② 수입과 지출 간의 시차를 메우기 위하여 화폐를 보유하며, 거래적 동기의 화폐수요는 소득의 증가함수이므로, 소득이 증가(감소)하면 거래적 동기의 화폐수요는 증가(감소)한다.

(2) 예비적 동기(Precautionary Motive)

① 가계와 기업이 돌발적으로 발생할지 모르는 지출을 위하여 보유하는 화폐수요이다.

② 예비적 동기의 화폐수요도 소득의 증가함수이므로, 소득이 증가(감소)하면 예비적 동기의 화폐수요는 증가(감소)한다.

(3) 투기적 동기(Speculative Motive)

① 수익성 금융자산에 대한 투자기회를 노린 일시적 화폐수요로서, 채권의 가격이 아주 높아 가격의 하락이 예상될 때 가격 하락 이후에 채권을 구입하기 위하여 채권대신 화폐를 보유하는 것이다.

② 투기적 동기의 화폐수요는 이자율의 감소함수로, 이자율이 상승(감소)하면 채권을 매입(매각)하여 투기적 화폐수요는 감소(증가)한다.

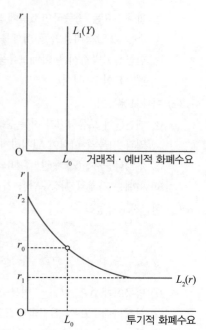

2. 유동성선호설

(1) 유동성(Liquidity)

① 화폐는 그 자체가 교환의 매개수단이다. 즉, 화폐는 항상 1 : 1로 교환되므로, 모든 자산 중에서 화폐가 유동성이 가장 크다.

② 케인스는 유동성을 화폐로 인식하고 화폐수요를 유동성선호(Liquidity Preference)라고 표현한다.

> ☑ 유동성이란 자산이 가치의 손실 없이 얼마나 빨리 교환의 매개수단으로 교환될 수 있는가의 정도를 말한다.

(2) 유동성선호의 동기

① 활성잔고(Active Balance) : 일상생활에서 필요하기 때문에 보유하는 화폐를 말하며 거래적 · 예비적 동기의 화폐수요이다.

② 유휴잔고(Idle Balance) : 활성잔고 이외에 추가적으로 보유하고 있는 화폐를 말하며, 투기적 동기의 화폐수요이다. 자산의 보유형태로 화폐가 상대적으로 유리하다는 관점에서 화폐보유의 동기가 된다.

(3) 유동성함정(Liquidity Trap)

① 이자율이 극단적으로 낮은 수준이 되면, 사람들이 장래에 이자율이 상승(채권가격 하락)할 것으로 생각하여 모든 자산을 화폐로 보유하려 하므로(채권을 매각하려할 것) 투기적 화폐수요는 최대가 된다.

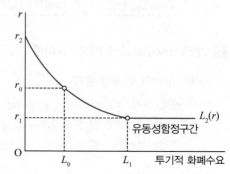

② 최저이자율 수준(r_1)에서는 화폐수요의 이자율 탄력성이 무한대에 가까워져 화폐수요곡선은 수평이 되며 케인스는 이 구간을 '유동성함정'이라 하였다.

③ 경제가 유동성함정에 빠져 있을 때는 통화량을 증가시켜도 통화가 모두 투기적 화폐수요로 흡수되어 이자율에 영향을 미치지 못한다.

④ 화폐수요곡선이 수평인 유동성함정은 경기침체기에 주로 나타난다.

3. 케인스의 화폐수요함수

(1) 유동성선호설에 의한 화폐수요는 거래적 · 예비적 화폐수요 및 투기적 화폐수요의 합계이므로 화폐수요함수는 소득의 증가함수이고 이자율의 감소함수이다.

(2) 케인스는 물가수준이 일정하다고 가정하고 있기 때문에 화폐수요와 소득이 실질개념인지 명목개념인지가 불명확하다.

(3) 명목화폐수요(M^d)는 주어진 실질소득과 이자율에 의하여 결정되는 실질화폐수요인 $L(Y, r)$에 물가수준을 곱한 것이다.

$$M^d = P \times L(Y, r) \ \text{혹은} \ \frac{M^d}{P} = L(Y, r)$$

(4) 화폐수요곡선의 이동 : 소득이 변화하면 화폐수요곡선이 좌측 또는 우측으로 이동하며, 이자율이 변화하면 화폐곡선상에서 이동한다.

4. 케인스의 이자율결정이론

(1) 통화공급량 : 이자율과 관계없이 중앙은행에 의해 외생적으로 결정된다(통화공급곡선은 수직).

(2) 화폐의 수요량 : 이자율은 감소함수이므로 화폐수요 곡선은 우하향한다.

(3) 화폐의 수요곡선과 공급곡선이 만나는 점에서 균형이자율이 결정된다.

☑ 이자율의 변화
1. 국민소득의 증가 → 거래적 화폐수요의 증가 → 수요곡선의 우측이동 → 이자율 상승
2. 통화 공급량의 증가 → 화폐공급곡선의 우측이동 → 이자율 하락
3. 물가수준의 상승 → 실질통화 공급량이 감소 → 화폐공급곡선의 좌측이동 → 이자율 상승

대표기출유형

💬 케인스(Keynes)의 화폐수요이론에 대한 설명 중 옳지 않은 것은?

① 거래적 동기의 화폐수요는 소득과 양(+)의 관계에 있다.
② 예비적 동기의 화폐수요는 소득과 양(+)의 관계에 있다.
③ 투자적 또는 투기적 동기의 화폐수요는 이자율과 양(+)의 관계에 있다.
④ 투자적 또는 투기적 화폐수요는 토빈(Tobin)의 포트폴리오 이론에 의해 보완되었다.

정답 ③

해설 투자적 또는 투기적 동기의 화폐수요는 투자 또는 투기에 사용할 목적으로 화폐를 보유하는 것으로 유효잔고수요를 의미하는데, 투기적 화폐수요는 이자율과 역(-)의 관계에 있다.

기타 화폐수요이론

☑️ 가정

1. 매기 초 Y만큼의 소득을 유가증권으로 받은 후 적당량을 화폐로 바꾸어 균등하게 지출하고, 다음 기가 시작되기 전에 모든 소득을 다 써 버린다.
2. 주어진 기간 동안 소득 중 지출되지 않은 만큼의 자산을 보유하고, 자산은 유가증권이나 화폐로 보유한다.
3. 화폐는 이자소득을 전혀 발생시키지 못하는 반면, 증권은 이자소득을 발생시킨다.
4. 증권으로 보유할 경우 화폐로 교환할 때 거래비용이 발생한다.

1 보몰(Baumol)의 재고이론

1. 내용

(1) 케인스는 거래적 동기의 화폐수요는 소득의 영향만을 받는다고 가정하나, 실제로는 거래적 동기의 화폐수요도 이자율의 영향을 받는다.

(2) 명목이자율이 상승하면 화폐보유의 기회비용이 커져 화폐수요는 감소한다.

(3) 다른 자산에서 화폐로 전환하는 거래에 높은 비용이 수반된다면 거래빈도도 줄고 화폐보유도 상대적으로 늘어날 것이다.

(4) 거래목적으로 화폐를 보유하는 이유는 소득의 수취와 지출 사이에 생기는 시간적 격차 때문이다. 이는 기업이 입하와 출하 사이의 시간적 불일치로 재고를 보유하는 것과 유사하다고 보고, 보몰과 토빈은 화폐를 일종의 재고로 간주하고 화폐수요이론을 발전시켰다.

(5) 경제주체는 화폐보유의 편익과 기회비용을 비교하여 적정한 화폐보유수준을 결정한다.

2. 분석

(1) 증권을 화폐로 전환할 때마다 교환비용(b)이 소요되고, 매번 보유증권 중 M만큼을 화폐로 전환하며, 기말에 소득이 모두 소진된다면 전환은 매기 $\dfrac{Y}{M}$회 이루어지며, 이에 따른 거래비용은 $\dfrac{bY}{M}$이다.

(2) 따라서 화폐보유에 대한 매기의 총비용은 다음과 같다.

$$C = \frac{bY}{M} + \frac{rM}{2}$$

☑️ 토빈(Tobin)의 자산선택이론

1. 대체효과 : 이자율 상승 → 화폐보유기회비용 증가 → 화폐보유 감소 → 채권보유 증가
2. 소득효과 : 이자율 상승 → 실질소득 증가 → 화폐보유 증가 → 채권보유 감소
3. 이자율 상승 : 화폐수요의 증감여부는 두 효과의 상대적인 크기에 따라 달라진다.
   • 대체효과 > 소득효과 → 채권보유 증가, 화폐보유 감소
   • 대체효과 < 소득효과 → 채권보유 감소, 화폐보유 증가
4. 일반적으로 대체효과 > 소득효과이므로 투자적 화폐수요는 이자율의 감소함수이다.

3. 결론

(1) 다른 조건이 일정할 때 소득이 두 배 증가하면 거래적 화폐수요는 두 배 이하로 증가, 즉 소득증가에 따라 거래적 화폐수요에 규모의 경제가 존재한다.

(2) 사회 전체의 화폐수요는 소득분포상태에 의해서도 영향을 받는다. 총소득이 일정할 때 그것이 소수의 사람들에게 집중될수록 전체 화폐수요는 작아진다.

(3) 거래적 화폐수요는 이자율의 감소함수이다. 즉 이자율이 높을수록 화폐보유에 대한 기회비용이 증가하므로 거래적 화폐수요는 감소할 것이다.

(4) 재고이론은 부유한 사람들에게만 의미가 있고 부유하지 않은 사람에 대한 화폐수요의 소득탄력성은 1에, 이자율탄력성은 0에 가까운 값을 갖는다.

2 프리드만(M. Friedman)의 신(新)화폐수량설

1. 개요

(1) 고전학파의 화폐수량설은 화폐의 유통속도가 일정하다는 가정하에 화폐수요와 명목
국민소득(PY) 간의 비례관계를 설명하였으나, 현실경제에서는 화폐의 유통속도가
일정하지 않았다. 이에 프리드만은 유통속도가 일정하다는 가정을 포기하고 새로운
화폐수량설을 전개하였다.

(2) 프리드만은 고전학파의 화폐수량설과 케인스의 화폐수요이론인 유동성선호설을 종
합하였으나, 화폐수요는 이자율에 대하여 안정적이라고 주장한다.

2. 내용

(1) 실질화폐수요는 이자율과 실질소득(항상소득)의 함수이다.

$$k = k(r_b, \ r_e, \ \pi^e) = f(r_b, \ r_e, \ \pi^e, \ Y_p)$$
$$kY_P = k(r_b, r_e, \pi^e) \times Y_p$$
$$** \ Y_p : 항상소득$$

① 채권의 예상수익률, 주식의 예상수익률, 예상물가 상승률이 현금보유비율(k)에
미치는 영향은 미미하다.

② 화폐의 대체자산인 주식, 채권, 실물자산을 고려할 때, 이들의 명목수익률을 대
표하는 명목이자율수준이 상승할수록 화폐보유의 기회비용이 높아져 화폐수요는
감소한다.

(2) 경제의 안정성, 인플레이션율과 그 변동성 등이 화폐수요를 결정하는 요인이다.

① 경제가 불안정하면 사람들은 유동성을 보다 많이 확보하려 할 것이므로 화폐수요
는 증가한다.

② 인플레이션율이 높아지면 화폐가치가 하락하므로 화폐수요는 감소한다.

> ☑ 교환의 매개수단과 가치의 저장수단
> 1. 사람들은 화폐를 수요할 때 실질화폐를 수요한다.
> 2. 화폐수요는 미시적 최적화의 결과이다.
> 3. 화폐의 대체자산으로 채권과 주식이 있다.
> 4. 유통속도와 마샬의 k(현금보유비율)는 일정하지 않고 채권의 예상수익률(r_b), 주식의 예상수익률(r_e), 예상 인플레이션율(π^e) 등의 영향을 받는다.

파트1 파트2 파트3 파트4 파트5 파트6 파트7 파트8 실전1 실전2

대표기출유형

🗨 다음 중 신화폐수량설에 대한 설명으로 옳지 않은 것은?

① 화폐환상이 존재하지 않는 소비자의 합리적 행동을 가정한다.

② 화폐수요에 가장 결정적인 영향을 미치는 것은 이자율이 아니라 실질소득과 부의 스톡이다.

③ 화폐를 일반적으로 정의하는 것과는 달리 하나의 자산으로 보고, 소비자재와 생산자재로 구분하
였다.

④ 프리드만(M. Friedman)은 화폐의 유통속도(V)나 소득속도(k)가 일정하다는 고전적 화폐수량설을
기초로 하여 새로운 화폐수량설을 제시하였다.

정답 ④

해설 프리드만은 k가 일정한 상수라기보다는 다른 변수들의 함수로 간주되어야 한다고 주장했다.

화폐금융정책

> 금융정책이란 통화량 등 이와 관련된 여러 가지 변수의 변동을 통해 국민경제활동수준을 조정함으로써 물가안정, 완전고용, 경제성장, 국제수지균형 등의 목표를 달성하기 위하여 실시하는 정책수단으로, 통화정책, 통화금융정책, 화폐금융정책 등으로도 불린다.

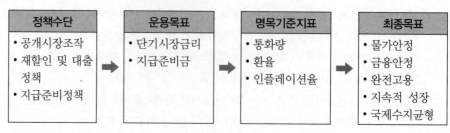

정책수단		운용목표		명목기준지표		최종목표
• 공개시장조작 • 재할인 및 대출정책 • 지급준비정책	→	• 단기시장금리 • 지급준비금	→	• 통화량 • 환율 • 인플레이션율	→	• 물가안정 • 금융안정 • 완전고용 • 지속적 성장 • 국제수지균형

■ 통화정책의 체계

1 중간목표관리제

1. 금융정책의 운용체계

(1) 중간목표관리제란 중앙은행이 정책수단을 조절하여 중간목표를 일정하게 유지함으로써 최종목표를 달성하고자 하는 금융정책의 운용방식이다.

(2) 중간목표는 최종목표와 안정적인 관계를 유지하고, 중앙은행의 통제가 가능해야 하며, 측정이 가능한 변수로, 이자율과 통화량이 이에 해당한다.

(3) 최종목표는 물가안정, 완전고용, 경제성장, 국제수지균형이다.

2. 정책수단

(1) 일반적인 정책수단(간접규제수단) : 중앙은행의 창구를 통해 공급되는 일차적인 통화공급량을 조절하는 정책수단으로, 공개시장 조작정책, 재할인율정책, 지급준비율정책 등이 있다.

(2) 선별적인 정책수단(직접규제수단) : 경제의 특정 부문에 정책효과가 선별적으로 영향을 미치는 정책수단으로, 대출한도제, 이자율규제, 창구규제, 도의적 설득 등이 있다.

3. 중간목표와 관련된 논쟁

(1) 이자율을 중시하는 케인스학파

① 투자수요에 영향을 미치는 이자율을 중간목표로 사용하는 것이 바람직하다.

② 통화량 목표 → 이자율 급변 초래 → 투자가 불안정 → 실물부문이 불안정

③ 금융부문의 발전으로 중앙은행이 통화량을 일정수준으로 유지하는 것이 어려운 현실을 고려한다.

(2) 통화량을 중시하는 통화론자

① 호황기에 화폐수요의 증가로 이자율이 상승할 때, 이자율을 낮추기 위해 통화공급량을 증가시키면 경기진폭이 확대되는 문제가 발생할 수 있다.

② 통화량을 자주 조절하게 되면 인플레이션이 발생할 가능성이 크므로 물가안정을 위해서라도 통화량을 일정하게 유지하는 것이 바람직하다.

2 일반적인 금융정책수단

1. 공개시장조작정책

(1) 공개시장조작정책이란 중앙은행이 공개시장에서 국·공채를 매입 또는 매각하여 통화량과 이자율을 조정하는 정책을 말하며, 가장 빈번하게 사용하는 정책수단이다.

(2) 경로

① 국공채의 매입 → 본원통화 증가 → 통화량 증가 → 이자율 하락

② 국공채의 매각 → 본원통화 감소 → 통화량 감소 → 이자율 상승

(3) 효과 및 한계

① 인플레이션 억제와 디플레이션을 완화하는 효과가 있다.

② 시중은행이 과도한 현금준비를 가지고 있으면 그 효과가 제한된다.

③ 시중은행의 이자율이 증권의 이윤율보다 높으면 공개시장조작이 불가능하다.

④ 증권시장의 충분한 발달과 유가증권이 존재해야 한다.

2. 재할인율정책

(1) 재할인율정책이란 중앙은행이 시중은행에 대하여 대출할 때 부과하는 대출이자율을 변동시켜 통화량과 이자율에 영향을 미치는 정책을 말한다.

(2) 경로

① 재할인율 인하 → 예금은행의 차입 증가 → 본원통화 증가 → 통화량 증가 → 이자율 하락

② 재할인율 인상 → 예금은행의 차입 감소 → 본원통화 감소 → 통화량 감소 → 이자율 상승

(3) 효과 및 한계

① 이자율 인하가 실물자산형성을 촉진시키고 그 인상이 실물투자를 저지시키는 경향이 있다는 전제에 입각한다.

② 재할인율정책이 효과적이라면 중앙은행에 대한 예금은행의 자금의존도가 높아야 한다. 따라서 예금은행이 풍부한 유동성을 확보하고 있을 경우 재할인율정책은 효과가 없다.

3. 지급준비율 정책

(1) 중앙은행이 법정지급준비율을 변화시켜 통화승수의 크기에 영향을 미쳐 통화량과 이자율을 조정하려는 정책수단이다.

(2) 경로

① 법정지급준비율 인상 → 통화승수 하락 → 통화량 감소 → 이자율 상승

② 법정지급준비율 인하 → 통화승수 상승 → 통화량 증가 → 이자율 하락

(3) 효과 및 한계

① 지급준비율 정책은 공개시장조작정책과 재할인율정책과는 달리 본원통화량에 변화를 주지 않는다.

② 지불준비금이 많은 은행에는 효과가 없으며, 고율의 지급준비율은 은행의 수입을 감소시킨다.

파트1
파트2
파트3
파트4
파트5
파트6
파트7
파트8
실전1
실전2

3 화폐금융정책의 파급경로

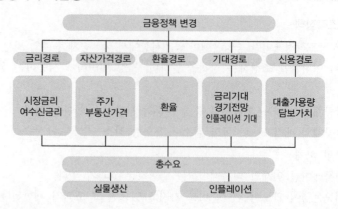

☑ 금리경로란 중앙은행이 정책금리를 인하하면 통화량이 증가하여 이자율이 하락하고, 그에 따라 투자와 소비 등 실물부문으로 이어지는 과정을 말한다.

1. 금리경로

(1) 경로 : 통화량 증가 → 단기금리, 장기금리, 은행금리 하락 → 기업투자와 가계소비 증가 → 총생산의 증대

(2) 효과 및 한계
  ① 금리경로는 통화정책이 실물부문에 영향을 미치는 대표적인 경로이며, 케인스학파가 가장 중요시하는 파급경로이다.
  ② 금융시장의 확대와 자유화로 개별시장 간의 연계성이 높아지면서 그 중요성이 증대하지만, 비대칭정보로 인한 신용할당이 존재할 경우 유효성이 약화될 수 있다.

☑ 자산가격경로란 화폐금융정책으로 인한 통화량의 변화가 주식이나 부동산 같은 자산의 가격을 변화시킴으로써 실물부문에 영향을 미치는 과정을 말한다.
통화량이 증가하면 가계의 주식이나 부동산 보유가 늘어나고 주식발행을 통한 기업의 자금조달이 늘어남에 따라 소비와 투자가 주가와 부동산 가격의 영향을 더 받게 되어 그 중요성이 증가한다.

2. 자산가격경로

(1) 경로
  ① 통화량 증가 → 금리 인하 → 주가 상승 → 토빈의 q 상승 → 투자 증가
  ② 통화량 증가 → 개인보유주식, 자산의 가격 상승 → 부 증가 → 소비 증가

(2) 효과 및 한계
  ① 토빈의 q 이론은 확장적 화폐금융정책이 주가상승으로 이어져야만 성립한다.
  ② 주가가 경제상황을 종합적으로 반영하지 못하거나, 경제가 해외요인의 영향을 크게 받거나, 주가의 단기적 변동성이 큰 경우 자산가격경로가 작동하지 않는다.

☑ 환율경로란 화폐금융정책으로 통화량이 변화하면 국내금리의 변화가 환율을 변화시켜 실물부문에 영향을 미치는 경로를 말한다.

3. 환율경로

(1) 경로 : 국내금리 하락 → 자본 유출 → 외화수요 증가 → 원화의 초과공급과 외화의 초과수요 → 원화가치 하락 → 환율 상승 → 수출품가격 하락 → 수입품가격 상승 → 순수출 증가(수출증가, 수입감소)

(2) 국제화의 진전과 변동환율제를 채택한 국가가 늘어남에 따라 환율경로에 대한 관심이 증대하였다.

☑ 기대경로는 현재의 통화정책을 통해 경제주체들의 미래 통화정책에 대한 기대, 경기전망 및 인플레이션 기대를 변화시킴으로써 소비 및 투자의 결정과 물가에 영향을 미치는 경로이다.

4. 신용경로

(1) 경로 : 중앙은행의 화폐공급 축소 → 은행예금 감소 → 은행은 대출 축소, 채권보유 축소, 위험이 낮고 유동성이 높은 채권 보유 증가 → 차입기업의 대출상환

(2) 효과 및 한계

① 기업이 자본시장에서 기업어음이나 주식 발행으로 상환하면 실물경제는 영향을 받지 않는다.

② 자기신용이 취약한 기업이나 개인의 경제활동 위축으로 신용경로가 작동된다.

③ 국제금융시장을 통한 자금조달이 가능해지면 대출을 축소할 이유가 없어지므로 신용경로는 작동되지 않는다.

④ 금융자유화에 따른 은행의 자금조달방식의 다양한 신용경로의 중요성은 감소 추세이다.

⑤ 화폐금융정책은 가계와 기업의 대차대조표, 즉 자산상태와 부채상태를 변동시킴으로써 소비와 투자에 영향을 미친다.

⑥ 기업의 부채비율이 높은 경우는 긴축적 화폐금융정책으로 금리가 상승하고 기업의 금융비용이 급증하여 현금흐름이 악화되어 투자가 위축된다.

⑦ 인플레이션에 대한 우려로 긴축적 화폐금융정책이 필요하더라도 기업의 부채비율이 높으면 정책집행에 현실적 제약이 따른다.

> ☑ 신용경로란 화폐금융정책의 양적인 측면, 즉 은행이 대출하는 자금의 양에 영향을 미쳐 실물경제에 파급되는 과정을 말한다.

파트1
파트2
파트3
파트4
파트5
파트6
파트7
파트8
실전1
실전2

대표기출유형

❑ 공개시장조작정책을 통해서 중앙은행이 통제하려는 경제변수는?

① 국내자산   ② 재할인율

③ 본원통화   ④ 적자재정의 폭

정답 ③

해설 공개시장조작정책이란 중앙은행이 국공채의 매입 혹은 매각을 통하여 본원통화를 증감시킴으로써 통화량을 조절하려는 정책을 말한다.

빈출 지문에서 뽑은 O/X

01 본원통화란 화폐발행액과 예금은행이 중앙은행에 예치한 지급준비예치금의 합계를 말한다.　　　(O / ×)

02 기업어음은 국채, 지방채, 회사채와 함께 금융기관유동성(Lf)에 해당한다.　　　(O / ×)

03 기업이 자금을 조달하는 방식 중 은행으로부터 차입하는 것은 직접금융방식이다.　　　(O / ×)

04 현금통화비율이 클수록 통화량의 조절이 용이해진다.　　　(O / ×)

05 준예금통화란 이자율이 비교적 높은 요구불예금을 말한다.　　　(O / ×)

06 초과지급준비금은 총예금에서 지급준비금을 공제한 것이다.　　　(O / ×)

07 법정지급준비금제도의 주된 목적은 예금의 안정성과 유동성 확보에 있다.　　　(O / ×)

08 법정지급준비율의 변동은 본원통화를 변동시키는 요인이다.　　　(O / ×)

09 일반은행의 여·수신변동은 본원통화의 증감요인이다.　　　(O / ×)

10 중앙은행이 공개시장 조작 등을 통해 보유유가증권을 매각하면 본원통화가 증가한다.　　　(O / ×)

11 신용창조의 크기를 결정하는 요인은 이자율과 예상수익률이다.　　　(O / ×)

12 만기 5년 이상 후순위채권 발행을 통한 자본조달은 *BIS*비율을 낮춘다.　　　(O / ×)

13 한국은행이 채권을 매각하였다면 본원통화가 감소한다.　　　(O / ×)

14 은행들이 지급준비율을 낮게 유지할수록 통화승수가 감소한다.　　　(O / ×)

15 은행들의 지급준비율이 100%로 규제되었다면 본원통화와 통화량은 동일하다.　　　(O / ×)

16 지급준비금이 부족한 은행이 한국은행으로부터 긴급대출지원을 받을 때 적용되는 금리를 재할인금리라고 한다.　　　(O / ×)

17 중앙은행이 이자율을 인상하면 통화승수가 증가한다.　　　(O / ×)

18 신용카드 사용이 확대되면 통화승수가 증가할 수 있다.　　　(O / ×)

www.gosinet.co.kr **gosi**net

파트1

파트2

파트3

파트4

파트5

파트6

파트7

파트8

실전1

실전2

[정답과 해설]

01 ◯	02 ✕	03 ✕	04 ✕	05 ✕	06 ✕	07 ◯	08 ✕	09 ◯	10 ✕	11 ✕	12 ✕
13 ◯	14 ✕	15 ◯	16 ◯	17 ◯	18 ◯						

01 본원통화는 중앙은행인 한국은행이 지폐 및 동전 등 화폐발행의 독점적 권한을 통하여 공급한 통화를 말하며 화폐발행액과 예금은행이 중앙은행에 예치한 지급준비예치금의 합계로 측정된다.

02 기업어음은 국채, 지방채, 회사채와 함께 광의유동성(L)에 해당한다.

03 직접금융방식은 자금의 최종수요자(기업)와 자본공급자가 직접 거래하는 방식이고, 은행대출과 같이 자금중개기관(금융기관)을 사이에 두고 자본의 수요와 공급이 이루어지는 방식을 간접금융방식이라고 한다.

04 현금통화비율이 클수록 통화승수가 작아지므로 중앙은행의 통화량 조절이 어렵게 된다.

05 준예금통화는 준결제성 예금으로, 예금취급기관의 저축성예금과 만기 2년 이상의 장기금융상품을 제외한 기타 각종 수익성 금융상품 등을 말한다.

06 초과지급준비금은 총지급준비금에서 법정지급준비금을 제외한 나머지 지급준비금을 말한다.

07 법정지급준비금제도는 시중은행이 중앙은행에 지속적으로 예치시켜야 하는 상업저축액의 일정한 수준을 의미하는 것으로, 주된 도입목적은 은행의 지불능력을 보호하여 예금의 안정성과 유동성 확보에 있다.

08 법정지급준비율의 변동은 중앙은행으로부터 자금이 공급되거나 중앙은행으로 자금이 환수되는 것이 아니므로 본원통화에 영향을 주지 못한다. 다만, 은행의 신용창조에만 영향을 주어 통화승수를 변동시켜 통화량을 변동시킨다.

09 일반은행의 여·수신변동도 중앙은행의 여신활동에 따라 크게 좌우되므로 본원통화의 결정요인에 포함된다.

10 중앙은행이 공개시장 조작 등을 통해 보유유가증권을 매각하면 본원통화가 감소한다.

11 신용창조의 크기를 결정하는 요인은 지급준비율, 현금예금비율, 현금통화비율과 본원적 예금이다.

12 후순위채권이란 만기 5년 이상인 채권으로 은행이 도산할 경우 변제순위가 가장 후순위인 채권을 의미하는데, 후순위채권의 발행을 통해 조달된 자금은 주식발행을 통해 조달된 자금과 마찬가지로 자기자본으로 인정된다. 따라서 후순위채권 발행을 통한 자본조달은 자기자본을 확충시키게 되므로 BIS비율이 높아지게 된다.

13 본원통화(Reserve Base)란 중앙은행창구를 통해 시중에 공급된 통화로, 현금통화와 예금통화의 원천이 되기 때문에 고성능화폐라고 하며 중앙은행의 통화성 부채가 된다. 따라서 한국은행이 채권을 매각하였다면 본원통화가 감소하게 된다. 이 외에도 외국인 주식투자자금의 유출, 재정흑자를 통한 정부예금의 증가, 환매채의 발행 증가 등의 경우에 본원통화가 감소하게 된다.

14 통화승수 $m = \dfrac{1}{c + z(1-c)}$ 이므로 지급준비율(z)이 낮아지면 통화승수가 증가하게 된다.

15 지급준비율이 100%로 규제되었다면 지급준비금과 예금통화가 일치하게 되어 은행의 신용창조가 불가능해지므로 본원통화의 크기와 통화량의 크기가 같아진다.

16 재할인금리(Rediscount Rate)란 일반시중은행이 할인한 어음을 중앙은행에서 다시 할인할 때 적용되는 금리로, 재할인율 또는 공정할인율이라고도 한다. 중앙은행이 경제사정에 따라 재할인율을 변경하여 자금수급 및 경기변동을 조절한다.

17 이자율을 인상하면 화폐보유의 기회비용이 높아지게 되어 예금이 증가하므로 현금통화비율이 낮아지게 된다. 따라서 통화승수가 증가한다.

18 신용카드 사용이 확대되면 사람들이 현금보유를 줄이게 되므로 현금통화비율이 낮아진다. 따라서 통화승수가 증가한다.

19 저축자의 시간선호도와 투자자의 자본의 한계생산성을 반영하여 저축과 투자에 의하여 결정되는 금리를 시장이자율이라 한다. (○ / ×)

20 이자율과 주가는 아무 관련이 없다. (○ / ×)

21 이자율이 하락하면 주가는 하락한다. (○ / ×)

22 이자율이 상승하면 주가는 하락한다. (○ / ×)

23 대출기간이 동일할 때 은행이 담보대출보다 신용대출에 더 높은 이자율을 적용하는 이유는 신용대출시 은행이 부담하는 채무불이행위험이 담보대출시보다 크기 때문이다. (○ / ×)

24 케인스(Keynes)의 화폐수요이론에 의하면 투자적 또는 투기적 동기의 화폐수요는 이자율과 양(+)의 관계에 있다. (○ / ×)

25 이자율이 상승하고 거래적 화폐수요가 감소할 때 화폐의 유통속도가 증가한다. (○ / ×)

26 신용가용성이론(Credit Availability Theory)이란 화폐공급의 증가가 이자율 변화를 통하지 않고 투자에 직접 영향을 미칠 수 있는 것을 말한다. (○ / ×)

27 현재소비와 미래소비가 모두 정상재인 경우에 이자율이 상승하면 차입자는 항상 차입을 줄이고, 이자율이 하락하면 차입자는 항상 차입을 늘린다. (○ / ×)

28 케인스의 이자율이론에 의하면 통화량이 증가하면 총수요가 감소한다. (○ / ×)

29 유동성함정에서는 금융정책이 효과적이다. (○ / ×)

30 케인스의 유동성선호설에서는 실질화폐수요는 실질국민소득과 명목이자율의 함수이다. (○ / ×)

31 유동성함정상태에서 통화량을 증가시키는 경우 이자율은 하락하지 않는다. (○ / ×)

32 유동성선호이론에서 실질화폐공급이 일정하다면 소득이 증가할 때 이자율이 높아진다. (○ / ×)

33 프리드만(M. Friedman)이 주장한 신화폐수량설의 주요 특징은 화폐수요의 이자율 탄력성이 크다고 보는 데 있다. (○ / ×)

34 교환방정식은 화폐를 거시적 관점에서 분석했지만, 현금잔고수량설은 화폐를 미시적 관점에서 분석했다. (○ / ×)

35 통화량이 15% 증가, 실질국민소득이 8% 증가, 물가가 5% 증가하였다면, 화폐의 유통속도의 변화율은 −2%이다. (○ / ×)

www.gosinet.co.kr gosinet

파트1

파트2

파트3

파트4

파트5

파트6

파트7

파트8

실전1

실전2

[정답과 해설]

| 19 | × | 20 | × | 21 | × | 22 | ○ | 23 | ○ | 24 | × | 25 | ○ | 26 | ○ | 27 | ○ | 28 | × | 29 | × | 30 | × |
| 31 | ○ | 32 | ○ | 33 | × | 34 | ○ | 35 | ○ | | | | | | | | | | | | | | |

19 저축과 투자에 의하여 결정되는 금리는 대부자금시장의 실물적 이자율로 고전학파의 견해를 토대로 하는데, 투자가 자본의 한계생산성에 의해서 결정된다는 것은 케인스의 견해로, 순현재가치에 대한 설명이다.

20 일반적으로 이자율과 주가는 역의 관계에 있다.

21 이자율이 하락하면 미래에 얻을 수 있는 기대현금흐름의 현재가치가 커지므로 주가는 상승한다.

22 이자율이 상승하면 미래에 얻을 수 있는 기대현금흐름의 현재가치가 작아지므로 주가는 하락한다.

23 신용대출이란 담보 없이 차입자의 신용만을 기준으로 하는 대출로, 원금회수의 가능성이 낮아 채무불이행위험이 담보대출시보다 높아지게 된다. 따라서 은행은 담보대출시보다 신용대출시에 더 높은 이자율을 적용한다. 정보비대칭의 역선택방지이다.

24 투자적 또는 투기적 동기의 화폐수요는 투자 또는 투기에 사용할 목적으로 화폐를 보유하는 것으로, 유효잔고수요를 의미한다. 이러한 투기적 화폐수요는 이자율과 역(−)의 관계에 있다.

25 이자율이 상승하면 투기적 화폐수요와 거래적 화폐수요가 동시에 감소하므로 화폐의 공급이 감소하고, 물가가 상승하며, 화폐의 유통속도가 증가한다.

26 신용가용성이론은 대부가능자금의 가용성이 투자의 향배에 중요한 역할을 한다는 것을 강조하는 이론으로 화폐공급의 증가가 이자율 변화를 거치지 않고 투자지출을 늘게 된다는 것이다.

27 이자율이 하락하면 최적 투자점에서의 한계변환율(MRT)이 감소하므로 차입자는 항상 차입을 늘리고, 이자율이 상승하면 최적 투자점에서의 한계변환율(MRT)이 증가하므로 차입자는 항상 차입을 줄이게 된다.

28 케인스의 이자율결정이론, 즉 유동성선호설에 따르면 통화량이 증가하면 이자율이 하락하여 투자와 소비가 증가하므로 총수요가 증가한다.

29 유동성함정은 금융정책이 무력한 상태, 즉 금융정책은 효과가 없고 재정정책만 승수배만큼 최대로 효과가 나타난다.

30 명목화폐수요는 국민소득과 이자율의 함수이다.

31 유동성함정구간에서는 화폐시장을 균형시켜 주는 모든 이자율과 실질국민소득의 조합을 연결한 곡선인 LM곡선이 수평인 상태이므로 통화량이 증가해도 모두 화폐수요로 전환되어 이자율이 하락하지 않는다.

32 거래적ㆍ예비적 동기의 화폐수요는 소득과 양(+)의 관계에 있기 때문에 실질화폐공급이 일정할 때 소득이 증가하면 화폐수요곡선이 우측으로 이동하고, 이자율은 높아진다.

33 신화폐수량설에서는 화폐수요의 이자율탄력성을 비탄력적이라고 본다.

34 교환방정식은 화폐를 거시적 관점에서 분석했지만, 현금잔고수량설은 화폐를 미시적 관점에서 분석했다.

35 교환방정식 $MV = PY$에서 통화증가율+화폐유통속도변화율은 물가상승률+경제성장률이므로, $15\% + V = 5\% + 8\%$이 된다. 따라서 V는 −2%이다.

36 화폐수요에 대한 보몰-토빈모형(Baumol-Tobin Model)이 완벽하게 옳다면 이자율이 증가함에 따라 화폐유통속도가 증가할 것이다. (O / ×)

37 토빈(Tobin)의 자산선택이론에서 이자율이 상승할 때 대체효과가 소득효과보다 크면 유가증권의 수요는 증가한다. (O / ×)

38 피셔(Irving Fisher)의 교환방정식에서 거래량은 장기적으로 안정적으로 본다. (O / ×)

39 공개시장조작정책을 통해서 중앙은행이 통제하려는 경제변수는 본원통화이다. (O / ×)

40 중앙은행이 통화량을 증가시키기 위해서 사용할 수 있는 정책수단은 재할인율의 인상이다. (O / ×)

41 법정지급준비율을 인상하면 통화량이 증가한다. (O / ×)

42 정부가 흑자예산을 편성하면 통화량이 증가한다. (O / ×)

43 공개시장조작은 통화량 조절에 영향을 미치지 못한다. (O / ×)

44 화폐공급이 외생적인 경우에 비해 화폐공급이 내생성을 띠는 경우 확장적 화폐금융정책의 소득증대효과가 크다. (O / ×)

45 폐쇄경제하에서 단기적으로는 물가가 경직적이나 장기적으로는 신축적임을 가정할 때 통화량 공급 감소는 장기적으로 국민소득 구성에 영향을 미친다. (O / ×)

46 양적 완화란 경기부양을 위해 국채 또는 다양한 금융자산의 매입을 통해 시장에 유동성을 공급하는 것이다. (O / ×)

47 한국은행이 콜금리를 인하할 경우에 단기에 나타나는 현상으로 소비가 증가하고, 이자율이 하락할 것이다. (O / ×)

48 화폐공급량이 감소하면 부동산에 대한 수요가 증가한다. (O / ×)

49 통화스와프는 중장기적 환헤지보다는 주로 단기적 환헤지의 수단으로 이용된다. (O / ×)

파트1

파트2

파트3

파트4

파트5

파트6

파트7

파트8

실전1

실전2

[정답과 해설]

36	○	37	○	38	○	39	○	40	×	41	×	42	×	43	×	44	×	45	×	46	○	47	○
48	×	49	×																				

36 이자율이 상승하면 화폐보유의 기회비용이 상승하므로 저축과 대출이 증가할 것이므로 유통속도도 증가할 것이다. 화폐의 유통속도는 이자율의 증가함수이다.

37 Tobin의 자산선택이론에서는 이자율 상승시 화폐수요의 증감 여부는 대체효과와 소득효과의 상대적인 크기에 따라 결정된다는 것으로, 대체효과가 소득효과보다 크면 유가증권의 수요가 증가한다.

38 피셔는 교환방정식에서 거래량은 장기적으로 안정적이고, 거래량의 크기는 생산량의 크기에 따라 결정되며, 생산량은 부존자원과 기술, 노동량에 의해 결정된다고 전제하였다.

39 공개시장조작정책이란 중앙은행이 국공채의 매입 혹은 매각을 통하여 본원통화를 증감시킴으로써 통화량을 조절하려는 정책을 말한다.

40 중앙은행이 재할인율을 인상하면 일반적으로 시중은행은 중앙은행으로부터의 차입을 줄이고 상업어음에 대한 할인율을 인상시키므로 통화량이 감소하게 된다.

41 법정지급준비율을 인상하면 통화량이 감소한다.

42 흑자예산은 정부저축을 증가시켜 통화량이 감소한다.

43 공개시장조작은 지급준비율정책, 재할인율정책과 더불어 통화량 조절에 유용하게 이용되는 정책수단이다.

44 화폐공급이 외생적인 경우에 비해 화폐공급이 내생성을 띠는 경우에는 확장적 재정정책의 소득증대효과가 크다.

45 통화공급의 감소는 단기적으로는 소득을 감소시키고, 금리를 상승시키며 투자를 감소시키지만, 장기적으로는 소득, 금리, 투자변동에 효과가 없다.

46 양적 완화(Quantitative Easing ; QE)란 중앙은행이 통화를 시중에 직접 공급해 신용경색을 해소하고 경기를 부양시키는 통화정책으로, 정부의 국채나 다양한 금융자산의 매입을 통해 시장에 유동성을 공급하는 것이다. 즉, 양적 완화는 간접적으로 유동성을 조절하던 기존 방식과 달리, 직접적인 방법으로 시장에 통화량 자체를 늘리는 통화정책이다.

47 콜금리란 금융기관 상호간의 극히 단기의 자금대차인 콜에 대한 이자율로, 콜금리를 인하하면 은행대출이자율의 하락을 가져와 투자 증가, 소비 증가, 산출량 증가 등의 현상이 발생한다.

48 화폐공급량이 감소하면 화폐의 이자율이 상승하게 되고, 이자율 상승으로 인해 부동산에 대한 수요가 감소하게 된다.

49 통화스와프(Currency Swaps)는 단기적 환헤지보다는 주로 중장기적 환헤지의 수단으로 이용된다.

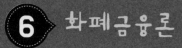

기출예상 문제

01 다음 중 광의 통화($M2$)에 포함되는 항목을 모두 고른 것은?

> ㄱ. 현금통화　　　　　　　　　　　　　ㄴ. 요구불예금
> ㄷ. $MMDA$(Money Market Deposit Account)　ㄹ. 양도성 예금증서(CD)

① ㄱ, ㄴ, ㄷ　　　　　　　　　　② ㄱ, ㄷ, ㄹ
③ ㄴ, ㄷ, ㄹ　　　　　　　　　　④ ㄱ, ㄴ, ㄷ, ㄹ

02 철수는 장롱 안에서 현금 100만 원을 발견하고 이를 A 은행의 보통예금계좌에 입금하였다. 이로 인한 본원통화와 협의 통화($M1$)의 즉각적인 변화는?

① 본원통화는 100만 원 증가하고, 협의 통화는 100만 원 증가한다.
② 본원통화는 100만 원 감소하고, 협의 통화는 100만 원 감소한다.
③ 본원통화는 변화가 없고, 협의 통화는 100만 원 증가한다.
④ 본원통화와 협의 통화 모두 변화가 없다.

03 다음 〈보기〉 중 준화폐(Near Money)와 관련 있는 것을 모두 고르면?

> **보기**
>
> 가. 준화폐란 주식 · 채권 등과 같이 어느 정도의 유동성을 가지고 있는 비화폐 자산이다.
> 나. 준화폐의 존재는 통화수요를 불안정하게 만들지만 유통속도는 안정시킨다.
> 다. 준화폐의 존재는 중앙은행의 통화량 통제 능력을 제한한다.
> 라. 통화당국의 정책 목표가 이자율로 전환된 것과 관련 있다.

① 가, 나　　　　　② 가, 다　　　　　③ 가, 라
④ 다, 라　　　　　⑤ 가, 다, 라

파트1

파트2

파트3

파트4

파트5

파트6

파트7

파트8

실전1

실전2

04 매년 24만 원을 받는 영구채(원금상환 없이 일정 금액의 이자를 영구히 지급하는 채권)가 있다. 연 이자율이 6%에서 8%로 오른다면 이 채권가격의 변화는?

① 108만 원 감소한다.   ② 108만 원 증가한다.

③ 100만 원 감소한다.   ④ 100만 원 증가한다.

05 시중금리가 연 5%에서 연 6%로 상승하는 경우, 매년 300만 원씩 영원히 지급받을 수 있는 영구채 의 현재가치의 변화는?

① 30만 원 감소한다.   ② 60만 원 감소한다.

③ 300만 원 감소한다.   ④ 1,000만 원 감소한다.

06 만기일이 정해지지 않은 채권 A의 가격이 10,000원이고, 이 채권은 해마다 1,000원씩의 고정적인 이자가 지급된다고 한다. 만약 이 채권의 가격이 8,000원으로 변한다면, 이 채권의 연수익률의 변화는?

① 2.5%p 상승한다.   ② 5%p 상승한다.

③ 2.5%p 하락한다.   ④ 5%p 하락한다.

07 시장이자율이 상승할 때 동일한 액면가(Face Value)를 갖는 채권의 가격변화에 대한 설명으로 옳지 않은 것은?

① 무이표채(Discount Bond)는 만기가 일정할 때 채권가격이 하락한다.

② 이표채(Coupon Bond)는 만기가 일정할 때 채권가격이 하락한다.

③ 실효만기가 길수록 채권가격은 민감하게 변화한다.

④ 무이표채의 가격위험은 장기채보다 단기채가 더 크다.

08 화폐수량방정식에 따른 화폐수량설에 대한 설명으로 옳지 않은 것은?

① 산출량은 생산요소의 공급량과 생산기술에 의해 결정된다.

② 중앙은행이 통화량을 증가시키면 산출량의 명목가치는 비례적으로 증가한다.

③ 통화량의 증가는 산출량에 영향을 미치지 않는다.

④ 통화량이 증가하면 화폐의 유통속도는 증가한다.

⑤ 통화량을 급속히 증가시키면 인플레이션율은 높아진다.

09 화폐수량설에 따르면 화폐수량방정식은 $MV = PY$와 같다. 이에 대한 설명으로 옳은 것은? (단, M : 통화량, V : 화폐유통속도, P : 산출물의 가격, Y : 산출량이다)

① 화폐유통속도(V)는 오랜 기간에 걸쳐 일반적으로 불안정적이라고 전제하고 있다.

② 중앙은행이 통화량(M)을 증대시키면 산출량의 명목가치(PY)는 통화량과는 독립적으로 변화한다.

③ 산출량(Y)은 통화량(M)이 아니라 생산요소의 공급량과 생산기술에 의해 결정된다.

④ 중앙은행이 통화량(M)을 급격히 감소시키면 인플레이션이 발생한다.

10 다음의 교환방정식에 대한 설명으로 옳지 않은 것은?

$$MV = PY$$
(단, M : 통화량, V : 화폐유통속도, P : 물가, Y : 실질GDP이다)

① 통화량이 증가하면, 물가나 실질GDP가 증가하거나 화폐유통속도가 하락해야 한다.

② V와 Y가 일정하다는 가정을 추가하면 화폐수량설이 도출된다.

③ V와 M이 일정할 때, 실질GDP가 커지면 물가가 상승해야 한다.

④ V와 Y가 일정할 때, 인플레이션율과 통화증가율은 비례 관계에 있다.

11 어느 나라의 올해 통화량은 5백억 원이며, 중앙은행은 내년도 인플레이션율을 3%로 유지하려 한다. 화폐의 유통속도는 일정하고 실질 GDP는 매년 7%씩 증가할 때 화폐수량설에 의하면 내년 통화량은 얼마가 되는가?

① 450억 원 ② 500억 원

③ 550억 원 ④ 600억 원

파트1
파트2
파트3
파트4
파트5
파트6
파트7
파트8
실전1
실전2

12 A국의 경제에서 화폐유통속도가 일정하고 실질 GDP가 매년 3% 증가한다. 수량방정식(Quantity Equation)이 성립한다고 가정할 때 옳지 않은 것은?

① 통화량을 3% 증가시키면 물가는 현재 수준으로 유지된다.
② 통화량을 현재 수준으로 고정시킨다면 물가는 3% 하락하게 된다.
③ 통화량을 현재 수준으로 고정시킨다면 명목 GDP 증가율은 3%가 된다.
④ 통화량을 6% 증가시키면 명목 GDP 증가율은 실질 GDP 증가율의 2배가 된다.

13 내년 경제성장률을 7%, 화폐유통속도는 1.5% 수준으로 예상하고 있는 정책당국이 급격한 물가 상승을 우려하여 내년 물가상승률을 3%로 억제하기 위한 내년도의 적정 통화성장률은?

① 6.5% ② 7.5%

③ 8.5% ④ 9.5%

14 생산량이 3%, 통화량이 6% 증가하였다고 할 때, 화폐수량설에 근거하여 계산한 물가상승률은? (단, 다른 조건은 일정하다)

① 2% ② 3%

③ 6% ④ 9%

15 A국에서는 고전학파의 이론인 화폐수량설이 성립한다. 현재 A국의 실질 GDP는 20,000, 물가수준은 30, 그리고 통화량은 600,000일 때, 옳지 않은 것은?

① A국에서 화폐의 유통속도는 1이다.

② A국 중앙은행이 통화량을 10% 증가시켰을 때, 물가는 10% 상승한다.

③ A국 중앙은행이 통화량을 10% 증가시켰을 때, 명목 GDP는 10% 증가한다.

④ A국 중앙은행이 통화량을 4% 증가시켰을 때, 실질 GDP는 4% 증가한다.

16 케인스의 화폐수요이론에 대한 설명으로 옳지 않은 것은?

① 개인은 수익성 자산에 투자하는 과정에서 일시적으로 화폐를 보유하기도 한다.

② 화폐수요의 이자율 탄력성이 0이 되는 것을 유동성함정이라고 한다.

③ 소득수준이 높아질수록 예비적 동기의 화폐수요는 증가한다.

④ 거래적 동기의 화폐수요는 소득수준과 관련이 있다.

17 ㉠ ~ ㉣에 들어갈 말로 알맞은 것은?

> 케인스는 화폐수요를 거래적 동기, 예비적 동기 그리고 투기적 동기로 분류하면서 거래적 동기 및 예비적 동기는 (㉠)에 의존하고, 투기적 동기는 (㉡)에 의존한다고 주장했다. 특히 (㉡)이 낮을 때 채권가격이 (㉢), 투자자의 채권 투자 의욕이 낮은 상황에서 투기적 동기에 따른 화폐수요가 (㉣)고 하였다.

	㉠	㉡	㉢	㉣		㉠	㉡	㉢	㉣
①	소득	이자율	높고	작다	②	소득	이자율	높고	크다
③	이자율	소득	높고	크다	④	이자율	소득	낮고	작다

www.gosinet.co.kr gosinet

파트1
파트2
파트3
파트4
파트5
파트6
파트7
파트8
실전1
실전2

18 유동성함정에 대한 설명으로 옳지 않은 것은?

① 화폐수요의 이자율탄력성이 무한대가 되는 영역을 가리킨다.
② 통화정책보다는 재정정책이 효과가 더 크다.
③ 화폐를 그대로 보유하는 것보다는 채권을 매입하는 것이 낫다.
④ 정부지출 증가로 인한 구축효과는 일어나지 않는다.

19 화폐수요에 대한 설명으로 옳은 것은?

① 신용카드가 널리 보급되면 화폐수요가 감소한다.
② 경기가 좋아지면 화폐수요가 감소한다.
③ 이자율이 증가하면 화폐수요가 증가한다.
④ 경제 내의 불확실성이 커지면 화폐수요가 감소한다.

20 보몰(Baumol)은 다음과 같은 〈모형〉을 가지고 화폐수요를 분석하였다. 주어진 모형으로 판단할 때, 〈보기〉에서 옳은 것을 모두 고르면?

모형

일정 기간 동안의 화폐수요를 분석하기 위해서 다음과 같은 가정을 한다. 주어진 총 거래금액은 매시간 동일 액수만큼 거래되며, 이들 거래는 보유한 화폐에 의해서 매개된다. k는 일정 기간 동안의 화폐를 은행에서 인출하는 거래횟수이며, 거래 시마다 c만큼 비용이 든다. 동 기간 총 거래금액이 Y로 주어진다면, 평균적인 화폐보유량은 $\frac{1}{2} \cdot \frac{Y}{k}$이다.

보기

가. 최적 거래횟수는 은행인출비용을 최소화하는 거래횟수이다.
나. c가 증가할수록 최적 화폐보유량은 증가한다.
다. 이자율이 증가할수록 최적 화폐보유량은 증가한다.
라. Y가 증가할수록 최적 화폐보유량은 증가한다.

① 나   ② 가, 나   ③ 가, 라
④ 나, 라   ⑤ 나, 다, 라

21 다음 중 보몰(W. Boumol)의 거래적 화폐수요이론에 대한 설명으로 옳지 않은 것을 모두 고르면?

> ㄱ. 거래적 화폐수요는 이자율의 감소함수이다.
> ㄴ. 한 번에 인출하는 금액이 커지면 거래비용이 증가한다.
> ㄷ. 화폐수요에 있어서 규모의 불경제가 존재한다.
> ㄹ. 거래비용이 증가하면 화폐수요는 증가한다.
> ㅁ. 한 번에 인출하는 금액이 커지면 화폐수요도 커진다.

① ㄱ, ㄴ   ② ㄴ, ㄷ   ③ ㄴ, ㄹ

④ ㄹ, ㅁ   ⑤ ㄴ, ㄷ, ㅁ

22 화폐수요에 대한 설명으로 옳지 않은 것은?

① 화폐는 다른 금융자산에 비해 교환수단으로는 우등(superior)하나 가치저장수단으로는 열등(inferior)하다.

② 보몰-토빈(Baumol-Tobin)의 거래적 화폐수요이론에 따르면, 다른 조건이 일정할 때 소득이 2배 증가하면 화폐수요는 2배보다 더 많이 증가한다.

③ 프리드만(M. Friedman)의 화폐수요모델은 케인스(J. M. Keynes)의 화폐수요모델에 비해 화폐유통속도가 안정적인 것을 전제한다.

④ 피셔(I. Fisher)의 거래수량설에서 강조된 것은 화폐의 교환수단 기능이다.

23 불확실성하에서 자산보유에 따른 위험을 줄이기 위해 무위험자산인 화폐에 대한 수요를 강조한 이론은?

① 케임브리지학파의 현금잔고방정식(Cash Balance Equation) 이론

② 프리드만의 신화폐수량설(New Quantity Theory of Money)

③ 토빈의 화폐수요에 관한 자산선택이론(Portfolio Theory)

④ 보몰-토빈의 거래적 화폐수요이론(Transactions Demand for Money)

24 케인스가 지적한 거래적 동기에 의한 화폐수요를 가장 잘 설명한 이론은?

① 보몰-토빈의 재고이론
② 토빈의 자산선택이론
③ 마코위츠(Markowitz)의 포트폴리오이론
④ 프리드만의 신화폐수량설

25 〈보기〉에서 화폐수요에 대한 설명으로 옳은 것을 모두 고르면?

> 보기

ㄱ. 케인스(Keynes)에 따르면 화폐수요는 이자율에 반비례한다.
ㄴ. 화폐수요가 이자율에 극단적으로 민감할 경우 통화정책은 명목 GDP에 아무런 영향을 주지 못한다.
ㄷ. 프리드만(Friedman)은 이자율이 화폐수요에 큰 영향을 미치지 못하며, 화폐수요는 기타자산, 화폐의 상대적 기대수익률, 항상소득의 함수라고 주장한다.
ㄹ. 보몰-토빈(Baumol-Tobin)은 이자율이 올라가면 거래목적의 현금보유도 줄어들기 때문에 화폐유통속도는 증가한다고 주장한다.
ㅁ. 토빈의 포트폴리오이론(Tobin's Portfolio Theory)에 의하면 이자율 상승 시 소득효과는 화폐수요를 감소시킨다.
ㅂ. 보몰-토빈(Baumol-Tobin)에 따르면 거래적 화폐수요에는 범위의 경제가 존재한다.

① ㄱ, ㄴ, ㄷ
② ㄴ, ㄷ, ㄹ, ㅁ
③ ㄱ, ㄴ, ㄷ, ㄹ, ㅁ
④ ㄱ, ㄴ, ㄷ, ㄹ
⑤ ㄱ, ㄴ, ㄷ, ㄹ, ㅁ, ㅂ

26 통화승수에 대한 설명으로 옳은 것은?

① 요구불예금에 대한 정부 예금 비율이 상승하면 통화승수는 증가한다.
② 지급준비율이 낮아지면 통화승수는 감소한다.
③ 통화승수란 통화량에 본원통화를 곱한 값으로 통화량이 본원통화의 몇 배인가를 보여주는 지표이다.
④ 민간의 현금통화비율이 상승하면 통화승수는 감소한다.

파트1 파트2 파트3 파트4 파트5 파트6 파트7 파트8 실전1 실전2

27 A국 시중은행의 지급준비율이 0.2이며 본원통화는 100억 달러이다. A국의 통화승수와 통화량은 얼마인가? (단, 현금통화비율은 0이다)

	통화승수	통화량		통화승수	통화량
①	0.2	500억 달러	②	5	500억 달러
③	0.2	100억 달러	④	5	100억 달러

28 예금통화에 대한 현금예금비율이 0.2이고 예금지급준비율은 0.4일 때, 통화승수는?

① 1   ② 2
③ 3   ④ 4

29 지급준비율은 0.1, 현금예금비율은 0.2일 때의 통화승수는?

① 2   ② 3
③ 4   ④ 5

30 화폐공급량은 민간의 현금보유량과 금융기관이 발행하는 예금화폐의 합계이고, 본원통화는 민간의 현금보유량과 금융기관의 지불준비금의 합계이다. 민간의 예금대비 현금보유 비율이 0.2이고 금융기관의 지불준비율이 0.1인 경우, 화폐승수는?

① 2.0   ② 3.0
③ 4.0   ④ 5.0

31 모든 은행이 초과지불준비금은 보유하지 않고 민간은 현금을 모두 요구불예금으로 예금한다고 가정할 때 요구불예금의 법정지급준비율이 20%인 경우 중앙은행이 국채 100억 원을 사들인다면 이로 인한 통화량의 창출 규모는?

① 80억 원   ② 100억 원
③ 200억 원   ④ 500억 원

32 지급준비율과 관련하여 옳지 않은 것은?

① 우리나라는 부분지급준비제도를 활용하고 있다.
② 은행들은 법정지급준비금 이상의 초과지급준비금을 보유할 수 있다.
③ 100% 지급준비제도 하에서는 지급준비율이 1이므로 통화승수는 0이 된다.
④ 지급준비율을 올리면 본원통화의 공급량이 변하지 않아도 통화량이 줄어들게 된다.

33 중앙은행이 정한 법정지급준비율이 12%이고, 시중은행의 초과지급준비율이 3%이다. 또한 민간은 통화의 일부를 현금으로 보유하며 그 비율은 일정하다. 만약 중앙은행이 60억 원 상당의 공채를 매입한다면, 시중의 통화량은 얼마나 증가하겠는가?

① 60억 원   ② 400억 원
③ 500억 원   ④ 60억 원 초과 400억 원 미만
⑤ 400억 원 초과 500억 원 미만

34 통화공급에 대한 설명으로 옳은 것은?

① 준예금통화란 이자율이 비교적 높은 요구불예금을 말한다.
② 초과지급준비금은 총예금에서 지급준비금을 공제한 것이다.
③ 현금통화비율이 클수록 통화량의 조절이 용이해진다.
④ 순신용승수는 신용승수보다 작다.

35 통화와 관련된 설명으로 옳지 않은 것은?

① 현금보유비율이 높은 경제에서는 통화승수의 값이 크다.

② 한국은행이 통화안정증권을 매입하면 통화량이 증가한다.

③ 법정지급비율을 낮추면 신용창출이 활발해진다.

④ 본원통화는 그 여러 배에 해당하는 예금통화를 창출한다.

36 A 은행의 지급준비 부과대상 예금이 20조 원, 실제지급준비금(Actual Reserves)이 5조 원, 초과지급준비금(Excess Reserves)이 1조 원이라면 A 은행의 법정지급준비율은?

① 15%

② $16\frac{2}{3}$%

③ 20%

④ 25%

37 갑을은행이 300억 원의 예금과 255억 원의 대출을 가지고 있다. 만약 지불준비율이 10%라면, 동 은행의 초과지불준비금은 얼마인가?

① 35억 원

② 30억 원

③ 25.5억 원

④ 19.5억 원

⑤ 15억 원

38 H 은행의 초과지급준비금이 0인 상황에서, 甲이 H 은행에 예치했던 요구불예금 5,000만 원의 인출을 요구하자 H 은행은 보유하고 있는 시재금을 활용하여 지급하였다. 이 경우 H 은행의 상황으로 옳은 것은? (단, 요구불예금에 대한 법정지급준비율은 15%이다)

① 고객의 요구불예금 잔고가 750만 원 감소한다.

② 고객의 요구불예금 잔고가 4,250만 원 감소한다.

③ 지급준비금이 법정기준보다 750만 원 부족하게 된다.

④ 지급준비금이 법정기준보다 4,250만 원 부족하게 된다.

www.gosinet.co.kr

파트1
파트2
파트3
파트4
파트5
파트6
파트7
파트8
실전1
실전2

39 A국의 은행들은 100M의 필요지급준비금과 25M의 초과지급준비금을 보유하고 있고, 250M을 국채로 보유하고 있으며, 고객예금 1,000M을 보유하고 있다. A국 국민들은 현금을 보유하지 않고 모든 현금을 은행의 예금 형태로 보유하고 있고, 은행들은 예금에 대한 초과지급준비율을 같은 수준으로 계속 유지하고자 한다면, ㉠ 지급준비율은 얼마인가? ㉡ 그리고 중앙은행이 A국 은행들에 5M을 대출해준다면, 예금에 대한 필요지급준비율과 초과지급준비율은 예전과 같다고 가정할 때, A국의 화폐공급은 얼마나 증가하겠는가? (단, A국의 통화정책은 A국 중앙은행에 의해 결정되며, 화폐단위는 M이다)

	㉠	㉡		㉠	㉡
①	8%	60M	②	10%	50M
③	12.5%	50M	④	10%	40M
⑤	12.5%	40M			

40 갑돌이가 100만 원을 현금으로 집 금고에 보관하다가 은행에 예금하였다. 만약 은행들이 예금의 5%에 해당하는 지급준비금만을 보유하고 나머지는 전부 대출한다면, 이 경제에서 ㉠ 은행권 전체의 예금 총액의 증가분, ㉡ 통화량($M1$)의 증가분은 각각 얼마인가? (단, 요구불예금만 존재하고 은행권 밖으로의 현금유출은 없으며, 은행은 초과지급준비금을 보유하고 있지 않다)

	㉠	㉡		㉠	㉡
①	2,000만 원	1,900만 원	②	2,000만 원	2,000만 원
③	1,900만 원	2,000만 원	④	2,005만 원	1,995만 원

41 화폐수요의 이자율 탄력성이 무한대일 경우에 대한 설명으로 옳은 것은?

① 통화량을 증가시켜도 이자율은 하락하지 않는다.
② 국민소득에 미치는 재정정책의 효과가 미미하다.
③ 국민소득에 미치는 통화정책의 효과가 매우 크다.
④ 공개시장조작으로 통화량을 조절할 수 없다.

42 이자율 기간구조에 대한 설명으로 옳은 것을 모두 고르면?

> ㄱ. 기대이론에 의하면, 미래의 단기 이자율 상승이 예상된다는 것은 수익률곡선의 우상향을 의미한다.
> ㄴ. 기대이론에 의하면, 미래의 단기 이자율 하락이 예상된다는 것은 수익률곡선의 우하향을 의미한다.
> ㄷ. 유동성 프리미엄 이론에 의하면, 미래의 단기 이자율 상승이 예상된다는 것은 수익률곡선이 우상향함을 의미한다.
> ㄹ. 유동성 프리미엄 이론에 의하면, 미래의 단기 이자율 하락이 예상된다는 것은 수익률곡선이 우하향함을 의미한다.

① ㄱ, ㄴ, ㄷ
② ㄱ, ㄴ, ㄹ
③ ㄱ, ㄷ, ㄹ
④ ㄴ, ㄷ, ㄹ

43 다음은 단기금융시장과 자본시장의 경제적 기능에 관한 설명이다. 각 시장의 기능을 올바르게 짝지은 것은?

> ㄱ. 회사채수익률과 주가 등 금융자산가격을 결정함으로써 기업의 투자경영과 내부경영에 영향을 미친다.
> ㄴ. 자본손실 및 유동성 및 위험이 작아 경제주체들의 금융자산 위험관리기회로 활용된다.
> ㄷ. 경제주체의 유휴현금보유에 따른 기회비용을 최소화하여 자금조달 및 운용의 효율성을 제고할 수 있는 기회를 제공한다.
> ㄹ. 투자자에게 높은 수익률의 금융자산을 제공함으로써 자산운용상의 효율성을 높여준다.
> ㅁ. 중앙은행의 통화정책이 수행되는 장이다.
> ㅂ. 중앙은행의 통화정책이 실물경제에 영향을 미치는 매개기능을 수행한다.
> ㅅ. 가계 등의 여유자금을 투자수익이 높은 기업 등에 장기투자재원으로 공급함으로써 국민경제의 자금부족부문과 자금잉여부문의 기조적인 자금 수급불균형을 조절해준다.

	단기금융시장	자본시장		단기금융시장	자본시장
①	ㄱ, ㄷ, ㅁ	ㄴ, ㄹ, ㅂ, ㅅ	②	ㄴ, ㄷ, ㅁ	ㄱ, ㄹ, ㅂ, ㅅ
③	ㄴ, ㄹ, ㅁ, ㅂ	ㄱ, ㄷ, ㅅ	④	ㄷ, ㄹ, ㅁ, ㅅ	ㄱ, ㄴ, ㅂ

파트1
파트2
파트3
파트4
파트5
파트6
파트7
파트8
실전1
실전2

44 20XX년 9월 현재 미국의 3개월 만기 단기국채금리는 5.11%이며 10년 만기 장기국채금리는 4.76%라고 할 때, 향후 미국경기에 대한 시사점으로 가장 적절한 것은?

① 미국경기는 침체될 가능성이 높다.

② 미국경기는 호전될 가능성이 높다.

③ 미국경기는 호전되다가 다시 침체할 가능성이 높다.

④ 미국경기는 침체되다가 다시 호전될 가능성이 높다.

45 다음 그래프는 경기가 회복되고 있는 A국에 존재하는 금융상품의 기대수익률 추이를 나타낸다. 각 기대수익률을 해당 금융상품에 바르게 짝지은 것은? (단, 채권의 만기기간은 5년이고 위험기피 투자자를 가정한다)

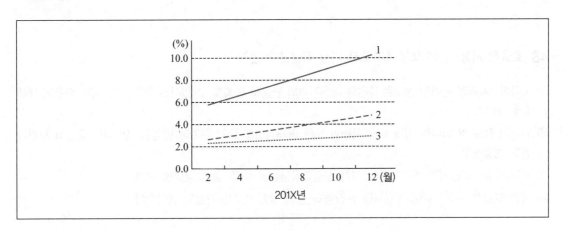

	1	2	3
①	주식	회사채(AA등급)	국고채
②	회사채(AA등급)	주식	국고채
③	국고채	주식	회사채(AA등급)
④	국고채	회사채(AA등급)	주식

46 A 회사와 B 회사는 다음의 금리조건으로 자금을 조달할 수 있다. 그리고 A 회사는 현재 변동금리 자금이 필요하고 B 회사는 고정금리 자금이 필요하다. 두 회사가 각자 자금을 조달한 뒤 서로 금리스왑 거래를 한다고 할 때, 이를 통해 두 회사가 얻게 되는 총 차입비용의 최대 절감효과는?

구분	고정금리	변동금리
A 회사	10%	LIBOR+0.5%p
B 회사	11.5%	LIBOR+1.0%p

① 0.05%p   ② 0.25%p   ③ 0.50%p   ④ 1.00%p

47 효율적 시장가설(Efficient Market Hypothesis)에 대한 설명으로 옳은 것은?

① 자본시장이 효율적이라면 금융자산의 가격에는 이미 공개된 모든 정보가 반영되어 있다.
② 시장에서 오랫동안 주식투자를 하면 지속적으로 초과수익을 얻을 수 있다.
③ 계속 6개월 이상 하락했던 주식의 가격은 조만간 올라갈 것이라고 예상된다.
④ 금융자산의 가격 추세에 따라 투자하면 지속적으로 초과수익을 얻을 수 있다.

48 효율적 시장가설에 대한 설명으로 가장 적절한 것은?

① 시장참가자에게 공개된 정보로 증권의 미래가격의 변동을 예측할 수 있다면 시장은 그 정보 집합에 대해 효율적이다.
② 과거의 정보 뿐 아니라 현재 이용 가능한 모든 공개정보도 즉각 주가에 반영된다면 강형 효율적 시장가설이 성립한다.
③ 차익거래는 비합리적 투자자들에 의한 시장왜곡현상을 바로 잡는 역할을 한다.
④ 약형 효율적 시장가설이 성립하면 준강형과 강형 효율적 시장가설도 성립한다.

49 중앙은행의 통화량 조절 정책수단에 대한 설명으로 옳지 않은 것은?

① 중앙은행이 민간으로부터 국채를 매입할 경우 통화공급은 증가한다.
② 법정지급준비율을 변경하여 통화량을 조절하는 것은 중앙은행이 가장 자주 사용하는 수단이다.
③ 민간은행들은 법정지급준비율 이상의 준비금을 보유할 수 있다.
④ 민간은행들이 중앙은행으로부터 적게 차입할수록 통화공급은 감소한다.

50 화폐공급의 증감 여부를 바르게 연결한 것은?

ㄱ. 금융위기로 인하여 은행의 안전성이 의심되면서 예금주들의 현금 인출이 증가하였다.

ㄴ. 명절을 앞두고 기업의 결제수요가 늘고, 개인들은 명절준비를 위해 현금 보유량을 늘린다.

ㄷ. 한국은행이 자금난을 겪고 있는 지방 은행들로부터 국채를 매입하였다.

ㄹ. 은행들이 건전성 강화를 위해 국제결제은행(BIS) 기준의 자기자본비율을 높이고 있다.

	ㄱ	ㄴ	ㄷ	ㄹ		ㄱ	ㄴ	ㄷ	ㄹ
①	감소	증가	감소	증가	②	감소	감소	증가	감소
③	증가	감소	증가	감소	④	증가	감소	감소	증가

51 통화량 공급을 늘리기 위한 중앙은행의 공개시장조작(Open Market Operation) 정책으로 옳은 것은?

① 정부채권을 매입한다.

② 재할인율을 인하한다.

③ 중앙은행의 지급준비율을 인하한다.

④ 시중 민간은행의 대출한도 확대를 유도한다.

52 통화량의 증가를 가져오지 않는 것을 〈보기〉에서 모두 고르면?

보기

ㄱ. 재할인율의 인상

ㄴ. 중앙은행의 공채 매입

ㄷ. 중앙은행의 외환보유고 증가

ㄹ. 법정지불준비율의 인하

ㅁ. 신용카드 사용으로 인한 민간의 현금보유비율 감소

① ㄱ

② ㄱ, ㄴ

③ ㄴ, ㄷ, ㄹ

④ ㄱ, ㄴ, ㄷ, ㄹ

⑤ ㄴ, ㄷ, ㄹ, ㅁ

파트1 파트2 파트3 파트4 파트5 파트6 파트7 파트8 실전1 실전2

53 중앙은행이 통화량을 증대시키는 행위와 가장 거리가 먼 것은?

① 통화안정증권을 발행한다.　　　　　② 기준금리를 낮춘다.

③ 지불준비율을 낮춘다.　　　　　　　④ 환율관리를 위해 달러를 매입한다.

54 중앙은행이 은행의 법정지급준비율을 낮추었다고 할 때 다음 중 기대되는 효과로 옳은 것은?

① 수입이 증가하여 무역적자가 감소할 것이다.

② 저축률이 증가할 것이다.

③ 기업의 투자가 증가할 것이다.

④ 실업률과 인플레이션율이 모두 상승할 것이다.

⑤ 정부의 재정적자가 증가할 것이다.

55 다음은 중앙은행의 통화정책수단들을 조합한 것이다. 이 중 가장 확장적인 기조의 정책조합은?

① 공개시장 매각-법정지급준비율 인상-재할인율 인상

② 공개시장 매각-법정지급준비율 인하-재할인율 인상

③ 공개시장 매입-법정지급준비율 인상-재할인율 인하

④ 공개시장 매입-법정지급준비율 인하-재할인율 인하

56 한국은행이 기준금리를 인하할 경우 경제 전반에 미치는 영향에 대한 설명으로 옳지 않은 것은?

① 기준금리 인하로 채권수익률이 낮아지면 주식과 부동산에 대한 수요가 늘어나 자산가격이 상승하고 소비가 늘어난다.

② 기준금리 인하로 환율(원/$) 상승을 가져와 경상수지가 개선되고 국내물가는 상승한다.

③ 기준금리 인하로 시중자금 가용량이 늘어나 금융기관의 대출여력이 증가하면서 투자와 소비가 늘어난다.

④ 기준금리 인하로 환율(원/$)이 상승하여 국내기업의 달러표시 해외부채의 원화평가액은 감소한다.

57 통화정책의 파급경로를 설명하기 위한 요소 중 이자율의 경직성을 내포하고 있는 개념은?

① 환율변동　　　　　　　　　　　② 신용할당
③ q이론　　　　　　　　　　　　　④ 부의 효과

58 통화정책에서 신용중시 견해(Credit View)에 대한 설명으로 옳지 않은 것은?

① 신용중시 견해는 금융중개가 물가와 생산활동에 중요한 영향을 미친다는 점을 강조하는 견해이다.
② 은행과 차입자 사이에 정보의 비대칭성이 존재한다.
③ 은행은 높은 이자율을 지불할 의향이 있는 자보다 신용이 높은 자에게 대출을 한다.
④ 은행의 대출과 채권은 완전대체재이다.

59 기준금리가 제로금리 수준임에도 불구하고 경기가 회복되지 않는다면 중앙은행이 취할 수 있는 정책으로 옳은 것은?

① 기준금리를 마이너스로 조정한다.　　② 장기금리를 높인다.
③ 보유한 국공채를 매각한다.　　　　　④ 시중에 유동성을 공급한다.

60 통화정책의 전달경로 중 신용경로(Credit Channel)에 대한 설명으로 옳지 않은 것은?

① 기준금리가 낮아지면 명목환율이 상승하여 수출입에 영향을 미치는 것이다.
② 통화정책이 가계와 기업의 대차대조표를 변화시킴으로써 소비와 투자에 영향을 미치는 것이다.
③ 팽창적 통화정책이 역선택 및 도덕적 해이 문제를 완화시킴으로써 실물 부문에 영향을 미치는 것이다.
④ 증권화의 진전이나 금융자유화가 되면 은행의 자금조달 경로가 다양해져 신용경로의 중요성이 작아진다.

파트1
파트2
파트3
파트4
파트5
파트6
파트7
파트8
실전1
실전2

61 직접세와 간접세에 대한 설명으로 옳지 않은 것은?

① 간접세는 조세의 전가가 이루어지지 않는다.

② 직접세는 누진세를 적용하기에 용이하다.

③ 직접세는 간접세에 비해 조세저항이 크다.

④ 간접세는 직접세에 비해 역진적이므로 조세의 형평성을 떨어뜨린다.

62 광수에게는 소득에 대해 처음 1,000만 원에 대해서는 면세이고, 다음 1,000만 원에 대해서는 10%, 그 다음 1,000만 원에 대해서는 15%, 그 다음 1,000만 원에 대해서는 25%, 그 이상의 초과소득에 대해서는 50%의 소득세율이 누진적으로 부과된다. 광수의 소득이 7,500만 원일 경우 광수의 평균세율은 얼마인가?

① 20%   ② 25%   ③ 28%

④ 30%   ⑤ 36.67%

63 조세에 대한 설명으로 옳은 것을 모두 고른 것은?

> ㄱ. 과세부과에 따른 자중적 손실(Deadweight Loss)의 최소화를 기하는 것은 효율성 측면과 관련이 있다.
> ㄴ. 과세표준소득이 1천만 원인 경우 10만 원의 세금을 부과하고 과세표준소득이 2천만 원인 경우 20만 원의 세금을 부과한다면 이 과세표준구간 내에서 누진세를 적용하고 있는 것이다.
> ㄷ. 고가의 모피코트에 부과하는 세금은 세금부담능력이 더 큰 사람이 더 많은 세금을 내야 한다는 원칙을 잘 만족시킨다.
> ㄹ. 과세부담의 수평적 공평성의 원칙은 세금부담능력이 다르면 세금도 다르게 부과하는 것이다.

① ㄱ   ② ㄱ, ㄹ

③ ㄴ, ㄷ   ④ ㄷ, ㄹ

64 단일세율 소득세에 대한 찬성의 근거로 옳지 않은 것은?

① 조세행정비용이 절감된다.
② 민간부문의 의사결정에 대한 교란을 줄일 수 있다.
③ 각종 공제제도를 이용한 합법적 조세회피 행위를 막을 수 있다.
④ 조세부담의 수직적 공평성을 증진시킨다.

65 재정적자를 감소시키기 위한 가장 효과적인 정책 조합은?

① 조세 감소와 재정지출 축소
② 조세 증가와 재정지출 축소
③ 조세 감소와 재정지출 확대
④ 조세 증가와 재정지출 확대

66 잠재생산량을 초과하는 경기과열이 발생하여 인플레이션이 지속되고 있을 때, 정부가 경제안정을 위해 채택하는 정책으로 옳은 것은?

① 통화공급량 축소
② 투자에 대한 세액공제 확대
③ 정부지출 확대
④ 세율 인하

67 재정의 자동안정화장치가 효과를 가장 잘 발휘할 수 있는 조건으로 가장 거리가 먼 것은?

① 중앙정부의 지방정부에 대한 교부세제도가 잘 확립되어 있다.
② 누진세 등이 발달되어 세수수입의 소득탄력성이 높다.
③ 정부예산의 조세의존도가 높고 국민경제에서 차지하는 비중이 크다.
④ 실업수당 등 사회보장제도가 잘 되어있다.

공기업 NCS 경제학

◎ 빈출유형 기출 분석 ●━━━━━━━━━━━━━━━

[합격전략]

상품시장과 IS곡선, LM곡선의 개념 및 그래프 분석 내용 등이 출제된다. 화폐시장과 상품시장의 동시적 균형의 개념 및 균형 조정과정 등이 출제되며 $IS - LM$ 모형에서의 균형화 과정 등이 출제된다. 또한 총수요와 총공급, 총 수요의 변동 등에 관한 내용이 출제되므로 이에 대한 학습이 필요하다. 마지막으로 소비자 물가지수, 인플레이션의 개념, 인플레이션에 따른 사회적 비용, 디플레이션의 개념 등이 출제되고 있으므로 이에 대한 정확한 이해가 필요하다.

공기업
NCS
경제학

파트 7 총수요·총공급

✪ 테마 유형 학습

✪ 빈출 지문에서 뽑은 O/X

✪ 기출예상문제

상품시장과 IS곡선

☑ 생산물시장과 화폐시장의 관계

1. 단순화된 논의에서는 이자율과 국민소득이 독자적으로 결정된다는 전제하에 논의를 전개하지만, 현실적으로 국민소득과 이자율은 생산물시장과 화폐시장의 상호작용에 의해 결정된다.
2. 생산물시장에서 국민소득이 증가하면 화폐 수요가 증가하고, 화폐 수요의 증가는 이자율을 상승시켜 투자의 감소를 초래하며, 유효수요의 감소를 통해 국민소득이 감소하게 된다.
3. 생산물시장과 화폐시장은 이자율과 투자, 국민소득과 화폐수요라는 상호 연결고리를 통해 밀접하게 연결되어 있다.

1 생산물시장과 화폐시장

1. $IS-LM$ 모형의 구조

(1) $IS-LM$ 모형은 생산물시장과 화폐시장의 상호작용을 명시적으로 분석하는 도구로, 케인스의 일반이론을 토대로 힉스(J.R. Hicks)와 한센(A.H. Hansen)에 의해 정립된 거시경제학의 분석도구다.

(2) 생산물시장에서의 균형을 나타내는 IS곡선과 화폐시장의 균형을 나타내는 LM곡선이 도출되면 수요측면의 균형을 의미하는 총수요곡선(AD곡선)이 유도되고, 총생산함수와 노동시장의 균형으로부터 총공급곡선(AS곡선)이 유도되어 AD곡선과 AS곡선의 교점에서 거시경제의 일반균형이 달성된다.

2. $IS-LM$ 모형의 기본적인 가정

(1) 투자는 이자율의 감소함수이다.

(2) 수요가 주어지면 공급은 자동적으로 이루어진다(케인스의 법칙 성립).

(3) 총수요-총공급 모형에서 물가가 결정되는 과정을 분석하면 물가수준 P는 외생적으로 주어진다.

3. 생산물시장의 균형조건

(1) 생산물시장이 균형을 이루기 위해서는 생산물시장의 총공급(Y)과 총지출($AE = C + I + G$)이 일치해야 한다.

(2) 투자가 이자율의 함수라는 사실을 고려하여 생산물시장의 균형식을 표현하면 다음과 같다.
① 투자 증가 $\Rightarrow$ 생산량(Y) 증가
② 이자율(r) 증가 $\Rightarrow$ 투자 감소

2 IS곡선

1. IS곡선의 개념

IS곡선은 재화시장의 균형을 나타내는 이자율(r)과 소득(Y)의 조합을 연결한 선이다.

2. IS곡선의 도출

(1) 재화시장에서 이자율이 r_0로 주어져 있는 경우 균형산출량은 Y_0가 되는데, 이 점은 재화시장이 균형을 이루는 이자율과 산출량(소득)을 나타내므로 IS곡선상의 한 점이 되며, 아래 그래프에서 A로 표시되어 있다.

(2) 이자율이 상승하면 투자와 순수출은 감소한다. 이자율이 r_1일 때 재화시장이 균형을 이루는 산출량은 Y_1이고 이 점 또한 IS곡선상의 한 점이 되며, B로 표시되어 있다.

(3) 이자율이 변화함에 따라 이에 대응하는 재화시장의 균형산출량과 A, B를 모두 연결하면 IS곡선이 된다.

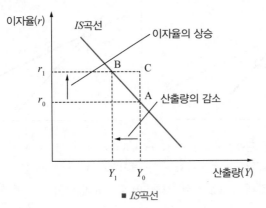

■ IS곡선

3. IS곡선의 수학적 도출

(1) 총수요함수의 구성

소비함수	$C = a + b(Y - T)$
투자함수	$I^D = I_0 - cr$
정부지출 및 조세	$G = G_0, \ T = T_0$
총수요함수	$Y^D = C + I^D + G \Rightarrow Y^D = a + b(Y - T) + I_0 - cr + G_0$

(2) IS곡선식 : 주어진 변수들을 생산물시장의 균형조건에 대입하고 이자율(r)에 대하여 정리하면 된다.

생산물 시장의 균형조건	$Y = Y^D$
IS곡선식	$r = \dfrac{b-1}{c} Y + \dfrac{1}{c}(a - bT_0 + I_0 + G_0)$

4. IS곡선의 기울기

(1) IS곡선은 이자율(종축)과 산출량(횡축)의 축에서 우하향한다. 즉, 이자율이 상승하면 재화시장의 균형을 유지하기 위해 산출량이 하락한다.

(2) IS식의 기울기($\dfrac{dr}{dY}$)를 구하면 $\dfrac{dr}{dY} = \dfrac{1 - C'}{I' + NX'}$ 인데 $0 < C' < 1$이며 I'과 NX'은 음의 부호를 가지므로 이것은 음(−)의 값을 가진다.

(3) I'가 클수록 IS는 수평에 가깝고(고전학파) I'가 작을수록 IS는 수직에 가깝다(케인스 학파).

(4) 투자의 이자율 탄력성

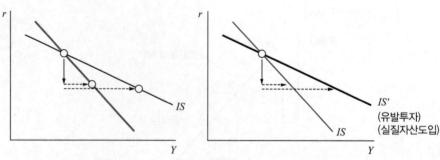

1. 투자의 이자율 탄력성 小 : $r_0 \geq r_1$ → 투자증가 小 → $Y_0 \leq Y_1$
2. 투자의 이자율 탄력성 大 : $r_0 \geq r_1$ → 투자증가 大 → $Y_0 \leq Y_1'$
3. 소득증가시 유발투자 또는 실질자산증가에 따른 소비증가로 더 크게 Y 증가(오른쪽 그림)

5. IS곡선의 이동

(1) 재화(생산물)시장에서의 모든 변화는 IS곡선을 이동시킨다. 이러한 IS곡선의 이동 요인과 이동방향은 비교정태분석을 위해 필수적이다.

(2) 소비성향 증가, 조세 감소, 투자를 유발하는 조세제도, 낙관적 미래전망의 증가, 자본의 예상되는 미래 수익성 증가, 수출 증가, 환율 상승 등의 요인들로 총지출이 증가하면 IS곡선은 우측으로 이동한다.

(3) 외국(미국, 중국, 일본 등)의 경제 위축, 우리나라의 물가 상승, 정부지출 감소 등의 요인들로 총지출이 감소하면 IS곡선은 왼쪽으로 이동한다.

원인	IS곡선
한계소비성향 증가, 독립투자 증가, 정부지출 증가, 순수출 증가, 감세	우로 이동
한계소비성향 감소, 독립투자 감소, 정부지출 감소, 순수출 감소, 증세	좌로 이동
명목통화량 증가, 물가 하락, 화폐수요 감소	불변
명목통화량 감소, 물가 상승, 화폐수요 증가	불변

6. 개방경제와 폐쇄경제에서의 IS곡선의 형태

(1) $S(Y-T) + T = I(r) + G + NX(Y)$에서 개방경제는 $NX(Y)$가 있는 경우이며 폐쇄경제는 $NX(Y)$가 없다.

(2) $NX(Y)$에서 Y가 증가하면 수입증가로 NX는 감소한다.

(3) 개방경제의 IS 곡선이 폐쇄경제의 IS보다 가파르다. 생산과 소득증가시 수입의 증가로 국내생산 활동이 감소하기 때문이다.

7. 상품시장의 불균형

(1) IS곡선상에 있는 점은 재화시장의 균형상태를 나타내고 이 균형상태를 벗어난 IS곡선의 위쪽은 재화시장의 초과공급상태이며 아래쪽은 초과수요영역이다.

(2) 균형상태에서 벗어나 있는 IS곡선의 위쪽 점은 지출이 산출량보다 더 적은 상태이며 따라서 산출량이 총지출보다 더 많은 초과공급상태를 나타낸다.

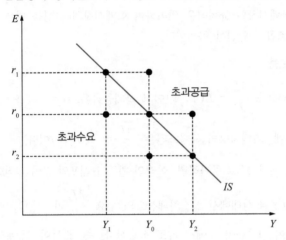

파트1
파트2
파트3
파트4
파트5
파트6
파트7
파트8
실전1
실전2

대표기출유형

📝 다음 중 자국의 실물시장균형을 나타내는 IS곡선에 대한 설명으로 옳지 않은 것은?

① 자국의 한계소비량이 커지면 IS곡선의 기울기가 완만해진다.

② 자국의 한계수입성향이 커질수록 IS곡선의 기울기는 가팔라진다.

③ 해외교역국의 한계수입성향이 커질수록 IS곡선의 기울기는 완만해진다.

④ 자국의 소득 증가로 인해 한계유발투자율이 증가하면 IS곡선의 기울기가 완만해진다.

정답 ③

해설 해외교역국의 경제상황과 관련된 것은 자국의 순수출에 영향을 준다. 즉, 해외교역국의 한계수입성향이 커질수록 자국의 순수출이 증가하여 IS곡선 자체가 우측으로 이동하게 된다.

화폐시장과 *LM* 곡선

☑ 화폐시장의 균형이란 '화폐공급 =화폐수요'의 조건이 충족될 때 를 의미한다.

1 *LM* 곡선

1. *LM* 곡선의 개념

*LM*곡선은 화폐시장의 균형식을 의미하며 화폐시장의 균형을 이루는 국민소득(Y)과 이자율(r)의 조합을 연결한 곡선이다.

2. *LM* 곡선의 도출

(1) 화폐수요함수가 $\dfrac{M_d}{P} = L(Y,\ r)$이고 화폐공급은 $M_s = \overline{M}$ 으로 외부적으로 결정

되는 경우에, 화폐시장의 균형조건은 $\dfrac{\overline{M}}{P} = L(Y,r)$이다.

(2) 소득이 Y_0에서 Y_1로 증가하면, 아래의 왼쪽 그래프와 같이 실질화폐잔고의 공급이

$\dfrac{\overline{M}}{P}$ 로 고정된 상태에서 실질화폐잔고의 수요 $\dfrac{M_d}{P}$가 $L(Y_0,\ r)$에서 $L(Y_1,\ r)$

로 증가하여 이자율이 r_0에서 r_1로 상승한다. 즉, 소득이 Y_0에서 Y_1로 증가하면 이자율이 r_0에서 r_1로 증가한다.

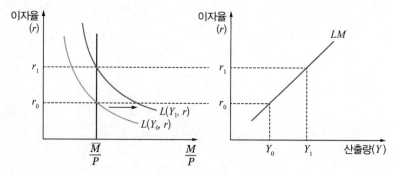

(3) 이와 같이 화폐시장에서 나타나는 이자율과 소득 사이의 관계를 *LM*곡선이라 한다.

3. *LM* 곡선의 수학적 도출

(1) 화폐수요함수의 구성

화폐수요함수	$\dfrac{M_d}{P} = kY - hr\ (k>0,\ h>0)$ (k : 화폐수요의 소득탄력성, h : 화폐수요의 이자율탄력성)
화폐공급함수	$M_S = M_0$

(2) *LM*곡선식

화폐 시장의 균형조건	$M_S = M_d$
LM곡선식	$r = \dfrac{k}{h}Y - \dfrac{1}{h} \cdot \dfrac{M_0}{P_0}$

4. LM 곡선의 기울기

(1) LM곡선의 기울기$\left(\dfrac{k}{h}\right)$는 화폐수요의 소득탄력성($k$)이 작을수록, 화폐수요의 이자율탄력성($h$)이 클수록 완만해진다.

(2) 화폐수요의 이자율탄력성(h)에 대한 고전학파와 케인스학파의 견해
   ① 신고전학파 : $h\downarrow \Rightarrow LM$곡선 급경사 $\Rightarrow$ 금융정책이 효과적
   ② 케인스학파 : $h\uparrow \Rightarrow LM$곡선 완만 $\Rightarrow$ 금융정책은 효과없음.

5. LM 곡선의 이동

(1) LM곡선의 절편$\left(-\dfrac{1}{h}\cdot\dfrac{M_0}{P_0}\right)$이 음(−)의 값을 가지므로 절편의 절댓값이 커지면 LM곡선은 우측으로 이동하고, 절편의 절댓값이 작아지면 LM곡선은 좌측으로 이동한다.

(2) 통화량(M)이 증가하면 절편의 절댓값이 커지므로 LM곡선은 우측으로 이동하고, 물가수준(P)이 상승하면 절편의 절댓값이 작아지므로 LM곡선은 좌측으로 이동한다.

2 화폐시장의 불균형

1. LM곡선상에 있는 점은 화폐시장의 균형상태를 나타내는데 이 균형상태를 벗어난 LM곡선의 위쪽은 화폐시장의 초과공급영역이고 아래쪽은 초과수요영역이다.

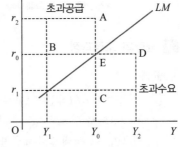

2. LM곡선의 아래쪽에 있는 C점은 E점과 비교하면 소득은 동일하게 Y_0인데 이자율이 r_1로 더 낮다. 이자율이 더 낮으므로 C점에서는 화폐수요가 주어진 화폐공급$\left(\dfrac{M}{P}\right)$보다 더 큰 상태이다. 따라서 C점에서는 화폐시장의 초과수요상태에 있으므로 균형을 이루기 위해서는 이자율이 r_0으로 상승하거나 소득이 Y_1로 감소하여야 한다.

✔ LM곡선의 기울기는 $\dfrac{k}{h}$이다.

파트1

파트2

파트3

✔ LM곡선의 절편은 $\left(-\dfrac{1}{h}\cdot\dfrac{M_0}{P_0}\right)$이다.

파트4

✔ LM곡선의 탄력성
   1. LM곡선의 탄력성은 이자율에 대한 화폐수요의 민감성과 소득에 대한 화폐수요의 민감성에 따라 결정된다.
   2. 화폐수요가 이자율에 대하여 탄력적일수록 LM곡선의 탄력성은 커지고, 화폐수요가 소득에 대하여 비탄력적일수록 LM곡선의 탄력성은 커진다.

파트5

파트6

파트7

파트8

실전1

실전2

대표기출유형

🔲 다음 중 LM 곡선을 우측으로 이동시키는 요인으로 옳은 것은?

① 통화공급의 증가　　　　　② 통화공급의 감소
③ 물가수준의 상승　　　　　④ 유동성 선호의 증가

정답 ①
해설 통화량(M)이 증가하면 절편의 절댓값이 커지므로 LM곡선은 우측으로 이동한다.
②·③·④ LM곡선을 좌측으로 이동시키는 요인이다.

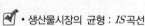
☑ • 생산물시장의 균형 : *IS*곡선
  • 화폐시장의 균형 : *LM*곡선
  • 생산물시장과 화폐시장의 동시 균형 : *IS*곡선과 *LM*곡선의 교점 균형이자율과 균형 국민소득의 결정

1 동시적 균형의 개념

1. *IS*곡선은 재화시장의 균형을 나타내는 산출량(Y)과 이자율(r)의 관계이고, *LM*곡선은 화폐시장의 균형을 나타내는 산출량(Y)과 이자율(r)의 관계이므로 이들이 만나는 점에서 두 시장의 균형이 동시에 이루어진다. 이러한 균형은 수요측면의 균형을 나타낸다.

2. 이 모형의 균형은 재화(Y)에 대한 총지출의 크기가 얼마나 되는가를 결정하는 것이며 이 지출이 결정되면 산출량이 자동적으로 총지출만큼 공급된다는 것이므로 수요측면(총수요의 크기)의 균형을 나타낸다.

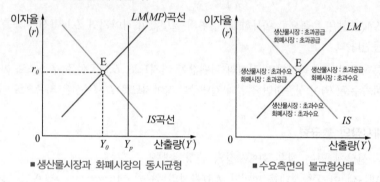
■ 생산물시장과 화폐시장의 동시균형　　■ 수요측면의 불균형상태

2 균형의 조정과정

1. 균형

(1) *IS*곡선과 *LM*곡선이 만나는 E점에서 균형이 이루어진다. E점은 *IS*곡선상에도 있고 *LM*곡선상에도 있기 때문에 두 시장(재화시장과 화폐시장)이 모두 균형상태에 있으며, 이 상태가 수요측면의 균형이 된다. 균형산출량(소득)은 Y_0이고 균형이자율은 r_0이다.

(2) 아래 그래프의 Y_P에서 수직인 선(완전고용선, Full Employment Line)은 완전 고용산출량(잠재산출량, Y_P)의 수준을 나타낸다. 균형산출량(Y_0)은 완전고용산출량(Y_P)보다 클 수도 있고 작을 수도 있으나 일반적으로 경기가 침체되어 있는 상황에서는 작다.

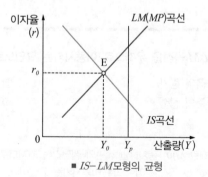
■ *IS*−*LM*모형의 균형

2. *IS-LM* 모형에서의 균형화 과정

(1) 균형점에서 벗어난 경우 새로운 균형점으로의 수렴 과정은 재화시장과 화폐시장의 반응속도에 따라 다양한 형태를 취한다.

(2) 통화량이 증가하여 새로운 균형점으로 접근하는 과정 : 균형점에서 통화량이 증가하면 화폐시장은 초과공급상태가 된다. 따라서 화폐시장의 균형을 위해 이자율이 하락하면 재화시장에서 투자와 순수출이 증가하고, 이에 따라 산출량(소득)이 증가한다. 산출량이 증가하면 화폐수요가 증가하여 이번에는 이자율이 상승하고, 이에 따라 투자(순수출)가 감소하여 산출량(소득)이 감소하고, 이에 따라 화폐수요가 감소하여 이자율이 하락하고, 다시 투자(순수출)가 증가하여 산출량이 증가한다. 이 과정을 거쳐 결국 두 시장이 모두 균형을 이루는 새로운 균형점으로 수렴하게 된다.

(3) 재화시장은 균형(총산출량=총수요)을 이루지만 화폐시장은 균형을 이루지 않은 경우(화폐수요<화폐공급) : 사람들은 수요보다 더 많은 화폐를 가지고 있으므로 채권을 구매함으로써 화폐를 줄이려고 할 것이다. 이에 따라 채권가격이 상승하고 이자율은 하락한다. 이자율이 충분히 조정되어 화폐시장이 균형을 이루는 것이 아니라 이자율이 하락함에 따라 재화시장에서도 조정이 일어나 투자와 순수출이 증가하며 따라서 총산출량이 증가한다. 즉, 경제는 *IS*곡선을 따라 아래로 이동하며, 이러한 과정은 이자율과 산출량이 새로운 균형점으로 수렴할 때까지 계속된다.

대표기출유형

☐ *IS-LM*곡선을 표시한 다음 그림 중 *A*점에 관한 설명으로 옳은 것은?

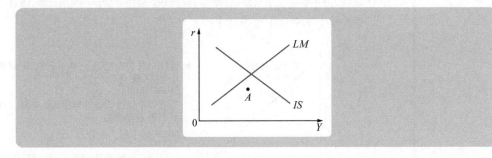

① 생산물시장의 초과공급, 채권시장의 초과공급
② 생산물시장의 초과수요, 화폐시장의 초과수요
③ 생산물시장의 초과수요, 화폐시장의 초과공급
④ 생산물시장의 초과공급, 채권시장의 초과수요

정답 ②

해설 *IS*곡선의 좌측에서는 *S*<*I*이므로 생산물시장의 초과수요상태에 있고, *LM*곡선의 우측에서는 낮은 이자율로 인한 화폐시장의 초과수요상태에 있다.

총수요와 총공급

> 한 재화 시장에서 소비자들이 사려고 하는 수량을 시장의 수요라고 하고, 이것을 가격과 수량에 대해 우하향하는 형태로 그리면 수요곡선이 된다.
>
> 총수요는 '총'이란 표현에서 보듯이 한 나라 안에서 생산된 재화와 서비스를 사려고 하는 수요를 모두 더한 것이다.
>
> 한 시장에서 생산자가 생산하려고 하는 수량을 시장의 공급이라고 한다면, 한 나라의 모든 생산자들이 생산하려고 하는 재화와 서비스의 총량을 총공급이라 한다.

1 총수요곡선

1. 총수요

(1) 가계가 쓰고자 하는 소비지출, 기업이 쓰려고 하는 투자지출, 정부가 쓰려고 하는 정부지출, 외국에서 쓰려고 하는 수출을 모두 더하면 총수요가 된다.

(2) 수입재화를 소비하면 총수요가 그만큼 줄어드는 것이므로 총수요에서 수입은 (-)요인이다.

> 총수요＝가계소비＋기업투자＋정부지출＋수출－수입

(3) 이자율이 상승하면 기업의 투자가 감소하여 총수요가 줄어들고, 물가가 올라가면 해외재화에 비해 국내재화의 가격이 비싸져 수출이 줄고 수입은 늘어나며 또한 가계소비, 기업투자, 수출이 줄고 수입이 늘어 총수요가 감소한다.

(4) 우하향의 형태이며, 총수요를 변화시키는 물가 이외의 요인은 총수요곡선을 이동시킨다.

2. 총수요의 변동

(1) 정부가 지출을 증가시키거나 정부가 세금을 감면하면 가계가 사용할 수 있는 소득이 증가하여 총수요가 증가한다.

(2) 기업들이 미래에 대해 낙관적인 견해를 갖고 투자를 증가시키면 총수요가 증가한다.

(3) 정부가 환율을 인상하면 수출이 늘어나고 수입이 감소하여 총수요가 증가한다.

(4) 교역 상대국의 호황으로 소득이 증가하면 국내 재화와 서비스에 대한 수요(수출)가 증가해서 총수요가 증가한다.

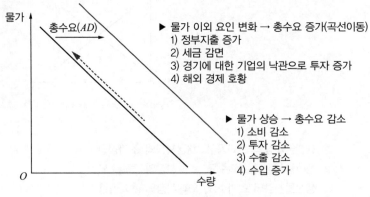

■ 총수요곡선상의 이동과 곡선의 이동

(5) 중앙은행이 통화량을 증가(감소)시키는 정책을 취하는 경우에도 총수요가 증가(감소)한다. 통화량이 증가하면 이자율이 하락하고 이자율의 하락은 투자와 소비 증가로 이어져 총수요를 자극하기 때문이다.

2 총공급곡선

1. 총공급곡선의 형태

(단기)총공급곡선도 한 시장의 공급곡선과 같이 우상향의 형태이다.

2. 총공급곡선의 이동

(1) 총공급곡선은 기업의 생산비용을 반영한다. 따라서 기업들의 생산조건에 변화가 오면 총공급곡선이 움직인다.

(2) 유가가 상승하면 기업의 생산비용이 올라가 총공급곡선이 좌측 또는 위로 이동한다.

(3) 신기술이 개발되면 같은 노동과 자본으로 더 많은 생산이 가능해지고 총공급곡선이 우측 또는 아래로 이동한다.

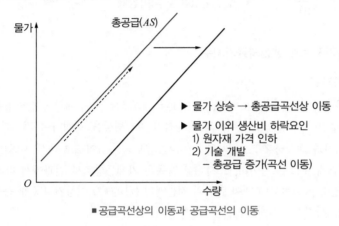

■공급곡선상의 이동과 공급곡선의 이동

☑ 균형 GDP 의 결정

• 한 나라의 총수요와 총공급이 만나면 균형 GDP 가 결정된다.

• 만약 기업들이 투자를 줄이면 총수요곡선이 좌측으로 이동하면서 물가가 하락하여 균형생산량인 GDP 가 줄어드는 불황이 올 수 있고, 정부가 지출을 확대해 총수요가 증가하면 물가가 상승하고 균형생산량인 GDP 가 증가하는 경기 호황이 발생할 수도 있다.

• 유가가 상승하면 총공급이 줄어 물가가 올라가고 생산이 감소한다.

파트1
파트2
파트3
파트4
파트5
파트6
파트7
파트8
실전1
실전2

대표기출유형

🗋 **다음 중 총수요 감소를 초래할 수 있는 경우는?**

① 정부의 개별소비세 인하 발표로 인해 소비경기가 회복되고 있다.

② 지난 1년간 환율(원/달러)이 꾸준히 증가하고 있다.

③ 중앙은행의 지급준비율 인상으로 인해 이자율이 상승하였다.

④ 정부가 기업의 투자촉진을 위해 투자기업에 대한 세금감면 정책을 실시하였다.

⑤ 정부가 경기침체를 극복하기 위해 대규모 토목사업을 실시하였다.

정답 ③

해설 총수요=소비(C)+투자(I)+정부지출(G)+순수출($X-N$)
이자율이 상승하면 투자와 소비가 줄어 총수요가 감소하게 된다.

물가지수

1 개념

1. 현실에서는 물가수준을 측정하기 위해 기준연도의 가격수준을 100으로 설정하여 지수화한 물가지수(Price Index)를 이용한다.

2. 우리나라의 대표적인 물가지수 기준연도는 2015년이다.

3. 어떤 해의 물가지수가 110이라면 이는 기준연도에 비해 물가가 10% 올랐음을 의미하고, 지난해의 물가지수가 110이었고 올해의 물가지수가 113.3이라면 이는 한 해 동안 물가가 3%$\left(=\dfrac{113.3-110}{110}\times100\right)$ 상승하였음을 의미한다.

2 소비자물가지수와 생산자물가지수

1. 소비자물가지수

(1) 소비자물가지수(Consumer Price Index ; CPI)는 가구에서 일상생활을 영위하기 위해 구입하는 상품과 서비스의 평균적인 가격변동을 측정하여 지수화한 것이다.

(2) 대상지역과 대상품목 : 소비자물가지수(2015년=100)의 조사대상 지역은 서울을 비롯한 38개 주요 도시이며, 조사대상 품목은 가계동향조사 결과에서 나타난 조사항목별 월평균 소비 지출액이 총소비 지출액의 1/10,000 이상인 460개 품목이다(상품 308개, 서비스 152개).

2. 생산자물가지수

(1) 생산자물가지수(Producer Price Index ; PPI)는 국내생산자가 국내(내수)시장에 출하하는 상품 및 서비스의 종합적인 가격수준을 측정하여 지수화한 것이다.

(2) 조사대상 : 상품의 경우 모집단거래액(내수출하액)의 1/10,000 이상, 서비스의 경우 1/2,000 이상으로 소속 상품군의 가격변동을 대표할 수 있다.

3. 소비자물가지수와 생산자물가지수의 차이점

(1) 소비자물가지수는 상품부문에 소비재만을 포함하는 반면, 생산자물가지수는 소비재는 물론 자본재도 포함하고 원재료 및 중간재까지 포함한다.

(2) 서비스부문의 경우 소비자물가지수는 개인서비스만을 포함하지만 생산자물가지수는 주로 기업용서비스를 포함하며 일부 개인용서비스도 포함한다.

(3) 생산자물가지수는 가격변동이 심한 대상을 포함하기 때문에 소비자물가지수와 비교하여 상대적으로 높은 변동성을 보인다.

(4) 소비자물가지수는 부가가치세 등을 포함하여 소비자가 실제로 지불하는 소비자가격을 조사하는 반면, 생산자물가지수는 생산자가 제품 한 단위당 실제로 수취하는 기초가격(Basic Price)을 조사한다.

- 소비자물가지수는 대표적인 물가지표로서 가계의 생계비나 화폐가치를 비교하는 데 이용되며 국민연금, 공무원연금 등의 사회보장수혜금이나 노사 간 임금조정 시 참고지표로 활용한다.
- 생산자물가지수는 명목금액을 실질금액으로 환산해 주는 디플레이터(Deflator)의 용도뿐만 아니라 경기동향을 판단하는 지표로도 이용한다.

〈우리나라 주요 물가지수 비교〉

구분	소비자물가지수	생산자물가지수	수출입물가지수
작성기관	통계청	한국은행	한국은행
작성 목적	가계가 소비하는 상품 및 서비스의 가격수준 측정	국내생산자가 국내시장에 출하하는 상품 및 서비스의 가격수준 측정	수출 및 수입 상품의 가격수준 측정
대상 품목 선정 기준	가계동향조사 소비지출액이 총소비지출액의 1/10,000 이상인 품목	국내출하액의 1/10,000 이상인 상품 및 1/2,000 이상인 서비스 품목	전체 수출액 및 수입액의 1/2,000 이상인 품목
지수 기준연도	2015년	2015년	2015년
조사가격	소비자 구입가격	기초가격	수출입계약가격
지수산식	연쇄가중 라스파이레스식	연쇄가중 로우식	연쇄가중 로우식
이용 범위	생계비 또는 화폐가치 비교, 국민연금 수령액 및 노사 간 임금 조정 등을 위한 기초자료 등	상품 및 서비스의 전반적인 수급 파악, 실질국내총생산 산출 등	수출 채산성 및 수입원가 변동측정, 교역조건 계산, 실질 국내총생산 산출 등

☑️ 수출입물가지수
(eXport and iMport Price Indexes ; *XMPI*)
1. 개념
   수출 및 수입상품의 종합적인 가격수준을 측정하여 지수화한 것이다.
2. 조사대상 품목(매년 재산정)
   • 수출물가지수 및 수입물가지수의 조사대상 품목은 각각 209개, 229개로 통관기준 총수출액 및 총수입액에서 차지하는 비중이 1/2,000 이상인 품목이다.
   • 선박, 항공기, 예술품, 귀금속, 무기류 등 가격조사가 곤란하거나 가격시계열 유지가 어려운 품목들은 제외한다.

대표기출유형

📋 물가지수에 대한 설명 중 가장 적절하지 않은 것은?

① 소비자 물가지수에는 수입재의 가격도 포함된다.

② 소비자 물가지수는 기준연도의 수량을 가중치로 삼는 라스파이레스 방식으로 측정되며, 실제보다 물가변동을 과대평가하는 경향이 있다.

③ 생산자물가지수의 포괄범위가 소비자물가지수의 포괄범위보다 좁다.

④ 물가지수와 화폐의 구매력은 서로 역(逆)의 관계다.

⑤ 주택가격과 원자재, 자본재는 소비자물가지수에 포함되지 않는다.

정답 ③

해설 생산자물가지수는 소비자물가지수의 포괄범위보다 넓어 전반적인 상품의 수급동향이 반영된 물가지수이다.

인플레이션

1 인플레이션의 원인

1. 수요견인 인플레이션

> 수요견인 인플레이션은 국민 경제에서 전체적 수요 증가에 따른 물가 상승으로 주로 경기호황과 함께 나타난다.

(1) 확대재정정책, 과도한 통화량 증가, 민간 소비나 투자의 갑작스러운 변동에 따른 수요충격 등은 총수요를 증가시켜 수요견인 인플레이션(Demand-Pull Inflation)을 발생시킨다.

(2) 국민 소득이 늘어나면서 소비, 투자, 정부지출, 순수출 등 총수요의 증가로 인해 물가가 상승한다.

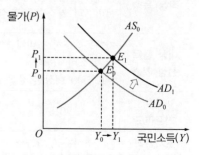

(3) 정부가 침체에 빠진 경기를 부양하기 위해서 정부지출을 확대하고 세율을 인하하는 등의 급격한 확대재정정책을 시행하면 총수요가 증가하여 수요견인 인플레이션이 발생할 수 있다. 이 경우 총수요곡선은 오른쪽으로 이동한다.

2. 비용상승 인플레이션(Cost-Push Inflation)

> 비용상승 인플레이션이란 공급 측 요인에 의한 인플레이션으로 재화나 서비스의 생산과 관련한 투입요소의 비용상승에 의해 물가가 지속적으로 상승하게 되는 것을 말한다.

(1) 생산의 주요 투입요소인 노동, 자본 등의 비용이 상승하면 기업은 증가된 생산비용을 가격에 반영시키므로 최종 재화의 가격이 상승한다.

(2) 총수요의 변동이 없는 상황에서 원자재 가격, 임금 등의 생산비용이 상승하면 기업들은 생산비용이 상승된 만큼 제품 가격을 인상시켜 이를 보전하려 하기 때문에 물가 상승을 유발한다.

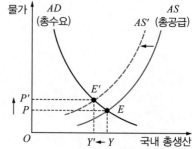

2 인플레이션의 사회적 비용

1. 예상된 인플레이션의 비용

(1) 구두창 비용(Shoe Leather Cost) : 인플레이션이 예상될 경우 사람들은 가능한 한 현금보다는 예금의 비중을 크게 하고자 한다. 이 경우 사람들은 현금을 지출할 필요가 있을 때마다 은행에 더욱 자주 방문하게 되고, 포트폴리오 구성을 바꾸기 위해 일종의 비용을 지불하게 된다. 이를 흔히 신발이 닳는다고 해서 구두창 비용이라 한다.

(2) 계산단위비용 : 인플레이션에 따라 세율을 변경할 필요가 있을 경우, 세법개정안을 마련하여 국회에 제출하거나 세법이 개정된 이후 이를 실행하는 행정적·사무적 절차 등의 사회적 비용이 발생한다.

(3) 메뉴 비용(Menu Cost) : 기업과 상인들은 물가상승에 맞추어 가격표를 자주 바꾸어야 하는데 가격변화에 대한 정보수집과 가격표를 교체하는 데서도 비용이 발생한다.

2. 예상되지 않은 인플레이션의 비용

(1) 채무의 실질가치 저하 : 인플레이션은 돈을 빌린 채무자가 유리해지고, 돈을 빌려주는 채권자는 매우 불리해져 재산권에 대한 신뢰가 손상된다.

(2) 미래에 대한 불확실성

① 인플레이션이 만연해지면 정상적인 경제활동의 가장 큰 적인 미래에 대한 불확실성(uncertainty)이 커진다.

② 인플레이션이 만연해지면 사회 전반적인 근로의욕 저하나 생산을 위한 투자활동의 위축을 초래하여 결국 국민 경제의 건전한 성장을 저해한다.

(3) 국제수지의 악화(수출 감소, 수입 증가) : 인플레이션이 발생하면 외국 상품에 비해 상대적으로 자국 상품의 가격이 비싸지기 때문에 상대적으로 싼 수입품을 더 많이 찾게 된다. 따라서 수입이 증가하고 수출품의 가격 상승으로 수출이 감소한다.

www.gosinet.co.kr **gosi**net

파트1
파트2
파트3
파트4
파트5
파트6
파트7
파트8
실전1
실전2

☑ 인플레이션의 영향
• 실물자산 소유자의 실질 소득 증가, 봉급생활자, 금융자산 소유자의 실질 소득 감소 → 빈부격차 심화, 부동산 투기 성행
• 화폐 가치 하락→저축 감소 → 기업의 투자 위축
• 국내 상품의 가격 상승→수출 감소, 수입 증가→국제수지 악화

대표기출유형

🗨 **예상하지 못한 인플레이션이 발생할 때의 상황으로 가장 적절한 것은?**

① 실질이자율이 상승한다.
② 채무자는 이익을 보지만 채권자는 손해를 본다.
③ 고정된 화폐소득을 얻는 봉급생활자에게 유리하다.
④ 정부의 조세수입은 감소한다.
⑤ 위의 상황 모두 적절하다.

정답 ②

해설 예상하지 못한 인플레이션이 발생하면 나중에 상환해야 할 원금의 가치가 하락하므로 채권자는 불리해지고, 채무자는 유리해진다.

① 명목이자율은 상승하고 실질이자율은 하락한다.
③ 고정된 연금, 월급을 받는 고정소득자는 인플레이션으로 실질 가계소득이 감소하기 때문에 가계의 실질 구매력이 감소한다.
④ 예상하지 못한 인플레이션이 발생하면 가계는 불리해지고 정부는 유리해진다. 즉 정부의 조세수입은 증가한다.

디플레이션

1 디플레이션 개요

디플레이션(Deflation)이란 물가가 지속적으로 하락하는 현상을 말하며, 디플레이션하에서는 물가상승률이 마이너스로 하락하는 인플레이션이 나타난다. 디플레이션이 발생하는 원인은 생산물의 과잉공급, 자산거품의 붕괴, 과도한 통화 긴축정책, 생산성 향상 등으로 다양하지만 궁극적으로는 유통되는 통화의 양이 재화 및 서비스의 양보다 적기 때문에 화폐 가치는 상승하고 반대로 물가는 하락하는 디플레이션이 발생한다.

> ☑ 디플레이션이 반드시 인플레이션과 대립되는 (−)인플레이션이라는 식의 개념으로만 사용되지는 않는다. 최근에는 수요 및 산출량 감소, 실업률 증가 등으로 경제에 활력이 없어질 경우에 실물경기의 장기침체와 자산 및 금융시장의 불안상황(Distress)을 포괄해 사용되기도 한다.

2 디플레이션의 발생원인

1. 생산성 및 기술의 향상

생산성 및 기술의 발달로 인해 재화의 공급이 크게 증가하여 가격이 하락하는 현상으로, 1990년대 이후 우리나라 자동차에 대한 수요가 크게 증가했지만 자동차의 가격은 거의 상승하지 않고 있다는 점을 예로 들 수 있다.

2. 수요 감소 및 잠재 성장률 하락

실물 자산에 대한 수요가 줄어들고 경제 성장률이 하락하는 등 경제 활력이 감소하게 되어 발생한다. 1980년대 후반의 부동산 버블이 걷힌 이후 일본의 자산 가격이 지속적으로 하락하고 경제가 위축되었던 1990년대 초반의 일본 경제를 예로 들 수 있다.

3 디플레이션이 경제에 미치는 영향

1. 소비 감소

디플레이션하에서 소비자들은 전처럼 물건을 구매하려고 하지 않는다.

2. 화폐가치 상승

재화의 가격이 하락한다는 것은 화폐의 가치가 상승한다는 뜻이다. 물가하락 기대를 수반함으로써 '물가하락 ↔ 수요부진'의 악순환에 빠질 가능성이 높다.

3. 부채에 대한 부담 증가

(1) 주택 담보 대출 등 부채를 많이 지닌 사람들은 화폐의 가치 상승으로 인해 어려움을 겪을 가능성이 더 높다.

(2) 과잉부채가 심각한 상황에서는 실질 채무부담이 증가하면서 디플레이션이 만성화(Debt Deflation)될 위험이 커진다.

4. 실질임금의 상승

디플레이션하에서 근로자의 실질 임금은 상승한다.

5. 기업의 투자위축

물가가 하락하면 실질금리가 상승하여 기업의 투자가 위축된다.

6. 고용여건 악화

수요가 감소하는 가운데 실질 임금이 상승하게 되면 기업의 수익성이 악화되어 고용을 유지하기 힘들어지기 때문에 실업률이 증가한다.

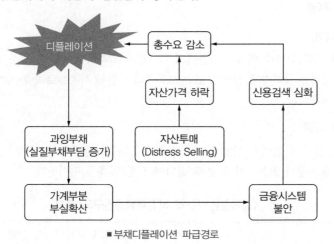

■ 부채디플레이션 파급경로

파트1

파트2

파트3

파트4

파트5

파트6

파트7

파트8

실전1

실전2

대표기출유형

☐ 디플레이션이란 경기가 하강하면서 물가도 하락하는 현상을 말한다. 디플레이션이 경제에 미치는 영향으로 가장 거리가 먼 것은?

① 실업률 상승   ② 화폐가치 하락

③ 설비투자 감소   ④ 경제성장률 하락

정답 ②

해설 디플레이션은 시중에 통화량이 크게 줄어들어 물가가 하락하고 화폐가치가 오르면서 경제활동이 침체되는 현상을 뜻한다.

실업

☑ 경제활동인구
수입이 있는 일에 종사하고 있거나 취업을 하기 위하여 구직활동 중에 있는 사람

☑ 비경제활동인구
만 15세 이상 인구 중에서 집안에서 가사 또는 육아를 전담하는 주부, 학교에 다니는 학생, 일을 할 수 없는 연로자 및 심신장애자, 자발적으로 자선사업이나 종교단체에 관여하는 사람(전업은 제외), 그리고 구직단념자 등을 의미

1 실업의 개념

1. 실업의 의의

실업이란 일할 능력과 의지가 있음에도 불구하고 일자리를 구하지 못하고 있는 상태를 말한다. 실업은 국가경제 전체로 보면 노동력의 불완전 사용으로 인한 낭비를 가져오는 요인이 된다.

2. 실업률의 측정

실업률은 한 국가 안에서 실업자 비율이 얼마나 되는가를 측정한 것이다. 우리나라에서는 매월 통계청이 표본조사를 통해 실업에 관한 통계를 작성한다.

〈경제활동인구와 비경제활동인구의 구분〉

전체 인구	15세 이상 인구	노동 가능 인구	경제 활동 인구	취업자	• 수입 목적으로 1시간 이상 일한 자 • 18시간 이상 일한 무급가족종사자 • 일시휴직자
				실업자	15일을 포함한 지난 1주 동안 수입을 목적으로 1시간도 일하지 않고 지난 4주간 일자리를 찾아 적극적으로 구직활동을 하였던 사람으로서 일이 주어지면 곧바로 취업할 수 있는 자
			비경제활동인구		주부, 학생, 진학 준비자, 취업준비생, 연로자, 심신장애자, 구직 단념자 등
		군인 · 재소자 · 전투경찰			
	15세 미만 인구	근로기준법상 노동력 제공이 불가능한 연령			

2 고용률과 경제활동참가율

1. 경제활동참가율

(1) 15세 이상 인구 중에서 취업자와 실업자를 합한 경제활동인구의 비율이다.

(2) 총인구나 15세 이상 인구의 규모가 같더라도 경제활동참가율이 다르면 노동시장에 공급되는 전체 노동력은 달라진다.

(3) 경제활동참가율이 높을수록 실업여부와 상관없이 일단 일하고자 하는 사람이 많다는 것을 의미하며 이는 그 나라의 노동시장이 건전하다는 것을 보여 준다.

$$경제활동참가율(\%) = \frac{경제활동인구}{15세\ 이상\ 인구} \times 100$$

$$= \frac{경제활동인구}{경제활동인구 + 비경제활동인구} \times 100$$

2. 실업률과 고용률

(1) 실업률

① 경제활동인구 중에서 실업자가 차지하는 비율이다.

$$실업률(\%) = \frac{실업자}{경제활동인구} \times 100 = \frac{실업자}{(실업자 + 취업자)} \times 100$$

② 비경제활동인구 중 조사 기간 중에 구직활동을 하지 않아 비경제활동인구로 분류되는 취업준비자나 구직 단념자가 증가하는 경우 오히려 실업률이 낮아지는 경우가 발생하기도 한다.

③ 청년실업률 : 15세부터 29세에 해당하는 청년층의 실업률이다.

$$청년실업률(\%) = \frac{15 \sim 29세\ 실업자}{15 \sim 29세\ 경제활동인구} \times 100$$

(2) 고용률 : 15세 이상 인구 중 취업자의 비율이다.

$$고용률(\%) = \frac{취업자\ 수}{15세\ 이상\ 노동가능인구} \times 100$$

파트1
파트2
파트3
파트4
파트5
파트6
파트7
파트8
실전1
실전2

대표기출유형

🔲 아래 〈표〉는 A국의 고용지표 변화를 나타낸 것이다. 이에 대한 분석으로 가장 적절한 것은?

〈A국의 고용자료 변화〉

15세 이상 인구	경제활동인구	실업자 수
감소	증가	감소

① 실업률 상승   ② 고용률 하락

③ 취업자 수 증가   ④ 비경제활동인구 증가

정답 ③

해설 경제활동인구＝실업자 수＋취업자 수이므로 경제활동인구↑, 실업자수↓ ⇒ 취업자수↑

① $\dfrac{실업자\ 수\downarrow}{경제활동인구\uparrow} \times 100 = 실업률\downarrow$

② 실업자 수가 감소한다는 것은 취업자 수가 증가한다는 것이므로 $\dfrac{취업자\ 수\uparrow}{15세\ 이상\ 인구\downarrow} \times 100 = 고용률\uparrow$

④ 15세 이상 인구＝경제활동인구＋비경제활동인구이므로 15세 이상 인구↓, 경제활동인구↑ ⇒ 비경제활동인구↓

고전학파와 케인스학파의 비교

구 분	고전학파	케인스학파
총수요곡선	• 우하향의 직각쌍곡선 • 이동요인 : 통화량의 변화(LM곡선의 이동)	• 일반적으로 우하향 • 이동요인 : 통화량, 정부지출, 조세, 독립투자·소비, 순수출 등의 변화 ($IS-LM$곡선의 이동)
총공급곡선	완전고용국민소득수준에서 수직	단기 : 우상향, 장기 : 수직
필립스곡선	총공급곡선이 수직일 때 수직	• 단기 : 우하향하며 안정적 • 장기 : 수직(자연실업률가설)
노동시장	• 임금 : 완전신축적 • 화폐환상 : 부재 • 노동수요 : 실질임금의 함수(노동의 한계생산물의 가치에 의해 결정) • 노동공급 : 실질임금의 함수 • 완전고용 : 자발적 실업만 존재	• 임금 : 하방경직적 • 화폐환상 : 존재 • 노동수요 : 실질임금의 함수(재화시장의 수요량에 의해 결정) • 노동공급 : 명목임금의 함수, 예상실질임금의 함수 • 불완전고용 : 비자발적 실업 존재

생산물시장	• IS곡선 : 완만
	• 저축·투자
	   – 이자율에 탄력적
	   – 저축이 미덕
	• 공급이 수요를 창조 : 세이의 법칙
		• IS곡선 : 급경사
		• 저축·투자
		   – 이자율에 비탄력적
		   – 소비가 미덕(절약의 역설)
		• 수요가 공급을 결정 : 유효수요의 원리

화폐시장	• 화폐의 기능 : 교환의 매개수단 • 이자율 : 투자와 저축에 의해 결정(실물적 이자론) • LM곡선 : 수직(화폐수요의 이자율 탄력성이 0) • 화폐의 중립성 : 실물시장과 화폐시장의 이분화 • 화폐수량설 : $MV=PY$	• 화폐의 기능 : 가치저장의 수단 • 이자율 : 화폐수요와 공급에 의해 결정(유동성선호설) • LM곡선 : 완만(화폐수요의 이자율 탄력성이 큼) • 화폐의 상호연계성 : 실물시장과 화폐시장의 상호 연계
실업	• 원인 : 제도적 요인(노동시장의 불안전성, 노동조합의 존재, 실업보험제도 등) • 대책 : 제도적 개선	• 원인 : 유효수요 부족 • 대책 : 유효수요 증대

인플레이션	• 원인 : 수요견인인플레이션 – LM곡선의 우측 이동(과도한 통화량 증가) • 대책 : 적절한 통화량 공급	• 원인 : 수요견인인플레이션 – IS곡선의 우측 이동, 비용인상인플레이션 – 임금 인상, 공급충격 등 • 대책 : 수요견인인플레이션 – 총수요 억제, 비용인상인플레이션 – 소득정책
경제의 안정성	안정적	불안정적
정부개입	비개입주의	적절한 개입주의
재정정책	완전구축효과 없음	효과적(재량적 재정정책으로 경제안정화 도모)
금융정책	화폐의 중립성 : 실질변수 변동 불가능	비효과적

파트1

파트2

파트3

파트4

파트5

파트6

파트7

파트8

실전1

실전2

대표기출유형

▢ 다음은 고전학파와 케인스학파의 거시경제관에 대한 설명이다. 가장 적절하지 못한 것은?

① 고전학파와 케인스학파는 모두 채권, 주식 등 자산시장의 균형을 고려하지 않았다는 약점을 가지고 있다.

② 고전학파는 화폐가 실물경제변수에 영향을 미치지 못한다고 본 반면, 케인스학파는 화폐가 실물경제변수에 영향을 미친다고 본다.

③ 고전학파는 저축과 투자가 이자율의 조정에 의해 일치하게 된다고 보는 반면, 케인스학파는 저축과 투자가 국민총생산의 변화를 통해 일치하게 된다고 본다.

④ 고전학파는 노동에 대한 수요가 노동의 한계생산물의 가치에 의해 주로 결정된다고 보는 반면, 케인스학파는 재화시장의 수요량에 의해 큰 영향을 받는다고 본다.

정답 ①

해설 고전학파인 리카도는 공채누적이 자본축적을 저해하여 국민경제에 해롭다는 공채의 이론을 주장하였다.

빈출 지문에서 뽑은 O/X

01 해외교역국의 한계수입성향이 커질수록 IS곡선은 좌측으로 이동한다. (O / ×)

02 LM곡선은 화폐공급과 상품수요를 일치시키는 이자율과 국민소득의 조합을 연결한 선이다. (O / ×)

03 물가가 하락하면 LM곡선은 좌측으로 이동한다. (O / ×)

04 정부지출이 증가하면 IS곡선은 우측으로 이동한다. (O / ×)

05 케인스의 유동성함정처럼 화폐수요가 이자율에 완전탄력적이면 LM곡선은 수직이다. (O / ×)

06 IS곡선이나 LM곡선이 우측으로 이동하면 AD곡선은 좌측으로 이동한다. (O / ×)

07 화폐에 대한 수요가 이자율에 민감하게 반응하지 못할 때 LM곡선은 가팔라진다. (O / ×)

08 구축효과란 조세를 인상할 경우 민간부문의 가처분소득이 감소하여 소비지출이 감소하는 현상을 의미한다. (O / ×)

09 $IS-LM$모형 하에서 재정지출 확대에 따른 구축효과(Crowding-Out Effect)는 다른 조건이 일정한 경우 투자의
이자율탄력성이 낮을수록 커진다. (O / ×)

10 투자의 한계효율곡선이 상당히 수평적일 경우 통화정책의 영향은 큰 반면에 재정정책의 영향은 작다. (O / ×)

11 $IS-LM$모형에서 정부지출을 증가시켰을 때 투자의 이자율탄력성이 클수록 구축효과가 작아진다. (O / ×)

12 케인스의 유동성함정에서 확대금융정책을 실시했을 경우 개인의 화폐보유에 대하여만 영향을 미친다. (O / ×)

13 재정적 견인은 완전고용의 달성을 위한 총수요 증대가 조세 증대로 억제되는 것을 말한다. (O / ×)

14 리카도의 등가정리에 의하면 정부가 지출을 늘릴 때 재원조달을 국채발행으로 하면 민간소비가 증가한다. (O / ×)

15 재정의 자동안정화 장치는 정책당국의 경기상황에 대한 인식이 전제되어야 한다. (O / ×)

16 투자가 이자율에 대해 완전탄력적인 경우에 통화정책의 소득증대효과가 가장 크게 나타난다. (O / ×)

17 $IS-LM$모형에서 한계소비성향이 클수록 긴축적 통화정책은 국민소득을 크게 감소시킨다. (O / ×)

18 $IS-LM$모형에서 투자가 이자율에 민감하게 반응할수록 확장적 통화정책은 국민소득을 크게 증가시킨다. (O / ×)

www.gosinet.co.kr gosinet

파트1
파트2
파트3
파트4
파트5
파트6
파트7
파트8
실전1
실전2

[정답과 해설]

01	02	03	04	05	06	07	08	09	10	11	12
×	×	×	○	×	×	○	×	×	○	×	○

13	14	15	16	17	18
○	×	×	○	○	○

01 해외교역국의 한계수입성향이 커질수록 순수출이 증가하므로 IS곡선 자체가 우측으로 이동하게 된다.

02 LM곡선은 화폐공급과 화폐수요를 일치시키는, 즉 화폐시장의 균형을 이루게 하는 이자율과 국민소득의 조합점을 연결한 선을 말한다.

03 물가가 하락하면 LM곡선은 우측으로 이동한다.

04 정부지출이 증가하면 이자율은 변하지 않으나 총수요가 증가한다. 이러한 관계는 모든 이자율수준에서 마찬가지로 적용되기 때문에 IS곡선은 우측(상방)으로 이동하게 된다.

05 화폐수요가 이자율에 탄력적일수록 LM곡선은 완만해진다. LM곡선이 수직인 경우는 이자율탄력성(h)이 0일 때이다.

06 IS곡선이나 LM곡선이 우측으로 이동하면 AD곡선도 우측으로 이동한다.

07 화폐수요의 소득탄력성(k)이 클수록, 이자율탄력성(h)이 작을수록 LM곡선이 가팔라진다.

08 구축효과(Crowding-Out Effect)란 조세감면이나 국공채 발행을 통해 확대재정정책을 실시할 경우 총수요 증가효과가 이자율 상승으로 인한 민간투자와 민간소비의 감소로 상쇄되는 현상을 말한다.

09 다른 조건이 일정한 경우 투자의 이자율탄력성이 낮을수록, 즉 IS곡선의 기울기가 클수록 구축효과는 작아진다.

10 투자의 한계효율곡선이 수평적인 형태를 취하게 되면 투자가 이자율에 매우 탄력적이게 되므로, 구축효과가 크게 나타나게 되어 재정정책의 효과는 작게 되고, 반대로 통화정책의 효과는 상대적으로 크게 나타나게 된다.

11 투자의 이자율탄력성이 클수록 IS곡선이 완만한 형태가 되기 때문에 구축효과가 커지게 된다. 따라서 재정정책의 효과는 작아진다.

12 유동성함정구간에서는 화폐의 수요곡선과 LM곡선이 수평이므로 이 경우 확대금융정책으로 통화공급량을 증가시켜도 이자율을 낮출 수 없으므로 기업의 투자를 자극할 수 없게 되어 국민소득도 변동하지 않는다. 다만, 이때의 금융정책을 통해 개인이 앞으로 이자율이 상승할 것이라는 예상을 할 수 있기 때문에 개인의 화폐보유량만 증가시키게 된다.

13 재정적 견인이란 완전고용을 달성하거나 유지하기 위해 필요한 총수요의 증가가 조세징수의 증가로 저지되는 것을 의미한다.

14 정부가 지출을 늘릴 때 재원조달을 국채발행으로 하면 사람들은 미래의 조세 증가를 예상하고 저축을 증가시키므로 민간소비는 변하지 않는다.

15 재정정책은 적극적이기는 하지만 제도적 제약이 크고 계획 설정에 선행되는 경기예측의 불확실성이 내포되어 있으며 정책실현까지 시차가 존재한다. 자동안정화 장치는 재정구조 내에서 자동적으로 국민소득의 변동을 어느 정도 완화시켜주도록 하는 소극적 재정조치로, 제도적 제약이 없을 뿐만 아니라 시차도 단축시킬 수 있으며, 경기상황에 대한 인식이 전제되지 않는다.

16 투자가 이자율에 대해 완전탄력적인 경우에는 IS곡선이 수평선의 형태가 되므로 통화정책의 소득증대효과가 가장 크게 나타난다.

17 한계소비성향이 클수록 IS곡선이 완만해지므로 LM곡선을 좌측으로 이동시키는 긴축적 통화정책을 실시하면 국민소득을 크게 감소시킨다.

18 투자가 이자율에 민감하게 반응할수록, 즉 투자의 이자율탄력성이 클수록 IS곡선이 완만해지므로 LM곡선을 우측으로 이동시키는 확장적 통화정책을 실시하면 국민소득을 크게 증가시킨다.

19 $IS-LM$모형에서 화폐수요가 소득에 민감하게 반응할수록 확장적 재정정책은 국민소득을 크게 증가시킨다. (O / ×)

20 $IS-LM$모형에서 화폐수요가 이자율에 민감하게 반응할수록 긴축적 재정정책은 국민소득을 크게 감소시킨다. (O / ×)

21 $IS-LM$모형을 이용하여 정부가 조세와 통화량의 공급을 동시에 증가시킬 때 균형이자율은 하락하지만 균형국민소득의 변화는 알 수 없다. (O / ×)

22 정부지출이 증가하면 이자율이 하락하고, 화폐의 유통속도가 감소한다. (O / ×)

23 실물부문에 비해 화폐시장의 불확실성이 클수록 이자율보다는 통화량을 중간목표로 설정하는 것이 경기안정화에 더 효과적이다. (O / ×)

24 단기총공급곡선은 우상향할 때, 예상물가수준이 하락하면 장기총공급곡선은 우측으로 이동한다. (O / ×)

25 총공급곡선의 기울기는 투자의 이자율탄력성에 의해서 결정된다. (O / ×)

26 LM곡선은 단기에서의 이자율수준과 물가수준을 알려주고, 총수요곡선은 장기에서의 생산량수준과 물가수준을 알려준다. (O / ×)

27 총수요곡선은 통화공급이 변화하는 경우에 균형국민소득결정모형에서 도출되는 IS곡선과 유동성선호이론에서 도출되는 LM곡선으로부터 얻어진다. (O / ×)

28 거시경제의 총수요-총공급모형에서 최저임금이 인상되면 장기총공급곡선은 우측으로 이동한다. (O / ×)

29 물가가 하락하면 이자율이 하락하고 실질환율이 절상되어 총수요곡선은 우측으로 이동한다. (O / ×)

30 생산자물가지수와 소비자물가지수는 모두 한국은행에서 작성한다. (O / ×)

31 GDP디플레이터는 기준연도의 거래량을 가중치로 삼는 라스파이레스(Laspeyres)지수이다. (O / ×)

32 라스파이레스수량지수는 물가변화를 과소평가하는 경향이 있고, 파셰수량지수는 물가변화를 과대평가하는 경향이 있다. (O / ×)

33 소비자물가지수에는 국내에서 생산된 재화와 용역만 포함된다. (O / ×)

34 소비자물가지수는 비교연도의 거래량을 가중치로 이용하는 파셰지수이다. (O / ×)

35 GDP디플레이터는 외국기업이 우리나라에서 생산한 상품의 가격을 반영하지 못한다. (O / ×)

36 다른 조건이 일정 불변일 때 원자재가격이 상승하면 수요견인 인플레이션이 발생한다. (O / ×)

www.gosinet.co.kr **gosi**net

파트1

파트2

파트3

파트4

파트5

파트6

파트7

파트8

실전1

실전2

[정답과 해설]

19	×	20	○	21	○	22	×	23	×	24	×	25	×	26	×	27	×	28	×	29	×	30	×
31	×	32	×	33	×	34	×	35	×	36	×												

19 화폐수요가 소득에 민감하게 반응할수록, 즉 화폐수요의 소득탄력성이 클수록 LM곡선의 기울기가 급해지므로 IS곡선을 우측으로 이동시키는 확장적 재정정책을 실시하면 재정정책의 효과가 작아진다.

20 화폐수요가 이자율에 민감하게 반응할수록, 즉 화폐수요의 이자율탄력성이 클수록 LM곡선의 기울기가 완만해지므로 IS곡선을 좌측으로 이동시키는 긴축적 재정정책을 실시하면 재정정책의 효과가 커진다.

21 조세와 통화량의 공급을 동시에 증가시킬 때 두 곡선 모두가 이자율을 하락시키는 방향으로 이동하므로 이자율은 확실히 하락하지만, 소득은 두 곡선의 모양과 두 곡선의 이동폭(조세증가량, 통화량증가량)에 따라 다르므로 알 수 없다.

22 정부지출이 감소됐을 경우에 나타나는 현상이다. 일반적으로 정부지출이 감소되면 이자율이 하락함에 따라 투기적 동기의 화폐수요가 증가하므로, 화폐의 유통속도가 감소한다.

23 실물부문에 비해 화폐시장의 불확실성이 클수록 통화량보다는 이자율을 중간목표로 설정하는 것이 실질 GDP의 변동이 적으므로 경기안정화에 더 효과적이다.

24 장기총공급곡선의 이동은 예상물가수준과 상관없이 경제의 생산능력에 의해서 결정되지만, 단기총공급곡선은 예상물가수준이 하락하면 우측으로 이동하고, 예상물가수준이 상승하면 좌측으로 이동한다.

25 투자의 이자율탄력성은 IS곡선의 기울기와 총수요곡선의 기울기에 영향을 준다. 총공급곡선의 기울기는 예상물가, 가격변수의 신축성·경직성에 의해서 결정된다.

26 LM곡선은 화폐시장의 균형을 이루는 이자율수준과 국민소득수준의 관계를 알려주고, 총수요곡선은 물가수준과 총수요의 관계를 알려준다.

27 총수요곡선은 물가수준이 변화하는 경우에 각각의 물가수준과 $IS-LM$모형에서의 균형국민소득의 관계를 나타낸다.

28 최저임금이 인상되면 비용인상요인으로 작용하므로 장기총공급곡선이 좌측으로 이동한다.

29 물가가 하락하면 총수요곡선이 우측으로 이동하는 것이 아니라 총수요곡선상에서 우하향으로 이동한다.

30 생산자물가지수는 한국은행이 작성하고, 소비자물가지수는 통계청에서 작성한다.

31 GDP디플레이터는 가격변동을 직접 조사하여 작성하는 것이 아니라 경상가격으로 표시된 GDP를 기준연도의 불변가격으로 표시된 실질 GDP로 나누어 사후적으로 산출하는 파셰지수이다.

32 라스파이레스수량지수는 일반적으로 물가변화를 과대평가하는 경향이 있고, 파셰지수는 일반적으로 물가변화를 과소평가하는 경향이 있다.

33 소비자물가지수는 국내에서 소비되고 있는 모든 재화가 포함된다. 따라서 수입품가격을 포함한다.

34 비교연도의 거래량을 가중치로 이용하는 것은 라스파이레스지수이다. 파셰지수는 기준연도의 거래량을 가중치로 이용한다.

35 GDP디플레이터는 GDP에 포함되는 모든 재화와 서비스를 포괄하므로 외국기업이 우리나라에서 생산한 상품의 가격을 반영하고 있다.

36 다른 조건이 일정할 때 원자재가격이 상승하면 총공급곡선이 좌측으로 이동하므로 비용인상 인플레이션이 발생한다.

37 수요견인 인플레이션은 생산 증가를 동반하고, 비용인상 인플레이션은 고용 증가를 동반한다. (O / ×)

38 케인스의 진정 인플레이션(True Inflation)은 완전고용이 이루어진 상태 이후 화폐수량이 증가하고 물가수준이
    상승함으로써 발생하는 인플레이션을 말한다. (O / ×)

39 관리가격 인플레이션은 독과점기업의 독점이윤 획득을 위한 가격 인상으로 인하여 발생하는 인플레이션이다. (O / ×)

40 인플레이션 헷징(Hedging)이란 자산소유자가 인플레이션에서 오는 손해를 막기 위하여 취하는 행위를 말한다. (O / ×)

41 완전고용 이전의 상태에서 총수요가 증가하여 이것의 일부는 생산의 증대를 가져오고 나머지 일부는 물가의
    상승을 가져오는 것을 스테그플레이션이라고 한다. (O / ×)

42 예상인플레이션율이 증가하면 실질이자율이 상승한다. (O / ×)

43 인플레이션을 완전히 예상할 수 있다면 메뉴 비용이 발생하지 않는다. (O / ×)

44 합리적 기대이론에 의하면 예상인플레이션율이 증가할 경우 인플레이션이 심화된다. (O / ×)

45 예상하지 못한 인플레이션이 발생하면 고정된 연금으로 생활하는 사람들에게 유리해지며, 자연실업률도 하락하게
    된다. (O / ×)

46 통화증가율의 상승이 실질이자율을 낮춰 소비, 투자, 소득을 증가시키는 것을 피셔(Fisher)효과라고 한다. (O / ×)

47 장기명목이자율인 국공채이자율이 5%, 현재 인플레이션율은 3%이고 예상인플레이션율이 2%일 때 사전적(Ex-
    Ante)인 실질이자율은 3%이다. (O / ×)

48 명목이자율이 인플레이션에 연동되었다면 인플레이션율이 낮을수록 실질이자율이 낮아진다. (O / ×)

49 전체 인구 중 생산가능인구가 차지하는 비율이 상승했다면 경제활동참가율이 상승했을 것이다. (O / ×)

50 오쿤(Okun)의 법칙이 성립하고 장기에 화폐수량설이 성립할 때 중앙은행이 통화공급을 줄이면 실업률은 단기에는
    상승하나 장기에는 자연실업률로 복귀한다. (O / ×)

51 효율성임금이론에 의하면 근로자에게 시장의 임금수준보다 높은 임금을 지불하는 것이 근로자의 생산성을 높일
    수 있기 때문에 기업주에게도 이득이 된다고 한다. (O / ×)

52 케인스는 유효수요 감소로 인한 실업 발생을 자발적 실업이라 하였다. (O / ×)

53 자연실업은 구조적 실업과 경기적 실업의 합계를 말한다. (O / ×)

54 실제경제성장률이 잠재성장률보다 높을 경우에 실업률은 자연실업률수준보다 낮다. (O / ×)

[정답과 해설]

| 37 | × | 38 | ○ | 39 | ○ | 40 | ○ | 41 | × | 42 | × | 43 | × | 44 | ○ | 45 | × | 46 | × | 47 | ○ | 48 | × |
| 49 | × | 50 | ○ | 51 | ○ | 52 | × | 53 | × | 54 | ○ | | | | | | | | | | | | |

37 수요견인 인플레이션은 총수요가 증가하여 물가가 상승하는 것이므로 생산 증가를 동반하지만, 비용인상 인플레이션은 총공급이 감소하여 물가가 상승하는 것이므로 고용 증가를 동반할 수 없다.

38 케인스의 진정 인플레이션이란 완전고용이 이루어진 상태 이후에 화폐수량이 증가하고 물가수준이 상승함으로써 발생하는 인플레이션으로, 총수요가 완전고용산출량을 초과할 때 발생한다.

39 관리가격 인플레이션은 독과점기업의 독점이윤 획득을 위해 가격을 높임으로써 발생하는 인플레이션이다.

40 인플레이션 헷징이란 인플레이션으로 인한 실질자산가치가 하락하는 것을 막기 위해 자산소유자가 인플레이션에 대한 방어적 행위를 하는 것으로, 인플레이션 헷징이 나타나면 더욱 높은 인플레이션을 유발하는 경우가 많다.

41 반인플레이션(Semi-Inflation)에 대한 설명이다. 인플레 그네이션 또는 스태그플레이션이란 경기침체에도 불구하고 물가가 상승하는 것을 말한다.

42 피셔효과에 의하면 실질이자율=명목이자율-예상인플레이션율이므로, 예상인플레이션율이 증가하면 실질이자율이 하락하게 된다.

43 인플레이션이 예상되면 기업들은 가격조정을 시도할 것이므로 메뉴 비용이 발생한다. 메뉴 비용이란 인플레이션으로 인한 가격조정 시 발생되는 제반비용을 의미한다.

44 다른 조건이 일정할 때 합리적 기대이론에 의하면 예상인플레이션율이 증가할 경우 노동자들은 더 높은 임금 인상을 요구하게 되므로 총공급곡선이 좌측으로 이동하게 되어 인플레이션이 심화된다.

45 예상하지 못한 인플레이션이 발생하면 고정된 명목임금을 받는 근로자, 고정된 연금으로 생활하는 사람, 명목가치가 고정된 금융자산을 보유하고 있는 사람들은 불리해지며, 자연실업률은 경제구조에 의해 결정되므로 예상하지 못한 인플레이션이 발생해도 하락하지 않는다.

46 피셔효과란 통화증가율의 상승에 따라 예상인플레이션율이 상승함으로써 명목이자율이 비례적으로 높아지는 것으로, 실질이자율이 변하지 않는다.

47 피셔효과에 의하면 사전적 실질이자율=명목이자율-예상인플레이션율이므로 5-2=3(%)이다.

48 화폐단위로 측정된 원금과 이자의 비율인 명목이자율이 인플레이션에 연동되었다는 것은 명목이자율과 인플레이션이 1:1의 비율로 변하는 것을 의미하므로 인플레이션율이 낮아지면 명목이자율도 낮아진다. 따라서 실물단위로 측정된 원금과 이자의 비율인 실질이자율은 변하지 않는다.

49 생산가능인구란 15세 이상의 인구를 말하고, 경제활동인구란 15세 이상의 인구 중 일할 의사가 없거나 일할 능력이 없는 사람을 제외한 인구를 말하므로, 전체 인구 중 생산가능인구가 차지하는 비율이 상승하더라도 증가한 생산가능인구가 모두 일할 의사가 없거나 일할 능력이 없는 비경제활동인구라면 경제활동참가율은 낮아지게 된다.

50 오쿤의 법칙이 성립하고 장기에 화폐수량설이 성립할 때, 즉 자연실업률수준에서는 중앙은행이 통화공급을 줄이면 단기에는 실업률이 상승하나 장기에는 자연실업률로 복귀한다.

51 효율성임금이론은 임금이 단순히 수요·공급을 조절하는 전통적인 역할뿐만 아니라, 근로자의 생산성 자체를 결정하는 역할을 한다는 것으로, 노동의 질은 지불되는 임금에 따라서 증가한다는 것이다. 또한, 실질임금이 높을 경우에는 이직률이 낮아지기 때문에 신규채용자에 대한 교육비나 이직자의 경험상실 등에 따른 이직비용을 줄일 수도 있다.

52 비자발적 실업에 대한 설명이다. 케인스는 실업을 자발적 실업과 비자발적 실업으로 구분하였는데, 자발적 실업이란 일할 능력을 가지고 있으면서도 현재의 노동환경에서 일할 의사를 가지고 있지 않은 상태의 실업을 의미한다.

53 자연실업(Natural Unemployment)이란 경기의 흐름과는 관계없이 구조적으로 존재하는 장기균형상태에서의 실업으로 마찰적 실업과 구조적 실업의 합계를 의미하며, 마찰적 실업의 증가는 자연실업률을 증가시킨다. 따라서 자연실업률은 실제실업률이 상승하거나 하락할 때의 기준이 되는 정상적인 실업률이다.

54 실제경제성장률이 잠재경제성장률보다 높은 경우는 바로 경기가 과열된 상태이므로 실제실업률은 자연실업률수준보다 낮게 된다.

55 총공급곡선이 우측으로 이동하면 필립스곡선이 우측으로 이동한다. (O / ×)

56 스태그플레이션은 인플레이션율이 상승하면서 실업률이 감소되는 현상으로, 공급충격은 스태그플레이션을 초래할 수 없다. (O / ×)

57 일단 실업이 고수준으로 올라가고 나면 경기확장정책을 쓰더라도 그것이 다시 내려오지 않는 경향을 보이고 있는데 이러한 현상을 오쿤의 법칙(Okun's Law)이라고 한다. (O / ×)

58 고전학파에서 저축과 투자는 소득변화에 의한 저축변화로 항상 같게 된다고 주장한다. (O / ×)

59 고전학파 모형에 따르면 구축효과는 국공채발행의 경우에는 나타나지만, 조세정책의 경우에는 나타나지 않는다. (O / ×)

60 통화주의자들은 중앙은행이 추구해야 할 정책으로 매년 통화량을 일정비율로 증가시켜야 한다고 주장한다. (O / ×)

61 물가변동에 대한 연동(Indexation)계약이 일반화될수록 통화정책의 경기안정화 효과가 커진다. (O / ×)

62 케인스학파는 화폐유통속도가 이자율 변동의 영향을 받지 않는다고 주장한다. (O / ×)

63 통화주의는 재정정책만이 효력을 발휘할 수 있다고 보지만, 케인스주의는 화폐정책을 가장 주된 정책수단으로 본다. (O / ×)

64 통화주의는 투자지출이 국민소득을 결정하는 가장 중요한 인자라고 보지만, 케인스주의는 통화량을 제일 중요한 결정인자라고 본다. (O / ×)

65 통화주의는 경제안정을 위해 중앙은행이 재량을 발휘하여 적극적으로 금융정책을 사용해야 한다고 보지만, 케인스주의는 통화량의 증가율을 고정시켜야 한다고 본다. (O / ×)

66 루카스를 중심으로 한 새고전학파(The New Classical School)는 단기의 필립스곡선이 우상향할 수 있으나 장기에는 수직한다고 하였다. (O / ×)

67 합리적 기대이론에 따를 때 정부의 확장적 재정정책의 효과는 비공개적으로 비밀리에 시행할 때만 효과가 있다. (O / ×)

68 노동공급과 노동수요가 일치하는 시장균형임금수준이 효율성임금수준과 같다. (O / ×)

69 효율성임금이론에 의하면 노동자의 생산성은 실질임금에 의하여 좌우된다. (O / ×)

70 재정정책은 일반적으로 금융정책에 비하여 내부시차(Inside Lag)가 짧다. (O / ×)

71 쿠즈네츠가설은 경제성장과 소득분배의 불평등도에 관한 가설이다. (O / ×)

72 경기변동국면 중 이자율이 가장 높아지는 시기는 호황기이다. (O / ×)

www.gosinet.co.kr gosinet

파트1
파트2
파트3
파트4
파트5
파트6
파트7
파트8
실전1
실전2

[정답과 해설]

| 55 | × | 56 | × | 57 | × | 58 | × | 59 | × | 60 | ○ | 61 | × | 62 | × | 63 | × | 64 | × | 65 | × | 66 | × |
| 67 | ○ | 68 | × | 69 | ○ | 70 | × | 71 | ○ | 72 | ○ | | | | | | | | | | | | |

55 필립스곡선과 총공급곡선은 표리관계에 있으므로 총공급곡선이 우측으로 이동한다는 것은 필립스곡선이 좌측으로 이동한다는 것을 의미한다.

56 스태그플레이션은 인플레이션율과 실업률이 동시에 높아지는 현상으로, 불리한 공급충격으로 총공급곡선이 이동하게 되면 필립스곡선 자체가 우상향으로 이동하게 되므로 스태그플레이션이 발생한다.

57 제시된 설명은 이력현상(Hysteresis Effect)에 관한 것이고, 오쿤의 법칙(Okun's Law)이란 한 나라의 산출량과 실업 사이에 경험적으로 관찰되는 안정적인 음(−)의 상관관계로, 실업에 따른 산출량 손실에 대한 계산 및 확대적인 정책규모의 파악 등에 이용된다.

58 고전학파는 저축과 투자가 이자율에 탄력적이라고 본다. 여기서 이자율은 투자와 저축에 의해서 결정된다는 입장이다.

59 고전학파 모형에 따르면 조세감면이 이루어질 경우 민간의 가처분소득이 증가하므로 민간소비가 증가하게 되어 저축이 감소하게 된다. 저축이 감소하면 대부자금의 공급이 감소하므로 이자율이 상승하게 되며, 이에 따라 민간투자가 감소하는 구축효과가 발생한다.

60 통화주의자들은 정책당국이 재량적 통화정책을 운용하지 말고 일정한 준칙, 예를 들어 장기경제성장률 등에 맞추어 통화공급을 일정비율로 증가시켜야 한다고 주장한다.

61 물가변동에 대한 연동계약(Indexation)이 일반화될수록 물가 상승 시 임금이 비례적으로 상승하게 되어 총공급곡선이 수직선에 가까워진다. 즉, 통화정책의 경기안정화 효과가 작아진다.

62 케인스학파는 화폐수요의 이자율탄력성이 커서 화폐수요함수가 매우 불안정적이며, 따라서 화폐유통속도도 매우 불안정적이라는 입장이다.

63 케인스주의는 재정정책만이 효력을 발휘할 수 있다고 보지만, 통화주의는 화폐정책을 가장 주된 정책수단으로 본다.

64 케인스주의는 투자지출이 국민소득을 결정하는 가장 중요한 인자라고 보지만, 통화주의는 통화량을 제일 중요한 결정인자라고 본다.

65 케인스주의는 경제안정을 위해 중앙은행이 재량을 발휘하여 적극적으로 금융정책을 사용해야 한다고 보지만, 통화주의는 통화량의 증가율을 고정시켜야 한다고 본다.

66 단기의 필립스곡선은 물가예상이 정확한 경우에는 수직이고 부정확한 경우에는 우하향한다. 반면 장기의 필립스곡선은 수직이다.

67 합리적 기대이론에 의하면 정부가 아무도 예상하지 못한 정책을 실시할 경우에만 단기적으로 효과를 거둘 수 있다.

68 효율성임금수준은 노동의 평균생산성이 극대화되는 임금수준으로 시장균형임금수준보다 높은 수준이다.

69 효율성임금이론은 시장실질임금보다 더 높은 실질임금인 효율성임금(Efficiency Wage)을 지급하면 노동자의 생산성이 향상된다는 이론이다.

70 일반적으로 재정정책은 추가적인 예산편성이 필요하거나 국회의 논의와 의결을 거쳐야 하므로 금융정책보다 내부시차가 길다.

71 쿠즈네츠는 경제성장과 소득분배라는 두 가지 관점에서 경제성장 초기단계에서는 소득불평등이 악화되지만, 경제성장이 일정단계를 넘어서면 소득분배가 개선된다는 U자 가설을 제시하였다.

72 경기변동국면 중 호황기에는 시장거래가 활성화되고 기업의 투자가 증가하기 때문에 자금수요가 늘어나서 금리가 오르게 된다.

73 실물적 경기변동이론(Real Business Cycle Theory)에 의하면 시장 전체의 노동공급곡선은 매우 가파른 기울기를 갖는다. (O / ×)

74 루카스(R. Lucas)의 경기변동이론에 의하면 민간이 예상하지 못한 통화량 변화가 경기변동을 일으킨다. (O / ×)

75 루카스 등 새고전학파는 경기변동을 자연산출량수준으로부터 이탈하는 현상으로 생산물시장과 노동시장에서 가격과 임금의 경직성 때문에 발생한다고 보고 있다. (O / ×)

76 허쉬만은 그의 이론에서 전방연관효과와 농업의 중요성을 강조하였다. (O / ×)

77 슘페터(J. A. Schumpeter)는 기술혁신을 행한 기업가는 장기적으로 독점이윤을 얻는다고 하였다. (O / ×)

78 생활수준의 향상을 양적인 성장으로 측정하고자 할 때 대표적으로 쓰이는 지표는 명목국민소득의 증가율이다. (O / ×)

79 경제성장에 있어서 평균저축성향(APS)이 중요한 이유는 완전고용경제에 있어 총산출량 중 저축되어 투자되는 비율을 나타내기 때문이다. (O / ×)

80 기술혁신이 경제성장에 미치는 영향에 대해 새고전학파적 견해는 기술변화가 내생적이라고 하는 데 반해 현대적인 견해는 기술변화가 외생적이어서 가격이나 이윤과 같은 경제신호에 반응한다는 것이다. (O / ×)

81 Harrod-Domar의 경제성장이론에 의하면 자본과 노동의 완전고용을 유지하는 성장률을 자연성장률이라고 한다. (O / ×)

82 경제성장에 관한 솔로우(Solow)모형에 의하면 기술진보는 경험을 통한 학습효과 등 경제 내에서 내생적으로 결정된다. (O / ×)

83 해로드 모형은 요소대체가 가능하고, 규모에 대한 보수가 불변인 생산함수를 가정한다. (O / ×)

84 가난한 상태에서 출발한 나라들이 부유한 상태에 있는 나라들에 비해 성장률이 낮은 경향을 따라잡기 효과라고 한다. (O / ×)

85 내생적 성장이론에 의하면 장기적으로 지속적인 성장을 위해서는 생산함수가 모든 투입요소에 대하여 한계생산 체감을 보이지 않아야 한다. (O / ×)

86 내생적 성장에 관한 학습효과(Learning-By-Doing)모형은 의도적인 교육투자의 중요성을 강조한다. (O / ×)

파트1

파트2

파트3

파트4

파트5

파트6

파트7

파트8

실전1

실전2

[정답과 해설]

73	×	74	○	75	×	76	×	77	×	78	×	79	○	80	×	81	×	82	×	83	×	84	×
85	×	86	×																				

73 실물적 경기변동이론에서 개별노동자의 노동공급곡선은 매우 가파른 기울기를 갖지만, 실질임금이 상승하면 노동의 기간간 대체가 발생하여 경제활동인구가 증가하므로 시장 전체의 노동공급곡선은 완만해진다.

74 루카스(R. Lucas)의 경기변동이론에 따르면 경기변동은 예상할 수 없는 통화량의 변화에 의하여 일어난다는 것이다. 즉, 경제주체들은 미래의 경제변수를 합리적으로 예측하지만, 정부의 예상하지 못한 통화량증가정책에 의하여 경기가 변동한다는 것이다.

75 새케인스학파에 대한 설명이다. 루카스 등 새고전학파는 경기변동이 예상치 못한 통화량 변화, 즉 불완전 정보로 인한 경제변수들에 대한 예측오류로 인해 발생한다고 하였다.

76 허쉬만은 후방연관효과가 큰 산업을 집중적으로 육성할 것을 주장하며, 농업보다 공업을 우선적으로 개발해야 한다고 하였다.

77 슘페터는 경제발전은 기업가의 끊임없는 기술혁신이 계기가 되어 이룩된다고 하였다. 따라서 기업가는 이윤획득을 위해 기술혁신을 도모하며, 기술혁신을 도모한 기업가는 일시적으로 독점이윤을 얻을 수 있지만 그 기술을 모방한 새로운 기업이 진입하여 독점이윤이 소멸되기 때문에 장기에 있어서는 독점이윤을 얻을 수 없게 된다.

78 생활수준의 향상을 양적인 성장으로 측정하고자 할 때 대표적으로 쓰이는 지표는 실질국민소득(GDP)증가율로, 경제성장률에서 인구증가율을 차감한 1인당 실질 GDP증가율을 계산하여 측정해야 한다.

79 APS는 소득에서 소비되지 않고 저축하는 비율을 의미하므로, APS가 높을수록 경제에 투자되는 자본량이 많아지므로 경제성장과 밀접한 관련이 있다.

80 기술혁신이 경제성장에 미치는 영향에 대해 새고전학파적 견해, 즉 솔로우 모형에서는 기술변화가 외생적이라고 하는데 반해 현대적인 견해, 즉 내생적 성장이론에서는 지속적인 경제성장을 가능하게 해주는 기술변화가 물적 자본의 축적, 인적 자본에 대한 투자, 연구 및 개발 등에 의해 내생적으로 일어난다는 입장이다.

81 Harrod-Domar의 경제성장이론에서는 자본의 완전고용을 유지하는 성장률을 적정성장률(Warranted Rate of Growth), 노동의 완전고용을 유지하는 성장률을 자연성장률(Natural Rate of Growth)이라고 한다.

82 내생적 성장이론에 대한 설명이다. 솔로우모형은 기술수준이 모형의 외부에서 외생적으로 주어졌다고 가정하기 때문에 외생적 성장이론(Exogenous Growth Theory)이라고도 한다.

83 해로드 성장모형은 요소대체가 불가능하고, 규모에 대한 보수가 불변인 생산함수를 가정한다.

84 따라잡기 효과(Catch-Up Effect)란 가난한 상태에서 출발한 나라들의 경제성장률이 부유한 상태에 있는 나라들의 경제성장률보다 높기 때문에 가난한 상태에서 출발한 나라들이 부유한 상태에 있는 나라들을 따라잡는 효과, 즉 수렴가설이 성립되는 것을 말한다. 가난한 상태에서 출발한 나라들의 경제성장률이 높은 이유는 1인당 자본량이 상대적으로 작아 자본의 한계생산성이 높기 때문이다.

85 내생적 성장이론에서는 자본에 대한 수확 체감이 존재하지 않는다고 가정하고 있다. 따라서 장기적으로 지속적 성장을 위해서 생산함수가 모든 투입요소에 대하여 한계생산 체감을 보이지 않을 필요는 없다. 하나의 생산요소라도 한계생산 체감을 극복하면 지속적인 경제성장이 가능해진다.

86 의도적인 교육투자의 중요성을 강조하는 것은 인적 자본모형이다. 내생적 성장에 관한 학습효과(Learning-By-Doing)모형은 의도적인 교육투자가 아닌 통상적인 생산과정에서 나타나는 학습효과의 중요성을 강조하는 모형이다.

기출예상 문제

01 투자의 이자율 탄력성을 b, 그리고 한계소비성향을 c라고 할 때, *IS*곡선이 가장 가파른 모양을 나타내는 조건은?

① b가 최대, c가 최소일 때
② b가 최소, c가 최대일 때
③ b와 c가 모두 최소일 때
④ b와 c가 모두 최대일 때

02 다음 〈보기〉 중 *IS*곡선과 *LM*곡선의 기울기를 가파르게 만드는 조건을 모두 고른 것은?

> **보기**
>
> (가) 화폐수요의 소득에 대한 탄력성이 커졌다.
> (나) 화폐수요의 이자율에 대한 탄력성이 작아졌다.
> (다) 투자의 이자율에 대한 탄력성이 커졌다.

① (가), (나)
② (가), (다)
③ (나), (다)
④ (가), (나), (다)

03 폐쇄경제하의 *IS-LM*곡선에 대한 설명으로 옳지 않은 것은?

① 유동성 함정에서 *LM*곡선은 수직이 된다.
② 민간수요가 줄어들면 *IS*곡선은 좌측으로 이동한다.
③ 정부가 재정지출을 늘리면 *IS*곡선은 우측으로 이동한다.
④ *LM*곡선의 이동은 거래적 화폐수요에 영향을 받는다.

04 정부가 재정지출을 ΔG만큼 늘리는 동시에 조세를 ΔG만큼 증가시키고, 화폐공급량을 ΔG만큼 줄인 경우 IS곡선의 이동(ㄱ)과 LM곡선의 이동(ㄴ)에 대한 설명으로 옳은 것은? (단, 한계소비성향은 0.75이다)

	(ㄱ)	(ㄴ)		(ㄱ)	(ㄴ)
①	이동하지 않음	좌측 이동	②	우측 이동	우측 이동
③	우측 이동	좌측 이동	④	좌측 이동	좌측 이동
⑤	좌측 이동	우측 이동			

05 다음 〈보기〉와 같이 생산물시장과 화폐시장이 주어졌다. $G=100$, $M^s=500$, $P=1$이고 균형재정일 때, 균형국민소득(Y)과 균형이자율(r)은?

보기

- $Y = C + I + G$
- $C = 100 + 0.8(Y - T)$
- $I = 80 - 10r$
- $\dfrac{M^d}{P} = Y - 50r$

(단, C는 소비, I는 투자, G는 정부지출, T는 조세, M_s는 명목화폐공급, M^d는 명목화폐수요, P는 물가를 나타내고, 해외부문과 총공급부문은 고려하지 않는다)

	Y	r		Y	r
①	750	5	②	750	15
③	250	5	④	250	15

06 다음 〈보기〉와 같은 $IS-LM$ 모형에서 균형국민소득의 크기는? (단, Y는 국민소득, Y^d는 가처분소득, C는 소비, G는 정부지출, T는 조세, r은 이자율, I는 투자, M^d는 명목화폐수요, M^s는 명목화폐공급을 나타내고, 해외부문과 총공급부문은 고려하지 않는다)

보기

- $C = 125 + 0.5 Y^d$
- $Y^d = Y - T$
- $T = 0.2 Y$
- $I = 100 - 100r$
- $G = 40$
- $M^d = 50 + 0.5 Y - 200r$
- $M^s = 200$

① 300 ② 400 ③ 500 ④ 600

07 다음 〈보기〉와 같은 $IS-LM$ 모형에서의 균형이자율(r)은?

> **보기**
>
> - $Y = C + I + G$
> - $I = 1,600 - 100r$
> - $M^s = 5,000,\ P = 2$
> - $C = 200 + 0.8(Y - T)$
> - $G = T = 1,000$
> - $\dfrac{M^d}{P} = 0.5Y - 250r + 500$
>
> (단, Y는 국민소득, C는 소비, I는 투자, T는 조세, G는 정부지출, r은 이자율, P는 물가, M^s는 명목화폐공급, M^d는 명목화폐수요를 의미하고, 해외부문과 총공급부문은 고려하지 않는다)

① 5%   ② 6%
③ 7%   ④ 8%

08 다음 〈보기〉와 같이 소비함수, 투자함수, 화폐수요함수가 주어진 가상의 경제가 있다(단, 이 경제에서는 정부지출(G)과 조세(T) 및 대외거래가 없고 중앙은행이 통화를 외생적으로 공급한다).

> **보기**
>
> • 소비 $C = 50 + 0.5Y$ • 투자 $I = 50 - 400r$ • 화폐수요 $L = Y - 200r$

현재 명목통화공급량(M^s)이 200이고 물가가 2일 때, $IS-LM$ 균형을 달성하는 실질이자율(r)과 실질소득(Y)을 순서대로 알맞게 짝지은 것은?

	r	Y		r	Y		r	Y
①	8%	116	②	9%	118	③	10%	120
④	11%	122	④	12%	124			

www.gosinet.co.kr gosinet

파트1

파트2

파트3

파트4

파트5

파트6

파트7

파트8

실전1

실전2

09 폐쇄경제하에서 다음 〈보기〉의 $IS-LM$ 모형을 참고할 때, 균형이자율($r*$)이 6이 되는 화폐공급(K)은?

보기

- $C = 200 + 0.8(Y - T)$
- $G = T = 1,000$
- $L = 0.5Y - 250r + 500$
- $I = 1,600 - 100r$
- $M = K$

(단, Y는 국민소득, C는 소비, T는 세금, I는 투자, r은 이자율, G는 정부지출, M은 명목화폐공급, L은 명목화폐수요이고, r의 균형 값인 균형이자율은 $r*$로 표시한다)

① 2,300

② 2,500

③ 2,700

④ 3,000

10 다음 〈보기〉와 같은 $IS-LM$ 모형에서 균형이자율($r*$)과 균형국민소득($Y*$)은 각각 얼마인가?

보기

- $Y = C + I + G$
- $I = 150 - 600r$
- $M^d = M^0$
- $M^0 = 1,000$
- $C = 100 + 0.8(Y - T)$
- $G = 200$, $T = 0.5Y$
- $\dfrac{M^d}{P} = 2Y - 8,000(r + \pi^e)$
- $P = 1$, $\pi^e = 0$

(단, Y : 국민소득, C : 소비, I : 투자, r : 이자율, T : 세금, G : 정부지출, P : 물가, π^e : 기대물가상승률, M^d : 명목화폐수요, M^0 : 명목화폐공급이고, r의 균형 값인 균형 값인 균형이자율은 $r*$로, Y의 균형값인 균형국민소득은 $Y*$로 표시한다)

	$r*$	$Y*$		$r*$	$Y*$		$r*$	$Y*$
①	5%	700	②	5%	800	③	6%	700
④	6%	800	⑤	7%	1,000			

11 다음 〈보기〉의 그림에서 *IS*곡선은 생산물시장의 균형을, *LM*곡선은 화폐시장의 균형을 나타낸다. A점에서의 생산물시장과 화폐시장에 대한 설명으로 옳은 것은?

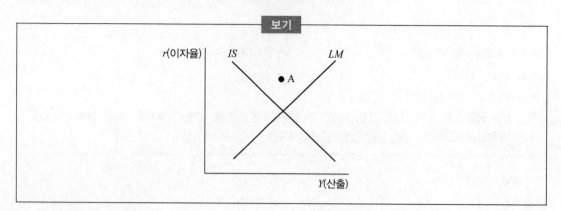

	생산물시장	화폐시장		생산물시장	화폐시장
①	초과공급	초과공급	②	초과수요	초과공급
③	초과공급	초과수요	④	초과수요	초과수요

12 다음 〈보기〉 같은 *IS-LM* 모형을 가정한 국가의 잠재총생산 수준이 Y^* 라고 할 때, 총생산갭을 제거하기 위해 통화당국이 설정해야 하는 이자율은?

보기

- $C=14,000+0.5(Y-T)-3,000r$
- $G=5,000$
- $T=8,000$
- $I=5,000-2,000r$
- $NX=400$
- $Y^*=40,000$

(단, Y는 국민소득, C는 소비, I는 투자, G는 정부지출, T는 세금, NX는 순수출, r은 이자율이다)

① 2%
② 4%
③ 6%
④ 8%

파트1

파트2

파트3

파트4

파트5

파트6

파트7

파트8

실전1

실전2

13 신용카드 사기의 여파로 현금거래가 증가하였다고 할 때, 이러한 현상이 경제에 미치는 영향으로 적절한 것은?

① 현금거래 증가로 인해 화폐공급이 증가하고 이자율이 하락한다.

② LM곡선이 좌측으로 이동하므로 이자율이 상승하고 소득이 감소한다.

③ 이자율 하락으로 IS곡선이 우측으로 이동하고 소득이 증가한다.

④ 이자율 상승으로 IS곡선이 좌측으로 이동하고 소득이 감소한다.

⑤ 현금거래 증가로 화폐의 초과수요가 발생하여 화폐수요곡선이 좌측으로 이동한다.

14 $IS-LM$ 모형에 관한 설명으로 옳지 않은 것은?

① 정부의 저금리 정책에도 내수가 증가하지 않는 것은 투자의 이자율 탄력성이 작기 때문이다.

② $IS-LM$ 모형에서 정부지출을 증가시킬 경우, 투자의 이자율 탄력성이 클수록 구축효과가 작아진다.

③ 유동성 함정구간에서는 정부지출에 따른 소득증대효과가 상대적으로 큰 경향이 있다.

④ 화폐수요의 소득 탄력성이 클수록 LM곡선의 기울기는 가파르다.

⑤ 화폐수요의 소득 탄력성이 클수록 확대재정정책의 효과가 작아지는 경향이 있다.

15 세금감면과 채권의 공개시장 매도가 동시에 실시된 정책의 결과를 $IS-LM$ 모형으로 분석할 때, 반드시 성립하는 것은?

① 산출수준의 증가　　　② 산출수준의 감소　　　③ 이자율의 증가

④ 이자율의 감소　　　⑤ 산출수준과 이자율의 증가

16 생산물시장의 균형을 나타내는 IS곡선과 화폐시장의 균형을 나타내는 LM곡선을 활용한 폐쇄경제 하의 $IS-LM$ 모형에서 재정정책의 효과가 가장 큰 경우는?

① 투자적 화폐수요가 이자율에 탄력적이고, 투자가 이자율에 탄력적이다.

② 투자적 화폐수요가 이자율에 탄력적이고, 투자가 이자율에 비탄력적이다.

③ 투자적 화폐수요가 이자율에 비탄력적이고, 투자가 이자율에 탄력적이다.

④ 투자적 화폐수요가 이자율에 비탄력적이고, 투자가 이자율에 비탄력적이다.

17 투자수요함수가 $I = \bar{I} - dr$, 실질화폐수요함수가 $\dfrac{M}{P} = kY - hr$일 때, 금융정책의 총수요에 미치는 영향으로 적절한 것은? (단, d는 투자의 이자율 탄력성이고 h는 화폐수요의 이자율 탄력성이다)

① d가 최소이고 h가 최소일 때, 금융정책은 가장 강력하다.
② d가 최대이고 h가 최소일 때, 금융정책은 가장 강력하다.
③ d가 최소이고 h가 최대일 때, 금융정책은 가장 강력하다.
④ d가 최대이고 h가 최대일 때, 금융정책은 가장 강력하다.
⑤ d와 h는 금융정책의 총수요에 영향을 미치지 못한다.

18 다음 〈모형〉을 통해서 경제분석을 실시한다고 할 때, 〈보기〉에서 옳은 것을 모두 고르면?

> **모형**
>
> 이 경제에서는 정부지출과 세금 및 대외거래가 없고 중앙은행이 통화를 외생적으로 공급하며, 물가는 일정하다고 한다(단, Y는 국민소득, C는 소비, I는 투자, r은 이자율, L은 명목화폐수요이며, M은 명목화폐공급이다. a, b, c, d, e, f는 상수이다. $0 < b < 1$, $d < 0$, $e > 0$, $f < 0$).
>
> • 소비 : $C = a + bY$ • 투자 : $I = c + dr$
> • 명목화폐수요 : $L = eY + fr$ • 균형식 : $Y = C + I$, $L = M$

> **보기**
>
> 가. b가 클수록 독립투자(c)의 소득증대효과가 더 커진다.
> 나. d가 0이면 독립투자(c)가 증가하여도 소득에는 변함이 없다.
> 다. f의 절댓값이 클수록 통화정책의 효과가 커진다.
> 라. e가 작을수록 재정정책의 효과가 커진다.

① 가, 나   ② 가, 다   ③ 가, 라
④ 다, 라   ⑤ 나, 라

19 재정정책과 통화정책에 대한 설명으로 가장 적절한 것은?

① 투자가 이자율 변화에 민감할수록 재정정책의 효과가 감소한다.
② 화폐수요가 이자율 변화에 민감할수록 재정정책의 효과가 감소한다.
③ 화폐수요가 이자율 변화에 둔감할수록 통화정책의 효과가 감소한다.
④ 투자가 이자율 변화에 둔감할수록 통화정책의 효과가 증가한다.

20 $IS-LM$ 분석에서 중앙은행이 통화공급을 증가시켜 소득을 일정하게 유지하는 경우에는 이자율이 (㉠)하고, 중앙은행이 통화공급을 감소시켜 이자율을 일정하게 유지하는 경우에는 소득이 (㉡) 한다. 두 빈칸에 들어갈 말을 바르게 짝지은 것은? (단, IS곡선은 우하향하고 LM곡선은 우상향하며, 폐쇄경제를 가정한다)

	㉠	㉡		㉠	㉡
①	상승	증가	②	상승	감소
③	하락	증가	④	하락	감소

21 다음 글의 ㉠, ㉡에 들어갈 말을 바르게 짝지은 것은?

> 풀(W. Poole)은 통화금융정책을 실시하는 경우, 실물부문과 금융부문의 불안정성 정도에 따라 중간목표로 통화량과 이자율 중 하나를 선택해야 한다고 주장한다. 그에 따르면 실물부문이 불확실하다면 (㉠)을/를 중간목표로 삼고, 금융부문이 불확실하다면 (㉡)을/를 중간목표로 삼는 것이 생산 및 소득의 변동성을 줄일 수 있다는 점에서 우월하는 것이다.

	㉠	㉡		㉠	㉡
①	통화량	통화량	②	통화량	이자율
③	이자율	통화량	④	이자율	이자율

파트1 파트2 파트3 파트4 파트5 파트6 파트7 파트8 실전1 실전2

22 재정정책 및 금융정책의 효과에 대한 설명으로 옳은 것은?

① 단기 $IS-LM$ 분석 시 화폐수요가 이자율에 탄력적일수록 재정정책의 효과는 감소한다.

② 단기 $IS-LM$ 분석 시 투자가 이자율에 비탄력적일수록 통화정책의 효과는 증가한다.

③ 통화주의자들은 재량적 통화정책을 주장한다.

④ 풀(W. Poole)에 따르면 실물 부문보다 금융 부문의 불확실성이 클 경우, 이자율이 통화량보다 금융정책의 지표로 바람직하다.

23 케인지언들이 경기침체기에 금융정책이 효과를 나타내지 못한다고 주장하는 이유로 가장 적절한 것은?

① 화폐수요와 투자수요 모두 이자율에 대해 상당히 탄력적이다.

② 이자율에 대해 화폐수요는 상대적으로 탄력적이며 투자수요는 상대적으로 비탄력적이다.

③ 화폐수요, 투자수요 모두 이자율에 대해 완전히 비탄력적이다.

④ 이자율에 대해 화폐수요는 상대적으로 비탄력적이며 투자수요는 상대적으로 탄력적이다

⑤ 화폐수요와 투자수요 모두 이자율에 대해 상당히 비탄력적이다.

24 먼델－토빈효과에 따라 기대 인플레이션율이 상승할 경우, 나타나는 변화로 적절한 것은?

① 명목이자율이 하락한다.　　　　　② 화폐수요가 감소한다.

③ 투자가 감소한다.　　　　　　　　④ 실질이자율이 상승한다.

25 유동성함정에 대한 설명으로 옳지 않은 것은?

① 화폐수요의 이자율 탄력성이 무한대가 되는 영역을 가리킨다.

② 통화정책보다는 재정정책이 더 큰 효과를 거둔다.

③ 화폐를 그대로 보유하는 것보다 채권을 매입하는 것이 효율적이다.

④ 정부지출 증가로 인한 구축효과는 발행하지 않는다.

www.gosinet.co.kr gosinet

파트1
파트2
파트3
파트4
파트5
파트6
파트7
파트8
실전1
실전2

26 *IS–LM* 모형에서 화폐수요의 이자율 탄력성이 음의 무한대($-\infty$)일 때 옳은 설명을 〈보기〉에서 모두 고르면?

보기

ㄱ. 재정정책은 유효하다.　　　　　　　　ㄴ. 재정정책은 무력하다.
ㄷ. 금융정책은 유효하다.　　　　　　　　ㄹ. 금융정책은 무력하다.

① ㄱ, ㄷ　　　　　② ㄱ, ㄹ　　　　　③ ㄴ, ㄷ　　　　　④ ㄴ, ㄹ

27 화폐수요의 이자율 탄력성이 무한대(∞)일 경우에 대한 설명으로 옳은 것은?

① 통화량을 증가시켜도 이자율은 하락하지 않는다.
② 재정정책이 국민소득에 미치는 효과가 미미하다.
③ 통화정책이 국민소득에 미치는 효과가 매우 크다.
④ 공개시장조작을 통해 통화량을 조절할 수 없다.

28 유동성함정에서 발생할 수 있는 일반적인 상황으로 적절하지 않은 것은?

① 재정지출의 확대가 국민소득에 미치는 영향은 거의 없다.
② 통화량의 공급을 늘려도 이자율은 더 이상 하락하지 않는다.
③ 재정지출 확대에 따른 구축효과가 발생하지 않는다.
④ 경제주체들은 채권가격 하락을 예상하여 채권에 대한 수요 대신 화폐에 대한 수요를 늘린다.

29 다음 중 화폐수요에 대한 설명으로 적절한 것은?

① 화폐수요의 이자율탄력성이 음의 무한대($-\infty$)일 때, 금융정책은 효과가 없다.
② 소비에 실질잔고효과가 도입되면 물가가 하락할 때, *LM*곡선이 우측으로 이동한다.
③ 고전학파의 화폐수량설이 성립할 때, *LM*곡선은 수평의 형태를 보인다.
④ 유동성함정에서 사람들은 채권의 예상수익률이 정상적인 수준보다 높다고 생각한다.
⑤ 케인지안은 투자수요의 이자율 탄력도가 크고 화폐수요의 이자율 탄력도가 작다고 보는 반면, 통화주의자는 투자수요의 이자율 탄력도는 작고 화폐수요의 이자율 탄력도는 크다고 본다.

30 다음 중 통화정책의 소득증대 효과가 가장 크게 나타나는 경우는?

① 투자가 이자율에 대해 완전탄력적이다.

② IS곡선이 수직선이다.

③ 경제가 유동성 함정에 빠져 있다.

④ LM곡선이 수평선이다.

⑤ 대부분의 사람들이 이자율 상승을 기대하고 있다.

31 $IS-LM$ 모형하에서 재정지출 확대에 따른 구축효과에 대한 설명으로 옳지 않은 것은? (단, 다른 조건은 모두 일정하다)

① LM곡선의 기울기가 커질수록 구축효과는 커진다.

② 투자의 이자율 탄력성이 낮을수록 구축효과는 커진다.

③ 화폐수요의 이자율 탄력성이 낮을수록 구축효과는 커진다.

④ 한계소비성향이 클수록 구축효과는 커진다.

32 다음 〈보기〉의 설명 중 옳은 것을 모두 고르면?

보기

ㄱ. 한계저축성향을 토대로 정부지출승수를 알 수 있다.

ㄴ. 구축효과는 확대재정정책이 이자율을 하락시켜 투자를 증가시키는 현상이다.

ㄷ. 승수효과란 정부구입이 1원 증가할 때 총수요가 1원보다 큰 폭으로 증가하는 현상이다.

ㄹ. 정부가 세금을 인하하여 소비지출을 촉진할 때, 승수효과가 발생할 수 있다.

① ㄱ, ㄴ   ② ㄱ, ㄷ, ㄹ

③ ㄴ, ㄷ, ㄹ   ④ ㄷ, ㄹ

33 〈보기〉와 같은 상황에서 정부지출이 100만큼 증가하는 경우, $IS-LM$ 균형에 의해 변하는 GDP 값으로 가능한 것은? (단, 승수효과>구축효과>0이다)

보기

- 폐쇄경제를 가정한다.
- IS곡선은 우하향하고 LM곡선은 우상향하는 일반적인 형태를 가진다.
- 가계의 한계소비성향이 0.5이고 소득세는 존재하지 않는다.

① 0   ② 100   ③ 200
④ 250   ⑤ 300

34 화폐수량설에서 도출한 총수요곡선에 관한 설명으로 옳은 것을 〈보기〉에서 모두 고르면?

보기

ㄱ. 총수요곡선은 물가와 총수요량 간의 관계를 나타내는 곡선이다.
ㄴ. 정부지출이 증가하면 총수요곡선은 오른쪽으로 이동한다.
ㄷ. 통화공급이 증가하면 총수요곡선이 증가하고, 이에 따라 총수요량도 증가한다.
ㄹ. 통화 유통속도가 빨라지면 총수요곡선은 오른쪽으로 이동한다.

① ㄱ   ② ㄱ, ㄹ   ③ ㄱ, ㄴ, ㄹ
④ ㄱ, ㄷ, ㄹ   ⑤ ㄱ, ㄴ, ㄷ, ㄹ

35 물가수준과 국내총생산(GDP)의 관계를 보여 주는 총수요곡선이 우하향하는 이유로 적절하지 않은 것은?

① 물가수준이 낮아지면 실질임금이 상승하여 노동수요가 증가한다.
② 물가수준이 낮아지면 이자율이 하락하여 투자가 증가한다.
③ 물가수준이 낮아지면 자국통화의 가치가 하락하여 순수출이 증가한다.
④ 물가수준이 낮아지면 화폐의 실질가치가 상승하여 소비가 증가한다.

파트1 파트2 파트3 파트4 파트5 파트6 파트7 파트8 실전1 실전2

36 총수요−총공급 모형에서 A국의 총수요가 증가하는 요인으로 적절한 것은? (단, 다른 조건은 모두 일정하다)

① A국의 실질자산가치 하락　　　　② A국의 이자율 상승
③ A국의 화폐가치 하락　　　　　　④ A국의 재정흑자 발생

37 명목임금 W가 5로 고정된 다음 〈보기〉와 같은 케인지언 단기 폐쇄경제 모형에서 총공급 곡선의 방정식으로 옳은 것은?

> 보기
>
> • 소비함수 : $C=10+0.7(Y-T)$　　• 투자함수 : $I=7-0.5r$
> • 정부지출 : $G=5$　　　　　　　　• 생산함수 : $Y=2\sqrt{L}$
> (단, C는 소비, Y는 산출, T는 조세, I는 투자, r은 이자율, G는 정부지출, L은 노동, P는 물가, W는 명목임금을 나타내며, 노동자들은 주어진 명목임금 수준에서 기업이 원하는 만큼의 노동을 공급한다)

① $Y=P$
② $Y=22$에서 수직이다.
③ $P=\dfrac{5}{2}Y$
④ 조세 T의 값을 를 알 수 없으므로 총공급 곡선의 방정식을 알 수 없다.

38 루카스 공급곡선에 관한 설명으로 옳지 않은 것은?

① 기대물가와 실제물가가 같을 때의 실업률과 생산량을 각각 자연실업률과 완전고용생산량이라고 한다.
② 기대물가가 실제물가보다 높을 경우, 생산량은 완전고용생산량 이하로 떨어진다.
③ 유가가 상승할 경우, 생산량은 완전고용생산량 이하로 떨어진다.
④ 기대물가가 고정되어 있는 경우, 총공급곡선은 우상향한다.
⑤ 기대물가가 상승하는 경우, 생산량은 증가한다.

파트1
파트2
파트3
파트4
파트5
파트6
파트7
파트8
실전1
실전2

39 어느 국민경제의 단기 총공급곡선과 총수요곡선은 각각 $Y = \overline{Y} + \alpha(P - P^e)$와 $Y = \dfrac{2M}{P}$이며, 경제주체들은 이용가능한 모든 정보를 활용하여 합리적인 기대를 형성한다. 이 국민경제에 대한 설명으로 옳지 않은 것은? (단, Y는 산출량, $\overline{Y}$는 자연산출량, P는 물가수준, P^e는 기대물가수준, M은 통화량이며 $\alpha > 0$가 성립한다)

① 단기 총공급곡선의 기울기는 $\dfrac{1}{\alpha}$이다.

② 예상된 물가수준의 상승은 산출량(Y)을 증가시키지 못한다.

③ 물가예상 착오가 커질수록 공급곡선의 기울기는 커진다.

④ 예상된 정부지출의 증가는 물가수준을 높인다.

⑤ 예상된 통화량의 증가는 물가수준을 높인다.

40 한 가상 경제의 총공급곡선은 물가(세로축)와 소득(가로측)의 평면에서 수직선으로 그려진다. 이 경우, 기술혁신에 따른 총요소생산성 향상의 거시경제적 효과로 적절하지 않은 것은?

① 동일한 요소투입에 따른 산출량이 증가한다.

② 총공급곡선이 우측으로 이동함에 따라 균형소득이 증가한다.

③ 소득과 물가가 서로 반대방향으로 움직인다.

④ 실질임금이 경기순응적인 특성을 보인다.

⑤ 노동의 한계생산이 증가함에 따라 고용이 증가하고 실질임금이 감소한다.

41 장기 총공급곡선에 관한 설명으로 옳지 않은 것은?

① 한 나라 경제의 재화와 서비스 공급량은 장기적으로 그 경제가 가지고 있는 노동과 자본 그리고 생산기술에 의해 좌우된다.

② 장기 총공급곡선은 고전학파의 이분성을 뒷받침해 준다.

③ 확장적 통화정책으로 통화량이 증가하더라도 장기 총공급곡선은 이동하지 않는다.

④ 장기 총공급량은 명목임금이 경직적이고 자유롭게 변동하지 않기 때문에 물가수준에 따라 변하지 않는다.

⑤ 장기 총공급곡선은 수직이다.

42 장기 총공급곡선이 이동하는 요인으로 적절하지 않은 것은?

① 노동인구의 변동　　　　　　　　② 자본량의 변동
③ 기술지식의 변동　　　　　　　　④ 예상 물가수준의 변동

43 다음 〈보기〉 중 총공급곡선을 우측으로 이동시키는 요인을 모두 고르면?

보기
ㄱ. 실질임금 상승　　　　　ㄴ. 원자재 가격 하락 ㄷ. 신기술 개발　　　　　　ㄹ. 정부지출 증가

① ㄱ, ㄹ　　　　　　　　　② ㄴ, ㄷ
③ ㄱ, ㄷ, ㄹ　　　　　　　④ ㄱ, ㄴ, ㄷ, ㄹ

44 다음 중 총수요곡선과 총공급곡선에 대한 설명으로 적절한 것은?

① 총수요곡선은 통화공급이 변화하는 경우에 균형국민소득결정모형에서 도출되는 IS곡선과 유동성선호이론에서 도출되는 LM곡선으로부터 구할 수 있다.
② LM곡선은 단기에서의 이자율수준과 물가수준을 나타내고 총수요곡선은 장기에서의 생산량수준과 물가수준을 나타낸다.
③ 총공급곡선의 기울기는 투자의 이자율 탄력성에 의해서 결정된다.
④ 총공급곡선을 이동시킬 수 있는 요인으로는 생산성 향상, 생산요소 가격의 변화가 있다.

45 원자재가격 상승으로 물가수준이 상승하여 중앙은행이 기준금리를 인상하기로 결정하였다. 원자재가격 상승과 기준금리 인상의 경제적 효과를 단기 총수요-총공급 모형을 이용하여 적절하게 분석한 것을 〈보기〉에서 모두 고르면?

> **보기**
>
> ㄱ. 총수요곡선은 좌측으로 이동한다.
> ㄴ. 총공급곡선은 좌측으로 이동한다.
> ㄷ. 총생산은 대폭으로 감소한다.

① ㄱ, ㄴ   ② ㄱ, ㄷ
③ ㄴ, ㄷ   ④ ㄱ, ㄴ, ㄷ

46 총수요곡선 및 총공급곡선에 대한 설명으로 옳은 것을 〈보기〉에서 모두 고르면?

> **보기**
>
> ㄱ. IT기술의 발전은 장기 총공급곡선을 우측으로 이동시킨다.
> ㄴ. 기업들이 향후 물가의 하락과 실질임금의 상승을 예상하는 경우, 총공급곡선이 우측으로 이동한다.
> ㄷ. 주식가격의 상승은 총수요곡선을 우측으로 이동시킨다.
> ㄹ. 물가의 하락은 총수요곡선을 좌측으로 이동시킨다.

① ㄱ, ㄴ   ② ㄷ, ㄹ   ③ ㄱ, ㄴ, ㄷ
④ ㄱ, ㄴ, ㄹ   ⑤ ㄴ, ㄷ, ㄹ

47 단기 총공급곡선에 대한 설명으로 옳은 것은?

① 단기에 있어서 물가와 총생산물 공급량 간에 형성된 음(−)의 관계를 나타낸다.
② 소매상점들의 바코드 스캐너 도입에 따른 재고관리의 효율성 상승은 단기 총공급곡선을 오른쪽으로 이동시킨다.
③ 원유가격의 상승으로 인한 생산비용의 상승은 단기 총공급곡선을 오른쪽으로 이동시킨다.
④ 명목임금의 상승은 단기 총공급곡선을 이동시키지 못한다.

48 총수요곡선은 $Y = 550 + \dfrac{2,500}{P}$, 총공급곡선은 $Y = 800 + (P - P^e)$, 기대물가는 $P^e = 10$일 때, 균형에서의 국민소득은? (단, Y는 국민소득, P는 물가수준을 나타낸다)

① 500   ② 600

③ 700   ④ 800

49 다음 글의 ㉠~㉢에 들어갈 내용을 적절하게 짝지은 것은?

> 정부가 경기침체 상황에 대응하여 확장적인 통화정책을 실시하려고 한다. 폐쇄경제하에서 우하향하는 IS곡선을 갖는 경제를 가정할 때, 다른 조건이 일정하다면 단기적으로 총생산은 (㉠)하며, 물가는 (㉡)하고, 금리는 (㉢)할 것이라는 예측이 가능하다.

	㉠	㉡	㉢			㉠	㉡	㉢
①	증가	하락	상승		②	증가	상승	하락
③	감소	상승	하락		④	감소	하락	상승

50 다음 중 총수요-총공급 모형의 공급충격으로 적절하지 않은 것은?

① 한국은행의 통화공급량 증가   ② 홍수로 인한 농작물 피해

③ 파업으로 인한 임금 상승   ④ 제조물 책임법의 도입

⑤ 원자재 가격의 상승

51 원자재가격 상승 충격이 발생할 경우, 거시경제의 단기 균형에 대한 분석으로 옳은 것은?

① 물가가 상승하고 실업률이 하락한다.

② 정부가 산출량 안정을 도모하기 위해서는 총수요 축소 정책을 실시하여야 한다.

③ 정부의 재정 정책을 통하여 물가 안정과 산출량 안정을 동시에 달성할 수 있다.

④ 중앙은행이 물가 안정을 위하여 통화정책을 사용할 경우, 실업률이 추가적으로 상승한다.

52 경기부양정책에 관한 설명으로 옳지 않은 것은?

① 재정정책은 통화정책보다 경기부양의 효과가 직접적으로 이루어진다.

② 통화정책은 재정정책보다 정책의 실행이 신속하게 이루어진다.

③ 통화정책은 투자를 증대시키지만 재정정책은 투자를 위축시킬 수 있다.

④ 재정정책이나 통화정책으로 경기를 부양할 경우, 일반적으로 물가가 오른다.

⑤ 재정정책과 통화정책 모두 총공급곡선의 기울기가 클수록 효과적이다.

53 아래의 그래프는 총수요곡선, 총공급곡선 그리고 잠재 GDP를 보여 주고 있다. 다음의 ㉠ ~ ㉢에 들어갈 말을 바르게 짝지은 것은?

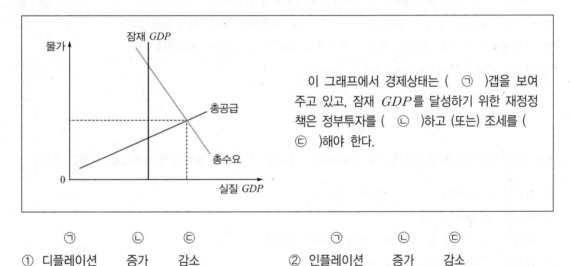

이 그래프에서 경제상태는 (㉠)갭을 보여 주고 있고, 잠재 GDP를 달성하기 위한 재정정책은 정부투자를 (㉡)하고 (또는) 조세를 (㉢)해야 한다.

	㉠	㉡	㉢		㉠	㉡	㉢
①	디플레이션	증가	감소	②	인플레이션	증가	감소
③	인플레이션	감소	증가	④	디플레이션	감소	증가

54 총수요 – 총공급($AD – AS$) 모형에 대한 설명으로 옳은 것은?

① 정부가 이전지출 규모를 축소하면 총수요곡선이 우측으로 이동한다.

② 기대물가의 상승은 총공급곡선을 상방으로 이동시킨다.

③ 팽창적 통화정책의 시행은 총수요곡선의 기울기를 가파르게 한다.

④ 균형국민소득이 완전고용국민소득보다 작다면 인플레이션갭이 발생하여 물가상승압력이 커진다.

55 다음 〈보기〉의 총수요-총공급모형에 대한 설명으로 적절하지 않은 것은?

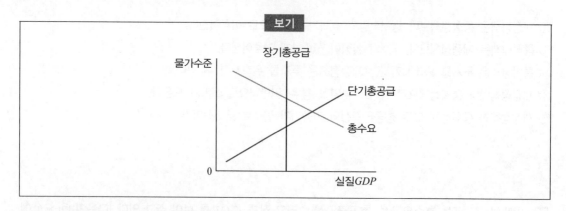

① 경기안정화를 위해 공개시장매도를 하는 통화정책이 필요하다.
② 경기안정화를 위해 정부지출을 감소시키는 재정정책이 필요하다.
③ 시간이 지남에 따라 단기 총공급곡선은 좌측으로 이동하여 장기균형에 도달한다.
④ 시간이 지남에 따라 총수요곡선은 좌측으로 이동하여 장기균형에 도달한다.
⑤ 시간이 지남에 따라 기대 물가수준은 높아진다.

56 어떤 국민경제의 총공급곡선이 수평이라고 가정할 때, 이 경제에 대한 추론으로 적절한 것은?

① 확장적 재정정책의 효과가 발생하지 않는다.
② 구축효과를 확대시킨다.
③ 확장적 재정정책을 실시하여도 물가는 오르지 않는다.
④ 금융시장이 유동성함정 상태에 있다.

57 A국의 총수요는 200억 달러이며 장기생산량 수준은 300억 달러이다. A국 총수요 구성 항목 중 소비를 제외한 구성 항목은 독립 지출이며, 소비는 가처분 소득에 영향을 받고 한계소비성향은 $\frac{1}{2}$이다. 아울러 물가수준은 고정되어 있다. 정부가 장기생산량 수준을 달성하고자 할 때 증가시켜야 할 재정지출 규모는? (단, 조세는 정액세로 가정한다)

① 25억 달러
② 50억 달러
③ 100억 달러
④ 200억 달러

파트1

파트2

파트3

파트4

파트5

파트6

파트7

파트8

실전1

실전2

58 다음 중 통화정책의 단기효과에 대한 설명으로 적절한 것은?

① 화폐수요의 이자율 탄력성이 클수록 통화정책의 효과가 크다.

② 투자의 이자율 탄력성이 클수록 통화정책의 효과가 크다.

③ 임금조정의 신축성이 클수록 통화정책의 효과가 크다.

④ 한계소비성향이 작을수록 통화정책의 효과가 크다.

59 경기를 침체시키는 부(−)의 공급충격(Negative Supply Shock)에 대한 설명으로 옳지 않은 것은? (단, 정부가 경기안정화 정책을 수행할 때 물가안정보다는 국민소득 안정화에만 정책목표를 두고 있고 중앙은행은 국민소득 안정화보다는 물가안정에만 정책목표를 두고 있다고 가정한다)

① 최종재화와 서비스에 대한 정부지출이 증가하게 된다.

② 중앙은행은 공개시장매입을 하게 된다.

③ 정부의 경기안정화 정책과 중앙은행의 통화정책이 물가 수준에 미치는 효과는 서로 상충된다.

④ 정부의 경기안정화 정책과 중앙은행의 통화정책이 국민 소득에 미치는 효과는 서로 상충된다.

⑤ 중앙은행은 이자율을 높이는 정책을 시행한다.

60 다음 설명 중 옳지 않은 것은?

① 확장적 통화정책을 쓰게 되면 이자율이 하락하고 투자가 증가하여 총수요곡선은 우측으로 이동하므로, 경기침체의 해결 방안으로 고려될 수 있다.

② 물가가 하락하게 되면 자국화폐로 표시된 실질환율이 상승하여 총수요곡선이 우측으로 이동하므로, 경기 침체의 해결 방안으로 고려될 수 있다.

③ 투자세액공제를 확대하게 되면 총수요를 증가시키게 되므로, 경기침체의 해결 방안으로 고려될 수 있다.

④ 향후 물가가 상승할 것이라고 예상하게 되면 총수요 증가가 나타나므로, 경기침체의 해결 방안으로 고려 될 수 있다.

⑤ 기술진보는 장기총공급곡선을 우측으로 이동시키므로 경제성장에 도움이 되는 방안이라 할 수 있다.

61 경제상황이 장기균형에 있을 때 최근 현금자동입출금기를 설치하고 운영하는 비용이 더욱 낮아지면서 통화수요가 하락하는 상황이 발생하였다면, 이는 장단기 균형에 어떠한 영향을 미치는가?

① 단기에는 가격수준과 실질 GDP는 증가하지만, 장기에는 영향이 없다.

② 단기에는 가격수준과 실질 GDP는 증가하지만, 장기에는 가격수준만 상승할 뿐 실질 GDP에 대한 영향은 없다.

③ 단기에는 가격수준과 실질 GDP는 하락하지만, 장기에는 영향이 없다.

④ 단기에는 가격수준과 실질 GDP는 하락하지만, 장기에는 가격수준만 하락할 뿐 실질 GDP에 대한 영향은 없다.

⑤ 단기에는 가격수준과 실질 GDP는 증가하고, 장기에도 가격수준과 실질 GDP 모두 증가한다.

62 중앙은행은 실질이자율을 3%로 유지하는 실질이자율 타게팅(Targeting) 규칙을 엄격하게 따르고 이 실질이자율 수준에서 국민경제는 장기와 단기 균형상태에 있을 때, 장기 공급곡선을 제외하고는 수직이거나 수평이지 않은 일반적인 IS, LM, AS, AD 곡선을 가진 국민경제에서 다음 중 옳지 않은 것은?

① 화폐수요 증가 충격을 받는 경우, LM곡선은 변하지 않는다.

② 화폐수요 증가 충격을 받는 경우, 단기에서 산출은 변하지 않는다.

③ 소비증가 충격을 받는 경우, LM곡선은 우측으로 이동한다.

④ 소비증가 충격을 받는 경우, 단기에서 산출은 증가한다.

⑤ 단기 총공급 감소 충격을 받는 경우, LM곡선은 좌측으로 이동한다.

63 거시경제에 대한 설명으로 옳지 않은 것은?

① 공급 측면에서 부정적인 충격이 있을 때, 총수요관리정책은 물가안정과 고용증대에 유용하다.

② 고전학파이론은 가격과 임금의 신축성을 가정하기 때문에 장기적인 이슈 분석에 유용하다.

③ 합리적 기대가설에 따르면 예견된 일회성 통화량의 증가는 실물경제에 큰 영향을 미치지 못한다.

④ 상대가격과 물가수준에 대한 착각이 있는 경우 단기 총공급곡선은 우상향할 수 있다.

64 장기 총공급곡선이 Y =2,000에서 수직이고, 단기 총공급곡선은 P =1에서 수평이다. 총수요곡선은 $Y = \dfrac{2M}{P}$ 이고 M =1,000이다. 최초에 장기균형 상태였던 국민경제가 일시적 공급충격을 받아 단기 총공급곡선이 P =2로 이동하였을 때, 〈보기〉에서 옳은 것을 모두 고르면? (단, Y 는 국민소득, P 는 물가, M 은 통화량을 나타낸다)

보기

ㄱ. 국민경제의 최초 장기균형은 (P : Y)=(1 : 2,000)이다.
ㄴ. 공급충격으로 단기균형은 (P : Y)=(2 : 1,000)으로 이동한다.
ㄷ. 공급충격이 발생한 후 중앙은행이 새로운 단기균형에서의 국민소득을 장기균형수준으로 유지하려면 통화량은 M =1,000이 되어야 한다.
ㄹ. 총수요곡선과 장기총공급곡선이 변하지 않았다면 공급충격 후에 장기균형은 (P : Y)=(1 : 2,000)이다.

① ㄱ, ㄴ   ② ㄱ, ㄷ   ③ ㄴ, ㄷ
④ ㄱ, ㄴ, ㄹ   ⑤ ㄴ, ㄷ, ㄹ

65 갑작스러운 국제 유가 상승으로 A국에서 총생산이 줄어들고 물가가 높아지는 스태그플레이션 (Stagflation)이 발생하였다. 〈보기〉는 이에 대한 대책으로 중앙은행 총재와 재무부 장관이 나눈 대화이다. 본 대화에 대한 논평으로 가장 옳지 않은 것은?

보기

• 중앙은행 총재 : 무엇보다도 서민 생활안정을 위해 이자율을 올려 물가를 안정시키는 일이 급선무입니다.
• 재무부 장관 : 물가안정도 중요하지만 경기침체 완화를 위해 재정을 확대하는 정책이 절실합니다.

① 이자율을 높이는 정책은 총수요를 감소시키는 결과를 가져오기 때문에 실업률을 보다 높일 수 있다.
② 재정확대 정책은 자연산출량을 증대할 수 있는 방안이다.
③ 재정확대 정책을 실시할 경우 현재보다 물가 수준이 더욱 높아질 것을 각오해야 한다.
④ 만약 아무 조치도 취하지 않는다면 침체가 장기화될 수 있다.

66 소비자물가지수와 GDP디플레이터에 관한 설명으로 옳지 않은 것은?

① 소비자물가지수는 소비자들이 상대적으로 가격이 높아진 재화 대신 가격이 낮아진 재화를 구입할 수 있다는 사실을 감안하지 않는다.

② 수입품은 GDP디플레이터에는 영향을 미치지만 소비자물가지수에는 영향을 미치지 않는다.

③ 소비자물가지수는 새로운 상품의 도입으로 인한 화폐의 구매력 변화를 고려하지 않는다.

④ 소비자물가지수는 재화와 서비스의 질적 변화로 인해 왜곡될 수 있다.

⑤ 소비자물가지수는 기준연도 구입량을 가중치로 사용하므로 물가변화를 과대평가하는 반면, GDP디플레이터는 비교연도 거래량을 가중치로 사용하므로 물가변화를 과소평가하는 경향이 있다.

67 소비자 물가지수가 생계비의 변화를 과대평가한다는 주장이 있다. 〈보기〉에서 이와 같은 주장의 근거로 옳은 것을 모두 고르면?

보기

ㄱ. 소비자 물가지수의 가중치는 고정되어 있다.

ㄴ. 수입재화의 가중치는 0이다.

ㄷ. 가격보다 품질이 빠르게 향상되는 재화를 고려하지 않는다.

ㄹ. 소비자의 재화 대체가능성을 무시한다.

ㅁ. 소비자 물가지수를 파셰(Paasche) 방식으로 계산한다.

① ㄱ, ㄴ, ㄷ   ② ㄱ, ㄷ, ㄹ   ③ ㄱ, ㄴ, ㄷ, ㄹ

④ ㄱ, ㄷ, ㄹ, ㅁ   ⑤ ㄴ, ㄷ, ㄹ, ㅁ

68 GDP 디플레이터와 소비자 물가지수(CPI)에 대한 설명으로 옳지 않은 것은?

① 소비자 물가지수(CPI)는 고정된 가중치를 사용하여 도출되고, GDP디플레이터는 변화하는 가중치를 사용하여 도출된다.

② 수입물품의 가격 상승은 GDP디플레이터에 반영되지 않는다.

③ 파셰 지수인 소비자 물가지수(CPI)는 생활비 인상을 과대평가하고, 라스파이레스 지수인 GDP디플레이터는 물가 상승률을 과소평가한다.

④ 소비자 물가지수(CPI)는 신상품 도입이나 품질 향상을 반영하지 못하므로 인플레이션을 과장할 수 있다.

www.gosinet.co.kr **gosi**net

파트1
파트2
파트3
파트4
파트5
파트6
파트7
파트8
실전1
실전2

69 다음의 설명 중 옳지 않은 것은?

① 국민총소득(Gross National Income ; GNI)은 한 나라 국민이 일정 기간 동안 벌어들인 임금·이자·지대 등의 요소소득을 모두 합한 것이다.

② 국내총생산(Gross Domestic Product ; GDP)이 한 나라의 생산활동을 나타내는 생산지표임에 비하여, 국민총소득은 국민의 생활수준을 측정하기 위한 소득지표이다.

③ 국민소득(National Income ; NI)은 국민순소득(Net National Income ; NNI)에서 간접세를 빼고 정부의 기업보조금을 합한 것이다.

④ 소비자물가지수(Consumer Price Index ; CPI)는 가계소비지출에서 차지하는 비중이 높은 품목의 가격을 가중평균하여 작성한다.

⑤ 생산자물가지수(Producer Price Index ; PPI)는 파셰 방식을 이용하여 작성한다.

70 거시경제의 물가수준을 측정하기 위해 사용되는 물가지수에 대한 다음 〈보기〉 중 옳은 것을 모두 고르면?

보기

ㄱ. 소비자물가지수는 매년 변화하는 재화 바스켓에 기초하여 계산된 지수이다.
ㄴ. 소비자물가지수는 대용품 간의 대체성이 배제되어 생활비의 인상을 과대평가하는 경향이 있다.
ㄷ. GDP디플레이터에 수입물품은 반영되지 않는다.
ㄹ. GDP디플레이터는 새로운 상품의 도입에 따른 물가수준을 반영한다.
ㅁ. 소비자물가지수와 생산자물가지수는 라스파이레스 방식이 아니라 파셰 방식으로 계산한다.

① ㄱ, ㄴ, ㄷ   ② ㄱ, ㄷ, ㄹ   ③ ㄴ, ㄷ, ㄹ
④ ㄴ, ㄷ, ㅁ   ⑤ ㄷ, ㄹ, ㅁ

71 다음 자료를 활용하여 2015년을 기준으로 한 2020년의 물가지수를 라스파이레스 지수(Laspeyres Index) 방식으로 계산하면 얼마인가?

	2015년		2020년	
	생산량(만 톤)	가격(만 원/톤)	생산량(만 톤)	가격(만 원/톤)
쌀	500	100	600	80
면화	40	250	50	500

① 90   ② 100   ③ 110   ④ 120

72 다음 표는 A국이 소비하는 빵과 의복의 구입량과 가격을 나타낸다. 물가지수가 라스파이레스 지수 (Laspeyres index)인 경우, 2019년과 2020년 사이의 물가상승률은? (단, 기준연도는 2019년이다)

	빵		의복	
	구입량	가격	구입량	가격
2019년	10만 개	1만 원	5만 벌	3만 원
2020년	12만 개	3만 원	6만 벌	6만 원

① 140% ② 188%
③ 240% ④ 288%

73 소득의 전부를 오직 사과와 배를 구입하는 데 지출하는 가상의 도시가 있다. 2019년 사과와 배의 가격은 각각 1,000원과 2,000원이었고 사과를 10개, 배를 5개 구입하였고, 2020년에는 사과 가격이 1,200원으로 상승하였고 사과를 10개, 배를 10개 구입하였다. 2019년을 기준년도로 하여 2020년도의 소비자물가지수(라스파이레스 방식)로 계산한 물가상승률이 10%였다면 2020년도의 배 가격은?

① 2,000원 ② 2,100원 ③ 1,900원
④ 2,200원 ⑤ 1,800원

74 쌀과 자동차만 생산하는 어떤 나라의 상품가격과 생산량이 다음 표와 같다. 20X1년을 기준연도로 할 때 20X2년과 20X3년의 GDP디플레이터는 각각 얼마인가?

구분	쌀		자동차	
	가격	생산량	가격	생산량
20X1년	20만 원/가마	100가마	1,000만 원/대	2대
20X2년	24만 원/가마	100가마	1,200만 원/대	4대
20X3년	30만 원/가마	200가마	1,500만 원/대	4대

	20X2년	20X3년			20X2년	20X3년
①	83.33%	66.67%		②	120%	150%
③	150%	200%		④	180%	300%

파트1

파트2

파트3

파트4

파트5

파트6

파트7

파트8

실전1

실전2

75 A라는 사람의 2011년 연봉은 6천만 원이었고, 2020년에는 8천만 원의 연봉을 받았다. 소비자물가 지수는 2011년에는 177이었고, 2020년에는 221.25였다면 A의 2020년 연봉을 2011년 가치로 계산했을 때 다음 설명 중 옳은 것은?

① 연봉은 4천5백만 원이며, 2011년과 2020년 동안 A의 구매력은 감소했다.
② 연봉은 6천만 원이며, 2011년과 2020년 동안 A의 구매력에는 아무 변화가 없다.
③ 연봉은 6천4백만 원이며, 2011년과 2020년 동안 A의 구매력은 증가했다.
④ 연봉은 7천만 원이며, 2011년과 2020년 동안 A의 구매력은 증가했다.
⑤ 연봉은 7천5백만 원이며, 2011년과 2020년 동안 A의 구매력은 증가했다.

76 다음의 인플레이션 요인들 중 그 성격이 다른 것은?

① 경기침체를 해소하기 위한 경기부양책으로 통화공급량을 대폭 증가시켰다.
② 사회간접자본 확충을 위한 통신망 구축사업이 시행되었다.
③ 기업이 대규모 해외자본을 유치하여 투자를 확대하였다.
④ 중국과 인도 등의 경제성장으로 우리나라의 수출이 크게 증가하였다.
⑤ 세계경제의 성장으로 세계원자재에 대한 수요가 크게 증가하고 있다.

77 인플레이션에 대한 다음 설명 중 옳지 않은 것은?

① 인플레이션이 예상될 때, 채권자로부터 채무자에게로 부와 소득이 재분배된다.
② 인플레이션이 예상될 때, 메뉴비용이 발생된다.
③ 인플레이션이 예상될 때, 명목이자율이 상승한다.
④ 인플레이션이 예상될 때, 실질화폐잔고를 줄임으로써 은행에 자주 가야 하는 불편이 발생한다.
⑤ 적절한 수준의 인플레이션은 명목임금의 하방경직성으로 인하여 발생하는 노동시장의 불균형을 개선하는 데 도움이 된다.

78 어떤 국가에서 정부가 신용카드 수수료에 대한 세금을 인상하였다고 한다. 이 정책이 국민경제에 미치는 파급효과에 대한 설명 중 옳지 않은 것은? (단, 장기공급곡선을 제외하고는 수직이거나 수평이지 않은 일반적인 IS, LM, AS, AD곡선을 가진 경제를 가정한다)

① 민간의 현금 보유비율은 증가한다.
② 통화량은 감소한다.
③ 단기에 이자율은 상승하고 산출은 감소한다.
④ 화폐수량설과 피셔효과(Fisher Effect)에 따르면 장기적으로 물가는 하락한다.
⑤ 화폐수량설과 피셔효과에 따르면 장기적으로 실질이자율은 하락한다.

79 인플레이션의 발생 배경과 그 영향에 대한 설명으로 옳지 않은 것은?

① 예상된 인플레이션의 경우 '메뉴비용(Menu Cost)'이 발생할 수 있다.
② 예상 못한 인플레이션의 경우 은행에 가서 현금을 인출하는 횟수가 빈번해지는 '구두가죽비용(Shoe-leather Cost)'이 발생한다.
③ 예상 못한 인플레이션의 경우 채권자와 채무자 사이에 소득 재분배 효과가 발생한다.
④ 생산비 상승으로 인한 비용 인플레이션의 경우 '스태그플레이션(Stagflation)'이 발생할 수 있다.
⑤ 예상 못한 인플레이션은 경제의 불확실성을 증대시킨다.

80 인플레이션율 상승에 따른 파급효과에 대한 설명으로 옳지 않은 것은?

① 기대하지 못한 인플레이션율은 개인의 능력이나 필요에 무관하게 부의 재분배를 야기한다.
② 가격조정비용 또는 메뉴비용을 증가시킨다.
③ 상대가격의 변동성은 증가하지만 자원배분의 효율성은 유지된다.
④ 일명 '구두가죽비용'이 증가하게 된다.

81 인플레이션에 대한 설명으로 옳지 않은 것은?

① 스태그플레이션이란 경기는 침체하는데 물가상승이 지속되는 상태를 말한다.

② 예견되지 못한 인플레이션은 소득 재분배 효과를 갖는다.

③ 완전히 예견된 인플레이션의 경우 사회적 비용이 발생하지 않는다.

④ 필립스의 견해에 따르면 인플레이션의 억제는 실업률의 증가를 가져온다.

82 철수는 서울은행에 저축을 하려고 한다. 저축예금의 이자율이 1년에 10%이고, 물가상승률은 1년에 5%이며, 이자소득에 대한 세율은 50%가 부과된다고 하자. 이때 피셔(Fisher) 가설에 따를 경우 이 저축예금의 실질 세후 이자율은?

① 0%   ② 2.5%

③ 5%   ④ 15%

83 은행에 100만 원을 예금하고 1년 후 105만 원을 받으며, 같은 기간 중 소비자 물가지수가 100에서 102로 상승할 경우 명목이자율과 실질이자율은?

	명목이자율	실질이자율		명목이자율	실질이자율
①	2%	5%	②	3%	5%
③	5%	2%	④	5%	3%

84 명목이자율이 15%이고 예상 인플레이션율은 5%이다. 이자소득에 대해 20%의 이자소득세가 부과된다면 세후 실질이자율은?

① 3%   ② 5%

③ 7%   ④ 9%

85 명목이자율이 i, 실질이자율이 r, 예상 인플레이션율이 π^e이고, 피셔방정식(Fisher Equation)이 성립한다고 가정할 때 옳지 않은 것은?

① 예상인플레이션율은 $i - r$이다.

② 화폐보유의 실질수익률은 0이다.

③ 채권보유의 실질수익률은 $i - \pi^e$이다.

④ 채권보유의 실질수익률은 화폐보유의 실질수익률보다 i만큼 높다.

86 디플레이션(Deflation)이 경제에 미치는 효과로 볼 수 없는 것은?

① 고정금리의 경우, 채무자의 실질 채무부담이 증가한다.

② 명목이자율이 일정할 때 실질이자율이 내려간다.

③ 명목연금액이 일정할 때 실질연금액은 증가한다.

④ 디플레이션이 가속화될 것이라는 예상은 화폐수요를 증가시킨다.

87 A국의 현재 15세 이상 인구(노동가능인구)는 1,600만 명이고, 실업자가 120만 명이다. 경제활동참가율이 75%일 경우, A국의 실업률은?

① 9%   ② 10%   ③ 11%   ④ 12%

88 다음은 A국의 15세 이상 인구 구성이다. 이 경우 경제활동참가율과 실업률은?

임금근로자 : 60명 / 무급가족종사자 : 10명 / 직장은 있으나 질병으로 인해 일시적으로 일을 하고 있지 않은 사람 : 10명 / 주부 : 50명 / 학생 : 50명 / 실업자 : 20명(단, 주부와 학생은 모두 부업을 하지 않는 전업 주부와 순수 학생을 나타낸다.)

	경제활동참가율	실업률		경제활동참가율	실업률
①	40%	20%	②	50%	25%
③	40%	25%	④	50%	20%

89 실업률과 경제활동참가율에 대한 설명으로 옳은 것은?

① A는 나이가 만 15세이므로 자동적으로 경제활동인구에 포함된다.
② B는 실망노동자(Discouraged Worker)로 실업률 계산에 포함된다.
③ C는 전업 주부이므로 실업률 계산에 포함되지 않는다.
④ 경제활동참가율은 총인구에서 경제활동인구가 차지하는 비중을 의미한다.

90 한 경제의 취업자 수는 90만 명이라고 한다. 이 경제의 실업률은 10%이고 생산가능인구는 200만 명이라고 한다면, 이 경제의 경제활동참가율은?

① 33.3%   ② 50%
③ 66.7%   ④ 85%

91 도시 A의 취업자 수는 24만 명이고 비경제활동인구가 25만 명, 생산가능인구가 50만 명이라 할 때 옳은 것은?

① 도시 A의 실업자는 1만 명이다.   ② 도시 A의 경제활동인구는 50만 명이다.
③ 도시 A의 실업률은 5%이다.   ④ 도시 A의 경제활동참가율은 48%이다.

92 대부분의 나라에서 구직 단념자는 비경제활동인구로 분류하고 있다. 만약 구직 단념자를 실업자로 간주한다면 경제활동참가율, 실업률, 고용률은 각각 어떻게 되겠는가?

① 경제활동참가율-상승, 실업률-상승, 고용률-불변
② 경제활동참가율-상승, 실업률-하락, 고용률-상승
③ 경제활동참가율-불변, 실업률-상승, 고용률-상승
④ 경제활동참가율-불변, 실업률-하락, 고용률-하락
⑤ 경제활동참가율-상승, 실업률-불변, 고용률-상승

93 전체 인구가 1억 2천만 명, 생산가능인구가 1억 명, 경제활동인구가 8천만 명, 취업자가 7천2백만 명인 A국 경제의 고용률과 실업률은?

	고용률(%)	실업률(%)			고용률(%)	실업률(%)
①	60	8		②	72	10
③	80	8		④	90	10

94 현재 우리나라 15세 이상 인구는 4,000만 명, 비경제활동인구는 1,500만 명, 실업률이 4%라고 할 때, 이에 대한 설명으로 옳은 것은?

① 현재 상태에서 실업자는 60만 명이다.
② 현재 상태에서 경제활동참가율은 61.5%이다.
③ 현재 상태에서 고용률은 최대 2.5%p 증가할 수 있다.
④ 현재 상태에서 최대한 달성할 수 있는 고용률은 61.5%이다.

95 실업률과 고용률에 대한 설명으로 옳지 않은 것은?

① 18시간 이상 일한 무급가족종사자는 실업자에 포함된다.
② 실망실업자는 실업자에 포함되지 않는다.
③ 경제활동참가율과 실업률이 주어지면 고용률을 알 수 있다.
④ 경제활동참가율이 일정할 때 실업률이 높아지면 고용률이 낮아진다.

96 고용 통계에 대한 설명으로 옳지 않은 것을 〈보기〉에서 모두 고르면?

> **보기**
>
> ㄱ. 구직 단념자가 많아지면 실업률이 하락한다.
> ㄴ. 실업률은 경제활동인구에서 실업자가 차지하는 비율이다.
> ㄷ. 경제활동참가율이 높아지면 실업률이 높아진다.
> ㄹ. 구직 단념자가 많아져도 고용률은 변하지 않는다.
> ㅁ. 고용률이 증가하면 실업률은 하락한다.

① ㄱ, ㄹ   ② ㄱ, ㅁ   ③ ㄴ, ㄷ
④ ㄴ, ㄹ   ⑤ ㄷ, ㅁ

97 다음 경제의 여러 측면을 측정하는 지표들의 문제점에 대한 비판으로 가장 옳지 않은 것은?

① 소비자물가지수는 대체효과, 품질변화 등으로 인해 실제 생활비 측정에 왜곡을 초래할 수 있다.
② 국민소득 지표로 가장 널리 사용되는 국내총생산은 시장경제에서 거래되지 않고 공급되는 정부 서비스의 가치를 모두 제외하고 있기 때문에 문제점이 있다.
③ 실업률 지표는 잠재적으로 실업자에 가까운 실망실업자(Discouraged Worker)를 실업자에 포함하지 않기 때문에 문제점이 있다.
④ 소비자물가지수는 대표적인 소비자가 구입하는 재화와 서비스의 전반적인 비용을 나타내는 지표이므로 특정 가계의 생계비 변화와 괴리가 발생할 수 있다.

98 실업에 대한 설명으로 옳은 것을 모두 고르면?

> ㄱ. 마찰적 실업이란 직업을 바꾸는 과정에서 발생하는 일시적인 실업이다.
> ㄴ. 구조적 실업은 기술의 변화 등으로 직장에서 요구하는 기술이 부족한 노동자들이 경험할 수 있다.
> ㄷ. 경기적 실업은 경기가 침체되면서 이윤감소 혹은 매출감소 등으로 노동자를 고용할 수 없을 경우 발생한다.
> ㄹ. 자연실업률은 마찰적, 구조적, 경기적 실업률의 합으로 정의된다.
> ㅁ. 자연실업률은 완전고용상태에서의 실업률이라고도 한다.

① ㄱ, ㄴ, ㄷ   ② ㄱ, ㄷ, ㅁ   ③ ㄱ, ㄴ, ㄷ, ㅁ   ④ ㄱ, ㄷ, ㄹ, ㅁ

99 최저임금이 오를 때 실업이 가장 많이 증가하는 노동자 유형은?

① 노동에 대한 수요가 탄력적인 비숙련노동자
② 노동에 대한 수요가 비탄력적인 비숙련노동자
③ 노동에 대한 수요가 탄력적인 숙련노동자
④ 노동에 대한 수요가 비탄력적인 숙련노동자

100 어떤 나라의 경제활동인구가 1,000만 명으로 일정하다고 한다. 비경제활동인구는 존재하지 않으며 취업인구 중에서 매달 일자리를 잃는 노동자의 비율이 2%이고 실업인구 중에서 매달 취업이 되는 노동자의 비율이 14%라면, 이 나라의 자연실업률은?

① 12%   ② 12.5%
③ 13%   ④ 13.5%

101 어느 경제에서 취업자들은 매기 5%의 확률로 일자리를 잃어 실업자가 되며, 실업자들은 매기 45%의 확률로 새로운 일자리를 얻어 취업자가 된다. 이 경제의 균제상태에서의 실업률은? (단, 경제활동인구의 변동은 없다)

① 5%   ② 10%
③ 15%   ④ 20%

102 효율임금이론에 대한 설명으로 옳은 것을 모두 고르면?

> (가) 효율임금은 노동시장의 균형임금보다 높다.
> (나) 노동의 초과공급에 의한 실업의 존재를 설명한다.
> (다) 근로자들의 근무태만을 방지할 수 있다.
> (라) 노동의 생산성이 임금수준을 결정한다고 가정한다.

① (가), (나), (다)   ② (가), (나), (라)
③ (가), (다), (라)   ④ (나), (다), (라)

103 필립스 곡선에 대한 설명으로 옳은 것은?

① 물가연동제를 실시하는 고용계약의 비중이 클수록 단기 필립스 곡선은 더 가파른 기울기를 갖는다.

② 단기 필립스 곡선이 장기 필립스 곡선보다 더 가파른 기울기를 갖는다.

③ 자연실업률이 증가하면 필립스 곡선은 왼쪽으로 이동한다.

④ 예상물가상승률이 증가하면 단기 필립스 곡선은 왼쪽으로 이동한다.

104 다음 중 오쿤의 법칙에 대해 설명하고 있는 것은?

① 실질 GDP와 인플레이션 간의 역의 관계를 말한다.

② 실질 GDP와 부가가치와의 관계를 말한다.

③ 실질 GDP의 백분율변화와 인플레이션 간의 관계를 말한다.

④ 실질 GDP의 백분율변화와 명목 GDP와의 관계를 말한다.

⑤ 위의 언급 중 어떤 것도 해당사항 없음.

105 한국 경제가 현재 단기 필립스 곡선 SP_1상의 a점에 있다고 가정하자. 중동지역 정세의 불안정으로 인해 에너지가격이 폭등할 경우 단기에서 장기까지 한국 경제의 예상 이동 경로는? (단, U_N은 자연실업률 수준을 나타낸다)

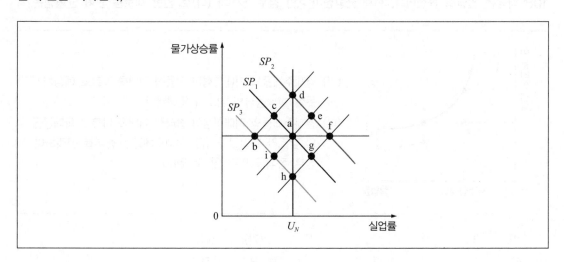

① a → c → d   ② a → e → d   ③ a → g → h

④ a → i → h   ⑤ a → e → a

106 단기 필립스 곡선에 대한 설명으로 옳은 것은?

① 기대 인플레이션이 적응적 기대에 의해 이루어질 때, 실업률 증가라는 고통 없이 디스인플레이션 (Disinflation)이 가능하다.

② 단기 필립스 곡선은 인플레이션과 실업률 사이의 양(+)의 관계를 나타낸다.

③ 기대 인플레이션이 높아지면 단기 필립스 곡선은 위쪽으로 이동한다.

④ 실제 인플레이션이 기대 인플레이션보다 낮은 경우 단기적으로 실제 실업률은 자연실업률보다 낮다.

107 필립스 곡선에 대한 설명으로 옳은 것은?

① 단기 필립스 곡선에서 합리적 기대와 정부의 정책에 대한 신뢰가 확보된 경우 고통 없는 인플레이션 감축이 가능하다.

② 단기 필립스 곡선은 실업률이 낮은 시기에 인플레이션율도 낮아지는 경향이 있음을 밝힌 것이다.

③ 자연실업률 가설에 따르면 장기에서는 실업률과 인플레이션율 사이에 양의 관계가 존재한다.

④ 기대 인플레이션율이 적응적 기대에 의한다면, 단기 필립스 곡선은 인플레이션율과 실업률을 모두 낮추려는 정책이 가능함을 보여준다.

108 다음은 필립스 곡선이다. 현재 균형점이 A인 경우, (가)와 (나)로 인한 새로운 단기 균형점은?

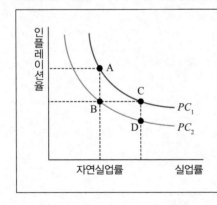

(가) 경제주체들의 기대형성이 적응적 기대를 따르고 예상하지 못한 화폐공급의 감소가 일어났다.

(나) 경제주체들의 기대형성이 합리적 기대를 따르고 화폐공급의 감소가 일어났다. (단, 경제주체들은 정부를 신뢰하며, 정부 정책을 미리 알 수 있다)

	(가)	(나)		(가)	(나)
①	B	C	②	B	D
③	C	B	④	C	D

109 인플레이션에 대한 설명 중 옳지 않은 것은?

① 먼델-토빈(Mundell-Tobin) 효과에 따르면 기대 인플레이션율이 상승하면 투자가 감소한다.
② 공급충격이 발생한 경우 인플레이션 타게팅(Targeting) 정책은 산출을 불안정하게 한다.
③ 디스인플레이션(Disinflation) 정책이 실업률에 미치는 영향은 해당 정책이 기대되었는가에 의존한다.
④ 합리적 기대가설에 따르면 예상 인플레이션율이 상승하면 실제 인플레이션율이 높아진다.
⑤ 명목임금이 하방경직적일 때, 디플레이션이 발생하면 실질임금은 상승한다.

110 1990년대 후반 지속된 미국 경제의 호황은 정보기술발전에 따른 생산성 증대의 결과라는 주장이 있다. 이 주장을 뒷받침하는 이론은?

① 케인지언(Keynesian) 이론
② 통화주의(Monetarism) 이론
③ 합리적 기대가설(Rational Expectations Hypothesis) 이론
④ 실물적 경기변동(Real Business Cycle) 이론

파트1
파트2
파트3
파트4
파트5
파트6
파트7
파트8
실전1
실전2

공기업 NCS 경제학

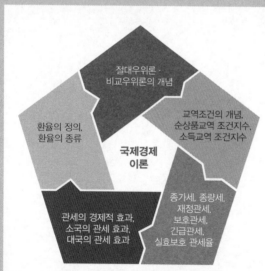

[합격전략]

국제경제이론에 관한 내용으로 국제적으로 각 나라의 경제를 비교할 때의 비교 방법에 따라 나눌 수 있는 이론 등이 출제된다. 또한 교역의 개념, 교역조건지수, 소득교역 조건지수 등이 출제되며 관세의 종류, 효과 등 관세에 관한 내용이 출제된다. 마지막으로 환율의 정의 및 종류, 재정환율과 교차환율, 명목환율과 실질환율 등에 관한 내용이 출제되므로 이에 대한 학습이 필요하다.

공기업
NCS
경제학

파트 8 국제경제이론

✪ 테마 유형 학습

✪ 빈출 지문에서 뽑은 O/X

✪ 기출예상문제

테마 01 절대우위와 비교우위

☑ 생산비가 타국에 비해 절대적으로 적은 상품의 생산에 각각 특화하여 교역하면 양국 모두에게 이익이 발생한다는 것이 애덤 스미스(Adam Smith)가 주장한 절대우위론이다.

1 절대우위론

1. 개념

A국 국민이 7명, B국 국민이 9명이며, A국과 B국이 모두 쌀과 밀을 1단위씩 생산하고 있다고 하자. 쌀 1단위 생산에 필요한 노동자는 A국이 5명, B국은 3명이고, 밀 1단위 생산에 필요한 노동자는 A국이 2명, B국은 6명이라고 하면,

〈A국과 B국의 생산비용〉

국가\재화	쌀	밀	총 노동투입
A	5명	2명	7명
B	3명	6명	9명

	쌀	밀
특화 후 A국 보유량	0단위	3.5단위
특화 후 B국 보유량	3단위	0단위

(1) 절대우위론에 따르면 A국은 밀 생산에 특화하고, B국은 쌀 생산에 특화한다. A국은 밀 생산에 7명을 전부 투입해 $3.5(=\frac{7}{2})$단위의 밀을 생산하고, B국은 쌀 생산에 9명을 투입해 $3(=\frac{9}{3})$단위의 쌀을 생산한다.

(2) 특화 이후 A국과 B국이 쌀과 밀 1단위를 서로 교환하면 A국은 특화 전에 비해 1.5단위 밀을 더 가지게 되었고, B국은 1단위 쌀을 더 가지게 되었다. 양 국가 모두 이득을 얻은 것이다.

2. 절대우위를 가지기 위한 방법

(1) 한 국가가 극히 희소하거나 다른 어떤 곳에도 없는 물품을 보유한 경우이다.

(2) 어떤 재화와 서비스를 다른 국가에 비해 싸게 생산하는 경우이다.

(3) 절대우위론에 따르면 한 국가가 모든 분야에서 절대우위에 있는 경우에도 무역이 발생하는 현실을 설명할 수 없다.

〈특화와 교환의 이익〉

국가\재화	쌀	밀
특화 전 A국 보유량	1단위	1단위
특화 전 B국 보유량	1단위	1단위

쌀과 밀을 1:1로 교환 후 변화		
교역 후 A국 보유량	1단위	2.5단위
교역 후 B국 보유량	2단위	1단위

2 비교우위론

1. 개념

비교우위론이란 한 나라가 두 상품 모두 절대우위에 있고 상대국은 두 상품 모두 절대열위에 있더라도 생산비가 상대적으로 더 적게 드는(기회비용이 더 적은) 상품에 특화하여 교역하면 상호이익을 얻을 수 있다는 이론이다.

〈표 1〉 A국과 B국의 생산성

국가\상품	핸드폰	명품의류
A	8시간	9시간
B	12시간	10시간

☑ 비교우위론은 애덤 스미스의 절대생산비 이론의 한계를 극복하기 위해서 리카도(David Ricardo)가 그의 저서 『정치경제와 조세의 원리』에서 주장한 이론이다. 리카도는 대학 교육을 받은 적이 없는 사람이었지만 증권 중개인으로서 이재(理財)에 뛰어난 재주를 발휘해서 불과 몇 년 만에 백만장자가 되었다고 한다. 휴양지에서 애덤 스미스의 책인 『국부론』을 읽고 쓴 『정치경제와 조세의 원리』라는 책에서 비교우위의 원리를 완성하였으며 이 책은 경제학의 고전이 되었다.

2. 비교우위와 기회비용

(1) 〈표 1〉은 A, B 두 나라에서 핸드폰과 명품의류를 한 단위씩 생산하는데 소요되는 노동투입량을 나타낸다(단, 양국은 동일한 생산요소인 노동만을 가지고 있으며, 시간당 임금도 동일하다고 가정한다. 따라서 투입노동시간은 곧 생산비와 같다).

〈표 2〉 A국과 B국의 기회비용

기회비용 국가	핸드폰 1단위	명품의류 1단위
A	명품의류 0.89	핸드폰 1.125
B	명품의류 1.2	핸드폰 0.83

(2) A국은 두 상품 모두 더 적은 비용으로 생산할 수 있기 때문에 두 재화 모두 절대우위를 가지고 있다. 이 경우 절대우위론에서는 무역이 발생하지 않는다.

(3) A국이 핸드폰 한 개를 더 생산하기 위해서는 명품의류 $0.89(\frac{8}{9})$개를 포기해야하고, B국에서는 $1.2(\frac{12}{10})$개를 포기해야 한다. 한편 A국이 명품의류 한 개를 더 생산하기 위해선 핸드폰 $1.125(\frac{9}{8})$개를 포기한 반면, B국은 0.83개$(\frac{10}{12})$를 포기해야 한다.

핸드폰 생산에 있어서는 A국의 기회비용이 더 작고, 명품의류 생산에 있어서는 B국의 기회비용이 더 작다. 따라서 A국은 핸드폰 생산에, B국은 명품의류 생산에 비교우위가 있다.

대표기출유형

💬 아래 표는 A, B 두 국가에서 손목시계와 스마트폰을 생산하는 데 필요한 노동시간을 나타낸 것이다. 이를 올바르게 분석한 것은? (단, 두 국가가 가지고 있는 생산 자원은 동일하며, 동일한 상품에 대해 두 국가 국민들이 느끼는 효용은 같다)

〈국가별 상품 생산에 필요한 노동시간〉

	손목시계	스마트폰
A국	20	100
B국	10	80

① A국은 스마트폰 생산에 절대우위를 가지고 있다.
② B국은 손목시계를 특화해 수출하는 것이 유리하다.
③ 시장이 개방되면 A국 스마트폰 시장 종사자들의 일자리는 감소할 것이다.
④ A국은 두 상품 모두 저렴하게 생산할 수 있으므로 무역을 하지 않는 것이 유리하다.

정답 ②

해설 B국은 손목시계 생산에 있어서 비교우위에 있으므로, B국은 손목시계를 특화해 수출하는 것이 유리하다. A국과 B국의 손목시계와 스마트폰 생산의 기회비용을 계산하면 다음과 같다.

	손목시계	스마트폰
A국	20/100 = 0.2	100/20 = 5
B국	10/80 = 0.125	80/10 = 8

B국은 손목시계와 스마트폰 모두 A보다 더 적은 시간으로 생산할 수 있으므로, B국은 손목시계와 스마트폰 모두 절대적 우위에 있다.
손목시계 생산의 기회비용은 B국이 더 낮고, 스마트폰 생산의 기회비용은 A국이 더 낮으므로, B국은 손목시계 생산에 있어서 비교우위에 있고, B국은 스마트폰 생산에 있어서 비교우위에 있다.

파트1
파트2
파트3
파트4
파트5
파트6
파트7
파트8
실전1
실전2

교역조건

- ✓ 교역조건에는 순상품교역조건과 소득교역조건이 있으며 기준시점을 100으로 지수화한 것이 교역조건지수이다.

- ✓ 수출재 가격의 상승은 수출재 1단위와 교환되는 수입재 수량이 증가하므로 교역조건이 개선된다.

- ✓ 순상품교역조건지수는 수출상품 한 단위의 가격과 수입상품 한 단위의 가격 간의 비율로 한 단위의 수출로 몇 단위의 수입이 가능한지를 나타내는 지수이다.

- ✓ 순상품교역조건이 상승하면 한 단위 상품을 수출해서 받은 외화로 이전보다 더 많은 양의 상품을 수입할 수 있게 된다.

- ✓ 교역조건이 악화되면 국민경제의 실질구매력이 떨어져 실질소득이 감소하고 경상수지가 악화될 수 있다.

1 교역조건의 개념

교역조건은 한 나라가 한 단위 상품수출로 벌어들인 외화로 수입할 수 있는 상품의 양, 즉 수출품과 수입품의 수량적인 교환비율을 말한다.

$$교역조건 = \frac{수출재\ 가격}{수입재\ 가격} = \frac{수입량}{수출량}$$

2 순상품교역조건지수

1. 개념

순상품교역조건지수는 수출물가지수를 수입물가지수로 나누고 100을 곱하여 산출한다.

$$순상품교역조건지수 = \frac{수출물가지수}{수입물가지수} \times 100$$

2. 상승과 하락의 의미

(1) 순상품교역조건이 상승했다는 것은 수출물가가 수입물가보다 더 많이 올랐다거나 수출물가가 수입물가보다 덜 하락했다는 것을 의미한다.

(2) 순상품교역조건이 하락했다는 것은 한 단위 상품을 수출함으로써 수입할 수 있는 상품의 양이 그 이전에 비해 줄어들었음을 의미한다.

〈순상품교역조건지수 추이〉

(2010 = 100)

	순상품교역조건지수 (A=B/C×100)		수출물가지수 (B)		수입물가지수 (C)	
2013	89.56	(2.9)	98.98	(−1.9)	110.51	(−4.7)
2014	89.94	(0.4)	96.77	(−2.2)	107.59	(−2.6)
2015	99.95	(11.1)	85.83	(−11.3)	85.87	(−20.2)
2016	102.06	(2.1)	80.38	(−6.4)	78.76	(−8.3)
2017	101.23	(−0.8)	87.46	(8.8)	86.40	(9.7)

* ( )내는 전년대비 증감률(%)

* 반올림 등으로 인해 일부 수치 간 불일치가 있을 수 있음

〈자료 : 한국은행 경제통계시스템(http://ecos.bok.or.kr)〉

3. 순상품교역조건지수의 한계

상품의 수출입가격이 변하면 통상 수출입물량이 영향을 받는데 순상품교역조건지수는 가격변화에 따른 물량변동을 반영하지 못한다.

3 소득교역조건지수

1. 개념

소득교역조건지수는 수출총액으로 수입할 수 있는 수입량을 의미하며 순상품교역조건지수에 수출물량지수를 곱하여 산출한다.

$$소득교역조건지수 = \frac{수출금액지수}{수입물가지수} \times 100$$

$$= \frac{(수출물가지수 \times 수출물량지수 \div 100)}{수입물가지수} \times 100$$

$$= 순상품교역조건지수 \times 수출물량지수 \div 100$$

2. 의미

소득교역조건이 높아졌다거나 개선되었다는 것은 현시점의 수출총액으로 수입할 수 있는 양이 이전보다 많아졌음을 의미한다.

4 교역조건의 국민경제적 의미

1. 교역조건은 수출 가격을 수입 가격으로 나눈 수출입상품 간의 교환비율로 교역조건이 변화하면 생산 및 소비가 영향을 받게 되고 그로 인해 국민소득이 변화하게 된다.
2. 교역조건이 나빠지면 동일한 수출물량으로 사들일 수 있는 수입물량이 감소하게 된다. 이는 소비나 투자에 필요한 재화의 수입량이 줄어들어 실질소득이 감소한 것을 의미한다.

☑ 소득교역조건지수는 수출입가격의 변동 이외에 수출물량의 변동까지 고려할 수 있는 지수로서 순상품교역조건지수의 단점을 보완해 준다.

☑ 최근 우리나라 소득교역조건지수 추이를 보면 순상품교역조건지수가 상대적으로 낮음에도 불구하고 수출기업의 원가절감 및 생산성 향상 등의 영향으로 수출물량이 꾸준히 증가하여 개선 추세를 유지하고 있다.

파트1
파트2
파트3
파트4
파트5
파트6
파트7
파트8
실전1
실전2

대표기출유형

💬 우리나라를 대국이라고 가정할 때, 교역조건이 악화되는 경우를 모두 고른 것은?

가. 수입재에 대한 선호도가 낮아질 때	나. 수입재에 대해 관세가 부과 될 때
다. 수출재 편향적으로 경제 성장이 이루어질 때	라. 수출재에 대해 보조금을 지급할 때

① 가, 나   ② 가, 다   ③ 다, 라
④ 나, 다   ⑤ 나, 라

정답 ③

해설 교역조건이란 수출상품 1단위와 교환되는 수입상품의 수량을 말한다. 즉, 수입상품의 개수로 표시한 수출상품 한 단위의 교환가치를 의미한다.

가. 수입품에 대한 선호가 감소할 경우 수입물량이 감소하고 이로 인해 수입품의 국제가격이 하락하기 때문에 교역조건이 개선된다.

나. 대국이 수입품에 대해 관세를 부과하면 수입물량이 감소해서 국제시장에 수입품의 초과공급이 발생하고 이때 수입품의 국제가격이 하락하기 때문에 교역조건이 개선된다.

다. 대국의 경우 수출편향적인 경제성장이 이루어지면 국제시장에서 초과 공급이 이루어져 교역조건이 악화된다.

라. 대국의 경우 수출보조금이 지급되면 수출이 증가하므로 수출품의 국제가격이 하락하여 교역조건이 악화된다.

관세

☑ 관세의 의의
  일반적으로 법률이나 조약에 의
  한 법정의 관세영역을 통과하는
  물품에 대하여 부과하는 조세로
  주로 수입상품에 부과하는 것을
  말한다.

☑ 관세의 특징
  1. 일국의 관세영역을 통과하는
     수출입물품에 부과한다.
  2. 일국의 산업보호 및 재정수입
     을 목적으로 부과한다.
  3. 반대급부 없이 법률 및 조약에
     의해 한 국가가 강제적으로 부
     과한다.
  4. 대물세이면서 수시세이다.
  5. 납세자와 담세자가 다른 간접
     세이다.
  6. 가격기능을 통해 국내 산업을
     보호하지만 자유무역을 저해
     하는 부작용으로 후생손실이
     발생한다.

1 관세의 분류

1. 과세표준에 의한 분류 : 종가세, 종량세

(1) 종가세

① 관세부과시 가격을 과세표준으로 하는 가장 일반적인 관세율의 형태로서, 과세표준가격은 보통 운임보험료 포함가격(CIF)을 적용하며, 백분율로 표시한다.

② 종가세의 장점은 관세부담이 상품가격에 비례하므로 공평하고, 시장가격의 등락에 관계없이 관세부담의 균형유지가 가능하다는 점이다.

③ 종가세의 단점은 수출국의 거리에 따라 관세액에 차이가 발생할 수 있고, 저가품의 경우 국내산업보호의 기능이 희박하다는 점이다.

④ 종가세를 적용하는데 적합한 상품은 동일상품 그룹 가운데 품질격차가 큰 것, 단기적으로 가격변동이 없는 것, 종류가 많은 것 등이다.

(2) 종량세

① 수입되는 상품의 수량(무게, 길이, 부피 등)을 과세표준으로 하여 부과되는 관세로서, 동일한 상품의 경우 가격에 관계없이 관세액은 동일하다.

② 종량세의 장점은 세액을 쉽게 산정할 수 있고, 동종동질의 상품인 경우 관세액은 동일하고, 저가품에도 국내산업의 보호효과가 강하다는 점이다.

③ 종량세의 단점으로는 품질격차가 큰 상품은 관세부담이 불공평하고, 물가가 변동할 때 과세부담의 불균형이 발생하며, 품목의 분류가 복잡하다는 점이다.

④ 종량세를 적용하는데 적합한 상품은 상품의 성질이 같은 것, 과세가격의 파악이 곤란한 것, 가격변동이 쉬운 것 등이다.

2. 과세목적에 따른 분류 : 재정관세, 보호관세

(1) 재정관세

① 의의 : 재정관세는 국가의 재정수입을 목적으로 하는 비탄력관세로, 관세부과에도 수입량이 감소하지 않는 제품에 주로 나타난다.

② 적용대상

  ㉠ 자국 내 생산이 불가능하거나 매우 적어 수입이 불가피할 경우

  ㉡ 소비를 권장할 가치가 없으면서도 구태여 수입을 억제할 필요가 없는 제품

  ㉢ 자국 내 산업이 매우 강한 경쟁력을 확보하여 더 이상 보호할 필요가 없는 제품

  ㉣ 수요의 가격탄력성이 작은 제품

  ㉤ 커피, 차, 담배, 향료 등 습관적으로 소비되는 기호식품 등

(2) 보호관세 : 자국산업을 보호 육성하기 위한 관세부과로 수입품의 가격이 상승하여 수입이 억제되고 경쟁력이 약화되어 국내생산의 증가를 가져오는 것을 그 목적으로 한다.

3. 과세차별에 의한 분류

(1) 차별관세(Differential Tariff) : 어느 특정 국가로부터 수입되어지는 제품에 대해 자국의 특수한 동기나 상황에 따라 다른 국가의 제품보다 높은 관세율을 적용하거나 낮은 관세율을 적용하는 관세제도를 말한다.

(2) 상계관세

① 직접적 혹은 간접적으로 수출보조금이나 장려금이 지급되어 생산된 제품이 국내에 염가로 수입되어 국내산업에 피해를 입힐 경우 그 보조금이나 장려금의 효과를 상쇄할 목적으로 염가 수입에 대해 부과하는 관세를 말한다.

② GATT 제6조에 규정된 상계관세의 내용

㉠ 상계관세의 세액은 장려금이나 보조금의 금액을 초과할 수 없다.

㉡ 생산·수출보조금과 특정품의 수송에 대한 수송보조금도 포함한다.

㉢ 자국의 기존산업의 실질적 피해 또는 신규산업이 실질적으로 방해되고 있다는 피해가 있어야 한다.

㉣ 원산국 또는 수출국에서 부과된 내국소비세의 면제 또는 환불을 이유로 상계관세가 부과되어서는 안 된다.

㉤ 덤핑 또는 수출보조금으로 발생되는 동일한 사태에 대하여 반덤핑관세와 상계관세가 병행 부과되어서는 안 된다.

(3) 반덤핑(부당염매방지)관세 : 덤핑된 외국상품이 수입되어 국내산업에 손해를 입힐 경우 수출국의 덤핑효과를 상쇄시키기 위해 부과하는 관세를 말한다.

(4) 긴급관세

① 특정물품의 수입이 급증하여 이와 경합되는 국내산업에 중대한 피해를 가져올 우려가 있어 긴급한 조치가 필요하다고 판단될 때 정부의 책임과 판단으로 신속하게 관세율을 인상할 수 있는 제도를 말한다.

② 긴급관세의 발동요건

㉠ 수입품의 가격이 급격히 하락하는 등 예상외의 사태가 발생하여 상품의 수입이 급격히 증가할 때

㉡ 외국상품의 수입증가로 인하여 동종의 국내산업에 중대한 손해를 입히거나 입힐 우려가 있을 때

㉢ 국민경제상 긴급히 필요하다고 인정될 때

(5) 보복관세 : 상대국의 관세에 대항하여 부과하는 관세를 말한다.

(6) 수입할당관세(Import Quota Tariff)

① 특정 제품의 수입량 혹은 수입금액에 대한 할당(quota)을 설정하고 할당분이 소진될 때까지의 수입분에 대해서는 기본세율보다 낮은 할인관세를 적용하고 할당분을 초과하는 수입분에 대해서는 기본세율보다 높은 할증관세를 적용하는 이중관세율제도를 말한다.

② 국내 제조업자를 보호할 필요성과 국내시장의 수급조절 및 가격하락에 의한 수요자 측의 이익을 강화해 줄 필요성이 공존할 때 양측의 입장을 고려하는 일종의 관세율조정정책의 일환이다.

파트1
파트2
파트3
파트4
파트5
파트6
파트7
파트8
실전1
실전2

(7) 조정관세(Coordinating Tariffs) : 일시적인 경제사정에 대응하기 위한 제도로 특정 상품의 수입증대로 국내산업의 발전을 저해하거나 국민소비생활의 질서를 문란하게 할 우려가 있는 경우, 국민생활과 산업에서 발생하는 부작용을 시정 · 보완하기 위해 관세를 인상 부과하는 할증관세로, 적용기간은 3년이다.

(8) 계절관세(Seasonal Tariff) : 1차산품은 출하기, 성수기, 비수기에 따라 가격변동이 크기 때문에 국내물가에 미치는 영향을 약화시켜 국내 농산물보호와 소비자의 이익을 보호하기 위한 제도이다.

(9) 농림축산물에 대한 특별긴급관세(Safeguard Tariff) : 1994년 12월에 개정된 관세법에 수용된 것으로 저가농산물의 일시적 수입급증으로 인한 국내농가의 피해를 예방하기 위한 관세제도이다.

(10) 편익관세(Convenient or Beneficial Tariff) : 일국이 일방적으로 최혜국대우의 범위 내에서 관세혜택을 제공하는 것으로 상대국이 임의로 관세상의 혜택을 요구할 수는 없다.

(11) 특혜관세(Preferential Tariff) : 영연방특혜관세, 일반특혜관세제도(Generalized System of Preference ; GSP) 등 남북문제의 해결을 위한 개발도상국의 수출증대 및 공업화촉진 등을 지원하기 위해 선진국이 개도국 및 후진국으로부터의 수입 공산품 및 반공산품에 부과하는 저율의 관세제도로 1971년부터 시행되었다.

(12) 공통관세(Common Tariff) : 관세동맹과 같은 경제통합단계에서 역외국가로부터 수입되는 제품에 대해 관세주권을 포기하고 공통적으로 설정한 관세를 부과한다.

(13) 탄력관세(Flexible Tariff) : 일정 범위 내에서 관세율조정권을 행정부에 이임하여 관세율을 신축적이고 탄력적으로 조정할 수 있도록 하는 관세제도이다.

2 관세정책의 일반적 수단

1. 최적관세

(1) 최적관세(Optimum Tariff)는 관세부과로 인해 교역조건 개선의 이익을 극대화하고 무역축소효과의 불이익을 최소한도로 작게 하여 관세부과국의 무역이익을 최대로 하는 국민후생극대의 관세이다.

(2) 최적관세율의 측정

$$t = \frac{1}{\epsilon - 1} \ (\epsilon : \text{외국의 수입수요탄력성})$$

(3) 크기

① 외국의 수입수요탄력성이 1에 가까울수록 최적관세율은 무한대에 가깝고 외국의 수입수요탄력성이 무한대이면 최적관세율은 존재하지 않는다.

② 또한 외국의 수입수요탄력성이 1보다 작은 경우에는 최적관세율은 음(−)이 되어 최적관세율은 존재하지 않는다.

파트1

파트2

파트3

파트4

파트5

파트6

파트7

파트8

실전1

실전2

(4) 조건

    ① 자국의 독점력이 존재할 것

    ② 상대국의 보복관세가 없어야 한다.

2. 실효보호관세율

(1) 실효보호관세율(Effective Rate of Protection)은 어느 특정 산업이 관세에 의한 보호를 받고 있을 때 그 산업이 실질적으로 받고 있는 보호가 어느 정도인가를 나타내는 관세이다.

(2) 측정

    ① 관세정책에 의한 국내생산의 부가가치의 변화율로 규정한다.

    ② 관세의 실효보호율 $= \dfrac{\text{관세 후의 부가가치}(V') - \text{관세 전의 부가가치}(V)}{\text{관세 전의 부가가치}(V)}$

(3) 크기

    ① 관세부과 전의 부가가치가 낮은 산업일수록 실효보호관세율이 높다. 즉 효율성이 낮은 산업일수록 보호를 많이 받는다.

    ② 관세의 실질적인 보호효과는 최종재에 대한 관세가 높을수록, 투입중간재에 대한 관세가 낮을수록 크다.

대표기출유형

📢 **다음 중 최적 관세에 관한 설명으로 옳은 것은?**

    ① 수입상품의 공급이 무한탄력적이 아니면 최적 관세율은 0이다.

    ② 대부분의 상품에 대해 최적 관세는 수입을 금지시킬 만큼 높다.

    ③ 최적 관세는 관세부과국의 후생을 증가시키거나 전세계의 후생을 낮춘다.

    ④ 관세를 부과하는 국가의 수입이 세계시장과 비교해서 작을 경우 최적 관세는 크게 나타난다.

정답 ③

해설 최적 관세란 관세부과에 따른 교역조건의 개선에서 얻는 이익을 무역량 감소에 의한 손실보다 크게 함으로써 국가의 경제적 후생을 최대로 하는 관세율을 부과하는 것을 말한다. 따라서 최적 관세율의 부과는 자국의 후생은 증가시키지만 상대국의 후생은 감소시키게 된다.

관세의 효과

1 관세의 경제적 효과

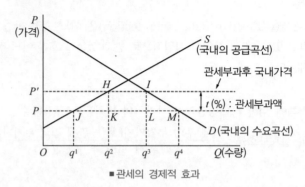

■ 관세의 경제적 효과

1. 소비효과(Consumption Effect)

(1) 관세의 소비효과는 관세부과로 인해 수입량이 감소하고 수입품 및 동종의 국내 물품 가격이 상승되어 소비자가 불리한 영향을 받는 효과를 말한다.

(2) 소비자는 관세부과로 인해 비싼 물품을 구입하여야 하므로 효용수준이 저하되는 효과이다.

(3) [그림]에서 관세부과로 인해 수입량이 q^4에서 q^3으로 소비가 감소하는 부분이다.

2. 재정수입효과(Revenue Effect)

(1) 재정수입효과는 관세부과로 인해 국가의 재정수입이 증가하는 효과를 의미한다.

(2) [그림]에서 관세부과 후의 수입량 $q^2 q^3$에 관세를 부과한 부분이 PP'을 곱한 부분에 해당하며, $\square HKLI$ 부분을 말한다.

3. 소득재분배효과(Redistribution Effect)

(1) 소득재분배효과는 수입품에 대해 관세가 부과됨으로 인해 실질소득이 소비자로부터 생산자에게 재분배되는 효과를 말한다.

(2) 소비자잉여가 생산자잉여로 전환되는 효과이다.

(3) [그림]에서 생산자잉여 $\triangle PJS$에서 $\triangle P'HS$로 증가하는데, $\square PP'JH$는 관세부과 전의 소비자 이익부분에서 생산자의 몫으로 재분배된 것이다.

4. 교역조건효과(Terms-of-Trade Effect)

(1) 교역조건효과는 관세부과로 인해 수입국의 교역조건이 개선되어 그 국가의 무역이익이 관세부과 전보다 증가하는 효과를 말한다.

(2) 관세를 부과할 때의 수출량이 같은 수준을 유지하는 상태에서 수입량 변화하면 교역조건이 개선된다.

(3) [그림]에서 관세부과로 수출량이 같은 수준을 유지하는 상태에서 수입량이 $q^1 q^4$에서 $q^2 q^3$으로 감소하면 교역조건이 개선된다.

5. 고용효과(Employment Effect)

(1) 고용효과는 관세부과로 인해 국내산업의 활동이 활발해져 고용이 증가하고 소득이 향상되는 효과를 말한다.

(2) 관세부과로 인한 생산의 증대는 생산시설의 확충으로 고용을 증대시키는 효과를 가져 온다.

(3) [그림]에서 $\triangle JHK$부분이 보호로 인한 고용증가 효과부분이다.

6. 국제수지효과(Balance of Payment Effect)

(1) 국제수지효과는 관세부과로 인해 수입량이 감소하여 국제수지가 개선되는 효과를 의미한다.

(2) 관세를 부과하는 국가에서는 수입량이 감소, 수출량이 관세를 부과하기 전의 수준을 유지하거나 증가하여야 국제수지가 개선된다.

(3) [그림]에서 관세부과 전의 수입량 $q^1 q^4$이고, 관세부과 후의 수입량 $q^2 q^3$으로 감소한다. $q^1 q^2$의 생산량 증가분이 수출, $q^3 q^4$의 수입량이 감소하면 국제수지가 개선되는 효과가 있다.

7. 가격효과(Price Effect)

(1) 가격효과는 관세부과로 인해 소비자가 관세부과 전의 가격보다 더 높은 가격을 지급하고 수입물품을 구입하는 효과를 의미한다.

(2) 소비자가 관세부과만큼의 가격인상폭을 부담하게 되는 것을 의미한다.

8. 소득효과(Income Effect)

(1) 소득효과는 관세가 부과되고 이에 의해 대외지출이 억제되면 국내물품의 소비가 증가하기 때문에 화폐 및 실질소득과 고용이 증대하는 효과를 의미하는데 이를 수입대체효과라고도 한다.

(2) 관세가 부과되면 국내의 총수요량은 감소하고 총공급량은 증가하여 수입량이 감소하게 되어, 수입량이 감소한 만큼 수입대체효과가 발생하게 된다.

(3) 소득효과는 고용효과의 결과로 발생하는 부차적인 효과로 판단하여야 한다. 생산이 증가하면 생산시설의 확장에 따라 고용이 증가, 노동자들은 임금을 받기 때문에 소득이 증가하는 효과가 나타나는 것이다.

9. 경쟁효과(Competition Effect)

(1) 경쟁효과는 관세가 부과되어 보호받는 국내산업이 외국산업과의 경쟁을 회피하게 되는 효과를 말한다.

(2) 관세가 부과되면 보호를 받은 국내산업은 외국산업과 경쟁할 필요가 없어 경쟁력이 둔화되어 정체상태에 빠지게 된다. 즉 관세가 부과되면 국내산업은 높은 이윤을 보장받기 때문에 경쟁력에 대한 노력이 감소하게 된다.

☑ **소국과 대국의 차이**

1. 소국이 관세를 부과하면 교역조건이 변하지 않지만, 대국이 관세를 부과하면 교역조건이 개선된다.

2. 소국이 관세를 부과하면 국내가격은 단위당 관세액만큼 상승하지만, 대국이 관세를 부과하면 국내가격은 단위당 관세액보다 작게 상승한다.

3. 소국이 관세를 부과하면 명백히 사회적인 후생손실이지만, 대국은 교역조건 개선에 따른 이득이 있기 때문에 관세부과 전보다 사회후생 총잉여가 증가할 수도 있다.

2 부분균형분석

1. 소국의 관세 효과

(1) 기본 가정

① 소국은 수출입이 세계시장에서 차지하는 비중이 매우 작아 이 나라의 수출입의 변동은 국제가격에 전혀 영향을 미치지 못한다.

② 소국은 세계시장에서 가격 수용자이다.

③ 세계 전체 공급량이 수평으로 표시된다. 즉 수입공급곡선이 무한탄력적인 형태이다.

④ 세계 전체의 교역조건을 변화시키지는 않는다.

(2) 효과

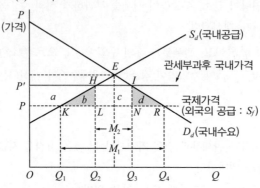

소비자손실 $= a + b + c + d$(소비자잉여감소)
생산자이익 $= a$(생산자잉여증가)
정부의 재정수입 $= c$(관세수입)

순손실 $= b + d$(수입관세부과로 인한 사중적 손실)

2. 대국의 관세 효과

(1) 기본 가정

① 대국의 수출입물량의 변동은 국제교역조건에 영향을 미친다. 따라서 대국은 세계시장에서 가격 설정자이다.

② 수입량의 감소는 세계교역시장에서 수요를 감소시켜 수입재의 국제가격을 하락시키고, 수출입물량의 감소는 세계교역시장에서 공급을 감소시켜 수출재의 국제가격을 상승시킨다.

③ 국제가격에 영향을 미치므로 공급곡선은 우상향(S_f)이다.

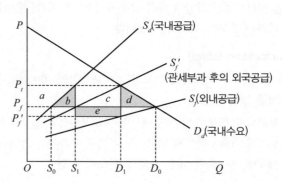

(2) 효과

① 소비자손실 $= a + b + c + d$(소비자잉여감소)

② 생산자이익 $= a$(생산자잉여증가)

③ 정부의 재정수입=c(관세수입)

④ 해외생산자의 관세 부담=e

• $e>(b+d)$: 관세 부과국에 유리   • $e<(b+d)$: 관세 부과국에 불리

3 일반균형분석

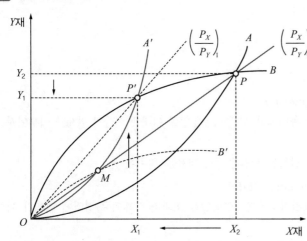

E점 : 최초의 균형점
P점 : 관세부과 후의 균형점
H점 : 보복관세 시의 균형점

관세부과로 수출국의 공급가격이 하락하여 A국의 오퍼곡선이 상방으로 이동(OA→OA')하므로 (1) 교역조건 개선효과…A국의 교역조건은 $\left(\dfrac{P_X}{P_Y}\right)_0$ 에서 $\left(\dfrac{P_X}{P_Y}\right)_1$ 으로 개선되고 (2) 교역량 감소효과…교역량은 $(X_2,\ Y_2)$에서 $(X_1,\ Y_1)$으로 감소한다.

⇒ 관세의 부과는 수입품의 상대수출가격의 하락을 초래한다.

대표기출유형

□ 소국인 어느 국가의 X재가 수요함수는 $Q=140-2P$, 국내 공급함수는 $Q=-10+P$, X재의 국제가격은 30이다. 이 국가가 X재 수입량을 45단위로 제한하고자 할 때 단위당 부과해야할 관세의 크기를 구하면? (단, Q는 X재의 수량, P는 X재의 단위당 가격이다)

① 3   ② 5   ③ 10
④ 15   ⑤ 20

정답 ②

해설 관세부과 후의 수입량 계산은 수요함수−공급함수이다.

$140-2P-(-10+P)=45$

$3P=105$

$\therefore P=35$

즉 관세부과 이후 X재의 가격은 35이고 국제가격은 30이므로 관세는 5가 된다.

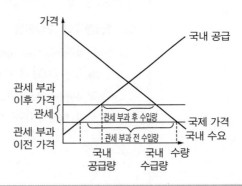

환율

☑ 환율의 표시방법

1. 자국통화표시법(직접표시법)
   - 외국통화 한 단위당 자국 통화 단위수로 나타내는 방법
   - 외국통화 한 단위에 상응하는 자국통화 금액을 표시하는 방법
   - 우리나라는 자국통화표시법을 사용하고 있으며 'US $1=1,100원'과 같은 형식으로 표시
2. 외국통화표시법(간접표시)
   - 자국통화 한 단위당 외국 통화 단위수로 표시하는 경우
   - 유로지역에서는 외국통화 표시법을 사용하고 있으며 '¤1=US $1.2'와 같은 형식으로 표시

1 환율의 정의

환율(Exchange Rate)이란 한 나라의 통화와 다른 나라의 통화 간 교환비율로서 두 나라 통화의 상대적 가치를 나타낸다.

2 환율의 종류

1. 결제시점에 따른 분류

(1) 현물환율(Spot Exchange Rate)
   ① 외환거래 당사자 간 매매계약 후 통상 2영업일 이내에 외환의 결제가 이루어지는 환율이다.
   ② 우리가 일상적으로 말하는 환율은 현물환율을 의미한다.

(2) 선물환율(Forward Exchange Rate)
   ① 외환의 매매계약 체결일로부터 2영업일을 초과한 장래의 특정일에 결제가 이루어지는 환율이다.
   ② 선물환율은 금리평가이론(Covered Interest Rate Parity)에 따라 두 통화 간의 금리차이에 의해 결정된다.

$$F = S \cdot \frac{1+i}{1+i^*} \text{ 혹은 } \frac{F-S}{S} \approx i - i^*$$

F : 선물환율 S : 현물환율 i : 국내금리 i^* : 해외금리

   ③ 국내금리가 해외금리보다 높을 경우 일반적으로 선물환율은 현물환율보다 높은데 이를 선물환 프리미엄이라 하고 반대로 국내금리가 해외금리보다 낮아 선물환율이 현물환율보다 낮은 경우를 선물환 디스카운트라 한다.

2. 거래성격에 따른 분류

매입환율(Bid-Rate 또는 Buying Rate)	매도환율(Offered Rate 또는 Asked Rate)
은행이 외환을 매입할 의사가 있는 환율	은행이 외환의 매도가격으로 제시한 환율

매도환율과 매입환율의 차이를 매매율차(Bid-Ask Spread)라고 하며 이는 거래통화의 유동성 상황, 거래상대방의 신용도, 거래비용 등에 따라 달라진다.

3. 재정환율과 교차환율

(1) 재정환율(Arbitrage Rate)은 우리나라 외환시장에서 직접 거래되지 않는 통화의 환율로서 원/달러 환율을 기준으로 간접적으로 계산한다.

(2) 교차환율(Cross Rate)은 이러한 재정환율을 산출하는 데 사용되는 국제금융시장에서의 해당통화와 미달러화 간의 환율을 의미한다.

(3) 우리나라 외환시장에서는 미달러화와 중국위안화만 직접 거래되고 있으며 유로화,
엔화, 파운드화 등의 통화는 거래되지 않아 재정환율을 사용한다.

① 은행간시장에서 결정
(원/달러 환율)
US $1 = ₩1,076.8

원화

② 국제금융시장에서 형성(교차환율)
US $1 = ¥108.8

미달러화

일본엔화

③ 자동적으로 결정
(재정환율)
100 ¥ = ₩989.7

(4) 명목환율(Nominal Exchange Rate)과 실질환율(Real Exchange Rate)의 관계 :
명목환율은 수출경쟁력을 정확히 반영하지 못하는 측면이 있으나, 실질환율은 양국
의 물가수준을 감안하기 때문에 외국 화폐에 대한 우리나라 화폐의 구매력을 보다
잘 반영하는 것으로 평가된다.

$$\epsilon = e \times \left(\frac{P^*}{P} \right)$$

ϵ : 실질환율 e : 명목환율 P^* : 외국 물가수준 P : 우리나라 물가수준

파트1

파트2

파트3

파트4

파트5

파트6

파트7

파트8

실전1

실전2

대표기출유형

□ 한국과 일본의 물가상승률이 각각 3%, 5%이고, 엔화 대비 원가 가치가 하락하여 명목환율이 3%
상승하였다고 한다. 이 경우 엔화 대비 원화의 실질환율의 변화율은?

① -1%   ② 2%   ③ 3%

④ 5%   ⑤ -6%

정답 ④

해설 실질환율 $= \dfrac{\text{명목환율} \times \text{외국물가}}{\text{국내물가}}$, 한국의 물가 : 103%(1.03), 일본의 물가 : 105%(1.05),

명목환율 : 103%(1.03), 기존 실질환율 $= 1 \times \dfrac{1}{1} = 1$

실질환율 $= \dfrac{\text{명목환율} \times \text{외국물가}}{\text{국내물가}} = 1.03 \times \dfrac{1.05}{1.03} = 1.05$

따라서 실질환율은 5% 상승한다.

환율변동

✔ **고정환율제도**
환율변동에 따른 충격을 완화하고 통화정책의 자율성을 어느 정도 확보할 수 있다는 장점이 있으나, 이를 위해서는 자본이동의 제약이 불가피하여 결과적으로 국제유동성이 부족해질 우려가 있다.

✔ **변동환율제도**
원칙적으로 환율의 신축적인 변동을 허용하되 정책당국이 외환시장에 직·간접적으로 개입하여 과도한 환율변동성을 완화하는 제도를 말한다.

1 환율변동

1. 환율하락(원화가치상승)

(1) 환율이 하락하면 원화가치가 상승하여 일반적으로 수출은 줄어들고 수입이 늘어나 경상수지가 악화된다.

(2) 환율하락은 수입물가 하락을 통해 국내물가 안정을 기할 수 있고 국내기업의 외채상환부담도 경감된다.

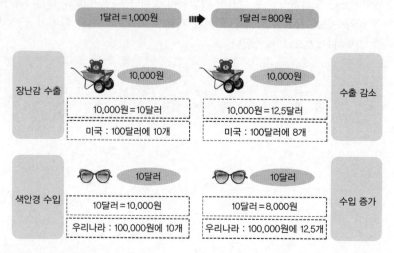

2. 환율상승(원화가치하락)

(1) 환율이 올라 원화가치가 절하되면 달러로 표시한 수출상품의 가격이 내려가 수출이 증가하고, 원화로 표시한 수입상품의 가격이 올라 수입이 감소하여 경상수지의 개선을 기대할 수 있다.

(2) 환율인상으로 수입원자재 가격이 상승하여 국내물가가 올라가게 되며 기업들의 외채상환부담이 가중되는 효과도 발생한다.

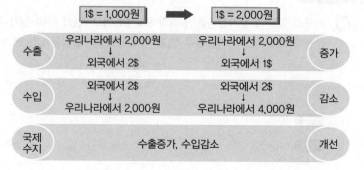

파트1

파트2

파트3

파트4

파트5

파트6

파트7

파트8

실전1

실전2

경기	순수출(수출 - 수입)의 증가로 총수요 증가	활성화
외채 부담	100$ 빌려 오면 100,000원으로 갚음 ｜ 100$ 빌려 오면 200,000원으로 갚음	증가

3. 환율변동의 효과

	환율하락(원화절상)	환율상승(원화절하)
수출	수출상품가격 상승(수출감소)	수출상품가격 하락(수출증가)
수입	수입상품가격 하락(수입증가)	수입상품가격 상승(수입감소)
국내물가	수입원자재가격 하락(물가안정)	수입원자재가격 상승(물가상승)
외자도입기업	원화환산 외채 감소(원금상환부담 경감)	원화환산 외채 증가(원금상환부담 증가)

대표기출유형

💬 다음 대화의 (가)에 들어갈 내용으로 올바르지 않은 것은?

미국의 트럼프 대통령이 중국 환율에 대해 압박을 계속하고 있네요.

그러게, 결국 중국의 위안화가 절상되면 [(가)]은/는 유리해지겠어.

① 중국 내 미국제품 수입업체
② 달러화로 임금을 받는 중국 근로자
③ 중국 금융 자산을 많이 보유한 미국인
④ 미국 금융회사에 달러화로 돈을 빌린 중국인

정답 ②

해설 위안화가 평가절상되면 위안화 환율이 하락하여 화폐가치가 상승하므로 달러화로 임금을 받는 근로자는 종전과 비교하여 위안화로 표시된 금액은 줄어든다.
① 평가절상(환율↓) ⇒ 화폐가치↑ ⇒ 수입↑
② 평가절상(환율↓) ⇒ 화폐가치↑ ⇒ 달러가치↓
③ 평가절상(환율↓) ⇒ 화폐가치↑ ⇒ 위안화로 표시되는 달러↑
④ 평가절상(환율↓) ⇒ 화폐가치↑ ⇒ 달러가치↓

빈출 지문에서 뽑은 O/X

01 리카도(Ricardo)효과란 상대적으로 가격이 낮은 노동을 상대적으로 가격이 높은 자본재에 대체시키려는 경향을 말한다. (O / ×)

02 산업간 무역은 규모의 경제로 인해 발생되는 반면에, 산업 내 무역은 국가간 자원부존도 등의 차이로 발생된다. (O / ×)

03 한국이 소규모 개방경제이고 세계시장과 한국시장은 완전경쟁상태에서 자유무역을 하고 있을 때 한국이 반도체수출국이 되었을 경우 반도체 수출로 인해 한국의 생산자와 소비자는 모두 이득을 얻는다. (O / ×)

04 오퍼곡선(상호수요곡선)은 교역조건의 변화에 따른 쌍방의 수출입수요량의 변화를 나타내는 곡선이다. (O / ×)

05 궁핍화 성장이란 국제 간의 무역은 서로 교환의 이익을 통하여 양국의 경제성장을 도모할 수 있다는 이론이다. (O / ×)

06 관세를 부과하면 생산자의 후생은 감소하고 소비자의 후생은 증가한다. (O / ×)

07 자유무역에서 부분특화 또는 불완전특화 현상이 일어나는 이유는 생산을 늘릴수록 생산의 기회비용이 체증하기 때문이다. (O / ×)

08 최적 관세는 관세부과국의 후생을 증가시키나 상대국의 후생은 감소시킨다. (O / ×)

09 소규모 개방경제에서 국내 생산자들을 보호하기 위해 Y재의 수입에 대하여 관세를 부과할 때 국내 생산자잉여가 증가한다. (O / ×)

10 재화의 국제간 이동이 자유롭게 허용되는 자유무역하에서는 국제 간의 임금격차를 감소시킨다. (O / ×)

11 단기자금이 국경을 넘을 때 매기는 세금은 버핏세이다. (O / ×)

12 관세동맹은 자원배분의 효율성 측면에서 볼 때 무역창출효과는 바람직하지 않은 효과를 나타내지만, 무역전환효과는 바람직한 효과를 나타낸다. (O / ×)

13 경제통합이 자유무역지역의 형태로 이루어질 경우 비가맹국 간에 대해서 공동의 관세를 부과한다. (O / ×)

14 한국은행이 국내경기부양을 위하여 기준금리를 인하하면 원/달러 환율은 상승한다. (O / ×)

15 환율이 상승하면 수출은 감소하고 수입은 증가하여(경상수지 악화), 수출기업이 위축되면서 경제성장이 둔화되고 실업이 증가한다. (O / ×)

16 국내물가가 상승하면 국내산 재화의 가격이 올라 상대적으로 값이 싸진 외국제품의 수입이 증대하고, 이에 따라 외환수요가 늘어 환율이 하락한다. (O / ×)

17 환율이 인상되면 물가를 안정시킨다. (O / ×)

18 엔저현상이 계속될 경우 한국으로 여행하려는 일본인 대학생에게는 불리하다. (O / ×)

www.gosinet.co.kr gosinet

파트1

파트2

파트3

파트4

파트5

파트6

파트7

파트8

실전1

실전2

[정답과 해설]

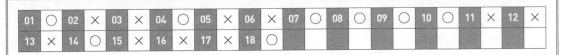

| 01 | ○ | 02 | × | 03 | × | 04 | ○ | 05 | × | 06 | × | 07 | ○ | 08 | ○ | 09 | ○ | 10 | ○ | 11 | × | 12 | × |
| 13 | × | 14 | ○ | 15 | × | 16 | × | 17 | × | 18 | ○ |

01 리카도(Ricardo)효과란 상대적으로 가격이 낮은 노동을 상대적으로 가격이 높은 자본재에 대체시키는 경향을 말하는데, 기능별 소득분배의 이론은 리카도에 의해 시작되어 마르크스와 새고전학파에 의하여 발전되었다.

02 산업간 무역은 생산요소(노동·자본 등)의 비율 차이로 비교우위가 생겨 국가 간에 발생하는 무역이며, 산업 내 무역은 비교우위와는 관계없이 일국에 규모의 경제가 발생하여 각 상품의 차별화가 가능하여 동일산업 내에서 무역이 발생하는 것을 말한다.

03 한국이 반도체를 수출하게 되면 국내시장에 대한 반도체공급이 감소하게 되므로 반도체가격이 오르게 된다. 따라서 한국의 소비자잉여는 감소한다.

04 오퍼곡선은 여러 가지 교역조건에서 교역당사국 각자가 얼마만큼을 수입하고 수출하고자 하는가를 표시해 주는 곡선으로, 한 나라의 오퍼곡선은 그 나라의 생산가능곡선, 교역조건과 사회적 무차별곡선의 접점에서 도출된다.

05 궁핍화 성장이란 수출편향적인 성장을 의미하는 것으로, 국제시장에 수출재의 초과공급, 수입재의 초과수요가 발생하여 수출재의 상대가격이 크게 하락하여 후생수준이 오히려 낮아지는 성장을 말한다.

06 관세를 부과하면 국내가격이 관세부과 전보다 상승하게 되므로 생산자의 후생은 증가하고 소비자의 후생은 감소하게 된다.

07 자유무역에서 생산가능곡선이 우하향의 직선이거나 원점에 대해 볼록한 경우, 즉 기회비용이 일정하거나 체감하는 경우에는 완전특화가 일어나지만, 생산가능곡선이 원점에 대해 오목한 경우, 즉 기회비용이 체증하는 경우에는 불완전특화가 일어난다.

08 최적 관세란 관세부과에 따른 교역조건의 개선에서 얻는 이익을 무역량 감소에 의한 손실보다 크게 함으로써 국가의 경제적 후생을 최대로 하는 관세율을 부과하는 것을 말한다. 따라서 최적 관세율의 부과는 자국의 후생은 증가시키지만 상대국의 후생은 감소시키게 된다.

09 소규모 개방경제에서 관세를 부과하면 국제가격이 일정하므로 국내가격이 상승한다. 국내가격이 상승하면 Y재의 국내생산이 증가하므로 국내 생산자잉여는 증가하며, 국내 소비자잉여는 감소한다.

10 재화의 국제간 이동이 자유롭게 허용되는 자유무역하에서는 국제 간의 임금격차를 감소시킨다. 즉, 임금이 낮은 국가에서 임금이 높은 국가로 이동하게 된다.

11 토빈세에 대한 설명이다. 토빈세는 단기성 외환거래에 부과하는 세금으로 외환·채권·파생상품·재정거래 등으로 막대한 수익을 올리고 있는 국제 투기자본(핫머니)의 급격한 자금유출입으로 각국의 통화가 급등락하여 통화위기가 촉발되는 것을 막기 위한 규제방안의 하나이다. 버핏세는 일명 부자세로 부유층을 대상으로 하는 세금이다.

12 관세동맹은 자원배분의 효율성 측면에서 볼 때 무역창출효과는 바람직한 효과를 나타내지만, 무역전환효과는 바람직하지 않은 효과를 나타낸다.

13 경제통합이 자유무역지역의 형태로 이루어질 경우 가맹국 간에는 관세가 완전히 철폐되지만, 비가맹국에 대해서는 독자관세를 부과한다.

14 기준금리 인하로 국내이자율이 낮아지면 자본유출이 발생하게 되므로 외환의 수요가 증가하게 되어 환율이 상승하게 된다.

15 환율이 상승하면 달러 표시 수출품가격이 하락하여 수출이 증가하고, 원화 표시 수입품가격이 상승하므로 수입이 감소하여(경상수지 개선), 수출기업의 생산이 늘어나 고용이 증가하고 경제성장률이 높아진다.

16 외국제품의 수입 증대로 외환의 수요가 늘면 외환의 가격이 상승하여 환율은 상승한다.

17 환율이 인상되면 수출 증가를 가져와 외환공급이 늘어나게 되므로, 국내의 통화량도 늘어나게 되며, 그 결과 국내물가를 상승시킨다.

18 엔저현상이 계속된다는 것은 원화가치가 상승추세임을 의미하므로, 이런 환율추세가 계속될 경우 일본인의 한국여행경비는 늘어나게 되고, 한국인의 일본여행경비는 줄어들게 된다.

19 환율의 기대상승률이 주어진 상황에서는 한 나라의 이자율이 상승하면 그 나라 화폐의 가치는 상대적으로 낮아진다. (O / ×)

20 명목환율이 일정할 때 실질환율이 상승하면 미국 제품에 비해 우리나라 제품의 가격이 더 비싸진다. (O / ×)

21 변동환율제도에서 내수진작을 위하여 통화량을 증가시킬 때 국내 화폐의 가치는 상승한다. (O / ×)

22 국제정세의 불안으로 인해 세계 각국의 투자자들이 안전한 미국에 투자하기로 했을 경우, 미국의 이자율은 하락하고 무역수지는 악화된다. (O / ×)

23 변동환율제에서 환율이 오르면 달러 부채에 대한 상환부담이 줄어든다. (O / ×)

24 외국자본의 국내유입은 국내의 주식가격을 하락시킨다. (O / ×)

25 외국자본의 국내유입은 자국화폐단위로 표시한 환율을 상승시킨다. (O / ×)

26 자국화폐단위로 표시한 환율이 상승하면 수입재화의 국내가격이 하락한다. (O / ×)

27 변동환율제도하에서 통화량을 늘렸을 때 국내물가가 안정되고, 화폐의 가치가 절하된다. (O / ×)

28 확장적 통화정책은 이자율이 하락하여 민간지출이 증가함으로써 경기회복에 기여한다. (O / ×)

29 외환시장균형의 안정조건은 균형환율수준보다 높은 환율수준하에서 무역수지 적자가 발생되어야 하고, 균형환율수준보다 낮은 환율수준하에서 외환의 초과공급이 발생되어야 한다. (O / ×)

30 브레턴우즈체제는 달러화를 기축통화로 하는 변동환율제도 도입을 골자로 한다. (O / ×)

31 킹스턴체제에서는 회원국들이 독자적인 환율제도를 선택할 수 있는 재량권을 부여하고 있다. (O / ×)

32 외자도입은 결국 상환해야 하므로 어떤 경우에도 국제수지 개선에는 기여하지 못한다. (O / ×)

33 불태화 정책(Sterilization Policy)이란 중앙은행이 국제수지의 변화에 따른 통화량의 변동을 상쇄하기 위하여 취하는 정책을 말한다. (O / ×)

34 환덤핑(Exchange Dumping)이란 수출을 증대시킬 목적으로 의도적으로 대외통화가치를 절하하는 것이다. (O / ×)

35 J-Curve효과란 환율의 변화가 당초에는 국제수지의 불균형을 증대시키지만 그 뒤로는 서서히 불균형을 축소시키게 된다는 것을 말한다. (O / ×)

36 국제적 자본이동이 자유로운 국가에서 긴축적인 통화정책은 국내통화가치를 하락시킨다. (O / ×)

37 외평채는 정부가 발행하고 한국은행이 운용사무를 맡고 있다. (O / ×)

38 변동환율제도하에서 재정지출의 증가는 자본유입을 초래하여 통화량을 증가하게 하는 효과가 있다. (O / ×)

39 외환보유고를 늘리면 수출 증대에 긍정적인 영향을 주게 된다. (O / ×)

40 케인지언 개방경제모형의 기본가정은 구매력평가가 성립한다는 것이다. (O / ×)

41 국가간 자본이동이 자유로울수록 변동환율제도하에서 조세정책의 효과는 더욱 커진다. (O / ×)

www.gosinet.co.kr **gosi**net

파트1
파트2
파트3
파트4
파트5
파트6
파트7
파트8
실전1
실전2

[정답과 해설]

19	×	20	×	21	×	22	○	23	×	24	×	25	×	26	×	27	×	28	○	29	×	30	×
31	○	32	×	33	○	34	○	35	○	36	×	37	×	38	×	39	×	40	×	41	×		

19 환율의 기대상승률이 주어진 상황에서 한 나라의 이자율이 상승하면 이자수익이 더 늘어날 수 있으므로 이자율이 상승한 국가의 화폐수요가 늘어나 그 나라의 화폐가치는 상대적으로 높아지게 된다.

20 명목환율이 일정할 때 실질환율이 상승하면 미국 제품에 비해 우리나라 제품의 가격이 더 싸지므로 수출이 증가하고 수입이 감소하여 경상수지가 개선되지만, 실질환율이 하락하면 미국 제품에 비해 우리나라 제품의 가격이 더 비싸지므로 수출이 감소하고 수입이 증가하여 경상수지가 악화된다.

21 변동환율제도에서 내수진작을 위하여 통화량을 증가시키면 상대적으로 화폐량이 많아져서 가치가 하락한다.

22 세계 각국의 투자가들이 안전한 미국에 투자하기로 했다면 미국 내에서는 통화공급이 증가해 이자율이 하락하게 된다. 그리고 미달러화의 평가절상(환율 인하)으로 인해 미국의 수출경쟁력이 약해지게 되므로 무역수지는 악화된다.

23 변동환율제에서 환율이 오르면 달러 부채에 대한 상환부담이 늘어나고, 환율이 내리면 달러 부채에 대한 상환부담이 줄어든다.

24 외국자본의 국내유입은 국내의 주식가격을 상승시킨다.

25 외국자본의 국내유입은 자국화폐단위로 표시한 환율을 하락시킨다.

26 자국화폐단위로 표시한 환율이 상승하면 수입재화의 국내가격이 상승한다.

27 통화량이 증가하면 돈의 가치가 하락하여 환율이 상승하게 되는데, 이처럼 한 나라의 통화가치가 대외적으로 떨어지는 것을 평가절하(Devaluation)라고 한다. 이는 외국돈을 사는 데 더 많은 국내 돈이 필요해짐을 의미하는데, 한 나라가 자국의 통화가치를 평가절하하면 수출가격이 낮아져서 수출경쟁력은 강화되지만 수입가격의 상승으로 물가는 오르게 된다.

28 확장적 통화(금융)정책을 실시하면 승수효과에 의해 시중의 통화량이 증가하여 이자율이 하락하고, 이에 따라 투자와 소비지출 등 민간지출이 증가함으로써 총수요가 증가하여 물가는 오르고 국민소득은 증가한다.

29 균형환율수준보다 높은 환율수준하에서는 외환의 초과공급(무역수지 흑자)이, 균형환율수준보다 낮은 환율수준하에서

는 외환의 초과수요(무역수지 적자)가 발생되어야 한다.

30 브레턴우즈체제하에서의 환율제도는 미국의 달러화를 기축통화로 하는 금환본위제(Gold Exchange Standard System)로서의 고정환율제도의 도입을 골자로 한다.

31 킹스턴체제(Kingston System)는 1976년 자메이카의 수도 킹스턴에서 열린 IMF회의에서 탄생한 국제통화제도로서 회원국들은 그 나라의 경제여건에 맞춰 독자적으로 환율제도를 선택할 수 있는 재량권을 부여하였다.

32 외자가 도입되면 단기적으로 그 나라의 종합지수는 개선되지만, 경상수지는 악화된다. 그러나 장기적으로는 도입된 외자가 투자되어 생산에 활용됨으로써 수입대체효과와 수출효과가 발생하게 되어 국제수지가 개선된다.

33 국제수지의 변화에 따른 통화량의 증감을 상쇄하기 위한 정책을 불태화 정책이라고 한다.

34 화폐의 대외가치를 대내가치보다 더 빠른 속도로 떨어뜨려 그 나라의 수출을 증대시키는 것을 가리켜 환덤핑이라 한다.

35 J-Curve효과는 환율의 변화가 처음에는 국제수지의 불균형을 증대시키지만 시간이 지나면서 점차 불균형이 개선된다는 것이다.

36 긴축적인 통화정책은 이자율을 상승시키고, 이자율의 상승은 해외자본의 유입을 초래한다. 해외자본의 유입이 이루어지면 외환시장에서 외환의 공급이 증가하게 되므로 환율이 하락한다. 즉, 국내통화가치가 상승한다.

37 외평채(외국환평형기금채권)는 재정경제부장관이 건의하여 국회 동의를 거쳐 발행되며, 한국은행이 발행과 운용사무를 맡고 있다.

38 변동환율제도하에서 확대재정정책은 정부저축을 감소시키고 민간으로부터 차입을 증가시키므로 통화량을 증가시키지는 못한다.

39 외환보유고를 늘리면 환율이 평가절상되어 수출이 어려워진다.

40 구매력평가설은 한계효용학파인 카셀(G. Cassel)의 이론이다.

41 국가간 자본이동이 자유로울수록 조세정책보다는 금융정책을 통해 변동환율정책을 시행하는 것이 효과적이다.

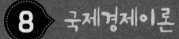

기출예상 문제

01 A국에서 쌀 1톤을 생산하기 위해서는 노동 50단위가 필요하고 공작기계 1대를 생산하기 위해서는 노동 80단위가 필요하다. B국에서는 쌀 1톤을 생산하기 위해 노동 100단위가 필요하고 공작기계 1대를 생산하기 위해 노동 120단위가 필요하다. 비교우위론적 관점에서 옳은 설명은?

① A국은 쌀 생산 및 공작기계 생산에서 비교우위를 가진다.

② A국에서 공작기계 1대를 생산하는 데 발생하는 기회비용은 쌀 $\frac{5}{8}$톤이다.

③ B국은 쌀 생산 및 공작기계 생산에서 비교우위를 가진다.

④ B국에서 공작기계 1대 생산하는 데 발생하는 기회비용은 쌀 1.2톤이다.

02 A국에서는 X재 1단위 생산에 10의 비용이 필요하고 Y재 1단위 생산에 60의 비용이 필요하다. B국에서는 X재 1단위 생산에 15의 비용이 필요하고 Y재 1단위 생산에 100의 비용이 필요하다. 이 경우에 대한 설명으로 옳은 것은?

① 두 국가 사이에서 A국은 X재 생산에 비교우위가 있고, B국은 Y재 생산에 비교우위가 있다.

② 두 국가 사이에서 A국은 Y재 생산에 비교우위가 있고, B국은 X재 생산에 비교우위가 있다.

③ 두 국가 사이에서 A국은 두 재화 모두의 생산에 비교우위가 있고, B국은 어느 재화의 생산에도 비교우위가 없다.

④ 두 국가 사이에서 A국은 어느 재화의 생산에도 비교우위가 없고, B국은 두 재화 모두의 생산에 비교우위가 있다.

파트1
파트2
파트3
파트4
파트5
파트6
파트7
파트8
실전1
실전2

03 A국가의 노동 1단위는 옥수수 3kg을 생산할 수도 있고, 모자 4개를 생산할 수도 있다. 한편 B국가의 노동 1단위는 옥수수 1kg을 생산할 수도 있고, 모자 2개를 생산할 수도 있다. A국가의 부존 노동량은 3만 단위이고, B국가의 부존 노동량은 5만 단위이다. 이에 대한 설명으로 옳지 않은 것은?

① A국은 옥수수를 생산하는 데 절대우위를 가지고 있다.

② A국은 모자를 생산하는 데 절대우위를 가지고 있다.

③ A국의 옥수수 1kg 생산의 기회비용은 모자 $\frac{4}{3}$ 개이다.

④ A국은 모자를 생산하는 데 비교우위를 가지고 있다.

04 다음은 A국과 B국이 노트북과 전기차를 생산하기 위한 단위당 노동소요량(재화 한 단위 생산을 위한 노동투입시간)을 나타낸다. 이에 대한 설명으로 옳은 것은?

구분	노트북	전기차
A국	10	120
B국	20	400

① A국은 노트북 생산에, B국은 전기차 생산에 비교우위가 있다.

② A국은 전기차 생산에, B국은 노트북 생산에 비교우위가 있다.

③ A국은 노트북과 전기차 두 재화 생산 모두에 비교우위가 있다.

④ B국은 노트북과 전기차 두 재화 생산 모두에 절대우위가 있다.

05 다음 표는 19세기 후반 강화도 조약 이전의 조선과 해외 열강에서 생산되는 X와 Y 상품 단위당 소요되는 생산비용을 나타내고 있다. 강화도 조약 이전에는 조선과 해외 열강 사이에는 교역이 없다가, 이 조약에 따라 개항이 이루어졌다. 이들 국가에 오직 X와 Y 두 상품만 존재했다고 가정하면, 비교우위론에 입각하여 일어났을 상황으로 예측해 볼 수 있는 것은?

상품 국가	X	Y
조선	10	20
해외 열강	10	10

① 조선은 개항 이후 수출 없이 수입만 했을 것이다.

② 조선에서 두 재화를 생산하는 기회비용이 모두 높으므로, 두 재화 모두 해외 열강으로 수출되었을 것이다.

③ 조선은 개항에도 불구하고 무역 없이 자급자족 상태를 이어나갔을 것이다.

④ 조선은 상대적으로 기회비용이 낮은 재화를 수출하고, 상대적으로 기회비용이 높은 재화를 수입했을 것이다.

06 한국과 중국은 TV와 의류를 모두 생산하고 있다. 한국이 중국보다 두 재화 모두 더 싼 값으로 생산하고 있지만 특히 TV 생산에서 상대적인 생산성이 더 높다. 두 나라가 생산하는 재화의 품질이 동일하다고 할 때, 리카도의 비교우위설을 적용한다면 다음 중 옳은 것은?

① 한국이 TV와 의류 모두 수출하는 것이 유리하다.

② 한국은 의류, 중국은 TV를 수출하는 것이 유리하다.

③ 두 나라 간의 자발적 교역은 이루어질 수 없다.

④ 교역이 일어나더라도 협상능력이 약한 국가는 교역으로 인해 손실을 본다.

⑤ 두 재화 간의 일정한 교환비율을 벗어날 경우 두 나라 간의 교역은 이루어지지 않는다.

07 생산요소가 노동 하나뿐인 A국과 B국은 소고기와 의류만을 생산한다. 소고기 1단위와 의류 1단위 생산에 필요한 노동투입량이 다음과 같을 때, 무역이 발생하기 위한 의류에 대한 소고기의 상대가격의 조건은?

구분	소고기 1단위	의류 1단위
A	1	2
B	6	3

① $\dfrac{P_{소고기}}{P_{의류}} \leq 2$

② $1.5 \leq \dfrac{P_{소고기}}{P_{의류}} \leq 6$

③ $0.5 \leq \dfrac{P_{소고기}}{P_{의류}} \leq 2$

④ $2 \leq \dfrac{P_{소고기}}{P_{의류}}$

08 A국, B국은 X재와 Y재만 생산하고, 생산가능곡선은 각각 $X = 2 - 0.2Y$, $X = 2 - 0.05Y$이다. A국과 B국이 X재와 Y재의 거래에서 서로 합의할 수 있는 X재의 가격은?

① Y재 4개

② Y재 11개

③ Y재 21개

④ 거래가 불가능하다.

09 A국은 한 단위의 노동으로 하루에 쌀 5kg을 생산하거나 옷 5벌을 생산할 수 있다. B국은 한 단위의 노동으로 하루에 쌀 4kg을 생산하거나 옷 2벌을 생산할 수 있다. 다음 중 두 나라 사이에 무역이 이루어지기 위한 쌀과 옷의 교환비율이 아닌 것은? (단, A국과 B국의 부존노동량은 동일하다)

① $\dfrac{P_{쌀}}{P_{옷}} = 0.9$

② $\dfrac{P_{쌀}}{P_{옷}} = 0.6$

③ $\dfrac{P_{쌀}}{P_{옷}} = 0.4$

④ $\dfrac{P_{쌀}}{P_{옷}} = 0.8$

10 세계에 두 나라(A국, B국)만 있고 이 세계경제에는 사과와 바나나 두 재화만 있다. 폐쇄경제일 때 사과 가격을 바나나 가격으로 나눈 상대가격이 A국에서는 2이고, B국에서는 5이다. 개방경제 하에서 교역가능조건이 아닌 것은?

① A국의 수출업자는 사과 150개를 수출하는데 그 대가로 바나나 650개를 받는다.

② A국의 수입업자는 바나나 100개를 수입하는데 그 대가로 사과 20개를 준다.

③ A국의 수입업자는 바나나 100개를 수입하는데 그 대가로 사과 30개를 준다.

④ B국의 수출업자는 바나나를 200개를 수출하는데 그 대가로 사과 100개를 받는다.

⑤ B국의 수입업자는 사과 100개를 수입하는데 그 대가로 바나나 150개를 준다.

11 자유무역에서 부분특화 또는 불완전특화(Partial or Incomplete Specialization) 현상이 일어나는 이유는?

① 생산가능곡선이 직선이기 때문이다.

② 생산을 늘릴수록 생산의 기회비용이 체증하기 때문이다.

③ 노동생산성이 생산의 규모와 상관없이 일정하기 때문이다.

④ 생산가능곡선이 원점에 대하여 볼록하기 때문이다.

12 A국과 B국이 두 생산요소 노동(L)과 자본(K)을 가지고 두 재화 X와 Y를 생산하고자 한다. 두 재화 X와 Y의 생산기술은 서로 다르나 A국과 B국의 기술은 동일하다. 그리고 A국과 B국의 노동과 자본의 부존량은 각각 L_A=100, K_A=50이며, L_B=180, K_B=60이다. 두 재화 X와 Y의 생산함수는 각각 $X=L^2K$, $Y=LK^2$으로 주어질 때, 헥셔-오린(Heckscher-Ohlin) 정리에 따를 경우 옳은 것을 모두 고르면?

> ㄱ. 상대적으로 자본이 풍부한 나라는 B국이다.
> ㄴ. 상대적으로 노동집약적인 산업은 X재 산업이다.
> ㄷ. A국은 Y재, B국은 X재에 비교우위가 있다.

① ㄱ, ㄴ

② ㄴ, ㄷ

③ ㄱ, ㄷ

④ ㄱ, ㄴ, ㄷ

13 숙련노동자가 비숙련노동자에 비해 풍부한 A국과 비숙련노동자가 숙련노동자에 비해 풍부한 B국이 있다. 폐쇄경제를 유지하던 두 나라가 무역을 개시하여 A국은 B국에 숙련노동집약적인 재화를 수출하고, B국으로부터 비숙련노동집약적인 재화를 수입한다. 헥셔-오린 정리의 예측에 따라 이러한 무역 형태가 A국과 B국의 노동시장에 미칠 영향에 대한 설명으로 옳은 것은? (단, 두 나라 모두 숙련노동자의 임금이 비숙련노동자의 임금에 비해 높다)

① A국의 숙련노동자와 비숙련노동자의 임금격차가 확대될 것이다.

② B국의 숙련노동자와 비숙련노동자의 임금격차가 확대될 것이다.

③ A국 비숙련노동자의 교육 투자를 통한 숙련노동자로의 전환 인센티브가 감소한다.

④ B국 비숙련노동자의 교육 투자를 통한 숙련노동자로의 전환 인센티브가 증가한다.

14 다음 중 자유무역의 효과로 옳은 것은?

① 산업구조의 차이가 좁혀진다.

② 임금격차가 좁혀진다.

③ 헥셔-오린 정리에 의하면 후진국은 일반적으로 자본집약적인 제품을 수출한다.

④ 무역의 이득이 발생하기 위해서는 무역 이후의 상대가격이 무역 이전의 상대가격과 같아져야 한다.

15 레온티에프 역설(Leontief Paradox)에 대한 설명으로 옳지 않은 것은?

① 제품의 성숙단계, 인적자본, 천연자원 등을 고려하면 역설을 설명할 수 있다.
② 2차 세계 대전 직후 미국의 노동자 일인당 자본장비율은 다른 어느 국가보다 낮았다.
③ 미국에서 수출재의 자본집약도는 수입재의 자본집약도보다 낮은 것으로 나타났다.
④ 헥셔-오린 정리에 따르면 미국은 상대적으로 자본집약적 재화를 수출할 것으로 예측되었다.

16 A국은 노동과 자본만을 사용하여 노동집약재와 자본집약재를 생산하며 자본에 비해 상대적으로 노동이 풍부한 나라다. 스톨퍼-사무엘슨 정리를 따를 때, A국의 자유무역이 장기적으로 A국의 소득분배에 미치는 영향은?

① 자본과 노동의 실질보수가 모두 상승한다.
② 자본과 노동의 실질보수가 모두 하락한다.
③ 자본의 실질보수가 상승하고 노동의 실질보수가 하락한다.
④ 자본의 실질보수가 하락하고 노동의 실질보수가 상승한다.

17 립진스키(Rybczynski) 정리에 대한 다음 설명 중 교역당사국의 입장에서 가장 옳은 것은?

① 교역조건이 일정할 때 풍부한 생산요소의 증가는 모든 재화의 생산증가를 가져온다.
② 풍부한 생산요소가 증가되면 오퍼곡선은 아래축(수입량) 방향으로 수축된다.
③ 일반적으로 희소한 생산요소가 증가되면 교역조건에 크게 영향을 주지 않는다.
④ 일반적으로 풍부한 생산요소가 증가되면 수입수요는 증가한다.
⑤ 생산요소의 변화는 오퍼곡선에 별 영향을 주지 않는다.

18 1950년대 이후 선진국 간의 무역이 크게 증가하였다. 이러한 선진국 간의 무역 증가를 가장 잘 설명한 것은?

① 리카르도의 비교우위이론 ② 헥셔-오린 정리
③ 레온티에프 역설 ④ 규모의 경제

파트1
파트2
파트3
파트4
파트5
파트6
파트7
파트8
실전1
실전2

19 자유무역이 가져오게 될 현상으로 적절하지 않은 것은?

① 동질의 노동력에 대한 각국의 임금격차가 줄어든다.
② 국가 간 산업구조의 차이가 커진다.
③ 동일한 상품에 대한 국가 간의 가격균등화가 일어난다.
④ 수입대체산업이 활성화된다.

20 다음 중 교역이 전혀 없던 두 국가 간에 완전한 자유무역이 개시된다고 했을 때 가장 옳은 것은?

① 어느 한 개인이라도 이전보다 후생수준이 낮아지는 일은 없다.
② 산업 간 무역보다는 산업 내 무역이 더 많이 생길 것이다.
③ 무역의 확대로 양국에서의 실업이 감소한다.
④ 수출재 시장의 생산자잉여와 수입재 시장의 소비자잉여가 모두 증가한다.

21 다음 설명 중 옳은 것을 모두 고른 것은?

> ㄱ. 교복 수요가 청바지 수요보다 가격 비탄력적이다.
> ㄴ. 수요곡선이 수직선에 가까울수록 가격탄력성은 낮아진다.
> ㄷ. 가격이 낮을수록 사회적 잉여는 증가한다.
> ㄹ. 자유무역은 사회 구성원 모두에게 유리하다.

① ㄱ, ㄴ
③ ㄴ, ㄹ
② ㄱ, ㄷ
④ ㄷ, ㄹ

22 A국은 포도주 수입을 금지하는 나라이다. 포도주 수입이 없는 상태에서 포도주의 균형가격이 1병당 20달러이고, 균형생산량은 3만 병이다. 어느 날 A국은 포도주 시장을 전격적으로 개방하기로 하면서 포도주 생산량을 1만 병으로 감소시켰다. 이때의 내용으로 옳은 것을 모두 고른 것은? (단, 수요곡선과 공급곡선은 직선으로 가정한다)

> ㄱ. 국내 사회적 잉여 증가분은 국내 생산자잉여 감소분과 같다.
> ㄴ. 국내 사회적 잉여 증가분은 국내 소비자잉여 증가분의 절반이다.
> ㄷ. 국내 소비자잉여 증가분은 국내 생산자잉여 감소분과 같다.

① ㄱ, ㄴ   ② ㄱ, ㄷ
③ ㄴ, ㄷ   ④ ㄱ, ㄴ, ㄷ

23 다음 그림은 시장개방 전후에 소규모 경제국인 A국의 X재 시장균형 상태를 보여준다. 개방 이전 국내 시장에서 X재는 P_0 가격에 X_0만큼 거래되고 있으며, 세계시장 가격은 P_1이다. A국이 X재 시장을 개방할 때 X재 시장에서 A국의 총잉여 변화의 크기는? (단, 시장개방으로 인해 A국의 국내수요곡선과 국내공급곡선은 변하지 않는다)

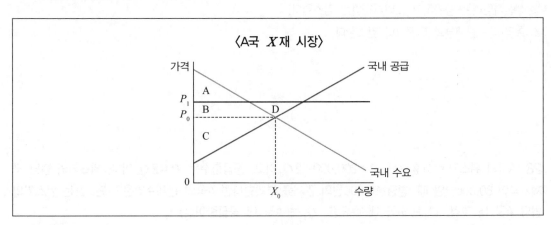

〈A국 X재 시장〉

① 변화 없다.   ② A
③ B+D   ④ D

24 ㉠ ~ ㉢에 들어갈 내용을 바르게 나열한 것은?

　　국제가격으로 수입하던 재화에 대해 정부가 수입관세를 부과하는 경우, 생산자잉여는 (㉠)하고, 소비자잉여는 (㉡)하며, 총잉여는 (㉢)한다.

	㉠	㉡	㉢		㉠	㉡	㉢
①	감소	감소	감소	②	증가	감소	불변
③	감소	증가	불변	④	증가	감소	감소

25 어느 소국개방경제(Small Open Economy)가 특정 재화의 수입에 대해 단위당 일정액의 관세를 부과하였을 때 그 효과에 대한 분석으로 옳지 않은 것은? (단, 이 재화의 국내수요곡선은 우하향하고 국내공급곡선은 우상향한다)

① 국내시장가격은 국제가격보다 관세액과 동일한 금액만큼 상승한다.

② 사회적 순후생손실은 국내 소비량의 감소나 생산량의 증가와 무관하다.

③ 생산자잉여는 증가하고 소비자잉여는 감소한다.

④ 총잉여는 관세부과 이전보다 감소한다.

26 A국의 위스키 수요함수는 $P = 200,000 - 2Q_d$ 이고, 공급함수는 $P = 2Q_s$ 이다. 위스키의 병당 국제가격이 80,000원일 때, 병당 10,000원의 관세를 부과한다면 A국의 관세수입은? (단, P는 위스키의 병당 A국 내 가격, Q_d는 A국 내 수요량, Q_s는 A국 내 공급량이다)

① 5천만 원　　　　　　　　　　　② 1억 원

③ 2억 원　　　　　　　　　　　　④ 5억 5천만 원

27 K국 농산물의 국내수요곡선은 $Q_d = 100 - P$, 국내공급곡선은 $Q_s = P$이고, 농산물의 국제가격은 20이다. 만약 K국 정부가 국내 생산자를 보호하기 위해 단위당 10의 관세를 부과한다면, 국내생산자잉여의 변화량과 사회적 후생손실은?

	국내생산자잉여 변화량	사회적 후생손실		국내생산자잉여 변화량	사회적 후생손실
①	250 증가	500	②	250 증가	100
③	250 감소	500	④	250 감소	100
⑤	450 증가	100			

28 어느 나라가 kg당 10달러에 땅콩을 수입하며, 세계 가격에는 영향을 미칠 수 없다고 가정한다. 이 나라의 땅콩에 대한 수요곡선과 공급곡선은 각각 $Q_d = 4,000 - 100P$ 및 $Q_s = 500 + 50P$로 표현된다. 수입을 500kg으로 제한하는 수입할당제를 시행할 때, 새로운 시장가격과 이때 발생하는 할당지대는? (단, Q_d는 수요량, Q_s는 공급량, P는 가격이다)

	시장가격	할당지대		시장가격	할당지대
①	20달러	4,000달러	②	15달러	4,000달러
③	20달러	5,000달러	④	15달러	5,000달러

29 국제시장 가격에 영향을 미치지 못하는 소국 A가 재화 B에 대해 무역정책을 고려하고 있다. 무역정책에는 수입가격의 일정비율을 관세로 부과하는 수입관세정책과 수입량을 제한하는 수입쿼터정책이 있다. 수입재 시장만을 고려한 부분균형분석에 기초해 볼 때 두 정책이 갖는 효과의 공통점은?

① 국내의 허가된 수입업자가 국제가격과 국내가격의 차액만큼 이익을 본다.
② 국내 생산자의 잉여를 증가시킨다.
③ 정부의 관세 수입이 늘어난다.
④ 재화 B의 공급에서 국내생산이 차지하는 비중이 줄어든다.

30 수출국이 보조금을 지원하는 수출상품에 대해 자국산업을 보호하기 위하여 부과하는 관세는?

① 보복관세   ② 상계관세
③ 일반관세   ④ 특혜관세

31 A국이 수출 물품에 단위당 일정액을 지급하는 보조금 정책이 교역조건에 미치는 효과에 대한 설명으로 옳은 것을 모두 고르면? (단, 다른 조건은 일정하다)

ㄱ. A국이 대국이면, 교역조건은 악화된다.
ㄴ. A국이 소국이면, 교역조건은 개선된다.
ㄷ. A국이 소국이면, 국내시장에서 수출품의 가격은 상승한다.

① ㄱ, ㄴ   ② ㄴ, ㄷ
③ ㄱ, ㄷ   ④ ㄱ, ㄴ, ㄷ

32 다음은 경제통합 형태에 대한 내용이다. 자유무역지역(Free Trade Area), 관세동맹(Customs Union), 공동시장(Common Market)의 개념을 바르게 연결한 것은?

가. 가맹국 간에는 상품에 대한 관세를 철폐하고, 역외 국가의 수입품에 대해서는 가맹국이 개별적으로 관세를 부과한다.
나. 가맹국 간에는 상품뿐만 아니라 노동, 자원과 같은 생산요소의 자유로운 이동이 보장되면, 역외 국가의 수입품에 대해서는 공동관세를 부과한다.
다. 가맹국 간에는 상품의 자유로운 이동이 보장되지만 역외 국가의 수입품에 대해서는 공동관세를 부과한다.

	가	나	다		가	나	다
①	자유무역지역	관세동맹	공동시장	②	자유무역지역	공동시장	관세동맹
③	관세동맹	자유무역지역	공동시장	④	관세동맹	공동시장	자유무역지역

33 2020년에 한국은행이 국내 외환시장에서 8억 달러를 매입하였다. 이를 국제수지표에 기록한 것으로 옳은 것은?

	차변	대변
①	준비자산 8억 달러	금융계정(기타투자) 8억 달러
②	금융계정(기타투자) 8억 달러	준비자산 8억 달러
③	준비자산 8억 달러	금융계정(증권투자) 8억 달러
④	금융계정(증권투자) 8억 달러	준비자산 8억 달러

34 〈보기〉에서 계산된 실질환율은 얼마인가?

> **보기**
>
> 외국과 국내에서 컴퓨터가 재화와 서비스의 평균적인 가격을 대표한다. 컴퓨터의 국내가격은 192만 원이고 외국에서의 가격은 800달러이다. 명목환율은 1달러에 1,200원이다.
> (실질환율 : 평균적인 외국의 재화와 서비스로 표시한 평균적인 국내재화와 서비스의 상대적 가격)

① 1 ② $\frac{1}{2}$ ③ 2

④ $\frac{1}{4}$ ⑤ 4

35 다음 〈보기〉 중 국제경제에 대한 설명으로 옳은 것은 모두 몇 개인가?

> **보기**
>
> ㄱ. 재정흑자와 경상수지적자의 합은 0이다.
> ㄴ. 경상수지적자의 경우 자본수지적자가 발생한다.
> ㄷ. 규모에 대한 수확이 체증하는 경우 이종산업간 교역이 활발하게 되는 경향이 있다.
> ㄹ. 중간재가 존재하는 경우 요소집약도가 변하지 않더라도 요소가격균등화가 이루어지지 않는다.
> ㅁ. 만약 일국의 국민소득이 목표치를 넘을 경우 지출축소정책은 타국과 정책마찰을 유발한다.

① 1개 ② 2개 ③ 3개

④ 4개 ⑤ 5개

36 한국과 미국의 실질환율은 불변이나 미국보다 한국의 인플레이션율이 더 높아지는 경우 명목환율에 대한 설명으로 옳은 것은? (단, 다른 조건은 일정하다)

① 원/달러 명목환율이 하락한다.

② 원/달러 명목환율이 상승한다.

③ 원/달러 명목환율은 변화가 없다.

④ 원/달러 명목환율의 변화를 예측할 수 없다.

37 우리나라와 미국의 인플레이션율이 각각 5%와 4%로 예상되고, 미국 달러화 대비 원화 가치가 6% 상승할 것으로 예상된다. 이때 한국 재화로 표시한 미국 재화의 가치인 실질환율의 변동은?

① 7% 하락   ② 5% 상승

③ 6% 하락   ④ 6% 상승

38 명목환율이 5% 상승하고 국내와 해외의 가격수준이 동일하게 6% 하락했다면 실질환율은 어떻게 변하는가? (여기서 환율은 자국화폐 또는 재화 단위로 표시한 외국화폐 또는 재화 1단위의 가격을 말한다)

① 5% 상승   ② 5% 하락   ③ 1% 상승

④ 1% 하락   ⑤ 변하지 않는다.

39 원화, 달러화, 엔화의 현재 환율과 향후 환율이 다음과 같을 때, 옳지 않은 것은?

현재 환율	향후 환율
• 1달러당 원화 환율 1,100원 • 1달러당 엔화 환율 110엔	• 1달러당 원화 환율 1,080원 • 100엔당 원화 환율 900원

① 한국에 입국하는 일본인 관광객 수가 감소할 것으로 예상된다.

② 일본 자동차의 대미 수출이 감소할 것으로 예상된다.

③ 미국에 입국하는 일본인 관광객 수가 감소할 것으로 예상된다.

④ 달러 및 엔화에 대한 원화 가치가 상승할 것으로 예상된다.

40 우리나라 주식시장에서 외국인의 주식 투자확대로 외국 자본(달러) 유입이 크게 늘어난다면 어떠한 경제현상을 초래할 가능성이 높은가? (단, 다른 조건은 일정하다)

① 원/달러 환율상승과 수출 감소   ② 원/달러 환율하락과 수출 감소
③ 원/달러 환율상승과 수출 증가   ④ 원/달러 환율하락과 수출 증가

41 외환시장에서 달러의 수요와 공급이 변화하는 과정을 설명한 것으로 옳은 것은? (단, 국내외 모든 상품수요의 가격탄력성은 1보다 크다)

① 원/달러 환율 상승 → 수입 감소 → 외환수요 증가
② 원/달러 환율 상승 → 수출 증가 → 외환공급 증가
③ 원/달러 환율 하락 → 수입 감소 → 외환수요 증가
④ 원/달러 환율 하락 → 수출 증가 → 외환공급 감소

42 국제수지와 환율(달러의 원화표시 가격)에 대한 설명으로 옳은 것은?

① 경상수지와 자본수지는 같은 방향으로 발생한다.
② 실질환율의 하락은 경상수지를 개선한다.
③ 인위적인 원화가치 부양은 외환보유고를 줄인다.
④ 국내 경제의 불확실성이 높아지면 환율이 하락한다.
⑤ 국내 이자율의 상승은 환율의 상승을 유발한다.

43 한 나라에서 자본도피가 일어나면 환율과 순수출은 어떻게 변하는가?

① 환율은 평가절상 되고 순수출은 증가한다.   ② 환율은 평가절상 되고 순수출은 감소한다.
③ 환율은 평가절하 되고 순수출은 증가한다.   ④ 환율은 평가절하 되고 순수출은 감소한다.
⑤ 환율과 순수출 모두 변하지 않는다.

파트1
파트2
파트3
파트4
파트5
파트6
파트7
파트8
실전1
실전2

44 경기 활성화를 위한 정책으로 옳지 않은 것은?

① 자국 통화의 평가절상
② 중앙은행의 재할인율 인하
③ 사회복지 관련 정부지출의 증가
④ 공기업 투자 확대의 유도

45 환율에 대한 설명으로 옳지 않은 것은?

① 원화의 평가절상은 원유 등 생산원자재를 대량으로 수입하는 우리나라의 수입 원가부담을 낮춰 내수 물가안정에 기여한다.
② 미국의 기준금리 인상은 원화의 평가절하를 유도하여 우리나라의 수출 기업에 유리하게 작용한다.
③ 대규모 외국인 직접투자가 우리나라로 유입되면 원화의 평가절하가 발생하고 이는 우리나라의 수출 증대로 이어진다.
④ 실질환율은 한 나라의 재화와 서비스가 다른 나라의 재화와 서비스로 교환되는 비율을 말한다.

46 환율 결정 이론 중 구매력평가(Purchasing Power Parity)이론에 대한 설명으로 옳은 것은?

① 환율은 두 국가의 이자율 수준의 비율에 의해 결정된다.
② 환율은 두 국가의 물가수준의 비율에 의해 결정된다.
③ 환율은 두 국가 사이의 교역량에 의해 결정된다.
④ 환율은 두 국가 사이의 자본거래량에 의해 결정된다.

47 구매력평가에 대한 설명으로 옳지 않은 것은?

① 일물일가의 법칙이 성립함을 전제한다.
② 절대구매력평가가 성립하면 실질환율의 값이 1이다.
③ 환율의 장기적 추세보다는 단기적 변동을 더 잘 설명한다.
④ 생산물 중 비교역재의 비중이 높아질수록 구매력평가가 성립하기 어렵다.

www.gosinet.co.kr **gosi**net

파트1

파트2

파트3

파트4

파트5

파트6

파트7

파트8

실전1

실전2

48 환율결정이론 중 구매력평가에 대한 설명으로 옳지 않은 것은?

① 경제에서 비교역재의 비중이 큰 나라 간의 환율을 설명하는 데에는 적합하지 않다.

② 두 나라 화폐 간의 명목환율은 두 나라의 물가수준에 의해 결정된다고 설명한다.

③ 장기보다는 단기적인 환율의 움직임을 잘 예측한다는 평가를 받는다.

④ 동질적인 물건의 가격은 어디에서나 같아야 한다는 일물일가의 법칙을 국제시장에 적용한 것이다.

49 다음 표는 각국의 시장환율과 빅맥 가격을 나타낸다. 빅맥 가격으로 구한 구매력평가 환율을 사용할 경우 다음 중 옳은 것은? (단, 시장환율의 단위는 '1달러당 각국 화폐'로 표시되며, 빅맥 가격의 단위는 '각국 화폐'로 표시된다)

국가(화폐 단위)	미국(달러)	브라질(헤알)	한국(원)	중국(위안)	러시아(루블)
시장환율	1	2	1,000	6	90
빅맥 가격	5	12	4,000	18	90

① 브라질의 화폐가치는 구매력평가 환율로 평가 시 시장환율 대비 고평가된다.

② 한국의 화폐가치는 구매력평가 환율로 평가 시 시장환율 대비 저평가된다.

③ 중국의 화폐가치는 구매력평가 환율로 평가 시 시장환율 대비 고평가된다.

④ 러시아의 화폐가치는 구매력평가 환율로 평가 시 시장환율 대비 저평가된다.

50 A국의 명목이자율이 6%이고 B국의 명목이자율이 4%라고 하자. 양국의 실질이자율이 동일하고 구매력평가를 적용한다고 할 때, 피셔방정식을 이용한 다음 설명 중 가장 옳은 것은?

① A국의 기대인플레이션이 B국의 기대인플레이션보다 2%p 더 높고, A국의 통화가치는 B국의 통화에 비해 2% 떨어질 것으로 기대된다.

② A국의 기대인플레이션이 B국의 기대인플레이션보다 2%p 더 높고, A국의 통화가치는 B국의 통화에 비해 2% 올라갈 것으로 기대된다.

③ A국의 기대인플레이션이 B국의 기대인플레이션보다 2%p 더 낮고, A국의 통화가치는 B국의 통화에 비해 2% 올라갈 것으로 기대된다.

④ A국의 기대인플레이션이 B국의 기대인플레이션보다 2%p 더 낮고, A국의 통화가치는 B국의 통화에 비해 2% 떨어질 것으로 기대된다.

51 환율(원/달러) 변동에 대한 설명으로 옳은 것은?

ㄱ. 국내물가가 상승하면 국내산 재화의 가격이 올라 상대적으로 값이 싸진 외국제품의 수입이 증대하고, 이에 따라 외환수요가 늘어 환율이 하락한다.
ㄴ. 국내 실질이자율이 상승하면 원화표시 금융자산의 예상수익률이 상승하고, 이에 따라 원화표시 금융자산에 대한 수요가 증가하면서 외국자금의 유입이 증가하여 환율이 하락한다.
ㄷ. 환율이 상승하면 수출은 감소하고 수입은 증가하여(경상수지악화), 수출기업이 위축되면서 경제성장이 둔화되고 실업이 증가한다.
ㄹ. 환율이 상승하면 수입원자재가격이 상승하고 외화부채를 가진 기업의 부담이 커지고 국내물가가 상승한다.

① ㄱ, ㄷ   ② ㄴ, ㄷ
③ ㄱ, ㄹ   ④ ㄴ, ㄹ

52 환율과 국제수지에 대한 설명으로 옳지 않은 것은?

① 구매력평가설에 따를 때, 다른 조건은 일정하고 우리나라의 통화량만 증가하는 경우 원/달러 환율은 하락한다.
② 원/달러 환율이 하락하는 경우 원화가 평가절상된 것이다.
③ 달러 대비 원화가치의 하락은 우리나라의 대미 수출 증가 요인으로 작용한다.
④ 자본이동이 자유로운 경우, 다른 조건은 일정하고 우리나라의 이자율만 상대적으로 상승하면 원화의 가치가 상승한다.

53 환율에 대한 설명으로 〈보기〉에서 옳은 것을 모두 고르면?

> **보기**
>
> ㄱ. 정부가 외환시장에서 딜러를 매각하면 환율이 상승한다.
> ㄴ. 세계 주요 외환시장에서 달러화 약세가 계속되면 환율이 하락한다.
> ㄷ. 국가 간 자본이동이 어려우면, 예상되는 평가절하는 두 국가 간의 이자율 차이만큼 나타난다.

① ㄱ   ② ㄴ   ③ ㄱ, ㄴ
④ ㄴ, ㄷ   ⑤ ㄱ, ㄴ, ㄷ

54 현재 한국과 미국의 연간 이자율이 각각 4%와 2% 이고, 1년 후의 예상 환율이 1,122원/달러이다. 양국 간에 이자율평형조건(Interest Parity Condition)이 성립하기 위한 현재 환율은?

① 1,090원/달러   ② 1,100원/달러
③ 1,110원/달러   ④ 1,120원/달러

55 환율결정이론에 대한 〈보기〉의 설명 중 옳지 않은 것을 모두 고르면? (단, 〈보기〉의 모든 지문에서 환율은 $\dfrac{\text{국내통화}}{\text{외국통화}}$ 의 비율을 의미한다)

> **보기**
>
> 가. 상대적 구매력평가는 일물일가의 법칙을 전제하지 않더라도 성립할 수 있다.
> 나. 구매력평가에 따르면 외국의 물가가 상승하면 균형환율은 하락한다.
> 다. 구매력평가에서 실제환율이 균형환율보다 높으면 수입은 늘어나고 수출은 줄어들게 된다.
> 라. 구매력평가가 경상수지를 중요시하는 이론이라면, 이자율평가는 자본수지에 초점을 맞춘 이론이라 고 할 수 있다.
> 마. 인플레이션율이 0이라고 가정할 때, 이자율평가에 따르면 국내 명목이자율이 외국의 명목이자율보 다 클 경우 환율은 하락한다.

① 가, 나   ② 가, 다   ③ 다, 라
④ 다, 마   ⑤ 나, 마

파트1
파트2
파트3
파트4
파트5
파트6
파트7
파트8
실전1
실전2

56 다음은 어떤 소규모 개방경제의 국내 저축과 국내 투자를 나타낸다. 세계이자율이 r_0에서 r_1으로 하락할 경우 이 경제에 발생할 변화에 대한 설명 중 옳은 것은?

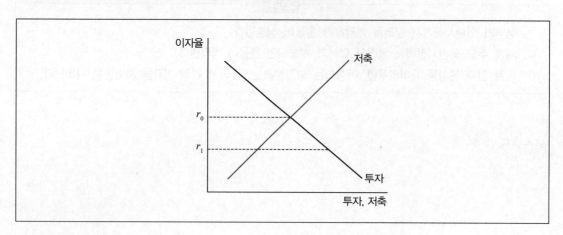

① 순수출은 증가한다.

② 순자본유출은 감소한다.

③ 실질환율$\left(\text{외국물가} \times \dfrac{\text{명목환율}}{\text{자국물가}}\right)$은 상승한다.

④ 달러화 대비 명목환율은 상승한다.

⑤ 1인당 자본스톡은 감소한다.

57 한 나라의 국내저축이 증가할 때, 국내투자에 변화가 없다면 다음 중 어떠한 변화가 발생하는가?

① 순자본유출이 증가하여 순수출이 증가한다.

② 순자본유출이 증가하여 순수출이 감소한다.

③ 순자본유출이 감소하여 순수출이 증가한다.

④ 순자본유출이 감소하여 순수출이 감소한다.

⑤ 순자본유출이 일정하고 순수출도 일정하다.

www.gosinet.co.kr **gosi**net

파트1

파트2

파트3

파트4

파트5

파트6

파트7

파트8

실전1

실전2

58 만성적인 국제수지적자를 기록하고 있는 나라에서는 확대재정정책이 확대금융정책보다 더 효과적일 수 있다. 그 이유로 옳은 것은?

① 확대재정정책과 확대금융정책은 수입을 증가시킬 우려가 있다.

② 확대금융정책의 실시로 단기자본이 유출될 가능성이 있다.

③ 확대금융정책은 이자율을 상승시키고, 투자와 생산성을 위축시킨다.

④ 확대재정정책은 자국통화의 평가절하를 가져오고 이로 인해 수출이 감소한다.

⑤ 금융정책은 필립스 곡선에 의해 제약되나 재정정책은 그렇지 않다.

59 변동환율제를 채택하고 있는 어떤 소규모 개방경제에서 현재의 국내 실질이자율이 국제 실질이자율보다 낮다. 국제자본이동성이 완전한 경우의 먼델-플레밍 모형(Mundell-Fleming Model)에 의할 때 국내 경제 상황의 변화로 옳은 것을 〈보기〉에서 모두 고르면?

보기

ㄱ. 순자본유입이 발생할 것이다.

ㄴ. 순수출이 더 증가할 것이다.

ㄷ. 실질이자율이 더 상승할 것이다.

ㄹ. 외환시장에서 초과공급이 발생할 것이다.

① ㄱ, ㄴ   ② ㄱ, ㄷ   ③ ㄴ, ㄷ

④ ㄴ, ㄹ   ⑤ ㄷ, ㄹ

60 변동환율제도하의 개방경제거시모형에서 확대재정정책이 개방경제 대국에 미치는 단기효과를 바르게 나타낸 것은?

	이자율	실질환율	순수출	민간소비		이자율	실질환율	순수출	민간소비
①	상승	하락	감소	증가	②	상승	상승	증가	증가
③	하락	상승	증가	감소	④	하락	하락	감소	감소

61 현재 우리나라는 i) 물건이 잘 팔리지 않아 재고가 늘어나고, ii) 시중에는 돈이 많이 풀려 유동성이 넘치고, iii) 수출의 호조와 외국인 증권투자자금의 유입으로 국제수지가 흑자를 보이고 있다. 그렇다면 우리 경제는 아래의 $IS-LM-BP$ 모형에서 어느 국면에 위치하고 있는가?

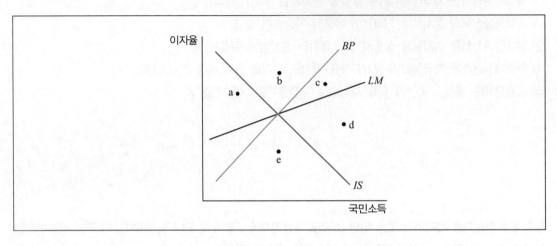

① a   ② b   ③ c
④ d   ⑤ e

62 다음 중 BP(Balance of Payments) 곡선 (가로축 : 소득, 세로축 : 이자율)의 우하향 이동에 영향을 주는 외생변수의 변화에 관한 설명 중 가장 옳지 않은 것은?

① 외국소득의 증가   ② 외국상품가격의 상승   ③ 국내통화의 평가절상 예상
④ 외국이자율의 상승   ⑤ 국내기업수익률의 상승 예상

파트1
파트2
파트3
파트4
파트5
파트6
파트7
파트8
실전1
실전2

63 다음은 먼델-플레밍 모형을 이용하여 고정환율제도를 취하고 있는 국가의 정책 효과에 대해서 설명한 것이다. ㈀과 ㈁을 바르게 연결한 것은?

정부가 재정지출을 (㈀)하면 이자율이 상승하고 이로 인해 해외로부터 자본 유입이 발생한다. 외환시장에서 외화의 공급이 증가하여 외화가치가 하락하고 환율의 하락 압력이 발생한다. 하지만 고정환율제도를 가지고 있기 때문에 환율이 변할 수는 없다. 결국 환율을 유지하기 위해 중앙은행은 외화를 (㈁)해야 한다.

	㈀	㈁		㈀	㈁
①	확대	매입	②	확대	매각
③	축소	매입	④	축소	매각

64 외부로부터 디플레이션 충격이 발생하여 국내 경제에 영향을 미치고 있을 때, 확장적 통화정책을 시행할 경우의 거시경제 균형에 대한 효과로 옳지 않은 것은?

① 폐쇄경제모형에 따르면 이자율이 하락하여 투자가 증가한다.

② 자본시장이 완전히 자유로운 소규모 개발경제모형에서는 고정환율을 유지하려면 다른 충격에 대응하는 통화정책을 독립적으로 사용할 수 없다.

③ 변동환율제를 채택하고 자본시장이 완전히 자유로운 소규모 개방경제모형에서는 수출이 감소한다.

④ 교역상대국에서도 확장적 통화정책을 시행할 경우 자국 통화가치를 경쟁적으로 하락시키려는 '환율전쟁' 국면으로 접어든다.

65 정부가 경기부양을 위하여 확장금융정책을 시행하면서 동시에 건전한 재정을 위하여 재정적자 폭을 줄이는 긴축재정정책을 시행할 때, 소규모 개방경제인 이 나라에서 나타날 것으로 기대되는 현상을 〈보기〉에서 모두 고르면?

보기

ㄱ. 국내 채권 가격이 상승한다.
ㄴ. 이자율평가에 따르면 국내 통화의 가치가 하락한다.
ㄷ. 국제수지 중에서 무역수지보다 자본수지의 개선을 가져온다.

① ㄱ   ② ㄷ   ③ ㄱ, ㄴ
④ ㄴ, ㄷ   ⑤ ㄱ, ㄴ, ㄷ

66 자본이동이 완전히 자유로운 소국 개방경제를 가정하자. 먼델–플레밍의 $IS-LM-BP$ 모형에 대한 설명으로 옳지 않은 것은?

① BP곡선은 (산출, 이자율) 평면에서 수평선으로 나타난다.
② 고정환율제하에서 통화정책은 국민소득에 영향을 미치지 못한다.
③ 변동환율제하에서는 통화정책의 독자성이 보장된다.
④ 재정정책의 국민소득에 대한 효과는 고정환율제보다 변동환율제하에서 더 커진다.

67 다음 그림은 자본이동이 자유로운 소규모 개방경제를 나타낸다. IS_0, LM_0, BP_0 곡선이 만나는 점에서 균형이 이루어졌을 때, 이에 대한 설명으로 옳은 것은?

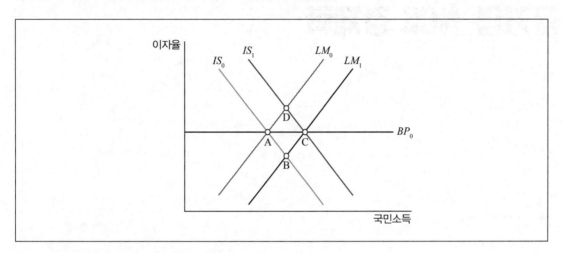

① 변동환율제 하에서 확장적 재정정책의 새로운 균형은 A이다.
② 변동환율제 하에서 확장적 통화정책의 새로운 균형은 D이다.
③ 고정환율제 하에서 확장적 통화정책의 새로운 균형은 C이다.
④ 고정환율제 하에서 확장적 재정정책의 새로운 균형은 B이다.

파트1

파트2

파트3

파트4

파트5

파트6

파트7

파트8

실전1

실전2

고시넷

공기업 NCS 경제학

공기업
NCS
경제학

실전모의고사

01 다음 설명 중 가장 올바르지 않은 것은?

① 독점적 경쟁기업이 직면하는 우하향의 수요곡선은 독점기업의 수요곡선보다 완만하다.
② 독점기업은 우하향하는 수요곡선에 직면한다.
③ 완전경쟁시장에서 개별기업은 수평의 수요곡선에 직면한다.
④ 독점기업은 가격과 판매량을 모두 원하는 수준으로 결정할 수 있다.

02 최고가격제에 관한 설명으로 가장 올바른 것은?

① 유효한 최고가격에서는 초과공급이 존재한다.
② 최고가격은 시장균형가격 이상에서 설정되어야 효과가 있다.
③ 시장균형가격 이상으로 지불해서라도 상품을 구입하기 위한 암시장이 형성될 수 있다.
④ 최저임금은 최고가격제의 일환이다.

03 A, B 두 기업은 각각 협찬 공세를 하거나 중단하는 전략을 가지고 있다. 각각의 경우 보수표는 다음과 같다. 각 항목의 첫 번째 숫자는 A기업의 보수이며, 두 번째 숫자는 B기업의 보수이다. 이 게임에서 내쉬균형은?

A기업 \ B기업	협찬 공세	협찬 중단
협찬 공세	(30,30)	(5,15)
협찬 중단	(15,5)	(15,15)

① 협찬 공세, 협찬 공세
② 협찬 중단, 협찬 공세
③ 협찬 중단, 협찬 중단
④ ①과 ③

파트1

파트2

파트3

파트4

파트5

파트6

파트7

파트8

실전1

실전2

04 어떤 재화의 수요곡선이 $P=100-2Q$이고 공급곡선이 $P=70+4Q$일 때, 균형가격(P)과 균형 거래량(Q)을 구하면?

① $P=60$, $Q=20$

② $P=70$, $Q=15$

③ $P=80$, $Q=10$

④ $P=90$, $Q=5$

05 조세부담에 관한 다음 설명 중 가장 적절한 것은?

① 수요와 공급이 탄력적일수록 조세부과에 따른 사회적인 후생손실은 감소한다.

② 수요가 완전비탄력적이면 생산자가 조세를 전부 부담하게 된다.

③ 수요가 비탄력적이고 공급은 탄력적인 경우 소비자부담이 작아진다.

④ 조세부담의 크기는 수요와 공급의 가격탄력성의 상대적인 크기에 의해 결정된다.

06 현시선호이론에 관한 다음 설명 중 가장 올바르지 않은 것은?

① 관측된 수요로부터 그 배경이 되는 선호관계를 설명하고자 한다.

② 현시선호의 강공리가 성립하면 약공리는 자동적으로 성립한다.

③ 재화묶음 A가 B에 대하여 간접적으로 현시선호되면 B가 A보다 간접적으로 현시선호될 수 없다.

④ 한계대체율 체감의 가정 하에 수요곡선을 도출하였다.

07 다음 중 가격차별이 이루어지기 위한 가정으로 가장 적절하지 않은 것은?

① 시장은 분리가 가능해야 한다.

② 분리된 각 시장 간 상품의 재판매가 가능해야 한다.

③ 분리된 각 시장의 수요의 가격탄력성은 달라야 한다.

④ 시장 분리에 소요되는 비용보다 얻게 되는 수입 증가분이 더 커야 한다.

08 갑수의 효용함수가 $U(X, Y) = \min\{2X, 3Y\}$로 주어져 있을 때, 갑수의 X재의 수요함수를 구하면? (단, P_X는 X재의 가격, P_Y는 Y재의 가격, M은 예산을 의미한다)

① $X = \dfrac{M}{P_X + P_Y}$

② $X = \dfrac{2M}{2P_X + 3P_Y}$

③ $X = \dfrac{3M}{2P_X + 3P_Y}$

④ $X = \dfrac{3M}{3P_X + 2P_Y}$

09 지난 5년간 A사의 독점 생산을 보장한 3D 헤드폰의 특허가 올해로 만료되었다. 3D 헤드폰 시장에서 나타날 상황에 대한 설명으로 가장 적절하지 않은 것은?

① 3D 헤드폰의 가격이 하락한다.

② 3D 헤드폰의 생산자 수가 감소한다.

③ A사의 이윤이 감소한다.

④ 3D 헤드폰의 시장 거래량이 증가한다.

10 다음 독점적 경쟁시장에 관한 기술 중 가장 올바르지 않은 것은?

① 장기균형에서 독점적 경쟁기업의 초과이윤은 영(0)이다.

② 장기균형도 여전히 가격이 한계비용을 상회하므로 후생손실이 발생한다.

③ 독점적 경쟁시장에서 이윤극대화를 추구하는 기업의 장기균형 생산량은 평균비용이 최소가 되는 점이다.

④ 완전경쟁시장에서의 기업과 다르게 제품을 차별화한다.

11 다음 생산함수에 관한 설명 중 올바르지 않은 것은?

① 총생산물이 극대일 때 평균생산물이 0이 된다.

② 등량곡선의 곡률이 클수록 대체탄력성은 작아지고, 등량곡선이 우하향의 직선에 가까울수록 대체탄력성은 커진다.

③ Cobb-Douglas 생산함수의 경우 1차 동차함수 여부에 관계없이 대체탄력성은 항상 1이다.

④ 생산함수는 요소 투입과 산출량의 관계를 나타낸 함수이다.

파트1
파트2
파트3
파트4
파트5
파트6
파트7
파트8
실전1
실전2

12 비용이론에 관한 다음 설명 중 가장 올바르지 않은 것은?

① 단기평균비용곡선과 장기평균곡선이 접하는 산출량에서 단기와 장기의 한계비용은 일치한다.

② 평균비용이 하락할 때, 한계비용은 평균비용보다 작다.

③ 장기평균비용곡선이 단기평균비용곡선의 포락선이다.

④ 한계비용곡선이 평균가변비용곡선 아래에 있는 경우 한계비용곡선은 양(+)의 기울기를 갖는다.

13 아프리카의 어느 지역에 400가구가 살고 있는 마을이 있다. 이 마을 내에 우물을 설치하는 데 소요되는 총비용과 우물의 수에 따른 가구당 한계이득(한계편익)은 다음 표와 같다. 우물을 몇 개 설치하는 것이 가장 효율적인가? (단, 우물에 대한 모든 가구의 선호체계는 동일하다고 가정한다)

우물의 수	설치 총비용	가구당 한계이득
2개	$800	$4
3개	$1,200	$3
4개	$1,600	$2
5개	$2,000	$1

① 2개
② 3개
③ 4개
④ 5개

14 효율성임금가설에 대한 다음 설명 중 가장 올바르지 않은 것은?

① 실질임금과 근로의욕 간의 양(+)의 상관관계를 가정한다.

② 높은 실질임금은 근로자의 도덕적 해이를 방지할 수 있다.

③ 효율성임금이란 실질임금 한 단위당 근로의욕을 극대로 하는 수준의 임금이다.

④ 기업이윤이 감소함에도 불구하고 노동조합의 압력을 무마하기 위해 지불한다.

15 어느 재화의 생산함수가 $Q = \min\left(\dfrac{K}{5}, \dfrac{L}{2}\right)$이며, 자본과 노동의 가격이 각각 3만 원과 2만 원이라고 가정할 때 이 재화를 200개 생산하기 위해서 필요한 최소생산비는 얼마인가?

① 3,800만 원

② 3,000만 원

③ 800만 원

④ 1,000만 원

16 관측값 16개를 가지고 수행한 단순회귀분석에서 회귀선의 유의성 검정을 위해 작성된 분산분석표가 다음과 같다. 빈칸 A, B, C에 들어갈 알맞은 값으로 짝지어진 것은?

요인	제곱합	자유도	평균제곱	검정통계량 F
회귀	45	1	A	F=3
잔차	210	B	C	

	A	B	C		A	B	C
①	55	14	15	②	55	15	14
③	45	14	15	④	45	15	14

17 프리드만의 항상소득가설에 관한 설명으로 가장 올바르지 않은 것은?

① 실제소득은 항상소득과 임시소득의 합으로 나타낸다.

② 항상소비는 항상소득에 의해서만 결정된다.

③ 소비는 항상소비와 임시소비의 합으로 나타낸다.

④ 일시적인 소득세율의 인하는 소비증가를 초래한다.

18 아래 사례를 읽고 밑줄 친 ㉠~㉣에 대한 분석으로 가장 올바른 것은?

> 공동으로 소유하는 ㉠어장이 있었다. 마을 사람들은 이 어장에서 물고기를 큰 문제없이 먹고 살았다. 그러던 어느 날 마음 주민 한 사람이 욕심을 내어 평소보다 물고기를 많이 잡아 시장에 팔았다. 그의 수입이 높자 ㉡다른 주민들도 너나 할 것 없이 물고기를 최대한 많이 잡았다. 그로 인해 ㉢어장은 눈에 띄게 황폐해 졌고, 물고기는 거의 찾아볼 수가 없게 되었다. 이에 대해 마을 사람들은 ㉣정부의 개입이 유일한 해법이라고 생각했다. 하지만 옆 마을에서는 정부의 개입 없이 주민들이 자발적으로 어장의 물고기를 잘 간직하고 있었다.

① ㉠은 공공재이다.
② ㉡을 통해 어장의 물고기에 대한 경합성은 감소했다.
③ ㉢에서 물고기의 희소성은 감소했다.
④ ㉣의 예로 주민 각자에게 어장의 물고기를 일정량만 잡도록 하는 방법을 들 수 있다.

19 아래 기사와 같은 경제현상이 나타난 원인으로 가장 거리가 먼 것은?

> 시중에 돈이 풀려도 돈이 안 도는 '돈맥경화' 현상이 갈수록 심해지고 있다. 한국은행에 따르면 지난 2월 말 현재 한국은행 화폐발행잔액은 90조 7942억 원으로 전년 동일 보다 12.8%늘었다. 1년새 약 10조 3000억 원 증가한 것이다. 화폐발행잔액이란 한은이 시중에 공급한 화폐 가운데 한국은행 금고로 다시 돌아온 금액을 빼고 현재 시중에 남아 유통되고 있는 현금이 유통되고 있는 현금을 뜻한다.
>
> −〈○○일보 뉴스〉−

① 경제불황
② 지하경제 확대
③ 노령화
④ 투자심리 안정

20 다음 중 통화승수의 증가를 가져오는 요인이 아닌 것은?

① 예금이자율의 상승
② 현금선호비율의 감소
③ 전자화폐의 사용 증가
④ 법정지급준비율의 감소

파트1 파트2 파트3 파트4 파트5 파트6 파트7 파트8 실전1 실전2

21 다음 두 가지 거래의 결과로 가장 적절하지 않은 것은? (단, 법정지급준비율은 20%이다)

갑동이는 A은행에 100만 원을 예금하고, 을순이는 A은행에서 50만 원을 대출받았다.

---

① 법정지급준비금이 20만 원 증가한다.　　② 초과지급준비금이 20만 원 증가한다.

③ 실제지급준비금이 50만 원 증가한다.　　④ 통화량이 50만 원 증가한다.

22 정부가 재정지출과 조세를 100만큼 늘리고, 화폐공급량을 100만큼 증가시킨 경우 IS 곡선과 LM 곡선의 이동으로 가장 적절한 것은? (단, 한계소비성향은 0.75이다)

① IS 곡선은 이동하지 않고, LM 곡선은 우측으로 이동

② IS 곡선은 좌측으로 이동, LM 곡선은 우측으로 이동

③ IS 곡선은 우측으로 이동, LM 곡선도 우측으로 이동

④ IS 곡선은 우측으로 이동, LM 곡선은 좌측으로 이동

23 다음 자료를 보고 추정한 내용으로 가장 적절한 것은? (단, 환율 이외의 요인은 고려하지 않는다)

일자	대미환율	일자	대미환율
2017년 6월 1일	1$=1,180원	2017년 10월 1일	1$=1,185원
2017년 7월 1일	1$=1,170원	2017년 11월 1일	1$=1,195원
2017년 8월 1일	1$=1,185원	2017년 12월 1일	1$=1,220원
2017년 9월 1일	1$=1,180원		

① 2017년 9월부터는 수출업자에게 유리하였을 것이다.

② 2017년 9월부터는 외국여행자 및 유학생의 비용부담이 감소하였을 것이다.

③ 2017년 6월부터 7월까지는 원화의 가치가 하락하였다.

④ 2017년 7월부터 8월까지는 달러의 가치가 하락하였다.

24 다음 중 중앙은행이 통화량을 증대시키는 행위와 가장 거리가 먼 것은?

① 지불준비율을 낮춘다.
② 기준금리를 낮춘다.
③ 통화안정증권을 발행한다.
④ 환율관리를 위해 달러를 매입한다.

25 다음 생산물과 비용에 관한 설명 중 옳은 것은? (단, 단기비용함수를 가정한다)

> 가. 노동의 평균생산이 극대일 때 노동의 한계생산물은 최소가 된다.
> 나. 노동의 평균생산이 극대일 때 노동의 한계생산물은 노동의 평균비용과 일치한다.
> 다. 노동의 한계생산이 극대일 때 한계비용이 최소가 된다.
> 라. 노동의 평균생산이 극대일 때 평균비용이 최소가 된다.
> 마. 노동의 평균생산이 극대일 때 평균가변비용이 최소가 된다.

① 가, 나, 다
② 나, 다, 라
③ 나, 다, 마
④ 가, 다, 라
⑤ 다, 라, 마

26 소득(Y)과 조세수입(T) 사이의 관계가 $T = -100 + 0.2Y$일 때 이와 관련된 설명으로 잘못된 것은?

① 한계세율은 20%이며 일정하다.
② 개인소득이 500원에 이를 때까지 조세부담은 없다.
③ 소득이 1,000원일 때 납세액은 100원이다.
④ 소득이 1,000원에서 2,000원으로 증가하면 평균세율이 10%에서 15%로 상승한다.
⑤ 소득의 크기와 관계없이 한계세율이 일정하므로 조세부담률은 비례적이다.

27 X재 가격이 상승할 때 Y재 수요가 증가한다면 두 재화의 관계는?

① 소비측면에서 대체관계에 있다.
② 소비측면에서 보완관계에 있다.
③ 생산면에서 대체관계에 있다.
④ 생산면에서 보완관계에 있다.
⑤ 상호 독립적이다.

28 유동성함정(Liquidity Trap)과 관련된 설명으로 옳지 않은 것은?

① 경제주체들이 돈을 움켜쥐고 시장에 내놓지 않는 상황이다.

② 이자율이 하락해도 투자가 증가하지 않는다.

③ 화폐수요 곡선이 수평, 즉 무한 탄력적이다.

④ 재정정책이 금융정책과 병행될 때 효과를 볼 수 있다.

⑤ 정책주체들이 미래를 비관적으로 보기 때문에 나타나는 현상이다.

29 다음 화폐수요와 관련된 설명 중 옳지 않은 것은?

① 사람들이 일상생활의 필요 때문에 보유하는 화폐는 거래적 화폐수요이다.

② 증권투자를 목적으로 보유하는 화폐는 투기적 화폐수요이다.

③ 이자율과 투기적 화폐수요는 상호 역의 관계에 있다.

④ 증권가격과 이자율은 역관계이므로 이자율이 낮을수록 투기적 화폐수요가 많아진다.

⑤ 거래적 화폐수요는 소득에 의존하며 예비적 화폐수요 및 투기적 화폐수요는 이자율에 의존한다.

30 콥-더글러스(Cobb-Douglas) 생산함수가 $Q = AL^{0.4}K^{0.6}$일 때 이에 대한 설명으로 올바른 것은? (단, L은 노동투입량, K는 자본투입량, A는 기술수준 관련 파라미터이다)

가. 노동소득분배율은 40%이다.

나. 생산의 자본탄력도는 0.6이다.

다. 노동과 자본에게 각각 평균생산(AP) 만큼 분배하면 총생산이 부족없이 나누어진다.

라. 규모에 대한 보수는 일정하다.

마. 노동과 자본의 생산기여도는 각각 동일하다.

① 가, 나, 다   ② 가, 나, 라   ③ 가, 다, 라

④ 가, 나, 다, 라   ⑤ 가, 나, 라, 마

파트1

파트2

파트3

파트4

파트5

파트6

파트7

파트8

실전1

실전2

31 2018년 10월 1일 10억 원을 투자하는 프로젝트가 있는데 1년 뒤인 2019년 10월 1일 11억 원의 수익이 기대된다고 할 때 이와 관련된 설명으로 옳은 것은?

① 기대수익률이 10%이므로 시장이자율이 10%를 초과하면 수익성이 있다.
② 내부수익률이 10%이므로 시장이자율이 10% 미만이면 투자하는 것이 타당하다.
③ 투자의 한계효율이 20%이므로 시장이자율이 20% 미만이면 투자하는 것이 타당하다.
④ 투자의 한계효율이 내부수익률과 일치하는 다른 사업에 투자해야 한다.
⑤ 시장이자율이 5% 미만이면 투자의 타당성이 있다.

32 효용함수 $U(X,\ Y)=2X+2Y$와 관련된 설명으로 옳은 것은?

① 무차별곡선은 원점에 대해 오목(concave)하다.
② 무차별곡선은 원점에 대해 볼록(convex)하다.
③ 무차별곡선은 기울기가 일정한 선형(Linear)이다.
④ 한계대체율(MRS)은 $\frac{1}{2}$이다.
⑤ 소득으로 X 재 하나만 구입할 때 효용이 극대화된다.

33 오랜 기간 동안 일자리를 찾아다녔는데도 취업이 되지 않았던 K 군이 당분간 취업을 포기하기로 하였다. K 군과 같은 사람이 실업률에 미치는 효과로 가장 옳은 것은?

① 일자리를 찾지 못해 실업률 증가에 기여한다.
② 일시고용자로 분류되어 실업률을 낮추는 효과가 있다.
③ 경제활동인구에서 제외되므로 실업률을 낮게 만든다.
④ 비경제활동인구에 포함되므로 실업률을 높게 만든다.
⑤ 여전히 실업상태이므로 실업률을 변화시키지 않은 것이다.

34 〈보기〉는 안정화정책과 관련하여 케인즈학파의 입장을 옹호하는 새케인즈학파의 주장(이론)을 들고 있다. 옳은 것은?

보기

가. 새고전학파와 마찬가지로 경제주체들의 합리적 기대를 인정한다.

나. 모든 기업의 가격조정이 같은 날 이루어지는 것이 아니므로 신축성이 없다.

다. 시장주요변동에 따라 기업의 가격변동이 즉각 이루어지는 것이 아니다.

라. 효율임금 등을 감안할 때 시장임금은 신축적인 것이 아니다.

① 가, 나 ② 가, 다 ③ 가, 나, 다

④ 나, 다, 라 ⑤ 가, 나, 다, 라

35 총비용함수가 $TC = \frac{1}{3}Q^3 - 7Q^2 + 100Q + 50$일 때, 관련된 설명으로 옳은 것은?

가. 단기생산함수이다. 나. 장기생산함수이다.

다. 한계비용은 $Q^2 - 14Q + 100$이다. 라. 평균비용은 $\frac{1}{3}Q^2 - Q + 100$이다.

마. 총고정비용은 50원이다.

① 가, 다, 라 ② 가, 라, 마 ③ 나, 다, 마

④ 가, 다, 마 ⑤ 다, 라, 마

36 총수요곡선(AD)에 관한 설명이다. 옳지 않은 것을 모두 고르면?

가. 물가가 상승하면 실질 통화량이 감소하므로 총수요가 증가한다.

나. 물가상승은 부동산 가격상승을 초래하므로 총수요가 증가한다.

다. 물가가 상승하면 민간이 보유한 현금의 소비수요가 줄어들어 총수요가 증가한다.

라. 물가상승의 결과 수출가격이 상승하고 수출량의 감소를 가져와 총수요를 감소시킨다.

① 가, 나, 다 ② 가, 나, 라 ③ 가, 다, 라

④ 나, 다, 라 ⑤ 가, 나, 다, 라

37 유권자 정의주, 이사철, 최고봉 세 사람의 안건 A(작은 규모의 예산), B(중간 규모의 예산), C(대규모의 예산)에 대해 투표를 하여 과반수다수결에 의해 의사결정이 이루어진다. 세 사람 유권자의 안건에 대한 선호가 다음과 같다. 이에 대한 설명으로 타당하지 않은 것은?

구분	1순위	2순위	3순위
정의주	A	B	C
이사철	C	A	B
최고봉	B	C	A

① 투표의 모순이 발생하여 중위투표자 정리가 성립되지 않는다.
② 개인선호에 의한 표결 결과 사회적 우선순위를 제대로 알 수 없다.
③ 사회전체 선호가 이행성이 충족되지 않는다.
④ 다수결에 의한 집합적 결정은 개인적 선호를 표명시키지 못한다.
⑤ 의사진행조작의 문제는 발생하지 않는다.

38 국내총생산(GDP)과 관련된 설명으로 옳은 것은?

> 가. 일정기간을 명시한 유량(Flow) 개념이다.
> 나. 대한민국 국경 안에서 생산된 것이면 생산주체가 내국인이든 외국인이든 무관하다.
> 다. 최종생산물 가치를 대상으로 측정하므로 재화는 포함되나 서비스는 제외된다.
> 라. 원칙적으로 시장에서 거래된 최종생산물의 가치를 기준으로 측정한다.
> 마. 최종생산물 가치는 시장가격 대신 기회비용을 기준으로 평가한다.
> 바. 환경파괴에 따른 비용은 고려하지 않는다.

① 가, 나, 다, 라　　　② 나, 다, 라, 마　　　③ 가, 나, 라, 마
④ 가, 나, 라, 바　　　⑤ 가, 다, 마, 바

39 다음 중 정부지출이 이루어지는 근거로 옳지 않은 것은?

① 가치재(Merit Goods) 공급에 참여한다.　　　② 소득재분배를 위해 지출한다.
③ 시장실패의 치유를 위해 정부가 개입한다.　　④ 국방서비스 및 경찰서비스 등을 정부가 직접 공급한다.
⑤ 민간부문과 경쟁하기 위해 정부가 참여한다.

40 소비자욕망에 대한 의존효과(Dependence Effect)를 설명한 것으로 옳은 것은?

① 민간부분의 비중이 줄어들어 정부경비가 팽창한다.

② 소비자의 자주적인 것이 아니라 광고나 선전 때문에 의존적으로 이루어진다.

③ 일반대중의 공공부문에 대한 의존비율이 높아져 공공부문도 광고의 필요성이 있다.

④ 정부가 공급하는 서비스의 질에 따라 국민들의 의존도가 달라진다.

⑤ 민간부문의 생산성향상 때문에 민간부문에 대한 의존도가 높아진다.

41 기회비용(Opportunity)에 관한 다음 설명 중 가장 적절하지 않은 것은?

① 기회비용이란 어떤 선택으로 인해 포기된 기회들 가운데 가장 큰 가치를 갖는 기회 자체 또는 그 기회가 갖는 가치를 말한다.

② 시장에서 구입하는 재화의 기회비용은 그것의 가격이다.

③ 대학원 진학의 기회비용은 수업료와 책값 등 직접 비용과 대학원 공부를 위해 포기한 수입을 더한 것을 말한다.

④ 자신의 집을 페인트칠할 때 소요되는 기회비용은 페인트와 붓 등 직접비용과 소요된 시간비용을 포함한다.

⑤ 재화를 생산하는 기업이 생산을 증가시킬 때 추가적으로 발생하는 기회비용은 항상 고정되어 있다.

42 A국이 주어진 자원(생산요소)을 가지고 소비재 X재와 투자재 Y재를 생산한다고 하자. 이 나라의 생산가능곡선이 다음과 같이 주어져 있다고 할 때 다음 설명 중 옳지 않은 것은?

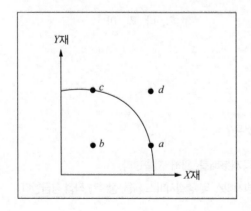

① 투자재 단위로 측정한(계산한) 소비재의 기회비용이 체증하고 있다.

② 소비재 단위로 측정한(계산한) 투자재의 기회비용이 체증하고 있다.

③ 점 a와 점 c에서 생산의 효율성이 달성되고 있다.

④ 점 a에서 생산할 때보다 점 c에서 생산할 때 생산가능곡선이 확장될 수 있다.

⑤ 급속한 노령화의 진전으로 인구가 증가할 경우 이때의 생산가능곡선이 확장될 수 있다.

43 갑과 을은 주어진 시간을 가지고 X재와 Y재를 생산하고 있다. 각자에게 주어진 시간을 100시간이 라고 하고, 갑과 을이 각각 X재와 Y재를 생산하는 데 소요되는 시간이 다음과 같다고 할 때 다음 설명 중 옳지 않은 것은?

	X재	Y재
갑	4시간	4시간
을	10시간	20시간

① 갑은 을에 비하여 X재 또는 Y재의 생산에 기술적으로 절대 우위에 있다.

② 갑은 을에 비하여 Y재에 생산에 비교우위가 있다.

③ Y재 수량으로 계산된 X재의 상대가격이 $\frac{2}{3}$로 주어져 있을 때 을은 오직 X재의 생산에 전문화된다.

④ Y재 수량으로 계산된 X재의 상대가격이 $\frac{4}{3}$로 주어져 있을 때 갑은 오직 Y재의 생산에 전문화된다.

⑤ 을은 갑에 비하여 X재의 생산에 비교 우위에 있다.

44 한 기업이 완전경쟁시장구조에 있다고 하자. 이 기업의 생산비용함수는 $C = \frac{1}{2}Q^2 + 10$이라고 한다. 여기서 Q는 생산량이고, C는 생산비용이다. 이 기업이 생산하는 재화의 시장 가격이 20일 때 극대화된 생산량과 평균비용은 각각 얼마인가?

① 생산량은 20, 평균비용은 10.5이다.　② 생산량은 20, 평균비용은 20이다.

③ 생산량은 18, 평균비용은 11이다.　④ 생산량은 10, 평균비용은 11.5이다.

⑤ 생산량은 20, 평균비용은 11이다.

45 다음 정부의 가격 통제에 관한 설명 중 옳지 않은 것은?

① 최고가격은 시장균형가격보다 낮으면 초과수요를 가져온다.

② 최저가격은 시장균형가격보다 높으면 초과공급을 초래한다.

③ 자원배분의 왜곡을 초래한다.

④ 최저임금이 오를 때 실업이 가장 많이 증가하는 노동자 유형은 노동에 대한 수요가 탄력적인 숙련노동자이다.

⑤ 최고가격제를 실시할 경우 암시장이 발생할 수 있고 암시장에서의 거래가격이 최고가격제 실시 전의 시장거래가격보다 더 높아질 수 있다.

46 시장공급의 증대로 공급곡선이 이동할 때 시장의 균형수요량 또는 균형공급량에 대한 설명으로 옳지 않은 것은?

① 수요곡선이 아주 비탄력적일 때 시장 공급증가로 인한 공급곡선의 이동은 시장 균형 물량의 변화보다는 가격의 변화가 더 크게 일어난다.

② 수요곡선이 단위탄력적일 경우 공급증가로 인한 시장 공급곡선의 이동은 총지출을 증가시킨다.

③ 공급의 변화로 공급곡선이 위축되어 이동할 때 수요곡선이 비탄력적일 경우 소비자들의 총지출은 감소한다.

④ 공급의 변화로 공급곡선이 위축되어 이동할 때 수요곡선이 탄력적일 경우 소비자들의 총지출은 감소한다.

⑤ 수요곡선이 아주 탄력적일 때 공급증가로 인한 시장 공급곡선의 이동은 시장균형 물량의 변화보다 가격의 변화가 더 적게 일어난다.

47 일반균형(General Equilibrium)에 대한 설명으로 옳지 않은 것은?

① 모든 소비자가 그의 예산제약 하에서 효용을 극대화하는 상품묶음을 원하는 최적의 행위를 하고 있다.

② 모든 소비자가 원하는 만큼의 생산요소를 공급하고 있다.

③ 모든 기업이 주어진 여건 하에서 이윤을 극대화하는 최적화 행위를 하고 있다.

④ 일반균형은 소비자의 선호와 상관없이 존재한다.

⑤ 주어진 가격체계 하에서는 모든 상품 또는 요소시장에서 수요량과 공급량이 일치하고 있다.

48 시장실패와 관련된 설명으로 옳은 것은?

> 보기
>
> 가. 불완전 경쟁시장은 분권화된 자원배분의 효율성을 실현할 수 없기 때문에 시장실패를 야기한다.
> 나. 공공재의 특성인 비경합성과 비배제성 때문에 시장 기구에 내맡길 때 적절한 수준의 공공재가 생산될 수 없다.
> 다. 주인과 대리인 사이의 정보 비대칭에서 유발되는 도덕적 해이는 시장실패를 야기할 수 있다.
> 라. 경제행위로 인하여 외부성이 발생할 경우 이것을 해결하기 위하여 정부의 개입이 불가피하며 당사자 간 교섭 등을 통한 자치 해결 방안은 효과가 없다.
> 마. 교육 서비스 수요에서 양(+)의 외부효과가 있는 경우, 교육서비스의 공급을 정부가 개입하지 않고 시장 기구에 맡길 경우 교육서비스의 공급이 경제적 효율성 관점에서 덜 공급된다.

① 가, 나, 다
② 가, 다, 마
③ 가, 나, 다, 라
④ 가, 나, 다, 마
⑤ 가, 나, 다, 라, 마

www.gosinet.co.kr gosinet

파트1

파트2

파트3

파트4

파트5

파트6

파트7

파트8

실전1

실전2

49 두 명의 공공재 소비자 갑과 을이 있다고 하자. 갑과 을의 공공재 수요함수는 다음과 같을 때, 공공재의 한계비용이 공급량과 상관없이 100원으로 일정하다면 사회적으로 최적의 공공재 공급물량은? (단, P_a는 소비자 갑의 소비가격, P_b는 소비자 을의 소비가격, 그리고 Q는 수요량이다)

$$P_a = 100 - Q, \quad P_b = 200 - Q$$

① 100   ② 50   ③ 150

④ 200   ⑤ 300

50 다음 〈보기〉에서 설명하는 법칙은?

보기

인간의 욕망은 무한한 데 반해 이를 충족시켜줄 수 있는 재화나 용역 등의 경제적 자원은 제한되어 있기 때문에 경제문제가 발생한다는 것으로, 인간의 경제생활에 있어서 선택의 문제가 발생하는 것은 이 법칙 때문이다.

① 희소성의 법칙   ② 수확 체감의 법칙   ③ 수확 체증의 법칙

④ 이윤 극대화의 원칙   ⑤ 규모의 불경제

01 국민소득의 총계 및 측정에 대한 설명 중 옳지 않은 것은?

① 국외 순수취요소소득이 양일 때 GDP가 GNP보다 작다.

② NNP는 GNP에서 감가상각을 뺀 것이다.

③ 지난해 누적된 재고가 올해에 판매된다면 그 판매액은 올해의 GDP에 포함된다.

④ 합법적으로 거래되는 상품과 서비스만 GDP에 포함된다.

⑤ GDP는 유량(Flow) 변수이다.

02 40개의 피자와 10개의 CD로 구성된 소비 바구니가 있다고 하자. 재화의 가격이 아래 상자와 같을 때 소비물가지수와 인플레이션에 관한 설명 중 옳지 않은 것은? (단, 2012년을 기준연도로 한다)

구분	피자	CD
2012	10	15
2015	20	30
2018	15	22.5

① 2012년 소비자물가지수는 100이다.   ② 2015년 소비자물가지수는 200이다.

③ 2018년 소비자물가지수는 150이다.   ④ 2015년 인플레이션은 100%이다.

⑤ 2018년 인플레이션은 20%이다.

03 총수요의 크기가 총소득의 수준을 결정한다고 할 때 이에 관한 설명으로 가장 옳지 않은 것은?

① 정부가 정부지출과 조세를 동일한 금액만을 증가시킬 때 소득이 증가한다.

② 소비자들이 경제에 대한 신뢰가 증가할 때 소득은 증가한다.

③ 생산기술의 상용화로 기업의 투자수요가 증가할 때 소득은 증가한다.

④ 해외경제가 호황을 보일 때 소득은 감소한다.

⑤ 순수출이 증가할 때 소득이 증가한다.

파트1

파트2

파트3

파트4

파트5

파트6

파트7

파트8

실전1

실전2

04 폐쇄경제에서 정부가 국채 발행을 증가시키고 조세를 감소시킬 때 예상되는 결과는? (단, 소비는 이자율의 영향을 받지 않는다고 가정한다)

① 소비증가, 투자증가

② 소비증가, 투자 변화 없음

③ 소비감소, 투자증가

④ 소비감소, 투자감소

⑤ 정답 없음

05 솔로우 성장모형에서 경제가 균제상태에 있었다. 그런데 외국인 노동자의 유입에 대한 규제가 완화되어 인구증가율이 높아졌다. 초기 균제상태와 비교할 때 새로운 균제상태에 대한 설명으로 가장 옳지 않은 것은?

① 1인당 소득 증가율의 완화

② 1인당 소득수준의 완화

③ 총소득 증가율의 상승

④ 1인당 자본의 감소

⑤ 자본 한계성의 증가

06 국민소득계정에서 재화와 용역의 수출에서 재화와 용역의 수입을 뺀 순수출에 대한 설명으로 가장 옳지 않은 것은?

① 저축이 투자를 초과할 경우 순수출은 음($-$)이다.

② 소비와 투자 그리고 정부 지출의 합계가 총소득보다 클 경우 순수출은 음($-$)이다.

③ 자국의 통화가치가 실질적으로 하락할 경우 순수출은 증가하게 된다.

④ 정부의 확대 재정정책은 순수출을 감소시킨다.

⑤ 순수출이 음($-$)일 경우 투자가 저축을 상회하여 일어난다.

07 자연실업률에 관한 설명 중 적절하지 않은 것은?

① 구직률이 높을 때 자연실업률은 낮다.

② 최저임금제나 효율성임금, 노조 등은 구조적 실업을 증가시켜 자연실업률을 높이는 요인으로 작용한다.

③ 자연실업률은 경제상황에 상관없이 결정되는 것으로 불변이다.

④ 최저임금과 같은 제도적 요인에 의한 임금의 경직성은 자연실업률을 높인다.

⑤ 시장 균형임금보다 높게 책정되는 효율임금은 자연실업률을 높인다.

08 한 나라의 경제가 주어진 자원과 노동을 이용하여 하나의 재화만 생산한다고 하자. 노동량과 자본량이 주어져 있으며 자본과 노동 그리고 생산물 시장은 완전경쟁이다. 생산함수는 규모에 대한 보수불변이고 기업들의 기술수준은 동일하다. 이러한 상황 아래에서 발생하는 분배 문제로 옳은 것을 〈보기〉에서 모두 고르면?

> **보기**
>
> 가. 소득은 자본 소득과 노동 소득의 합에 의해서 결정된다.
> 나. 실질임금은 주어진 자본량과 주어진 노동량, 그리고 주어진 생산함수에 의해서 의존하는 노동의 한계생산성에 의해 결정된다.
> 다. 실질임대율은 주어진 자본량과 주어진 노동량, 그리고 주어진 생산함수에 의존하는 자본의 한계생산성에 의해 결정된다.
> 라. 최저임금은 실업을 유발하기 때문에 노동자들의 총소득을 감소시킨다.

① 가, 라 　　　　　② 가, 나, 다 　　　　　③ 나, 다, 라

④ 다, 라 　　　　　⑤ 가, 나

09 독점시장에 대한 설명 중 적절하지 못한 것은?

① 독점기업의 한계수입은 체감한다.
② 독점기업의 평균수입은 한계수입보다 크다.
③ 독점기업의 이윤극대화 조건은 한계수입과 한계비용이 같은 것이다.
④ 독점기업은 공급곡선을 갖고 있다.
⑤ 독점기업이 결정하는 가격은 항상 한계비용보다 크다.

10 다음 거시경제의 총수요곡선에 대한 설명 중 적절하지 못한 것은?

① 물가가 하락할 때 총수요는 증가한다.
② 통화량이 증가할 때 물가가 일정하게 주어진 상태에서 총수요는 증가한다.
③ 정부지출이 증가할 때 물가가 일정하게 주어진 상태에서 총수요는 증가한다.
④ 독립적 투자수요가 증가할 때 물가가 일정하게 주어진 상태에서 총수요는 증가한다.
⑤ 해외경제가 활황을 보인다고 하더라도 총수요는 변화하지 않는다.

11 한 개에 1,000원하던 포도가격이 1,200원으로 오를 때 사과의 수요량이 200개에서 220개로 증가하였다면 사과수요의 포도 가격에 대한 교차탄력성은?

① $\dfrac{1}{4}$　　　　　② $\dfrac{1}{3}$　　　　　③ $\dfrac{1}{2}$

④ 1　　　　　⑤ 0

12 생산함수가 $Q = 2LK$일 때 노동과 자본 투입량을 3배로 늘린다면 한계기술대체율($MRTS$)은 어떻게 되는가?

① 변하지 않는다.　　　② 2/3배로 증가한다.　　　③ 2배로 증가한다.

④ 3배로 증가한다.　　　⑤ 1/3배로 증가한다.

13 다음 중 시장실패에 관한 설명으로 가장 옳지 않은 것은?

① 완전경쟁시장에서 발생하지 않는다.　　　② 공공재와 시장실패는 관계가 없다.

③ 외부효과가 시장실패를 가져온다.　　　④ 시장기구가 적절한 자원배분에 실패한 것이다.

⑤ 정부가 적절히 개입하지 못했을 때 발생한다.

14 이윤극대화를 추구하는 기업이 완전경쟁요소시장에 직면하고 있을 때 다음 중 가장 옳은 것은?

① 생산요소의 추가적인 고용으로부터 얻을 수 있는 수입보다 많은 요소가격을 지불한다.

② 생산요소의 추가적인 고용으로부터 얻을 수 있는 수입보다 적은 요소가격을 지불한다.

③ 한계생산물가치(VMP)보다 낮은 요소가격을 지불한다.

④ 한계수입생산물(MRP)보다 높은 요소가격을 지불한다.

⑤ 한계수입생산물(MRP)이 한계생산물가치(VMP)와 일치한다.

15 각종 거래행위에 수반되는 비용으로 정보수집, 협상 이동 비용 등과 정보의 비대칭으로 인한 비용을 통틀어 말하는 것은?

① 거래비용　　　　　　　② 기회비용　　　　　　　③ 매몰비용
④ 경제적비용　　　　　　⑤ 명시적비용

16 다음 중 규모의 경제가 나타나는 사례로 가장 적절한 것은?

① 제품시장의 수요독점일 경우　　　　② 생산요소 시장이 공급독점일 경우
③ 고정비용이 높고 가변비용이 낮을 경우　　④ 제품의 가격이 평균비용보다 낮을 경우
⑤ 생산물의 종류가 많을수록 비용이 낮아지는 경우

17 아래 대화에 나타난 경제 개념으로 가장 적절한 것은?

> 남 : 요즘 코스피가 오른다는데 내가 가지고 있는 중국 펀드는 상황이 좋지 않잖아. 향후 수익률도 코스피가 확실히 높을 것 같은데 중국 펀드는 팔고 국내 주식에 투자하는 게 어떨까?
> 여 : 그렇기는 하지만 지금 중국 펀드를 팔면 손실만 크단 말이야. 일단 원금을 회복할 수 있을 때까지 기다려 볼래.

① 희소성　　　　　　　　　　② 한계비용
③ 매몰비용　　　　　　　　　④ 범위의 경제

18 독점기업인 A는 두 개의 공장을 가지고 있으며, 제1공장과 제2공장의 한계비용곡선은 각각 $MC_1 = 80 + 3Q_1$, $MC_2 = 70 + Q_2$이다. A기업의 이윤을 극대화하는 생산량이 총 90단위일 때 제 1공장과 제 2공장의 생산량을 순서대로 짝지은 것을 고르면?

① 10, 80　　　　　　　② 20, 70　　　　　　　③ 30, 60
④ 40, 50　　　　　　　⑤ 50, 40

www.gosinet.co.kr gosinet

파트1

파트2

파트3

파트4

파트5

파트6

파트7

파트8

실전1

실전2

19 A기업의 비용함수가 $C = \sqrt{Q} + 650$이다. A기업이 100개를 생산할 때 이윤이 0이 되는 가격을 구하면? (단, C는 비용, Q는 생산량이다)

① 5.2   ② 5.5   ③ 6.1
④ 6.6   ⑤ 7.5

20 개인 a, b, c, d가 커피를 구입할 때 지불할 용의가 있는 가격이 아래의 표와 같다. 커피가격이 4,000원으로 주어져 있을 때 사회전체의 소비자잉여를 구하면?

개인	a	b	c	d
지불용의	3,000원	4,000원	5,000원	6,000원

① 2,000원   ② 3,000원   ③ 4,000원
④ 5,000원   ⑤ 6,000원

21 어떤 과점시장에 동일한 재화를 생산하는 두 기업 A와 B만이 존재하고, 각 기업의 생산량을 Q_A와 Q_B라고 하자. 시장수요가 $P = 100 - Q_A - Q_B$이고 두 기업의 총비용함수가 각각 $C_A = 40Q_A$, $C_B = 40Q_B$로 주어졌을 때, 꾸르노 내쉬균형에서 두 기업의 생산량을 합한 총생산량(Q)과 균형가격(P)은?

	총생산량	균형가격		총생산량	균형가격		총생산량	균형가격
①	20	40	②	30	50	③	40	60
④	50	70	⑤	60	80			

22 다음 중 총수요 감소를 초래할 수 있는 경우로 가장 적절한 것을 고르면?

① 정부의 개별소비세 인하 발표로 인해 소비경기가 회복되고 있다.
② 지난 1년간 환율이 꾸준히 증가하고 있다.
③ 중앙은행의 지급준비율 인상으로 인해 이자율이 상승하였다.
④ 정부가 기업의 투자촉진을 위해 투자기업에 대한 세금감면 정책을 실시하였다.
⑤ 정부가 경기침체를 극복하기 위해 대규모 토목사업을 실시하였다.

23 물가지수에 대한 설명 중 가장 적절하지 않은 것을 고르면?

① 소비자 물가지수에는 수입재의 가격도 포함된다.

② 생산자 물가지수는 기준년도의 수량을 가중치로 삼는 라스파이레스방식으로 측정되며 실제보다 물가변동을 과대평가되는 경향이 있다.

③ 생산자 물가지수의 포괄범위가 소비자 물가지수의 포괄범위보다 좁다.

④ 물가지수와 화폐의 구매력은 서로 역(逆)의 관계다.

⑤ 주택가격과 원자재, 자본재는 소비자 물가지수에 포함되지 않는다.

24 한국과 일본의 물가 상승률이 각각 3%, 5%이고 엔화 대비 원가 가치가 하락하여 명목환율이 3% 상승하였다고 한다. 이 경우 엔화 대비 원화의 실질환율의 변화율을 구하면?

① -1%   ② 2%   ③ 3%

④ 5%   ⑤ -6%

25 소국인 어느 국가의 X재의 수요함수는 $Q=140-2P$, 국내 공급함수는 $Q=-10+P$, 국제가격은 30이다. 이 국가가 X재 수입량을 45단위로 제한하고자 할 때 단위당 부과해야할 관세의 크기를 구하면? (단, Q는 X재의 수량, P는 X재의 단위당 가격이다)

① 3   ② 5   ③ 10

④ 15   ⑤ 20

26 다음 중 변동환율제를 따르는 우리나라 원화의 가치가 상승하는 경우로 가장 적절한 것을 고르면?

① 해외경기가 침체되는 경우

② 우리나라 기업들의 해외투자가 늘어날 때

③ 금융통화위원외가 기준금리를 인상하는 경우

④ 미국이 경기활성화를 위해 확대적인 재정정책을 시행할 때

⑤ 확대적인 통화정책이 시행되는 경우

www.gosinet.co.kr gosinet

파트1

파트2

파트3

파트4

파트5

파트6

파트7

파트8

실전1

실전2

27 아래 〈그림〉은 특정 상품의 수요곡선이고 최근 정부는 생산자의 수입을 보장하기 위해 상품에 대한 최저가격제를 시행했다. 아래 〈그림〉을 근거로 상품의 가격 탄력성과 생산자 수익변화를 올바르게 분석한 것은? (단, 상품의 단위당 생산비용은 불변이다)

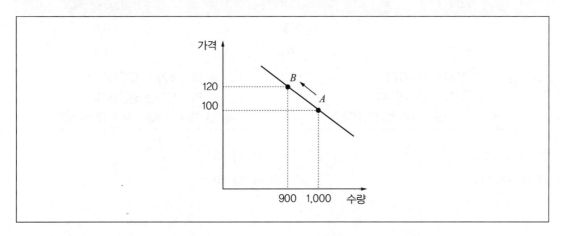

	가격탄력성	생산자 수익			가격탄력성	생산자 수익
①	탄력적	증가		②	탄력적	감소
③	비탄력적	증가		④	비탄력적	감소

28 한 재화의 가격이 상승하면서 수요량도 높은 경우 해당되는 것은? (단, 이 재화는 정상재이다)

① 이 재화의 대체재의 가격이 상승했다.
② 이 재화의 보완재는 가격이 상승했다.
③ 이 재화의 생산요소가격이 상승했다.
④ 이 재화의 생산요소가격이 하락했다.

29 달걀의 공급곡선은 우상향하는 직선이고, 수요곡선은 우하향하는 직선이다. 달걀에 부과되면 200원의 세금이 300원으로 인상되었다. 세금의 경제적 순손실은?

① 50% 미만 증가하거나 감소할 수 있다.
② 정확히 50% 증가한다.
③ 50% 이상 증가한다.
④ 공급과 수요 중 어느 것이 더 탄력적인가에 달려 있다.

30 X, Y재의 수요데이터를 분석하여 다음과 같은 결과를 얻었다. $X(Y)$재의 교차탄력도는 $Y(X)$재 가격변화율에 대한 $X(Y)$재 수요 변화율을 의미한다. 다음 설명 중 옳은 것을 모두 고르면?

재화	수요의 소득탄력도	수요의 교차탄력도
X	1.3	−0.8
Y	−0.6	−1.4

가 : X재는 정상재이다.   나 : X재는 열등재이다.
다 : Y재는 정상재이다.   라 : Y재는 열등재이다.
마 : X재와 Y재는 서로 보완재이다.   바 : X재와 Y재는 서로 대체재이다.

① 가, 나, 다   ② 가, 라, 마
③ 가, 라, 바   ④ 나, 다, 마

31 다음 경제 현상 중 휘발유에 대한 수요를 증가시키는 것을 모두 고르면?

가. 경유에 대한 세금 인상   나. 휘발유 승용차에 대한 세금 감면
다. 휘발유 생산비용의 급격한 하락   라. 원유가격의 인하

① 가, 나   ② 가, 나, 다
③ 가, 나, 라   ④ 나, 라

32 기업은 소비자로부터 보다 많은 이윤을 끌어내기 위해 가격차별을 하기도 한다. 다음 중 기업의 가격차별에 유리한 환경이 아닌 것은?

① 특성이 다른 소비자가 존재한다.
② 소비자의 특성을 파악하는 것이 기업에게 어려운 일이 아니다.
③ 재판매가 용이하다.
④ 기업이 높은 시장지배력을 가지고 있다.

33 A국가의 올해 지니계수가 작년보다 낮아졌다고 한다. 이에 대한 설명으로 옳은 것은?

① 올해 10분위분배율이 작년보다 작아졌다.
② 올해 1인당 국민소득이 작년보다 훨씬 커졌다.
③ 생산가능곡선이 오른쪽으로(바깥쪽으로) 이동했다.
④ 로렌츠곡선이 소득분배균등선(45도선)에 가까워졌다.

34 다음 구축효과에 관한 설명 중 옳지 않은 것은?

① 다른 조건이 일정한 경우 LM곡선의 기울기가 커질수록 구축효과는 커진다.
② 다른 조건이 일정한 경우 투자의 이자율탄력성이 낮을수록 구축효과는 커진다.
③ 다른 조건이 일정한 경우 화폐수요의 이자탄력성이 낮을수록 구축효과는 커진다.
④ 다른 조건이 일정한 경우 한계소비성향이 클수록 구축효과는 커진다.

35 다음 표는 기업에서 판매하는 재화의 가격과 판매량 간의 관계를 보여주는 표다. 이 기업이 4개를 판매한다면 4개째를 판매할 때 이 기업의 한계수입은 얼마인가?

가격(개당)	판매량	가격(개당)	판매량
2,000원	1개	1,200원	5개
1,800원	2개	1,100원	6개
1,700원	3개	1,000원	7개
1,400원	4개		

① 0원
② 500원
③ 1200원
④ 1400원

36 다음 자료의 (가) ~ (라)에 들어갈 용어로 옳은 것은?

> 명목이자율이 일정한 상태에서 인플레이션율이 상승하면 이자소득의 실질가치는 __(가)__ 한다. 이와 같은 상태가 지속될 경우 사람들은 __(나)__ 보다 __(다)__ 보유비율을 높이고 부채비율을 __(라)__ 경향을 나타낸다.

	(가)	(나)	(다)	(라)
①	감소	금융자산	실물자산	높이려는
②	감소	실물자산	금융자산	낮추려는
③	감소	금융자산	실물자산	낮추려는
④	증가	금융자산	실물자산	높이려는

37 다음 〈보기〉 중에서 저량(Stock) 개념은?

> 보기
>
> ㄱ. GDP　　ㄴ. 통화량　　ㄷ. 물가지수

① ㄱ　　　　　　　② ㄷ　　　　　　　③ ㄱ, ㄴ

④ ㄴ, ㄷ　　　　　⑤ ㄱ, ㄴ, ㄷ

38 다음 〈보기〉 중에서 국내총생산(GDP)이 증가하는 경우는?

> 보기
>
> ㄱ. 중고자동차 거래량이 증가하였다.
> ㄴ. 경기호전에 대한 기대감에 기업들의 주가가 상승하였다.
> ㄷ. 국내 철강회사의 철근 재고가 증가하였다.

① ㄱ　　　　　　　② ㄴ　　　　　　　③ ㄷ

④ ㄱ, ㄴ　　　　　⑤ ㄱ, ㄴ, ㄷ

39 다음 *BIS*자기자본비율에 대한 설명 중 가장 옳지 않은 것은?

① 국제결제은행에서 정한다.
② 자기자본/위험가중자산×100%으로 구해진다.
③ 금융기관의 방만한 운영을 방지하기 위해 마련된 제도이다.
④ *BIS*자기자본비율을 항상 높은 수준으로 설정하는 것이 바람직하다.
⑤ *BIS*자기자본비율을 설정하여 규제하는 것은 갑작스런 충격에도 은행이 흔들리지 않도록 하기 위한 제도이다.

40 유동성 함정에 대한 설명으로 가장 옳은 것은?

① 화폐수요의 이자율 탄력성이 0인 경우에 발생한다.
② 채권의 가격이 매우 낮아서 추가적인 통화 공급이 모두 거래적 화폐수요로 흡수된다.
③ 이자율이 매우 높아 앞으로 이자율이 하락할 것으로 예상되는 경우에 유동성 함정이 발생할 수 있다.
④ 유동성 함정이 발생한 경우 확장적 통화정책이 이자율을 하락시키지 못하여 총수요 확대효과가 없다.
⑤ 통화정책경로 중 금리경로가 원활하게 작동한다.

41 A국의 경제상황이 아래와 같을 때, 균형국민소득(Y)은?

- 총수요곡선(AD) : $Y = 800 + \dfrac{4,000}{P}$ - 총공급곡선(AS) : $Y = 1,000 + P - P^e$
- 기대물가수준 : $P^e = 20$
---

① 20   ② 400   ③ 800
④ 1,000   ⑤ 4,000

42 실질 *GDP*가 80이고, *GDP*디플레이터가 125일 때, 명목 *GDP*는?

① 80   ② 100   ③ 125
④ 150   ⑤ 200

43 실업 및 실업률에 대한 다음 〈보기〉의 설명 중에서 옳은 것은?

보기

ㄱ. 경제가 완전고용 상태일 때도 실업률은 0이 아니다.

ㄴ. 실망실업자의 존재는 실업률 통계가 실제 실업률을 과소평가하는 이유가 된다.

ㄷ. 실업률이 낮아지면 취업자가 많아진다.

① ㄱ ② ㄷ ③ ㄱ, ㄴ
④ ㄴ, ㄷ ⑤ ㄱ, ㄴ, ㄷ

44 필립스 곡선에 대한 설명으로 가장 옳지 않은 것은?

① 필립스 곡선은 실업률과 물가상승률 간의 경기 상충관계를 보여준다.

② 자연실업률이 증가하면 필립스 곡선은 오른쪽으로 이동한다.

③ 유럽의 실업률이 장기적으로 높은 수준에서 유지되는 현상을 설명하기 위해 실업의 이력가설이 제기되었다.

④ 기대물가상승률이 상승하면 필립스 곡선은 왼쪽으로 이동한다.

⑤ 물가상승률과 완전고용이라는 두 가지 경제정책목표를 동시에 달성할 수 없음을 의미한다.

45 다음 〈보기〉는 고전학파이론에 대한 설명이다. 옳은 것은?

보기

ㄱ. 정부지출이 증가하는 경우에 실질이자율이 상승한다.

ㄴ. 세이의 법칙(Say's law)이 성립한다.

ㄷ. 모든 가격변수는 신축적이다.

① ㄱ ② ㄷ ③ ㄱ, ㄴ
④ ㄴ, ㄷ ⑤ ㄱ, ㄴ, ㄷ

46 다음 글의 '이것'에 해당하는 개념은?

> '이것'은 어떤 생산요소가 다른 용도로 이전되지 않고 현재의 용도에서 사용되도록 하기 위해 지불해야 하는 최소한의 금액을 말한다. '이것'은 요소공급에 따른 기회비용을 의미하며, 요소공급곡선 아래쪽 면적으로 측정할 수 있다.

① 경제적 지대   ② 준지대   ③ 전용수입
④ X−비효율성   ⑤ 이전지출

47 소득불평등 정도를 측정하는 지표에 대한 설명이다. 옳은 것은?

① 십분위분배율은 0부터 2까지의 값을 가지며, 그 값이 클수록 평등하다.
② 소득5분위배율은 0부터 1까지의 값을 가지며, 그 값이 작을수록 평등하다.
③ 로렌츠곡선은 대각선에 가까울수록 불평등하다.
④ 지니계수는 0부터 1까지의 값을 가지며, 그 값이 클수록 평등하다.
⑤ 애킨슨 지수는 0부터 2까지의 값을 가지며, 그 값이 작을수록 평등하다.

48 다음 '공유지의 비극'과 관련한 설명 중 가장 옳지 않은 것은?

① 공동소유의 자원이 과다소비 되는 현상이다.
② 부정적인 외부성과 관련이 있다.
③ 사적 이익의 극대화가 사회 전체의 이익을 감소시킬 수 있다.
④ 공유지에 대한 소비가 비경합적이나 폐쇄가 불가능하기 때문에 발생한다.
⑤ 공유지에 대한 소유권 확립으로 문제를 해결할 수 있다.

49 길동이는 소득의 전부를 X재와 Y재의 소비에 지출한다. X재의 가격은 1,000원이고, Y재의 가격은 2,000원이며, 길동이의 월소득 11,000원이다. 길동이가 X재와 Y재 소비에서 누리는 한계효용이 아래 〈표〉와 같을 때, 길동이의 가장 효용을 극대화하는 X재와 Y재의 월소비량은 얼마인가?

〈X재 및 Y재의 소비에서 누리는 한계효용〉

수량	1개	2개	3개	4개	5개	6개
X재	600	550	500	450	400	350
Y재	1,000	900	800	700	600	500

	X재 월소비량	Y재 월소비량		X재 월소비량	Y재 월소비량
①	1개	5개	②	3개	8개
③	4개	2개	④	5개	3개
⑤	6개	4개			

50 기업 A와 B의 전략 E 또는 전략 M에 따른 보수가 아래와 같은 보수행렬의 형태로 주어져 있다. 내쉬평형을 구하면? (단, [α, β]는 [기업 A의 전략, 기업 B의 전략]을 의미한다)

〈보수행렬〉

기업 A \ 기업 B	E	M
E	(30, 10)	(40, 15)
M	(35, 20)	(55, 25)

① [E, E]   ② [M, M]   ③ [M, E]
④ [E, M]   ⑤ 정답 없음

공기업 NCS 경제학

1회 실전모의고사

감독관
확인란

성명표기란

수험번호

(주민등록 앞자리 생년제외) 월일

수험생 유의사항

※ 답안은 반드시 컴퓨터용 사인펜으로 보기와 같이 바르게 표기해야 합니다.
〈보기〉 ① ② ③ ● ⑤

※ 성명표기란 위 칸에는 성명을 한글로 쓰고 아래 칸에는 성명을 정확하게 표기하십시오. (맨 왼쪽 칸부터 성과 이름은 붙여 씁니다)

※ 수험번호 위 칸에는 아라비아 숫자로 쓰고 아래 칸에는 숫자와 일치하게 표기하십시오.

※ 월일은 반드시 본인 주민등록번호의 생년월일을 제외한 월 두 자리, 일 두 자리를 표기하십시오.
(예) 1994년 1월 12일 → 0112

※ 검사문항 : 1~50

문번	답란	문번	답란	문번	답란	문번	답란
1	① ② ③ ④ ⑤	16	① ② ③ ④ ⑤	31	① ② ③ ④ ⑤	46	① ② ③ ④ ⑤
2	① ② ③ ④ ⑤	17	① ② ③ ④ ⑤	32	① ② ③ ④ ⑤	47	① ② ③ ④ ⑤
3	① ② ③ ④ ⑤	18	① ② ③ ④ ⑤	33	① ② ③ ④ ⑤	48	① ② ③ ④ ⑤
4	① ② ③ ④ ⑤	19	① ② ③ ④ ⑤	34	① ② ③ ④ ⑤	49	① ② ③ ④ ⑤
5	① ② ③ ④ ⑤	20	① ② ③ ④ ⑤	35	① ② ③ ④ ⑤	50	① ② ③ ④ ⑤
6	① ② ③ ④ ⑤	21	① ② ③ ④ ⑤	36	① ② ③ ④ ⑤		
7	① ② ③ ④ ⑤	22	① ② ③ ④ ⑤	37	① ② ③ ④ ⑤		
8	① ② ③ ④ ⑤	23	① ② ③ ④ ⑤	38	① ② ③ ④ ⑤		
9	① ② ③ ④ ⑤	24	① ② ③ ④ ⑤	39	① ② ③ ④ ⑤		
10	① ② ③ ④ ⑤	25	① ② ③ ④ ⑤	40	① ② ③ ④ ⑤		
11	① ② ③ ④ ⑤	26	① ② ③ ④ ⑤	41	① ② ③ ④ ⑤		
12	① ② ③ ④ ⑤	27	① ② ③ ④ ⑤	42	① ② ③ ④ ⑤		
13	① ② ③ ④ ⑤	28	① ② ③ ④ ⑤	43	① ② ③ ④ ⑤		
14	① ② ③ ④ ⑤	29	① ② ③ ④ ⑤	44	① ② ③ ④ ⑤		
15	① ② ③ ④ ⑤	30	① ② ③ ④ ⑤	45	① ② ③ ④ ⑤		

잘라서 활용하세요.

gosi net ㈜고시넷

공기업 NCS 경제학

2회 실전모의고사

※ 검사문항 : 1~50

감독관
확인란

수험번호

성명표기란

주민등록 앞자리 생년제외 월일

수험생 유의사항

※ 답안은 반드시 컴퓨터용 사인펜으로 보기와 같이 바르게 표기해야 합니다.
〈보기〉 ① ② ③ ● ⑤

※ 성명표기란 위 칸에는 성명을 한글로 쓰고 아래 칸에는 성명을 정확하게 표기하십시오.
(맨 왼쪽부터 성과 이름은 붙여 씁니다)

※ 수험번호/월일 위 칸에는 아라비아 숫자로 쓰고 아래 칸에는 숫자와 일치하게 표기하십시오.

※ 월일은 반드시 본인 주민등록번호의 생년을 제외한 월 두 자리, 일 두 자리를 표기하십시오.
(예) 1994년 1월 12일 → 0112

문번	답란	문번	답란	문번	답란	문번	답란
1	① ② ③ ④ ⑤	16	① ② ③ ④ ⑤	31	① ② ③ ④ ⑤	46	① ② ③ ④ ⑤
2	① ② ③ ④ ⑤	17	① ② ③ ④ ⑤	32	① ② ③ ④ ⑤	47	① ② ③ ④ ⑤
3	① ② ③ ④ ⑤	18	① ② ③ ④ ⑤	33	① ② ③ ④ ⑤	48	① ② ③ ④ ⑤
4	① ② ③ ④ ⑤	19	① ② ③ ④ ⑤	34	① ② ③ ④ ⑤	49	① ② ③ ④ ⑤
5	① ② ③ ④ ⑤	20	① ② ③ ④ ⑤	35	① ② ③ ④ ⑤	50	① ② ③ ④ ⑤
6	① ② ③ ④ ⑤	21	① ② ③ ④ ⑤	36	① ② ③ ④ ⑤		
7	① ② ③ ④ ⑤	22	① ② ③ ④ ⑤	37	① ② ③ ④ ⑤		
8	① ② ③ ④ ⑤	23	① ② ③ ④ ⑤	38	① ② ③ ④ ⑤		
9	① ② ③ ④ ⑤	24	① ② ③ ④ ⑤	39	① ② ③ ④ ⑤		
10	① ② ③ ④ ⑤	25	① ② ③ ④ ⑤	40	① ② ③ ④ ⑤		
11	① ② ③ ④ ⑤	26	① ② ③ ④ ⑤	41	① ② ③ ④ ⑤		
12	① ② ③ ④ ⑤	27	① ② ③ ④ ⑤	42	① ② ③ ④ ⑤		
13	① ② ③ ④ ⑤	28	① ② ③ ④ ⑤	43	① ② ③ ④ ⑤		
14	① ② ③ ④ ⑤	29	① ② ③ ④ ⑤	44	① ② ③ ④ ⑤		
15	① ② ③ ④ ⑤	30	① ② ③ ④ ⑤	45	① ② ③ ④ ⑤		

고용보건복지_NCS

SOC_NCS

금융_NCS

저마다의 일생에는,

특히 그 일생이 동터 오르는 여명기에는

모든 것을 결정짓는 한 순간이 있다.

그 순간을 다시 찾아내는 것은 어렵다.

그것은 다른 수많은 순간들의 퇴적 속에

깊이 묻혀있다.

　- 장 그르니에, 섬 LES ILES

NCS 전공필기
직무수행능력평가

고시넷 2021

빈출테마와 **최신기출**

공기업 전공
경제학

✔ 꼭 나오는 최신이론 · 빈출테마 상세한 해설과 강의
✔ 최신 공기업 경제학 기출문제 완벽분석
✔ 기출예상문제로 만든 실전모의고사 수록
✔ 빈출지문에서 뽑은 필수핵심 ○/× 문제 수록

정답과 해설

gosinet
(주)고시넷

모듈형, 피셋형, 피듈형이 뭐야?

피듈형 초록이 통합 기본서

핵심이론 & 대표 유형

워크북 핵심 이론
교과서 밖 유형

- NCS 직업기초능력평가 정복-

NCS 전공필기
직무수행능력평가

고시넷 2021

빈출테마와 최신기출

공기업 전공
경제학

✔ 꼭 나오는 최신이론 · 빈출테마 상세한 해설과 강의
✔ 최신 공기업 경제학 기출문제 완벽분석
✔ 기출예상문제로 만든 실전모의고사 수록
✔ 빈출지문에서 뽑은 필수핵심 ○/×문제 수록

정답과 해설

gosinet
(주)고시넷

파트1 수요 · 공급이론

기출예상문제　　　　　　　　문제 48쪽

01	③	02	③	03	④	04	②	05	③
06	②	07	③	08	④	09	①	10	④
11	①	12	①	13	①	14	②	15	②
16	④	17	①	18	④	19	④	20	④
21	②	22	③	23	②	24	①	25	③
26	④	27	①	28	①	29	③	30	③
31	①	32	③	33	④	34	②	35	②
36	②	37	①	38	③	39	①	40	③
41	①	42	④	43	③	44	①	45	④
46	①	47	③	48	④	49	⑤	50	④
51	①	52	④	53	①	54	④	55	④
56	③	57	②	58	②	59	①	60	①
61	①	62	②	63	③	64	①	65	②
66	①	67	③	68	②	69	②	70	③
71	⑤	72	③						

01

| 정답 | ③

| 해설 | 저량변수는 특정 시점을 기준으로 측정하는 변수이고, 유량변수는 특정기간을 정해서 측정하는 변수이다.

국부는 '일정시점'에서 한 나라 전체의 토지와 자본의 총량이므로 저량개념이다.

02

| 정답 | ③

| 해설 | 정상재라면 수요의 법칙에 따라 가격과 수요량과의 관계가 음(-)의 관계, 즉 재화의 가격이 상승할 때 소비량이 감소한다.

| 오답풀이 |

① 재화 X의 수요량이 감소하므로 대체관계에 있는 재화 Y의 수요가 증가하여 가격이 상승한다.

② 재화 X의 수요량이 감소하므로 보완관계에 있는 재화 Y의 수요도 감소한다.

④ 재화 X가 열등재라도 대체효과가 소득효과보다 크면 수요량은 감소한다.

03

| 정답 | ④

| 해설 | 사과와 배의 수요함수의 식 모두에 수요량과 가격, 소득에 영향을 받지 않는 상수가 존재하므로, 사과와 배 모두 가격 및 소득과 무관한 수요량이다.

| 오답풀이 |

① 보완재는 Q_A와 P_B가 다른 방향으로 움직인다. $Q_A = 0.8 - 0.8P_A - 0.2P_B + 0.6I$에서 P_B가 상승하면 Q_A는 감소한다는 점에서 쉽게 알 수 있다.

② 정상재는 소득이 증가할 때 수요가 증가하고, 열등재는 소득이 증가할 때 수요가 감소한다. 사과와 배 모두 수요함수를 보면 소득(I)의 부호가 양(+)이므로 정상재라고 할 수 있다.

③ 수요의 법칙은 가격과 수요량과의 관계가 음(-)의 관계, 즉 재화의 가격이 상승할 때 소비량이 감소하는 것을 말한다. 사과의 수요(Q_A)는 사과의 가격(P_A)과 음(-)의 관계이고, 배의 수요(Q_B)는 배의 가격(P_B)과 음(-)의 관계에 있으므로 수요법칙이 성립한다.

04

| 정답 | ②

| 해설 | 다른 조건이 불변일 때 그 재화가격(독립변수)이 변하면 곡선상에서 움직이고, 가격 외의 다른 조건(외생변수)이 변하면 곡선자체가 이동한다. 전기료의 변화는 전력에 대한 수요량을 변화시키므로 전력 수요곡선상에서의 이동이다.

| 오답풀이 |

① 소득이 증가할 때 전력에 대한 수요가 증가하여 전력 수요곡선이 오른쪽으로 이동한다.

③ 전력과 도시가스는 대체재이므로 도시가스 가격이 상승하면 전력에 대한 수요가 증가한다. 전력에 대한 수요가 증가하면 전력수요곡선이 오른쪽으로 이동한다.

④ 전기 기기와 전력이 보완재이므로 전기 기기에 대한 수요가 변화하면 전력에 대한 수요가 변화한다. 전력에 대한 수요는 전력수요곡선을 이동시킨다.

05

| 정답 | ③

| 해설 | 균형가격은 수요곡선과 공급곡선이 만나는 $Q_d = Q_s$에서 성립하므로

$-0.5P + 200 = P - 100$

$1.5P = 300$

$P = 200$

06

| 정답 | ②

| 해설 | 수요곡선과 공급곡선의 교점에서 균형이 이루어진다.

- I가 25일 때 시장수요곡선 :

  $300 - 2P + 4 \times 25 = 3P + 50$

  $5P = 350$

  $\therefore\ P = 70$

- I가 20일 때 시장수요곡선 :

  $300 - 2P + 4 \times 20 = 3P + 50$

  $5P = 330$

  $\therefore\ P = 66$

따라서 I가 25에서 20으로 감소할 때 시장균형가격은 4만큼 하락한다.

07

| 정답 | ③

| 해설 | 4대 보험료의 크기는 a와 e의 간격에 해당하고 반반씩 부담하므로, 노동수요곡선은 하방으로 이동하

고 노동공급곡선은 상방으로 이동하여 새로운 균형점은 c에서 이루어진다. 노동공급자인 근로자의 실질임금수령액은 근로자가 부담할 보험료인 c에서 c와 e의 간격만큼을 제한 e가 된다. 노동수요자인 고용주의 실질지불액은 a이다.

08

| 정답 | ④

| 해설 | 고추와 배추가 보완재이므로 고추 가격이 상승하면 배추에 대한 수요가 감소한다. 배추 수요가 감소하면 배추 가격이 하락한다.

09

| 정답 | ①

| 해설 | 소득이 늘면 항상 과자 소비를 줄이므로 과자는 열등재이다.

도넛 가격 하락 ⇒ 도넛 소비 증가 ⇒ 과자 소비 감소

10

| 정답 | ④

| 해설 | 기술개발이 이루어지면 공급이 증가하므로 자동차 공급곡선이 우측으로 이동하고 자동차 가격은 하락한다.

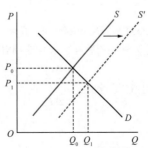

11

|정답| ①

|해설| 수요의 가격탄력성 $=-\dfrac{수요량의\ 변화율}{가격의\ 변화율}$이므로,

$0.4=\dfrac{담배소비량\ 20\%\downarrow}{담배가격변화율}$

$0.4\times$담배가격변화율$=$담배소비량 $20\%\downarrow$

담배가격변화율$=\dfrac{0.2}{0.4}=0.5(=50\%)$이다.

따라서 담배소비량을 20% 감소시키기 위해서는 가격을 50% 인상시켜야 한다. 이때 원래의 담배가격이 2,000원이었으므로 담배가격의 적정인상분은 1,000원이다.

12

|정답| ①

|해설| 주어진 조건을 정리하면 다음과 같다.

	x	y	z	w
가격(원)	1,000	1,000	500	500
수량(개)	500	1,000	500	1,000
수요의 가격탄력성 $=-\dfrac{\frac{\Delta Q}{Q}}{\frac{\Delta P}{P}}$	$-\dfrac{\frac{\Delta 10}{500}}{\frac{\Delta 10}{1,000}}$ $=\|2\|$	$-\dfrac{\frac{\Delta 10}{1,000}}{\frac{\Delta 10}{1,000}}$ $=\|1\|$	$-\dfrac{\frac{\Delta 10}{500}}{\frac{\Delta 10}{500}}$ $=\|1\|$	$-\dfrac{\frac{\Delta 10}{1,000}}{\frac{\Delta 10}{500}}$ $=\|0.5\|$

따라서 대소관계를 비교하면 $E_x>E_y=E_z>E_w$이다.

13

|정답| ①

|해설| $P=4,000$, $\Delta P=1,000$이고, $Q=5$, $\Delta Q=4$이므로 이를 수요의 가격탄력성 공식에 대입하면

$\varepsilon_d=-\dfrac{수요량의\ 변화율}{가격의\ 변화율}=-\dfrac{\frac{\Delta Q}{Q}}{\frac{\Delta P}{P}}$

$\qquad =-\dfrac{\frac{4}{5}}{\frac{1,000}{4,000}}=\left|\dfrac{16}{5}\right|>1$

따라서 수요는 가격에 탄력적이고, 수요곡선의 기울기는 상대적으로 완만하게 된다.

14

|정답| ②

|해설| 수요의 가격 탄력성이 1일 때 한계수입은 0의 값을 갖게 되어 총수입은 극대가 된다.

|오답풀이|

① 가격탄력성은 위치에 따라 다르다.

③ 가격이 하락하면서 총수입은 증가하다가 감소한다.

④ 가격이 하락하면서 가격탄력성은 감소한다.

15

|정답| ②

|해설| 수요의 가격탄력성이 1인 경우에 기업의 판매수입인 총수입(소비자의 경우는 총지출)이 극대가 된다.

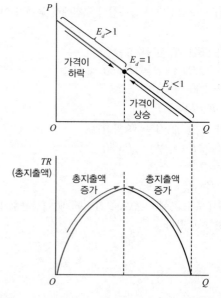

|오답풀이|

① 필수재의 경우는 가격에 별로 민감하지 않아 가격탄력성이 작으나, 사치재의 경우에는 가격에 매우 민감하기 때문에 가격탄력성이 크다.

www.gosinet.co.kr gosi**net**

파트1

파트2

파트3

파트4

파트5

파트6

파트7

파트8

실전1

실전2

③, ④ 수요곡선이 우하향하는 직선인 경우에 수요곡선의 기울기가 동일하지만, 어디에 위치했는가에 따라서 수요의 가격탄력성은 달라진다.

16

| 정답 | ④

| 해설 | 주어진 조건 $P_b=7$, $P_c=3$, $Y=2$를 수요곡선에 대입하면 수요곡선은 $Q_D=70-30P$가 된다. 그리고 $P_d=5$를 공급곡선에 대입하면 공급곡선은 $Q_S=-10+10P$가 된다. 수요곡선과 공급곡선을 연립하면 $70-30P$ $=-10+10P$이고 시장균형점은 $P=2$, $Q=10$이 된다. 균형점에서 수요의 가격탄력성을 구하기 위해서는 $\dfrac{\Delta Q}{\Delta P}$ 값을 알아야 하므로 수요곡선을 P에 대해 미분하면 -30이 된다. 이를 수요의 가격탄력성 공식에 대입하면

$$E_d=-\dfrac{\Delta Q}{\Delta P}\times\dfrac{P}{Q}=30\times\dfrac{2}{10}=6$$이 된다.

17

| 정답 | ①

| 해설 |

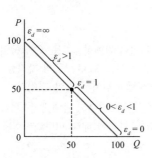

ㄱ. 수요곡선이 우하향의 직선인 경우 수요탄력성은 가격의 증가함수이다.

| 오답풀이 |

ㄴ. 수요곡선에서의 위치에 따라 다르다.

ㄷ. 수요탄력성이 1이 되는 수요곡선의 중점에서 수입이 극대화되므로 그 가격을 초과하는 경우에는 수입은 가격의 감소함수이다.

ㄹ. 수요곡선의 중점에서 수요탄력성이 1이므로 수요량이 50이어야 한다.

18

| 정답 | ④

| 해설 | 수요의 가격탄력성$=\dfrac{수요량의\ 변화율}{가격의\ 변화율}$이다. 가격이 5에서 가격의 변화율이 동일할지라도 수요량의 변화율은 달라져서 수요의 가격탄력성이 달라지는데, 이때 수요의 가격탄력성이 더 큰 보통사람의 수요량의 변화율이 더 크다.

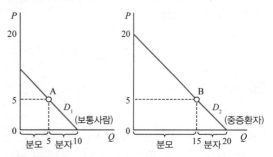

| 오답풀이 |

① 위 그래프를 보면 보통사람의 수요곡선 D_1에서 가격이 5일 때 A점에서 수요의 가격탄력성의 절댓값은 $\dfrac{5}{5}=1$이므로 가격이 1% 상승하면 수요량이 1% 감소한다.

② 위 그래프를 보면 중증환자의 수요곡선 D_2에서 가격이 5일 때 B점에서 수요의 가격탄력성의 절댓값은 $\dfrac{5}{15}=\dfrac{1}{3}$이므로 가격이 3% 상승하면 수요량이 1% 감소한다.

③ 독점력을 지닌 기업이 제3급 가격차별을 하는 경우에 수요의 가격탄력성에 반비례해서 가격을 책정하는 '역탄력성의 법칙'을 사용하게 된다. 즉 탄력성을 이용한 가격차별에서 탄력적이면 낮은 가격을, 덜 탄력적이면 높은 가격을 책정하는 것이 이윤을 증가시키는 방법이다.

따라서 이윤극대화를 하는 독점병원이 가격차별을 하는 경우에 상대적으로 비탄력적인 중증환자에게 높은 가격을 부과하고 상대적으로 더 탄력적인 보통사람에게 낮은 가격을 부과한다.

19

|정답| ④

|해설| 배추와 무 등의 농산물은 생활필수품이므로 농산물 수요는 가격에 비탄력적이며 가파른 수요곡선을 가지고 있다. 농산물이 풍년이면 농산물 공급이 증가(공급곡선 우측이동)하여 가격이 하락한다. 가격이 하락할 때 수요가 비탄력적이므로 수요량은 소폭 증가하고, 가격은 대폭 하락한다. 따라서 소비지출액(농민 수입)은 대폭 감소한다.

20

|정답| ④

|해설| 수요의 가격탄력성이 1보다 작은 경우 가격이 상승하면 가격상승률에 비해 상대적으로 수요량의 감소율이 작기 때문에 판매자의 총수입액(=소비자의 총지출액)은 증가한다.

21

|정답| ②

|해설| 기업의 총수입은 $TR = P \times Q$이다. 수요의 가격탄력성이 비탄력적이라면 가격이 상승할 때 양의 값인 가격 상승률 P보다 음의 값인 수요감소율 Q가 더 작다는 것을 의미한다. 가격이 상승하면 총수익변화율은 양의 값을 가지므로 총수익은 증가하게 된다.

22

|정답| ③

|해설| 마약의 국내반입 저지와 국내 판매상에 대한 단속강화는 마약의 공급이 감소한다. 마약의 공급곡선이 왼쪽으로 이동하면 마약 거래량은 감소하고 가격은 상승한다. 마약 수요가 비탄력적인 경우 마약 공급이 감소하면 가격상승율이 거래량 감소율보다 훨씬 크므로, 마약 공급이 감소할 경우 마약 판매상의 총판매수입은 오히려 증가한다.

23

|정답| ②

|해설| 총수입의 증대방안으로는 가격탄력성에 따라서 가격을 인상할지 인하할지를 결정해야 한다. 수요의 가격탄력성이 큰 경우에는 가격을 인하해야 소비가 크게 늘어 총수입이 증가하게 되고, 수요의 가격탄력성이 작은 경우에는 가격을 인상해도 소비가 크게 줄지 않아서 총수입이 증가하게 된다. 따라서 직원은 버스 수요에 대한 가격탄력성이 작아 가격을 인상해야 한다고 보고, 시민단체는 버스 수요에 대한 가격탄력성이 커 가격을 인하해야 한다고 보는 것이다.

📄 **소비자의 총 지출액(E) = 수요량(Q) × 가격(P)**

	$\varepsilon_d > 1$이면 $\dfrac{\Delta P}{P} < \dfrac{\Delta Q}{Q}$	$\varepsilon_d < 1$이면 $\dfrac{\Delta P}{P} > \dfrac{\Delta Q}{Q}$
가격 상승 시	1. 가격상승률 < 수요량 감소율 → 소비자 지출액은 감소	2. 가격하락률 > 수요량 증가율 → 소비자 지출액은 증가
가격 하락 시	3. 가격하락률 < 수요량 증가율 → 소비자 지출액은 증가	4. 가격하락률 > 수요량 증가율 → 소비자 지출액은 감소

24

|정답| ①

|해설| ㄷ. B 기업이 판매하고 있는 C 상품의 수요의 가격탄력성은 1.2이므로 C 상품의 가격을 인상하기로 결정했다면 총수입이 감소할 것이다.
ㄹ. 담배세 인상 이후 정부의 담배세 수입이 증가했다면 담배 수요가 가격에 대해 비탄력적임을 의미한다.

25

|정답| ③

|해설| 수요곡선의 식이 $Q_d = \dfrac{k}{P}$(k : 상수) 형태라면 이는 수요곡선의 형태가 원점에 대하여 볼록한 직각쌍곡선이다. 수요곡선이 직각쌍곡선인 경우 수요의 가격탄력성은 항상 1이다.

www.gosinet.co.kr gosinet

파트1
파트2
파트3
파트4
파트5
파트6
파트7
파트8
실전1
실전2

26

| 정답 | ④

| 해설 | 공급의 가격탄력성은 공급곡선이 원점을 통과하면서 우상향하는 직선이면 모든 점에서 "1"이 된다. 곡선 A, B, C 모두 원점을 지나는 직선이므로 모든 점에서 공급의 가격탄력성이 1로 같다

27

| 정답 | ①

| 해설 | 균형가격과 균형거래량을 구하면 $210-P=2P$ 이므로 $P=70$이고, $Q=2P=140$이다.

균형점에서의 수요의 가격탄력성은 $-1\times\dfrac{70}{140}=|0.5|$ 이고, 공급의 가격탄력성은 공급곡선이 원점을 지나는 직선이므로 항상 1이다.

28

| 정답 | ①

| 해설 | 교차탄력성은 다른 재화의 가격변화율에 대한 해당 재화의 수요변화율의 비율이다. 교차탄력성이 음수라면 다른 재화의 가격이 하락하여 다른 재화의 수요가 증가할 때 해당 재화의 수요 역시 증가하였다는 것을 의미한다. 따라서 두 재화는 보완재 관계이다.

29

| 정답 | ③

| 해설 | 잉크젯프린터 가격이 상승하면 잉크카트리지의 수요가 감소할 것이므로 잉크젯프린터와 잉크젯카트리지는 보완재이다. 따라서 두 재화 간의 교차탄력성은 (－)값을 갖는다.

| 오답풀이 |

① 수요의 가격탄력성은 $\dfrac{수요량변화율}{가격변화율}$ 이므로 가격이 1% 상승할 때 수요량이 4% 감소하였다면 수요의 가격탄력성은 4이다.

② 기펜재는 대체효과보다 소득효과가 더 큰 열등재이다. 소득이 증가할 때 구입량이 증가하는 재화는 정상재이므로 기펜재가 될 수 없다.

④ 수요의 소득탄력성이 항상 0보다 큰 경우는 정상재인 경우이고, 열등재는 수요의 소득탄력성이 0보다 작은 경우이다.

30

| 정답 | ③

돼지고기 수요의 닭고기 가격에 대한 교차탄력성
$=\dfrac{돼지고기\ 수요\ 변화율}{닭고기\ 가격\ 변화율}$ 이므로, 닭고기 가격 변화율
$=\dfrac{돼지고기\ 수요\ 변화율}{교차탄력성}=\dfrac{10}{2}=5(\%)$이다.

31

| 정답 | ①

| 해설 | 경유자동차의 구매수요의 경유가격 탄력성이 3이므로 경유가격을 10% 인상하면 경유자동차의 구매수요량은 30% 감소한다. 정부의 목표는 경유자동차의 구매수요를 20% 감소시키는 것이므로 휘발유가격의 상승을 통하여 구매수요를 10% 증가시켜야 한다. 따라서 경유자동차의 구매수요의 휘발유가격 탄력성이 2이므로 휘발유가격을 5% 인상하면 경유자동차의 구매수요가 10% 증가한다.

32

| 정답 | ③

| 해설 | 수요의 교차탄력성은 한 재화의 가격이 하락할 때 다른 재화의 수요량의 변화정도를 나타낸다. 즉,
$$E_{YX}=\frac{Y재의\ 수요량\ 변화율}{X재의\ 가격변화율}=\frac{\Delta Q_Y}{\Delta P_X}\cdot\frac{P_X}{Q_Y}이므로$$
X재의 가격이 5% 인상되자 Y재 수요가 10% 상승했다면 수요의 교차탄력성은 2이다. 교차탄력성>0이므로 두 재화는 대체재 관계이다.

|오답풀이|

① 수요곡선의 기울기가 −2인 우하향의 직선일 경우 가격이 하락할수록 수요의 가격탄력성은 작아지고 수요곡선상 모든 점에서 가격탄력성은 달라진다.

② 수요의 가격탄력성이 탄력적인 경우 가격을 인하하면 판매량이 크게 증가하므로 기업의 총수입은 증가한다. 따라서 총수입을 증가시키는 좋은 전략이 된다.

④ 장기일수록 가격상승에 대한 대안들이 많아지므로 수요의 가격탄력성이 커진다.

⑤ 열등재는 수요의 소득탄력성이 0보다 작은 재화이다.

33

|정답| ④

|해설|

• 사과수요의 가격탄력성$=\dfrac{사과수요량변화율}{사과가격변화율}=0.8$

• 사과수요의 소득탄력성$=\dfrac{사과수요량변화율}{소득변화율}=0.4$

• 사과수요의 교차탄력성$=\dfrac{사과수요량변화율}{바나나가격변화율}=0.4$

• 사과가격 1% 상승 ⇒ 사과수요량 0.8% 감소

• 소득 2% 상승 ⇒ 사과수요 0.8% 상승

• 바나나가격 2% 상승 ⇒ 사과수요 0.8% 상승

따라서 최종적으로 사과수요는 0.8% 상승한다.

34

|정답| ②

|해설| 최종 낙찰 가격은 9,800원이므로, 입찰 가격이 9,800원보다 높은 구매자들은 잉여를 누리게 된다. 이를 표로 나타내면 다음과 같다.

참가자	입찰 가격 (원)	입찰 물량 (개)	구매자 잉여 (원)
A	11,200	5	1,400×5=7,000
B	11,000	10	1,200×10=12,000
C	10,500	20	700×20=14,000

D	10,300	20	500×20=10,000
E	9,900	40	100×40=4,000
F	9,800	10	0

따라서 구매자 전체의 잉여는 47,000원이 된다.

|오답풀이|

① 낙찰 가격은 최고 가격부터 낮은 순서대로 구입을 할 수 있게 되므로 100번째 물량을 구입하는 9,800원이 된다.

③ 참가자 G는 입찰 가격이 낙찰 가격보다 작아 하나도 구매하지 못하게 된다.

④ 참가자 1명인 G만 낙찰받지 못한다.

35

|정답| ②

|해설|

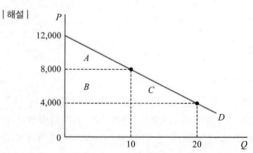

영화관람료가 8,000원일 때 철수의 영화관람 횟수를 계산하기 위해 $P=8,000$을 수요함수에 대입하면

$Q=30-\left(\dfrac{8,000}{400}\right)$

$Q=10$이다.

철수가 영화를 10번 관람할 때 소비자잉여의 크기는 그림에서 삼각형 A의 면적이다. 일정금액의 연회비를 내고 연회원으로 가입하여 관람료가 4,000원으로 낮아지면 철수의 영화관람 횟수는 20번으로 늘어난다. 그러므로 철수가 연회원으로 가입할 경우 지불 용의가 있는 최대한의 금액은 $(B+C)$의 면적으로 계산된다.

$(B+C)$의 면적$=(10\times4,000)+\left(\dfrac{1}{2}\times10\times4,000\right)$

$=60,000(원)$

따라서 지불 용의가 있는 최대 금액은 60,000원이다.

36

| 정답 | ②

| 해설 | 주어진 조건을 그림으로 그리면 다음과 같다.

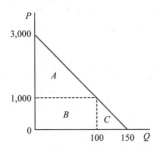

L사의 경우 분당 전화요금이 0원이므로 소비자잉여는 $(A+B+C)$의 면적−월정액

$=150 \times 3,000 \times \dfrac{1}{2} - 120,000 = 105,000$이고,

K사의 경우 분당 1,000원의 요금을 받으므로 소비자잉여는

A의 면적$=100 \times (3,000 - 1,000) \times \dfrac{1}{2} = 100,000$이다.

따라서 (I)은 105,000이고 (II)는 100,000이다.

37

| 정답 | ①

| 해설 | 시장의 수요곡선과 공급곡선을 연립하여 풀면

$300 - 2Q = 150 + Q$ $Q = 50$

$P = 300 - 2 \times 50 = 200$

따라서 균형거래량$(Q) = 50$, 균형가격$(P) = 200$이다.

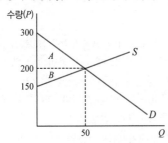

- 생산자잉여(B) : $\dfrac{1}{2} \times 50 \times 50 = 1,250$

- 소비자잉여(A) : $\dfrac{1}{2} \times 100 \times 50 = 2,500$

- 사회적잉여(총잉여) : $1,250 + 2,500 = 3,750$

38

| 정답 | ③

| 해설 | 수요가 완전탄력적일 경우란 수요곡선이 수평임을 의미하며, 이때 소비자잉여는 존재하지 않으므로 0이다.

- 소비자잉여＝소비자가 평가하는 가치−실제 지불한 금액

- 생산자잉여＝생산자가 실제 받은 금액−(한계)생산비

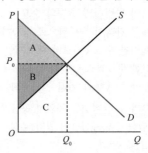

그림에서 수요곡선이 탄력적일수록 수요곡선이 완만해지므로 소비자잉여는 감소하고, 공급곡선이 탄력적일수록 생산자잉여는 감소한다.

39

| 정답 | ①

| 해설 | 공급이 감소하면 가격이 상승할 뿐만 아니라 거래량도 감소하므로 소비자잉여가 감소한다.

| 오답풀이 |

② 수요가 증가하면 균형가격이 상승하고 균형거래량이 증가하므로 소비자잉여는 증가한다.

③ 소비자잉여는 공급의 가격탄력성과는 직접적인 관계가 없으나 수요의 가격탄력성이 작을수록 소비자잉여는 증가하고, 수요의 가격탄력성이 클수록 소비자잉여는 감소한다.

④ 공급의 가격탄력성이 작을수록 생산자잉여는 증가하고, 공급의 가격탄력성이 클수록 생산자잉여는 감소한다. 이처럼 공급의 가격탄력성은 생산자잉여와 관련되고 소비자잉여의 크기와는 무관하다.

⑤ 완전경쟁시장은 사회적 후생이 최대가 되는데 정부의 시장개입은 후생손실을 초래한다.

40

| 정답 | ③

| 해설 | X재가 열등재이므로 불황으로 소비자의 소득이 감소하면 X재의 수요가 증가하므로 판매수입이 증가한다.

| 오답풀이 |

① X재가 열등재이므로 불황으로 소비자의 소득이 감소하면 X재의 수요는 증가하며, X재의 대체재인 Y재 가격이 하락하면 X재의 수요는 감소한다. 그런데 X재의 가격이 최종적으로 상승하였으므로 소득감소로 인한 수요증가보다 대체재인 Y재 가격하락으로 인한 수요감소폭이 더 작았다는 것을 의미한다. 이에 따라 X재의 거래량은 증가한다.

② 변화 전후의 두 균형점은 동일한 공급곡선상에 있었지만, 동일한 수요곡선상에 있었는지는 주어진 조건으로는 알 수 없다.

④ Y재가 X재의 보완재였다면 Y재의 가격하락으로 X재 수요가 증가하므로 X재의 가격은 상승했을 것이다.

⑤ X재는 최종적으로 가격이 상승하므로 생산자의 생산잉여는 증가한다.

41

| 정답 | ①

| 해설 | ㄱ. 콘플레이크 원료인 옥수수 가격이 하락하게 되면 콘플레이크 공급곡선이 하방으로 이동하게 되고, 그 결과 콘플레이크 시장의 소비자잉여는 증가하고 콘플레이크와 보완재인 우유의 소비량도 증가하게 되어 우유의 수요곡선은 상방 이동해 우유시장의 생산자잉여도 증가한다.

| 오답풀이 |

ㄴ. 옥수수 가격이 상승하면 콘플레이크의 공급이 감소하여 콘플레이크 시장의 소비자잉여는 감소하지만, 대체재인 떡의 수요가 증가하여 떡 시장의 생산자잉여는 증가한다.

ㄷ. 수요와 공급의 균형 상태에서 생산된 재화의 수량에서는 수요곡선과 공급곡선의 형태에 따라서 소비자잉여와 생산자잉여가 달라진다.

42

| 정답 | ④

| 해설 | 최고가격제와 최저가격제도는 모두 재화의 거래를 방해하므로 사회적 후생이 감소한다.

43

| 정답 | ③

| 해설 |

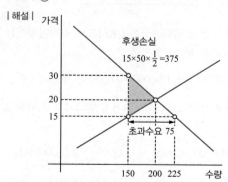

정부가 가격상한을 15원으로 정한다면 초과수요는 75이다. 그림에서 색칠한 부분의 면적이 가격상한제를 실시할 경우 발생하는 후생손실이므로 $\frac{1}{2} \times 15 \times 50 = 375$이다.

44

| 정답 | ①

| 해설 | 정부가 보청기의 상한가격을 36으로 정했으므로 수요함수 $Q = 370 - 3P$에 대입하면 $Q = 370 - 3 \times 36 = 262$가 된다. 상한가격 36을 공급함수 $Q = 10 + 6P$에 대입하면 $Q = 10 + 6 \times 36 = 226$이다. 따라서 $262 - 226 = 36$만큼의 초과수요가 발생한다.

초과수요를 없애기 위해 보조금 지급을 통해 공급곡선을 우측으로 이동시킬 때 필요한 보조금은 수요량이 262일 때를 공급곡선에 대입하면 $262 = 10 + 6P$이므로 가격은 42가 된다. 그러므로 초과수요를 해소하기 위한 단위당 보조금은 $42 - 36 = 6$이 된다.

45

| 정답 | ④

| 해설 | 최저가격제란 정부가 공급자를 보호하기 위하여 정부가 설정한 최저가격 이하로 재화를 구입하는 것을 금지하는 제도로 농산물가격지지제도와 최저임금제가 있다. 최저임금이 실효성을 갖기 위해서는 최저임금은 노동시장의 균형임금 수준보다 높게 결정되어야한다. 만일 균형가격보다 최저가격이 낮으면 균형가격에서 균형이 이루어지므로 시장에 아무 영향을 주지 않는다.

46

| 정답 | ①

| 해설 | 최저임금이 올라 일자리가 많이 줄어들고 노동공급이 많이 늘어날수록 실업률이 높아진다. 따라서 노동수요와 노동공급의 임금탄력성이 높을수록 실업률은 더 높다.

최저임금제 실시 후 총노동소득의 증감 여부는 노동수요곡선의 기울기, 즉 노동수요의 임금탄력성의 크기에 달렸다. 만약 노동수요의 임금탄력성이 1보다 클 때 임금상승률보다 노동수요량감소율이 더 크므로 전체 노동소득은 감소한다. 최저임금제는 노동자의 보호가 목적이므로 노동수요의 가격탄력성이 낮을수록, 즉 노동수요곡선이 가파를수록 효과적이다.

47

| 정답 | ③

| 해설 | 노동수요 탄력도와 총노동소득의 변화

1. 노동수요 탄력도>1일 때 : 임금 상승 ⇒ 임금상승률<고용량 감소율 ⇒ 총노동소득 감소
2. 노동수요 탄력도<1일 때 : 임금 상승 ⇒ 임금상승률>고용량 감소율 ⇒ 총노동소득 증가
3. 최저임금제는 노동공급자 보호가 목적이므로 (노동)수요가 비탄력적이어야 효과적이다.

📄 최저가격제

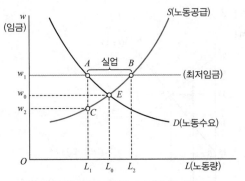

1. 최초균형점 E점에서 임금 = w_0, 고용량 = L_0
2. 최저임금이 w_1으로 결정되면 $AB(L_2 - L_1)$만큼의 초과공급 발생
3. 노동공급량이 L_1으로 감소하여 비자발적 실업이 발생
4. 사회적 후생손실 발생($\triangle ACE$)
5. 암시장이 발생(임금 w_2)

48

| 정답 | ④

| 해설 | $w = 60,000$을 노동수요곡선과 노동공급곡선 식에 대입하면 $ND = 800,000 - 4 \times 60,000 = 560,000$이고, $NS = 380,000 + 4 \times 60,000 = 620,000$이다. 따라서 $620,000 - 560,000 = 60,000$의 초과공급이 발생한다.

49

| 정답 | ⑤

| 해설 | • 노동수요 탄력도>1일 때 : 임금 상승 ⇒ 임금상승률<고용량 감소율 ⇒ 총노동소득 감소
• 노동수요 탄력도<1일 때 : 임금 상승 ⇒ 임금상승률>고용량 감소율 ⇒ 총노동소득 증가

그러므로 최저임금제나 최저가격제는 공급자 보호가 목적이므로 수요가 비탄력적이어야 효과적이다.

파트1 파트2 파트3 파트4 파트5 파트6 파트7 파트8 실전1 실전2

50

| 정답 | ④

| 해설 |

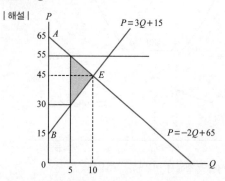

수요곡선 $Q = -\dfrac{1}{2}P + \dfrac{65}{2}$ 를 다시 쓰면 $P = -2Q + 65$

가 되고, 공급곡선 $Q = \dfrac{1}{3}P - 5$ 를 다시 쓰면 $P = 3Q + 15$가 된다.

$-2Q + 65 = 3Q + 15$이므로 $Q = 10$, $P = 45$가 된다.

따라서 정부통제가격 55는 균형가격보다 높으므로 가격하한제가 되고 가격상한제는 모든 것이 변화가 없다.

가격상한제 시 총잉여는 $\triangle AEB = 50 \times 10 \times \dfrac{1}{2} = 250$이고 가격하한제의 총잉여는 $\triangle AEB$에서 색칠한 면적 $25 \times 5 \times \dfrac{1}{2} = 62.5$를 뺀 187.5이다.

51

| 정답 | ①

| 해설 | 가격상한제 적용으로 쌀 거래량이 감소하여 후생손실이 발생하는 상황에서 쌀 공급 증가로 쌀 공급곡선이 우측으로 이동하면 쌀 거래량이 증가하여 규제로 인한 후생손실이 감소한다.

| 오답풀이 |

② 시장에서 균형가격은 가격상한제보다 높은 수준이라는 점에서 의미있는 시장의 거래가격은 여전히 가격상한제의 최고가격에서 결정될 것이고 그 결과 거래가격은 이전과 동일하게 된다.

③ 공급량이 증가하면서 공급자의 잉여는 증가한다.

④ 균형점에서 소비자의 수요량이 증가하게 되므로 소비자의 잉여는 증가한다.

52

| 정답 | ④

| 해설 | 가격상한제란 정부가 물가를 안정시키고 소비자를 보호하기 위하여 정부가 설정한 최고가격 이상으로 받지 못하도록 하는 제도로 임대아파트규제, 이자율규제 등이 있다. 이때 최고가격은 균형가격보다 낮을 때만 의미를 가지며 만일 균형가격보다 최고가격이 높으면 균형가격에서 균형이 이루어진다. 최고가격은 균형가격보다 낮은 가격이므로 수요량은 증가하는 반면 공급량은 감소하여 초과수요가 발생한다.

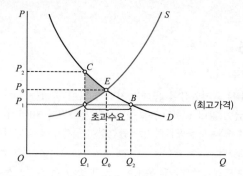

| 오답풀이 |

① 근로자에게 최소한의 임금 지급을 보장해 주는 최저임금제는 가격하한제(최저가격제)에 해당하는 정책이다.

② 가격상한제를 실시할 경우 균형가격보다 낮은 가격에서 거래가 이루어지므로 초과수요가 발생하고 재화의 품귀현상이 일어난다.

③ 가격상한이란 정부가 정책적으로 약자인 수요자들을 위해서 균형가격보다 낮은 수준에서 결정하는 정책가격을 말한다.

53

| 정답 | ①

| 해설 | 균형가격을 구하면

$10 - P = 3P$ $P = 2.5$

조세가 부과된 후 공급곡선은 $S = 3(P - 1)$이므로 이때 균형가격을 구하면

$10 - P = 3(P - 1)$ $P = 3.25$

그러므로 소비자부담은 $3.25 - 2.5 = 0.75$이고 생산자부담은 0.25이다.

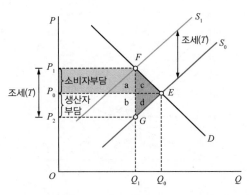

1. 최초의 균형점 E점에서 가격$=P_0$, 균형량$=Q_0$

2. T만큼의 조세를 부과 ➔ 공급곡선이 상방으로 T만큼 평행이동 : $S_0 \to S_1$ ➔ 새로운 균형점 F점에서 가격$=P_1$, 균형량$=Q_1$

3. 생산자가 실제로 받는 금액$=$가격$(P_1)-$조세$(T)=P_2$

4. 소비자부담 : P_1-P_0
   생산자부담 : P_0-P_2

5. 총조세액 : $a+b$

6. 사회적 후생손실 발생 : $c+d$

54

| 정답 | ④

| 해설 | 담배 1갑당 500원의 담배소비세가 부과되면 공급곡선은 조세 500원만큼 위로 평행이동한다. 이것을 그림으로 나타내면 다음과 같다.

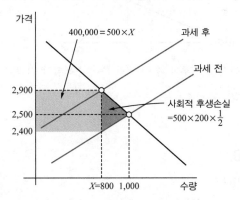

따라서 담배소비세로 인한 후생손실은 $\frac{1}{2} \times 500 \times 200 = 50,000$(원)이다.

| 오답풀이 |

① 담배소비세 부과 후 균형 거래량은 800갑이다.

② 담배소비세로 인한 소비자잉여의 감소는
$(800+1,000) \times 400 \times \frac{1}{2} = 360,000$(원)이다.

③ 담배소비세 중에서 소비자가 부담하는 금액은 400원이고, 생산자가 부담하는 금액은 100원이다. 따라서 담배 수요의 가격탄력성은 공급의 가격탄력성보다 작다.

55

| 정답 | ④

| 해설 | 세금이 부과되기 전 소비자잉여는 8,000(소비자가 평가하는 가치)$-$5,000(실제 지불한 금액)$=$3,000(원)이다.

세금이 부과되면 소비자가 평가하는 가치보다 시장가격이 더 크므로 소비가 이루어지지 않아 소비자잉여는 발생하지 않는다. 따라서 사회적 순손실은 3,000원만큼 감소한다.

56

| 정답 | ③

| 해설 |

조세수입$=$세금부과 후의 거래량$\times$1대당 세금

세금부과 후의 거래량$=\dfrac{1,000(만\ 원)}{5(만\ 원)}=200$(대)

자중손실$=\dfrac{1}{2} \times$거래량 감소분$\times$1대당 세금

$=\dfrac{1}{2} \times (250-200) \times 5 = 125$(만 원)

57

| 정답 | ②

| 해설 | • 조세부과 전 : 균형가격은 $Q_d = Q_s$로 두면

$-2P+40=P-5$ $3P=45$ $P=15$

$P=15$를 수요함수(혹은 공급함수)에 대입하면 거래량 $Q=10$이다.

• 조세부과 후 : 단위당 3원의 조세가 부과되면 공급함수가 3원만큼 상방으로 이동한다. 공급함수 $Q=P-5$를 P에 대해 정리한 후 3을 더해주면 조세부과 후의 공급함수는 $P=Q+8$이다.

$Q=-2P+40$과 $P=Q+8$을 연립해서 풀면

$Q=-2(Q+8)+40$ $3Q=24$ $Q=8$

이것을 $P=Q+8$에 대입하면 $P=16$이 된다. 단위당 조세액이 3원이고, 조세부과 후의 거래량이 8이므로 정부의 조세수입은 24원이다. 한편, 조세부과에 따른 후생손실은 아래 그림에서 삼각형의 면적이므로 $\frac{1}{2}\times3\times2=3$이 된다.

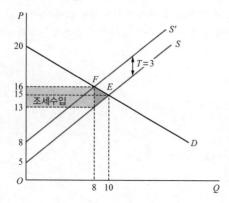

58

| 정답 | ②

| 해설 | 균형가격과 균형거래량을 구하면

$12-P=2P$ $P=4$, $Q=8$

소비자에게 개당 3원의 세금을 부과하면 수요곡선은 $Q_d=12-(P+3)=9-P$이므로 이때 균형가격과 균형거래량을 구하면

$9-P=2P$ $P=3$, $Q=6$

따라서 경제적 순손실의 크기는 $\frac{1}{2}\times3\times2=3$이다.

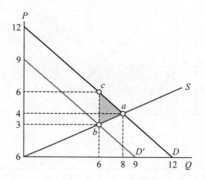

59

| 정답 | ①

| 해설 | • 조세부과 전 : 균형점에서 가격은 40, 거래량은 80

• 조세부과 후 : 공급곡선의 도출

$Q_s=2P$를 역공급함수로 변경하면 $P=\frac{1}{2}Q_s$가 된다. 조세부과 후 공급곡선은 역공급함수에 종량세 30을 더하여 구하므로

$P=\frac{1}{2}Q_s+30$ $Q_s=2P-60$

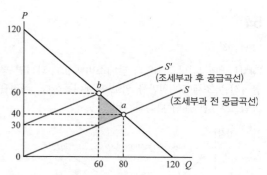

따라서 조세부과 후 경제적 순손실(색칠된 삼각형 면적)은 $30\times20\times\frac{1}{2}=300$(원)이다.

60

| 정답 | ①

| 해설 | 원래의 주어진 수요곡선과 공급곡선에서 균형을 구해보면 균형가격은 100원, 균형거래량은 600개가 된다. 소비자에게 10원의 세금을 부과하면 수요곡선은 하

방으로 10만큼 이동하여 $Q_d = 700 - \{P - (-10)\} = 690 - P$가 된다. 이와 공급곡선 $Q_s = 200 + 4P$를 연립하여 새로운 균형을 구해보면

$690 - P = 200 + 4P$ $5P = 490$

균형가격은 98원, 균형거래량은 592개가 된다. 그러므로 공급자가 받는 가격은 98원, 소비자가 지불하는 가격은 108원이 된다.

61

| 정답 | ①

| 해설 | 종량세를 누구에게 과세하든 실질적 경제적 효과는 차이가 없다. 즉 소비자에게 종량세를 부과하면 생산자에게 부과한 경우와 동일한 효과를 가져온다. 다만 형식적으로 시장가격만 차이가 난다.

• 종량세 부과 후 공급곡선선식 :
  $Q_s = -100 + 3(P - 25) = -175 + 3P$

• 종량세 부과 후 시장균형 :
  $150 - 2P = -175 + 3P$ $5P = 325$
  $P = 65$, $Q = 20$

따라서 생산자에게 부과하는 경우의 종량세 수입은 '종량세×거래량'이므로 20×25=500(원)이고 소비자 또한 동일하다.

62

| 정답 | ②

| 해설 | 단위당 15의 세금을 부과하면 새로운 수요함수는 $Q_d = 400 - 2(P + 15)$이다. 이 식과 공급함수를 연립하여 풀면 다음과 같다.

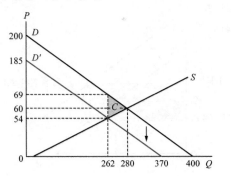

생산자가 부담하는 세금(A)은 60−54=6이고, 수요자가 부담하는 세금(B)은 69−60=9이다. 조세부과로 인한 경제적 순손실(C)은 $\frac{1}{2} \times 15 \times 18 = 135$가 된다.

63

| 정답 | ③

| 해설 |

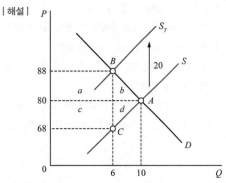

특별한 언급이 없으므로 완전경쟁시장을 가정한다면 완전경쟁시장에서는 시장수요곡선과 시장공급곡선이 만나는 점에서 균형이 결정된다. $100 - 2Q = 50 + 3Q$를 계산하면 $P = 80$, $Q = 10$이 된다.

• 소비자잉여 감소분 : 사각형 면적(a)+삼각형 면적(b)
  $= (6 \times 8) + \left(\frac{1}{2} \times 4 \times 8 \right) = 64$(원)

• 생산자잉여 감소분 : 사각형 면적(c)+삼각형 면적(d)
  $= (6 \times 12) + \left(\frac{1}{2} \times 4 \times 12 \right) = 96$(원)

64

| 정답 | ②

| 해설 | 식품에의 과세인 소비세는 종량세이거나 종가세이므로 누진세가 아니라 비례세이다. 따라서 공급곡선이 상방으로 이동하여 가격이 상승하고 균형량이 감소한다. 수요의 소득탄력성이 0과 1 사이이므로 이 재화는 필수재이고 수요가 비탄력적이므로 조세의 귀착은 소비자와 공급자에게 모두 부담된다.

65

| 정답 | ②

| 해설 | 수요가 완전비탄력적일 때 조세를 모두 소비자가 부담하므로 생산자잉여는 변화가 없다. 수요곡선의 가격탄력성이 0이므로 수요곡선은 수직선의 형태이다. 공급곡선은 원점을 출발하는 우상향 직선으로 일반적인 경우이다. 이 경우 공급자에게 물품세가 부과되면 조세부담이 모두 소비자에게 전가된다.

| 오답풀이 |

① 수요가 완전비탄력적인 경우(수요곡선이 수직인 경우) 조세를 부과해도 시장거래량은 변하지 않는다.

③ 수요가 완전비탄력적이므로 조세부담은 모두 수요자(소비자)에게 귀착된다. 소비자가 지불하는 가격은 물품세만큼 상승한다.

④ 조세를 모두 소비자가 부담하므로 생산자 부담이 전혀 발생하지 않으므로 공급자가 수취하는 가격은 불변이다.

66

| 정답 | ①

| 해설 | 가격탄력성과 관계없이 부과되는 조세의 크기는 동일하지만, 가격탄력성이 작을수록 동일한 조세부과에 따른 거래량 감소는 가격탄력성이 클 때보다 더 적게 나타난다. 물품세가 부과되면 소비자가격은 조세부과 이전보다 상승하나 생산자가격은 조세부과 이전보다 낮아진다. 일반적으로 공급이 수요보다 탄력적이면 생산자부담이 소비자부담보다 적다.

67

| 정답 | ③

| 해설 | ① 종량세(단위당 부과하는 세금액)의 크기를 증가시키면 공급곡선의 상방 이동폭이 커지는데 이는 거래량 감소분과 단위당 종량세를 모두 증가시키므로 사회적 후생손실$\left(\text{단위당 조세} \times \text{거래량 감소분} \times \frac{1}{2}\right)$을 더욱 커지게 한다. 이때 조세수입은 거래량의 감소분과 종량세의 크기에 따라 달라지지만 궁극적으

로 조세수입은 감소하게 된다. 왜냐하면 종량세의 크기가 커질수록 거래량은 0에 가까워지기 때문이다.

② 다른 조건이 일정할 때 수요의 가격탄력성이 커질수록 소비자의 조세부담은 작아지고, 생산자의 조세부담은 커진다.

④ 공급곡선이 수평선이면 물품세를 부과할 때 시장가격이 세금부과액과 동일하게 상승하고, 수요곡선은 우하향, 공급곡선은 우상향할 때 세금부과 후 시장가격은 세금부과액보다 더 작게 상승한다.

68

| 정답 | ②

| 해설 | 조세의 귀착은 수요·공급의 상대적인 크기에 의해 결정되는데, 상대적으로 비탄력적인 주체일수록 조세부담이 증가한다. 토지의 경우처럼 공급이 완전비탄력적인 극단적인 경우 공급자가 실질적으로 모든 세금을 부담하게 된다.

69

| 정답 | ②

| 해설 | ㄱ. 수요의 가격탄력성이 비탄력적일 경우 가격을 올리면 기업의 매출액은 증가한다.

ㄷ. 어떤 재화의 구매자에게 종량세가 부과되면 탄력적인 주체가 덜 부담한다.

70

| 정답 | ③

| 해설 |

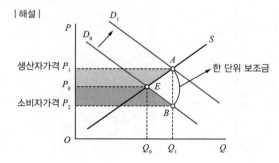

소비자에게 보조금을 지급하면 수요곡선을 상방으로 이동($D_0 \Rightarrow D_1$)시킨다. 그러면 균형점은 E점에서 A점으로 이동하게 된다. 수요곡선이 상방으로 이동하게 되면 생산자가 수취하는 가격이 상승하므로 생산자잉여는 사각형 $P_0 P_1 A E$만큼 증가하고, 소비자가 지불하는 가격은 하락하므로 소비자잉여도 사각형 $P_0 P_2 B E$만큼 증가한다. 그리고 정부의 수입은 감소하며 총 사회적 후생 손실은 삼각형 AEB이다. 즉 자중적 손실이 발생한다.

71

| 정답 | ⑤

| 해설 |

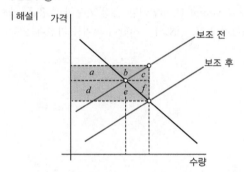

- 정부보조금 = 색칠된 면적
- 소비자잉여 증가 = $d + e$
- 생산자잉여 증가 = $a + b$
- 사회적 잉여 감소 = $c + f$

72

| 정답 | ③

| 해설 | 단위당 보조금의 크기는 총 2T로 일정하지만 거래량이 어떻게 변화할지 알 수 없으므로 총 보조금의 크기는 불확실하다. 한편 자중손실은 보조율의 제곱에 비례하므로 같은 비율로 보조하더라도 적은 수의 재화에 집중하여 보조할수록 커지고 많은 수의 재화에 분산하여 보조할수록 작아진다.

www.gosinet.co.kr gosinet

| 파트2 | 소비이론과 생산이론 |

기출예상문제				문제 112쪽
01 ①	02 ②	03 ①	04 ③	05 ③
06 ③	07 ③	08 ③	09 ④	10 ①
11 ②	12 ②	13 ①	14 ②	15 ⑤
16 ④	17 ④	18 ⑤	19 ②	20 ④
21 ①	22 ④	23 ③	24 ③	25 ④
26 ②	27 ②	28 ②	29 ③	30 ③
31 ②	32 ③	33 ③	34 ③	35 ①
36 ①	37 ②	38 ①	39 ②	40 ④
41 ①	42 ②	43 ④	44 ④	45 ③
46 ①	47 ⑤	48 ①	49 ④	

01

| 정답 | ①

| 해설 | 한계효용균등의 법칙이란 여러 재화를 동시에 소비하는 경우, 각 재화에 지불되는 1원어치의 한계효용이 동일해지는 수준에서 소비해야 소비자의 효용이 극대화된다는 법칙이다.

02

| 정답 | ②

| 해설 | 한계효용균등의 법칙은 $\dfrac{MU_X}{P_X} = \dfrac{MU_Y}{P_Y}$ 이므로,

주어진 조건을 위의 식에 대입하면 다음과 같다.

$$\frac{200}{100} = \frac{MU_Y}{50}$$

$100 MU_Y = 10,000$

$\therefore MU_Y = 100$이 된다.

03

|정답| ①

|해설| ㄱ. 재화의 상대가격은 $\dfrac{P_X}{P_Y}=\dfrac{1}{10}$이고 한계대체율은 $MRS_{XY}=2$이다. 재화의 상대가격은 MC_X이고 한계대체율은 MB_X이므로 이 점에서는 $MC_X < MB_X$가 성립한다. 따라서 X재 소비를 늘리고 Y재 소비를 줄이면 총효용이 증가한다.

|오답풀이|

ㄴ., ㄷ. 총효용함수가 X, Y의 함수이므로 한계효용함수도 X, Y의 함수이다. 소득이 증가할 때 두 재화가 정상재이면 X재, Y재 소비량이 모두 증가한다. 한계효용 체감의 법칙을 가정할 때 X재 소비량이 늘면 MU_X가 감소하지만 Y재 소비량이 늘면 MU_X가 증가할 수도 있으며, MU_Y의 경우에도 마찬가지이다. 결국 소득이 증가할 때 MU_X, MU_Y의 변동은 알 수 없다.

04

|정답| ③

|해설| 무차별곡선이 원점에 대해 볼록하다는 것은 한계대체율이 체감함을 의미한다. 이는 무차별곡선의 접선의 기울기인 수평축에 있는 X재 소비량이 증가함에 따라서 Y재 소비량을 감소시키는 교환비율이 작아진다는 것을 의미한다.

|오답풀이|

① 선호체계에 있어서 이행성의 공리에 따라 무차별곡선은 서로 교차하지 않는데, 서로 다른 무차별곡선이 교차하면 소비자의 선호에 모순이 발생하기 때문이다.

② 두 재화가 완전대체재일 경우, 무차별곡선은 우하향의 직선 형태를 보인다.

④ 두 재화 중 하나가 비재화인 경우, 비재화가 어디에 위치했는가에 따라서 효용의 증가방향이 달라진다. X재가 비재화일 경우 무차별곡선은 X재축에 대해 볼록하며 우상향하므로 X재축에서 멀어질수록 더 높은 효용수준을 나타내며, Y재가 비재화일 경우 무차별곡선은 Y재축에 대해 볼록하며 우상향하므로 Y재축에서 멀어질수록 더 높은 효용수준을 나타낸다.

05

|정답| ③

|해설| ㄱ. 개인에게 있어 동일한 만족이나 효용을 나타내는 곡선의 그림을 '무차별곡선'이라고 한다.

ㄴ. 원점 O에서 떨어진 곡선일수록 큰 효용과 대응한다.

ㄹ. 서로 다른 효용 수준을 보여 주는 무수히 많은 무차별 곡선들의 집합을 '무차별지도'라고 부른다.

|오답풀이|

ㄷ. 무차별곡선이론에서는 기수적 효용이 아니라 서수적 효용을 가정한다. 기수적 효용(Cardinal Utility)이란 주관적인 만족감을 의미하는 효용을 구체적인 단위로 측정한 것으로, 기수적 효용을 바탕으로 전개된 소비자이론이 한계효용이론이다. 반면 서수적 효용(Ordinal Utility)이란 측정 가능한 효용을 전제하지 않고, 선호의 순서만이 의미를 가진다는 것이다.

06

|정답| ③

|해설| 한계기술대체율은 등량곡선의 기울기이다.

07

|정답| ③

|해설| 효용극대화 조건은 $MRS_{XY}\left(=\dfrac{M_X}{M_Y}\right)=\dfrac{P_X}{P_Y}$이다.

X재 가격이 10원이고 X재 소비량이 5이므로, X재 구입액은 50원이다. 지출총액이 100원이고 X재 구입액이 50원이므로, Y재 구입액은 50원이다. Y재 구입량이 10이라면 Y재 구입액이 50원이 되어서 Y재 가격은 5원이다. 이 경우, 한계대체율(MRS)과 상대가격비$\left(\dfrac{P_X}{P_Y}\right)$가 일치하므로 한계대체율은 $\dfrac{P_X}{P_Y}=\dfrac{10}{5}=2$이다.

www.gosinet.co.kr gosi**net**

파트1

파트2

파트3

파트4

파트5

파트6

파트7

파트8

실전1

실전2

08

| 정답 | ③

| 해설 | 공해는 많을수록 효용이 감소하는 비재화이며 무차별곡선은 우상향한다. 즉, X재화가 비선호재(비효용재)이고 Y재화가 선호재(효용재)인 경우 무차별곡선은 X재축(아래)에 대하여 볼록하면서 우상향하는 특징을 지닌다.

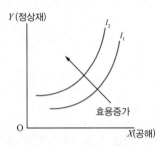

| 오답풀이 |

① 기펜재(Giffen goods)는 소득효과가 대체효과보다 큰 열등재로, 강한 열등재이다.

② 두 재화가 대체관계인 경우, 교차탄력성은 양(+)의 값을 가지고 보완관계를 가질 경우 교차탄력성은 음(−)의 값을 가진다.

④ 두 재화가 완전대체재인 경우, 무차별곡선은 우하향의 직선으로 두 재화의 한계대체율은 일정하다.

09

| 정답 | ④

| 해설 | 가격과 소득이 같은 비율로 변화하면 예산선 식에서 기울기와 절편이 변하지 않으므로 예산선은 이동하지 않는다. 따라서 소비자 균형점의 변화도 발생하지 않는다.

10

| 정답 | ①

| 해설 | 소비자의 효용극대화 조건은 $MRS_{XY} = \dfrac{P_X}{P_Y}$ 이므로 두 재화 간의 한계대체율과 상대가격비율이 일치하는 수준에서 최적 소비묶음이 결정된다.

| 오답풀이 |

② 효용극대화 조건은 두 재화의 한계효용 비율인 한계대체율과 두 재화의 상대가격비가 같아질 때 달성된다. 소비묶음이 존재하려면 적어도 2개 이상의 재화의 소비에 대한 한계효용과 가격조건을 알아야 한다.

③ 무차별곡선이 원점에 대해 볼록한 형태일 경우, 한계대체율체감의 법칙이 성립한다.

④ 모든 재화의 가격과 소득이 동일한 비율로 상승할 때, 소비자의 최적 선택에 아무런 영향을 미치지 못하므로 예산제약선은 변하지 않는다.

11

| 정답 | ②

| 해설 | $\dfrac{P_A}{P_B} = \dfrac{10}{20} = 0.5$ 이고, $MRS_{AB} = \dfrac{MU_A}{MU_B} = 3$ 이다.

따라서 $\dfrac{P_A}{P_B} < \dfrac{A \text{재화의 한계효용}}{B \text{재화의 한계효용}}$ 이므로 상대적으로 한계효용이 높은 재를 늘리고, 낮은 재를 줄임으로써 효용을 높일 수 있다.

12

| 정답 | ②

| 해설 | $U = \min(aX, bY)$ 이면 완전 보완재이고, $U = aX = bY$ 이고 최적 소비는 $Y = \dfrac{b}{a}X$ 에서 결정된다. 현재 X재를 10단위 소비하고 있으므로 $U(3 \times 10, 5Y) = 30$

$\therefore 5Y = 30, \quad Y = 6$

소득(소비지출액) $= X \cdot P_X + Y \cdot P_Y = 200 \Rightarrow$

$10 \times 8 + 6 \times P_Y = 200$

$6P_Y = 120 \qquad \therefore P_Y = 20$

따라서 Y재의 가격은 20원이다.

13

| 정답 | ①

| 해설 | 효용극대화 조건은 $MRS_{XY} = \dfrac{P_X}{P_Y}$ 이다.

$MRS_{XY} = \dfrac{MU_X}{MU_Y} = \dfrac{50}{30}$ 이고, $\dfrac{P_X}{P_Y} = \dfrac{4}{2}$ 이므로,

$MRS_{XY} < \dfrac{P_X}{P_Y}$ 가 성립되어 소비자는 Y재만 소비하게

된다. 소득이 10이고 Y재 가격이 2일 때, Y재를 5단위 소비하게 되므로 최적 소비조합은 (0, 5)가 된다.

14

| 정답 | ②

| 해설 | 효용함수가 $U(X,\ Y) = X + Y$이므로 X재와 Y재는 완전대체재이다.

$MRS_{XY} = \dfrac{MU_X}{MU_Y} = 1$, 예산선의 기울기는 $\dfrac{P_X}{P_Y} = \dfrac{2}{3}$이다. 두 재화가 완전대체재이고 $MRS_{XY} > \dfrac{P_X}{P_Y}$이므로 효용을 극대화하기 위해서는 모든 소득을 X재로 소비하고, 소득이 증가하더라도 Y재에는 지출하지 않으므로 소득소비곡선을 식으로 나타내면 $Y = 0$이 된다.

15

| 정답 | ⑤

| 해설 | 주어진 조건을 그림으로 나타내면 다음과 같다.

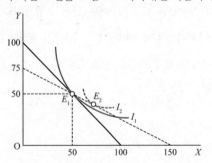

용돈이 오르면 무차별곡선이 I_1에서 I_2로 이전하여 X재 소비는 이전보다 증가, Y재 소비는 이전보다 감소하게 된다.

| 오답풀이 |

① Y재의 가격이 두 배(2원)로 올랐음에도 과거의 선택을 유지하기 위해서는 $1 \times 50 + 2 \times 50 = 150$(원)이 필요하다. 따라서 용돈은 150원에서 50원 인상된다.

② • 이전 예산집합의 면적 $= \dfrac{1}{2} \times 100 \times 100 = 5,000$

• 새로운 예산집합의 면적 $= \dfrac{1}{2} \times 150 \times 75 = 5,625$

따라서 새로운 예산집합의 면적은 이전보다 크다.

③ X재의 가격은 상대적으로 하락하게 되어 기회비용은 감소한다.

④ 효용은 이전보다 원점에서 멀어질 수가 있어 증가하게 된다.

16

| 정답 | ④

| 해설 | $(X,\ Y) = (10,\ 5)$

$(10 \times 200) + (5 \times 700) = 5,500$(원) $< 6,000$원

$(X,\ Y) = (16,\ 4)$

$(16 \times 200) + (4 \times 700) = 6,000$(원)

X재 10개와 Y재 5개를 구입하는 것은 원래 가격체계 하에서도 가능했음에도 불구하고 $(X,\ Y) = (10,\ 5)$를 구입하지 않고 $(X,\ Y) = (16,\ 4)$를 선택한 것은 $(X,\ Y) = (16,\ 4)$를 더 선호함을 의미한다. 하지만 가격체계가 바뀐 이후에도 여전히 구입 가능한 두 재화묶음 중 $(X,\ Y) = (10,\ 5)$를 구입하였다면 소비행위에 일관성이 없는 것이다. 즉, 약공리에 위배된 경우이다.

| 오답풀이 |

① $(X,\ Y) = (40,\ 2) : 40 \times 200 + 2 \times 700 = 9,400$(원)

② $(X,\ Y) = (30,\ 3) : 30 \times 200 + 3 \times 700 = 8,100$(원)

③ $(X,\ Y) = (20,\ 4) : 20 \times 200 + 4 \times 700 = 6,800$(원)

따라서 ①, ②, ③은 원래 주어진 가격 체계하에서는 구입할 수 없다.

📄 참고

약공리는 재화묶음이 2개일 때 소비행위에 일관성이 있어야 함을 나타내는 데 비해, 강공리는 재화묶음이 3개 이상일 때도 소비행위에 일관성을 가져야 한다는 공리이다. 강공리가 성립하면 약공리는 자동으로 성립한다.

17

| 정답 | ④

| 해설 | 현금보조와 현물보조의 효용은 동일하므로 동일

하게 선호하고, 가격보조의 효용은 낮으므로 현금보조, 현물보조보다 덜 선호한다.

효용함수 $U=2FC$는 콥-더글라스 2차 동차함수로서 한계대체율은 $MRY_{xy}=\dfrac{C}{F}$이다.

효용극대화 조건 $MRT_xy=\dfrac{P_x}{P_y}$에 대입하면 $\dfrac{C}{F}=2$이므로 $C=2F$이다.

따라서 예산제약 2(만 원)$\times F$+1(만 원)$\times C$=60(만 원)에 $C=2F$를 대입하면 F=15개, C=30개가 된다.

ㄱ. 음식 1단위당 5천 원을 보조하면 A가 지불할 음식 가격은 1.5만 원이다. 효용극대화 조건은 $\dfrac{C}{F}$=1.5(만 원)이므로 $C=1.5F$이다. 예산제약 $(1.5\times F)+(1\times C)$=60(만 원)에 $C=1.5F$를 대입하면 $(1.5\times F)+(1\times 1.5\times F)=60$ F=20(개), C=30(개)이다. 이를 효용함수 $U=2FC$에 대입하면 $U=2\times 20\times 30=1,200$이므로 효용은 1,200이다.

ㄴ. 10만 원의 정액보조로 소득이 70만 원이 된다. 예산제약 $(2\times F)+(1\times C)$=70(만 원)에 $C=2F$를 대입하면, $(2\times F)+(1\times 2F)=70$ F=17.5(개), C=35(개)이다. 이를 효용함수 $U=2FC$에 대입하면 $U=2\times 17.5\times 35=1,225$이므로 효용은 1,225이다.

ㄷ. 음식 5단위를 구입할 수 있는 음식바우처를 지급하면, 음식가격이 2만 원이므로 보조금은 실질적으로 10만 원이 된다. 따라서 현금보조와 동일하게 소득이 70만 원이 되어 F=17.5(개), C=35(개)를 소비하므로 효용은 1,225이다.

18

| 정답 | ⑤

| 해설 | A시는 가격보조를 현금보조로 변경하기로 하였다. 일반적으로 가격보조는 가격 교란(distortion)으로 인해 효용을 줄이는 대체효과를 포함하므로 현금보조보다 효용이 낮다. 따라서 현금지원 정책 실시 전에 비해 효용은 증가하거나 동일하다.

| 오답풀이 |

① 예산선 기울기는 두 재화의 상대가격이다. 현금보조는 소득이 증가하는 것이므로 재화의 상대가격과 예

산선 기울기가 일정하지만 가격보조는 가격을 반값으로 할인하는 것이므로 재화의 상대가격과 예산선 기울기가 작아진다.

②, ③ 가격보조와 현금보조의 차이는 대체효과이다. X재의 값이 하락하였으므로 X재 소비는 증가하고 Y재 소비는 감소한다. 따라서 대체효과를 포함하는 가격보조의 경우 X재 소비가 많고, 현금보조로 바꾸면 X재 소비는 감소한다. 또한 대체효과를 포함하는 가격보조의 경우 Y재 소비가 적고, 현금보조로 바꾸면 Y재 소비는 증가한다.

④ 소득으로 구매할 수 있는 X재 최대량을 구하려면 소득을 X재 가격으로 나누어야 한다$(\dfrac{M}{P_x})$. 현금보조보다 가격보조의 X축 절편이 더 크게 우측에 위치하므로, X재 최대 구입량은 현금지원정책 실시 후 감소한다.

19

| 정답 | ②

| 해설 | 현물급여를 받은 경우의 예산선의 면적은 현금급여를 받은 예산선의 면적보다 작게 된다.

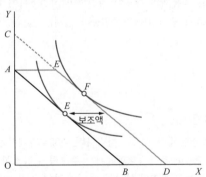

현금보조는 현금보조액만큼 예산선이 AB에서 CD로 바깥 쪽으로 이동하고, 현물보조는 현물보조액 만큼 예산선이 AB에서 AED로 우측으로 수평이동한다. 따라서 현금보조가 현물보조보다 예산집합면적이 크다.

| 오답풀이 |

① 사회보장방법은 크게 현금보조, 현물보조, 가격보조로 구분되며, 정부지출액이 동일하다고 할 때 소비자후생은 현금보조＞현물보조＞가격보조 순서가 된다. 현금보조가 높은 후생수준을 주는 이유는 현

금보조는 소비자의 예산선을 그대로 유지하면서 보조해 주기 때문에 소비자의 자율적인 선택이 가능한 반면, 현물보조나 가격보조는 예산선의 축소나 상대가격의 교란을 통해 보조대상 상품의 소비를 강요하기 때문이다.

20

| 정답 | ④

| 해설 | 재화 X는 기펜재로, 열등재에 포함되어 수요의 소득탄력성이 0보다 작다. 기펜재는 가격이 상승하면 대체효과에 의해서는 수요량이 감소하고, 소득효과와 가격효과에 의해서는 수요량이 증가하는데 이때 대체효과보다 소득효과가 더 커서 가격이 상승하면 최종적으로 수요량이 증가한다.

21

| 정답 | ①

| 해설 | 열등재의 가격 변화에 따른 소득효과는 양(+)이다. 즉, 열등재의 가격이 상승하여 실질소득이 하락하면 수요가 증가한다(가격변동과 일치).

22

| 정답 | ④

| 해설 | 열등재의 가격이 하락하면 대체효과에서는 수요량이 증가하고 소득효과에서는 수요량이 감소한다. 만일 열등재의 가격이 하락할 때 수요량이 늘어난다는 것은 대체효과가 소득효과보다 크기 때문이다.

| 오답풀이 |

② 기펜재는 열등재 중에서 대체효과보다 소득효과가 더 큰 경우이고, 열등재는 대체효과가 소득효과보다 더 크다. 기펜재는 열등재이지만 모든 열등재가 기펜재인 것은 아니다.

③ 무차별곡선 지도는 주관적인 선호체계이며, 주관적인 선호체계가 일정하다면 재화의 가격이 변하더라도 무차별곡선 지도는 변하지 않는다.

⑤ 소득소비곡선이 우상향하는 직선이라는 것은 소득이 증가할 때 두 재화의 수요가 모두 증가함을 의미한다. 따라서 두 재화 모두 정상재이다.

23

| 정답 | ③

| 해설 | ㄱ. 가격소비곡선이 우하향하는 경우 수요곡선은 탄력적이 되므로 우하향할 수 있다.

ㄹ. 소득소비곡선과 엥겔곡선의 기울기는 아래와 같이 수요의 소득탄력성의 부호에 의해 결정된다.

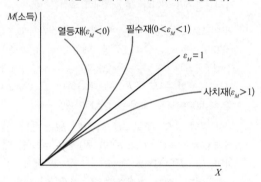

ㅁ. 수요곡선은 대체효과의 절댓값이 소득효과의 절댓값보다 클 경우에 우하향한다.

구분	대체효과	소득효과	가격효과	
정상재	−	−	−	
열등재 (기펜재)	− (+)	+ (+)	− (+)	대체효과>소득효과 (대체효과<소득효과)

| 오답풀이 |

ㄴ. 동일한 무차별곡선상에 있는 서로 다른 재화묶음을 소비하더라도 소비자가 느끼는 만족감은 동일하다.

ㄷ. 우상향하는 엥겔곡선은 해당 재화가 정상재임을 의미하며, 열등재의 엥겔곡선은 좌상향의 형태를 보인다.

24

| 정답 | ③

| 해설 | A에서 B로 변화하는 것은 시간당 임금률이 상승

www.gosinet.co.kr

파트1
파트2
파트3
파트4
파트5
파트6
파트7
파트8
실전1
실전2

했기 때문인데, 여가가 정상재이고 임금상승에 따른 대체효과(노동을 줄이고 여가를 늘리는 효과)보다 소득효과(여가를 늘리고 소득을 줄이는 효과)가 더 크게 작용되면 노동시간이 감소하여 노동소득이 감소할 수도 있어 가계의 노동소득이 증가한다는 보장이 없다.

| 오답풀이 |

④ 노동시간 감소율이 시간당 임금률보다 상대적으로 작다면 여가와 노동이 동시에 증가할 수도 있다.

25

| 정답 | ④

| 해설 | 자국의 현재 노동부존량이 11단위이므로 모두 생산에 투입되면 자국의 총생산량은 노동 1단위부터 11단위까지 한계생산량을 더한 165가 된다. 외국의 노동부존량은 3단위이므로 노동 1단위부터 3단위까지 한계생산량을 더하면 총생산량은 57단위이다. 따라서 현재 두 나라의 총생산량의 합은 222가 된다.

이제 국가 간 노동이동이 자유로워지면 노동의 한계생산성이 낮은 자국의 노동이 총생산이 증가할 때까지 외국으로 이동한다. 이때 두 나라의 노동투입이 7단위일 때 총생산량이 극대가 되며, 이 경우 각 나라의 총생산량은 119단위로 세계 총생산량은 238단위가 된다. 따라서 노동이동이 자유로워지면 세계총생산량은 222에서 238이 되므로 16개 증가한다.

26

| 정답 | ②

| 해설 | 생산함수 $y = z\sqrt{k}\sqrt{h} = z\sqrt{kh}$에 따라 두 나라의 생산성($z$)을 구하면

• A국 : $y = z\sqrt{100 \cdot 25} = z\sqrt{2,500} = z \cdot 50 = 100$
  $\therefore z = 2$

• B국 : $y = z\sqrt{100 \cdot 64} = z\sqrt{6,400} = z \cdot 80 = 240$
  $\therefore z = 3$

따라서 B국의 생산성은 A국의 생산성의 $\frac{3}{2} = 1.5$(배)이다.

27

| 정답 | ②

| 해설 | ㄱ. 주어진 콥-더글라스 생산함수는 지수의 합이 1이므로 오일러 정리가 성립한다. 그러므로 모든 전체소득은 자본가에게는 전체소득의 30%, 노동자에게는 전체소득의 70%가 배분된다.

ㄴ. 노동력만 10% 증가하면 총생산량은 7% 증가하게 되고, 노동력만 증가했으므로 노동의 한계생산성(실질임금)은 하락하게 된다$\left(MP_L = \frac{\Delta Q}{\Delta L} = 0.7\left(\frac{K}{L}\right)\right)$.

자본의 한계생산성$\left(\text{자본의 임대가격} = MP_K = \frac{\Delta Q}{\Delta K}\right.$
$\left. = 0.3A\left(\frac{K}{L}\right)^{-0.7} = 0.3A\left(\frac{L}{K}\right)^{0.7}\right)$은 노동의 투입이 많아지면 상승하게 된다.

| 오답풀이 |

ㄷ. 노동과 자본 모두 10%씩 증가하면 산출량도 똑같이 10%만큼 증가한다. 그러나 분배비율은 일정한 수치를 유지하므로 $\frac{MP_L \times L}{Q} = 0.7$(일정)에서 한계생산성의 증가율(실질임금의 증가율)+노동의 증가율(10%)-산출량의 증가율(10%)=0에서 실질임금은 아무런 변화가 없다. 물론 자본의 임대가격(실질이자율)도 변화가 없게 된다. 즉, 두 생산요소 모두 같은 비율로 증가하면 요소집약도$\left(\frac{K}{L}\right)$가 같아져 생산성의 변화는 없다.

ㄹ. A가 증가하면 총생산량도 증가하고, 노동의 한계생산성(실질임금)과 자본의 한계생산성(자본의 임대가격) 또한 증가한다$\left(MP_L = \frac{\Delta Q}{\Delta L} = 0.7A\left(\frac{K}{L}\right)\right)$.

28

| 정답 | ②

| 해설 | 생산자의 비용극소화 조건에 의해

$$MRTS_{LK} = \frac{w}{r} = \frac{2}{3} \quad \text{······················ ㉠}$$

$Q = 2LK$는 콥-더글라스 생산함수이므로

$$MRTS_{LK} = \frac{K}{L} \quad \text{······················ ㉡}$$

식 ㉠과 식 ㉡를 연립하면, $\dfrac{K}{L} = \dfrac{2}{3}$, $K = \dfrac{2}{3}L$ … ㉢

총비용 $TC = wL + rK = 2L + 3K$

$60 = 2L + 3K$ ················· ㉣

식 ㉢을 식 ㉣에 대입하면 $60 = 2L + 2L = 4L$

$L = 15$

29

| 정답 | ④

| 해설 | ㄴ. 4차 동차 생산함수이므로 $\alpha + \beta > 1$이 되어서 규모에 따른 수확체증이 성립한다.

ㄷ. 생산함수의 형태가 콥-더글라스 생산함수이므로 대체탄력성은 1이다.

| 오답풀이 |

ㄱ. 콥-더글라스 생산함수 $Q = AL^\alpha K^\beta$는 $(\alpha + \beta)$차 동차함수이다. 따라서 $(\alpha + \beta) = 4$이므로 4차 동차함수이다.

📖 콥-더글라스 생산함수_$(Q = AL^\alpha K^\beta (A > 0))$

1. 콥-더글라스 생산함수와 규모에 대한 수익

생산함수 $Q = F(L, K) = AL^\alpha K^\beta$라 하면 동차생산함수의 정의에 의해 항상 $(\alpha + \beta)$차 동차생산함수가 되므로

① $\alpha + \beta = 1$(1차 동차)이면 : 규모에 대한 수익 불변(CRS)

② $\alpha + \beta > 1$이면 : 규모에 대한 수익 체증(IRS)

③ $\alpha + \beta < 1$이면 : 규모에 대한 수익 체감(DRS)

2. 대체탄력성

콥-더글라스 생산함수는 대체탄력성의 정의에 의해 항상 대체탄력성은 1이다.

30

| 정답 | ③

| 해설 | 생산함수 $Y = \sqrt{K + L}$를 양변을 제곱하면 $Y^2 = K + L$이 되고, 자본(K)에 대해 정리하면 $K = -L + Y^2$으로 절편이 Y^2이고, 기울기가 -1인 우하향하는 직선이므로 한계기술대체율이 일정한 완전대체생산함수이다. 완전대체요소의 경우 이윤극대화를 위한 비용을 극소화하는 최적선택에서 자본과 노동 중 하나만 사용할 수 있다. 경우에 따라 두 요소를 같이 투입할 수도 있다.

| 오답풀이 |

① 생산함수에서 자본과 노동 투입량을 λ배 늘리면 생산량은 $\sqrt{\lambda}$배 증가하므로 수확체감의 생산함수이다.

②, ④ 문제의 생산함수는 직선이므로 자본과 노동은 완전대체재이다.

31

| 정답 | ②

| 해설 | X재는 노동 1단위와 자본 2단위를 결합하여 생산하는 완전보완재이다. 따라서 $Q_X = L = \dfrac{1}{2}K$가 되고, 생산함수는 $Q_X = \min\left(L, \dfrac{1}{2}K\right)$이다. Y재는 노동 1단위 또는 자본 1단위를 투입해서 생산하는 완전대체재이다. 따라서 생산함수는 $Q_Y = L + K$가 되고, 등량선의 기울기는 1이 된다.

X재 생산량이 6이므로 $X = L = \dfrac{1}{2}K$를 이용하면 노동 6단위, 자본 12단위를 투입한 것이 된다. 남아있는 노동 6단위로 최대한 생산가능한 Y재는 $Q = L + K = 6 + 0 = 6$이 된다.

32

| 정답 | ④

| 해설 | ㄴ. 모든 생산요소가 10배 증가하면 생산량이 10배 증가하는 경우는 규모에 대한 수익체증이 아니라 규모에 대한 수익불변이다.

ㄷ. 어느 기업의 A 공장 생산함수가 규모에 대한 수익체증을 나타내는 경우에는 A 공장의 생산량이 증가할수록 단위당 생산비가 낮아진다. 그러므로 이 경우에는 생산량을 증가시키고자 한다면 동일한 공장 B를 세우는 것보다 A 공장에서의 생산량을 늘리는 것이 보다 더 효율적이다.

ㄹ. 어느 기업의 생산함수가 규모에 대한 수익체증을 나타낸다면 생산요소를 2배보다 적게 투입해도 생산량을 2배로 늘릴 수 있다.

33

| 정답 | ⑤

| 해설 | 규모의 경제가 나타나는 구간에서는 한계비용이 평균비용보다 아래에 위치하므로 한계비용이 평균비용을 통과하는 경우는 없다.

| 오답풀이 |

① 생산함수 $Y = L^2$는 노동을 증가시킬 때 생산량은 노동투입량의 제곱만큼 증가하므로 규모의 경제가 나타난다.

② 규모의 경제가 존재하므로 노동투입이 증가하면 노동의 한계생산은 증가한다.

34

| 정답 | ③

| 해설 | 비용함수 $C(Y) = Y^2$를 생산량(Y)에 대하여 미분하면, $MC = 2Y$이다. 또한 비용함수 $C(Y) = Y^2$를 생산량(Y)으로 나누면, $AC = \dfrac{Y^2}{Y} = Y$이다.

두 기간의 현재가치 차이가 없으므로 총비용함수는
$C(Y) = Y_1^2 + Y_2^2$ (Y_1 : 1기 생산량, Y_2 : 2기 생산량)
전 기간에 걸쳐 100만큼 생산해야 하므로
$Y_1 + Y_2 = 100 \qquad Y_1 = 100 - Y_2$
$$C(Y) = Y_1^2 + Y_2^2 = (100 - Y_2)^2 + Y_2^2$$
$$= 10,000 - 200Y_2 + Y_2^2 + Y_2^2$$
$$= 2Y_2^2 - 200Y_2 + 10,000$$
Y에 대하여 미분하면, $MC = 4Y_2 - 200 = 0$
$Y_2 = 50, \quad Y_1 = 50$
따라서 1기와 2기에 각각 50씩 생산하는 것이 최적이다.

35

| 정답 | ①

| 해설 | 평균비용은 U자형으로, 평균비용이 체감하는 경우를 규모의 경제라고 하고, 평균비용이 체증하는 경우를 규모의 비경제라고 한다. 규모의 경제와 규모의 비

경제가 구분되는 생산량을 묻고 있기 때문에 장기평균비용곡선의 최저점에서의 생산량을 구하면 된다.

1. 장기총비용을 통해 장기평균비용을 구하면
$$LAC(Q) = \frac{TC(Q)}{Q} = 40 - 10Q + Q^2$$
$$= (Q-5)^2 + 15$$이므로,
산출량이 5인 경우에 평균비용은 15로 최저이다.

2. 또는 $LAC(Q) = 40 - 10Q + Q^2$을 미분하면 $-10 + 2Q$이다. $-10 + 2Q = 0$으로 해서 Q를 구하면 $Q = 5$가 된다.

따라서 생산량이 5 미만인 경우는 규모의 경제이고, 5 초과인 경우는 규모의 비경제이다.

36

| 정답 | ①

| 해설 | 생산함수가 $Q = \sqrt{LK}$이고 $K = 1$이므로
$$Q = \sqrt{L} \qquad L = Q^2$$
총비용 $TC = wL + rK$이고 단위당 임금과 단위당 자본비용이 각각 1원 및 9원으로 주어져 있으므로 $TC = Q^2 + 9$이고, $AC = \dfrac{TC}{Q} = Q + \dfrac{9}{Q}$이다. 규모의 경제가 나타나는 생산량 Q의 범위는 아래 그림과 같이 평균비용의 극솟값까지이므로 극솟값을 구하기 위해 미분하면 다음과 같다.

$$AC = \frac{TC}{Q} = Q + \frac{9}{Q} = Q + 9Q^{-1}$$
$$\frac{dAC}{dQ} = 1 - 9Q^{-2} = 1 - \frac{9}{Q^2} = 0$$
$$\therefore Q = 3 \qquad 0 \le Q \le 3$$

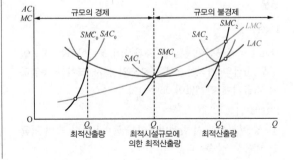

파트1 파트2 파트3 파트4 파트5 파트6 파트7 파트8 실전1 실전2

37

|정답| ②

|해설| 범위의 경제(Economies of Scope)란 두 기업이 각각 한 가지씩의 재화를 생산하는 것보다 한 기업이 이 두 상품을 동시에 생산하는 것이 비용의 측면에서 더욱 유리한 경우를 말하고, 함께 생산했을 때 오히려 비용이 증가한다면 범위의 비경제(Diseconomies of Scope)가 존재한다고 한다.

한편 규모의 경제(Economies of Scale)란 생산량을 증가시킬 때 장기평균비용이 감소하는 현상을 말하고, 규모의 비경제(Diseconomies of Scale)란 생산량을 증가시킬 때 장기평균비용이 증가하는 현상을 말한다.

38

|정답| ①

|해설| 범위의 경제란 동일한 생산요소를 투입할 때 2개의 기업이 각각 1개의 재화를 생산할 때보다 1개의 기업이 2종류의 재화를 모두 생산하는 것이 더 많이 생산할 수 있게 되는 기술상의 특성을 말한다.

|오답풀이|

② 규모에 대한 수확체증은 다른 요소가 고정되어 있을 때 한 요소의 투입이 증가함에 따라 한계생산이 체증하는 것을 말한다.

③ 규모의 경제는 생산량이 증가함에 따라 평균비용이 하락하는 것을 말한다.

④ 비경합적 재화는 한 사람이 그것을 소비한다고 해서 다른 사람이 소비할 수 있는 기회가 줄어들지 않는 재화를 말한다.

39

|정답| ②

|해설| 공급곡선이 원점을 통과하여 우상향하는 직선인 경우 공급의 가격탄력성은 분모와 분자 크기가 동일하여 기울기에 관계없이 모두 1이다.

|오답풀이|

① 생산량 증가 시 한계비용이 평균비용보다 크면 평균비용은 상승한다.

③ 한 재화의 생산량이 증가할 때 평균비용이 감소하는 현상은 규모의 경제이다. 범위의 경제는 두 재화를 따로 생산할 때보다 함께 생산할 때 비용이 절감되는 현상이다.

④ 총비용곡선이 직선인 경우 한계비용이 일정하므로 한계비용곡선은 수평선이다.

40

|정답| ④

|해설| ㄱ. $TC=100+\sqrt{Q}$이면 $A=\dfrac{TC}{Q}$이므로,

$AC=\dfrac{100}{Q}+\dfrac{\sqrt{Q}}{Q}=\dfrac{100}{Q}+\dfrac{1}{\sqrt{Q}}$이다. 생산량($Q$)이 증가할수록 평균비용($AC$)이 감소하므로 규모의 경제가 존재한다.

ㄴ. 범위의 경제란 여러 재화를 동시에 생산하는 것이 유리한 현상을 말한다. 두 재화를 동시에 생산할 때 총비용은 $C(X, Y)=10+2X+3Y-XY$이고, 두 재화를 각각 생산할 때 총비용은 $C(X, Y)=C(X)+C(Y)=5+2X+5+3Y$이다. 두 재화를 동시에 생산할 때의 총비용이 두 재화를 각각 생산할 때 총비용보다 XY만큼 적으므로 범위의 경제가 존재한다.

ㄷ. 매몰비용이란 회수가 불가능한 비용을 말한다. 합리적 선택을 위해서는 매몰비용은 고려하지 않아야 하므로 매몰비용과 관련된 기회비용은 0이다.

41

|정답| ①

|해설| 매몰비용이란 어떠한 선택을 해도 회수가 불가능한 비용을 의미하며, 합리적 의사결정시 매몰비용은 고려되어서는 안 된다.

|오답풀이|

② 고정비용은 생산량의 크기와 무관하게 지출하는 비용을 말한다.

③ 평균비용곡선이 U자 형태로 되어있을 때, 한계비용곡선은 평균비용곡선의 최저점을 통과한다.

④ 단기에 가격이 평균비용보다 낮아서 손실이 발생하는 경우라도 평균가변비용보다 가격이 높다면 고정

비용이 일부라도 회수가 가능하므로 조업을 계속하는 것이 유리하다.

42

|정답| ②

|해설| • 회계적 이윤=총수입-명시적 비용

총수입은 30만 원의 수확이고 명시적 비용은 15만 원어치의 씨앗이므로 회계적 이윤은 30-15=15(만 원)이다.

• 경제적 이윤=총수입-명시적 비용-암묵적 비용

총수입은 30만 원, 명시적 비용은 15만 원, 암묵적 비용은 골프 레슨을 하였다면 벌 수 있는 수입인 3(만 원)×10(시간)=30(만 원)이다. 따라서 경제적 이윤은 30-15-30=-15(만 원), 즉 15만 원의 손실이다.

43

|정답| ④

|해설| 아래 그래프를 보면 평균총비용곡선(AC)과 평균가변비용곡선(AVC)이 모두 U자 모양일 때 평균가변비용곡선(AVC)의 최저점은 평균총비용곡선(AC)의 최저점보다 좌측, 즉 더 낮은 생산량 수준에서 나타난다.

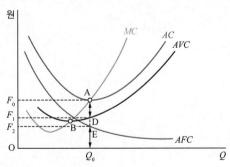

|오답풀이|

① 매몰비용이란 회수가 불가능한 비용으로 의사결정에 고려하지 않아야 되는 비용을 말한다. 조업을 중단하더라도 남아있는 계약기간 동안 지불해야 하는 임대료는 고정비용이면서 회수할 수 없으므로 매몰비용이다.

② 그림에서 보는 것과 같이 평균총비용(AC)곡선이 U자 모양일 때, 한계비용(MC)곡선은 평균총비용(AC)곡선의 최저점을 통과한다.

③ 한계생산과 한계비용은 역의 관계에 있으므로, 한계수확체감 현상이 발생하고 있는 경우 생산량이 증가함에 따라 한계비용은 증가한다.

44

|정답| ④

|해설| 평균비용(AC)이 하락할 경우에는 한계비용곡선(MC)은 평균비용곡선(AC) 하방에 위치하고, 평균비용(AC)이 증가하는 경우에는 한계비용곡선(MC)은 평균비용곡선 상방에 위치한다.

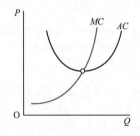

|오답풀이|

① MC가 증가할 때 AC는 증가할 수도 있고 감소할 수도 있다.

② MC가 증가하는 구간에서 MC는 AC보다 낮을 수도 있고 높을 수도 있다.

③ AC가 증가하면 MC는 AC보다 더 크다.

45

|정답| ③

|해설| 평균비용이 최소가 되는 지점에서 한계비용곡선은 평균비용곡선을 아래에서 위로 교차하면서 지나가게 된다.

46

|정답| ①

|해설| 평균비용이 증가하는 구간에서는 한계비용이 평균비용보다 크다.

www.gosinet.co.kr gosinet

파트1
파트2
파트3
파트4
파트5
파트6
파트7
파트8
실전1
실전2

47

|정답| ⑤

|해설| ㄱ. 평균가변비용$(AVC) = \dfrac{\text{총가변비용}(TVC)}{\text{생산량}(Q)}$

이므로, 총가변비용=평균가변비용×생산량이 된다. 따라서 $TVC = 100Q$가 되어 원점을 통과하는 직선이다.

ㄴ. 고정비용=평균고정비용×생산량이므로,

$FC = AFC \times Q$ $50 = AFC \times Q$

$AFC = \dfrac{50}{Q}$

따라서 평균고정비용은 직각쌍곡선의 모습이므로 기울기는 음(−)이 된다.

ㄹ. 총비용=총고정비용+총가변비용이므로 $TC = 50 + 100Q$에서 기울기는 양(+)이다.

|오답풀이|

ㄷ. 한계비용은 총비용곡선의 기울기이므로 총비용곡선을 미분하면

$TC = 50 + 100Q$ $MC = 100$

따라서 기울기는 0이다.

48

|정답| ①

|해설| 총비용함수 $TC = 10 + Q + 4Q^2$이라면, 총고정비용은 10이고 총가변비용은 $Q + 4Q^2$이다.

$AVC = \dfrac{TVC}{Q} = 1 + 4Q$이므로 $Q=1$일 때 $AVC = 1 + 4 \times 1 = 5$이다.

|오답풀이|

② 총비용곡선을 Q에 대하여 미분하면

$MC = 1 + 8Q$이다. $Q=10$일 때 $MC = 1 + 8 \times 10 = 81$이다.

③ $AC = \dfrac{TC}{Q} = \dfrac{10 + Q + 4Q^2}{Q}$이므로 $Q=5$일 때

$AC = \dfrac{10 + 5 + 100}{5} = 23$이다.

④ $TC = 10 + Q + 4Q^2$이므로 $Q=5$일 때

$TC = 10 + 5 + 100 = 115$이다.

49

|정답| ④

|해설| $TC = 100 + 20Q$이면 총고정비용(TFC)은 100이고 총가변비용(TVC)은 $20Q$이다.

ㄴ. $Q=1$일 때 $TVC = 20 \times 2 = 40$이다.

ㄷ. 평균가변비용$(AVC) = \dfrac{\text{총가변비용}}{\text{생산량}}$이므로

$Q=3$일 때 $AVC = \dfrac{20Q}{Q} = 20$이다.

ㄹ. 한계비용(MC)은 총비용곡선을 미분하면 되므로 $MC = 20$이다.

|오답풀이|

ㄱ. 생산량과 관계없이 총고정비용은 100이다.

파트1
파트2
파트3
파트4
파트5
파트6
파트7
파트8
실전1
실전2

파트3 생산물시장과 생산요소시장

기출예상문제				문제 182쪽	
01	①	02	①	03	①	04	②	05	①
06	⑤	07	③	08	②	09	③	10	④
11	①	12	②	13	③	14	②	15	②
16	⑤	17	③	18	②	19	③	20	②
21	③	22	②	23	③	24	⑤	25	④
26	①	27	①	28	②	29	③	30	⑤
31	④	32	②	33	①	34	③	35	③
36	②	37	③	38	④	39	③	40	③
41	①	42	④	43	①	44	①	45	②
46	②	47	②	48	①	49	⑤	50	②
51	②	52	⑤	53	④	54	②	55	⑤
56	③	57	③	58	①	59	②	60	④
61	②	62	②	63	④	64	①	65	⑤
66	④	67	②	68	③	69	①	70	②
71	③	72	①	73	③	74	②	75	②
76	③	77	①	78	④	79	②	80	②
81	②	82	④	83	③	84	①	85	③
86	②	87	①	88	④	89	④	90	②
91	②	92	②	93	③	94	④	95	②
96	④	97	⑤	98	②	99	③	100	④
101	②	102	③	103	③	104	①	105	①
106	④	107	②	108	②	109	④	110	③
111	②	112	④	113	②	114	⑤	115	③
116	②	117	④	118	②				

01

| 정답 | ①

| 해설 | ㄱ. 이윤극대화 1차 조건은 한계수입(MR)과 한계비용(MC)이 같은 점에서 달성된다. $MR = MC$라는 조건은 이윤극대화를 위한 필요조건이지만 충분조건은 아니다.

ㄴ. 이윤극대화 2차 조건은 한계비용곡선의 기울기가 한계수입곡선의 기울기보다 큰 점에서 달성된다.

이윤극대화점에서 한계비용곡선의 기울기는 양(+)의 값이고, 한계수입곡선의 기울기는 음(−)의 값이므로, 이윤극대화점에서 한계비용곡선이 한계수입곡선을 아래에서 위로 교차한다.

| 오답풀이 |

ㄷ. 평균비용곡선(AC)과 평균수입곡선(AR)이 교차하는 점에서 이윤은 0이 된다.

02

| 정답 | ①

| 해설 | 완전경쟁기업은 주어진 가격으로 무한정 재화를 판매할 수 있으므로 직면하는 수요곡선이 수평선이다. 수요곡선이 수평이라는 것은 기업의 생산량(=판매량)과 관계없이 시장가격이 일정하다는 것을 의미한다. 따라서 총수입은 판매량이 증가할수록 비례적으로 증가한다.

03

| 정답 | ①

| 해설 | 기업의 이윤극대조건은 한계수입과 한계비용이 일치하는 $MR = MC$이다. 이때 기업은 이윤을 얻고자 하므로 총수입이 총비용보다 큰 값을 가져야 한다. 즉, $TR > TC$여야 한다.

04

| 정답 | ②

| 해설 | 시장가격이 기업의 평균비용보다 높으면 이익이 발생하고, 평균비용보다 낮으면 손실이 발생한다. 기존기업의 탈퇴와 신규기업의 진입이 동시에 이루어지고 있을 때는 기존기업이 손실을 보는 상태이고, 신규기업은 진입하면 이윤을 얻을 수 있다는 의미이다. 이는 재화의 시장가격이 기존기업의 최소평균비용보다 더 낮고, 신규기업의 최소평균비용보다 더 높다는 것을 의미한다.

05

| 정답 | ①

| 해설 | 완전경쟁기업의 이윤극대화의 조건은 $P=AR$ $=MR=MC$이다.

| 오답풀이 |

② 단기의 공급곡선은 평균가변비용곡선(AVC)의 최저점보다 높은 단기한계비용곡선으로 나타나게 된다.

③ 개별기업의 장기공급곡선은 장기평균비용곡선(LVC) 최소점보다 상방에 위치한 한계비용곡선이다.

④ 시장수요곡선은 우하향하지만, 개별기업이 직면하는 시장 수요곡선은 가격수용자이므로 수평선의 곡선이 된다.

06

| 정답 | ⑤

| 해설 | 평균비용곡선이 $AC(Q)=\dfrac{7}{Q}+1+Q$이므로 총비용 $TC=AC \times Q = 7+Q+Q^2$이 되고, 이를 산출량으로 미분하면 한계비용 $MC=1+2Q$가 된다.

완전경쟁시장에서 이윤극대화조건은 $P(=MR)=MC$이고, 시장가격이 9이므로 이윤극대화조건은 $9=1+2Q$, 따라서 $Q=4$가 된다.

07

| 정답 | ③

| 해설 | 1공장의 이윤극대화조건은 $MC_1=P$이므로 $2+2Q=12$ ∴ $Q=5$이다.

2공장의 이윤극대화조건은 $MC_2=P$이므로 $6Q=12$ ∴ $Q=2$이다.

따라서 이윤극대화 총생산량은 $5+2=7$이 된다.

08

| 정답 | ②

| 해설 | 각 생산량수준에서 한계비용을 구하면 다음과 같다.

구두 생산량 (켤레/일)	0	1	2	3	4	5
총비용 (만 원)	3	5	8	13	20	28
한계비용	고정비용	2	3	5	7	8

완전경쟁시장의 이윤극대화조건은 $P(=MR)=MC$이다. 이윤이 극대가 되는 생산량은 3이고, 한계수입(MR)= 한계비용(MC)=5(만 원)이다.

만족하는 생산량 $Q=3$이므로 총수입은 $TR=5 \times 3=$ 15, $TC=13$이다. 따라서 이윤은 $TR-TC=15-13=$ 2가 된다.

09

| 정답 | ③

| 해설 | 가방가격이 2만 원, 노동자 1명당 임금이 100만 원인 경우 총수입(=가방 생산량×가격)과 총비용(노동자수×임금)을 구하면 다음과 같다.

노동자의 수	가방 생산량	총수입	총비용	총이윤 (총수입-총비용)
0	0	0	0	0
1	60	120만	100만	20만
2	160	320만	200만	120만
3	240	480만	300만	180만
4	280	560만	400만	160만
5	300	600만	500만	100만

따라서 노동자수를 3명 고용할 때 총이윤이 180만 원으로 극대가 된다.

10

| 정답 | ④

| 해설 | 시장가격이 10원이고 생산량이 50개이므로 총수입(TR)=PQ=$10 \times 50=500$이 된다.

이윤(π)= $TR(PQ)-TC=100$원이고, 총수입이 500원이므로 총비용은 400이 된다.

파트1

파트2

파트3

파트4

파트5

파트6

파트7

파트8

실전1

실전2

그러므로 평균비용(AC)= $\dfrac{TC}{Q} = \dfrac{400}{50} = 8$이 된다.

📄 **기업의 이윤**

$\pi = TR - TC = (P \times q) - (AC \times q)$
$\quad = (P - AC)q$

11

| 정답 | ①

| 해설 | 한계비용이 평균비용보다 큰 경우 평균비용은 증가한다.

📄 **평균비용과 한계비용의 관계**

• AC 감소 ↔ $MC < AC$
• AC 극소 ↔ $MC = AC$
• AC 증가 ↔ $MC > AC$

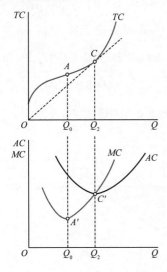

12

| 정답 | ②

| 해설 | 평균비용의 최소점을 한계비용곡선이 지나므로 아래 그래프처럼 이윤극대점은 30개를 지난 a점에서 이루어진다. 가격보다 평균비용이 낮아 초과이윤을 얻고 있다.

그러므로 평균비용이 감소하는 30개까지는 생산량을 늘릴수록 한계비용보다 한계수입이 더 커서 이윤은 증가한다.

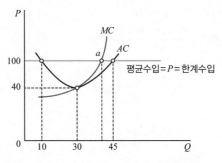

| 오답풀이 |

① 생산량이 증가함에 따라 가격은 일정하다.

③ 최대이윤은 정확하게 구할 수 없다. 한계비용곡선을 주어지지 않았기 때문이다.

④ 생산량을 44에서 45로 늘린다고 해서 이윤의 추이를 알 수 없다. 정확한 한계비용곡선을 주어지지 않았기 때문이다.

⑤ 생산량이 30개이면 한계비용은 40이고 한계수입은 100이므로 한계비용은 한계수입보다 작다.

13

| 정답 | ③

| 해설 | 생산량이 201대일 때의 총비용이 40,401달러(= 201×201)이고, 202대일 때의 총비용은 40,804달러(= 202×202)이므로 202번째 TV를 생산할 때의 한계비용이 403달러(=40,804−40,401)이다.

202번째의 TV를 생산할 때의 한계비용이 403달러이나 202번째의 TV를 판매할 때의 한계수입은 300달러이므로 202번째 TV를 생산하여 수출하면 이윤이 103달러(=300−403) 감소한다.

14

| 정답 | ①

| 해설 | • $TC = TFC + TVC = TFC + (AVC \times Q)$
$\quad = 5{,}000{,}000 + (20{,}000 \times Q)$

• $AC = \dfrac{TC}{Q} = \dfrac{5{,}000{,}000 + (20{,}000 \times Q)}{Q}$
$\quad = \dfrac{5{,}000{,}000}{Q} + 20{,}000$

• 손익분기점 : $P = AC$

$$25,000 = \frac{5,000,000}{Q} + 20,000$$

$$Q = 1,000$$

15

| 정답 | ②

| 해설 | 단기에 생산을 지속한다는 것은 시장가격이 최소평균가변비용(조업중단점) 이상이라는 의미이고, 장기에 생산을 중단한다는 것은 최소평균비용(손익분기점)이하라는 의미이다. 따라서 현재 상태는 아래 그래프의 Q_0와 Q_1사이에 있다.

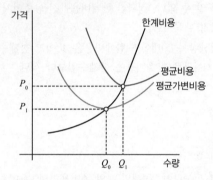

• $TC = TFC + TVC$이므로 $50,000 = 10,000 + TVC$ 따라서 $TVC = 40,000$, $Q = 50$이다.

현재가 Q_0이라면 $AVC = \frac{TVC}{Q} = \frac{40,000}{50} = 800$원 이다.

현재가 Q_1이라면 $AC = \frac{TC}{Q} = \frac{50,000}{50} = 1,000$원이 된다.

• 개별기업이 단기에 손실을 보지만 생산을 지속해야 하는 구간은 $AVC(P_1) \le P < AC(P_0)$인 구간이므로 $800 \le P < 1,000$의 구간이 이에 해당한다.

16

| 정답 | ⑤

| 해설 | 완전경쟁기업이 단기적으로 손실을 보더라도 조업을 계속하는 구간은 $\min AVC < P < \min AC$이다.

$$AVC = \frac{TVC}{Q} = Q^2 - 6Q + 12 = (Q-3)^2 + 3$$이다.

반면 $AC = \frac{TC}{Q} = Q^2 - 6Q + 12 + \frac{32}{Q}$이므로 최소값을 구하기 위해 이를 미분하여 0으로 놓으면

$$2Q - 6 + 32(-1)Q^{-2} = 0, \quad \frac{2Q^3 - 6Q^2 - 32}{Q^2} = 0,$$

$$\frac{2(Q-4)(Q^2 + Q + 4)}{Q^2} = 0$$가 되어 $Q = 4$일 때 최소값 12를 갖는다.

17

| 정답 | ③

| 해설 | 완전경쟁시장에서 개별기업은 가격수용자이므로 $P = MR = AR = 85$이다. 비용함수를 Q로 미분하면 $MC = 5 + \frac{Q}{40}$을 구할 수 있다.

완전경쟁시장에서 이윤극대화 생산량은 $P = MC$이므로

$$85 = 5 + \frac{Q}{40} \qquad \therefore \ Q = 3,200$$이다.

이것을 그래프로 나타내면 다음과 같다.

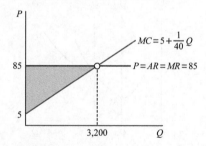

이윤극대화 생산량 수준에서 생산자잉여는 그래프에 표시된 삼각형의 면적으로 구할 수 있다.

$$생산자잉여 = \frac{1}{2} \times 3,200 \times 80 = 128,000$$

18

| 정답 | ②

| 해설 | 100개의 피자를 100원의 가격에 판매하므로 총수입은 10,000원이다.

www.gosinet.co.kr **gosi**net

파트1
파트2
파트3
파트4
파트5
파트6
파트7
파트8
실전1
실전2

총고정비용이 5,000원이고, 평균비용이 160원이므로 총비용(TC)은 16,000원($=AC \times Q = 160 \times 100$)이 되고, 총가변비용은 11,000원($=16,000-5,000$)이 된다. 조업중단점은 총수입과 총가변비용이 일치하는 때이다. 문제의 경우는 총수입이 총가변비용에 미달하므로 손실이 발생하며 조업을 중단하여야 한다.

19

| 정답 | ③

| 해설 | 완전경쟁시장에서는 재화의 판매가격이 일정하여 한계수입곡선은 수평으로 표시된다.

ㄴ. 완전경쟁시장 이윤극대화조건은 $P=AR=MR=MC$이므로 해당 기업은 이윤이 최대인 점 c의 생산량을 선택할 것이다.

ㅁ. 점 a, b, c, d 중에서 점 a만 $P < AC$이므로 순수익이 음이 되어 가장 적다.

| 오답풀이 |

ㄱ. 해당 기업의 손익분기점은 점 c가 아니라 AC곡선의 최저점이다.

ㄷ. 점 d에서 $P=AC$이므로 초과이윤이 0이다.

ㄹ. 점 a, b, c, d 중에서 점 c의 순수익이 가장 크다.

20

| 정답 | ②

| 해설 | 총비용(TC)=총가변비용(TVC)+총고정비용(TFC)이다. 총비용함수에서 40은 총고정비용이므로,

$$TVC = Q - \frac{1}{2}Q^2 + \frac{1}{3}Q^3$$

완전경쟁기업의 조업 중단점은 $P < AVC$가 되는 지점이므로

$$AVC = \frac{TVC}{Q} = 1 - \frac{1}{2}Q + \frac{1}{3}Q^2 = P$$

이때의 이윤은

$$\left(1 - \frac{1}{2}Q + \frac{1}{3}Q^2\right) \times Q - \left(Q - \frac{1}{2}Q^2 + \frac{1}{3}Q^3 + 40\right)$$
$$= -40$$

그러므로 이 기업은 이윤이 −40일 때까지도 생산을 이어가지만 이윤이 −40미만으로 떨어지면 생산을 중단하게 된다.

21

| 정답 | ③

| 해설 | 생산량이 0일 때의 총비용이 5,000원이므로 총고정비용은 5,000원이며, 총가변비용, 평균비용 및 한계비용은 아래의 표와 같다.

생산량(단위)	총가변비용	평균가변비용	한계비용
0	0	−	−
1	5,000	5,000	5,000
2	7,000	3,500	2,000
3	10,000	3,333	3,000
4	19,000	4,750	9,000
5	35,000	7,000	16,000

시장가격이 4,000원이므로 3단위 생산할 때 $P=MR=4,000 > MC=3,000$(원)이므로 생산량을 증가시키면 이윤증가가 나타나고, 4단위 생산할 때 $P=MR=4,000 < MC=9,000$(원)이므로 생산량을 감소시키면 이윤증가가 나타난다. 따라서 이윤극대화를 추구하는 완전경쟁기업은 3단위를 생산한다.

3단위 생산할 때 기업의 총수입은 $TR=P \times Q=4,000 \times 3=12,000$(원)이고 총비용은 $TC=15,000$(원)이므로 이윤은 $TR-TC=12,000-15,000=-3,000$(원)이 되어 이 기업은 3,000원만큼의 손실을 본다. 손실액 3,000원이 고정비용 5,000원보다는 적으므로 이 기업은 단기적으로 손실을 보지만 생산을 지속해야 한다. 하지만, 3단위의 재화를 생산할 때 평균가변비용은 가격보다 낮은 3,333원이나 평균비용은 가격보다 높은 5,000원이므로 손실이 발생한다. 그러므로 장기에는 생산을 중단하고 이 시장에서 퇴출할 것이다.

22

| 정답 | ②

| 해설 |

Q	1	2	3	4	5
TVC	30	50	60	72	85
AVC	30	25	20	18	17
MC	30	20	10	12	13
Q	6	7	8	9	10
TVC	110	140	180	230	290
AVC	18.3	20	22.5	25.6	29
MC	25	30	40	50	60

이윤극대화 조건은 완전경쟁시장의 경우 $P = MR = MC$이다. 현재 시장가격(P) 30(원) $= MR$이다. MC가 30원인 것은 생산량이 7인 경우이다. 생산량 7인 경우 총수입($= P \times Q$)은 210원($= 30 \times 7$)이고 총비용($= TFC + TVC$)은 240원(100+140)이다. 그러므로 이윤은 -30 (210−240)원이다.

조업중단점은 평균가변비용(AVC)의 극소점이므로 생산량 5에서 평균가변비용은 17이다.

23

| 정답 | ③

| 해설 | 단기에 고정비용이 매몰비용인 경우 생산중단점은 평균가변비용의 최저점이다.

| 오답풀이 |

① 완전경쟁시장의 개별기업은 가격순응자로서 기업의 수요곡선은 시장가격 수준에서 수평선이며 그것이 곧 한계수입곡선이 된다.

② 기업의 이윤극대화 조건은 $P = MR = MC$이다.

④ 완전경쟁시장의 공급곡선은 개별기업의 공급곡선인 한계비용곡선을 수평으로 합하여 도출된다.

24

| 정답 | ⑤

| 해설 | 완전경쟁시장의 장기균형 조건은 $SAC = LAC = P = AR = MR = SMC = LMC$이다.

| 오답풀이 |

① 완전경쟁기업은 가격이 평균비용이 아니라 평균가변비용보다 낮으면 조업을 중단한다.

② 완전경쟁기업은 장기에는 초과이윤을 얻을 수 없으며, 정상이윤만 얻는다.

③ 단기에 가격이 평균비용보다 높으면 초과이윤이 발생한다.

④ 완전경쟁산업의 장기공급곡선은 산업 전체의 비용 조건에 따라 우상향할 수도 있고, 수평일수도 있고, 우하향할 수도 있다.

25

| 정답 | ④

| 해설 | 제시된 표에서 시장은 가격차별화가 없고, 제품도 동질적이며, 진입과 퇴출이 가능하고, 추가적으로 장기이윤이 0보다 작으면 이탈하는 완전경쟁시장이라고 할 수 있다. 완전경쟁시장에서 개별기업은 가격수용자(price taker)로서 시장가격에 아무런 영향을 줄 수 없다.

26

| 정답 | ①

| 해설 | ㄱ. 이윤을 얻고 있으므로 신규 기업이 진입하면 총공급량이 증가한다.

| 오답풀이 |

ㄴ. 공급량이 증가하여 가격이 하락하면 평균비용의 최저점에서 가격이 결정되므로 개별기업의 공급량은 지금보다 감소한다.

ㄷ. 그림에서는 시장의 총수요를 알 수 없고, 개별기업의 균형생산량만 알 수 있다.

ㄹ. 한계비용은 가변비용만 관련되므로 색칠한 부분에서 고정비용을 빼야 이윤이 된다.

27

| 정답 | ①

| 해설 | 물고기의 시장가격은(P)은 100원이고, $Q = 70N - \frac{1}{2}N^2$을 고려하여 총수입(TR)을 구할 수 있다. 그리고

www.gosinet.co.kr gosinet

파트1
파트2
파트3
파트4
파트5
파트6
파트7
파트8
실전1
실전2

어부 한 명이 물고기를 잡는데 2,000원의 비용이 발생하므로 총비용(TC)은 2,000N이 된다. 이를 이용해서 이윤함수를 쓰면 다음과 같다.

$$\pi = TR - TC = PQ - 2,000N$$
$$= 100(70N - \frac{1}{2}N^2) - 2,000N$$
$$= -50N^2 + 5,000N$$

주어진 이윤함수를 어부의 수인 N으로 미분해서 0으로 두면 사회적 최적 어부의 수를 구할 수 있다.

$$\frac{\Delta\pi}{\Delta N} = -100N + 5,000 = 0$$

따라서 $N_1 = 50$이고, 이를 $Q = 70N - \frac{1}{2}N^2$에 대입하면 $Q_1 = 2,250$이 된다.

그런데 어부들이 아무런 제약 없이 서로 잡으려고 하는 공유지의 비극 상황이 발생한다면, 이윤극대화 수준이 아닌 이윤이 0이 되는 수준까지 어부들이 달려들 것이다. 따라서 이윤함수 값이 0이 되는 점을 찾으면 된다.

$$\pi = -50N^2 + 5000N = (-50N + 5,000)N = 0$$

$\therefore N_0 = 100(N > 0)$이 되고, 이를 $Q = 70N - \frac{1}{2}N^2$에 대입하면 생산량 $Q_0 = 2,000$이 된다.

28

| 정답 | ②

| 해설 | 비용불변산업이므로 완전경쟁기업의 공급곡선은 수평선이다. 소득이 40만큼 증가하면 수요곡선이 우측으로 40만큼 증가하므로 시장전체 균형량은 40만큼 증가한다. 동일한 개별기업의 산출량이 5이므로 새로 진입한 기업수는 40÷5=8(개) 기업이다.

29

| 정답 | ③

| 해설 | 장기균형가격은 평균비용곡선의 최저점과 일치한다. 장기평균비용함수 $AC(qi) = 40 - 6qi + \frac{1}{3}qi^2$를 q에 대하여 미분하면 $-6 + \frac{2}{3}q = 0$

$\therefore q = 9$가 된다.

$q = 9$를 장기평균비용함수에 대입하면

$AC(qi) = 40 - 6 \times 9 + \frac{1}{3} \times 9^2 = 13$으로 장기평균비용은 극소값 13을 갖게 되므로 장기시장균형가격은 13이 된다. 시장수요량은 $Q_d = 2,200 - 100P$에 $P = 13$을 대입하면 $Q_d = 2,200 - 100 \times 13 = 900$이 된다. 수요량 $Q = 900$이고, $q = 9$이므로 기업수 $N = \frac{Q}{q} = \frac{900}{9} = 100$(개)가 된다.

기업이 두 배가 되려면 기업수가 200개여야 하고, 시장전체 수요량은 $9 \times 200 = 1,800$이 된다.

이것을 $Q = A - 100P$에 대입하면,

$1,800 = A - 100 \times 13$

따라서 $A = 3,100$이 된다.

30

| 정답 | ⑤

| 해설 | 완전경쟁시장의 개별기업의 장기균형은 장기평균비용 극소값이므로 극소값을 구하기 위해 평균비용곡선식 $AC(qi) = 40 - qi + \frac{1}{100}qi^2$을 미분하면

$$-1 + \frac{1}{50}q = 0 \quad \therefore q = 50$$이 된다.

장기균형가격을 구하기 위해 $q = 50$을 평균비용식에 대입하면 $AC = 40 - 50 + (\frac{1}{1000} \times 50^2) = 15$가 된다.

시장 전체 생산량은 시장 전체 수요곡선에 $P = 15$를 대입하여 구하면 $Q = 25,000 - 15,000 = 10,000$

따라서, 기업수는 시장 전체 생산량(10,000) ÷ 개별기업 생산량(50) = 200(개)이다.

31

| 정답 | ④

| 해설 |

완전경쟁시장의 개별기업은 가격수용자이므로 시장가격 30일 때 500개의 생산이 이루어진다. 단기적으로 시장가격(30)이 평균비용(26)보다 높으므로 초과이윤이 발생하고 장기적으로 이윤이 0이 될 때까지 기업들의 진입이 발생하며 시장공급곡선은 우측으로 이동한다.

완전경쟁의 장기균형에서는 $P=AC$가 성립하므로 시장생산량은 60만이고 개별기업이 AC곡선 최저점에서 생산하는 개별기업의 생산량은 400이므로 기업 수는 $\dfrac{600,000}{400}=1,500$(개)이다.

32

| 정답 | ②

| 해설 |

개별기업의 장기평균비용함수 $C=100+(q-10)^2=200-20q+q^2$이다.

장기평균비용곡선의 최저점은 $C=200-20q+q^2$을 미분하면, $-20+2q=0$ $\therefore q=10$이다. 따라서 개별기업 생산량은 10이 되고, 이를 장기평균비용곡선에 대입하면 시장가격은 100이 된다.

시장가격이 100일 때 시장수요량 $Q=1,000-P=1,000-100=900$이다.

개별기업의 생산량이 10개이므로 기업의 숫자는 90개이다. 그리고 시장생산량 $Q=q\times n(q$는 개별기업의 산출량, n은 기업의 수)이므로, 시장가격이 10이고 시장생산량(수요량)이 900개라면 기업의 수는 $n=\dfrac{Q}{q}=\dfrac{900}{10}=90$이 된다.

📄 완전경쟁기업 장기균형

장기평균비용곡선 최저점에서 균형 : 시장가격과 개별기업의 생산량 결정

장기평균비용곡선 최저점 : 장기평균비용곡선의 기울기 = 0

33

| 정답 | ①

| 해설 | 이윤극대화를 추구하는 독점기업은 $MR>0$이 되어 총수입(TR)이 증가하는 구간 즉 수요의 가격탄력성이 1보다 큰 구간에서 생산한다.

| 오답풀이 |

② 독점기업은 $MR=MC$를 만족하는 수준에서 이윤극대화 생산량을 결정한 후 시장수요곡선에서 가격을 결정한다.

③ 독점시장에서는 어떤 가격수준에서 얼마만큼 공급하겠다는 수량이 없으므로 공급곡선이 존재하지 않는다. 다른 불완전경쟁시장에서도 적용되는 기준이므로 개별기업의 공급곡선은 완전경쟁시장에서만 존재한다.

④ 독점시장에는 단일기업만 존재하기 때문에 시장수요곡선 자체가 독점기업이 직면하는 수요곡선이 된다. 따라서 독점기업이 직면하는 수요곡선은 우하향한다.

⑤ 독점시장에서는 $MR=MC$를 만족하는 점에서 이윤극대화 생산량이 결정되고 균형가격은 수요곡선에서 결정된다. 이는 완전경쟁시장에서 $P=MC$에 의해 결정되는 생산량보다 더 적고, 가격은 더 높다.

34

| 정답 | ③

| 해설 | 가격 $P=6-3Q$이므로 총수입 $TR=P\times Q=(6-3Q)Q=6Q-3Q^2$이다. 한계수입 MR은 총수입 $TR=6Q-3Q^2$을 미분하면 $MR=6-6Q$가 된다.

총수입이 극대화되는 생산량은 $MR=0$이므로 $6-6Q=0$ $Q=1$이다.

생산량 $Q=1$을 수요곡선 $P=6-3Q$에 대입하면 $P=6-3\times1=3$이다.

총수입 $TR=P\times Q=3\times1=3$이다.

35

| 정답 | ③

| 해설 | 독점시장을 비롯한 불완전 경쟁시장에서 한계수입(MR)은 다음과 같이 구해진다.

$$MR=\frac{dTR}{dQ}=\left(\frac{dP}{dQ}\times Q\right)+P$$
$$=P\left(\frac{dP}{dQ}\cdot\frac{Q}{P}+1\right)=P\left(1-\frac{1}{\varepsilon}\right)$$

수식에서 TR은 총수입, ε은 수요의 가격 탄력도를 의미한다. 따라서 $\varepsilon=1$을 위의 식에 대입하면 $MR=0$이 된다. 이를 그림으로 나타내면 다음과 같다.

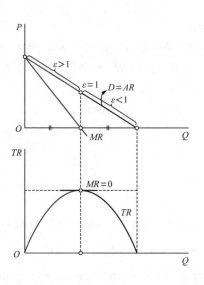

36

|정답| ②

|해설| 가격을 1% 올렸더니 수요량이 4% 감소하였으므로 수요의 가격 탄력성은 4이다. 이를 아모로소-로빈슨 공식 $MR = P\left(1 - \dfrac{1}{\varepsilon_d}\right)$ 에 대입하여 계산하면

한계수입$(MR) = 20,000,000 \times (1 - \dfrac{1}{4}) = 15,000,000$

(원)이다.

📖 **아모로소-로빈슨 공식**

$MR = P(1 - \dfrac{1}{\varepsilon_d})$

$\left(\varepsilon_d : \text{개별기업수요의 가격탄력성}, \ \dfrac{1}{\varepsilon_d} = \dfrac{\text{수요량 변화율}}{\text{가격 변화율}}\right)$

37

|정답| ④

|해설| 광고는 일반적으로 수요를 비탄력적으로 만들면서 수요를 증가시키는 효과가 있으므로 동일한 공급에도 가격이 상승하게 된다.

38

|정답| ④

|해설| 한계수입(MR)=한계비용(MC)<가격$(P)=AR$이 성립한다.

|오답풀이|

① $MR = P\left(1 - \dfrac{1}{\varepsilon_d}\right) = MC$이므로 $MC > 0$이면 $\varepsilon_d > 1$이어야 하고, $P > MR$이 성립한다.

③ 양의 이윤을 얻기 위해서는 가격이 평균비용보다 높아야 한다.

39

|정답| ③

|해설| 문제에서 주어진 정보를 이용해 그래프를 그리면 다음과 같다.

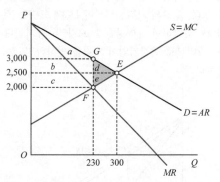

독점기업에 의해 유발되는 경제적 순손실은 $d+e$의 면적이므로 $\dfrac{1}{2} \times 1,000 \times 70 = 35,000$(원)이다.

40

|정답| ③

|해설| 러너지수(Lerner index)$= \dfrac{(P-MR)}{P}$

$= \dfrac{(P-MC)}{P}$ 이므로 러너지수를 구하기 위해서는 독점시장에서의 이윤극대화 가격(P)과 한계비용(MC)에 대하여 알아야 한다.

$Q=100-P$ $P=100-Q$이다. 따라서 $TR=P\times Q=(100-Q)Q=100Q-Q^2$이고, 이것을 미분해서 MR을 구하면 $MR=100-2Q$가 된다.

또한 비용함수 $C(Q)=20Q+10$을 미분하면 $MC=20$이 된다.

이윤극대화 생산량은 $MR=MC$이므로 $100-2Q=20$ $\therefore Q=40$이 된다. 이를 수요함수 $Q=100-P$에 대입하면 $40=100-P$ $\therefore P=60$이다.

러너지수(Lerner index)$=\dfrac{(P-MR)}{P}=\dfrac{(P-MC)}{P}$

$=\dfrac{(60-20)}{60}=\dfrac{2}{3}$이다.

41

| 정답 | ①

| 해설 | 독점기업의 단기균형은 수요의 가격탄력성이 1보다 크다. 수요의 가격탄력성이 1보다 크다는 것은 가격이 1% 하락하면 판매량은 1%보다 더 증가한다는 것이다. 그러므로 독점기업이 가격을 인하하면 총수입은 증가한다.

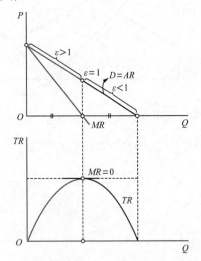

42

| 정답 | ④

| 해설 | 최적생산량은 $MR=MC$가 성립하는 10개이다.

| 오답풀이 |

① 총이윤＝총수입＝$P\times Q=(16-8)\times10=80$원이다.

② 독점의 경우 $P>MR=MC$가 성립하므로 한계비용은 16보다 작다.

③ 알 수 없다.

43

| 정답 | ①

| 해설 | 문제에서 주어진 비용함수 $TC=800Q-2Q^2$에서 평균비용과 한계비용을 구하면 $AC=\dfrac{TC}{Q}=800-2Q$, TC를 미분하면 $MC=800-4Q$이므로 평균비용곡선과 한계비용곡선이 기울기가 모두 음$(-)$이므로 우하향한다.

| 오답풀이 |

②, ④ 이윤극대화 생산량 $Q=100$을 한계수입함수에 대입하면 $MR=400$, 평균비용함수에 대입하면 $AC=600$이므로 이윤극대화 생산량 수준에서는 AC가 MR보다 높다.

③ 총수입 $TR=P\times Q=1{,}000Q-3Q^2$이므로 미분하면 $MR=1{,}000-6Q$이다. 이윤극대화 생산량을 구하기 위해 $MR=MC$로 두면 $1{,}000-6Q=800-4Q$, $Q=100$이므로 $Q=100$을 수요함수에 대입하면 $P=700$으로 계산된다.

44

| 정답 | ①

| 해설 | 독점기업의 이윤극대화 조건은 $MR=MC$이다. 독점기업의 수요함수 $P(Q)=25-\dfrac{1}{2}Q$이므로 총수입은 $P\times Q=(25-\dfrac{1}{2}Q)Q=25Q-\dfrac{1}{2}Q^2$이므로 이를 미분하면 한계수입 $MR=25-Q$이다.

총비용함수가 $TC(Q)=5Q$이므로 미분하면 한계비용 $MC=5$이다. 독점기업의 이윤을 극대화하는 $MR=MC$ $25-Q=5$이고 $Q=20$개이므로 $P=25-\dfrac{1}{2}Q=$

$25 - \dfrac{1}{2} \times 20 = 15$이다. 따라서 마크업 $= \dfrac{\text{가격}}{\text{한계비용}} = \dfrac{15}{5}$ $=3$이므로 P는 15, 마크업은 3이다.

45

| 정답 | ②

| 해설 | 수요함수 $Q=120-2P$를 다시 쓰면 $P=60-\dfrac{1}{2}Q$이므로 총수입 $TR=P \times Q=60Q-\dfrac{1}{2}Q^2$이며, 이를 미분하면 한계수입 $MR=60-Q$이다. 그리고 비용함수 $C=100+40Q$이므로 이를 미분하면 $MC=40$이다. 이윤극대화 조건은 $MR=MC$이므로 $60-Q=40$, $Q=20$이다. 따라서 이윤극대화 생산량은 20이다.

46

| 정답 | ②

| 해설 | 평균수입은 $AR=\dfrac{TR}{Q}$이므로 $TR=AR \times Q=$ $(60-3Q)Q=60Q-3Q^2$이다. 따라서 $TR=60Q-3Q^2$을 미분하면 한계수입 $MR=60-6Q$이다.
총비용 $TC=Q^2-4Q+5$를 미분하면 $MC=2Q-4$이다. 이윤극대생산량은 $MR=MC$일 때 생산량이므로 이윤극대조건은
$60-6Q=2Q-4 \qquad 8Q=64 \qquad Q=8$이다.
따라서 이윤극대화 생산량은 8이다.

47

| 정답 | ②

| 해설 | 독점기업 이윤극대화는 $MR=MC$이다.

$TR=P \times Q=(30-\dfrac{Q}{2})Q=30Q-\dfrac{Q^2}{2}$인데

TR을 Q로 미분하면
$MR=30-Q \qquad TC(Q)=Q^2+100$
TC를 Q로 미분하면
$MC=2Q \qquad MR=MC$
$30-Q=2Q$이므로 $Q=10$이다. 따라서 이윤극대화 생산량은 10이다.

48

| 정답 | ①

| 해설 | 독점기업 이윤극대화는 $MR=MC$이다.
$TR=P \times Q=(2,000-50Q)Q=2,000Q-50Q^2$이다.
TR을 Q로 미분하면 $MR=2,000-100Q$이다.
이를 정리하면
$TC=10Q^2+200Q$
TC를 Q로 미분하면 $MC=20Q+200$
$MR=MC$이므로 $2,000-100Q=20Q+200$
$Q=15$이다.
이를 $P=2,000-50Q$에 대입하면,
$P=2,000-50 \times 15=1,250$
따라서 P는 1,250이다.

49

| 정답 | ⑤

| 해설 | 시장 A와 B의 수요함수를 다시 정리하면
$P_a=5-\dfrac{Q_a}{2}$, $P_b=5-Q_b$이다. $TR=P \times Q$이므로

시장 A의 $TR=\left(5-\dfrac{Q}{2}\right)Q=5Q-\dfrac{Q^2}{2}$, B의 $TR=(5-Q)Q=5Q-Q^2$이다.

TR을 미분하면 시장 A에서의 한계수입 $MR_a=5-Q_a$, B에서의 한계수입 $MR_b=5-2Q_b$이다.

$MC=3$이므로 시장 A에서의 균형은
$MR=MC \qquad 5-Q_a=3 \qquad Q_a=2$

시장 B에서도 $MR=MC$이므로
$5-2Q_b=3 \qquad Q_b=1$

따라서 $Q_a=2$, $Q_b=1$이다.

50

| 정답 | ②

| 해설 | 독점기업의 이윤극대화 조건은 $MR=MC$에서 결정된다.
시장수요함수는 $P=30-Q$이므로 $TR=P \times Q=(30-$

파트1 파트2 파트3 파트4 파트5 파트6 파트7 파트8 실전1 실전2

$Q)Q=30Q-Q^2$이고 TR을 미분하면 $MR=30-2Q$가 된다.

한계비용(MC)=20이므로 $MR=MC$

$30-2Q=20$ $Q=5$이다.

$Q=5$를 $P=30-Q$에 대입하면 $P=30-5=25$이다.

따라서 이윤극대화 생산량은 $Q=5$이고, 독점생산량에서 독점가격은 $P=25$이다.

$$\begin{aligned}총이윤 &= TR-TC=PQ-20Q\\&=(25\times5)-(20\times5)=125-100=25\end{aligned}$$

이 내용을 그림으로 그려보면 다음과 같다.

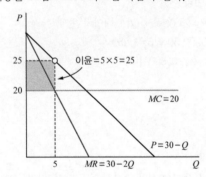

51

| 정답 | ④

| 해설 | 특허기간 중 : 독점시장 $MR=MC$

특허기간 소멸 : 경쟁시장 $P=MC$

시장수요곡선은 $P=20-Q$, 한계비용곡선은 총비용(TC)을 미분한 $MC=4$이다.

특허기간은 독점을 의미하므로 이때 이윤극대화 조건은 $MR=MC$에서 시장수요곡선이 $P=20-Q$이므로 $TR=P\times Q=(20-Q)Q=20Q-Q^2$을 미분하면 $MR=20-2Q$이다.

$MR=MC$이므로 $20-2Q=4$, 따라서 $Q=8$이다.

특허가 소멸되면 완전경쟁시장이 되므로 $P=MC$에 의해 $20-Q=4$가 되어 $Q=16$이다.

52

| 정답 | ③

| 해설 | 이윤극대화를 위해서는 2개 이상의 시장에서 얻

는 한계수입은 일치($MR_A=MR_B$)해야 하고, 한계수입과 한계비용도 일치($MR_A=MR_B=MC$)해야 한다.

따라서 A 시장보다 B 시장에서 X재화에 대한 수요가 가격에 더 탄력적이라면 독점기업은 A 시장보다 B 시장에서 더 낮은 가격을 설정한다.

53

| 정답 | ④

| 해설 | 아모로소-로빈슨 공식과 가격차별

1. 3급 가격차별을 통한 이윤극대화 조건은
$MR_A=MR_B=MC$이다.

2. $MR=P\left(1-\dfrac{1}{E}\right)$ (단, E : 개별기업수요의 가격탄력성)

따라서 $MR_A=MC$

$$P_A\left(1-\dfrac{1}{E_A}\right)=MC$$

$$P_A=\dfrac{MC}{\left(1-\dfrac{1}{E_A}\right)}=\dfrac{5}{\left(1-\dfrac{1}{1.5}\right)}=15$$

$$MR_B=MC,\qquad P_B\left(1-\dfrac{1}{E_B}\right)=MC$$

$$P_B=\dfrac{MC}{\left(1-\dfrac{1}{E_B}\right)}=\dfrac{5}{\left(1-\dfrac{1}{1.2}\right)}=30$$

따라서 시장 A 독점가격은 15, 시장 B 독점가격은 30이다.

54

| 정답 | ①

| 해설 | 비용함수 $C=15Q+20$을 미분하면 $MC=15$, 대구와 광주의 한계수입(MR)을 구하기 위해서 P에 대해서 정리하면 다음과 같다.

대구의 수요함수 $Q_{대구}=-P_{대구}+55$

$$P_{대구}=55-Q_{대구}$$

광주의 수요함수 $Q_{광주}=-2P_{광주}+70$

$$P_{광주}=35-\dfrac{1}{2}Q_{광주}$$

$TR = P \times Q$이므로

$TR_{대구} = (55 - Q)Q = 55Q - Q^2$을 미분하면

$MR_{대구} = 55 - 2Q$

$TR_{광주} = \left(35 - \dfrac{1}{2}Q\right)Q = 35Q - \dfrac{1}{2}Q^2$을 미분하면

$MR_{광주} = 35 - Q$

이윤극대화조건은 다음과 같다.

- 대구 공급량 : $MR_{대구} = MC$

    $55 - 2Q_{대구} = 15$, $Q_{대구} = 20$

- 대구의 최적가격 : $Q_{대구} = 20$

    $P_{대구} = 55 - Q_{대구}$에 대입

    $P_{대구} = 55 - 20$, $P_{대구} = 35$

- 광주 공급량 : $MR_{광주} = MC$

    $35 - Q_{광주} = 15$, $Q_{광주} = 20$

- 광주의 최적가격 : $Q_{광주} = 20$

    $P_{광주} = 35 - \dfrac{1}{2}Q_{광주}$에 대입

    $P_{광주} = 55 - 20$, $P_{광주} = 25$

이것을 그래프로 나타내면 다음과 같다.

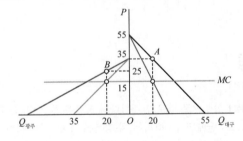

55

| 정답 | ④

| 해설 | 기업은 국내 시장과 해외 시장에 대하여 일종의 가격차별을 하게 된다. 따라서 이윤극대화 조건은 $MR_{국내} = MC = MR_{해외}$가 된다.

해외시장의 경우 수요곡선이 수평이므로 그 자체가 MR이 된다. 실질적으로 MR은 생산량이 10보다 작을 때 국내시장 MR이 해외시장 MR보다 크므로 국내시장 MR을 따르다가 생산량이 10을 넘어서는 순간 해외시장 MR이 국내시장 MR보다 크므로 해외시장 MR을 따르게 된다. 이 MR이 MC와 만나는 d에서 생산

량을 결정한다. 따라서 65개를 생산하여 그중 10개를 국내 시장에 판매하고 10개에서의 국내시장 수요곡선의 높이만큼 국내시장 가격을 결정한다. 그리고 남은 55개를 수출하게 된다.

56

| 정답 | ③

| 해설 | 이부가격제(two part tariff)에 의하면 사용요금(P)은 한계비용(MC)과 같을 때까지 판매하고 고정요금(가입비)은 소비자잉여(CS)에 해당하는 부분으로 설정한다.

총비용함수 $TC = 20 + 2Q$를 미분하면 $MC = 2$이고, 수요함수 $P = 10 - 0.5Q$로 주어졌으므로, 이것을 그래프로 그리면 다음과 같다.

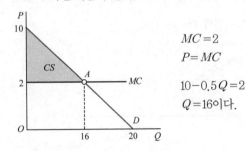

$MC = 2$

$P = MC$

$10 - 0.5Q = 2$

$Q = 16$이다.

그러므로 고정요금으로 징수할 수 있는 소비자잉여(CS)의 크기는 $\dfrac{1}{2} \times 16 \times 8 = 64$이다.

57

| 정답 | ③

| 해설 | 한계비용(MC)은 500이고, 수요함수 $P = 1,000 - Q_d$를 이용하여 그래프를 그리면 다음과 같다.

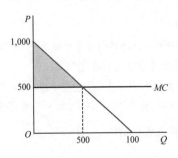

이부가격제를 통해 이윤을 극대화하기 위해서는 소비자 잉여만큼 고정요금(가입비)로 받고, 최적 가격은 한계비용으로 설정하면 된다.

고정요금(가입비)의 크기는 소비자잉여의 크기와 같으므로 $\frac{1}{2} \times 500 \times (1,000 - 500) = 125,000$이다.

58

| 정답 | ①

| 해설 | 이부가격제는 고정회비(가입비)와 한계비용에 해당하는 사용료를 받는 가격체계이다. 서비스 한 단위당 가격은 한계비용으로 결정되고, 고정비용은 최대 소비자 잉여만큼 받을 수 있다. 문제에서 $Q = 4,000 - 5P$, $P = 800 - \frac{1}{5}Q$이고, 한계비용 $MC = 400$이므로 그림으로 나타내면 다음과 같다.

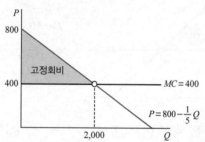

고정회비는 소비자 잉여의 크기가 되므로 삼각형 색칠된 면적인 $\frac{1}{2} \times 2,000 \times (800 - 400) = 400,000$원이 된다.

그리고 서비스 한단위당 가격은 한계비용(MC)인 400원이 된다.

59

| 정답 | ②

| 해설 | 골프장이 개별주민에게 부과할 연회비를 구하려면 개별수요곡선을 알아야 한다.

시장수요함수가 $P = 21 - Q$이므로 $Q = 21 - P$이다.

$Q = 21 - P$은 시장수요함수이므로 이것을 주민수 10으로 나누면 개별수요함수는 $Q = \frac{21}{10} - \frac{P}{10}$

$Q = 2.1 - 0.1P$이고 이를 정리하면 $P = 21 - 10Q$이다. 이부요금제에서 이윤을 극대화하려면 라운드 1회당 이용료를 한계비용과 동일하게 해야 하므로 1달러가 된다. $P = 1$을 개별수요함수 $Q = 2.1 - 0.1P$에 대입하면 $Q = 2$가 되므로 주민 1인당 라운딩 횟수는 2회이다. 이것을 그림으로 나타내면 다음과 같다.

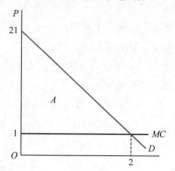

소비자잉여는 삼각형 A의 면적이므로 $\frac{1}{2} \times 2 \times (21 - 1) = 20$ 달러이다. 주민 1명이 골프장을 이용할 때의 월별 소비자잉여가 20달러이므로 1년간의 소비자잉여는 $20 \times 12 = 240$(달러)이다.

60

| 정답 | ④

| 해설 | 상품별로 따로 판매한다면 제품은 둘 중 낮은 가격으로 판매된다. 따라서 수영복은 400, 수영모자는 250, 샌들은 100이 된다. 판매업자인 A 씨의 수입은 수영복과 수영모자를 판매하면 $(400 + 250) \times 2 = 1,300$이고, 수영복과 샌들을 판매하면 $(400 + 100) \times 2 = 1,000$이 된다.

묶어 팔기의 기준가격은 고객(ㄱ)이 되며, 수영복과 수영모자를 묶어 팔면 $(400 + 250) \times 2 = 1,300$이 되고, 수영복과 샌들을 묶어 팔면 $(400 + 150) \times 2 = 1,100$이 된다.

묶어 팔기가 이윤을 증가시키기 위해서는 소비자들의 지불용의와 품목 간에 역(-)의 관계가 있어야 한다.

따라서 수영복과 수영모자를 따로 팔 때와 묶어 팔 때는 수입이 같으나 수영복과 샌들을 따로 팔 때는 1,000 {= $(400 + 100) \times 2$}이고 수영복과 샌들을 묶어 팔 때는 1,100{= $(400 + 150 \times 2)$}이 된다.

61

| 정답 | ②

| 해설 | 자연독점은 장기에 규모의 경제로 인하여 발생하는 독점을 말하며, 규모의 경제가 있는 경우 생산량이 증가할수록 평균비용은 점점 감소하며, 평균비용이 감소하면 한계비용곡선은 평균비용곡선 아래에 위치한다.

62

| 정답 | ③

| 해설 | **자연독점의 가격규제**

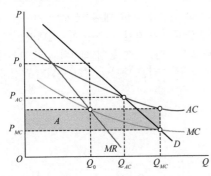

• 한계비용 가격결정($P = MC > AC$) : 자원배분이 효율적으로 이루어지나 가격 $P = MC$가 평균비용(AC)보다 낮으므로 자연독점기업은 A만큼 적자가 발생한다.
• 평균비용 가격결정($P = AC > MC$) : 자연독점기업은 적자가 발생하지는 않지만 $P = AC > MC$가 되어 자원배분이 비효율적이다.

63

| 정답 | ④

| 해설 | 독점기업이 직면하는 수요곡선은 우하향하므로 독점기업이 판매량을 증가시키려면 가격을 낮추어야 한다.

| 오답풀이 |

① 특허제도를 폐지하면 새로운 기술을 개발하더라도 독점권을 인정받을 수 없으므로 기술개발에 대한 동기부여를 위해 특허제도를 폐지하는 것은 바람직하지 않다.

② 규모의 경제란 생산이 증가되면서 평균비용이 지속적으로 하락하는 것을 의미하며, 이런 규모의 경제가 존재하는 경우에는 자연독점이 발생한다.
③ 독점기업도 초기에는 $P < AC$가 되어 손실이 발생할 수도 있다.
⑤ 대부분의 경우 공기업은 이윤동기가 부족하기 때문에 생산이 비효율적으로 이루어지는 경우가 많다. 규모의 경제가 크게 발생하는 경우가 아니라면 분할하여 경쟁을 유도하는 것이 오히려 바람직할 수 있다.

64

| 정답 | ①

| 해설 | 총비용 함수 $C = 10Q + Q^2$를 미분하면 $MC = 10 + 2Q$가 되며, 수요함수 $Q = 130 - P$를 정리하면 $P = 130 - Q$이다.

한계비용 규제가격은 수요곡선($P = 130 - Q$)과 한계비용곡선($MC = 10 - 2Q$) 교점에서 이루어지므로,

$130 - Q = 10 + 2Q$ $\qquad 3Q = 120$ $\qquad Q = 40$

$Q = 40$을 수요함수 $P = 130 - Q$에 대입하면, $P = 130 - 40 = 90$이 된다.

MR은 수요곡선과 절편이 같고 기울기가 2배인 성질을 가지므로 이를 이용하면 $MR = 130 - 2Q$로 구할 수도 있고, $TR = P \times Q = (130 - Q)Q = 130Q - Q^2$를 미분하여 $MR = 130 - 2Q$로 구할 수도 있다.

이윤극대화 조건은 $MR = MC$이므로,

$130 - 2Q = 10 + 2Q$ $\qquad Q = 30$

$Q = 30$을 수요함수 $P = 130 - Q$에 대입하면, $P = 130 - 30 = 100$이 된다.

65

| 정답 | ⑤

| 해설 | 독점기업에 정해진 일정 금액의 세금을 부과하면 세금은 고정비용의 성격을 가지므로 한계비용에 영향을 미치지 못하여 생산량과 가격은 변하지 않는다.

| 오답풀이 |

①, ④ 독점이윤에 대해 세금을 부과한다는 것은 생산과 판매가 모두 이루어진 후에 부과하는 세금이므로

생산량과 가격에 영향을 미치지 않고, 또한 세금 부담을 소비자에게 떠넘길 수도 없다.

② 생산량 1단위당 100원씩 세금을 부과하면 한계비용곡선이 상방으로 이동하여 생산량은 줄어들고 가격은 올라간다.

③ 독점기업의 매출액에 10%의 세금을 부과하면 한계수입(MR)이 작아져서 생산량은 줄어들고 가격은 올라간다.

66

|정답| ④

|해설| ㄷ. 독점적 경쟁기업의 장기균형은 수요곡선이 한계비용곡선에 접할 때가 아니라 수요곡선과 장기평균비용곡선이 접할 때 장기균형점에 도달한다.

ㅁ. 상품에 대한 수요는 순수 독점기업일 때보다는 수요곡선의 기울기가 완만하고 완전경쟁시장보다는 가파르므로, 수요의 가격탄력성의 크기는 독점보다는 더 탄력적이고 완전경쟁의 경우보다는 덜 탄력적이다.

67

|정답| ③

|해설| 자신의 가격책정이 다른 기업의 가격결정에 영향을 미친다고 생각하면서 행동하는 시장은 과점시장이다.

|오답풀이|

① 독점적 경쟁은 장기에 진입장벽이 존재하지 않기 때문에 기업의 진입과 퇴출은 자유롭다.

② 독점적 경쟁시장의 가장 큰 특징으로 개별 기업은 차별화된 상품을 공급하며, 우하향하는 수요곡선에 직면한다.

④ 개별 기업은 단기에는 초과이윤, 정상이윤, 손실이 모두 가능하며 장기에는 진입과 퇴거가 가능하므로 정상이윤만을 얻는다.

68

|정답| ③

|해설| 장기에 평균비용곡선의 최저점에서 균형이 이뤄지는 시장형태는 완전경쟁시장이고, 독점적 경쟁의 장기균형은 LAC곡선 최소점보다 왼쪽에서 이루어진다.

69

|정답| ①

|해설| 비용극소화는 전통적인 기업의 목표인 이윤극대화를 달성하기 위한 전제이다. 기업은 어떤 생산수준을 선택하더라도 항상 주어진 생산량을 최소의 비용으로 생산하고자 하므로 비용극소화는 이윤극대화가설의 대체가설이 될 수 없다.

이윤극대화 가설에 대한 대체가설로 장기이윤극대화, 시장점유율 극대화 가설, 제약된 이윤극대화, 수입극대화 그리고 만족이윤가설 등이 제시되고 있으나 전통적인 이윤극대화가설을 대체할 정도는 되지 못한다.

70

|정답| ③

|해설| 두 기업의 총비용함수가 $40Q$이므로 미분하면 두 기업의 한계비용 $MC=40$으로 동일하다. 두 기업의 비용조건이 동일한 경우 쿠르노 모형의 균형은 완전경쟁 생산량의 $\frac{2}{3}$이다. 완전경쟁의 이윤극대화조건을 대입해보면,

$P=MC$ $100-Q=40$ $Q=60$

완전경쟁의 경우 $Q=60$이므로 쿠르노 모형에서의 생산량은 완전경쟁의 $\frac{2}{3}$인 40단위가 된다. 따라서 $Q=40$을 수요함수에 대입하면 $P=60$이 된다.

71

|정답| ③

|해설| $Q_A+Q_B=q$일 때 시장수요곡선은 $P=a-bq$이다. 완전경쟁시장에서는 $P=MC$가 성립하는데, $MC=0$이므로 $P=0$, $0=a-bq$ $\therefore q=\frac{a}{b}$

www.gosinet.co.kr gosinet

파트1
파트2
파트3
파트4
파트5
파트6
파트7
파트8
실전1
실전2

쿠르노 모형에서는 각 기업의 생산량은 완전경쟁시장 생산량의 $\frac{1}{3}$씩 생산하므로 $q=\frac{a}{3b}$가 되고, 시장 전체의 생산량은 완전경쟁시장의 $\frac{2}{3}$이므로 $q=\frac{2a}{3b}$, $P=\frac{1}{3a}$이다.

72

| 정답 | ①

| 해설 | 완전경쟁시장 균형생산량은 $P=MC$이므로 이를 정리하면 다음과 같다.

$Q=60-P$　　　$P=60-Q$

$0=60-Q(MC=0$이므로$)$　　$Q=60$

쿠르노 복점시장의 시장균형생산량은 완전경쟁시장 생산량의 $\frac{2}{3}$이므로 $60\times\frac{2}{3}=40$이고, 독점시장의 균형생산량은 완전경쟁시장 생산량의 $\frac{1}{2}$이므로 $60\times\frac{1}{2}=30$이다. 따라서 차이는 10이다.

73

| 정답 | ③

| 해설 | A, B 두 기업의 수요곡선을 다시 나타내면 $P=50-5(Q_A+Q_B)$이다.

총수입(TR)$=P\times Q$이므로

$TR_A=P\times Q_A=(50-5Q_A-5Q_B)\times Q_A$
　　　$=50Q_A-5Q_A{}^2-5Q_AQ_B$

$TR_B=P\times Q_B=(50-5Q_A-5Q_B)\times Q_B$
　　　$=50Q_B-5Q_AQ_B-5Q_B{}^2$

A사의 한계수입 : TR_A를 Q_A에 대하여 미분하면
　　　　　　　　$MR_A=50-10Q_A-5Q_B$

B사의 한계수입 : TR_B를 Q_B에 대하여 미분하면
　　　　　　　　$MR_B=50-10Q_B-5Q_A$

A사의 한계비용 : $C_A(Q_A)=20+10Q_A$을 Q_A에 대하여 미분하면 $MC_A=10$

B사의 한계비용 : $C_B(Q_B)=10+15Q_B$를 Q_B에 대하여 미분하면 $MC_B=15$

이윤극대화 조건은 $MR=MC$이므로

A사 : $MR_A=MC_A$
　　　$50-10Q_A-5Q_B=10$
　　　$40-10Q_A-5Q_B=0$　·················· ㉠

B사 : $MR_B=MC_B$
　　　$50-10Q_B-5Q_A=15$
　　　$35-10Q_B-5Q_A=0$　·················· ㉡

㉠과 ㉡을 연립하여 풀면 $Q_A=3$, $Q_B=2$가 된다.

74

| 정답 | ②

| 해설 | 이윤극대화 생산량은 $MR=MC$이므로 기업 1과 기업 2의 이윤극대 생산량은 다음과 같이 반응곡선으로 구해진다.

기업 1의 반응곡선은

$32-2Q_1-Q_2=6$
$26-2Q_1-Q_2=0$　······························· ㉠

기업 2의 반응곡선은

$32-Q_1-2Q_2=4$
$28-Q_1-2Q_2=0$　······························· ㉡

쿠르노균형은 두 기업의 반응곡선이 교차하는 점에서 이루어지므로 ㉠과 ㉡을 연립하여 풀면
$Q_1=8$, $Q_2=10$이 된다.

75

| 정답 | ③

| 해설 | 먼저 두 기업이 모두 추정자라 가정하는 쿠르노 모형을 분석하면 1 기업의 이윤함수는 한계비용이 0이므로 $\pi_1=PQ_1=50Q_1-Q_1{}^2-Q_1Q_2$를 이윤극대화 조건에 의해 미분하면

$\frac{d\pi}{dQ_1}=50-2Q_1-Q_2=0$ 따라서 $Q_1=\frac{50-Q_2}{2}$이고 같은 방법으로 $Q_2=\frac{50-Q_1}{2}$을 구할 수 있다.

한편, 슈타켈버그 모형에서 기업 1이 선도자이고 기업

2가 추정자이면 기업 2의 생산량은 $Q_2 = \dfrac{50 - Q_1}{2}$으로 주어진 것으로 보고 1기업의 이윤을 구하면,

$\pi_1 = PQ_1 = 50Q_1 - Q_1{}^2 - Q_1Q_2$

$\quad = 50Q_1 - Q_1{}^2 - Q_1 \times \dfrac{50 - Q_1}{2} = 25Q_1 - \dfrac{1}{2}Q_1{}^2$

이윤극대화조건에 의해 미분하면

$\dfrac{d\pi}{dQ_1} = 25 - Q_1 = 0$

따라서 $Q_1 = 25$이고 $Q_2 = \dfrac{50 - Q_1}{2} = 12.5$이므로 $Q_2 = 37.5$이다. 이때 시장가격은 $P = 50 - 25 - 12.5 = 12.5$ 이다.

한편 동일한 가격에 기업 1이 기업 2 생산량의 2배이므로 이윤도 2배이다.

76

| 정답 | ③

| 해설 | 독점기업 A의 이윤극대화조건은 $MC_1 = MR = MC_2$가 충족되도록 생산량을 조정해야 한다. 따라서

$50 + 2Q_1 = 90 + Q_2$ ·················· ㉠

기업의 생산량이 총 80단위이므로

$Q_1 + Q_2 = 80$ ·················· ㉡

㉠과 ㉡ 두 식을 연립해서 풀면

$Q_1 = 40$, $Q_2 = 40$이 된다.

77

| 정답 | ①

| 해설 | 카르텔의 이윤극대화 조건은 $MC_A = MC_B = MR$이다.

• 기업 A의 비용함수 :

$\quad TC_A(Q_A) = 20Q_A$를 미분하면 $MC_A = 20$

• 기업 B의 비용함수 :

$\quad TC_B(Q_B) = 20Q_B$를 미분하면 $MC_B = 20$

$TR = P \times Q = (80 - Q) \times Q = 80Q - Q^2$를 미분하면

$MR = 80 - 2Q$

$MC_A = MR \qquad 20 = 80 - 2Q \qquad Q = 30$

$Q = 30$을 $P = 80 - Q$에 대입하여 풀면

$P = 80 - 30 = 50$이 된다.

두 기업이 시장 수요량을 반씩 나누기로 하였으므로 기업 A는 $15\left(= \dfrac{30}{2} \right)$개를 생산 판매한다.

또한 기업 A가 얻는 이윤은

$TR(= P \times Q) - TC(= MC \times Q)$

$TR - TC = (P \times Q) - (MC \times Q)$

$\quad = (50 \times 15) - (20 \times 15) = 750 - 300$

$\quad = 450$

78

| 정답 | ④

| 해설 | 시장수요함수를 정리하면,

$Q = 32 - 0.5P \qquad P = 64 - 2Q$

$TR = P \times Q$이므로

$(64 - 2Q)Q = 64Q - 2Q^2$ 이를 미분하면

$MR = 64 - 4Q$, $MC = 24$

두 기업이 하나의 독점기업처럼 행동하므로,

$MR = MC$

$64 - 4Q = 24 \qquad Q = 10$

이를 $P = 64 - 2Q$에 대입하면 $P = 64 - 2 \times 10 = 44$

고정비용이 0이고, $MC = 24$로 일정하므로 총비용 $TC = MC \times Q = 24Q$이다. 이때 이윤극대화를 한 두 기업이 생산량을 똑같이 나누므로 단일 기업의 생산량은 $\dfrac{Q}{2} = \dfrac{10}{2} = 5$단위가 되고, 이를 통해 얻게 되는 이윤은

$TR(= P \times Q) - TC(= MC \times Q)$

$= (44 \times 5) - (24 \times 5) = 220 - 120 = 100$이 된다.

79

| 정답 | ②

| 해설 | 지배적 기업과 군소기업이 존재하므로 지배적 기업에 의한 가격선도 모형이다. 지배적 기업은 군소기업이 판매하고자 하는 것을 모두 허용하고, 나머지 수요(잔여수요)만을 가지고 이윤극대화를 한다. 이윤을 극대화하는 생산량과 가격을 먼저 지배적 기업이 선택

하므로 지배적 기업은 선도가 역할을 한다. 군소기업은 이 가격을 주어진 것으로 받아들이기 때문에 추종자의 역할을 한다.

- 시장수요함수 : $P=60-2Q$ 　　$Q=30-\frac{1}{2}\times P$

- 군소기업들의 공급함수 : $P=2Q_F$ 　　$Q_F=\frac{1}{2}\times P$

$Q=Q_D+Q_F$이므로

$Q_D=Q-Q_F=\left(30-\frac{1}{2}\times P\right)-\left(\frac{1}{2}\times P\right)=30-P$

따라서 시장수요함수에서 군소기업들의 공급함수를 차감하면 잔여수요함수는 $Q_D=30-P$ 또는 $P=30-Q_D$가 된다.

지배적 기업의 이윤극대화 조건은 $MR=MC$이다. $TR=P\times Q=(30-Q)Q=30Q-Q^2$이고 미분하면 $MR=30-2Q$이므로 지배적 기업의 한계수입함수는 $MR=-2Q+30$이다.

한계비용함수 $MC=Q$이므로 지배적 기업의 이윤극대화 생산량은 $30-2Q=Q$이고 $Q=10$(개)이다.

가격은 잔여수요곡선의 높이에서 결정되므로 $Q=10$을 잔여수요함수 $P=30-Q_D$에 대입하면 $P=30-10=20$(원)이다.

80

| 정답 | ⑤

| 해설 | • 기업 A의 전략 : 기업 B가 전략 1을 선택했을 때 기업 A가 전략 1을 선택하면 기업 A의 보수는 300만 원, 전략 2를 선택하면 기업 A의 보수는 50만 원이 된다. 따라서 기업 A는 전략 1을 선택한다. 기업 B가 전략 2를 선택했을 때 기업 A가 전략 1을 선택한다면 기업 A의 보수는 200만 원, 전략 2를 선택한다면 기업 A의 보수는 250만 원이므로 기업 A는 전략 2를 선택한다. 따라서 기업 A의 우월전략은 존재하지 않는다.

• 기업 B의 전략 : 기업 A가 전략 1을 선택한다면 기업 B가 전략 1을 선택하면 기업 B의 보수는 600만 원, 전략 2를 선택하면 기업 B의 보수는 400만 원이 된다. 따라서 기업 B는 전략 1을 선택한다. 기업 A가 전략 2를 선택하고 기업 B가 전략 1을 선택하면 기업 B의 보수는 300만 원, 전략

2를 선택하면 기업 B의 보수는 0원이 되므로 기업 B는 전략 1을 선택한다. 따라서 기업 A가 어떠한 전략을 선택하더라도 기업 B는 전략 1을 선택하는 것이 유리하다. 따라서 기업 B의 우월전략은 전략 1이 된다.

81

| 정답 | ②

| 해설 | 주어진 조건을 기초로 보수행렬표를 작성하면 다음과 같다.

기업 A ＼ 기업 B	전략 b_1 (10톤 생산)	b_2 (20톤 생산)
전략 a_1 (10톤 생산)	(8, 8)	(5, 10)
전략 a_2 (20톤 생산)	(10, 5)	(6, 6)

B 기업이 10톤을 생산하든 20톤을 생산하든, A 기업은 10톤을 생산하는 것보다 20톤을 생산하는 것이 더 높은 이윤을 얻을 수 있으므로, A 기업의 우월적 전략은 20톤을 생산하는 것이다.

마찬가지로 A 기업이 10톤을 생산하든 20톤을 생산하든, B 기업은 10톤을 생산하는 것보다 20톤을 생산하는 것이 더 높은 이윤을 얻을 수 있으므로, B 기업의 우월적 전략은 20톤을 생산하는 것이다.

82

| 정답 | ④

| 해설 | 두 기업이 경쟁관계에 있다면 가장 최선의 선택은 우월전략을 선택하는 것이다.

A 기업은 B 기업이 광고할 때 광고하는 것이 유리하고, B 기업이 광고하지 않을 때에도 광고하는 것이 유리하므로, A 기업의 우월전략은 광고하는 것이다.

B 기업은 A 기업이 광고할 때 광고하는 것이 유리하고, A 기업이 광고하지 않을 때에도 광고하는 것이 유리하므로, B 기업의 우월전략은 광고하는 것이다.

따라서 기업 A와 기업 B의 우월전략이 모두 광고하는 것이므로 우월전략균형은 (광고, 광고)이다.

www.gosinet.co.kr　gosinet

파트1
파트2
파트3
파트4
파트5
파트6
파트7
파트8
실전1
실전2

83

|정답| ③

|해설| A국이 약한 긴축의 전략을 선택한다면 B국은 약한 긴축을 선택하는 것이 유리하고, A국이 강한 긴축을 선택할 때 B국은 약한 긴축을 선택하는 것이 보수가 커지므로, A국의 우월전략은 약한 긴축이 된다.

B국이 약한 긴축을 선택한다면 A국은 약한 긴축을 선택하는 것이 유리하고, B국이 강한 긴축을 선택한다면 A국은 약한 긴축을 선택하는 것이 보수가 커지므로, B국의 우월전략도 약한 긴축이 된다.

그러므로 두 국가 모두 상대방의 전략에 관계없이 약한 긴축을 선택할 때의 보수가 더 크다. 따라서 두 국가의 우월전략은 (약한 긴축, 약한 긴축)이다.

84

|정답| ①

|해설| 우월전략은 상대방의 전략과 상관없이 항상 자신의 보수가 유리한 전략이다. 따라서 우월전략이 존재한다면 A 또는 B는 상대방의 전략과 상관없이 회피 또는 직진을 선택했을 때 유리한 면이 있어야 한다.

A가 회피전략을 선택하면 B는 직진전략을 선택하고, A가 직진전략을 선택하면 B는 회피전략을 선택해야 더 유리하므로, B의 우월전략은 존재하지 않는다.

B가 직진전략을 선택하면 A는 회피전략을 선택하고, B가 회피전략을 선택하면 A는 직진전략을 선택해야 더 유리하므로, A 역시 우월전략이 존재하지 않는다.

85

|정답| ③

|해설| 기업 B가 $Q=2$를 선택하면 기업 A는 $Q=3$를 선택하는 것이 유리하고, 기업 B가 $Q=3$를 선택하면 기업 A는 $Q=2$를 선택하는 것이 더 유리하므로, 기업 A의 우월전략은 없다.

기업 A가 $Q=2$를 선택하면 기업 B는 $Q=2$를 선택하는 것이 더 유리하고, 기업 A가 $Q=3$을 선택한다면 기업 B는 $Q=2$를 선택하는 것이 더 유리하므로, 기업 B의 우월전략은 $Q=2$이다.

따라서 기업 B가 $Q=2$일 때 기업 A는 $Q=3$가 유리하므로 내쉬균형은 (기업 A의 전략, 기업 B의 전략)$=(Q=3, Q=2)=(12, 8)$이 된다.

86

|정답| ②

|해설| • 기업 A의 선택 : 기업 B가 생산량 감소를 선택하면 기업 A도 생산량 감소를 선택하는 것이 유리하고, 기업 B가 생산량 유지를 선택한다면 기업 A도 생산량 유지를 선택하는 것이 유리하므로, 우월전략은 없다.

• 기업 B의 선택 : 기업 A가 생산량 감소를 선택하면 기업 B도 생산량 감소를 선택하는 것이 유리하고 기업 A가 생산량 유지를 선택한다면 기업 B도 생산량 유지를 선택하는 것이 유리하므로, 우월전략은 없다.

결국 내쉬균형은 (감소, 감소)와 (유지, 유지) 2개가 있으며, 내쉬균형에서 두 기업은 동일한 전략을 선택하고 있다.

게임이론에서는 두 기업의 보수를 합한 값이 극대화될 때 파레토 효율적이다. 따라서 (감소, 감소)일 때 보수의 합이 200이므로 파레토 효율적이고, 두 기업 모두 생산량을 유지하는 전략조합일 때는 보수의 합이 140이므로 파레토 효율적이지 않다.

87

|정답| ①

|해설| • A사의 내쉬전략 : B사의 전략이 주어졌다는 가정하에 자신의 최적전략을 선택하는 것이다.

㉠ B사가 b_1 전략을 선택하면 A사는 1, 2 중에서 2가 더 크므로 a_2를 선택하는 것이 최선이다.

㉡ B사가 b_2 전략을 선택하면 A사는 1, 0 중에서 1이 더 크므로 a_1을 선택하는 것이 최선이다.

• B사의 내쉬전략 : A사의 전략이 주어졌다는 가정 하에 자신의 최적전략을 선택하는 것이다.

㉠ A사가 a_1을 선택하면 B사는 1, 0 중에서 1이 더 크므로 b_1 전략을 선택하는 것이 최선이다.

파트1

파트2

파트3

파트4

파트5

파트6

파트7

파트8

실전1

실전2

ⓒ A사가 a_2을 선택하면 B사는 1, 2 중에서 2가 더 크므로 b_2 전략을 선택하는 것이 최선이다.

따라서 A사의 내쉬전략과 B사의 내쉬전략이 겹치는 경우가 없으므로, 순수전략 내쉬균형의 개수는 0이다.

88

| 정답 | ④

| 해설 | 기업 A가 전략 a_1을 선택할 경우 기업 B는 전략 b_1을 선택하고, 기업 A가 전략 a_2을 선택할 경우 기업 B는 전략 b_2를 선택하면 이윤이 커진다.

기업 B가 전략 b_1을 선택할 경우 기업 A는 전략 a_2를 선택하고, 기업 B가 전략 b_2를 선택할 경우 기업 A는 전략 a_2를 선택하면 이윤이 커진다.

그러므로 내쉬균형은 전략 a_2, 전략 b_2로 (8, 8)이 된다.

89

| 정답 | ④

| 해설 | A국 Large를 선택할 때 B국은 Small을 선택하고, A국이 Medium을 선택할 때 B국은 Medium을 선택하고, A국이 Small을 선택할 때 B국이 Large를 선택하면 보수가 가장 커진다.

반대로 B국이 Large를 선택하면 A국은 Large를 선택하고, B국이 Medium을 선택하면 A국도 Medium을 선택하고, B국이 Small을 선택하면 A국은 Medium을 선택하면 보수가 가장 커진다.

따라서 내쉬균형은 (6. 5)가 된다.

90

| 정답 | ③

| 해설 | • 노력비용을 감안하지 않을 때 편익

기업 A \ 기업 B	태만	열심
태만	(1, 1)	(11, 11)
열심	(11, 11)	(20, 20)

• 노력비용(15)을 감안할 때 순편익
('열심'순편익＝편익－노력비용)

A \ B	태만	열심
태만	(1, 1)	(11, −4)
열심	(−4, 11)	(5, 5)

• A의 내쉬전략 : B의 전략이 주어졌다는 가정 하에 자신의 최적전략을 선택하는 것이다.
B가 태만하면 A는 1, −4 중에서 1이 크므로 태만을 선택하는 것이 최선이고, B가 열심히 하면 A는 11, 5 중에서 11이 크므로 태만을 선택하는 것이 최선이다.

• B의 내쉬전략 : A의 전략이 주어졌다는 가정 하에 자신의 최적전략을 선택하는 것이다.
A가 태만하면 B기업은 1, −4 중에서 1이 크므로 태만을 선택하는 것이 최선이고, A가 열심히 하면 B는 11, 5 중에서 11이 크므로 태만을 선택하는 것이 최선이다.

따라서 A의 내쉬전략과 B의 내쉬전략이 겹치는 경우의 전략은 (태만, 태만)이다.

91

| 정답 | ②

| 해설 | 기업 B가 진입하면 기업 A는 현 가격유지를 선택하고, 기업 B가 포기하면 기업 A는 현 가격유지를 선택하므로 기업 A의 입장에서는 기업 B가 어떠한 전략을 사용하든지 현 가격유지라는 우월전략이 존재한다.

반면 기업 A가 가격인하하면 기업 B는 포기를 선택하고, 기업 A가 현 가격유지를 선택하면 기업 B는 진입하는 전략을 선택하여야 한다.

그러므로 내쉬균형은 기업 B가 진입하고, 기업 A는 현 가격유지를 선택하여 보수행렬 (3, 3)에서 이루어진다.

92

| 정답 | ①

| 해설 | 잠재적 진입기업 A가 먼저 진입 여부를 선택하고 기존기업 B가 반격 또는 공생 여부를 선택하므로 순차게임(Sequential Game)의 성격을 갖는다.

문제에서 주어진 내용을 전제로 전개형게임(게임트리)으로 나타내면 다음과 같다.

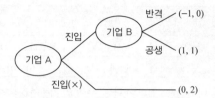

위의 전개형게임과 동일한 내용의 보수행렬은 다음과 같다.

기업 B 기업 A	반격	공생
진입(×)	(0, 2)	(0, 2)
진입	(-1, 0)	(1, 1)

① 경기자가 선택 가능한 대안 중 하나의 대안을 선택하여 그 선택을 고수하는 것을 순수전략(Pure Strategy)이라고 한다. 순수전략의 내쉬균형은 (진입(×), 반격), (진입, 공생) 2개이다.

② A가 진입하지 않는다면 B가 반격을 해도 B의 보수는 2, B가 공생을 해도 B의 보수는 2이다. 결국 A가 진입하지 않는다면 B는 어떤 전략을 선택하든 무차별하다.

③, ④ 기업 A가 진입을 한다면 기업 B의 최선 전략은 공생이다. 반격하는 경우 B의 보수는 0이고 공생하는 경우 B의 보수는 1이기 때문이다. 기업 A의 최선 전략은 진입이다. 진입을 하면 기업 B가 공생을 선택하므로 A의 보수는 1이고 진입을 하지 않으면 A의 보수가 0이기 때문이다. 결국 부분게임 완전내쉬 균형은 (진입, 공생)이다.

⑤ 어떤 전략(위협, 약속)이 실행에 옮겨질 경우 자신의 이익에 부합되어야 한다는 것이 신빙성 조건(Credibility Condition)이다. 기업 A가 진입할 때 기업 B가 공생을 하면 B의 보수가 1이고 반격을 하면 B의 보수는 0이다. 결국 반격하는 것은 기업 B가 손해를 보는 것이므로 신빙성이 없다.

93

| 정답 | ③

| 해설 | 정부의 보조금을 지급하기 전에는 내쉬균형이 2개 나온다. (X, Y)=(생산, 생산 안함), (생산 안함, 생

산). 즉, 어느 한 기업이 생산하고 다른 한 기업은 생산하지 않는 경우이다. 결국 어느 기업이 먼저 선발자로 진입하는가에 따라서 시장에서 우위를 점할 수 있다. X사가 생산하지 않을 때 Y사가 생산하면 20의 보수를, 생산하지 않으면 0의 보수를 얻으므로 Y사는 당연히 생산한다. 그러나 X사가 생산할 때 Y사가 생산하면 -2의 보수를, 생산하지 않으면 0의 보수를 얻게 되어 Y사는 생산하지 않을 것이다. 이때 Y사가 생산하도록 하기 위해서는 생산하지 않을 때보다 보수가 커야 하고 독점이윤을 얻기 위해서는 -2의 보수를 보충할 수 있어야 한다. 따라서 최소한의 보조금은 2백만 달러를 초과해야 한다.

94

| 정답 | ④

| 해설 | 게임이론은 주로 기업들이 상호의존적인 과점시장을 설명하는 분석도구이다.

| 오답풀이 |

② 죄수의 딜레마 두 사람의 우월전략은 모두 자백하는 것이므로 우월전략 균형이 존재한다.

③ 용의자의 딜레마 상황이 1번만 나타난다면 두 사람이 서로 협조하는 것을 기대하기 어렵지만, 동일한 상황이 무한반복되는 경우에는 서로 협력할 가능성이 있다.

95

| 정답 | ③

| 해설 | 카르텔의 시장균형조건은 한계수입과 각 기업의 한계비용이 같아야 한다.
즉, $MR = MC_1 = MC_2 = \cdots$

96

| 정답 | ④

| 해설 | ㄴ. 평균비용곡선 $AC = -Q + 60$이면
$TC = AC \times Q = -Q^2 + 60$이고
이를 미분하면 $MC = -2Q + 60$

수요곡선 $P=-3Q+80$이면

$TR=P\times Q=-3Q^2+80Q$가 되고

이를 미분하면 $MR=-6Q+80$이다.

따라서 이윤극대화 조건에서 $MR=MC$

$-6Q+80=-2Q+60$ ∴ $Q=5$이다.

$Q=5$일 때 $P=-3Q+80=(-5)\times5+80=65$,

$AC=-Q+60=-5+60=55$이므로 총이윤은

$(65-55)\times5=50$이 된다.

ㄹ. 순수전략만을 사용하는 경우에는 내쉬균형이 존재하지 않을 수도 있으나 혼합전략을 허용하면 내쉬균형은 반드시 존재한다.

| 오답풀이 |

ㄱ. $C(Q)=Q^3-6Q^2+19Q$이면 평균비용

$$AC(Q)=\frac{C(Q)}{Q}=\frac{(Q^3-6Q^2+19Q)}{Q}$$
$$=Q^2-6Q+19=(Q-3)^2+10$$

따라서 개별기업은 $Q=3$을 평균비용 극소값인 $P=AR=MR=10$인 가격을 받는다.

이때 시장수요곡선 $Q=70-P$에서 시장 전체 수요량 $Q=60$이므로 60개를 각 기업이 3개씩 생산하게 되면 장기균형기업은 20개가 된다. 따라서 5개 기업이 진입한다.

ㄷ. 쿠르노 모형(Cournot Model)에서 각 기업은 상대방의 생산량을 고정된 것으로 보고 자신의 가격을 결정한다.

97

| 정답 | ⑤

| 해설 | ㄴ. 독점의 경우에는 판매량을 증가시키려면 가격을 낮추어야 하므로 한계수입이 가격보다 작다.

ㄷ. 시장구조에 관계없이 수요곡선의 높이가 평균수입과 일치하므로 시장형태에 관계없이 가격은 평균수입과 동일하다.

| 오답풀이 |

ㄱ. 완전경쟁시장은 기업은 주어진 가격수준에서 원하는 만큼의 재화를 판매할 수 있으므로 가격과 한계수입이 동일하다.

98

| 정답 | ②

| 해설 | $P>MC$인 경우는 지원배분이 비효율적이라는 의미이고, 생산량을 줄이면 자원배분의 효율성이 약화된다.

반대로 생산량을 증가시키면 MC가 증가하여 MC가 P에 가까워지므로 자원배분의 효율성이 증가한다. 즉, 완전경쟁 조건에 가까워진다.

99

| 정답 | ③

| 해설 | ㄱ. 완전경쟁일 때는 수요와 공급이 일치하는 점에서 가격과 거래량이 결정된다. 수요함수와 공급함수를 연립해서 풀면 $10-P=4P$, $P=2$이며 이를 수요함수(또는 공급함수)에 대입하면 $Q=8$로 계산된다.

이때의 공급곡선과 수요곡선을 그림으로 그리면 다음과 같다.

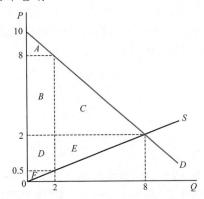

ㄴ. 이때 소비자잉여는 위의 그림 △(A+B+C)의 면적이므로 $\frac{1}{2}\times8\times8=32$이다.

ㄹ. 정부가 공급량을 2단위로 제한하면 가격이 8원이 될 것이므로 소비자잉여는 △A의 면적이므로 $\frac{1}{2}\times2\times2=2$이다.

| 오답풀이 |

ㄷ. 시장의 균형가격이 2원이므로 정부가 최저가격을 1원으로 정하는 경우에는 아무런 변화가 발생하지 않는다.

파트1
파트2
파트3
파트4
파트5
파트6
파트7
파트8
실전1
실전2

ㅁ. 독점공급자가 가격을 8로 정하면 소비량이 2단위로 줄어듦으로 △(C+E)만큼의 후생손실이 발생한다. △(C+E)의 면적은 $\frac{1}{2} \times 7.5 \times 6 = 22.5$이다.

100

| 정답 | ④

| 해설 | ㄱ. 완전경쟁기업의 이윤은 완전경쟁시장에서는 가격과 한계수입이 일치한다. 한계수입이 평균총비용보다 작다는 것은 평균수입이 평균비용보다 작다는 것을 의미하므로 손실을 보게 된다.
ㄴ. 완전경쟁기업의 이윤극대화는 평균수입과 한계수입이 일치할 때이다($AR = MR$).
ㄷ. 독점기업의 이윤극대화는 한계비용과 한계수입이 일치하는 생산량을 생산할 때이다.

| 오답풀이 |

ㄹ. 정상적인 이윤만을 얻는다는 것은 초과이윤=0 또는 이윤=0임을 의미한다. 정부가 $P = MC$수준에서 규제하면 $P = MC < AC$가 되어 기업이 손실이 발생한다. $P = AC$수준에서 규제하면 독점기업은 정상이윤을 얻는다.

101

| 정답 | ③

| 해설 | 대부분의 불완전경쟁기업은 이윤극대화조건인 한계수입과 한계비용이 같아지는 점에서 산출량을 결정하고, 시장가격을 결정하는 것이 일반적이다.

| 오답풀이 |

① 독점적 경쟁시장의 경우 장기균형에서는 $P = SAC = LAC > MR = SMC = LMC$가 성립하고 규모의 경제가 나타나는 구간에서 생산이 이루지고, $P > MC$로 초과설비로 인한 과소생산이 나타난다.
② 굴절수요곡선모형은 과점기업들 간에 담합이 이루어지지 않더라도 가격이 안정적일 수 있음을 설명한다. 굴절수요곡선 모형은 과점 시장에서 재화가격의 경직성을 보이게 됨을 설명한다.

⑤ 쿠르노(A. Cournot)모형과 베르뜨랑(J. Bertrand)모형은 동질적 재화이고, 굴절수요곡선의 모형은 이질적 상품의 판매를 전제로 한다.

102

| 정답 | ③

| 해설 | 독점적 경쟁시장의 장기균형은 장기평균비용이 하락하는 규모의 경제구간에서 생산이 이뤄지므로 장기평균비용의 최저점보다 좌측에서 균형이 달성된다. 장기평균비용의 최저점에서 균형이 달성되는 경우는 완전경쟁시장의 경우에 해당한다.

| 오답풀이 |

① 허핀달-허쉬만지수(Herfindahl-Hirschman Index)는 기업을 매출액이나 자산규모 순으로 배열하고 시장점유율을 각각의 %로 계산한 후 이들 점유율의 제곱을 모두 합산한 지수이다. 시장 집중도 측정방법의 하나로, 이 값이 클수록 산업의 집중도가 높다. 두 기업 모두 시장점유율이 50%이므로 이를 제곱하여 더하면 $50^2 + 50^2 = 5,000$이 된다.
② 쿠르노 모형에서 시장전체의 산출량이 n개인 기업이 존재한다면 완전경쟁시장의 산출량$\times \frac{n}{n+1}$이므로 기업 수가 많아질수록 시장 전체의 산출량은 증가한다.
④ 어떤 경쟁시장이든 기업의 이윤극대화 산출량은 한계비용과 한계수입이 일치할 때 이루어진다.

103

| 정답 | ③

| 해설 | X재에 대한 수요가 증가하면 X재 시장에서 가격이 상승하고 노동수요가 증가하므로 임금이 상승한다.

| 오답풀이 |

① X재에 대한 수요가 증가하면 X재 시장에서 가격이 상승하고 노동수요가 증가하더라도 고용량은 불변이다.
② 노동공급이 증가하면 임금이 하락하므로 X재 시장에서 생산비 하락으로 공급이 증가하고 X재 가격은 하락한다.

④ 노동수요가 감소하면 임금하락으로 X재 생산비가 하락하므로 X재 가격이 하락하고 X재 수요가 증가한다.

⑤ 노동공급이 감소하면 임금이 상승하므로 X재 공급곡선이 좌측으로 이동하고 X재 수요곡선과는 관계가 없다.

104

| 정답 | ①

| 해설 | 생산물 수요가 증가하면 노동수요는 증가하고 반대로 생산물 수요가 감소하면 노동수요는 감소한다. 즉 한식에 대한 수요가 증가하면 한식 요리사와 같은 노동수요는 증가하게 된다. 노동의 수요곡선이 우측 이동하면 한식 요리사의 임금은 상승하고 고용량도 증가한다.

📖 요소수요의 결정

$VMP_L = MP_L \times P$이므로

1. 가격(P)이 상승하면 VMP_L 곡선이 우측으로 이동하여 요소수요가 증가한다.
2. 한계생산물(MP_L)이 상승하면 VMP_L 곡선이 우측으로 이동하여 요소수요가 증가한다.

결정요인	이유	요소수요(L)
해당재화 가격상승	$VMP_L = MP_L \times P$	증가
생산성 향상(MP_L증가)	$VMP_L = MP_L \times P$	증가
해당재화 수요증가	파생수요	증가
대체요소(K)의 가격 상승	K를 L로 대체	증가
대체요소(K)의 생산성 향상	K 요소 수요 증가	감소

105

| 정답 | ①

| 해설 | 생산물시장과 노동시장이 모두 완전경쟁시장이면 개별기업의 노동수요곡선은 노동의 한계생산물가치곡선(VMP_L)이 된다.

노동의 한계생산물가치 $VMP_L = MP_L \times P$(P는 가격, MP_L은 노동의 한계생산물)로 나타낼 수 있는데, 완전경쟁시장에서는 재화의 가격이 일정하고 노동의 한계

생산물이 체감하므로 노동의 한계생산물가치곡선도 우하향한다.

106

| 정답 | ④

| 해설 | 노동수요곡선은 한계생산물가치($VMP_L = MP_L \times P$)곡선이므로 상품의 가격(P)이 상승하거나 노동의 한계생산물(MPL)이 커지면 노동수요곡선이 오른쪽으로 이동한다. 한편 노동의 가격이 변하면 노동수요곡선상에서의 이동이 발생하므로 노동수요량이 변한다.

107

| 정답 | ②

| 해설 | 상품시장도 완전경쟁이고 요소시장(노동시장)도 완전경쟁일 때 기업의 이윤극대화 조건은 한계생산물가치($P \times MP_L$)=임금(W)이다. 생수에 대한 수요의 증가는 생수의 가격을 상승시키므로 기업의 노동수요곡선인 한계생산물가치가 증가한다.

| 오답풀이 |

① 기업의 노동수요곡선인 한계생산물가치가 증가하면 생수산업의 근로자의 임금은 상승하고 고용도 증가한다.

③, ④ 고용이 증가하면 근로자의 한계생산은 수확체감법칙에 의해 감소하고 생수도 예전보다 소비량이 많아지면 한계효용체감 법칙에 의해 한계효용이 감소한다.

108

| 정답 | ②

| 해설 | 기업의 이윤극대화 조건은 한계생산가치($P \times MP_L$)=임금(W)이다. 따라서 노동수요곡선은 한계생산가치($P \times MP_L$) 곡선이다.

ㄴ. 생산물에 대한 수요 증가와 노동수요곡선 생산물에 대한 수요가 증가하면 생산물 가격이 상승한다. 따라서 노동수요곡선은 우측으로 이동한다.

| 오답풀이 |

ㄱ. 노동의 한계생산물(MP_L)이 빠르게 체감한다는 것은 노동의 한계생산물곡선이 가파르다는 것을 의미하고, 노동수요곡선이 가파르면 임금 비탄력적이다.

ㄷ. 노동 1단위당 자본량 증가와 노동수요곡선 노동 단위당 자본량이 증가하면 노동의 한계생산물이 증가한다. 따라서 노동수요곡선이 우측으로 이동한다.

109

| 정답 | ④

| 해설 | ㄷ. 한계요소비용(MFC)곡선은 평균요소비용(AFC)곡선의 접선의 기울기로 측정된다.

110

| 정답 | ③

| 해설 | 노동공급곡선이 우상향한다는 것은 대체효과가 소득효과보다 커야하므로 임금상승시 여가를 줄인다는 것을 의미한다.

• 대체효과 : 임금상승 → 여가의 상대가격 상승 → 여가소비 감소 → 노동공급 증가

• 소득효과 : 임금상승 → 실질소득 상승 → 여가(정상재)소비 증가 → 노동공급 감소

111

| 정답 | ③

| 해설 | 제품의 가격이 일정하므로 한계수입생산물 MRP_L은 한계생산물가치인 $P \times MP_L$과 같다. 임금이 월 300만 원으로 일정하므로 노동의 한계요소비용은 300만 원으로 일정하다. 고용량에 따른 한계생산물가치는 아래 표와 같다.

(단위 : 만 원)

고용량	1	2	3	4	5	6
한계생산물가치	200	300	600	500	200	100

고용량이 4일 때 한계생산물가치(=500)>임금률(=300)이므로 4단위까지 고용을 늘리는 것이 유리하다. 그러나 5단위로 고용을 늘리면 한계생산물가치(=200)<임금률(=300)이므로 4단위까지 고용하는 것이 최선이다.

112

| 정답 | ④

| 해설 | $VMP_L = MP_L \times P$이므로 재화(구두)가격이 하락하면 노동의 한계생산물가치가 감소한다. $VMPL$이 노동수요곡선이므로 재화가격이 하락하면 노동수요곡선이 하방(좌측)으로 이동한다. 노동수요가 감소하면 고용량도 감소하게 된다. 적정고용량 수준에서는 $w = MP_L \times P$가 성립한다. 재화가격이 하락하였음에도 불구하고 시장의 임금수준이 고정되어 있다는 것은 새로운 균형에서는 MP_L이 증가하였음을 의미한다.

113

| 정답 | ②

| 해설 | 생산요소시장이 완전경쟁인 경우 이윤극대화 고용량 조건은 $VMP_L(= MP_L \times P) = W$일 때 $MP_L = \dfrac{W}{P}$이다. 단기생산함수가 $Q = 524 - 4L^2$이므로 미분하면 $MP_L = 524 - 8L$이고 실질임금 $\dfrac{W}{P} = \dfrac{12}{3} = 4$이다. 그러므로 이윤극대화 고용량은 $524 - 8L = 4$, $L = 65$이다.

114

| 정답 | ⑤

| 해설 | 이윤극대화 요소고용조건은 한계수입생산과 한계요소비용이 같아지는 점에서 결정되고 수요독점의 경우 이 고용량을 노동공급곡선에 대입하면 이윤극대화 임금수준이 도출된다.

노동공급곡선이 $L = 2W - 40$이므로 $W = \dfrac{1}{2}L + 20$이 된다. 그러므로 총요소비용은 $TFC_L = W \times L = \dfrac{1}{2}L^2 + 20L$이므로 이를 L에 대해 미분하면 한계요소비용 $MFC_L = L + 20$이다. 노동수요가 $L = 100 - W$이므로

$W = 100 - L$가 되고

이윤극대화 고용량은 $L + 20 = 100 - L$

$2L = 80$ $L = 40$이 된다.

이를 노동공급곡선 $L = 2W - 40$에 대입하면

$40 = 2W - 40$ $\therefore$ $W = 40$이 된다.

115

| 정답 | ③

| 해설 | 지니 계수는 실제분배가 균등분배로부터 얼마나 괴리되었는지로 측정한 불평등지수이다. 지니 계수 값이 클수록 실제 분배가 균등분배와 많이 괴리되었으므로 불평등이 심한 것을 의미한다.

| 오답풀이 |

① 엥겔 계수는 총지출에서 생활필수품의 비중을 나타내는 지수로 구성원들의 생활수준을 평가하는 후생지표 가운데 하나이다.

② 샤프 지수는 수익률을 위험으로 나눈 값으로 위험한 단위당 수익률을 나타내는 지수이다. 샤프 지수가 높으면 위험을 조정한 후의 수익률이 높다는 것을 의미하므로 위험 대비 수익률이 높은 펀드라는 것을 의미한다.

④ 빅맥 지수는 맥도널드의 대표적인 햄버거인 '빅맥' (Big Mac)의 가격을 이용하여 각 국의 물가수준을 비교하는 가격지수이다. 이코노미스트(The Economist)는 분기마다 빅맥 지수를 측정하여 발표하고 있다.

116

| 정답 | ②

| 해설 | 지니 계수는 0과 1 사이의 값을 가지며 클수록 소득분배가 불평등하다. 십분위 분배율은 0과 2사이의 값을 가지며 값이 작을수록 소득분배가 불균등하다. 앳킨슨지수는 0과 1사이의 값을 가지며 값이 클수록 소득분배가 불평등하다.

117

| 정답 | ④

| 해설 | 세로축이 소득의 누적점유율이므로 그 계급까지의 누적점유율에서 그 이전계급까지의 누적점유율를 빼면 그 계급이 벌어들인 소득의 비율이 구해진다. 주어진 로렌츠 곡선을 보면 최하위 20%의 소득은 전체소득의 10%이고, 그 다음 20% 가구의 소득점유율은 20 - 10 = 10%이다. 하위 80%인 소득계층의 누적점유율이 60%이므로 최상위 20% 가구의 소득점유율은 100 - 60 = 40%이다.

118

| 정답 | ②

| 해설 | 소득수준이 균등할수록 로렌츠 곡선은 대각선에 가까워진다.

| 오답풀이 |

① 지니 계수는 0에 가까울수록 평등해지고 1에 가까울수록 불균등하다. 즉 값이 클수록 소득은 불균등하다.

③ 십분위 분배율은 하위 40% 계층소득을 상위 20% 계층소득으로 나누어 측정한다.

④ 쿠즈네츠의 U자 가설에서는 경제발전의 초기단계에는 소득분배가 비교적 균등하고, 진행단계에서는 소득분배가 악화되고, 성숙단계로 들어서면 소득의 불균형 문제 해결을 위한 노력이 필요하다고 보았다.

파트1
파트2
파트3
파트4
파트5
파트6
파트7
파트8
실전1
실전2

파트4 후생경제학과 정보경제학

기출예상문제
문제 246쪽

01	①	02	③	03	⑤	04	①	05	④
06	①	07	④	08	③	09	②	10	①
11	②	12	④	13	④	14	①	15	④
16	①	17	②	18	④	19	③	20	①
21	①	22	②	23	④	24	⑤	25	①
26	③	27	④	28	③	29	①	30	②
31	③	32	②	33	①	34	④	35	⑤
36	③	37	③	38	③	39	④	40	④
41	③	42	③	43	④	44	②	45	③
46	②	47	①	48	②	49	②	50	④
51	①	52	③	53	④	54	②	55	④
56	③	57	①	58	②	59	④	60	④
61	②	62	①	63	④	64	②	65	④
66	⑤								

01

| 정답 | ①

| 해설 | '가'에서 '라'로 이동할 때, 세 사람 중 누구의 효용도 감소하지 않고 모든 사람의 효용을 증가시킬 수 있으므로 파레토 개선이 가능한 상태임을 알 수 있다. 즉, '가'는 파레토 효율적이지 않은 자원배분 상태이다.

| 오답풀이 |

'나', '다', '라'는 어떤 배분상태로 이동하더라도 구성원 중 한 명의 효용을 감소해야만 하므로 파레토 효율적인 자원배분 상태임을 알 수 있다.

02

| 정답 | ③

| 해설 | 교환을 통해 계약곡선상의 한 점에서 계약곡선상의 다른 점으로 옮겨갈 경우 원점 쪽으로 가까이 이동한 사람의 효용은 감소하고 원점에서 상대적으로 멀어진 사람의 효용은 증가하게 된다.

03

| 정답 | ⑤

| 해설 | A에게는 X재 1단위와 Y재 2단위가 무차별하므로 한계대체율(MRS)은 $\frac{2}{1}=2$이고, B에게는 X재 3단위와 Y재 1단위가 무차별하므로 한계대체율(MRS)은 $\frac{1}{3}$이다. 두 사람의 한계대체율이 일치하지 않으므로 현 상태는 파레토 최적상태가 아니며, A는 상대적으로 X재를 선호하고, B는 상대적으로 Y재를 더 선호하므로 두 사람 간에 교환이 이루어지면 둘의 효용이 모두 증가할 수 있다. 즉, A가 B로부터 X재 1단위를 받고, B에게 Y재 1단위를 주면 현 상태가 개선될 수 있다.

04

| 정답 | ①

| 해설 | ㄱ. 효용가능경계상의 모든 점에서는 소비, 생산 및 재화 구성의 파레토 효율성이 동시에 충족되므로 사람들의 한계대체율이 동일하며, 이에 따라 한계대체율과 한계변환율이 일치하게 된다.

| 오답풀이 |

ㄴ. 주어진 경제적 자원이 모두 고용되더라도 독점 등으로 인해 생산이 비효율적으로 이루어지는 경제라면 효용가능경계 내부에 위치할 수도 있다.

ㄷ. 효용가능곡선에 대한 설명이다. 효용가능경계는 효용가능곡선의 포락선을 의미하는 생산과 소비가 동시에 파레토 효율적인 점이다.

05

| 정답 | ④

| 해설 | 원점에 대해 오목한 생산가능곡선의 외부는 바람직하지만 선택할 수 없는 영역을 나타내고, 생산가능곡선의 내부는 생산이 비효율적인 영역을 나타낸다.

| 오답풀이 |

① 기술진보가 일어나게 된다면 생산 가능한 재화의 수량이 증가함에 따라 생산가능곡선은 원점으로부터 바깥으로 이동하게 된다.

② 생산가능곡선이 원점에 대해서 오목한 경우는 X재 한 단위를 추가적으로 생산하기 위해 포기해야 하는 Y재가 점점 더 많아짐을 뜻하므로, 기회비용이 체증하게 됨을 의미한다.

③ 생산가능곡선이 원점에 대해서 오목하고, 사회무차별곡선이 원점에 대해서 볼록한 형태라면 생산가능곡선상의 한 점에서 최적의 생산 수준이 결정된다.

06

| 정답 | ①

| 해설 | 생산가능곡선에서 기회비용은 기울기이므로 $\frac{\Delta Y}{\Delta X}$ 이다. A국은 X재 1개를 생산하기 위해 포기해야 하는 Y재가 $\left|\frac{8-14}{1-0}\right|=6$(개)와 $\left|\frac{0-8}{2-1}\right|=8$(개)이고, B국은 X재 1개를 생산하기 위해 포기해야 하는 Y재가 $\left|\frac{16-26}{1-0}\right|=10$ (개), $\left|\frac{0-16}{2-1}\right|=16$(개)이므로 X재 1개를 생산함에 따라 발생하는 기회비용은 A국이 B국보다 적다.

| 오답풀이 |

② A국이 X재를 생산하지 않는다면, 즉 0개를 생산한다면 Y재를 최대 14개까지 생산할 수 있다.

③ A와 B국이 동일한 자원을 보유하고 있다면, 다음과 같이 B국의 생산가능곡선이 원점에서 더 멀리 있으므로 B국의 생산기술이 A국보다 우수함을 알 수 있다.

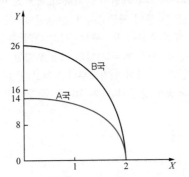

④ B국에서 X재의 생산을 0개에서 1개로 증가할 때 포기해야 하는 Y재는 10개이고, X재의 생산을 1개에서 2개로 증가할 때 포기해야 하는 Y재는 16개이다. 따라서 B국이 X재를 한 개씩 추가적으로 생산함에 따라 발생하는 기회비용은 점차 증가한다.

07

| 정답 | ④

| 해설 | ㄴ. 시장수요곡선이 좌측으로 이동하면 가격은 하락하고, 거래량도 감소할 것이다. 이 경우는 재화 자체의 가격이 하락한 것이지 공급곡선이 왼쪽으로 이동한 것이 아니므로 공급량이 감소한다.

ㄷ. 최저 가격을 균형가격보다 낮은 수준으로 설정하거나, 최고 가격을 시장의 균형가격보다 높게 설정하면 최저·최고 가격 설정의 의미가 없다.

ㄹ. 기펜재(Giffen Goods)의 경우 대체효과와 소득효과가 함께 작용하며 기펜재는 대체효과보다 소득효과가 더 큰 열등재이다.

| 오답풀이 |

ㄱ. 생산가능곡선이 원점에 대하여 오목한 경우, 한 재화의 생산증가에 다른 기회비용이 체증하게 되므로, X재 생산을 1단위 증가시키기 위해 감소하여야 하는 Y재의 수인 한계변화율은 체증한다.

08

| 정답 | ③

| 해설 | 기술진보가 발생한다면 동일한 양의 생산요소를 투입해 더 많은 재화를 생산할 수 있으므로 생산가능곡선은 원점으로부터 멀어진다. 또한 더 적은 양의 생산요소를 투입하더라도 동일한 양의 재화를 생산할 수 있으므로 등량곡선이 원점 쪽으로 가까워진다.

09

| 정답 | ②

| 해설 | 다음 그래프와 같이 선박을 X축, 자동차를 Y축이라고 할 때, 선박 생산의 기술혁신이 일어나면 생산가능곡선은 X축 방향으로 이동한다. 이때 동일한 양의 선박을 생산하는 데 포기해야 하는 자동차의 양, 즉 한계변환율이 감소하였으므로 선박 생산에 대한 기회비용은 감소한 반면 자동차 생산에 대한 기회비용은 증가하였음을 알 수 있다.

www.gosinet.co.kr gosinet

파트1
파트2
파트3
파트4
파트5
파트6
파트7
파트8
실전1
실전2

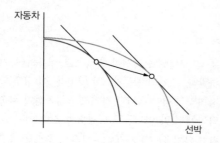

10

| 정답 | ①

| 해설 | 다음의 3가지 조건을 모두 만족시킬 때, 경제 전체에서 파레토 효율성이 달성된다.

- 파레토 효율성 조건 : 각 재화 생산요소들의 한계기술대체율($MRTS$)가 서로 일치해야 한다. 즉, 두 재화의 등량곡선이 서로 접해야 한다.
- 교환의 파레토 효율성 조건 : 각 소비자의 한계대체율(MRS)이 서로 일치해야 한다. 즉, 각 소비자의 무차별곡선이 서로 접해야 한다.
- 종합적 파레토 효율성 조건 : 각 재화의 한계변환율(MRT)과 한계대체율(MRS)이 서로 일치해야 한다.

11

| 정답 | ②

| 해설 | ㄱ. 생산가능곡선상에 위치한 모든 점에서는 재화와 서비스의 한계기술대체율이 동일하다.

ㄷ. 주어진 상품 조합을 두 사람 사이에서 배분할 때, 그 두 사람이 얻을 수 있는 최대 효용수준의 조합을 효용가능곡선이라고 한다.

ㄹ. 주어진 경제적 자원이 모두 고용되더라도, 독점 시장 등의 경제일 경우 효용가능곡선상에 있지 않을 수도 있다.

| 오답풀이 |

ㄴ. 모든 재화의 기술적 한계대체율이 동일할 때 생산의 파레토 효율이 달성된다.

ㅁ. 효용가능경계(효율성)와 사회무차별곡선(공평성)이 접하는 점에서 사회후생이 극대화된다.

12

| 정답 | ④

| 해설 | 롤스는 극단적 평등주의자로 그 사회의 최빈자의 후생이 곧 그 사회의 후생수준을 결정한다고 주장한다.

| 오답풀이 |

① 후생경제학 제1정리에 의하면 모든 시장이 완전경쟁시장이고 시장실패가 없을 때 달성되는 일반경쟁균형은 파레토 효율성을 만족한다.

② 후생경제학 제2정리는 초기부존자원을 적절히 재배분하면 일반경쟁균형이 파레토 효율성을 충족시키는 자원배분상태가 된다는 것이다. 즉 후생경제학 제2정리에 의하면 효율적인 자원배분은 모두 일반경쟁균형이다.

③ 차선의 이론이란 최선의 파레토 효율적 배분에 필요한 조건 중 어느 하나가 충족될 수 없는 상황이 발생했을 때, 어떤 것이 차선인지에 관한 직관이 틀릴 수 있다는 이론이다. 따라서 효율적 자원배분을 위해 필요한 조건을 모두 충족하지 못한 경우, 더 많은 조건을 충족했다고 해서 더 효율적인 자원배분이라고 말할 수 없다.

13

| 정답 | ②

| 해설 | 공리주의 사회후생함수($W = U_A + U_B$)에 의하면 사회후생은 각 개인의 총효용의 합으로 정의되고, 소득의 한계효용이 체증한다면 한 개인이 모든 소득을 다 가질 때의 효용이 두 사람이 사회 내의 총소득을 일부씩 나누어 가질 때 두 사람의 효용을 합한 것보다 더 크다고 한다. 따라서 빈자로부터 부자로의 소득재분배가 사회후생을 증진시킬 수 있다고 주장한다.

14

| 정답 | ①

| 해설 | 공리주의적 사회후생함수($W = U_A + U_B$)에서는 최대다수의 최대행복을 추구하므로, 구성원들의 가중치를 동일하게 두어 산술적 합을 구한다. 따라서 갑의 효용

www.gosinet.co.kr **g**osi*net*

파트1
파트2
파트3
파트4
파트5
파트6
파트7
파트8
실전1
실전2

과 을의 효용의 산술적 합을 구하는데, 을의 효용이 갑의 효용보다 후생이 커서 되도록 을에게 많은 돈이 가도록 설정해야 한다. 선택지 중 이를 만족하는 것은 ①, ③이므로 이를 비교하면 다음과 같다.

- ①의 경우 사회적 후생
  $\sqrt{X} + 2\sqrt{Y} = \sqrt{2,000} + 2\sqrt{8,000} ≒ 224$
- ③의 경우 사회적 후생
  $\sqrt{X} + 2\sqrt{Y} = \sqrt{0} + 2\sqrt{10,000} = 200$

따라서 ①의 경우가 사회적 후생이 더 크다.

15

| 정답 | ④

| 해설 | 공리주의적 관점에서 사회후생은 각 개인들의 총효용의 합으로 정의된다. 따라서 형과 동생이 5만 원을 분배하는 방법을 나누어 생각해 보면 다음과 같다.

	형의 소득	동생의 소득	형의 효용	동생의 효용	총효용
a	0	5	0	70	70
b	1	4	60	50	110
c	2	3	70	30	100
d	3	2	80	20	100
e	4	1	90	10	100
f	5	0	100	0	100

따라서 형은 1만 원을 가지고 동생은 4만 원을 가질 때의 총효용이 가장 높다.

16

| 정답 | ①

| 해설 | 외부효과란 어떤 경제주체의 생산 또는 소비활동이 다른 경제주체에게 의도하지 않은 혜택이나 손해를 미치면서도 이에 대한 보상이 이루어지지 않는 경우를 말한다. 따라서 브라질이 자국의 커피수출을 제한함에 따라 커피공급이 감소하고, 커피가격이 상승함에 따라 대체관계에 있는 녹차가격이 상승한 것은 의도성이 포함되어 있으므로 외부효과의 예시로 볼 수 없다.

17

| 정답 | ②

| 해설 | 환경오염을 발생시키는 기업의 경우 생산에 있어서 부정적인 외부효과가 발생한다.

ㄱ. 생산에 있어서 부정적인 외부효과가 가지는 완전경쟁시장에서 이윤극대화 조건은 '$P = PMC < SMC$'이므로 사회적으로 바람직한 수준보다 낮은 가격이 형성된다.

ㄷ. 생산의 부정적인 외부효과이므로 $SMB = SMC$이고, 따라서 사회적으로 바람직한 수준보다 더 많은 양을 생산한다.

| 오답풀이 |

ㄴ. 생산의 부정적 외부효과이므로 $PMC < SMC$이다. 따라서 기업의 사적 한계비용이 사회적 한계비용보다 작다.

18

| 정답 | ④

| 해설 | 정부의 정책개입이 없을 때, 부정적 외부효과가 존재하는 재화는 사회적으로 바람직한 수준보다 과다 생산된다.

| 오답풀이 |

① 부정적 외부효과가 존재할 때, 정부는 피구세 부과를 통해 시장의 자원배분 기능을 개선할 수 있다.

② 긍정적인 외부효과가 존재할 때, 정부는 보조금 지급을 통해 시장의 자원배분 기능을 개선할 수 있다.

③ 부정적 외부효과의 경우 과잉생산이라는 시장실패가 발생하고, 긍정적 외부효과의 경우 과소생산이라는 시장의 실패가 발생한다.

19

| 정답 | ③

| 해설 | 〈보기〉의 그래프는 $SMC > PMC$이므로 음의 외부효과가 존재함을 알 수 있다. 음의 외부효과가 존재하면 시장생산량은 사회적으로 바람직한 수준보다 과잉으로 생산되고 시장실패가 발생한다.

20

|정답| ①

|해설| 사적인 비용함수를 미분하면 사적한계비용함수를 구할 수 있고, 환경오염비용을 미분하면 한계 외부비용을 구할 수 있다.

- 사적 한계비용함수 : $PMC = \dfrac{dC(Q)}{dQ} = 3Q$

- 한계외부비용 : $MEC = \dfrac{dEC(Q)}{dQ} = 2Q$

- 사회적 한계비용함수 : $SMC = PMC + MEC = 5Q$

사회적 최적 생산량은 $P = SMC$인 지점에서 달성되므로, $120 - Q = 5Q$, $Q = 20$이다. 따라서 최적생산량은 20이다.

21

|정답| ①

|해설| 사적인 이윤극대화 생산량은 $P = MC$에서 달성되므로, $1,200 = 500 + \dfrac{1}{2}Q$, $Q = 1,400$이다. 외부한계비용이 500원이므로 사적인 한계비용과 외부한계비용을 합한 사회적인 한계비용함수는 $SMC = 1,000 + \dfrac{1}{2}Q$이다. 사회적인 최적생산량은 $P = SMC$인 지점에서 달성되므로, $1,200 = 1,000 + \dfrac{1}{2}Q$, $Q = 400$

따라서 사적 이윤극대화 생산량은 1,400, 사회적인 최적생산량은 400이다.

22

|정답| ②

|해설| 100개의 기업이 있고 시장 수요곡선이 $Q_d = 1,000 - 100P$이므로 개별기업의 수요곡선은 $Q = 10 - P$, $P = 10 - Q$가 된다. 따라서 개별기업의 사적 최적생산량은 $P = MC$를 통해 $2Q + 4 = 10 - Q$, $Q = 2$가 되고, 100개의 기업이 있으므로 사회적 최적 생산량은 200개가 된다. 외부비용을 고려할 때의 최적생산량은 $4Q + 5 = 10 - Q$, $Q = 1$이 되고, 100개의 기업이 있으

므로 외부비용을 고려할 때 생산은 100개가 된다. 따라서 사회적 최적생산량과 외부비용을 고려할 때의 최적생산량 간의 차이는 $200 - 100 = 100$이다.

23

|정답| ④

|해설| 수요곡선은 $P = 150 - \dfrac{5}{2}Q$, 사적 한계비용곡선은 공급곡선이므로 $P = \dfrac{5}{2}Q$, 사회적 한계비용곡선은 사적 한계비용곡선의 2배이므로 $P = 5Q$이다.

(ㄱ)의 경우 $150 - \dfrac{5}{2}Q = \dfrac{5}{2}Q$ $\quad \therefore Q = 30$

(ㄴ)의 경우 $150 - \dfrac{5}{2}Q = 5Q$ $\quad \therefore Q = 20$

따라서 (ㄱ)은 30, (ㄴ)은 20이다.

24

|정답| ⑤

|해설| 독점시장은 외부성이 존재한다고 할지라도 항상 비효율적이지만, 독점기업의 생산량과 최적 생산량이 30으로 일치하므로 독점기업의 생산량은 사회적으로 최적이라고 할 수 있다.

|오답풀이|

① 이윤극대화 생산량 독점기업의 이윤극대화 조건은 $MR = MC$이다. 시장수요곡선이 $P = 100 - Q_d$이므로 $TR = P \times Q = (100 - Q)Q = 100Q - Q^2$을 미분하면 $MR = 100 - 2Q$이다. 한계비용은 40이므로 $MR = MC$에 대입하면 $100 - 2Q = 40$, $Q = 30$이므로 이윤극대화 생산량은 30이다.

② 고정비용과 이윤극대화 생산량은 $MR = MC$를 만족한다. 고정비용은 한계수입과 한계비용에 영향을 주지 않으므로 이윤극대화 생산량은 이윤의 양, 음과 상관없이 고정비용에 영향을 받지 않는다.

③ 독점기업의 한계비용 40은 사적 비용이고 외부비용은 단위당 30이다. 사회적 비용은 사적 비용과 외부비용을 합한 70이므로 사적 비용은 사회적 비용보다 작다.

④ 수요의 가격탄력성에 대해 최적 생산량은 $SMB = SMC$를 만족해야 한다. 사회적 한계편익(SMB)은 시장수요 곡선이고 사회적 한계비용(SMC)은 70이다. 따라서 최적 생산량은 $100 - Q = 70$, $Q = 30$이다. 가격은 $P = 70$이므로 수요의 가격탄력성은 $\frac{7}{3}$이고 이는 1보다 크다.

	1톤	2톤	3톤	4톤
한계비용	100	120	140	160
한계편익	200	150	130	120
사회적 후생	100	30	-10	-40

따라서 2톤 방출 시까지 후생의 합은 130이므로 방출량이 0인 경우에 비해 130원 감소한다.

25

| 정답 | ①

| 해설 | 환경오염을 유발하는 산업은 생산의 외부불경제를 유발하는 경제주체이다. 생산의 외부불경제가 발생하면 사회적 최적수준보다 과잉생산되므로 큰 고용효과를 갖는 경향이 있다.

26

| 정답 | ③

| 해설 | 외부 불경제는 외부효과로 인해 발생하는 사적 비용과 사회적 비용 간의 차이로 발생한다.

| 오답풀이 |

①, ④ 외부불경제가 발생하면 과잉생산이 이루어지고, 외부경제가 발생하면 과소생산이 이루어지므로 두 경우 모두 시장실패를 야기한다.

② 외부경제나 외부불경제 모두 시장실패가 발생할 경우, 정부개입의 필요성이 대두된다.

⑤ 외부효과는 한 경제주체가 아무런 대가 없이 다른 주체에게 이득을 주거나 손해를 끼치는 것이므로 항상 당사자 간에 대칭적으로 발생하는 것은 아니다.

27

| 정답 | ④

| 해설 | 비용, 편익분석에 의해 균형량이 결정되므로 한계비용과 한계편익으로 사회적 후생을 구하면 다음과 같다.

28

| 정답 | ④

| 해설 | 외부효과란 어떤 경제행위가 제3자에게 의도하지 않은 혜택이나 손해를 주면서도 그에 대한 대가를 받지도 지급하지도 않는 경우를 말한다. 그리고 외부효과의 내부화란 이러한 외부효과를 세금으로 개선하는 것을 말한다. 초·중등교육에서 국어 및 국사교육에 국정교과서 사용을 의무화한다는 것은 외부효과의 내부화와 직접적인 관련이 없다.

29

| 정답 | ①

| 해설 | 주어진 상황은 시장생산량(=40)이 사회적 생산량(=20)보다 더 많아 과잉생산이 이루어지고 있는, $SMC > PMC$의 외부불경제이다. 외부불경제가 발생할 때, 시장기구에서는 과잉생산이 이루어진다. 따라서 시장기구에 의해 최적생산이 이루어지도록 유도하려면 최적생산량 수준에서 SMC(=10천 원)와 PMC(=3천 원)의 차이에 해당하는 7천 원의 조세를 부과해야 한다.

30

| 정답 | ②

| 해설 | 사회적인 최적수준은 $SMC = P$에서 결정되므로 $1,500x + 7,000 = 10,000$, $x = 2$가 된다. 이때 피구세는 최적수준을 한계피해액에 대입해 구하므로, $SMD = 500x$에 $x = 2$를 대입하면 1,000원이 된다.

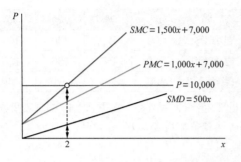

31

|정답| ③

|해설| 페인트 산업의 한계비용은 $MC = 10Q + 10,000$이고, 페인트 산업의 한계피해액은 $SMD = 10Q$이다. 따라서 사회적 한계비용인 $SMC = MC + SMD = 20Q + 10,000$이다.

주어진 가격에 대한 페인트 산업의 시장수요는 $Q = -0.1P + 4,000$, $P = -10Q + 40,000$이므로 바람직한 산출량은 $P = SMC$를 만족하는 $20Q + 10,000 = -10Q + 40,000$, $Q = 1,000$이므로 $SMC = 30,000$이고 $MC = 20,000$이다. 따라서 피구세는 $30,000 - 20,000 = 10,000$이다.

32

|정답| ②

|해설| 사회적 한계효용이 사적 한계효용보다 크므로 긍정적 외부효과에 해당한다. 이때 사회적 최적거래량은 사회적 한계효용과 한계비용이 같아지는 거래량이므로 5개이며, 이를 달성하기 위해서는 최적거래량인 5개에서의 외부편익인 700원의 보조금이 필요하다. 따라서 (ㄱ)은 5개, (ㄴ)은 700원의 보조금이다.

33

|정답| ①

|해설| 독점기업의 한계비용과 외부비용을 더하면 사회적 한계비용 $SMC = Q + 6$이 도출된다. 사회적 최적생산은 $P = SMC$에서 이루어지므로 $90 - Q = Q + 6$, 사회적으로 최적 생산량은 $Q = 42$개다.

한편 독점기업의 이윤극대화 조건은 $MR = MC$이다. $P = 90 - Q$이므로 $TR = P \times Q = (90 - Q)Q = 90Q - Q^2$을 미분하면 $MR = 90 - 2Q$이다.

정부가 조세 또는 보조금 정책을 시행한다면 새로운 한계비용함수는 $MC + T = Q + T$가 된다(T=생산량 단위당 조세). $Q = 42$를 $90 - 2Q = Q + T$에 대입하면 $90 - 2 \times 42 = 42 + T$　　　$T = -36$이다.

즉 조세가 아니라 보조금을 생산량 단위당 36원 지급하여야 한다.

34

|정답| ④

|해설| 사적 최적생산량은 $MR = MC$에서 $2Q = 24$, $Q = 12$가 되며, 사회적 최적량은 $3Q = 24$, $Q = 8$이 된다. 이때 사회적 최적 생산이 되기 위해서는 보조금을 지급하여 비용을 줄여 주어야 한다. 즉 $2Q - x = 24$를 만족시키는 x의 보조금을 지급하여야 한다. 식에 사회적 적정 생산 8을 대입하면 $x = 8$이 된다. 즉 생산자에게 1단위당 8의 보조금을 지급하여야 한다.

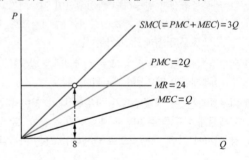

35

|정답| ⑤

|해설| 원래 생산자균형은 PMC와 D가 만나는 점이다. 하지만 이 점에서는 공급곡선(PMC)이 수평선이므로 생산자 잉여는 0이다. 단위당 5의 조세를 부과하면

새로운 소비자균형은 SMC와 D가 만나는 점이다. 새로운 생산자균형은 5만큼 차감하여야 하므로 PMC와 생산량 200에서 수직선이 만나는 점이다. 새로운 생산자균형에서도 공급곡선이 수평선이므로 생산자잉여는 0이다. 결국 생산자잉여는 0으로 일정하다.

| 오답풀이 |

① 사회적 최적 생산량에서는 $SMC=D=SMB$가 성립한다. 그림에서 사회적 최적 생산량은 200개이다

② 정부개입이 없는 경우 균형 생산량이라는 것은 시장에서의 균형 생산량을 의미하며, 시장에서의 균형 생산량에서는 $PMC=D=PMB$가 성립한다. 그림에서 시장에서의 균형 생산량은 250개다

③ $SMC-PMC$가 생산량 1개당 외부비용이다. 15-10=5원이다 시장에서의 균형 생산량이 250개이므로 총외부비용은 5원×250개=1,250원이다.

④ 최적의 피구세는 최적 생산량에서 구한 한계외부비용이다. 최적 생산량이 200개에서 한계외부비용은 $SMC-PMC=5$원이다. 따라서 단위당 5의 조세를 부과하면 PMC가 5만큼 상방으로 이동하므로 새로운 시장의 생산량은 200이 된다.

36

| 정답 | ③

| 해설 | ㄷ. 코즈의 정리란 외부성의 존재가 자원의 효율적인 배분을 저해하는 이유 중의 하나로 소유권의 부재를 지적하였다. 소유권의 설정이 이루어질 경우 외부성에 관한 소유권이 어느 경제주체에 있는가에 관계없이 당사자 간의 자발적 협상에 의한 문제해결이 효율적이라고 주장하였다.

| 오답풀이 |

ㄴ. 외부성이란 어떤 한 사람의 행동이 제3자에게 의도하지 않은 이득이나 손해를 가져다주면서도 이에 대한 대가를 받지도 지불하지도 않는 상태를 의미한다. 따라서 외부효과가 발생하는 경우 한 기업의 생산활동이 다른 경제주체의 후생을 변화시키며, 동시에 이에 대하여 적절한 보상이 이루어지지 않는다.

37

| 정답 | ④

| 해설 | 코즈는 외부성이 자원의 효율적인 배분을 저해하는 이유는 외부성과 관련된 재산권이 제대로 정해져 있지 않기 때문이라고 보았다. 소유권의 부재를 지적 소유권의 설정이 이루어질 경우 외부성에 관한 소유권이 어느 경제주체에 있는가에 관계없이 당사자 간의 자발적 협상에 의한 문제해결이 효율적이라고 주장하였다.

38

| 정답 | ③

| 해설 | 코즈의 정리에 의하면 외부성에 관한 소유권이 어느 경제주체에 있는가에 무관한 소유권의 설정을 통해 당사자 간의 자발적 협상에 의한 문제해결이 효율적임을 주장한다.

| 오답풀이 |

② 거래비용이 크거나 외부성 측정의 어려움, 이해당사자의 구분이 모호, 정보의 비대칭, 협상능력차이 등으로 문제해결의 어려움이 존재할 수 있다.

④ 소유권이 어느 기업에게 있는가와 무관하기 때문에 반드시 기업이 하천에 대한 사유재산권을 가져야만 효율적인 결과를 얻을 수 있는 것은 아니다.

39

| 정답 | ④

| 해설 | 코즈의 정리(Coase Theorem)란 소유권의 설정이 이루어질 경우 외부성에 관한 소유권이 어느 경제주체에 있는가에 관계없이 당사자 간의 자발적 협상에 의한 문제해결이 효율적이라는 내용이다. 따라서 이 방의 주인이 세민이든 태경이든 관계없이 세민이는 500원 이상을 받으면 담배를 피우는 효용보다 크고 태경이는 600원 이하를 주더라도 세민이로 하여금 담배를 피우지 않게 하는 것이 유리하므로 결국 500원과 600원 사이를 태경이가 세민에 줌으로써 담배를 피우지 않게 되는 거래가 이루어지나, 세민이로부터 태경이에게로 자금의 이전은 발생하지 않는다.

40

|정답| ④

|해설| 코즈의 정리의 기본핵심은 외부성 문제가 당사자들의 자발적인 협상에 의해서 해결이 가능하다는 것이다. 결국 시장실패 같은 외부성의 문제도 정부가 개입할 것이 아닌 시장의 자발적인 협상과 교환을 통해서 문제를 해결할 수 있다는 것이다. 이러한 정부개입과 개입에 반대 주장은 거시경제학의 케인스와 고전학파의 철학적 대립으로 이어진다. 고전학파의 경우에는 시장의 보이지 않는 손의 원리를 강조하는 것으로 시카고 대학에서 그 맥을 계승하고 있으며, 케인스의 경우에는 시장실패를 받아들이고 정부가 개입해서 이를 치유하는 것이 바람직하다는 주장으로 하버드 대학에서 그 맥을 계승하고 있다. 문제에서는 고요한 상황에서 김 씨가 얻는 만족이 50인데 음악이 있는 경우에 이 씨가 얻는 만족이 200이므로 당연히 50과 200의 중간에서 가격을 흥정하여 음악이 흘러나오게 된다.

|오답풀이|

① 소유권이 누구에게 속하는가는 해결에 있어서 무관하다는 것이다.

② 고요하고 쾌적한 환경을 향유할 권리에 대해서 얻게 되는 만족과 음악이 흐르는 멜로디 상황을 향유할 권리에서 얻게 되는 만족의 크기를 비교해서 만족이 더 큰 사람이 적절한 가격을 금전적으로 제시하여 서로 윈-윈할 수 있다는 것이다.

41

|정답| ③

|해설| 효용 또는 편익을 받는 경우 사람들은 최대한 효용만큼 지불하고자 한다. 반대로 효용 또는 편익을 받지 못하는 경우 사람들은 최소한 효용 상실 이상을 받고자 한다. B가 흡연을 허용하면 10,000원의 효용을 상실하지만 11,000원을 받기 때문에 B는 제안을 받아들일 수 있다.

|오답풀이|

①, ② B가 효용 10,000원을 초과하는 금액을 지불하고 있기 때문에 옳지 않다.

④ A가 효용 이하의 금액을 지불한다는 점에서는 문제가 없다. 하지만 B가 흡연을 허용하면 10,000원의 효용을 상실함에도 불구하고 9,000원을 받기 때문에 B는 제안을 받아들일 수 없다.

42

|정답| ③

|해설| 코즈의 정리에 의하면 어느 당사자에게든 권리를 확립해주면 협상을 통해 효율적으로 외부효과를 해결할 수 있으며, 그 결과는 동일하다. 만약 흡연자에게 흡연할 권리가 있다고 하면 비흡연자는 흡연을 하지 말 것을 부탁하며 그 대가를 지불하려고 할 것이다. 이때 비흡연자는 1만 원까지 낼 의사가 있고 흡연자는 6천 원만 받으면 흡연을 하지 않을 용의가 있다. 따라서 6천 원 이상 1만 원 이하의 금액을 비흡연자가 흡연자에게 지불하고 흡연자는 흡연을 하지 않는 거래가 이루어진다.

43

|정답| ④

|해설| 오염배출권제도는 오염물질 배출의 총량을 가장 낮은 사회적 비용으로 규제할 수 있는 제도이다. 오염제거비용이 상대적으로 낮은 자는 오염을 제거하고, 상대적으로 높은 자는 오염면허를 구입하여 오염을 배출한다.

44

|정답| ②

|해설| 코즈의 정리(Coase Theorem)에서는 당사자 간의 협상(Bargaining)을 중요시한다. 이때 가해자에게 소유권을 주면 피해자가 가해자에게 보상금을 지급해야 한다. 반대로 피해자에게 소유권을 주면 가해자가 피해자에게 보상금을 지급해야 한다. 당사자가 많을수록 협상을 위한 거래비용이 과다해지므로 현실적으로 어려워진다.

www.gosinet.co.kr gosinet

파트1

파트2

파트3

파트4

파트5

파트6

파트7

파트8

실전1

실전2

45

|정답| ③

|해설| 오염배출권의 거래가 없다면 아래 표와 같이 총 오염저감비용은 1,750만 원이 소요된다.

기업	오염 배출량	오염 저감비용	오염 배출권	오염배출권의 거래가 없을 시 오염저감비용
A	70	20	30장	$(70-30) \times 20$ =800(만 원)
B	60	25	30장	$(60-30) \times 25$ =750(만 원)
C	50	10	30장	$(50-30) \times 10$ =200(만 원)

그러나 오염배출권의 시장거래를 허용하면 아래 표와 같은 상황이 발생된다.

오염 배출권의 가격	수요량	공급량	초과 수요량
0~10 (만 원)	(A 기업)40장+ (B 기업)30장+ (C 기업)20장	0	90 (가격 상승)
10~20 (만 원)	(A 기업)40장+ (B 기업)30장	+(C 기업)30장	40 (가격 상승)
20 (만 원)	(B 기업)30장	(C 기업)30장	0 (균형)
20~25 (만 원)	(B 기업)30장	(A 기업)30장+ (C 기업)30장	-30 (가격 하락)
25만 원 이상	0	(A 기업)30장+ (B 기업)30장+ (C 기업)30장	-90 (가격 하락)

따라서 오염배출권의 시장거래를 허용하면, 수요와 공급이 일치하는 가격은 20만 원에 B 기업이 C 기업으로부터 오염배출권 30장을 구입을 하게 된다. 그러면 사회전체적인 오염저감비용은 아래 표와 같이 1,300만 원이 소요되어, 오염배출권의 시장거래를 허용하지 않을 경우보다 450만 원을 절감할 수 있다.

기업	오염 배출량	오염 저감비용	오염 배출권	오염배출권의 거래가 없을 시 오염저감비용
A	70	20	30장	$(70-30) \times 20$ =800(만 원)
B	60	25	60장	$(60-60) \times 25$ =0(만 원)
C	50	10	0장	$(50-0) \times 10$ =500(만 원)

|오답풀이|

ㄹ. 오염배출권 제도 하에서 오염을 줄이는데 드는 사회적 총비용은 1,200만 원이 아니라 1,300만 원이다.

ㅁ. 기업 B의 입장에서는 오염배출권의 시장거래가 허용되면 30장을 20만 원으로 거래함으로써 600만 원으로 오염을 저감할 수 있다. 그러므로 오염배출권이 거래되지 않는 경우의 750만 원에 비해 150만 원을 절약할 수 있어 직접규제보다 오염배출권의 시장거래를 선호할 것이다.

46

|정답| ②

|해설| 부(음)의 외부성이 존재하면 외부한계비용이 양으로 발생하므로 사회적 비용이 사적 비용(Private Cost)보다 크기 때문에 사회적으로 바람직한 수준보다 더 많은 생산이 이루어져 더 많은 환경오염이 발생한다.

47

|정답| ①

|해설| ㄱ. 시장실패는 사회적인 관점에서 볼 때 효율적인 자원배분이 이루어지지 않는 경우를 말한다.

|오답풀이|

ㄴ. 공공재가 비배제성과 비경합성의 문제로부터 발생하는 시장실패이다. 시장실패란 시장의 가격기구가 효율적인 자원배분 및 균등한 소득분배를 실현하지 못하는 경우를 의미한다.

ㄷ. 시장실패는 항상 사회 전체의 후생을 감소시킨다.

48

|정답| ②

|해설| 공공재는 소비가 비경합적이고 비배제성의 원리가 적용되는 재화를 말한다.

|오답풀이|

① 공공재는 비배제성의 특징으로 인해 가격을 지불하지 않는 사람을 배제할 수 없게 된다. 이로 인해 각 개인들이 대가를 지불하지 않고 공공재를 소비하려고 하는 무임승차자 문제가 발생하게 된다.

③ 대부분의 공공재는 정부에 의해 공급되나 민간에 의해 공급될 수도 있다. 민간이 박물관이나 도서관과 같은 공공재의 성격을 가진 재화나 서비스를 자발적으로 생산하는 경우도 있다.

④ 공공재는 비경합성의 특징으로 인해 한 사람을 더 소비에 참여시키는 데 따르는 한계비용이 0이 된다. 효율성조건 $P=MC$를 만족하는 수준에서 가격이 결정되어야 하는데 $MC=0$이므로 $P=0$이 되어 이윤극대화를 추구하는 민간기업은 생산을 포기하게 되어 과소공급될 수 있다.

49

|정답| ②

|해설| 공공재의 수요함수는 개별 수요함수의 수직합을 통해 도출된다. 두 구성원의 수요함수를 수직 합하면 시장 수요함수는 $P=20-2Q$이다. 공공재의 공급은 $P=MC$ 수준에서 결정된다.

시장 수요함수는 $P=20-2Q$이고, 한계비용(MC)은 10이므로 적정공급은 $20-2Q=10$ $Q=5$가 된다.

50

|정답| ④

|해설| 공공재는 동시소비성(비소진성)으로 인해 사회적 한계편익은 개인의 한계편익(수요가격)을 합하여 계산한다. 즉, 개인수요곡선의 수직합이 사회적 한계편익곡선이다. 따라서, 사회적 한계편익은 $P=150-3Q$이고, 사회적 최적균형은 사회적 한계편익 $P=MC$에서 결정되므로, $150-3Q=30$

∴ $Q=40$

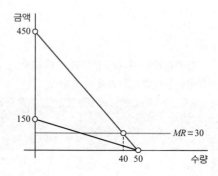

51

|정답| ①

|해설| 공공재의 최적공급량은 수요곡선의 수직합한 공공재의 시장수요곡선과 한계비용곡선이 만나는 점에서 결정된다. 혜민과 동수의 수요곡선이 수량인 x에 대해서 정리되어 있으므로 수직합하기 위해 P에 대해서 정리한다.

$x=50-P_A$에서 $P_A=50-x$

$x=30-2P_B$에서 $P_B=15-\dfrac{1}{2}X$

절편은 절편끼리, 기울기는 기울기끼리 더해서 수직합해 주면 다음과 같은 공공재의 시장수요곡선을 구할 수 있다. $P=65-\dfrac{3}{2}x$

공공재의 시장수요곡선과 한계비용(MC)곡선이 만나는 점에서 공공재의 최적공급량이 결정된다.

$P=MC$ $65-\dfrac{3}{2}x=41$

∴ $x=16$이다.

즉 혜민과 동수 모두 공공재인 우물을 16개 소비한다. 이때 동수가 우물에 대해 지불하고자 하는 가격을 구하기 위해서는 공공재 최적소비량 16을 동수의 수요곡선에 대입하면 된다.

$P_B=15-\dfrac{1}{2}x=15-\left(\dfrac{1}{2}\times16\right)=7$이 된다.

52

| 정답 | ③

| 해설 | 공공재의 최적공급조건은 한계전환율(MRT)과 사회적 한계대체율($\sum MRS$)이 같아야 한다. 주어진 조건에 의하면 $MRT=5 > \sum MRS=4$이므로 한계전환율(MRT)이 사회적 한계대체율($\sum MRS$)보다 크다. 이 것은 사회 전체적으로 볼 때 한계비용이 한계편익보다 크다는 것을 의미하므로 공공재의 공급이 감소해야 사회 전체적으로 최적 수준의 공공재가 공급된다. 그러므로 공공재가 최적 수준보다 많이 공급되고 있다.

53

| 정답 | ④

| 해설 | 티부(Tiebout)에 의하면 다수의 지방정부가 존재하고 각 지방정부가 다양한 공공재를 공급하는 경우 지역 간 주민이동성이 보장된다면 각 개인은 자신이 가장 선호하는 공공재를 공급하는 지역을 선택하게 된다. 이를 발에 의한 투표라고 하며 발에 의한 투표가 이루어진다면 지방공공재의 최적공급이 가능해진다.

54

| 정답 | ②

| 해설 | 주어진 조건을 식으로 작성하면

기대소득 : $E(w)=p \cdot w_1+(1-p)w_2$

$=\left(\dfrac{w}{20}-\dfrac{1}{10}\right)\times 15+\left(1-\dfrac{w}{20}+\dfrac{1}{10}\right)\times 5=w$

상기의 식을 풀면 $w=8$이 결정된다. 따라서

$p=\dfrac{w}{20}-\dfrac{1}{10}=\dfrac{8}{20}-\dfrac{1}{10}=\dfrac{3}{10}$

55

| 정답 | ④

| 해설 | 구매자와 판매자 간에 존재하는 정보의 차이로 인하여 역선택은 계약 전에 감추어진 특성의 상황에서 발생하는데 비해, 도덕적 해이는 계약 후에 감추어진 행동의 상황에서 발생한다. 골라내기(Screening, 선별)와 신호보내기(Signaling, 신호발송)는 역선택을 해소하기 위한 방안이다.

56

| 정답 | ③

| 해설 | 비대칭적 정보하에서 감추어진 사전적 특성은 역선택, 감추어진 사후적 행동은 도덕적 해이를 유발한다. 주인−대리인 문제는 대표적인 도덕적 해이의 문제이고, 이를 해결하는 방법으로 유인설계, 성과급제도, 감시강화 등을 들 수 있다.

57

| 정답 | ①

| 해설 | 선별(Screening)이란 사적정보를 갖지 못한 경제주체가 상대방의 정보를 더욱 얻어내기 위해 취하는 행동이다.

58

| 정답 | ②

| 해설 | 역선택이란 감추어진 특성의 상황에서 거래 이전(사전적)에 상대방을 알지 못하여 정보수준이 낮은 쪽이 바람직하지 않은 상대방과 거래의 가능성이 높아지는 현상을 의미한다.

59

| 정답 | ④

| 해설 | 역선택은 정보를 많이 가진 자와 적게 가진 자가 만나는 상황에서 발생하는 현상으로 감추어진 특성이라고도 한다. 이에 대한 대표적인 대응방안으로 정보를 적게 가진 쪽에서는 선별과 강제가 있으며 정보를 많이 가진 쪽에서는 학력을 높인다든지 품질인증을 받는 등의 신호발송이 있다. 따라서 강제적인 보험프로그램의 도입은 역선택에 따른 사회후생 손실을 막을 수 있는 수단이다.

60

|정답| ④

|해설| 사고에 따른 자동차 보험료 할증은 사후적(계약 체결이후) 개념으로 도덕적 해이의 해결방안이다. 역선 택이란 정보의 비대칭성 하에서 정보를 갖지 못한 입장 에서 보면 가장 바람직하지 않은 상대방(정보를 가진 자)과 거래할 가능성이 높아지는 현상으로 사전적 개념 이다.

61

|정답| ②

|해설| 역선택은 계약체결 전에 발생하는 사전적 현상 이다. 따라서 ㄴ과 ㄹ이 이에 해당한다. 그리고 도덕적 해이는 정보의 비대칭성에서 정보를 가진 쪽이 정보를 갖지 못한 쪽의 불이익을 이용하여 바람직하지 않은 행 동으로 나타나게 되는 현상으로 계약체결 후에 나타나 는 사후적 개념이다. ㄱ, ㄷ이 이에 해당한다.

62

|정답| ①

|해설| 구매자는 성능이 좋은 자동차와 성능이 나쁜 자 동차를 각각 절반의 확률로 만나므로 그 균형은 900만 원$\times\frac{1}{2}$+500만 원$\times\frac{1}{2}$=700만 원이 된다. 성능이 좋 은 자동차를 매도하려는 사람은 600만 원 이상이므로 좋은 자동차는 600만 원 이상 700만 원 이하에서 거래 되고 나쁜 자동차는 400만 원 이상 700만 원 이하에서 거래가 이루어지나 중고차는 200대이고 구매자는 무한 하므로 모든 가장 높은 가격인 700만 원에 거래되는 균 형이 이루어진다.

63

|정답| ④

|해설| ㄱ. 도덕적 해이란 불완전 감시에 따른 행동에 대한 정보의 비대칭성이 존재할 때 대리인의 최적

행동을 의미한다. 이때 대리인의 최적 행동이 주인 이 원하는 행동과 일치하지 않아야 한다.

ㄴ. 도덕적 해이는 행동에 대한 정보가 비대칭적일 때 발생하므로 행동에 대한 정보를 얻기 위해 감시를 강화하는 것도 도덕적 해이를 완화하기 위한 방안 중 하나이다. 또한 행동에 대한 성과가 명확해질 때 까지 보수의 지급을 연기하는 것도 도덕적 해이를 방지하기 위한 방안이라 할 수 있다.

ㄷ. 화재보험에 가입하면 화재발생시 피해의 일부를 보 험회사에서 지급해주므로 예방노력에 따른 이득이 적어진다. 따라서 가입자의 예방설비의 과소설치는 도덕적 해이에 해당한다.

64

|정답| ②

|해설| 기업의 폐기물 방치는 생산과정에서 제3자에게 의도하지 않은 피해를 주는 외부불경제와 관련되어 있 으며, 도덕적 해이와는 관계가 없다.

65

|정답| ④

|해설| 주인-대리인 문제(Principal-Agent Problem)란 주인이 대리인에게 주인의 이익을 위해 일할 것을 전제 로 권한을 위임했을 때 대리인이 주인보다는 자신의 이 익을 위해 권한을 행사하게 되면서 나타나는 문제를 말 한다. 주주와 경영자, 국민과 국회의원, 소송의뢰인과 변호사, 사장과 종업원, 지주와 소작인, 환자와 의사, 가수와 매니저의 관계가 이에 해당한다. 병원장이 주인이라면 그 대리인은 고용계약을 맺은 의사나 간호사이다.

66

|정답| ⑤

|해설| 채용된 후에 발생하는 비대칭 정보 문제인 도덕 적 해이에 관한 것은 ㉡, ㉢, ㉣이다. 신호, 평판, 표준 화, 품질인증, 보증, 선별, 가입의무화 등은 역선택에 관한 내용이다.

파트5 국민총생산이론

파트1
파트2
파트3
파트4
파트5
파트6
파트7
파트8
실전1
실전2

기출예상문제　　　　　　　문제 302쪽

01	④	02	③	03	③	04	②	05	②
06	②	07	④	08	③	09	①	10	②
11	②	12	②	13	①	14	⑤	15	③
16	⑤	17	④	18	⑤	19	②	20	②
21	③	22	③	23	①	24	②	25	②
26	①	27	④	28	②	29	③	30	④
31	②	32	④	33	①	34	②	35	⑤
36	②	37	⑤	38	④	39	④	40	④
41	②	42	④	43	④	44	②	45	④
46	①	47	④	48	③	49	③	50	①
51	③	52	④	53	①	54	③	55	②
56	①	57	④	58	②	59	③	60	②
61	②	62	②	63	④	64	④	65	③
66	④	67	④	68	③	69	③	70	②
71	②	72	③	73	③	74	②	75	③
76	④	77	④	78	⑤	79	④		

01

| 정답 | ④

| 해설 | GDP를 측정하는 방법은 생산측면, 지출측면, 분배측면 3가지 접근방법이 있다. 이를 삼면등가의 법칙이라고 한다. 이때 생산측면의 GDP는 중간투입물이 중복으로 계산되는 것을 막기 위해서 최종생산물만 고려하거나 중간투입물을 제거한 부가가치의 합계로 구할 수 있다.

📄 **GDP의 3가지 측면**

1. 생산측면 : 국내총생산(Gross Domestic Product ; GDP) = 최종생산물의 시장가치의 총합 = 부가가치 + 고정자본소모(감가상각)

2. 분배측면 : 국내총소득(Gross Domestic Income ; GDI) = 임금 + 지대 + 이자 + 이윤 + 순간접세 + 고정자본소모(감가상각) = 피용자보수 + 영업이익 + 순간접세 + 고정자본소모(감가상각)

3. 지출측면 : 국내총지출(Gross Domestic Expenditure ; GDE) = 민간소비지출 + 총투자 + 정부지출 + 순수출

02

| 정답 | ③

| 해설 | 지출국민소득은 $Y = C + I + G + (X - M)$이므로 $Y = 1,000$, $C = 200$, $I = 150$, $G = 400$을 대입하여 순수출을 구할 수 있다.

$1,000 = 200 + 150 + 400 + (X - M)$
$\therefore (X - M) = 250$

03

| 정답 | ③

| 해설 | 국민소득 항등식을 정리하면 다음과 같다.

$Y = C + I + G + (X - M)$
$(X - M) = Y - (C + I + G)$
$\qquad = (Y - T - C) + (T - G) - I$

경상수지 = 민간저축$(Y - T - C)$ + 정부저축$(T - G)$ - 투자(I)

따라서 소비(C)가 감소하면 민간저축은 증가하고, 정부지출(G)이 증가하면 정부저축은 감소한다.

04

| 정답 | ②

| 해설 | S(사적저축) = $Y - T - C$이므로 $S = 480 - 80 - 350 = 50$이다.

05

| 정답 | ②

| 해설 | 정부지출이 50억 달러, 이전지출이 30억 달러, 조세수입이 70억 달러이므로 정부저축은 $T - G - TR$ = $70 - 50 - 30 = -10$(억 달러)이고 민간저축이 50억 달러이므로 경제 전체의 총저축은 40억 달러이다. 폐쇄경제에서는 국내총저축과 국내총투자가 일치하므로 투자는 40억 달러이다.

폐쇄경제의 국민소득 항등식 $Y = C + I + G$에 대입하면 $C = Y - I - G = 300 - 40 - 50 = 210$, 즉 민간소비는 210억 달러이다.

06

| 정답 | ②

| 해설 | 밀 3톤을 총 3만 달러에 수입했으므로 밀 1톤은 1만 달러이며 각 단계의 부가가치를 계산하면 다음과 같다.

- 밀 2톤(2만 달러)은 소비자에게 팔아 총 3만 달러의 매상을 올렸다. → 부가가치 1만 달러
- 1톤(1만 달러)은 밀가루로 만들어 2만 달러를 받고 제과점에 팔았다. → 부가가치 1만 달러
- 제과점에서는 이 밀가루(2만 달러)로 빵을 만들어 3만 달러를 받고 소비자에게 팔았다. → 부가가치 1만 달러

따라서 총 부가가치는 3만 달러이다.

07

| 정답 | ④

| 해설 | 각 단계의 부가가치를 계산하면 다음과 같다.

- 농부 : 중간투입물 0원 ⇒ 생산물 2,000억 원 ⇒ 부가가치 2,000억 원
- 제분회사 : 중간투입물 1,000억 원 ⇒ 생산물 1,600억 원 ⇒ 부가가치 600억 원
- 제빵회사 : 중간투입물 800억 원 ⇒ 생산물 3,200억 원 ⇒ 부가가치 2,400억 원

따라서 부가가치의 합은 2,000(억 원)+600(억 원)+2,400(억 원)=5,000(억 원)이며, 이 나라의 2020년도 GDP는 부가가치의 합인 5,000억 원이다.

08

| 정답 | ③

| 해설 | 한국의 해외직접투자가 증가하면서 외국으로 빠져 나간 자본은 한국의 고용과 소득에 영향을 주지 못하고, 외국의 해외직접투자로 인해 자본이 한국으로 유입되면 한국의 고용과 소득이 영향을 받는다. 따라서 한국의 해외직접투자가 증가하면 국내생산과 고용이 위축되므로 GDP가 실질적으로 중요한 의미를 가지게 된다.

| 오답풀이 |

① 한국 사람들의 일부가 미국 내부에서 생산하고 있으므로 미국의 GDP 증가분이 GNP 증가분보다 더 크다.

② 미국 사람들이 미국 내부에서 생산을 하고 있으므로 미국의 GDP와 GNP 모두 증가한다.

④ 한국 사람들이 미국에 가서 생산을 하고 있으므로 한국의 GNP는 일정하지만 한국의 GDP는 감소한다.

09

| 정답 | ①

| 해설 | GNP와 GDP의 관계를 정리하면 다음과 같다.

$GNP = GDP +$ 해외수취요소소득$-$해외지급요소소득
$= GDP +$ 해외순수취요소소득

이때 해외지불요소소득이 해외수취요소소득보다 크다면 해외순수취요소소득이 음(-)이 되므로 GDP가 GNP보다 크다.

10

| 정답 | ②

| 해설 | 출고 시 신차가격 2,000만 원은 작년의 GDP에 포함되며 중고차를 매입한 1,300만 원은 단지 소유권 이전에 불과하므로 올해의 GDP에서 제외된다. 중고차를 1,300만 원에 매입하여 수리한 후 1,500만 원에 판매하였으므로 올해의 부가가치는 200만 원이고 200만 원만큼 GDP가 증가한다.

11

| 정답 | ②

| 해설 | 2018년에 A 국에서 생산되어 재고로 있던 제품은 2018년에 이미 A 국의 GDP에 집계되었으므로 A 국의 2019년 GDP는 불변이고, GDP의 구성항목인 수출은 증가한다. B 국은 2019년 수입이 증가하고 GDP와 GNP는 변화가 없다.

12

| 정답 | ②

| 해설 | ㄹ. 주식가격변동과 부동산가격변동(부동산 투기) 등의 자본이득은 생산활동이 아니고 소유권이전에 불과하므로 국민소득에서 제외된다.

ㅁ. 복권당첨금은 생산활동과 무관하므로 국민소득에서 제외된다.

ㅇ. 시장에서 거래되는 생산물가치만이 국민소득에 포함되므로 파출부의 가사서비스는 국민소득에 포함되지만 주부의 가사노동은 포함되지 않는다.

13

| 정답 | ①

| 해설 | 식당에서 판매하는 식사는 시장거래이므로 GDP에 포함되지만, 주부가 가족을 위해 제공하는 식사는 시장가치로 나타낼 수 없으므로 GDP에 포함하지 않는다.

| 오답풀이 |

② GDP 측정에는 환경 문제가 고려되어 있지 않으므로 GDP에 포함되지 않는다.

③ 임대 주택이 제공하는 주거서비스뿐만 아니라 자가 주택이 제공하는 주거서비스도 자가 주택의 귀속임대료로 GDP에 포함된다.

④ 아이를 돌봐주는 서비스가 임금 지불을 통해 시장에서 거래되어 각자 부가가치를 창출하였으므로 A와 B 두 사람의 임금은 모두 GDP에 포함된다.

14

| 정답 | ⑤

| 해설 | ㄴ. 가계가 신축된 주택의 구입에 지출한 금액은 소비지출이 아니라 국내 총투자로 집계되며 GDP에 포함된다.

ㄷ. 자가 주택에서 얻는 서비스의 가치인 귀속임대료는 시장에서 거래되지 않지만 GDP에 집계된다.

ㄹ. 정부가 빈곤층을 지원하기 위해 지출한 보조금 지출은 생산과 관계없는 것이므로 GDP에 포함되지 않으며, 연말까지 팔리지 않은 중간재는 재고투자로 간주되어 GDP에 포함된다.

15

| 정답 | ③

| 해설 | ㄱ. 국세청이 세무조사를 강화하여 탈세규모가 줄어들면 시장가치로 평가할 수 있는 생산량이 많아지므로 GDP가 증가한다.

ㄷ. 주택 소유주가 자신의 주택을 임대하지 않고 스스로 주택서비스를 소비하는 경우에도 귀속임대료를 추정하여 GDP에 포함하므로 한다.

ㅁ. 자동차가 판매되지 않더라도 올해 생산되었다면 올해 GDP에 포함되므로 판매되지 않은 재고증가분이 발생하면 GDP가 증가한다.

| 오답풀이 |

ㄴ. 농지매입 규제가 폐지되면 농지에 대한 수요가 늘어나서 농지가격이 상승하지만, 농지가격은 생산이 아니므로 GDP에 영향을 주지 않는다.

ㄹ. 은행들의 주가는 생산이 아니므로 GDP에 영향을 주지 않는다.

16

| 정답 | ⑤

| 해설 | ㄷ. 생산자의 국적과 관계없이 자국 내에서 생산된 것이면 GDP에 포함된다.

ㄹ. 옥상이나 도시 텃밭에서 재배한 자가소비 농산물은 시장을 통해 거래되지 않았기 때문에 GDP에 포함되지 않는다.

ㅁ. 베트남에서 생산된 의류는 베트남의 GDP에 포함되고 한국의 GDP에는 포함되지 않는다.

| 오답풀이 |

ㄱ. 정부의 보조금 지급(이전지출)은 GDP에 포함되지 않는다.

ㄴ. 자동차의 재고 증가는 재고투자로 간주되어 GDP에 포함되지만, 지난 해 생산된 자동차의 올해 판매액과 중고자동차의 거래금액은 당해 연도 생산물이 아니므로 GDP에 포함되지 않는다.

파트1 파트2 파트3 파트4 파트5 파트6 파트7 파트8 실전1 실전2

📄 *GDP*의 포함 항목과 제외 항목

GDP 포함 항목	*GDP* 포함 제외 항목
• 귀속임대료(자기 집 사용료) • 농부의 자가소비 농산물 • 파출부의 가사노동 • 신규주택매입 • 국방, 치안서비스(공공재) • 금년 생산했지만 판매되지 않 은 재고 • 회사채이자 • 가계가 구입한 목재(최종생산물)	• 여가 • 도시텃밭의 자가소비 농산물 • 주부의 가사노동 • 기존주택매입 • 상속, 증여 • 주식가격과 부동산가격의 변동 • 국공채이자 • 목수가 구입한 목재(중간생산물)

17

| 정답 | ④

| 해설 | 농부의 자가소비 농산물, 치안이나 국방 등 정부의 서비스, 귀속임대료 3가지는 시장에서 거래가 되지 않아도 국내총생산에 포함되는 항목이다.

| 오답풀이 |

① 국내총생산 상승과 소득불평등의 심화는 인과관계가 없다.

② 실질국내총생산은 명목국내총생산을 물가로 나눈 것이므로 물가가 보다 작으면 실질국내총생산이 명목국내총생산보다 클 수 있다.

③ 밀수, 마약거래 등 지하경제에서 생산되는 것은 측정하기 어려우므로 국내총생산에 포함되지 않는다.

18

| 정답 | ⑤

| 해설 | 사회보장제도의 일환인 실업수당은 정부의 이전지출이기 때문에 *GDP*에 포함되지 않는다.

19

| 정답 | ②

| 해설 | *GDP*는 한 국가 내에서 일정기간 동안에 생산된 모든 최종생산물의 시장가치이다. 따라서 중간재가 포함된 모든 생산물이 아닌 최종생산물을 대상으로 한다.

20

| 정답 | ②

| 해설 | 기준연도에는 명목*GDP*와 실질*GDP*가 같고, 실질*GDP*는 기준연도 가격으로 측정된다.

• 2018년 실질$GDP = P_0 \times Q_0 = \{10(만 원) \times 10(개)\} + \{1(만 원) \times 100(개)\} = 200(만 원)$

• 2019년 실질$GDP = P_0 \times Q_1 = \{(10(만 원) \times 10(개)\} + \{1(만 원) \times 120(개)\} = 220(만 원)$

21

| 정답 | ③

| 해설 | *GDP*디플레이터는 비교년도의 생산량을 기준으로 생산량 변화효과는 제거하고 물가상승의 변화분을 측정하는 지수이다.

| 오답풀이 |

① *GDP*디플레이터는 총체적인 *GDP*변화를 경상가격 측면에서의 변화를 나타내는 지표로 소비자물가지수(*CPI*)에 비해 유리한 지표이다.

② *GDP*디플레이터는 명목*GDP*를 실질*GDP*로 나눈 값으로 일종의 물가지수이다.

④ *GDP*디플레이터가 장기적으로 증가한다는 것은 다른 조건이 일정할 때 생산량이 감소한다는 것을 의미한다.

22

| 정답 | ②

| 해설 | 명목*GDP*와 실질*GDP*를 계산하여 *GDP*디플레이터를 구하면 다음과 같다.

• 2020년의 명목*GDP*
 =당해 연도의 가격×당해 연도의 생산량
 $= (10 \times 4) + (5 \times 6) = 70$

• 2020년의 실질*GDP*
 =기준연도의 가격×당해 연도의 생산량
 $= (5 \times 4) + (5 \times 6) = 50$

$$\therefore GDP디플레이터 = \frac{명목 GDP}{실질 GDP} \times 100 = \frac{70}{50} \times 100$$
$$= 140$$

23

| 정답 | ①

| 해설 | GDP디플레이터 $= \dfrac{\text{명목}GDP}{\text{실질}GDP} \times 100$이므로

실질 $GDP = \dfrac{\text{명목}GDP}{GDP\text{디플레이터}} \times 100 = \dfrac{100}{125} \times 100 = 80$
이다.

24

| 정답 | ②

| 해설 | GDP디플레이터는 파셰방식으로 측정된 물가지수이므로 다음과 같다.

• 2019년 GDP디플레이터(㉠) $= \dfrac{P_t \times Q_t}{P_0 \times Q_t}$

$= \dfrac{(40 \times 150) + (150 \times 80)}{(30 \times 150) + (100 \times 80)} \times 100 = \dfrac{18,000}{12,500} \times 100$

$= 144$

• 2018년 GDP디플레이터 $= \dfrac{P_t \times Q_t}{P_0 \times Q_t}$

$= \dfrac{(40 \times 100) + (110 \times 70)}{(30 \times 100) + (100 \times 70)} \times 100$

$= \dfrac{11,700}{10,000} \times 100 = 117$

따라서 GDP디플레이터를 이용한 2019년의 물가상승률(㉡)은

$\dfrac{2013\text{년 } GDP\text{디플레이터} - 2012\text{년 } GDP\text{디플레이터}}{2012\text{년 } GDP\text{디플레이터}} \times 100$

$= \dfrac{144 - 117}{117} \times 100 ≒ 23.1(\%)$

25

| 정답 | ②

| 해설 | GDP디플레이터 $= \dfrac{\text{명목}GDP}{\text{실질}GDP} \times 100$이므로

실질 $GDP = \dfrac{\text{명목}GDP}{GDP\text{디플레이터}} \times 100$이다.

따라서 작년에 비해 실질 GDP가 상승하려면 작년에 비해 명목 GDP가 증가하였거나 GDP디플레이터가 감소하여야 한다.

26

| 정답 | ①

| 해설 | • 실질 $GDP = \dfrac{\text{명목}GDP}{GDP\text{디플레이터}} \times 100$

• 실질 GDP증가율 $=$ 명목 GDP증가율 $- GDP$디플레이터 $(=$인플레이션율$)$

2019년 명목 GDP가 3% 증가하였고 인플레이션율이 3% 증가하였으므로 기준연도 가격으로 측정한 실질 GDP는 기준연도와 동일한 200억 달러가 된다.

27

| 정답 | ④

| 해설 | • 명목 $GDP =$ 당해 연도의 가격 $\times$ 당해 연도의 생산량

• 실질 $GDP =$ 기준 연도의 가격 $\times$ 당해 연도의 생산량

• 2017년 명목 GDP
  $= 100 \times 2 + 3,000 \times 20,000 + 1,400 \times 1,000$
  $= 61,400,200$

• 2018년 실질 GDP
  $= 120 \times 2 + 2,800 \times 20,000 + 1,500 \times 1,000$
  $= 57,500,240$

기준연도의 명목 GDP는 실질 GDP와 일치하므로 2017년 실질 GDP는 $61,400,200$이고, 2018년 실질 GDP는 $57,500,240$이므로 감소하였다.

| 오답풀이 |

①, ② • 2017년 명목 GDP
  $= 100 \times 2 + 3,000 \times 20,000 + 1,400 \times 1,000$
  $= 61,400,200$

• 2018년 명목 GDP
  $= 120 \times 4 + 2,800 \times 25,000 + 1,500 \times 1,050$
  $= 71,575,480$

• 2017년 대비 2018년 명목 GDP 증가율
  $= \dfrac{71,575,480 - 61,400,200}{61,400,200} ≒ 16.6\%$

③ • 2018 GDP디플레이터
  $= \dfrac{71,575,480}{57,500,240} \times 100 ≒ 124.5$

- 2019년 실질 GDP
  $$= 130 \times 2 + 3,200 \times 20,000 + 1,600 \times 1,000$$
  $$= 65,600,260$$
⑤ • 2018년 대비 2010년 실질 GDP 증가율
  $$= \frac{65,600,260 - 57,500,240}{57,500,240} \times 100 \fallingdotseq 14.1\%$$

28

| 정답 | ②

| 해설 | GDP디플레이터$= \frac{\text{명목} GDP}{\text{실질} GDP} \times 100$이고 2005년
도에는 명목$GDP <$실질GDP이므로 GDP디플레이터는
100보다 작은 값을 가진다.

| 오답풀이 |

① 기준연도에 명목GDP와 실질GDP가 같으므로 기
준연도는 2010년이다.

③ 물가상승률=명목GDP 증가율-실질GDP 증가율
이고 2010년 이후 명목GDP의 증가율이 실질GDP
의 증가율보다 더 크므로 2010년에서 2015년 사이
물가는 상승하였다.

④ 경제성장률은 실질GDP의 변화율로 측정하는 것으
로, 실질GDP 직선이 우상향하고 있고 실질GDP의
값이 증가하고 있으므로 2005년에서 2015년 사이
경제성장률은 양(+)의 값을 가진다.

29

| 정답 | ②

| 해설 | 이민자의 유입으로 노동자 수가 증가하면 경제
전체의 생산이 증가하므로 경제 전체의 실질GDP는 증
가할 것이다. 그런데 수확체감의 법칙으로 인해 경제
전체의 총생산은 체감적으로 증가하기 때문에 1인당 실
질GDP는 감소하게 된다.

30

| 정답 | ④

| 해설 | 미국에서 제공된 노무서비스는 미국의 GDP에
속하므로 한국인이 미국에서 실직하면 미국의 GDP는
감소하고, 한국의 GDP에는 영향이 없다. 그러나 미국
에서 한국인이 실직하면 미국의 GNP에는 영향이 없고
한국의 GDP가 감소되므로 GNI 역시 감소한다.

31

| 정답 | ②

| 해설 | 국내총생산(GDP)은 일정기간 동안 한 나라의
국경 안에서 생산된 모든 최종생산물의 시장가치이다.
A는 한국 소재 기업에서 5,000만 원의 연봉을 받았고,
한국 소재 어학원에서 500만 원의 교육을 받았으므로
한국 땅에서 창출된 가치는 5,500(=5,000+500)만 원
이 된다.

국민총소득(GNI)은 일정기간 동안 한 나라의 국민에 의
하여 벌어들인 실질소득의 합계이다. 국민총소득은 국
외순수취요소소득을 제외하므로 미국 국적인 A의 연봉
5,000만 원은 GNI에 포함되지 않고, 어학원에서 500
만 원의 가치를 창출했으므로 GNI는 500만 원이 된다.
따라서 GDP와 GNI의 차이는 5,500-500=5,000(만
원)이 된다.

- 명목GNI=명목GNP
- 명목GNP=명목GDP+대외순수취요소소득

32

| 정답 | ④

| 해설 | 케인스의 소비함수는 $C = a + bY$(a는 독립소
비, b는 한계소비성향)이므로 이자율은 소비를 결정하
는 요인이 아니다. 즉 케인스에 따르면 소비는 가처분
소득의 함수이며, 이자율의 영향은 받지 않는다.

| 오답풀이 |

① 한계소비성향은 0과 1 사이에 존재한다.

② 평균소비성향은 $\frac{C}{Y} = \frac{a}{Y} + b$이므로 평균소비성향은
소득이 증가함에 따라 감소한다.

③ 케인스의 소비함수에서 현재의 소비는 현재의 소득
에 의존한다.

www.gosinet.co.kr

gosinet

파트1

파트2

파트3

파트4

파트5

파트6

파트7

파트8

실전1

실전2

33

| 정답 | ①

| 해설 | 케인스의 소비함수는 $C = a + bY$(a는 독립소비, b는 한계소비성향)으로, 소비는 0보다 크고, 한계소비성향은 0과 1 사이에 존재한다. 따라서 절대소득가설을 충족하는 것은 ①뿐이다.

34

| 정답 | ②

| 해설 | 세율을 항구적으로 상향 조정한다는 것은 항상소득이 감소한다는 의미이다. 프리드만에 의하면 소비는 항상소득에만 의존하므로 항상소득이 감소하면 소비는 즉각적으로 감소할 것이다.

35

| 정답 | ⑤

| 해설 | ㄱ. 절대소득가설은 소비함수를 가처분소득의 증가함수로 본다. 따라서 가처분소득이 증가하면 소비함수곡선이 상방으로 이동하지 않고 소비함수곡선 내에서 이동한다.

ㄴ. 쿠즈네츠의 실증분석에 따르면 장기에는 평균소비성향과 한계소비성향이 같다.

ㄷ. 상대소득가설은 소비의 비가역성과 소비의 상호의존성을 가정한다. 즉 사람들의 소비가 자신의 절대적인 소득수준보다는 다른 사람들의 소득수준이나 자신의 서로 다른 시점 간 소득을 비교한 상대소득에 의해 결정된다는 가설이다.

ㄹ. 항상소득가설에 따르면 현재소득이 일시적으로 항상소득 이상으로 증가할 때 소비자들은 임시소득의 증가로 인식하고 항상 소비를 거의 늘리지 않는다.

36

| 정답 | ②

| 해설 | 듀젠베리의 상대소득가설에서는 소비의 상호의존성을 이용하여 전시효과를 설명하고, 소비의 비가역성을 이용하여 톱니효과를 설명한다.

• 소비의 톱니효과(Ratchet Effect, 비가역성) : 현재의 소비는 현재의 소득수준뿐만 아니라 과거의 최고 소득수준에도 영향을 받는다.

• 소비의 전시효과(Demonstration Effect, 소비의 상호의존성) : 사람들은 자신의 소득만이 아니라 다른 사람의 소득과 비교하여 소비를 결정한다.

37

| 정답 | ⑤

| 해설 | 이자율 상승 변화가 소비에 미치는 최종적인 효과는 소득효과와 대체효과의 상대적 크기에 따라 현재소비는 증가할 수도 감소할 수도 있다.

| 오답풀이 |

③, ④ 대체효과는 소비자가 현재 저축자인지 차입자인지에 관계없이 항상 현재소비를 줄이고 미래소비를 증가시킨다.

📋 이자율 상승에 따른 소득효과 대체효과

• 소득효과 : 이자율 상승 → 이자수입 증가 → 소득 증가 → 현재소비 증가

• 대체효과 : 이자율 상승 → 현재소비의 기회비용 상승 → 현재소비 감소(저축 증가)

1. 소득효과 > 대체효과 : 이자율 상승 → 현재소비 증가(저축 감소)

2. 소득효과 < 대체효과 : 이자율 상승 → 현재소비 감소(저축 증가), 미래소비 증가

38

| 정답 | ④

| 해설 | 생애주기가설에 의하면 개인은 전 생애에 걸쳐 일정수준의 소비를 유지하려하므로 소비에 비해 소득이 작은 노년기와 유년기는 음의 저축을 하고 소비에 비해 소득이 큰 중년기는 양의 저축을 한다.

39

| 정답 | ④

| 해설 | 생애주기가설에서 개인은 평생소득에 근거하여 평생효용을 극대화하는 생애소비를 결정한다. 따라서

소득의 변동이 심해도 생애소비는 비교적 안정적으로 결정한다. 아동기와 청소년기에는 소득보다 많은 소비를 하고, 중년과 장년기에 주로 소비보다 많은 소득을 얻는다. 그러므로 동일한 가처분소득을 갖고 있다고 하더라도 생애평균소득이 다르다면 한계소비성향이 서로 다르다.

40

| 정답 | ④

| 해설 | ④는 케인스의 절대소득가설을 의미하고, (나)는 MBA의 생애주기가설을 의미한다.

(나)에서 장기간의 소득세 감면은 생애평균소득을 증가시키므로, 소비 증가에 따른 총수요의 증가는 경기 활성화에 기여한다.

| 오답풀이 |

① (가)에서 소액 복권에 당첨되면 현재 소득이 증가하게 되어 소비가 늘어난다.

② (가)에서 특별 상여금은 현재 가처분소득을 증가시키므로 소비와 연결된다.

③ (나)에서 일시적인 실업은 생애평균소득의 흐름에는 큰 변화가 나타나지 않으며 소비수준을 평탄하게 일정하게 유지하려고 하기 때문에 소비가 크게 감소하지는 않는다.

41

| 정답 | ②

| 해설 | 항상소득가설에 의하면 항상소득이 증가하면 소비가 크게 증가하나, 임시소득이 증가하는 경우에는 소비가 거의 증가하지 않는다. 그러므로 항상소득의 한계소비성향이 임시소득의 한계소비성향보다 크다.

42

| 정답 | ④

| 해설 | 유동성제약은 주로 차입제약을 말한다. 차입제약이 존재하면 미래소득이 차입이 어렵기 때문에 현재소비의 현재소득에 대한 의존도는 강화된다.

43

| 정답 | ④

| 해설 | 투자의 이중성이란 총수요 증대효과와 생산능력 증대효과를 말한다. 투자는 유효수요의 구성요소이므로 투자가 증가하면 유효수요가 증가함에 따라서 국민소득이 증가하는 효과를 총수요 증대효과라고 한다. 또한 기업의 투자는 자본재의 생산증가를 가져오므로 투자가 증가하면 생산능력이 증대되는 효과를 생산능력 증대효과라고 한다.

44

| 정답 | ②

| 해설 | 순현재가치 기준은 편익의 현재가치에서 비용의 현재가치를 뺀 값이 큰 사업안을 선택하는 것이다. 적용하는 할인율의 크기에 따라 내부수익률과 같을 수도 있고 달라질 수도 있다.

| 오답풀이 |

① A의 내부수익률은 10%라는 의미는 10%로 비용과 편익을 현재 가치화할 때 순편익의 현재가치가 0이 된다는 의미이므로, 적용하는 할인율이 6%라면 순현재가치(NPV)는 0보다 클 것이다. B의 내부수익률인 8%도 6%보다 크므로 사업 B의 경우에도 0보다 크다.

③ 사업 A의 내부수익률이 10%이므로 비용과 편익을 현재 가치화할 때 적용하는 할인율이 10%라면 사업 A의 순편익의 현재가치는 0이 된다. 사업 A의 순편익의 현재가치가 0이므로 편익의 현재가치와 비용의 현재가치가 같아진다.

④ 적용하는 할인율이 9%로 내부수익률인 8%보다 크게 되면 사업 B의 순편익의 현재가치는 0보다 작게 되어 사업 B의 경제적 타당성은 없다고 판정할 수 있다.

45

| 정답 | ④

| 해설 | 경제학에서는 비용을 고려할 경우 항상 기회비용을 반영해야 한다. 비용-편익 분석에서도 기회비용을 고려해야만 한다. 즉, 경제학적비용(기회비용)=명시적비용(회계학적비용)+잠재적비용

www.gosinet.co.kr gosinet

파트1
파트2
파트3
파트4
파트5
파트6
파트7
파트8
실전1
실전2

46

| 정답 | ①

| 해설 | 자본재 가격이 일정할 때 소비재 가격이 상승하면 한계효율이 상승하게 되는데, 할인율이 일정하므로 가본의 한계효율곡선은 우측으로 이동한다.

자본재 가격이 일정할 때 소비재 가격이 상승하면 경기 전망이 낙관적이므로 우측으로 이동한다.

47

| 정답 | ④

| 해설 | 토빈의 q이론에서는 신고전학파의 투자이론에서 언급한 자본의 사용자비용을 원용하여, 토빈q 비율 $= \dfrac{\text{기업의 시장가치(시가총액)}}{\text{기업 실물자본의 대체비용(순자산가치)}}$으로 정의하여 이 값이 1보다 크면 투자를 늘린다고 하였다. 그러므로 토빈의 q이론은 자본의 사용자 비용과 한계 생산물가치를 비교하여 투자를 설명하는 신고전파 투자모형과 관련이 있다.

48

| 정답 | ③

| 해설 | 자본의 한계생산물(MP_K)이 $50-0.1K$, 생산물가격(P)이 단위당 200원이므로 한계생산물가치 $VM_K = 10,000 = 20K$이다.

$\therefore VM_K = MP_K \times P = (50-0.1K) \times 200$
$\qquad\qquad = 10,000 - 20K$

자본재 가격(P_K)이 단위당 10,000원, 감가상각률(d)이 5% 실질이자율(r)이 10%일 때 자본의 사용자 비용 $C = 1,500$이다.

$C = (r+d)P_K = (0.1+0.05) \times 10,000 = 1,500$

적정 자본량은 한계생산물가치와 자본의 사용자비용이 같아질 때의 자본량으로 실질이자율이 10%일 때의 초기 자본량 $K_0 = 425$로 계산된다.

$VMP_K = C \qquad 10,000 - 20$

$K_0 = 1,500 \qquad \therefore K_0 = 425$

실질이자율이 10%에서 5%로 하락하면 적정 자본량은 $K_1 = 450$이 되고 실질이자율 하락으로 인해 투자(I)가 25단위 증가한다.

$VMP_K = C$

$10,000 - 20K_1 = (0.05+0.05) \times 10,000$

$\therefore K_1 = 450$

49

| 정답 | ③

| 해설 | 유동성선호설은 케인스의 이자율결정이론이며 고전학파와는 아무런 관계가 없다.

50

| 정답 | ①

| 해설 | 대부자금의 공급을 증가시키는 방향으로 세법이 개정되면 대부자금의 공급곡선이 오른쪽으로 이동한다. 대부자금의 공급곡선이 우측으로 이동할 때 대부자금의 거래량이 크게 증가하는 것은 공급곡선이 매우 급경사이고 수요곡선이 매우 완만할 때이다. 즉, 대부자금의 공급이 매우 비탄력적이고 대부자금의 수요곡선이 매우 탄력적일 때 대부자금의 균형거래량이 가장 크게 증가한다.

대부자금의 공급곡선이 우측으로 이동하였을 때 다음 그림과 같이 대부자금의 수요곡선이 완만할수록 즉 대부자금의 수요가 탄력적일수록 대부자금의 균형거래량은 더 많아진다.

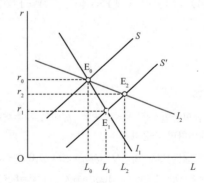

51

| 정답 | ③

| 해설 | 소비가 증가하면 경기과열이 더 심화되므로 경기가 과열일 때는 저축이 미덕이다. "소비는 미덕이다"는 "절약은 악덕이다"라는 케인스의 주장으로 개인에게 절약은 미덕이지만, 불경기에는 더욱 경기를 위축시켜 경제를 어렵게 만든다는 것이다. 경기가 침체일 때는 소비가 증가하면 유효수요가 증가하고, 그에 따라 국민소득이 증가한다. 그러므로 경기가 침체상태일 때는 소비가 미덕이 된다.

52

| 정답 | ④

| 해설 | $AE = C + I + G = 100 + 0.8Y + 200 + 100 = 400 + 0.8Y$이고,
균형국민소득은 $Y = AE$일 때 이루어지므로
$Y = 400 + 0.8Y$ $0.2Y = 400$ $Y = 2,000$이다.

53

| 정답 | ①

| 해설 | 소비함수$(C) = 160 + 0.6Y^D(=Y-T)$
$C = 160 - (Y - 200)$, 독립투자$(I) = 400$,
정부지출$(G) = 200$, 조세$(T) = 200$
$Y = C + I + G$에 위의 C, I, G를 대입하면
$Y = 160 + 0.6(Y - 200) + 400 + 200$
$Y = 0.6Y + 640$ $0.4Y = 640$ $Y = 1,600$

54

| 정답 | ③

| 해설 | 균형국민소득 $Y = C + I + G$이므로 주어진 조건을 대입하면 다음과 같다.
$4,000 = 300 + 0.8(\cdots 4,000 - 500) + 500 + 1,000 - 100r$
$4,000 = 4,600 - 100r$ $100r = 600$ $r = 6(\%)$

55

| 정답 | ②

| 해설 | $Y = 500 + 0.6Y + 2,000 - 100r$
$0.4Y = 2,500 - 100r$
$Y = 5,000$을 대입하여 풀면
$0.4 \times 5,000 = 2,500 - 100r$
$100r = 500$ $r = 5(\%)$

56

| 정답 | ①

| 해설 | 국민소득 균형식은 $Y = C + I + G$이므로,
$6,000 = 200 + 0.5(6,000 - 1,500) + 1,000 - 40r + 3,000$
이 되고, 이 식을 정리하여 풀면
$4r = 45$ $\therefore r = 11.25(\%)$
소비 $C = 200 + 0.5(6,000 - 1,500)$에서 $C = 2,450$이다.
개인저축 $= Y - T - C$이므로, 이 식에 대입하면
개인저축 $= 6,000 - 1,500 - 2,450 = 2,050$

57

| 정답 | ④

| 해설 | 가계부문과 기업부문만 존재하는 단순한 거시경제를 가정하므로 균형식은 $Y = C + I$이다.
$C = 30 + 0.8Y$, $I = 10 + 0.1Y$을 $Y = C + I$에 대입하면
$Y = 30 + 0.8Y + 10 + 0.1Y$이 되고, 이를 계산하면
$0.1Y = 40$ $\therefore Y = 400$

58

| 정답 | ②

| 해설 | 균형국민소득 식 : $Y = C + I + G$
문제에서 주어진 조건을 균형국민소득 식에 대입하면
$Y = 100 + 0.8Y + 500 + 200$이 되고, 이를 계산하면
$0.2Y = 800$ $\therefore Y = 4,000$

www.gosinet.co.kr gosinet

파트1
파트2
파트3
파트4
파트5
파트6
파트7
파트8
실전1
실전2

59

| 정답 | ②

| 해설 | 균형국민소득 $Y=C+I+G+NX$에서, 정부재정이 균형이므로 $G=T$이므로 $G=T=aY$이고, 상품수지가 균형이므로 $NX=0$이다.

주어진 정보를 반영해서 균형국민소득 식에 대입하여 값을 구하여 보면 다음과 같다.

$Y=250+0.75(Y-aY)+750+aY$식에 $Y=5,000$을 대입하면 $5,000=250+0.75(5,000-5,000a)+750+5,000a$가 되고 이를 정리하여 풀면

$5,000=4,750+1,250a$

$1,250a=250$ ∴ $a=0.2$

60

| 정답 | ③

| 해설 | 정부지출은 모두 조세로 충당되므로 $G=T(=tY+10)$이 성립한다.

국민소득균형 식은 $Y=C+I+G$에 $G=T=tY+10$을 대입하여 정리하면

$Y=0.7\{Y-(tY+10)\}+25+32+tY+10$가 된다.

완전고용 시의 국민소득은 400이므로 $Y=400$을 Y에 대입하면

$400=0.7(400-400t-10)+25+32+400t+10$을 정리하여 풀면

$400=340-120t$

$120t=60$ ∴ $t=\dfrac{1}{2}$

61

| 정답 | ②

| 해설 | 개방경제하의 국민소득균형식은 $Y=C+I+G$이다.

1. 균형국민소득 $Y=C+I+G$를 구하면,

$Y=50+0.75(Y-200-0.25Y)+150+250$

∴ $Y≒686$으로 자연생산량 750보다 작아 경기침체 상황이다.

2. 한계조세율을 t라 하여 균형국민소득을 구하면,

$Y=50+0.75(Y-200-tY)+150+250$

이때 $Y=750$이 되도록 하는 t의 값은 0.2이다. 따라서 한계조세율은 5%p 감소해야 한다.

62

| 정답 | ②

| 해설 | 1. 균형국민소득

개방경제의 생산물시장 균형

$Y=C+I+G+X-M$에 박스의 정보를 대입하면

$Y=50+0.85(Y-0.2Y)+110+208+82-10-0.08Y$

$Y=1,100$

2. 균형국민소득과 경상수지

경상수지$(X-M)=82-10-0.08Y$에 $Y=1,100$을 대입하면 경상수지는 -16이다.

3. 균형국민소득과 평균소비성향

$Y=1,100$을 소비함수 $C=50+0.85(Y-0.2Y)$에 대입하면 소비는 798이다.

따라서 평균소비성향$\left(\dfrac{C}{Y}\right)$은 $\dfrac{798}{1,100}=0.7254\cdots≒0.725$

63

| 정답 | ④

| 해설 | 균형국민소득은 $Y=C+I+G+NX$에 주어진 자료를 대입하여 구한다.

$Y=14,000+0.5(Y-8,000)-3,000r+5,000-2,000r+5,000+400$을 정리하면

$Y=40,800-10,000r$이 된다. 이때 Y^*가 40,000으로 주어져 있고 $Y=Y^*$가 되어야 하므로, $Y=40,000$을 대입하면

$40,000=40,800-10,000r$ $10,000r=800$

∴ $r=0.08(=8\%)$

64

| 정답 | ④

| 해설 | $Y=AE$는 $45°$선이므로 $Y_1=100$, $Y_2=200$, $Y_3=300$임을 알 수 있다. 그리고 투자는 소득에 상관없이 50이다. 따라서 총수요＝총지출＝$AE=C_0+cY+1$이다. 디플레이션 갭＝완전고용 국민소득－완전고용 국민소득에서 측정한 총수요가 성립한다. 따라서 완전고용 국민소득은 300이고 완전고용 국민소득에서 측정한 총수요가 250이므로 디플레이션 갭은 50이다.

| 오답풀이 |

① 소득 Y_3 수준에서 소비는 200이고 투자는 50이므로 총수요는 250이다.

② 완전고용 국민소득이 $Y_3=300$이므로 완전고용에 필요한 총수요도 300이다.

③ 소득에 영향을 받는 투자는 유발투자라고 한다. 사안에서는 투자가 소득과 상관없이 일정하므로 유발투자가 없다.

⑤ 완전고용 국민소득에서 소비는 200이고 투자는 50이므로 양자의 차이는 150이다.

65

| 정답 | ③

| 해설 | $Y_D=C+I_D$, 총수요와 총공급이 일치하는 균형조건은 $Y=Y_D$

$Y=600+0.6Y+2,400 \qquad Y-0.6Y=3,000$

$\therefore Y=7,500$

독립투자가 400조 원 증가할 경우의 균형국민소득의 증감분은 투자승수만큼 증가하므로

투자승수 $=\dfrac{1}{1-c}=\dfrac{1}{1-0.6}=2.5$

따라서 400(조 원)×2.5＝1,000(조 원)

66

| 정답 | ④

| 해설 | 균형국민소득을 구하는 식은 $Y=C+I$이므로

위의 조건을 $Y=C+I$에 대입하면,

$Y=200+0.8Y+200 \qquad 0.2Y=400 \qquad \therefore Y=2,000$

완전고용 국민소득이 3,000이므로 현재의 균형국민소득은 완전고용 국민소득에 1,000만큼 미달하는 GDP 갭이 발생한다. 한계소비성향이 0.8이므로 투자승수＝$\dfrac{1}{1-MPC}=\dfrac{1}{1-0.8}=5$이다. 국민소득을 1,000만큼 증가시키려면 $\dfrac{1,000}{5}=200$의 독립투자를 200만큼 증가시키면 된다.

67

| 정답 | ④

| 해설 | 한계소비성향이 0.9, 소득세율이 0.1, 한계수입성향이 0.01이면 투자승수

독립투자승수 $=\dfrac{1}{1-한계소비성향(1-t)+한계수입성향}$
$=\dfrac{1}{1-0.9(1-0.1)+0.01}=\dfrac{1}{0.2}=5$

투자승수가 5이고 독립투자가 300만큼 증가하면 국민소득이 5×300＝1,500만큼 증가한다.

소득세율이 10%이고 국민소득이 1,500만큼 증가하면 처분가능소득은 $1500-(1,500×0.1)=1,350$만큼 증가한다.

$\triangle C$＝한계소비성향$(1-직접세율)×\triangle Y$
$=0.9(1-0.1)×1,500=0.81×1,500=1,215$

저축의 변화는 135로 계산된다.

$\therefore \triangle S$＝한계저축성향$(1-직접세율)×\triangle Y$
$=0.1(1-0.1)×1500=0.1×0.9×1,500=135$

68

| 정답 | ③

| 해설 | 조건을 모두 고려한 가장 넓은 의미의 승수는 다음과 같다.

$\dfrac{1}{1-c(1-t)+m-i}$ (c는 한계소비성향, t는 비례세율, m은 한계수입성향, i는 유발투자계수)

투자승수는 화폐수요의 소득탄력성과는 무관하다. 한

계소비성향(c)이 클수록, 세율(t)이 작을수록, 한계수입성향(m)이 작을수록, 유발투자계수가 클수록 투자승수는 커진다.

69

|정답| ③

|해설| $Y = C + I + G + (X - M)$에서 균형국민소득을 구하여 보면

$C = a + b(Y - T)$ $C = 50 + 0.8(Y - 200)$이고,

$M = M_0 + m(Y - T)$ $M = 40 + 0.05(Y - 200)$

$Y = 50 + 0.8(Y - 200) + 100 + 200 + 140 - 40 + 0.05(Y - 200)$

$0.25Y = 300$

$Y = 1,200$

균형국민소득은 1,200이고 완전고용국민소득이 1,300이므로 GNP갭은 100이 된다.

이때 정부지출승수$= \dfrac{1}{1 - c + m} = \dfrac{1}{1 - 0.8 + 0.05}$

$= \dfrac{1}{0.25} = 4$가 되어 완전국민소득을 달성하기 위하여

필요한 정부지출은 $\dfrac{100}{4} = 25$조 원이 된다.

70

|정답| ②

|해설| 정부지출승수$= \dfrac{1}{1 - c(1 - t)}$ (c는 한계소비성향, t는 세율)에 한계소비성향이 0.8, 세율이 25%을 대입하면, 정부지출승수$= \dfrac{1}{1 - 0.8(1 - 0.25)} = \dfrac{1}{1 - 0.6} = \dfrac{1}{0.4}$

$= 2.5$이다.

71

|정답| ②

|해설| 정부지출 승수$= \dfrac{1}{1 - c(1 - t) + m}$ (c는 한계소비

성향, t는 세율, m은 한계수입성향)

주어진 조건이 $c = 0.5$, $m = 0.3$, $t = 0$이므로

정부지출 승수$= \dfrac{1}{1 - c(1 - t) + m} = \dfrac{1}{0.5 + 0.3} = 1.25$

정부지출이 100에서 200으로 증가할 경우 정부지출 증가분이 100이므로 균형국민소득의 변화량은 100의 1.25배인 125이다.

72

|정답| ③

|해설| 이자율 $r = 0.001$이 고정되어 있으므로

$I = \dfrac{100}{r} = \dfrac{100}{0.01} = 10,000$으로 독립투자는 상수이다.

정부지출 승수는 $\dfrac{1}{1 - c} = \dfrac{1}{1 - 0.9} = 10$

따라서 국민소득은 10의 10배인 100 만큼 증가한다.

73

|정답| ③

|해설| 정부지출승수$(= \dfrac{1}{1 - c}) >$감세승수$= \dfrac{c}{1 - c}$

정부지출승수와 조세승수의 합인 균형재정승수가 1이므로 정부지출승수가 감세승수보다 크다.

|오답풀이|

① 정부지출승수$(= \dfrac{1}{1 - c}) >$감세승수$(= \dfrac{c}{1 - c})$

② 독립투자승수$(= \dfrac{1}{1 - c}) >$감세승수$(= \dfrac{c}{1 - c})$

④ 정부지출승수$(= \dfrac{1}{1 - c}) =$독립투자승수$(= \dfrac{1}{1 - c})$

74

|정답| ③

|해설| 문제에서 밀어내기효과가 없다고 했으므로 케인스의 단순모형인 승수효과를 이용하면 되는데, 독립지출은 승수 배만큼의 총수요를 증가시킨다.

정부지출승수 $= \dfrac{1}{1-c} = \dfrac{1}{1-0.75} = 4$

따라서 $2,000 \times 4 = 8,000$

조세감면승수 $= \dfrac{c}{1-c} = \dfrac{0.75}{1-0.75} = 3$

따라서 $2,000 \times 3 = 6,000$

즉, 2,000억 원의 정부지출의 확대는 국민소득을 8,000억 원 증가시키고, 조세를 2,000억 원 감면하게 되면 국민소득은 6,000억 원 증가한다.

75

| 정답 | ③

| 해설 | 균형재정승수(정액세의 경우)＝정부지출승수＋조세승수 $= \dfrac{1}{1-c} + \dfrac{-c}{1-c} = 1$

균형재정승수는 한계소비경향(c)의 크기에 관계없이 항상 1이다. 이는 정부지출을 10억 증가시키고 동시에 조세를 10억 더 거두어 들여도 국민소득은 10억이 증가한다는 의미이다. 조세감면은 일부가 저축으로 누출되므로 정부지출 효과보다 작다.

76

| 정답 | ④

| 해설 | 투자승수 $= \dfrac{1}{1-c} = \dfrac{1}{1-0.8} = \dfrac{1}{0.2} = 5$

투자를 1단위 증가시킬 때 총소득은 5만큼 증가한다.

| 오답풀이 |

① $Y = \text{E} = C + I + G$에 $C = 0.8(Y-T)$, $I = 100$, $G = 50$, $T = 50$을 대입하여 Y를 구하면 된다.

$Y = 0.8(Y-50) + 100 + 50$

$(1-0.8)Y = 110$ ∴ $Y = 550$

② 정부지출승수 $= \dfrac{1}{1-c} = \dfrac{1}{1-0.8} = \dfrac{1}{0.2} = 5$

정부지출을 1단위 증가시킬 때 총소득은 5만큼 증가한다.

③ 감세승수 $= \dfrac{c}{1-c} = \dfrac{0.8}{1-0.8} = \dfrac{0.8}{0.2} = 4$

세금을 1단위 감소시킬 때 총소득은 4만큼 증가한다.

77

| 정답 | ④

| 해설 | 한계소비성향(c)이 0.75인 정액세 모형으로 정부지출승수, 투자승수, 정액조세승수는 다음과 같다.

㉠ 정부지출승수 $= \dfrac{1}{1-c} = \dfrac{1}{1-0.75} = 4$

㉡ 투자승수 $= \dfrac{1}{1-c} = \dfrac{1}{1-0.75} = 4$

㉢ 정액조세승수 $= \dfrac{-c}{1-c} = \dfrac{1}{1-0.75} = \dfrac{-0.75}{0.25} = -3$

78

| 정답 | ⑤

| 해설 | 두 계층의 한계소비성향의 크기가 작다면 조세감면에 따른 경기부양의 효과는 작아진다. 따라서 부유한 계층은 한계소비성향이 작으므로 조세감면으로 발생하는 소득증가분이 소비로 지출되는 정도가 가난한 계층보다 작다. 따라서 부유한 계층과 가난한 계층의 한계소비성향의 차이가 클수록 경기 부양효과가 커진다.

79

| 정답 | ④

| 해설 | 보기에서 정부는 재정지출을 30조 원 늘리기로 하였고 확장적 재정정책 이후 독립적 수출이 175조 원으로 증가하였기 때문에, 수출증가분은 15조 원이다. 따라서 독립지출 증가분은 $30 + 15 = 45$조 원이다.

승수 $= \dfrac{1}{1-c(1-t)+m} = \dfrac{1}{1-0.8(1-0)+0.2}$

$= \dfrac{1}{0.4} = 2.5$

따라서 균형국민소득 증가분은 $45 \times 2.5 = 112.5$조 원이다. 이때 한계수입성향이 0.2이므로 수입은 $112.5 \times 0.2 = 22.5$조 원 증가하여 수출증가분에서 제하면 $15 - 22.5 = -7.5$조 원이 되어 7.5조 원 악화된다.

파트6 화폐금융론

파트1
파트2
파트3
파트4
파트5
파트6
파트7
파트8
실전1
실전2

기출예상문제				문제 356쪽					
01	④	02	④	03	⑤	04	③	05	④
06	①	07	④	08	④	09	③	10	③
11	④	12	③	13	③	14	②	15	④
16	②	17	②	18	③	19	①	20	④
21	②	22	②	23	③	24	①	25	④
26	④	27	②	28	②	29	③	30	③
31	④	32	③	33	④	34	④	35	①
36	③	37	⑤	38	④	39	⑤	40	①
41	①	42	①	43	②	44	①	45	①
46	④	47	①	48	③	49	②	50	②
51	①	52	①	53	①	54	③	55	④
56	④	57	③	58	④	59	④	60	①
61	①	62	④	63	①	64	④	65	②
66	①	67	①						

01

| 정답 | ④

| 해설 | 협의 통화($M1$)는 통화의 지급결제기능(거래적 기능과 지불수단으로서 기능)을 중시한 통화지표로 현금통화와 유동성(liquidity)이 아주 높은 금융상품으로 구성된다. $M1$에는 현금통화, 예금취급기관의 요구불예금, 수시입출식 저축성예금, 시장형금융상품인 $MMDA$와 MMF 등이 포함된다.

광의의 통화($M2$)는 $M1$과 $M1$에 포함된 금융상품과 대체성이 높은 금융상품을 포함하는 통화지표이다. $M2$에는 $M1$, 기간물 정기 예/적금, 실적배당형 상품(금전신탁, Mutual Fund와 같은 수익증권 등), 만기 2년 미만의 금융채권(CD, RP, 표지어음 등), 기타(투신사 신탁형증권저축 및 종금사 발행어음) 등이 포함된다. 따라서 제시된 모든 항목이 여기에 포함된다.

02

| 정답 | ④

| 해설 | 통화량은 현금통화와 예금통화의 합으로 구성되어 있다. 철수가 현금 100만 원을 A 은행의 보통예금 계좌에 입금하면 현금통화가 100만 원 감소하고, 예금통화가 100만 원 증가하므로 협의 통화($M1$)에는 변화가 없다. 중앙은행으로부터의 새로운 통화공급이 아닌 민간부문의 예금행위는 본원통화를 변화시키지 않는다.

03

| 정답 | ⑤

| 해설 | 준화폐는 주식·채권 등과 같이 화폐를 대체할 수 있는 유동자산으로서 화폐 아닌 비화폐를 의미한다. 준화폐는 화폐보유성향(유통속도)을 불안정하게 만드는 요인이다.

04

| 정답 | ③

| 해설 | 이자율이 r일 때 매년 A원의 이자를 받는 영구채의 가격은 $PV = \dfrac{A}{r}$이다. 채권의 가격은 채권보유로부터 얻는 수익의 현재가치와 같으므로 매년 24만 원을 받는 영구채라면 채권수익은 연 24만 원이다.

이자율이 6%일 때 채권의 가격은 $\dfrac{24}{0.06} = 400$(만 원)이고 이자율이 8%일 때 채권의 가격은 $\dfrac{24}{0.08} = 300$(만 원)이다.

따라서 이자율이 6%에서 8%로 상승하면 채권가격은 100만 원 감소한다.

05

| 정답 | ④

| 해설 | 매년 1원씩의 이자가 지급되는 영구채의 현재가치는 $\frac{1}{r}$로 이자율과 역의 관계가 된다. 매년 300만 원씩 지급되는 이자율이 5%인 경우 현재가치는 $\frac{300}{0.05}=$ 6,000(만 원)이 되며, 이자율이 6%인 경우 현재가치는 $\frac{300}{0.06}=$5,000(만 원)으로 1,000만 원이 감소한다.

06

| 정답 | ①

| 해설 | 매년 A원의 이자를 지급하는 영구채권의 가격 $P=\frac{A}{r}$이므로 이자율 $r=\frac{A}{P}$이다. 매년 1,000원씩의 이자를 지급하는 영구채권의 가격이 10,000원이면 이자율$=\frac{1,000}{10,000}$이므로 10%이고, 이 영구채권의 가격이 8,000원으로 하락하면 이자율$=\frac{1,000}{8,000}=$12.5(%)이다. 따라서 채권 A의 연수익률은 12.5－10=2.5(%)상승한다.

07

| 정답 | ④

| 해설 | 무이표채의 가격위험은 장기채의 시장이자율이 상승하는 경우 할인되는 값이 커지기 때문에 가격위험은 더 커지게 된다.

| 오답풀이 |

① 무이표채의 채권가격은 이자율과 반비례하여 시장이자율이 상승하게 되므로 채권가격은 하락한다.

② 이표채도 채권가격은 시장이자율에 반비례한다.

③ 채권에서 말하는 만기(Maturity)란 현재부터 약속 이행일인 만기일까지의 기간을 말한다. 따라서 만기가 길어질수록 기간이 길어져서 채권의 가격은 민감하게 된다.

08

| 정답 | ④

| 해설 | 화폐수량설은 통화량(M)과 물가(P)는 정비례 관계가 성립하여 통화량이 증가하면 물가가 상승한다는 물가이론이라 볼 수 있으며, 화폐의 유통속도는 불변이라고 가정한다.

09

| 정답 | ③

| 해설 | 고전학파는 산출량을 증대시키기 위해서는 화폐의 증대와 같은 통화량의 증대는 아무런 효과가 없고, 생산요소의 공급과 생산기술에 의한 공급측면의 변화가 있어야 한다고 주장한다.

| 오답풀이 |

① 화폐수량설은 화폐유통속도가 일정하다고 한다.

② 통화량의 증가는 실질 생산량을 증가시키지 못하고 물가만 상승시킨다.

10

| 정답 | ③

| 해설 | 교환방정식 $MV=PY$에서, V와 M이 일정할 때, 실질 $GDP(Y)$가 커지면 물가(P)는 하락해야 한다.

| 오답풀이 |

① 교환방정식 $MV=PY$에서 화폐유통속도(V)가 일정할 때 통화량(M)이 증가하면 물가(P)가 상승하거나 실질 $GDP(Y)$가 증가해야 한다.

② 교환방정식 $MV=PY$에서 유통속도(V)는 사람들의 거래관습에 의해 결정되므로 고정적이고, 고전학파는 임금과 가격이 완전히 신축적이라는 가정 하에 정상적인 상태에서 경제의 산출량 수준은 완전고용 산출량 수준에 있다고 믿었기 때문에 통화량(M)이 변하면 물가(P)도 비례적으로 변하게 된다는 화폐수량설이 도출된다.

④ V와 Y가 일정한 경우에는 물가의 증가율인 인플레이션율의 통화증가율이 같아야 한다.

11

| 정답 | ③

| 해설 | 교환방정식($MV = PY$)을 변화율로 변형하면, $\dfrac{\Delta M}{M} + \dfrac{\Delta V}{V} = \dfrac{\Delta P}{P} + \dfrac{\Delta Y}{Y}$가 성립한다. 주어진 설문에 의한 $\dfrac{\Delta M}{M} = 0\%$, $\dfrac{\Delta P}{P} = 3\%$, $\dfrac{\Delta Y}{Y} = 7\%$를 앞의 식에 대입하면 $0 + \dfrac{\Delta V}{V} = 3 + 7$ $\dfrac{\Delta V}{V} = 10(\%)$

즉, 올해의 통화량이 500억 원이고, 통화량 증가율이 10%이므로 내년의 통화량은 $500 \times 1.1 = 550$억 원이 되어야 한다.

12

| 정답 | ③

| 해설 | 교환방정식은 $MV = PY$이다(M은 통화량, V는 화폐유통속도, PY는 명목GDP, Y는 실질GDP). 이를 변형하면, $\dfrac{\Delta M}{M} + \dfrac{\Delta V}{V} = \dfrac{\Delta P}{P} + \dfrac{\Delta Y}{Y}$가 성립한다. 화폐유통속도가 일정하면 $\dfrac{\Delta V}{V} = 0$이고, 실질GDP가 매년 3% 증가하면 $\dfrac{\Delta Y}{Y} = 3(\%)$이고, 통화량을 현재수준으로 고정시킨다면 물가가 3% 하락하므로 명목GDP는 변화없다.

13

| 정답 | ③

| 해설 | 교환방정식은 변형한 $\dfrac{\Delta M}{M} + \dfrac{\Delta V}{V} = \dfrac{\Delta P}{P} + \dfrac{\Delta Y}{Y}$를 활용한다.

경제성장률 $\dfrac{\Delta Y}{Y} = 7(\%)$, 화폐유통속도 $\dfrac{\Delta V}{V} = 1.5(\%)$, 물가상승률 $\dfrac{\Delta P}{P} = 3(\%)$를 위 식에 대입하면,

$\dfrac{\Delta M}{M} + 1.5 = 3 + 7$이다. 따라서 $\dfrac{\Delta M}{M} = 8.5(\%)$가 된다.

14

| 정답 | ②

| 해설 | 교환방정식은 변형한 $\dfrac{\Delta M}{M} + \dfrac{\Delta V}{V} = \dfrac{\Delta P}{P} + \dfrac{\Delta Y}{Y}$를 활용한다.

생산량 $\dfrac{\Delta Y}{Y} = 3(\%)$, 통화량 $\dfrac{\Delta M}{M} = 6(\%)$, 일정한 다른 조건 $\dfrac{\Delta V}{V} = 0(\%)$을 위의 식에 대입하면 $6 + 0 = \dfrac{\Delta P}{P} + 3$ $\dfrac{\Delta P}{P} = 3(\%)$

따라서 물가는 3% 상승하게 된다.

15

| 정답 | ④

| 해설 | 통화량을 변동시키면 명목GDP는 변화한다. 다만, 단기에는 물가와 실질GDP를 변화시키지만 장기에는 물가만 변화시킨다.

| 오답풀이 |

① 화폐수량설이 성립한다고 했으므로, $MV = PY$(M은 통화량, V는 화폐유통속도, PY는 명목GDP, Y는 실질GDP)에서 $V = \dfrac{PY}{M}$이다.

$V = 30 \times \dfrac{20,000}{600,000} = 1$

② 교환방정식을 $\dfrac{\Delta M}{M} + \dfrac{\Delta V}{V} = \dfrac{\Delta P}{P} + \dfrac{\Delta Y}{Y}$로 변형하면, 화폐유통속도가 일정할 때 통화량의 변화는 같은 비율만큼 물가만 변화시킨다. 따라서 통화량을 10% 증가시키면 물가가 10% 상승하게 된다.

③ 화폐수량설에 따르면, 통화량을 10% 증가시키면 실질GDP는 변하지 않고 물가만 10% 증가한다. 따라서 명목$GDP\left(\dfrac{\Delta P}{P} + \dfrac{\Delta Y}{Y}\right)$는 10% 증가한다.

16

|정답| ②

|해설| 화폐수요의 이자율 탄력성이 무한대(∞)일 때를 유동성함정이라고 하며, 이는 이자율이 더 이상 하락하지 않는 구간을 의미한다.

|오답풀이|

① 케인스는 사람들이 수익성 금융자산에 대한 투자기회를 노리면서 일시적으로 화폐를 보유하는 것을 화폐에 대한 투자적 수요(Speculative Demand)라 불렀다.

③ 예비적 동기에 의한 화폐수요는 미래의 불확실성에 대비하기 위해 화폐를 보유하는 것으로, 케인스는 예비적 동기에 의한 화폐수요는 소득에 비례한다고 보았다.

④ 케인스는 거래적 동기에 의한 화폐수요는 고전학파 경제학자들과 마찬가지로 소득의 함수라고 보았다.

17

|정답| ②

|해설| 케인스는 화폐수요를 거래적 동기, 예비적 동기 그리고 투기적 동기로 분류하면서 거래적 동기 및 예비적 동기의 화폐수요는 소득(㉠)의 증가함수로 보았고, 투기적 동기의 화폐수요는 이자율(㉡)의 감소함수라고 주장했다. 이자율과 채권가격은 역(-)의 관계이므로 이자율이 낮을 때 채권의 가격은 높고(㉢), 채권의 가격이 높으므로 투자자의 채권투자 의욕이 낮은 상황에서는 투기적 동기에 따른 화폐수요가 증가(㉣)한다.

18

|정답| ③

|해설| 유동성함정(Liquidity Trap)이란 이자율이 최저수준으로 떨어지는 구간을 의미하며, 채권가격이 최고로 높아 모든 채권을 매각하여 투기적 화폐수요가 최대가 되는 구간을 말한다.

|오답풀이|

① 유동성함정이란 화폐수요의 이자율 탄력성이 무한

대(∞)일 때 발생하며, 이자율이 더 이상 하락하지 않고 투기적 화폐수요곡선은 수평선이 된다.

②, ④ 유동성함정구간에서는 확대금융정책을 실시하더라도 이자율이 하락하지 않기 때문에 금융정책의 효과는 무력하고, 반면 재정정책을 실시하더라도 구축효과가 발생하지 않으므로 재정정책의 정책효과는 커진다.

19

|정답| ①

|해설| 신용카드가 널리 보급되면 화폐를 보유할 유인이 감소하여 화폐수요가 감소한다.

|오답풀이|

② 경기가 좋아지면 소득이 증가하여 화폐수요가 증가한다.

③ 화폐수요는 이자율의 감소함수이므로 이자율이 증가하면 화폐수요가 감소한다.

④ 경제 내의 불확실성이 커지면 예비적 동기에 의해 화폐수요가 증가한다.

20

|정답| ④

|해설| 보몰(Baumol)의 이론은 소득이 작을수록, 은행이자율(화폐보유의 기회비용)이 클수록, 유동화비용(은행거래비용)이 작을수록 거래적 화폐보유는 적어진다.

|오답풀이|

가. 보몰의 화폐수요의 재고자산모형은 화폐보유의 기회비용과 유동화비용의 합을 극소화하기 위해 최적 화폐보유를 결정하는 케인스의 거래적 화폐수요의 확장모형이다. 따라서 최적 거래횟수는 은행인출비용과 화폐보유로 인해 발생하는 기회비용을 포함한 거래비용 전체를 최소화하는 거래횟수이다.

다. 화폐수요함수는 $M^d = \sqrt{\dfrac{cY}{2r}}$ 이므로 이자율이 증가할수록 최적 화폐보유량은 감소한다.

21

| 정답 | ②

| 해설 | ㄴ. 한 번에 인출하는 금액이 적으면 거래가 자주 이루어지므로 거래비용이 증가한다.

ㄷ. 화폐수요에 있어서 제곱근에 비례하므로 소득이 4배 증가하면 화폐수요는 2배 증가한다. 따라서 규모의 경제가 존재한다.

📄 **보몰의 화폐수요함수**

$$M^d = \sqrt{\frac{bY}{2r}}$$

(b : 은행방문에 따른 거래비용, Y : 소득, r : 이자율)

1. 소득의 증가함수이다. → 제곱근에 비례하므로 소득이 4배 증가하면 화폐수요는 2배 증가한다.
2. 거래비용(b)의 증가함수이다. → 전자결제는 화폐수요를 줄인다.
3. 이자율의 감소함수이다.
4. 물가가 상승하면 명목화폐수요도 증가한다.

22

| 정답 | ②

| 해설 | 보몰의 화폐수요함수 $M^d = \sqrt{\frac{bY}{2r}}$ (b : 은행방문에 따른 거래비용, Y : 소득, r : 이자율)에서, 다른 조건이 일정하고 소득(Y)이 2배 증가하면 화폐수요(M^d)는 $\sqrt{2}$(≒1.4)배 증가한다. 따라서 다른 조건이 일정할 때 소득이 2배 증가하면 화폐수요는 2배보다 더 적게 증가한다.

23

| 정답 | ③

| 해설 | 토빈의 자산선택이론은 무위험자산으로서의 화폐수요를 강조한 이론이다. 자산선택이론의 관점에서 접근할 때 비화폐자산의 기대수익률과 위험도가 화폐수요에 영향을 준다. 예를 들어 채권, 주식과 같은 위험자산의 기대수익률이 낮고 위험도가 높을수록 화폐수요가 증가한다.

| 오답풀이 |

① 현금잔고수량설은 영국의 케임브리지 대학을 중심으로 발전한 이론으로, 교환의 매개수단으로서의 기능보다는 가치저장수단으로서의 화폐의 기능을 강조하였다. 즉, 자산으로서의 화폐에 대한 수요를 인정한 것이다.

② 화폐수량설은 화폐의 소득유통속도가 단기적으로 변동한다는 사실을 설명할 수 없다는 점에서 비판을 받는다. 이에 따라 프리드만은 소득유통속도의 단기적 변동을 설명할 수 있도록 화폐수량설을 발전시켰는데 이를 신화폐수량설이라 한다.

④ 보몰-토빈의 현금재고관리모형은 화폐보유의 거래적 동기를 강조하며 소득이 높을수록, 이자율이 낮을수록, 그리고 거래비용이 높을수록 화폐수요가 증가한다고 한다.

24

| 정답 | ①

| 해설 | 보몰-토빈의 재고이론은 케인스의 거래적 화폐수요이론을 일반화한 것이다.

| 오답풀이 |

② 토빈의 자산선택이론은 케인스의 투기적 화폐수요이론을 일반화한 것이다.

③ 마코위츠의 포트폴리오이론은 위험자산에 대한 분산투자와 관련된 이론이다.

④ 프리드만의 신화폐수량설은 고전적 화폐수량설을 현대적으로 해석한 이론이다.

25

| 정답 | ④

| 해설 | ㅁ. 토빈의 포트폴리오이론에 의하면 이자율 상승에 의한 채권보유증가의 효과는 대체효과이고, 이자율 상승에 의한 화폐수요 증가는 소득효과이다. 따라서 대체효과와 소득효과의 상대적 크기에 따라서 화폐수요의 증감여부가 결정된다.

- 대체효과 : r 증가 → 화폐보유의 기회비용 증가 → 화폐보유 감소 · 채권보유 증가
- 소득효과 : r 증가 → 실질소득 증가 → 화폐보유 증가 · 채권보유 감소

파트1 파트2 파트3 파트4 파트5 파트6 파트7 파트8 실전1 실전2

ㅂ. 보몰-토빈에 의하면 거래적 동기의 화폐수요는 범위의 경제가 아니라 규모의 경제가 나타난다.

26

| 정답 | ④

| 해설 | 현금통화비율(c)이 상승하면 통화승수는 감소한다. 현금통화비율(c)이 주어져 있을 경우의 통화승수는 다음과 같다.

$$통화승수(m) = \frac{통화량(M)}{본원통화(H)} = \frac{1}{c+z(1-c)}$$

$$c = \frac{현금통화(C)}{통화량(M)}, \quad z = \frac{실제지급준비금(R)}{예금통화(D)}$$

| 오답풀이 |

② 지급준비율(z)이 낮을수록, 예금통화비율($1-c$)이 높을수록 통화승수는 증가한다.

③ 통화승수란 통화량(M)을 본원통화(H)로 나눈 값으로, 통화량이 본원통화의 몇 배에 해당하는가를 나타내는 배수이다.

27

| 정답 | ②

| 해설 | 지급준비율(z)과 현금통화비율(c)이 주어진 통화승수는 다음과 같다.

$$통화승수(m) = \frac{통화량(M)}{본원통화(H)} = \frac{1}{c+z(1-c)}$$

$c = 0$, $z = 0.2$를 대입하면

$$통화승수 = \frac{1}{0+0.2(1-0)} = 5$$이다.

따라서 통화량=통화승수×본원통화=5×100=500(억 달러)이다.

28

| 정답 | ②

| 해설 | 현금예금비율(k)이 주어져 있을 때 통화승수는 다음과 같다.

$$현금예금비율(k) = \frac{현금(C)}{예금(D)}$$

$$지급준비율(z) = \frac{실제지급준비금(R)}{예금(D)}$$

$$통화승수(m) = \frac{k+1}{k+z}$$

$k = 0.2$, $z = 0.4$를 대입하면 통화승수 $= \frac{(0.2+1)}{(0.2+0.4)}$

$= \frac{1.2}{0.6} = 2$이다.

29

| 정답 | ③

| 해설 | 현금예금비율이 주어진 경우의 화폐(통화)승수는 다음과 같다.

$$통화승수(m) = \frac{k+1}{k+z}$$ (단, k : 현금예금비율, z : 지불준비율)에 $k = 0.2$, $z = 0.1$을 대입하면 통화승수$(m) = \frac{k+1}{k+z} = \frac{(0.2+1)}{(0.2+0.1)} = 4$이다.

30

| 정답 | ③

| 해설 | 현금예금비율이 주어진 경우의 화폐(통화)승수는 다음과 같다.

$$통화승수(m) = \frac{k+1}{k+z}$$ (단, k : 현금예금비율, z : 지불준비율)에 $k = 0.2$, $z = 0.1$을 대입하면 통화승수$(m) = \frac{k+1}{k+z} = \frac{(0.2+1)}{(0.2+0.1)} = 4$이다.

31

| 정답 | ④

| 해설 | 민간이 현금을 모두 요구불예금으로 예금한다면 민간이 예금을 보유하지 않기 때문에 현금예금비율(k)이 0이 되고, 지급준비율(z)이 0.2인 경우의 통화승수는 다음과 같다.

www.gosinet.co.kr **gosi**net

파트1
파트2
파트3
파트4
파트5
파트6
파트7
파트8
실전1
실전2

통화승수$(m)=\dfrac{k+1}{k+z}$ (단, k : 현금예금비율, z : 지불준비율)에 $k=0$, $z=0.2$를 대입하면 통화승수$(m)=\dfrac{k+1}{k+z}=\dfrac{(0+1)}{(0+0.2)}=5$이다.

중앙은행이 국채 100억 원을 사들이면 현금(본원통화)이 100억 원 증가한다. 따라서 통화량=통화승수×본원통화=$5×100=500$(억 원)이다.

32

| 정답 | ③

| 해설 | 현금예금비율(k)과 지급준비율(z)이 주어진 경우의 통화승수는 다음과 같다.

통화승수$(m)=\dfrac{k+1}{k+z}$에 $z=1$을 대입하면 통화승수(m) $=\dfrac{k+1}{k+z}=\dfrac{(k+1)}{(k+1)}=1$, 따라서 지급준비율이 1인 경우에는 통화승수가 1이 된다.

| 오답풀이 |

④ 지급준비율을 올리게 되면 본원통화의 공급량이 변하지 않더라도 은행이 대출을 해 줄 수 없기 때문에 통화량은 감소하게 된다.

33

| 정답 | ④

| 해설 | 현금예금비율(k)과 지급준비율(z)이 주어진 경우의 통화승수는 다음과 같다.

통화승수$(m)=\dfrac{k+1}{k+z}$

화폐공급함수$(M)=\dfrac{k+1}{k+z}×$본원통화(H)

중앙은행이 60억 원의 공채를 매입하면 본원통화가 60억 원만큼 증가한다.

지급준비율은 법정지급준비율(12%)과 초과지급준비율(3%)의 합인 15%(=0.15)이다.

이때 $k=0$이면 $M=\dfrac{1}{0.15}×60=100×4=400$(억 원)이고, 만약 현금예금비율이 무한대($\infty$)이면 통화승수

$\dfrac{(k+1)}{(k+z)}=\dfrac{\infty}{\infty}=1$이므로 통화량 $M=60$(억 원)이다.

따라서 현금예금비율에 따라서 통화량은 60억 원 초과 400억 원 미만으로 증가한다.

34

| 정답 | ④

| 해설 | 신용승수는 현금누출과 초과지불준비금이 없는 경우로 법정지불준비율의 역수이고, 순신용승수는 본원적 예금이 얼마만큼의 요구불예금과 통화를 증가시켰는가 하는 배수이다. 즉,

신용승수$=\dfrac{1}{z_l}$

순신용승수$=\dfrac{1-z_l}{z_l}$ (단, z는 지급준비율이다)

따라서 신용승수$\left(\dfrac{1}{z_l}\right)$와 순신용승수 $\dfrac{1-z_l}{z_l}$를 비교하면 z의 값이 양(+)이라면 $\left(\dfrac{1}{z_l}\right)>\left(\dfrac{1-z_l}{z_l}\right)$의 식이 성립하므로 순신용승수는 신용승수보다 작다.

| 오답풀이 |

① 준예금통화는 이자율인 비교적 높은 저축성예금과 거주자외화예금이다.

② 초과지급준비금=지급준비금-법정지급준비금

③ 통화량을 조절하기 위해서는 본원통화의 크기가 커야 되는데, 현금통화비율이 클수록 통화승수가 작아지므로 통화량조절은 어려워진다. 신용창조는 현금통화비율과 대출율이 신축적일수록 예측이 어려워진다.

35

| 정답 | ①

| 해설 | 통화승수$=\dfrac{1}{c+z(1-c)}$ (c : 현금통화비율, z : 지급준비율)

따라서 현금통화비율(c)이 높아지면 통화승수는 작아진다.

36

| 정답 | ③

| 해설 | 실제지급준비금은 법정지급준비금과 초과지급준비금의 합이다. 실제지급준비금이 5조 원이고, 초과지급준비금이 1조 원이라면 법정지준금=실제지급준비금－초과지급준비금=5－1=4(조 원)이다.

법정지급준비율=$\dfrac{\text{법정지급준비금}}{\text{총예금액}}$이고, 예금이 20조 원이고, 법정지준금이 4조 원이므로 법정지급준비율=$\dfrac{4}{20}$=0.2(20)%이다.

37

| 정답 | ⑤

| 해설 | • 총지급준비율=법정지급준비율+초과지급준비율

• 법정지급준비금=총예금액×법정지급준비율

은행의 예금이 300억 원이고 법정지급준비율이 10%이므로 법정지급준비금=300(억 원)×0.1=30(억 원)이 된다.

대출이 255억 원이므로 지급준비금은 45억 원(=300－255)이고, 법정지급준비금이 30억 원이므로 초과지급준비금=총지급준비금－법정지급준비금=45(억 원)－30(억 원)=15(억 원)이 된다.

38

| 정답 | ④

| 해설 | 지급준비금이란 요구불예금인출에 대비해서 은행이 보유하고 있는 현금이다.

지급준비금=법정지급준비금+초과지급준비금

초과지급준비금이 0인 상황이란 인출한 5,000만 원의 15%인 750만 원의 법정지급준비금은 없어도 된다는 의미이다. 그러므로 모자란 법정지급준비금은 5,000만 원이 아니라 5,000만 원에서 750만 원을 차감한 4,250만 원이다.

39

| 정답 | ⑤

| 해설 | 통화공급을 추가할 때 예금율은 100%이다.

㉠ 지급준비금=필요지급준비금+초과지급준비금

지급준비율=$\dfrac{\text{지급준비금}}{\text{예금}}$

$\dfrac{100+25}{1,000}=\dfrac{125}{1,000}=0.125(=12.5\%)$

㉡ 화폐공급증가분=본원통화증가분×신용승수

=본원통화증가분×$\left(\dfrac{1}{\text{지급준비율}}\right)$

=5M×$\dfrac{1}{0.125}$=5M×8

=40M

40

| 정답 | ①

| 해설 | 총예금창조액=본원적 예금×신용승수이다. 갑돌이가 100만 원 예금한 것이 본원적 예금에 해당한다.

신용승수=$\dfrac{1}{\text{법정지급준비율}}=\dfrac{1}{0.05}$=20이므로, 총예금창조액=100(만 원)×20=2,000(만 원)이다. 갑돌이의 100만 원 예금이 유입되면 은행조직 전체를 통한 총예금창조액은 2,000만 원이 된다. 통화량 증가분=총예금창조액－본원적 예금=2,000(만 원)－100(만 원)=1900(만 원)이다.

따라서 갑돌이의 100만 원 현금이 은행으로 유입되면 현금통화가 100만 원 감소하는데 비해 예금통화가 2,000만 원 증가하므로 통화량은 1,900만 원 증가한다.

41

| 정답 | ①

| 해설 | 화폐수요의 이자율 탄력성이 무한대라면 유동성함정 상태이고, LM곡선이 수평선이다. 이 경우에는 중앙은행이 본원통화 및 통화량이 증가시켜도 국민소득과 이자율에는 아무런 변화가 없다. 즉, 통화정책이 완전히 무력해지고, 재정정책은 매우 효과적이 된다. 한

편, 이자율 탄력성과 관계없이 공개시장조작을 통해 채권을 매입하면 본원통화는 증가하게 되어도 이자율은 하락하지 않는다.

42

|정답| ①

|해설| ㄱ, ㄴ. 기대설은 단기채권의 기대수익과 같아지도록 장기채권의 이자율이 결정된다는 이론으로, 단기채권의 이자율이 상승할 것으로 예상되면 현재 단기채권 이자율보다 장기채권의 이자율이 높아지므로 수익률곡선은 우상향하고, 반면에 단기채권이자율이 낮아질 것으로 예상되면 장기채권의 이자율은 현재 단기채권이자율보다 낮아지므로 수익률곡선은 우하향한다.

ㄷ, ㄹ. 유동성 프리미엄 이론이란 채권수익률＝단기이자율＋유동성 프리미엄 대가라는 것으로, 단기채권 이자율이 상승할 것으로 예상되면 기대수익이 커지므로 장기채권의 이자율이 단기채권 이자율보다 높아 수익률곡선은 우상향한다. 미래의 단기 이자율 하락이 예상되면 유동성 프리미엄의 크기에 따라 수익률곡선은 우하향 또는 우상향한다. 기대수익의 감소보다 유동성 프리미엄이 더 큰 값을 갖는다면 장기채권이자율이 단기채권이자율보다 높아 수익률곡선은 우상향한다.

43

|정답| ②

|해설| • 단기금융시장
1. 단기금융거래가 이루어지는 시장으로 콜시장, CP시장, CD시장 등을 말한다.
2. 자본손실 및 유동성 및 위험이 작아 경제주체들의 금융자산 위험관리기회로 활용된다.
3. 단기금융시장에서는 금융자산의 가격변동이 그리 크기 않기 때문에 경제주체들이 단기적으로 자금을 운용하거나 조달할 수 있는 기회를 제공해 준다.
4. 초단기금융시장인 콜시장은 중앙은행의 금융정책의 통로가 된다.

• 장기금융시장
1. 장기금융시장은 자금잉여부문의 여유자금이 장기적인 투자재원으로 조달되는 시장으로 주식시장, 채권시장 등이 이에 속한다.
2. 중앙은행이 초단기금융시장인 콜시장에서 콜금리를 조정하면 이는 장기금리인 회사채 금리에 영향을 미친다.
3. 회사채 금리의 변화는 회사채수익률과 주가 등 금융자산가격을 결정함으로써 기업의 투자경영과 내부경영에 영향을 미친다.

44

|정답| ①

|해설| 장기금리는 주로 장기경기전망에 좌우되고, 단기금리는 주로 현재경기상황과 금융정책에 좌우된다. 장기금리에는 단기금리에 위험프리미엄이 더해지기 때문에 장기금리가 단기금리보다 높은 것이 일반적이다. 그런데 단기금리가 장기금리보다 더 커지는 금리의 역전현상이 발생하는 이유는 현재의 유동성위기가 심각해졌다는 것을 의미한다. 이러한 현상은 거의 제로금리 정책에도 불구하고 단기에 비해 장기로 갈수록 이자율이 영향을 거의 받지 않고 있다는 것으로, 장기적인 경기전망이 비관적임을 시사한다.

45

|정답| ①

|해설| 일반적으로 금융자산의 수익률과 위험은 서로 상충되는(Trade Off) 관계에 있다. 즉 국고채와 같이 안정적인 투자자산은 위험이 낮은 대신 수익률도 낮다. 위험기피 투자자들은 위험이 높을수록 더 높은 수익률을 받고자 한다. 국고채가 가장 위험이 작고, 회사채, 주식 순서대로 위험이 커진다. 그러므로 기대수익률은 주식, 회사채(AA등급), 국고채 순으로 높다고 볼 수 있다.

46

|정답| ④

|해설| A 회사는 고정금리에서나 변동금리에서나 B 회사 보다 낮은 이자율로 차입할 수 있으므로 A 회사는 절대우위에 있다.

비교우위 측면에서는 A 회사는 B 회사에 비하여 고정금리가 1.5%p, 변동금리가 0.5% 낮으므로 고정금리가 상대적으로 우위에 있고, B 회사는 A 회사에 비하여 고정금리가 1.5%p, 변동금리가 0.5% 높으므로 변동금리 시장에서 상대적으로 비교우위를 갖게 된다.

A, B 두 회사가 각각 비교우위가 있는 시장에서 A 회사는 10% 고정금리 시장에서 자금을 조달하고 B 회사는 LIBOR+1.0%p 변동금리로 자금을 조달한 다음 금리를 교환하는 금리스왑거래를 하면 양 시장에서 금리차이에 해당하는 만큼의 차입비용을 절감할 수 있다. 즉 두 회사가 얻게 되는 총 차입비용에서 두 회사의 고정금리 차이인 1.5%p에서 변동금리 차이인 0.5%p를 뺀 1%p의 절감효과가 발생한다.

47

|정답| ①

|해설| 효율적 시장가설(EMH)은 정보효율성과 관련이 있는 것으로서 자본시장이 이용 가능한 정보를 즉각적으로 반영하고 있다는 가설이다. 효율적 시장에서는 어떤 투자자라도 이용 가능한 정보를 기초로 한 거래에 의하여 초과수익을 실현할 수 없다.

|오답풀이|

② 효율적 시장에서는 모든 정보가 주식가격에 반영되어 있으므로 오랫동안 주식투자를 한다고 해도 지속적으로 초과수익을 얻는 것이 불가능하다.

③ 효율적 시장가설에서는 계속 6개월 이상 하락했던 주식의 가격이 올라갈 것인지 또는 내려갈 것인지 알 수 없다.

④ 효율적 시장가설(EMH)은 금융자산의 가격추세에 따라 투자하면 시장평균수익을 얻을 수 있을 뿐이며, 지속적인 초과수익을 얻는 것은 불가능하다.

48

|정답| ③

|해설| 새로운 정보가 창출되면 주식시장에서는 차익거래를 통해 이러한 정보가 그 기업의 주가에 즉각적으로 반영되어 비합리적 투기에 의한 시장왜곡현상을 바로잡는 역할을 한다.

차익거래(Arbitrage)란 추가적인 비용이나 위험부담 없이 이익을 획득할 수 있는 거래로서 선물시장의 차익거래는 실제 선물가격과 이론선물가격의 차이에 의한 예상이익이 차익거래에 따른 거래비용보다 높은 경우에 실행된다.

|오답풀이|

① 효율적 시장가설(Efficient Market Hypothesis ; EMH)은 정보효율성과 관련이 있는 것으로서 자본시장의 가격이 이용 가능한 정보를 충분히 그리고 즉각적으로 반영하고 있어서 그러한 정보를 바탕으로 한 어떠한 거래도 초과 수익을 얻지 못한다는 것이다. 공개된 정보로 증권의 미래가격의 변동을 예측할 수 있다면 시장은 그 정보집합에 대해 비효율적이다.

② 과거의 정보뿐만 아니라 대중에게 공개된 모든 정보가 신속하고 정확하게 반영된 시장은 준강형 효율적 시장가설이 성립한다.

④ 강형 효율적 시장가설이 성립하면 준강형과 약형 효율적 시장가설도 성립한다.

약형 EMH : 모든 이용 가능한 정보
준강형 EMH : 공개된 정보
강형(충분조건)

49

|정답| ②

|해설| 중앙은행이 통화량을 조절하기 위해 가장 자주 사용하든 수단은 공개시장조작이고 우리나라의 경우

통화안정증권을 통해 통화량을 조절한다. 법정지급준비율을 변경하여 통화량을 조절하는 것은 다른 수단에 비해 자주 사용되지 않는다.

| 오답풀이 |

① 중앙은행이 민간으로부터 국채를 매입하면 본원통화가 증가하고 통화공급이 증가한다.

③ 민간은행들은 재량으로 법정지급준비율 이상을 초과하여 초과지급준비금을 보유할 수 있다.

④ 민간은행들이 중앙은행으로부터 적게 차입할수록 본원통화가 감소하고 통화공급은 감소한다.

50

| 정답 | ②

| 해설 | ㄱ. 은행의 안전성을 의심하여 예금을 인출하면 개인의 현금보유비율은 증가하고, 은행의 지불준비금이 감소하여 대출이 감소하므로 통화공급이 감소한다.

ㄴ. 기업과 개인의 현금보유가 늘어나면 민간의 현금-예금비율이 증가하여 통화승수가 작아지고 통화공급이 감소한다.

ㄷ. 한국은행이 은행 보유 채권을 매입하는 공개시장매입을 하면 본원통화가 증가하므로 통화공급이 증가한다.

ㄹ. BIS 자기자본비율 $= \dfrac{\text{자기자본}}{\text{위험가중자산}} \times 100$ 이므로, 은행은 자산 중 자기자본의 규모를 늘려야 하므로 은행의 현금자산의 준비금은 늘고, 대출이 줄어들기 때문에 통화공급은 감소한다.

51

| 정답 | ①

| 해설 | 공개시장조작(Open Market Operation)이란 중앙은행이 채권시장에서 금융기관 등으로부터 국공채 등의 유가증권을 매입하거나 매각함으로써 통화량을 조절하는 것을 말한다.

• 국공채 매입 ⇒ 본원통화 증가 ⇒ (통화승수 배만큼) 통화량 증가

• 국공채 매각 ⇒ 본원통화 감소 ⇒ (통화승수 배만큼) 통화량 감소

52

| 정답 | ①

| 해설 | ㄱ. 중앙은행이 재할인율을 인상하면 예금은행의 차입이 감소하여 통화량이 감소한다.

📋 **통화량의 증가 요인**

1. 중앙은행의 공채 매입
2. 중앙은행의 외환보유고 증가
3. 법정지불준비율의 인하
4. 신용카드 사용

53

| 정답 | ①

| 해설 | 중앙은행이 통화안정증권을 발행하여 매각하면 매각대금이 중앙은행의 금고로 들어가므로 시중 통화량이 감소한다.

54

| 정답 | ③

| 해설 | 법정지급준비율의 인하는 정부의 재정적자에는 아무런 영향을 미치지 않는다.

법정지급준비율이 인하되면 통화승수 $\left(\dfrac{1}{c + z(1 - c)} , \ c : \right.$

현금통화비율, z : 지급준비율 $\Big)$ 가 커지므로 통화량이 증가한다. 통화량이 증가하면 이자율이 하락하여 기업의 투자가 증가할 것이고, 민간저축은 감소할 가능성이 크다. 이자율이 하락하면 외국으로 자본유출이 이루어지므로 환율이 상승한다. 민간의 투자가 증가하면 총수요가 증가하여 국민소득이 증가하고 소비가 증가하며 실업률은 낮아질 것이다. 소비가 증가하면 물가를 상승시키고 수입의 증가를 가져와 무역적자를 증가시킨다.

55

| 정답 | ④

| 해설 | 확장적 통화정책은 통화량 증가 및 이자율의 인하를 수반하는 정책을 말한다.

중간변수(본원통화, 통화승수)를 통한 통화공급 증가요인

중간변수	통화공급 증가요인
본원통화 증가	• 재할인율 하락에 의한 예금은행 대출 증가 • 고객예금감소나 고객 대출증가로 인한 예금은행 대출 증가 • 중앙은행의 채권(통화안정증권, RP)매입 : 공개시장 매입 • 정부의 대출 증가 • 국제수지 흑자(내생성을 가침)
통화승수	• 민간이나 예금은행의 현금보유감소 → 현금예금비율(현금통화비율)하락 • 지준율 하락 : 법정지급준비율 인하 • 이자율 상승(내생성을 가침) → 현금통화비율 또는 초과지준율 하락

56

| 정답 | ④

| 해설 | 기준금리를 인하하면 국내투자수익률 감소로 원화의 가치가 하락하게 되어 해외투자가 증가하고 이로 인해 외환수요가 증가하며 환율이 상승한다. 이때 국내기업의 달러표시 해외부채의 원화평가액은 증가한다.

57

| 정답 | ②

| 해설 | 이자율이 상승하면 역선택에 의해 원금 회수가능성이 낮아지므로 자금시장에 초과수요가 발생하여도 이자율을 조정하지 않는 이자율 경직성이 발생한다. 그렇게 되면 대부자들은 현재수준의 이자율에서 더 이상의 상승을 허용하지 않고 차입자의 신용도에 따라 자금을 할당하게 된다.

58

| 정답 | ④

| 해설 | 은행이 대출을 하면 받아야 할 채권이므로 대출과 채권은 보완재 관계이다.

신용중시의 견해는 통화량 자체의 증감에 따른 영향보다는 민간에 대한 신용공급규모의 변화를 통한 효과를 강조한다. 이러한 신용중시의 견해에 따르면 정보의 비대칭이 존재하는 금융시장 속에서 은행이 보여주는 신용할당의 행태의 중요성을 강조한다. 은행은 역선택을 막기 위해 높은 이자율을 지불할 의향이 있는 자보다 신용이 높은 자에게 대출하는 신용할당(선별)을 한다.

59

| 정답 | ④

| 해설 | 기준금리가 제로금리수준이라는 것은 유동성함정 상태에 이른 것을 말한다. 따라서 금리로는 경기부양에 한계가 있으므로 유동성을 충분히 공급함으로써 중앙은행의 거래량을 확대하는 통화량을 증가시켜야 한다. 양적 완화는 중앙은행의 정책으로 금리 인하를 통한 경기부양 효과가 한계에 봉착했을 때 중앙은행이 국채매입 등을 통해 유동성을 시중에 직접 푸는 정책을 뜻한다. 금리중시 통화정책을 시행하는 중앙은행이 정책금리가 0%에 근접하거나 혹은 다른 이유로 시장경제의 흐름을 정책금리로 제어할 수 없는 이른바 유동성 저하 상황하에서 중앙은행은 채권이나 다른 자산을 사들임으로써, 이율을 더 낮추지 않고도 돈의 흐름을 늘이게 된다.

60

| 정답 | ①

| 해설 | ①은 신용경로가 아닌 통화정책의 환율경로이다. 신용경로란 화폐금융정책의 양적인 측면인 은행대출에 영향을 미쳐 기업 투자와 가계소비에 파급되는 과정을 말한다.

| 오답풀이 |

② 대차대조표 경로는 자산에서 부채를 차감한 기업의 순자산과 관련이 있다. 순자산이 적으면 역선택 문제가 커지고 투자를 위한 여신이 감소하여 기업은

더 위험한 투자를 할 가능성이 증가하고 도덕적 해이 문제가 커진다.

③ 통화량의 증가로 인해 순자산이 증가하고, 현금흐름이 증가하게 되면 역선택과 도덕적 해이가 작아져서 여신이 증가하고 그 결과 투자가 증가해 국민소득은 증가하게 된다.

④ 화폐금융정책의 신용경로는 금융자유화에 따른 은행의 자금조달 방식의 다양화로 인해서 그 중요성이 감소하는 추세이다.

61

| 정답 | ①

| 해설 | 세금은 조세부담의 전가(轉嫁)가 이뤄지는가에 따라 직접세와 간접세로도 나눌 수 있다. 직접세는 납세의무자와 조세부담자가 일치해 조세부담이 전가되지 않는 세금이다. 소득세, 법인세, 상속세, 증여세, 취득세, 등록세, 주민세, 재산세 등이 직접세이다.

반면 간접세는 납세의무자와 담세자(擔稅者)가 일치하지 않고 조세의 부담이 타인에게 전가되는 세금이다. 예를 들어 주세의 납세의무자는 주조업자이지만 주세를 실질적으로 부담하는 사람은 술을 사는 소비자다. 주조업자가 부담한 주세가 주류의 가격에 포함돼 결과적으로 주류의 소비자에게 전가되는 것이다. 주세 외에 부가가치세, 개별소비세, 인지세, 증권거래세 등이 간접세이다.

62

| 정답 | ④

| 해설 | 각 소득구간에 대한 세율을 적용하여 광수가 납부해야 할 세금을 계산해야 한다. 광수의 소득은 7,500만 원인데, 1,000만 원까지는 면세, 1,000만 원에서 2,000만 원까지(1,000만)는 10%, 2,000만 원에서 3,000만 원까지(1,000만)는 15%, 3,000만 원에서 4,000만 원까지(1,000만)는 25%, 4,000만 원에서 7,500만 원까지(3,500)는 50% 납세액이 부과되므로 납부세액을 계산하면 다음과 같다.

$$납부세액 = (1,000 \times 0(\%)) + (1,000 \times 10(\%)) + (1,000 \times 15(\%)) + (1,000 \times 25(\%)) + (3,500 \times 50(\%))$$
$$= 0 + 100 + 150 + 250 + 1,750 = 2,250(만 원)$$

따라서 평균세율 $= \dfrac{납세액}{소득} = \dfrac{2,250}{7500} = 0.3(=30\%)$이다.

63

| 정답 | ①

| 해설 | ㄱ. 자중손실을 최소화하여 사회적 잉여를 크게 하는 것은 어디까지나 효율성 측면의 성과이지 공평성 측면의 성과는 아니다.

| 오답풀이 |

ㄴ. 누진세는 소득수준이 높을수록 세율 자체가 커지는 제도이다. 보기의 내용은 세율이 1%(=0.01)인 비례세에 해당한다.

ㄷ. 고가의 모피코트에 부과하는 세금은 개별소비세(특별소비세)에 해당하는데 이는 부가가치세의 역진성을 부분적으로 상쇄시킬 목적으로 사치품의 성격을 지닌 상품에 선별적으로 부과하는 세금이다. 개별소비세가 어느 정도의 누진성을 지니고 있지만 세금부담능력이 더 큰 사람이 더 많은 세금을 내야 한다는 원칙을 잘 만족시킨다고는 할 수 없다.

ㄹ. 조세부담의 수평적 공평성이란 동일한 경제적 능력의 소유자는 똑같은 세금부담을 져야 한다는 원칙이고, 수직적 공평성은 더 큰 경제적 능력을 보유하고 있는 사람일수록 더 많은 세금을 내야 한다는 것이다.

64

| 정답 | ④

| 해설 | 조세부담의 수직적 공평성을 증진시키기 위해서는 단일세율이 아닌 누진세율을 적용하여야 한다. 단일세율 소득세는 비례세를 의미한다. 비례세의 경우 소득이 증가할 때 조세금액이 비례적으로 증가한다. 따라서 소득이 증가할 때 조세금액이 더 크게 증가해야 하는 수직적 공평성을 위배한다.

65

| 정답 | ②

| 해설 | 재정적자는 정부지출에서 조세를 뺀 값으로 정의된다. 따라서 재정적자를 축소시키기 위해서는 재정지출을 줄이고, 조세수입을 증가시켜야 한다.

66

| 정답 | ①

| 해설 | 잠재생산량을 초과하는 경기과열이 발생하여 수요견인 인플레이션이 지속되고 있을 때 이에 대한 대책으로는 긴축재정정책과 긴축금융정책을 통한 총수요억제정책이다.

| 오답풀이 |

② 투자에 대한 세액공제 확대는 기업의 투자를 늘리므로 총수요를 늘려서 경기과열을 더욱 부추긴다.

③, ④ 정부지출 확대, 세율 인하 모두 총수요를 늘려서 경기과열을 더욱 부추긴다.

67

| 정답 | ①

| 해설 | 재정의 자동안정화장치(Automatic Stabilizer, Built-In Stabilizer)란 경기불황기나 경기호황기 시 정부가 의도적으로 정부지출이나 조세징수액을 변경시키지 않더라도 자동적으로 정부지출이나 조세수입이 변하여 경기불황이나 경기호황의 강도를 완화시켜 주는 재정제도를 말한다. 중앙정부의 지방정부에 대한 교부세제도는 자동안정화장치와는 무관하다.

파트7 총수요·총공급

기출예상문제

문제 408쪽

01	③	02	①	03	①	04	③	05	①
06	②	07	②	08	③	09	②	10	①
11	①	12	①	13	②	14	②	15	③
16	②	17	①	18	③	19	①	20	④
21	②	22	④	23	②	24	②	25	③
26	②	27	①	28	②	29	①	30	①
31	③	32	①	33	①	34	②	35	①
36	③	37	③	38	⑤	39	③	40	⑤
41	④	42	①	43	②	44	④	45	④
46	②	47	①	48	④	49	②	50	①
51	④	52	⑤	53	⑤	54	②	55	⑤
56	③	57	②	58	②	59	②	60	②
61	④	62	⑤	63	②	64	④	65	②
66	②	67	①	68	③	69	⑤	70	②
71	②	72	①	73	①	74	②	75	③
76	⑤	77	①	78	⑤	79	①	80	①
81	①	82	①	83	④	84	③	85	②
86	②	87	②	88	④	89	①	90	②
91	①	92	①	93	②	94	③	95	①
96	⑤	97	①	98	③	99	①	100	②
101	②	102	①	103	①	104	⑤	105	⑤
106	③	107	①	108	③	109	①	110	④

01

| 정답 | ③

| 해설 | IS곡선의 기울기는 $-\dfrac{1-c(1-t)+m}{b}$ 이므로

(b : 투자의 이자율 탄력성, c : 한계소비성향, t : 세율, m : 한계수입성향) 투자의 이자율 탄력성(b)과 한계소비성향(c)이 작을수록 IS곡선의 기울기는 가파르다.

www.gosinet.co.kr gosinet

파트1
파트2
파트3
파트4
파트5
파트6
파트7
파트8
실전1
실전2

📋 참고

요인	크기	IS곡선의 기울기	IS곡선의 탄력도
b : 투자의 이자율 탄력성 c : 한계소비성향	작을수록	가파름	비탄력적 (급경사)
s : 한계저축성향$(1-t)$ t : 세율 m : 한계수입성향	클수록		

02

| 정답 | ①

| 해설 | (가) 화폐수요의 소득 탄력성이 클수록 LM곡선의 기울기는 가파르다.

(나) 화폐수요의 이자율 탄력성이 작을수록 LM곡선의 기울기는 가파르다.

LM곡선 기울기는 마샬k, IS곡선의 기울기는 화폐수요의 이자율 탄력성 등에 결정된다.

| 오답풀이 |

(다) 투자의 이자율 탄력성이 클수록 IS곡선의 기울기는 완만하다.

03

| 정답 | ①

| 해설 | LM곡선은 화폐수요의 이자율 탄력성이 클수록 완만한데, 유동성 함정은 이자율이 매우 낮아 화폐수요의 이자율 탄력성이 무한대이므로 LM곡선은 수평이 된다.

| 오답풀이 |

④ 거래적 화폐수요가 감소하면 통화량이 증가하므로 LM곡선이 우측으로 이동한다. 따라서 LM곡선의 이동은 거래적 화폐수요에 영향을 받는다고 할 수 있다.

04

| 정답 | ③

| 해설 | • 정부지출승수는 $\dfrac{1}{1-c} = \dfrac{1}{1-0.75} = 4$이므로 정부가 재정지출을 ΔG만큼 늘리면 IS곡선은 $4\Delta G$만큼 우측으로 이동한다.

• 조세승수는 $\dfrac{-c}{1-c} = \dfrac{-0.75}{1-0.75} = -3$이므로 조세를 ΔG만큼 늘리면 IS곡선은 $3\Delta G$만큼 좌측으로 이동한다. 따라서 IS곡선은 $4\Delta G - 3\Delta G$만큼 우측으로 이동하고, 화폐공급량을 ΔG만큼 줄이면 LM곡선은 좌측으로 이동한다.

05

| 정답 | ①

| 해설 | 총공급부문을 고려하지 않으므로 IS곡선과 LM곡선을 구해서 균형국민소득과 이자율을 구한다. 이때 균형재정이므로 $T = G = 100$이다.

IS곡선은 다음과 같다.

$Y = C + I + G$

$Y = 100 + 0.8(Y-100) + 80 - 10r + 100$

$0.2Y = 200 - 10r$

$Y = 1,000 - 50r$ ┈┈┈┈┈┈┈┈┈┈ ㉠

LM곡선은 다음과 같다.

$M^d = M^s$

$Y - 50r = 500$

$Y = 500 + 50r$ ┈┈┈┈┈┈┈┈┈┈ ㉡

㉠과 ㉡을 연립하면 $Y = 750$, $r = 5$가 된다.

06

| 정답 | ②

| 해설 | IS곡선과 LM곡선을 구해서 균형국민소득을 구한다.

IS곡선은 다음과 같다.

$Y = C + I + G$

$Y = 125 + 0.5(Y - 0.2Y) + 100 - 100r + 40$

$0.6Y = 265 - 100r$ ┈┈┈┈┈┈┈┈┈┈ ㉠

LM곡선은 다음과 같다.

$M^d = M^s$

$50 + 0.5\,Y - 200r = 200$

$0.5\,Y = 150 + 200r$ ·· ㉡

㉠과 ㉡을 연립해서 풀면 $Y = 400$, $r = 0.25$이므로 균형국민소득은 400이다.

07

| 정답 | ②

| 해설 | IS곡선과 LM곡선을 구해 균형이자율을 구한다.
IS곡선은 다음과 같다.

$Y = C + I + G$

$Y = 200 + 0.8(\,Y - 1{,}000) + 1{,}600 - 100r + 1{,}000$

$0.2\,Y = 2{,}000 - 100r$

$Y = 10{,}000 - 500r$ ·· ㉠

LM곡선은 다음과 같다.

$M^d = M^s$

$0.5\,Y - 250r + 500 = 2{,}500$

$0.5\,Y = 2{,}000 + 250r$

$Y = 4{,}000 + 500r$ ·· ㉡

㉠과 ㉡을 연립해서 풀면 $Y = 7{,}000$, $r = 0.06$이므로, 균형이자율은 6%이다.

08

| 정답 | ③

| 해설 | IS곡선과 LM곡선을 구해 실질이자율과 실질소득을 구한다.
IS곡선은 다음과 같다.

$Y = AE$

$Y = (50 + 0.5\,Y) + (50 - 400r)$

$0.5\,Y = 100 - 400r$

$Y = 200 - 800r$ ·· ㉠

LM곡선은 다음과 같다.

$L = \dfrac{M^s}{P}$

$Y - 200r = 100$

$Y = 100 + 200r$ ·· ㉡

㉠과 ㉡을 연립해서 풀면 $Y = 120$, $r = 0.1$이므로, 실질이자율(r)은 10%이고, 실질소득(Y)는 120이 된다.

09

| 정답 | ②

| 해설 | IS곡선과 LM곡선을 구해 화폐공급을 구한다.
IS곡선은 다음과 같다.

$Y = C + I + G$

$Y = 200 + 0.8(\,Y - 1{,}000) + 1{,}600 - 100r + 1{,}000$

$0.2\,Y = 2{,}000 - 100r$

$Y = 10{,}000 - 500r$ ·· ㉠

균형이자율이 6이므로 ㉠의 r에 6을 대입한다.

$Y = 10{,}000 - 500 \times 6 = 7{,}000$

따라서 균형국민소득(Y)은 7,000이다.

LM곡선은 다음과 같다.

$L = M$

$0.5\,Y - 250r + 500 = K$

$0.5\,Y = (K - 500) + 250r$

$Y = (2K - 1{,}000) + 500r$ ·· ㉡

㉡에 $Y = 7{,}000$, $r = 6$을 대입하여 계산한다.

$7{,}000 = (2K - 1{,}000) + 500 \times 6$

$2K = 5{,}000$

$K = 2{,}500$

따라서 화폐공급(K)는 2,500이다.

10

| 정답 | ①

| 해설 | IS곡선과 LM곡선을 구해서 균형이자율과 균형국민소득을 구한다.
IS곡선은 다음과 같다.

$Y = C + I + G$

$Y = 100 + 0.8(\,Y - T) + 150 - 600r + 200$

$Y = 100 + 0.8(\,Y - 0.5\,Y) + 150 - 600r + 200$

$0.6\,Y = 450 - 600r$

$Y = 750 - 1{,}000r$ ·· ㉠

LM곡선은 다음과 같다.

$M^d = M^s$

$2Y - 8,000r = 1,000$

$Y = 500 + 4,000r$ ·· ㉡

㉠과 ㉡을 연립해서 풀면 $Y^* = 700$, $r^* = 0.05$이므로 균형이자율은 0.05(5%), 균형국민소득은 700이다.

11

| 정답 | ①

| 해설 | A점은 IS곡선의 상방에 위치하므로, 생산물시장은 초과공급 상태이며 $I < S$이다. 또한 LM곡선의 상방에 위치하므로, 화폐시장은 초과공급 상태이며, $M^d < M^s$이다. 즉, A점은 IS곡선과 LM곡선의 상방에 위치하므로 생산물시장과 화폐시장은 모두 초과공급 상태이다.

12

| 정답 | ④

$Y = C + I + G + (X - M)$

$Y = 14,000 + 0.5(Y - 8,000) - 3,000r + 5,000 - 2,000r + 5,000 + 400$

$0.5Y = 20,400 - 5,000r$

총생산갭은 '균형국민소득 - 잠재총생산'이므로 $Y = Y^*$일 때 총생산갭을 제거된 것이다. 따라서 위의 식에 $Y = 40,000$을 대입하여 풀면 다음과 같다.

$0.5 \times 40,000 = 20,400 - 5,000r$

$20,000 = 20,400 - 5,000r$

$r = 0.08$

따라서 이자율은 0.08(8%)가 된다.

13

| 정답 | ②

| 해설 | 신용카드 사기의 여파로 현금거래가 증가하면 화폐수요가 증가하게 되어 화폐수요곡선이 우측으로 이

동한다. 화폐보유의 증가는 통화량의 감소와 동일한 의미이므로, LM곡선이 좌측으로 이동하며 이자율은 상승, 국민소득은 감소한다.

14

| 정답 | ②

| 해설 | IS-LM 모형에서 정부지출을 증가시키면 IS곡선이 우측으로 이동하여 이자율이 상승한다. 투자의 이자율 탄력성이 클수록 IS곡선이 완만한 형태를 띠며, IS곡선이 완만할수록 구축효과가 크게 나타난다.

15

| 정답 | ③

| 해설 | 세금이 감면되면 IS곡선이 오른쪽으로 이동하고, 중앙은행이 채권의 공개시장 매도를 실시하면 통화량이 감소하므로 LM곡선이 왼쪽으로 이동한다. IS곡선이 오른쪽으로 이동하고 LM곡선이 왼쪽으로 이동하면 이자율은 반드시 상승한다.

| 오답풀이 |

산출량은 어느 것이 더 큰가에 따라 증가할 수도 있고 감소할 수도 있다.

16

| 정답 | ②

| 해설 | IS-LM 모형에서 확대재정책의 효과는 IS곡선이 가파를수록 즉, 투자가 이자율에 비탄력적일수록 그리고 LM곡선이 완만할수록 즉, 투자적 화폐수요가 이자율에 탄력적일수록 커진다.

17

| 정답 | ②

| 해설 | 금융정책의 효과는 IS곡선의 기울기가 완만할수록 그리고 LM곡선의 기울기가 가파를수록 강력하다. 투자의 이자율 탄력성(d)이 클수록 IS곡선의 기울기는

완만하고, 화폐수요의 이자율 탄력성(h)이 작을수록 LM곡선의 기울기는 가파르다.

18

| 정답 | ③

| 해설 | 가. 한계소비성향(b)이 클수록 독립투자(c)의 승수효과가 커져서 소득증대효과가 더 커진다.

라. 화폐수요의 이자율 탄력성(e)이 작을수록(투기적 화폐수요가 작을수록) 그리고 거래적 화폐수요가 클수록 이자율의 변동은 크다는 것이 고전학파류의 견해이다.

| 오답풀이 |

나. d가 0이면 독립투자(c)만 존재하고 독립투자가 증가하면 총수요가 증가하여 소득이 증가한다.

다. 화폐수요의 이자율 탄력도(f)의 절댓값이 작을수록 그리고 이자율변동이 클수록, 소비와 투자가 이자율에 민감하게 반응할수록 통화정책의 효과는 크다.

19

| 정답 | ①

| 해설 | 투자가 이자율 변화에 민감할수록 IS곡선은 완만해져 구축효과가 커지므로, 재정정책의 효과가 감소한다.

| 오답풀이 |

②, ③ 화폐수요가 이자율 변화에 민감할수록 통화정책의 효과는 감소하며, 재정정책의 효과는 증가한다.

④ 투자가 이자율 변화에 민감할수록 통화정책의 효과가 증가한다.

20

| 정답 | ④

| 해설 | 정부가 세금을 증가시키면 IS곡선이 좌측 이동하여 국민소득은 감소하고 이자율은 하락한다. 이때,

중앙은행이 통화공급을 증가시켜 소득을 일정하게 유지하는 경우에는 LM곡선이 우측으로 이동하여 국민소득은 이전의 수준으로 증가하지만 이자율은 더욱 하락한다. 중앙은행이 통화공급을 감소시켜 이자율을 일정하게 유지하는 경우에는 LM곡선이 좌측으로 이동하여 이자율은 이전의 수준으로 상승하지만 국민소득은 더욱 감소한다.

21

| 정답 | ②

| 해설 | 제시된 글은 풀(W. Poole)의 통화정책의 중간목표에 관한 내용이다. 풀에 따르면, 금융정책의 중간목표로는 통화량과 이자율이 있다. 실물부문이 불확실하다면 통화량을 중간목표로 삼는 것이 생산 및 소득의 변동성을 줄일 수 있고, 금융부문이 불확실하다면 이자율을 중간목표로 삼는 것이 생산 및 소득의 변동성을 줄일 수 있어 유리하다.

22

| 정답 | ④

| 해설 | 풀(W. Poole)에 따르면 실물 부문의 불확실성이 클 때 통화량을 금융정책의 중간목표로 삼아야 하고, 금융 부문의 불확실성이 클 때 이자율을 금융정책의 중간목표로 삼는 것이 바람직하다.

| 오답풀이 |

① 화폐수요의 이자율 탄력성이 클수록 LM곡선이 완만해지므로, 재정정책의 효과는 커지고 금융정책의 효과는 작아진다.

② 투자수요의 이자율탄력성이 작을수록 IS곡선이 가팔라지므로, 재정정책의 효과는 커지고 금융정책의 효과는 작아진다.

③ 통화주의자들은 통화량이나 이자율과 같은 일정한 기준에 따라 통화정책을 펴야 한다는 준칙적 통화정책을 주장한다.

23

| 정답 | ②

| 해설 | 케인스학파에 따르면 금융정책의 경우, LM곡선이 수직이고 IS곡선이 수평일 때 국민소득(Y)이 크게 증가한다. 화폐수요가 이자율에 탄력적일 때 LM곡선이 완만하고, 투자가 이자율에 비탄력적일 때 IS곡선이 가파르므로, 이 경우 금융정책을 시행하여도 국민소득(Y)은 거의 증가하지 않는다.

24

| 정답 | ②

| 해설 | 기대 인플레이션율이 상승하면 실질이자율이 하락하는 현상을 먼델-토빈효과(Mundell-Tobin effect)라 한다. 기대 인플레이션율 상승에 따른 실질이자율의 하락은 자금의 차입비용의 하락을 의미하므로, 투자가 증가하고 IS곡선이 우측으로 이동한다. 따라서 명목이자율이 상승하고 소득이 증가하며, 명목이자율의 상승으로 인해 화폐수요는 감소한다.

25

| 정답 | ③

| 해설 | 유동성 함정이란 경제주체들이 돈을 시장에 내놓지 않는 상황으로, 시장에 현금이 흘러 넘쳐 구하기 쉬움에도 불구하고 기업의 생산, 투자와 가계의 소비가 늘지 않아 경기가 함정에 빠진 것처럼 보이는 상태를 말한다.

| 오답풀이 |

① 최저 이자율수준에서 투기적 화폐수요곡선은 수평선이 되고, 투기적 화폐수요는 이자율에 무한탄력적이 된다.

②, ④ 유동성함정구간에서는 확대금융정책을 실시하더라도 이자율이 하락하지 않는다. 따라서 재정정책을 실시하더라도 구축효과가 발생하지 않으므로 재정정책의 정책효과가 금융정책보다 커진다.

26

| 정답 | ②

| 해설 | $IS-LM$ 모형에서 화폐수요의 이자율 탄력성이 음의 무한대이면 LM곡선이 수평선이므로, 재정정책은 유효하나 금융정책은 완전히 무력하다. 따라서 'ㄱ, ㄹ'이 적절한 설명이다.

27

| 정답 | ①

| 해설 | 화폐수요의 이자율 탄력성이 무한대인 것은 이자율이 더 이상 하락하지 않으며, 유동성함정에 존재하는 상태를 의미하므로, LM곡선이 수평선이다. 이 경우에는 통화정책이 완전히 무력하며, 재정정책은 매우 효과적이 된다.

28

| 정답 | ①

| 해설 | 유동성함정이란 현재 매우 낮은 이자율이 상승할 것으로 예상되어 투기적 화폐보유량이 무한대로 증가하는 상태이다. 유동성함정의 경우 화폐수요의 이자율 탄력성이 무한대이므로 LM곡선은 수평선이고, 금융정책은 무력하고 재정정책의 효과가 매우 커진다.

| 오답풀이 |

② 유동성함정에서는 LM곡선이 수평선이며 확장적 통화정책은 이자율을 하락시키지 못하므로, 총수요 확대효과가 없다.

③ 유동성함정의 경우, 재정지출을 확대하더라도 이자율이 불변이므로 구축효과가 발생하지 않는다.

④ 유동성함정은 현재 이자율이 매우 낮아 앞으로 상승하고 채권의 가격이 폭락할 것으로 예상되는 구간이므로, 경제주체들은 채권을 매각하고 화폐를 보유하려 할 것이다.

파트1
파트2
파트3
파트4
파트5
파트6
파트7
파트8
실전1
실전2

29

| 정답 | ①

| 해설 | LM곡선이 급경사일수록 즉, 화폐의 이자율 탄력성이 작을수록 국민소득이 크게 증가하여 금융정책 효과가 크다. 하지만 화폐의 이자율 탄력성이 무한대이면 LM곡선이 수평선이 되어 금융정책효과는 전혀 없다.

| 오답풀이 |

② 소비에 실질잔고효과가 도입되면 물가 하락 시, 실질잔고의 확장을 통해 IS곡선이 우측으로 이동함으로써 총수요 충격을 상쇄시키는 작용을 한다.

③ 고전학파의 화폐수량설이 성립할 때, LM곡선은 수직의 형태를 보인다.

④ 유동성함정에서 사람들은 채권의 예상수익률이 낮다고 생각한다.

⑤ 케인지안은 투자수요의 이자율 탄력도가 작고 화폐수요의 이자율 탄력도가 크다고 보는 반면, 통화주의자는 투자수요의 이자율 탄력도가 크고 화폐수요의 이자율 탄력도는 작다고 본다.

30

| 정답 | ①

| 해설 | 투자가 이자율에 대해 완전탄력적일 때 IS곡선이 수평선이므로, 통화정책의 효과가 가장 크게 나타난다.

| 오답풀이 |

②, ③, ④ IS곡선이 수직선이거나 LM곡선이 수평선인 경우, 즉 유동성함정에서는 통화량이 증가하더라도 국민소득이 전혀 증가하지 않는다. 이 경우에는 재정정책이 효과적이다.

31

| 정답 | ②

| 해설 | 확대재정정책의 구축효과는 IS곡선의 기울기가 작을수록, LM곡선의 기울기가 클수록 크게 나타난다. 따라서 투자의 이자율 탄력성이 낮을수록 IS곡선의 기울기가 커지고 구축효과는 작아진다.

| 오답풀이 |

① LM곡선의 기울기가 커질수록 구축효과는 커진다.

③ 화폐수요의 이자율탄력성이 낮을수록 LM곡선의 기울기가 커짐에 따라 구축효과도 커진다.

④ 한계소비성향이 클수록 IS곡선의 기울기가 작아짐에 따라 구축효과는 커진다.

32

| 정답 | ②

| 해설 | ㄱ. '한계저축성향=1−한계소비성향'이 항상 성립하며 정부지출승수를 구하는 계산식은

$$\frac{1}{1-한계소비성향}\left(=\frac{1}{한계저축성향}\right)$$이므로, 한계저축성향을 알면 정부지출승수를 알 수 있다.

ㄷ. 승수효과란 어떤 경제변량이 다른 경제변량의 변화에 따라 바뀔 때, 한 번에서 끝나지 않고 연달아 바뀜으로 인해 최종적으로는 최초의 변화량의 몇 배에 이르게 되는 효과를 말한다.

ㄹ. 정부가 소비를 촉진할 때 승수효과가 발생하며, 정부가 소비를 억제할 때 구축효과가 발생한다.

| 오답풀이 |

ㄴ. 구축효과는 확대재정 정책이 이자율을 상승시켜 투자를 감소시키는 현상이다.

33

| 정답 | ②

| 해설 | 승수를 구하는 산식은 $\frac{1}{1-한계소비성향}$이고, $IS-LM$ 모형에서 재정정책 효과의 크기는 '승수효과−구축효과'이므로 승수효과를 계산하면 다음과 같다.

$$\frac{1}{1-c}=\frac{1}{1-0.5}=2$$

따라서 '0<승수효과−구축효과<2'이므로 변하는 GDP 값은 0보다 크고 200보다 작아야 하므로, 선택지 중 ②가 적절하다.

34

|정답| ②

|해설| ㄱ. 총수요곡선은 일정한 물가 수준에서 각 경제주체들이 구입하고자 하는 재화와 용역의 양을 나타내는 곡선으로, 물가와 총수요량 간의 관계를 나타낸다.

ㄹ. 통화의 유통속도가 빨라지면 총수요곡선은 오른쪽으로 이동한다.

|오답풀이|

ㄴ. 총수요곡선은 화폐공급과 관련이 있는 것이며, 정부지출이 증가하는 경우에는 총수요곡선이 이동하지 않는다.

ㄷ. 통화공급이 증가하거나 유통속도가 빨라지면 총수요곡선은 오른쪽으로 이동한다.

35

|정답| ①

|해설| 물가수준이 낮아지면 실질임금이 상승하여 노동수요가 감소한다.

|오답풀이|

② 물가수준이 낮아지면 명목화폐수요가 감소하므로 이자율이 하락하여 투자수요가 증가함에 따라 총수요가 증가하게 된다.

③ 물가수준이 낮아지면 수출이 증가하고 수입이 감소하여 순수출이 증가함에 따라 총수요가 증가하게 된다.

④ 물가수준이 낮아지면 화폐의 실질가치가 상승하여 소비가 증가한다. 이를 피구효과라고 한다.

36

|정답| ③

|해설| 화폐가치의 하락, 즉 환율의 상승은 수출을 증가시킴으로써 총수요를 증가시킨다.

|오답풀이|

①, ②, ④ 실질자산가치의 하락은 소비의 감소, 이자율 상승은 투자와 소비의 감소, 재정흑자 즉 정부지출

감소와 조세의 증대는 소비의 감소를 통해 모두 총수요를 감소시킨다.

37

|정답| ③

|해설| 총공급곡선의 방정식은 노동시장과 총생산함수로부터 도출된다. 노동시장의 이윤극대화 고용조건은 $VMP_L(=MP_LP)=\omega$ 또는 $MP_L=\dfrac{W}{P}$ 이다.

$MP_L=\dfrac{\Delta Y}{\Delta L}=\dfrac{1}{\sqrt{L}}$ 이므로 $\dfrac{1}{\sqrt{L}}=\dfrac{W}{P}$ 가 된다. 이때 생산함수가 $Y=2\sqrt{L}$ 로 $\dfrac{1}{\sqrt{L}}=\dfrac{2}{Y}$ 이고, 명목임금이 5로 고정되어 있으므로 식은 다음과 같다.

$$\dfrac{2}{Y}=\dfrac{W}{P} \qquad \dfrac{2}{Y}=\dfrac{5}{P}$$

따라서 $P=\dfrac{5}{2}Y$ 가 된다.

38

|정답| ⑤

|해설| 루카스 공급곡선은 물가가 전혀 변하지 않는 단기의 기간에도 물가가 어느 정도 변함을 수용하면서 단기에 우상향의 형태로 도출된 공급곡선을 말한다. 따라서 기대물가가 상승하면 단기총공급곡선이 왼쪽으로 이동하며, 생산량은 단기적으로 감소하게 된다.

39

|정답| ③

|해설| 실제물가 P 가 상승하지만 기대물가 P^e 가 일정하면 물가예상 착오$(P-P^e)$ 가 커진다. 단기 총공급함수 $Y=\overline{Y}+\alpha(P-P^e)$ 에서 $(P-P^e)$ 가 커지면 실제산출량 Y 가 크게 증가하므로 총공급 곡선의 기울기는 완만해진다.

| 오답풀이 |

① 단기 총급급함수 $Y = \overline{Y} + \alpha(P - P^e)$을 세로축인 P로 정리하면 $P = P^e + \frac{1}{\alpha}(Y - \overline{Y})$이므로, 단기 총공급곡선의 기울기는 $\frac{1}{\alpha}$이다.

② 실제물가 P의 상승을 예상하였다면 기대물가 P^e도 상승하므로 물가예상착오$(P - P^e) = 0$이 성립한다. 단기 총공급함수 $Y = \overline{Y} + \alpha(P - P^e)$에 의하면 $(P - P^e) = 0$일 때 $Y = \overline{Y}$이므로 산출량은 일정하다. 결국 예상된 물가수준의 상승은 산출량을 증가시키지 못한다.

④ 경제주체들이 합리적인 기대를 형성하므로, 정부가 정부지출 증가를 발표한다면 물가예상착오는$(P - P^e)$는 0이므로 총공급곡선은 $Y = \overline{Y}$에서 수직이며, 이때 물가는 총수요곡선이 결정한다. 하지만 총수요곡선에는 정부지출이 없으므로 정부지출이 증가하더라도 총수요곡선은 이동하지 않는다. 결국 예상된 정부지출 증가는 물가수준을 높이지 않는다.

⑤ 경제주체들이 합리적인 기대를 형성하므로, 정부가 통화량 증가를 발표한다면 물가예상착오$(P - P^e)$는 0이므로 총공급곡선은 $Y = \overline{Y}$에서 수직이다. 이때 물가는 총수요곡선이 결정한다. $Y = \overline{Y}$을 총수요곡선 $Y = \frac{2M}{P}$에 대입하면 $\overline{Y} = \frac{2M}{P}$이고 $\overline{Y}$는 일정하므로 통화량이 증가하면 분모의 P도 상승한다. 결국 예상된 통화량의 증가는 물가수준을 높일 것이다.

40

| 정답 | ⑤

| 해설 | 노동의 한계생산성이 증가하면 노동수요가 증가하므로 고용이 증가하고 실질임금이 상승한다. 따라서 실질임금은 경기 순환에 대하여 생산량, 소득, 고용이 같이 움직이므로 경기순응적이라고 할 수 있다.

| 오답풀이 |

① 총요소생산성이 향상되면 동일한 생산요소 투입에 따라 산출량이 증가하거나, 반대로 동일한 양을 산출하기 위해 투입되는 생산요소의 양이 감소하게 된다.

②, ③ 총요소생산성이 향상되면 수직의 총공급곡선이 오른쪽으로 이동함에 따라 균형소득이 증가하고 물가가 하락하므로 소득과 물가가 서로 반대방향으로 움직이게 된다.

41

| 정답 | ④

| 해설 | 장기에는 명목임금의 신축성이 크고 자유롭게 변동하기 때문에 장기 총공급곡선은 물가수준과 무관하게 항상 일정하다.

42

| 정답 | ④

| 해설 | 예상 물가수준의 변동은 단기 총공급곡선의 이동요인이다.

📋 총공급곡선의 이동

(가) 노동공급증가의 영향 : 인구증가, 노동의욕 상승, 근로소득세 인하 → 노동공급 증가 → 노동공급 곡선이 우측으로 이동 → 동일 물가수준에서 생산증가 → AS곡선 우측 이동

(나) 노동수요증가의 영향 : 생산성 향상, 원자재 가격 하락, 법인세 인하 등 → 노동수요 증가 → 노동수요곡선 우측으로 이동 → 동일 물가수준에서 생산증가 → AS곡선 우측 이동

(다) 생산함수 이동의 영향 : 기술 진보 또는 자본이 증가 → 생산함수 상방으로 이동 → 노동수요 곡선 우측으로 이동 → 동일 물가수준에서 생산증가 → AS곡선 우측 이동

(라) 예상 물가수준 변동의 영향 : 예상 물가수준 상승 → 단기 AS곡선 이동, 한편, 장기 총공급곡선은 수직선이므로 예상 물가수준이 상승하여 상방으로 이동하더라도 변화없음.

43

| 정답 | ②

| 해설 | 원자재가격이 하락하거나 기술진보가 발생하면 기업의 생산비용이 줄어듦에 따라 총공급이 증가한다. 실질임금 상승은 기업의 공급능력을 감소시켜 총공급곡선을 왼쪽으로 이동시키며, 정부지출의 증가는 총수요를 증가시켜 총수요곡선을 오른쪽으로 이동시킨다.

44

| 정답 | ④

| 해설 | 총공급곡선을 이동시키는 요인으로는 생산요소 가격의 변화, 생산성의 변화, 제도의 변화 등이 있다.

| 오답풀이 |

① 총수요곡선은 물가가 변하는 경우에 균형국민소득 결정모형에서 도출되는 IS곡선과 유동성선호이론 에서 도출되는 LM곡선으로부터 얻어진다.

② LM곡선은 단기에서의 이자율수준과 총수요(소득) 을 알려 주고, 총수요곡선은 장기에서의 생산량수준 과 물가수준을 알려 준다.

③ 총공급곡선의 기울기는 노동시장과 생산함수에 의 하여 결정되고, 투자의 이자율 탄력성에 의해서 결 정되는 것은 총수요곡선의 기울기이다.

45

| 정답 | ④

| 해설 | 원자재가격이 상승하면 기업의 생산비용이 증가 해 총공급곡선이 좌측으로 이동하고, 중앙은행이 기준 금리를 인상하면 소비와 투자가 감소하여 총수요곡선 이 좌측으로 이동한다. 총수요곡선과 총공급곡선이 모 두 좌측으로 이동하면 총생산은 대폭 감소하게 된다. 따라서 ㄱ, ㄴ, ㄷ 모두 적절한 분석이다.

46

| 정답 | ③

| 해설 | ㄱ. IT기술의 발전 → 생산함수가 상방으로 이동 → 노동수요곡선 우측 이동 → 동일 물가수준에서 생산증가 → AS곡선 우측 이동

ㄴ. 실질임금이 상승할 것으로 예상 → 고용 증가 → 총 공급선 우측 이동

ㄷ. 주식가격의 상승 → 소비증가, 투자증가 → 총수요 곡선 우측 이동

| 오답풀이 |

ㄹ. 물가는 총수요-총공급 분석에서 내생변수이므로 총수요곡선의 이동요인이 아니고 총수요곡선에서 움직인다.

47

| 정답 | ②

| 해설 | 소매상점들의 바코드 스캐너 도입으로 인한 재 고관리의 효율성 상승은 비용의 절감을 가져와 비용곡 선을 의미하는 단기 총공급곡선을 하방(우측)으로 이동 시킨다.

| 오답풀이 |

① 단기에 있어서 물가와 총생산물의 공급량 간에는 양 (+)의 관계가 나타나므로, 단기 총공급곡선은 우상 향한다.

③ 원유가격 상승으로 인한 생산비용의 상승은 단기 총 공급곡선을 상방(좌측)으로 이동시킨다.

④ 명목임금의 상승으로 인한 비용의 상승은 단기 총공 급곡선을 상방(좌측)으로 이동시킨다.

48

| 정답 | ④

| 해설 | 균형국민소득과 균형물가수준은 총수요와 총공 급이 서로 교차하는 점에서 결정된다.

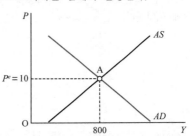

총수요곡선은 $Y = 550 + (\frac{2500}{P})$, 총공급곡선은 $Y = 800 + (P - P^e)$, 기대물가는 $P^e = 100$이므로 이를 식으 로 정리하면 다음과 같다.

$$550 + \frac{2500}{P} = 800 + (P - 10)$$

$$P - \frac{2500}{P} + 240 = 0$$

$$P^2 + 240P - 2,500 = 0$$

$$(P + 250)(P - 10) = 0$$

$$P = -250 \text{ 또는 } P = 10$$

물가는 음(-)의 값을 가질 수 없으므로 10이 되고, 이를 총공급곡선이나 총수요곡선에 대입하면 800+(10-10)=800, 즉 균형국민소득은 800이 된다.

49

| 정답 | ②

| 해설 | 확장적인 통화정책을 실시하면 LM곡선이 우측 이동하여 이자율(r)은 하락하고 국민소득(y)은 증가함에 따라 물가(P)가 상승한다. 따라서 총생산은 증가하며 물가는 상승하고, 금리는 하락함을 알 수 있다.

50

| 정답 | ①

| 해설 | 공급충격이란 총공급의 변화를 가져와 균형 가격에 영향을 끼치는 일을 의미한다. 통화량이 증가하면 LM곡선과 AD곡선이 오른쪽으로 이동하므로, 통화공급량의 증가는 수요충격에 해당한다.

| 오답풀이 |

②, ③, ④, ⑤는 모두 AS곡선의 좌측이동 요인이므로, 공급충격에 해당한다.

51

| 정답 | ④

| 해설 | 원자재가격 상승 충격이 발생할 경우, AS곡선이 좌측으로 이동한다. 중앙은행이 물가안정을 목적으로 하여 통화정책을 사용하면, AD곡선이 좌측으로 이동함에 따라 산출량이 더욱 감소하게 된다. 따라서 실업률이 추가적으로 상승한다.

| 오답풀이 |

① AS곡선이 좌측으로 이동하면 물가는 상승하고 산출량이 감소하므로 실업률은 상승하게 된다.

② 정부가 총수요 축소 정책을 실시하면 AD곡선이 좌측으로 이동하고, AS곡선이 좌측 이동하면 산출량은 더욱 감소하게 된다.

③ 재정정책은 AD곡선의 이동과 관련이 있으며, AD곡선을 좌측으로 이동시키면 물가는 안정될 수도 있으나 산출량이 더욱 감소하게 된다. 또한 AD곡선을 우측으로 이동시키면 산출량은 안정될 수도 있으나 물가가 더욱 상승하게 된다. 따라서 물가안정과 산출량 안정을 동시에 달성하기 위해서는 총공급을 늘려야 한다.

52

| 정답 | ⑤

| 해설 | 총수요관리정책(확대재정정책과 확대통화정책)은 총공급곡선의 기울기가 작을수록 국민소득증대효과가 커지므로 효과적이다.

53

| 정답 | ③

| 해설 | 균형국민소득이 잠재 GDP 수준보다 높은 수준에서 균형을 이루고 있으므로 경기과열을 의미하고, 인플레이션을 유발하는 초과수요가 존재하므로 ㉠인플레이션 갭이 존재한다. 이 경우에는 정부투자의 ㉡감소, 조세 ㉢증가 등 총수요를 감소시키는 긴축재정정책이 필요하다.

54

| 정답 | ②

| 해설 | 기대물가수준이 상승하면 총공급곡선이 왼쪽으로, 즉 상방으로 이동한다.

| 오답풀이 |

① 정부가 이전지출 규모를 축소하면 가처분소득이 감소하므로 총수요곡선이 좌측으로 이동한다.

③ 팽창적 통화정책의 시행은 국민소득을 증대시켜 총수요곡선의 기울기를 완만하게 한다.

④ 균형국민소득이 완전고용국민소득보다 작으면 경제침체 상황이므로 디플레이션 갭이 발생하게 되고, 물가는 하락하는 압력에 직면하게 된다.

AD - AS곡선의 이동

AD곡선의 이동(우측이동)	
재화시장요인	$IS: Y = C + I(r) + G + NX$ 1. 한계소비성향증가($C\uparrow$) 2. 투자세액공제제도($I\uparrow$) 3. 정부지출 증가($G\uparrow$) 4. 조세감면($T\downarrow$) 5. 상대국 경기호황($NX\uparrow$) 6. 외생적 소비지출 증가($\overline{C}\uparrow$)
화폐시장요인	$LM: \dfrac{M^S}{P} = L(Y, i)$ 1. 중앙은행 공개시장매입($M^S\uparrow$) 2. 신용카드거래 활성화(M^d)

AS곡선의 이동(좌측상방이동)
$P = P^e + \dfrac{1}{\alpha}(Y - Y_N) + v$ 1. 원유 등 원자재가격 상승 2. 명목임금 상승 3. 생산성 감소 4. 예상물가수준의 상승($P^e\uparrow$) 5. 노동인구 감소, 자본 감소, 자원 감소

55

| 정답 | ④

| 해설 | 총수요곡선과 단기 총공급곡선이 교차하는 단기 균형이 장기 총공급을 초과하므로 경기는 과열상태이다. 이 경우, 정책당국이 경기안정화를 위해 개입하지 않으면 노동력 부족으로 임금이 상승하여 점차 단기 총 공급곡선이 왼쪽으로 이동하게 된다. 단기 총공급곡선이 좌측으로 이동하면 실제물가가 상승하므로 기대물가도 점점 상승한다. 경기가 과열되어 물가가 상승하면 장기적으로 민간경제주체의 예상물가가 상승하므로 단기 총공급곡선이 좌측으로 이동한다. 이때 정부나 중앙은행이 긴축적인 총수요관리정책을 실시하지 않는다면 총수요곡선은 변하지 않는다.

| 오답풀이 |

① 현재의 경제상황은 경기과열을 나타내므로 중앙은 행이 공개시장매도를 통해 본원통화를 흡수하는 긴 축금융정책이 필요하다.

② 경기과열 시 조세를 증가시키거나 정부지출을 감소 시키는 긴축재정정책이 필요하다.

56

| 정답 | ③

| 해설 |

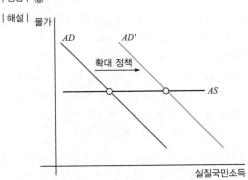

총공급곡선이 수평이면 정부지출의 증가나 조세감면을 통한 확대재정정책은 총수요곡선을 우측으로 이동시켜 실질국민소득을 대폭 증가시킨다. 이때 총공급곡선이 수평이므로 물가상승을 유발하지 않는다. 유동성함정이 존재하면 총공급곡선이 수평이 되고, 총수요곡선이 수직이 된다. 즉 유동성함정은 총수요곡선의 모양과 관련이 있다.

보충 플러스+

- 고전학파류 : 수직 → 총수요관리정책으로 물가 상승
- 케인스학파류 : 우상향 → 총수요관리정책으로 물가 상승, 실업 감소
- 케인스 : 수평 → 총수요관리정책으로 물가 불변, 실업 감소

57

| 정답 | ②

| 해설 | 총수요가 200억 달러이며, 장기생산량인 완전고용생산량이 300억 달러이므로 현 상황은 장기 산출량 수준에서 100억 달러가 부족하다. 한계소비성향(c)이 $\dfrac{1}{2}(=0.5)$이므로 정액세만 존재하는 경우의 정부지출 승수는 다음과 같다.

$$\frac{\Delta Y}{\Delta G} = \frac{1}{1 - C} = \frac{1}{1 - 0.5} = 2$$이다.

따라서 $\Delta G = \dfrac{\Delta Y}{2} = \dfrac{100}{2} = 50$이므로 증가시켜야 할 재정 지출 규모는 50억 달러이다.

58

|정답| ②

|해설| 투자의 이자율 탄력성이 클수록 IS곡선의 기울기는 작고 통화정책의 효과가 크다.

|오답풀이|

① 화폐수요의 이자율 탄력성이 클수록 LM곡선의 기울기가 완만하므로 통화정책의 효과가 작다.

③ 임금조정의 신축성이 클수록 총공급곡선이 수직에 가까우므로 통화정책의 효과는 작다.

④ 소비는 소득의 증가함수이므로 한계소비성향이 커질수록 소득 증가에 따른 소비가 더 크게 증가함에 따라 국민소득 증가효과가 커진다.

59

|정답| ②

|해설| 경기를 침체하는 부(−)의 공급충격이 발생하면 AS곡선이 좌측으로 이동하고, 국민소득이 감소하며 물가가 상승한다. 이 경우 중앙은행은 경기침체보다 물가안정에 정책목표를 두고 물가를 안정시키기 위해 공개시장에서 국공채 매각한다. 이를 통해 통화량이 감소하게 되고 이자율을 높이는 정책을 수행하게 되는데, 이자율이 높아지면 소비와 투자감소로 경기는 더욱 침체되는 현상이 발생한다. 반면에 정부가 경기안정화 정책을 수행하려면 경기침체를 진작시키기 위한 확장적 총수요관리정책을 실시하게 되는데, 이를 통해 정부지출이 증가하고 국민소득은 증가하지만 물가는 더욱 상승하게 된다.

|오답풀이|

③ 정부의 경기안정화 정책은 총수요증가로 물가가 상승하는 반면, 중앙은행은 긴축통화정책을 수행하므로 물가는 하락하므로, 통화정책이 물가 수준에 미치는 효과는 서로 상충하게 된다.

④ 정부의 경기안정화 정책은 총수요증가로 국민소득을 증가시키는 반면, 중앙은행의 긴축통화정책은 총수요감소로 국민소득이 감소하므로, 국민소득에 미치는 효과는 서로 상충하게 된다.

60

|정답| ②

|해설| 물가가 하락하게 되면 총수요곡선은 이동하지 않고, 총수요곡선상에서의 이동이 이루어진다.

61

|정답| ②

|해설| 현금자동인출기의 설치로 통화수요가 감소하여 현금보유성향이 감소하면 통화승수의 증가로 통화량이 증가하므로, LM곡선이 우측으로 이동하고 AD곡선도 우측으로 이동한다. 단기 총공급곡선은 우상향이고, 장기 총공급곡선은 수직이다.

단기적으로 통화수요의 감소는 물가와 국민소득이 증가하지만, 장기적으로 예상물가의 상승으로 단기 총공급곡선이 다시 좌측으로 이동하여 국민소득은 완전고용수준으로 복귀하고 물가만 상승시킨다.

62

|정답| ⑤

|해설| 단기 총공급이 감소하면 AS곡선이 좌측으로 이동하고, 물가가 상승하므로 LM곡선은 좌측으로 이동한다. 실질이자율을 일정하게 유지하려면 중앙은행이 통화량을 늘려서 LM곡선을 우측으로 이동시켜야 한다. 결국 단기 총공급 감소의 충격을 받는 경우 LM곡선은 변하지 않는다.

|오답풀이|

① 화폐수요가 증가하면 LM곡선이 좌측으로 이동하는데, 실질이자율이 일정하려면 중앙은행이 통화량을 늘려서 다시 LM곡선을 우측으로 이동시키게 된다. 그렇게 되면 화폐수요 증가 충격을 받는 경우 곡선은 변하지 않는다.

② 화폐수요 증가 충격을 받는 경우 LM곡선이 변하지 않으므로 단기에서 산출은 변하지 않는다.

③ 소비가 증가하면 IS곡선이 우측으로 이동하는데, 실질이자율을 일정하게 유지하려면 중앙은행이 통화량을 늘려서 LM곡선을 우측으로 이동시켜야 한

다. 결국 소비증가 충격을 받는 경우 LM곡선은 우측으로 이동한다.

④ 소비증가 충격을 받는 경우, IS곡선과 LM곡선이 모두 우측으로 이동하므로 단기에서 산출은 증가한다.

63

| 정답 | ①

| 해설 | 공급 측면에서 부정적인 충격이 있으면 AS곡선이 좌측 이동하여 경기침체 속에서도 물가가 상승하는 스태그플레이션이 발생한다.

스태그플레이션 상황에서 확대 총수요정책(수용정책)은 산출량을 늘리면서 고용증대에 유용하지만 물가가 급격히 상승하는 부작용을 초래한다. 반면 긴축 총수요정책(억제정책)은 물가를 안정시키지만 산출량이 급격히 감소하면서 고용이 크게 감소하는 부작용을 초래한다.

64

| 정답 | ④

| 해설 |

ㄱ. 최초 장기균형은 장기 총공급곡선과 총수요곡선이 만나는 a점이다. $Y=2,000$을 총수요함수에 대입하면 $2,000 = \dfrac{2 \times 1,000}{P}$이므로, $P=1$이 된다. 따라서 국민경제의 최초 장기균형은 $(P:Y)=(1:2,000)$이다.

ㄴ. 공급충격으로 수평선의 단기 총공급곡선이 상방으로 이동하면 새로운 단기균형은 단기 총공급곡선과 총수요곡선이 만나는 b점이다. $P=2$를 총수요함수에 대입하면 $Y=\dfrac{2 \times 1,000}{2} P=1,000$이 된다. 따라

서 공급충격으로 단기균형은 $(P:Y)=(2:1,000)$으로 이동한다.

ㄹ. 일시적 공급충격은 장기에서 사라지므로 단기 총공급곡선은 다시 하방으로 이동한다(AS_1). 정부가 개입하지 않는다면 새로운 장기균형은 원래 장기균형 a점과 동일하다. 따라서 새로운 장기균형은 $(P:Y)=(1:2,000)$이다.

| 오답풀이 |

ㄷ. 단기 총공급곡선이 AS_2인 상황에서 중앙은행이 새로운 단기균형의 국민소득 $Y=1,000$을 장기균형 $(Y=2,000)$으로 유지하려면 총수요곡선이 d점을 통과하도록 하여야 한다. $P=1$, $Y=1,000$을 총수요함수에 대입하면 $2,000 = 2 \times \dfrac{M}{2}$이므로 새로운 통화량은 $M=2,000$이 되어야 한다.

65

| 정답 | ②

| 해설 | 재정정책이나 금융정책과 같은 총수요관리정책은 완전고용수준인 자연산출량에는 영향을 미칠 수 없다.

| 오답풀이 |

① 이자율을 올리면 투자와 소비가 감소하게 되고, 총수요의 감소로 AD곡선은 좌측으로 이동하고 국민소득은 감소한다. 국민소득의 감소는 실업률을 높이게 된다.

③ 스태그플레이션이 발생한 상황에서 정부가 확장적 재정정책을 실시하면 AD곡선이 우측으로 이동하여 경기침체는 완화되나, 물가 수준은 더욱 높아진다.

④ 갑작스러운 국제유가 상승으로 인해서 국민소득이 감소하고 인플레이션이 발생했는데, 아무 조치를 취하지 않게 되면 경기침체가 장기화될 수 있다.

66

| 정답 | ②

| 해설 | 수입품은 소비자물가지수에는 포함되나 GDP 측정 대상이 아니므로 GDP디플레이터에는 영향을 미치지 못한다.

67

| 정답 | ②

| 해설 | ㄴ. 소비자 물가지수 측정에 수입재화도 포함되며, 기준연도 거래량을 가중치로 삼는다.

ㅁ. 소비자 물가지수는 라스파이레스(Laspeyres) 방식으로 계산한다.

68

| 정답 | ③

| 해설 | 소비자 물가지수는 라스파이레스 방식으로 측정하고, GDP디플레이터는 파셰 방식으로 측정한다.

| 오답풀이 |

① 소비자 물가지수는 기준연도의 가중치를 사용하므로 고정된 가중치를 사용하고, GDP디플레이터는 측정시점의 가중치를 사용하므로 측정시점에 따라 다른 가중치를 적용하게 된다. 소비자 물가지수는 기준 시점의 가중치를 이용하므로 가격이 상승했을 때 물가상승률을 과대평가한다.

② GDP디플레이터는 명목 GDP를 실질 GDP로 나눈 값이다. 수입물품은 GDP 측정에 반영되지 않는다. 따라서 수입물품의 가격 상승은 GDP디플레이터에 반영되지 않는다.

④ 소비자 물가지수는 신상품의 출현과 품질 향상에 따른 가격 상승을 반영하지 못하므로 인플레이션을 과대평가할 수 있다.

69

| 정답 | ⑤

| 해설 | 소비자물가지수와 생산자물가지수는 기준연도 수량을 가중치로 사용하므로 라스파이레스 방식을 이용하여 작성한다.

70

| 정답 | ③

| 해설 | ㄱ. 소비자물가지수는 5년마다 변화되는 재화 바스켓에 기초하여 소비자가 구입하는 상품이나 서비스의 가격변동을 나타내는 지수이다.

ㅁ. 소비자물가지수와 생산자물가지수는 라스파이레스 방식으로 계산한다.

71

| 정답 | ②

| 해설 | 라스파이레스 물가지수(LPI) $= \dfrac{\sum P_t \times Q_0}{\sum P_0 \times Q_0} \times 100$

(P_t : 비교년도 물가 Q_0 : 기준연도 거래량)

$$LPI = \dfrac{P_1 \times Q_0}{P_0 \times Q_0} \times 100$$

$$= \dfrac{500 \times 80 + 40 \times 500}{500 \times 100 + 40 \times 250} \times 100 = 100$$

따라서 물가지수는 100이다.

72

| 정답 | ①

| 해설 |

> 라스파이레스 물가지수 $= \dfrac{\sum 비교연도가격 \times 기준연도수량}{\sum 기준연도가격 \times 기준연도수량}$
>
> 물가상승률 $= \dfrac{비교연도물가지수 - 기준연도물가지수}{기준연도의 물가지수}$

라스파이레스 지수는 기준연도 수량을 가중치로 사용하며, 2019년은 기준연도이므로 라스파이레스 지수로 나타낸 물가지수는 100이다.

- 2020년의 라스파이레스 물가지수(LPI)

$$= \dfrac{\sum P_t \times Q_0}{\sum P_0 \times Q_0} \times 100 = \dfrac{\sum P_{2020} \times Q_{2019}}{\sum P_{2019} \times Q_{2019}} \times 100$$

$$= \dfrac{(10만\ 개 \times 3원) + (5만\ 벌 \times 6만\ 원)}{(10만\ 개 \times 1만\ 원) + (5만\ 벌 \times 3만\ 원)} \times 100 = 240$$

- 2020년 물가상승률

$$= \dfrac{2020년\ 물가수준 - 2019년\ 물가수준}{2019년\ 물가수준} \times 100$$

$$= \dfrac{240 - 100}{100} \times 100 = 140(\%)$$

73

| 정답 | ①

| 해설 | 주어진 조건을 적용해보면

라스파이레스 물가지수

$$= \frac{\sum P_1 \times Q_0}{\sum P_0 \times Q_0} = \frac{1,200 \times 10 + x \times 5}{1,000 \times 10 + 2,000 \times 5} \times 100 = 110$$

$\therefore x = 2,000$(원)이 된다.

74

| 정답 | ②

| 해설 | GDP디플레이터

$$= \frac{명목GDP}{실질GDP} \times 100 = \frac{P_1 \times Q_1}{P_0 \times Q_1} \times 100$$

• GDP디플레이터(20X2년)

$$= \frac{(24 \times 100) + (1,200 \times 4)}{(20 \times 100) + (1,000 \times 4)} \times 100$$

$$= \frac{2,400 + 4,800}{2,000 + 4,000} \times 100 = \frac{7,200}{6,000} \times 100$$

$$= 120(\%)$$

• GDP디플레이터(20X3년)

$$= \frac{(30 \times 200) + (1,500 \times 4)}{(20 \times 200) + (1,000 \times 4)} \times 100$$

$$= \frac{6,000 + 6,000}{4,000 + 4,000} \times 100 = \frac{12,000}{8,000} \times 100$$

$$= 150(\%)$$

75

| 정답 | ③

| 해설 | 비례식을 이용하면 2020년 소득의 2011년 가치는 다음과 같다.

$X : 8,000$만$= 177 : 221.25$

$221.25 X = 8,000 \times 177$

$$X = \frac{8,000 \times 177}{221.25} = 6,400(만 \ 원)$$

2011년 연봉보다 크므로 실질소득이 증가하여서 구매력이 증가하였다.

76

| 정답 | ⑤

| 해설 | 총수요는 큰 변화가 없는데 총공급이 줄어들 때에도 인플레이션이 일어날 수 있다. 임금이나 원자재 수요 증가로 인해 가격이 상승하면 생산 비용이 증가하여, 부가가치가 감소하면서 총공급도 감소하게 된다. 이렇게 생산비의 상승으로 나타나는 인플레이션을 비용상승 인플레이션이라고 한다.

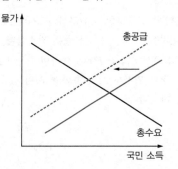

| 오답풀이 |

①, ②, ③, ④ 수요견인 인플레이션은 통화공급량 증가, 사회간접자본 확충, 수출의 증가, 민간소비, 투자 등 총수요를 증가시켜 나타나는 인플레이션을 말한다.

77

| 정답 | ①

| 해설 | 예상된 인플레이션하에서는 경제주체들이 합리적으로 대처하여 채권자로부터 채무자에게로 부와 소득의 재배분은 발생하지 않는다. 그러나 예상되지 않은 인플레이션하에서는 화폐의 구매력과 실질 이자율을 감소시켜 채권자에게 불리하게 채무자에게 유리하게 부와 소득이 재분배된다.

78

| 정답 | ⑤

| 해설 | 장기적으로 물가가 하락하므로 실질이자율은 증가한다.

파트1 파트2 파트3 파트4 파트5 파트6 파트7 파트8 실전1 실전2

| 오답풀이 |

① 신용카드 수수료에 대한 세금을 인상하면 신용카드 이용자는 더 많은 수수료를 부담하므로 신용카드 이용을 줄이고 현금 이용을 늘린다. 따라서 민간의 현금 보유비율은 증가한다.

② 화폐공급함수 $M=\dfrac{k+1}{k+z}H$에서 현금-예금 비율 k가 상승하면 통화승수가 줄면서 화폐공급 통화량이 감소한다.

③ 통화량이 감소하면 LM곡선이 좌측으로 이동하므로 이자율은 상승하고 산출은 감소한다.

④ 화폐수량설 $MV=PY$에 의하면 유통속도 V와 생산량 Y가 일정하므로, 통화량 M이 감소하면 물가 P는 하락한다.

79

| 정답 | ②

| 해설 | 예상된 인플레이션의 경우 실물소유자와 금융상품소유자 간의 부의 상대적 변화, 메뉴비용, 구두가죽비용 등이 발생하게 된다.

80

| 정답 | ③

| 해설 | 상대가격이 일정하게 변한다는 보장이 없으므로 자원배분의 효율성이 유지되지 못한다.

| 오답풀이 |

① 예상하지 못한 인플레이션의 경우 고정된 금액을 주는 쪽인 채무자는 실질채무가 감소하므로 유리해지고, 고정된 금액을 받는 채권자는 불리해지며 부의 재분배가 야기된다.

②, ④ 예상된 인플레이션의 경우 가격조정비용, 메뉴비용, 구두가죽비용 등이 증가하게 된다.

81

| 정답 | ③

| 해설 | 완전히 예견된 인플레이션일지라도 물가변화에 따른 메뉴비용이 발생하고, 현금거래 회수의 증가로 거래비용(구두가죽비용)이 증가한다.

82

| 정답 | ①

| 해설 | 명목이자율이 10%, 물가상승률이 5%이므로 실질이자율은 $10-5=5(\%)$이다.

명목이자소득에 50%의 세금이 부과되면 이자소득세가 5%이므로 세후 명목이자율은 5%이다.

물가상승률이 5%이고 명목세후이자율이 5%이므로 세후실질이자율은 0%이다.

83

| 정답 | ④

| 해설 | **피셔방정식(Fisher Equation)**

1. 세전 실질이자율=명목이자율-예상 인플레이션율

2. 세후 실질이자율=명목이자율-인플레이션율

은행에 100만 원을 예금하면 1년 후 105만 원을 받을 수 있으므로 명목이자율은 $\dfrac{105-100}{100}\times100=5(\%)$이다.

소비자 물가지수가 100에서 102로 상승하였다면 인플레이션율은 $\dfrac{102-100}{100}\times100=2(\%)$이고 피셔방정식에 따라 실질이자율은 $5-2=3(\%)$이다.

84

| 정답 | ③

| 해설 | '세후 실질이자율=명목이자율×(1-이자소득세율)-예상 인플레이션율'이므로 이 공식에 대입하면 된다. 현재 20%의 이자소득세를 명목이자율에 과세하게 되므로 세후 실질이자율은 $15(1-0.2)-5=12-5=7(\%)$가 된다.

www.gosinet.co.kr **gosi**net

파트1

파트2

파트3

파트4

파트5

파트6

파트7

파트8

실전1

실전2

85

| 정답 | ②

| 해설 | 피셔방정식 : 명목이자율(i)=실질이자율(r)+예상 인플레이션율(π^e)

화폐 보유의 경우에는 이자가 없으므로 명목수익률이 0이고 실질이자율(r)은 $0-$예상 인플레이션율(π^e)이므로 따라서 화폐의 실질수익률은 $-\pi^e$이다.

| 오답풀이 |

① 예상 인플레이션율(π^e)=명목이자율(i)$-$실질이자율(r)

③ 채권보유의 실질수익율은 실질이자율을 의미한다. 실질이자율(r)=명목이자율(r)$-$예상 인플레이션율(π^e)

④ 채권보유의 실질수익율($i-\pi^e$)은 화폐보유의 실질수익률($-\pi^e$)보다 i만큼 높다.

86

| 정답 | ②

| 해설 | 디플레이션이란 물가수준이 지속적으로 하락하는 현상을 말한다. 명목이자율이 일정할 때 디플레이션으로 인해 물가수준이 하락하면 실질이자율은 상승한다.

| 오답풀이 |

① 고정금리의 경우, 디플레이션으로 인한 물가수준의 하락은 명목부채의 실질 채무부담을 증가시킨다.

③ 명목연금액이 일정할 때 디플레이션으로 인해 물가수준이 하락하면 실질연금액은 증가한다.

④ 디플레이션이 가속화되면 디플레이션으로 인해 물가수준이 하락하여 실질화폐가치가 상승하므로 화폐수요를 증가시킨다.

87

| 정답 | ②

| 해설 | • 노동가능인구=경제활동인구+비경제활동인구
=(취업자+실업자)+비경제활동인구

• 경제활동참가율=$\dfrac{경제활동인구}{생산가능인구}\times100$

따라서 경제활동인구는 생산가능인구×경제활동참가율
=$1,600\times0.75=1200$(만 명)이고, 실업률은

$\dfrac{실업자}{경제활동인구}\times100=\dfrac{120}{1,200}\times100=10(\%)$이다.

88

| 정답 | ④

| 해설 | • 취업자=임금근로자+무급가족종사자+일시적으로 일을 쉬고 있는 사람(휴직자)
=$60+10+10=80$(명)

• 경제활동인구=취업자+실업자=$80+20=100$(명)

• 비경제활동인구=주부+학생=$50+50=100$(명)

• 생산가능인구=경제활동인구+비경제활동인구
=$100+100=200$(명)

• 경제활동참가율=$\dfrac{경제활동인구}{생산가능인구}\times100$
=$\dfrac{100}{200}\times100=50(\%)$

• 실업률=$\dfrac{실업자}{경제활동인구}\times100=\dfrac{20}{100}\times100=20(\%)$

89

| 정답 | ③

| 해설 | 전업 주부는 비경제활동인구로 실업률 계산에 포함되지 않는다.

| 오답풀이 |

① 일할 의사가 없는 실망노동자나 구직포기자는 15세 이상이더라도 경제활동인구에 포함되지 않는다. 여기서 경제활동인구란 15세 이상의 인구 중에서 일할 의사가 있는 인구를 말한다.

② 실망노동자는 일자리도 없고 일할 의사도 없으므로 경제활동인구에 포함되지 않으며 따라서 실업률 계산에도 포함되지 않는다.

④ 경제활동참가율은 생산가능인구에서 경제활동인구가 차지하는 비중을 의미한다.

ᆼ기업 NCS 경제학

90

| 정답 | ②

| 해설 | '실업률 $= \dfrac{실업자수}{취업자수+실업자수} \times 100$'에서 취업자

수가 90만 명, 실업률이 10%이므로

$10 = \dfrac{실업자수}{90+실업자수} \times 100$, 즉 실업자수는 10만 명이다.

그러므로 경제활동인구는 90+10=100(만 명)이고,

경제활동참가율은 $\dfrac{경제활동인구}{15세\ 이상의\ 인구(생산가능인구)} \times$

$100 = \dfrac{100}{200} \times 100 = 50(\%)$이다.

91

| 정답 | ①

| 해설 | 생산가능인구가 50만 명, 비경제활동인구가 25만 명, 취업자 수가 24만 명이므로 실업자 수는 50−(24+25)=1(만 명)이다.

| 오답풀이 |

② 경제활동인구=취업자+실업자=24+1=25(만 명)

③ 실업률 $= \dfrac{실업자\ 수}{경제활동인구} \times 100 = \dfrac{1}{25} \times 100 = 4(\%)$

④ 경제활동참가율 $= \dfrac{경제활동인구}{생산가능인구} \times 100$

$= \dfrac{25}{50} \times 100 = 50(\%)$

92

| 정답 | ①

| 해설 | 1. 경제활동참가율 $= \dfrac{경제활동인구}{생산가능인구} \times 100$에서

경제활동인구=취업자 수+실업자 수이다. 구직 단념자가 실업자가 되면 경제활동인구가 커지므로 경제활동참가율은 상승한다.

2. 실업률 $= \dfrac{실업자\ 수}{경제활동인구} \times 100$에서, 구직 단념자가 실업자가 되면 실업자 수가 커지므로 실업률은 상승한다.

3. 고용률 $= \dfrac{취업자\ 수}{생산가능(15세\ 이상)\ 인구} \times 100$이고,

생산가능 인구=경제활동인구+비경제활동인구이므로 구직 단념자가 실업자가 되는 경우 비경제활동인구가 경제활동인구가 될 뿐 생산가능인구는 불변이므로 고용률도 불변이다.

93

| 정답 | ②

| 해설 | 생산가능인구가 1억 명, 취업자 수가 7,200만 명이므로 고용률은 $\dfrac{취업자\ 수}{생산가능인구} \times 100 = \dfrac{7200만}{1억} \times 100 = 72(\%)$이다.

경제활동인구 8,000만 명 중 취업자 수가 7,200만 명이므로 실업률은 $\dfrac{실업자수}{경제활동인구} \times 100 = \dfrac{800}{8,000} \times 100 = 10(\%)$이다.

94

| 정답 | ③

| 해설 | 고용률 $= \dfrac{취업자}{15세\ 이상의\ 인구} \times 100 = \dfrac{2,400}{4,000} \times 100 = 60(\%)$이다. 현재 상태의 최대고용률은 62.5%이다.

최대고용률은 모든 실업자가 취업자가 되는 경우로

$\dfrac{취업자\ 수}{15세\ 이상\ 인구} \times 100 = \dfrac{2,500}{4,000} \times 100 = 62.5(\%)$이다.

실제 고용률이 60%이고 최대고용률이 62.5%이므로 현재 상태에서 고용률은 최대 2.5%p 증가할 수 있다.

| 오답풀이 |

① 15세 이상 인구는 4,000만 명, 비경제활동인구는 1,500만 명이므로 경제활동인구는 2,500만 명이다.

실업률 $= \dfrac{실업자}{경제활동인구} \times 100 = \dfrac{실업자}{2,500} \times 100 = 4(\%)$이므로 실업자 수는 100만 명이다.

② 경제활동참가율은 $\dfrac{경제활동인구}{15세\ 이상\ 인구} \times 100$이고, 생산가능인구(15세 이상 인구)가 4,000만 명, 경제활동인구가 2,500만 명이므로 경제활동참가율은 $\dfrac{2,500}{4,000} \times 100 = 62.5(\%)$이다.

114 정답과 해설

95

| 정답 | ①

| 해설 | 주당 1시간 이상 일한 무급가족종사자는 실업자가 아니라 취업자이다.

| 오답풀이 |

② 실망실업자(구직포기자)는 취업하려고 노력했으나 일자리를 구하지 못하고 낙담한 실업자로 취업의 의지를 상실한 사람을 말한다. 실망실업자는 비경제활동인구에 포함되므로 실업률을 측정하는 대상에서 제외가 된다.

③ 고용률 = $\dfrac{\text{취업자 수}}{\text{생산가능인구(경제활동인구+비경제활동인구)}}$

이때 경제활동참가율은 $\dfrac{\text{경제활동인구}}{\text{생산가능인구}}$ 이므로 실업률과 경제활동인구를 알게 되면 취업자의 수를 알 수 있다.

④ 실업률 = $\dfrac{\text{실업자 수}}{\text{취업자 수 + 실업자 수}}$ 이고,

고용률 = $\dfrac{\text{취업자 수}}{\text{(취업자 수 + 실업자 수) + 비경제활동인구}}$

이다. 경제활동인구가 일정한 경우에 실업률이 높아지면 실업자 수가 커지게 되고, 그 결과 취업자 수는 줄어든다. 따라서 실업률이 높아지면 고용률은 낮아진다.

96

| 정답 | ⑤

| 해설 | ㄷ. 경제활동참가율 = $\dfrac{\text{경제활동인구}}{\text{생산가능인구}} \times 100$이므로 경제활동참가율이 높아지려면 경제활동인구가 증가해야 한다. 실업률 = $\dfrac{\text{실업자 수}}{\text{경제활동인구}} \times 100$에서 경제활동인구가 증가하면 실업률이 낮아진다.

ㅁ. 경제활동참가율×(1-실업률)=고용률이므로 고용률이 증가할 때 경제활동참가율이 동일하게 증가하면 실업률이 하락하지 않을 수 있고, 경제활동참가율이 더 증가하면 실업률은 오히려 상승한다.

97

| 정답 | ②

| 해설 | 국내총생산은 시장경제에서 거래되지 않고 공급되는 정부 서비스의 가치를 반영하고 있다. 정부지출은 크게 정부소비와 정부투자로 구성된다. 정부소비는 한 기간에 생산된 재화와 서비스를 정부가 구매해 소비하는 것이고, 정부투자는 도로나 항만, 공항과 같은 공공투자를 말하며, 양자 모두 GDP의 구성요소에 해당한다.

98

| 정답 | ③

| 해설 | ㄱ. 마찰적 실업이란 산업 간 또는 지역적으로 노동자가 일자리를 바꾸거나 이사를 가고 경제적 활동을 재배치하는 등의 과정에서 노동력의 수요와 공급이 일시적으로 불균형상태를 이루는 정상적이고 회피 불가능한 실업을 말한다.

ㄴ. 구조적 실업(비수요 부족 실업)이란 산업구조의 변화와 함께 필연적으로 발생하는 만성적 · 장기적인 실업상태를 말한다.

ㄷ. 경기적 실업(수요 부족 실업)이란 경기침체로 인해 유발되는 실업으로, 주로 불경기에 노동력에 대한 총수요의 부족으로 인해 발생한다. 일할 의사가 있지만 일자리를 얻지 못해 일어나는 비자발적 실업의 한 형태이다.

ㅁ. 자연실업률은 완전고용상태에서의 실업률 또는 물가상승속도를 가속화시키지 않고 현재수준에서 안정시킬 수 있는 실업률이다.

| 오답풀이 |

ㄹ. 자연실업률이란 정부의 안정화정책에 상관없이 장기적으로 변하지 않는 실업률을 말하며, 필립스 곡선에서 물가상승률이 0일 때의 실업률이기도 하다.

99

| 정답 | ①

| 해설 | 최저임금이 오르면 비숙련자의 단위당 임금은 상승하지만 노동수요량의 감소로 인해 고용량이 감소하고, 노동공급이 많이 늘어날수록 실업률이 높아진다.

파트1
파트2
파트3
파트4
파트5
파트6
파트7
파트8
실전1
실전2

따라서 노동수요의 임금탄력성이 클수록 노동수요곡선은 완만해지므로 노동고용량의 감소가 크게 나타난다.

$$uN = \frac{U}{U+E} = \frac{U}{U + \frac{f}{s}U} = \frac{s}{s+f}$$

$$= \frac{0.05}{0.05 + 0.45} = 0.1$$

100

|정답| ②

|해설| 경제활동인구가 고정되었다는 가정 하에서 취업자(E)중 실직률을 s라 하고, 실업자(U) 중에서 구직률을 f라 하면, 이때 새로 발생하는 실업자 수는 sE이고 새로 취업한 사람의 수는 fU이다. 한편 새로이 취업한 사람 수와 새로이 실직한 사람의 수가 동일하여 노동시장이 동태적으로 균형을 이룰 때 결정되는 실업률을 자연실업률이라 한다. 따라서 $sE = fU$의 관계가 성립하므로, $sE - fU = 0$이 된다.

• 자연실업률 $= \dfrac{\text{실업자 수}}{\text{실업자 수} + \text{취업자 수}}$

$$= \frac{U}{U+E} = \frac{U}{U + \frac{f}{s}U} = \frac{s}{s+f}$$

$$= \frac{\text{실직률}}{\text{실직률} + \text{구직률}}$$

$$(\because sE - fU = 0 \rightarrow E = \frac{f}{s}U)$$

• 자연실업률 $= \dfrac{s}{s+f} = \dfrac{\text{실직률}}{\text{실직률} + \text{구직률}} = \dfrac{2}{2+14}$

$$= 12.5(\%)$$

101

|정답| ②

|해설| 자연실업률이란 새로 취업하는 사람의 수와 실직하는 사람의 수가 같게 되어 노동시장이 동태적 균형 상태에 있을 때의 실업률을 의미한다.

경제활동인구가 고정되어 있을 때 실직률을 s, 취업자를 E라고 하면 매기당 sE명이 실업자가 되고, 구직률을 f, 실업자를 U라고 하면 매기당 취업자는 fU명이 된다. 자연실업률에서는 노동시장이 균형상태에 있으므로 $sE = fU$가 성립한다.

실업률 $= \dfrac{U}{U+E}$이므로, 자연실업률은 다음과 같다.

102

|정답| ①

|해설| 가. 기업의 이윤을 극대화하는 효율임금은 노동시장의 균형임금보다 높다.

나. 시장의 균형임금수준보다 높은 효율임금은 노동의 초과공급에 의한 구조적 실업의 존재를 설명한다.

다. 임금격차가 클수록 불이익이 크므로 노동자는 해고당하지 않도록 근로노력을 높일 것이고 이에 따라 근로효율이 높아질 것이다.

|오답풀이|

라. 효율임금이론에 따르면 실질임금이 상승하면 근로자의 생산성 또는 근로의욕이 상승된다.

103

|정답| ①

|해설| 물가연동제를 실시하는 고용계약이 많아진다는 것은 물가의 변화에 신축적으로 대응한다는 것을 의미하고, 필립스 곡선은 물가변화에 대한 예상이 정확하게 될수록 수직의 형태를 지닌다는 것이다. 따라서 물가연동제를 실시하게 되면 필립스 곡선은 기울기가 가파르게 된다.

|오답풀이|

② 단기 필립스 곡선의 기울기는 장기 필립스 곡선의 기울기보다 완만하다.

③ 자연실업률이 증가하게 되면 물가상승률이 주어진 상황에서 필립스 곡선은 오른쪽으로 이동한다.

④ 예상물가상승률이 증가하게 되면 단기 필립스 곡선은 오른쪽으로 이동한다.

www.gosinet.co.kr gosinet

파트1
파트2
파트3
파트4
파트5
파트6
파트7
파트8
실전1
실전2

104

| 정답 | ⑤

| 해설 | 오쿤의 법칙이란 GDP갭과 실업률 간의 관계를 의미한다.

105

| 정답 | ⑤

| 해설 | 단기에는 에너지 가격이 폭등하면 비용이 상승하므로 총공급곡선이 상방으로 이동하여 실업이 증가하고 인플레이션도 상승한다. 필립스 곡선이 상방으로 이동하므로 한국 경제는 a점에서 e점으로 이동한다.
장기에는 에너지 충격이 일시적인 경우 에너지 가격이 다시 하락하므로 총공급곡선이 하방으로 이동하고 필립스 곡선도 하방으로 이동한다. 따라서 한국 경제는 e점에서 다시 a점으로 이동한다.

106

| 정답 | ③

| 해설 | 프리드만-펠프스의 기대 인플레이션이 부가된 필립스 곡선은 $\pi = -\alpha(u - U_N) + \pi^e$ (π는 실제 인플레이션율, π^e는 기대 인플레이션, U는 실제 인플레이션율, U_N은 자연실업률, α는 양(+)의 상수)이다. 따라서 기대 인플레이션이 높아지면 단기 필립스 곡선은 상방으로 이동한다.

| 오답풀이 |

① 기대 인플레이션이 합리적 기대에 의해 이루어지는 경우에 정부가 통화량 변화 정책을 사전에 공지하고 이를 사람들이 신뢰하는 경우에는 고통 없는 디스인플레이션이 가능하게 된다.

② 단기 필립스 곡선은 인플레이션과 실업률 간의 음(-)의 상관관계를 나타낸다.

④ $\pi < \pi^e$인 경우에는 기대부가 필립스 곡선에서 $U < U_N$이 성립한다.

107

| 정답 | ①

| 해설 | 합리적 기대이론에 따르면 예상된 통화량이 감소하면 물가만 하락하고 산출량에는 아무런 변화가 없으므로 고통 없는 인플레이션 감축이 가능하다.

| 오답풀이 |

② 단기 필립스 곡선은 우하향하며, 이 경우 실업률이 낮으면 인플레이션율은 높다.

③ 자연실업률 가설에 따르면 장기 필립스 곡선은 자연실업률 수준에서 수직선이므로 인플레이션율이 변화해도 실업률은 변화하지 않으며 인플레이션율과 실업률 사이에는 양의 관계가 존재하지 않는다.

④ 기대 인플레이션율이 적응적 기대에 의한다면 단기 모형이며, 단기모형의 단기 총공급 곡선은 우상향하고, 단기 총공급 곡선이 우상향하면 단기 필립스 곡선은 우하향한다. 따라서 인플레이션율과 실업률을 모두 낮추는 정책은 불가능하다.

108

| 정답 | ③

| 해설 | (가) 예상하지 못한 화폐공급의 감소로 적응적 기대를 취하는 경우 단기 필립스 곡선을 따라 실업률은 증가하고 인플레이션율은 하락하는 C로 이동한다.

(나) 화폐감소가 신뢰하는 정부로부터 발생하는 경우에 합리적 기대를 취하면 실업률의 증가없이 즉, 희생이 없이 인플레이션율을 낮출 수 있으므로 B로 이동한다.

109

| 정답 | ①

| 해설 | 먼델-토빈 효과에 따르면 기대인플레이션율이 상승하면 실질이자율이 하락하므로 투자가 증가한다.

| 오답풀이 |

② 인플레이션 타게팅 정책은 인플레이션 물가를 일정하게 유지하는 정책으로, 인플레이션을 일정하게 유지하기 위해서는 긴축 총수요정책을 통해서 총수요

곡선을 좌측으로 이동시켜야 하므로 산출을 불안정하게 한다.

③ 디스인플레이션 정책은 인플레이션을 줄이는 긴축정책을 의미하며, 결국 디스인플레이션 정책이 실업률에 미치는 영향은 해당 정책이 기대되었는가에 의존한다.

④ 예상 인플레이션율이 상승하면 총공급 곡선이 상방으로 이동하므로 실제 물가 또는 실제 인플레이션율이 높아진다.

⑤ 명목임금이 하방경직적일 때 디플레이션이 발생하여 물가가 하락하면 실질임금은 상승한다.

110

| 정답 | ④

| 해설 | 1990년대 미국의 호황을 이끈 것은 정보기술발전에 따른 기술진보이다. 실물적 경기변동 이론에서 경기변동은 생산성 변화, 기후 변화, 새로운 발명 등의 실물적 경제 충격으로 인해 자연실업률 자체가 변화하여 일어나는 경제현상으로 해석된다. 실물적 경기변동 이론에 의하면 경기변동의 주요원인은 생산성충격, 기술변화, 경영혁신, 새로운 자원의 개발, 노동시장의 변화, 새로운 경영기법의 개발, 노동과 자본의 질적 변화, 기후변화 등 생산물의 공급, 즉 실물적인 충격으로 본다.

파트 8 **국제경제이론**

기출예상문제
문제 466쪽

01	④	02	②	03	④	04	②	05	④
06	⑤	07	③	08	②	09	③	10	⑤
11	②	12	②	13	①	14	②	15	②
16	④	17	④	18	④	19	④	20	④
21	①	22	①	23	④	24	④	25	②
26	②	27	②	28	③	29	③	30	②
31	②	32	③	33	②	34	③	35	②
36	②	37	①	38	①	39	②	40	②
41	②	42	②	43	③	44	①	45	③
46	②	47	③	48	②	49	③	50	①
51	④	52	①	53	②	54	②	55	④
56	②	57	①	58	②	59	③	60	①
61	②	62	④	63	①	64	③	65	③
66	④	67	①						

01

| 정답 | ④

| 해설 | 두 나라에서 각 재화생산의 기회비용을 계산해 보면 아래와 같다. 쌀 생산의 기회비용은 A국이 더 낮고, 공작기계 생산의 기회비용은 B국이 더 낮다. 그러므로 A국은 쌀 생산에 비교우위가 있고, B국은 공작기계 생산에 비교우위가 있다.

〈상품단위당 노동투입량〉

구분	A국	B국
쌀(X재)	50	100
공작기계(Y재)	80	120

• $(\dfrac{P_X}{P_Y})^A = \dfrac{5}{8} < (\dfrac{P_X}{P_Y})^B = \dfrac{5}{6}$ 이 성립하므로 A국은 X재(쌀) 생산에 B국은 Y재(공작기계) 생산에 각각 비교우위가 있다.

파트1

파트2

파트3

파트4

파트5

파트6

파트7

파트8

실전1

실전2

- A국은 X재(쌀) 1톤을 생산하기 위한 기회비용은 Y재 (공작기계) $\frac{5}{8}$ 대이고, Y재(공작기계) 1대를 생산하기 위한 기회비용은 X재(쌀) $\frac{8}{5}$ 톤이다.

- B국은 X재(쌀) 1톤을 생산하기 위한 기회비용은 Y재 (공작기계) $\frac{5}{6}$ 대이고, Y재(공작기계) 1대를 생산하기 위한 기회비용은 X재(쌀) $\frac{6}{5}$ =1.2톤이다.

02

| 정답 | ②

| 해설 | 주어진 조건의 단위는 생산비용이므로 기회비용이 낮은 재화가 비교우위에 있다. 각 나라에서 X재와 Y재 생산에 따른 기회비용을 계산해보면 다음 표와 같다.

(단위 : 생산비용)

구분	A국	B국
X재	10	15
Y재	60	100

〈각 재화생산의 기회비용〉

구분	A국	B국
X재$\left(\frac{P_X}{P_Y}\right)$	$0.17(=\frac{10}{60})$	$0.15(=\frac{15}{100})$
Y재$\left(\frac{P_Y}{P_X}\right)$	$6(=\frac{60}{10})$	$6.7(=\frac{100}{15})$

X재 생산의 기회비용은 B국이 낮으므로 B국은 X재 생산에 비교우위가 있고 A국은 Y재 생산에 비교우위가 있다.

03

| 정답 | ④

| 해설 | 기회비용으로 나타낸 숫자가 작을수록 비교우위가 성립한다는 것을 의미한다. A국의 경우에는 옥수수에 비교우위가 있고, B국은 모자에 비교우위가 있다.

A국의 옥수수의 기회비용은 모자 $\frac{4}{3}$ 개이고 B국의 옥수수의 기회비용은 모자 $\frac{2}{1}$ 개으로 옥수수는 A국이 생산의 비교우위를 가진다.

A국의 모자의 기회비용은 옥수수 $\frac{3}{4}$ kg이고 B국의 모자의 기회비용은 옥수수 $\frac{1}{2}$ kg으로 모자는 B국이 생산의 비교우위를 가진다.

| 오답풀이 |

①, ② 두 국가가 노동 1단위를 투입하여 생산하는 옥수수와 모자의 생산량을 표로 나타내면 다음과 같다.

구분	A국	B국
옥수수	3	1
모자	4	2

생산량으로 표시되어 있기 때문에 클수록 절대우위에 있다는 것을 의미한다. 따라서 옥수수와 모자 모두 A국이 절대우위를 가지고 있다고 할 수 있다.

③ 이를 비교우위를 판단하기 위해서 기회비용으로 바꾸게 되면 다음과 같다. 따라서 A국의 옥수수 생산의 기회비용을 모자로 나타낸 경우 $\frac{4}{3}$ 이 된다.

구분	A국	B국
모자 수량으로 나타낸 옥수수의 상대가격(기회비용)	$\frac{4}{3}$	$\frac{2}{1}$
옥수수 수량으로 나타낸 모자의 상대가격(기회비용)	$\frac{3}{4}$	$\frac{1}{2}$

04

| 정답 | ②

| 해설 | 비교우위를 구하기 위해 문제의 표를 기회비용으로 전환하면 다음과 같다.

구분	A국	B국
노트북 (노트북 / 전기차)	10 / 120	20 / 400
전기차 (전기차 / 노트북)	120 / 10	400 / 20

A국의 전기차 생산의 기회비용이 작으므로 A국은 전기차, B국은 노트북 생산에 비교우위가 있다.

| 오답풀이 |

④ 절대우위론에 의하면 투입 노동량이 적은 재화에 우위에 있게 된다. 따라서 A국이 노트북과 전기차 모두에서 절대우위에 있게 된다.

05

| 정답 | ④

| 해설 | 비교우위론에 입각한 무역은 재화의 상대적 기회비용을 비교하여 무역을 하는 것을 말한다. 두 국가를 비교해 상대적으로 기회비용이 낮은 상품은 수출하고, 상대적으로 기회비용이 높은 재화는 수입하게 된다. 조선은 X재 생산의 상대적 기회비용이 낮으므로 X재를 수출하고, Y재 생산의 상대적 기회비용이 높으므로 Y재를 수입했을 것이다.

상품\국가	X	Y	교역 전 교역조건($\frac{P_X}{P_Y}$)
조선	10	20	$(\frac{P_X}{P_Y})^{조선} = \frac{10}{20} = 0.5$
해외 열강	10	10	$(\frac{P_X}{P_Y})^{열강} = \frac{10}{10} = 1$

■ 비교우위 판별 : $(\frac{P_X}{P_Y})^{조선} < (\frac{P_X}{P_Y})^{열강}$

• 조선 : 열강에 비하여 X재 상대가격이 낮으므로 X재에 비교우위(수출), Y재에 비교열위(수입)
• 해외 열강 : 조선에 비하여 X재 상대가격이 높으므로 X재에 비교열위(수입), Y재에 비교우위(수출)

06

| 정답 | ⑤

| 해설 | 무역이 이루어지려면 교역조건이 반드시 두 나라의 국내가격비 사이에서 결정되어야 무역의 이득이 두 국가 모두에게 배분된다. 만약 교역조건이 두 나라의 국내가격비 사이에서 벗어나면 한 나라가 손해를 보게 되므로 교역이 이루어지지 않는다.

한국이 중국보다 모든 재화를 더 싼 값으로 생산하고 있다면 한국은 모든 재화생산에 있어서 절대우위에 있고, 중국은 모든 재화에 있어 절대열위에 있다.
리카도의 비교우위론에 의하면 상대적으로 싼 값으로 생산하는 재화에 비교우위가 존재하고 비교우위에 있는 재화에 특화하여 무역을 하면 두 국가 모두에게 무역이득이 발생한다. 따라서 한국은 TV와 의류의 모든 생산에 절대우위가 있지만, TV 생산에 비교우위가 있다.

07

| 정답 | ③

| 해설 | A국에서 X재(소고기)의 기회비용은 $\frac{1}{2}$이고, B국에서 X재(소고기)의 기회비용은 2이다. X재의 기회비용이 A국이 더 작으므로 A국이 X재(소고기)에 비교우위가 있고 X재를 수출한다. B국은 Y재(의류)에 비교우위가 있고 Y재를 수출한다.

〈A국 X재 비교우위, B국 Y재 비교우위〉

구분	X재	Y재	$\frac{P_X}{P_Y}$
A국	1	2	$\frac{1}{2}$
B국	6	3	2

X재(소고기)의 상대가격으로 표시한 교역조건은 $\frac{1}{2} \leq \frac{P_X}{P_Y} \leq 2$가 되어, 이 교역조건에서 A국이 한 재화를 특화해서 교역이 이루어진다.
Y재(의류)의 상대가격으로 표시한 교역조건은 X재 상대가격의 역수를 대입하면 $\frac{1}{2} \leq \frac{P_Y}{P_X} \leq 2$가 되어, 이 교역조건에서 B국이 한 재화에 완전특화를 통해 교역이 이루어진다.

08

| 정답 | ②

| 해설 | $X = 2 - 0.2Y$와 $X = 2 - 0.05Y$를 다시 정리하

면, $Y=5X+10$, $Y=20X+40$이 된다. 생산가능곡선의 기울기는 X재 생산의 기회비용 $\left(\dfrac{P_X}{P_Y}\right)$이므로

• A국의 X재 생산의 기회비용 : $\left(\dfrac{P_X}{P_Y}\right)_A = \dfrac{1}{0.2} = 5$

• B국의 X재 생산의 기회비용 : $\left(\dfrac{P_X}{P_Y}\right)_B = \dfrac{1}{0.05} = 20$

무역을 통해 두 나라 모두가 이익을 얻기 위한 교역조건은 두 나라의 X재 생산의 기회비용 사이에서 결정되므로 X재의 가격은 5와 20 사이에서 결정된다. 이러한 조건을 충족하는 것은 ②뿐이다.

09

| 정답 | ③

| 해설 | A국의 상대가격(쌀 생산의 기회비용을 옷 수량으로 나타냄)은 $\dfrac{P_쌀}{P_옷} = \dfrac{5}{5} = 1$이므로 A국의 옷 가격에 대한 쌀의 상대가격은 쌀 5kg을 만들기 위해 옷 5벌 생산을 포기하는 것으로 1이다.

B국의 상대가격은 $\dfrac{P_쌀}{P_옷} = \dfrac{2}{4} = 0.5$이므로 B국의 옷 가격에 대한 쌀의 상대가격은 쌀 4kg을 만들기 위해 옷 2벌 생산을 포기하는 것으로 $\dfrac{1}{2}$이다.

교역조건은 두 나라의 상대가격 사이에서 이루어지므로 $0.5 < \dfrac{P_쌀}{P_옷} < 1$이어야 한다. 따라서 0.5와 1 사이의 교역조건은 A국과 B국 모두에게 이득이다.

10

| 정답 | ⑤

| 해설 | 상대가격을 $\dfrac{사과\ 가격}{바나나\ 가격}$으로 정의하면 이는 사과 1개와 교환되는 바나나의 양을 의미한다. 폐쇄경제의 A국에서는 사과 1개가 바나나 2개와 교환되었고, 폐쇄경제의 B국에서는 사과 1개가 바나나 5개와 교환되고 있었다. 따라서 개방에서의 교역조건은 반드시 폐쇄경제에서의 양국 가격 2와 5 사이에서 결정되어야 한다.

B국의 상대가격은 $\dfrac{사과\ 가격}{바나나\ 가격} = \dfrac{150}{100} = 1.5$이다. 이는 수입업자가 사과 1개를 구입하면서 바나나 1.5개를 주고 있다는 것을 의미하고, 폐쇄경제에서의 양국 가격 2와 5 사이에 있지 않으므로 불가능한 교역조건이다.

| 오답풀이 |

① A국의 상대가격은 $\dfrac{사과\ 가격}{바나나\ 가격} = \dfrac{650}{150} ≒ 4.3$이다. 양국 가격 2와 5 사이에 있으므로 가능한 교역조건이다.

② A국의 상대가격은 $\dfrac{사과\ 가격}{바나나\ 가격} = \dfrac{100}{20} = 5$이다. 이는 사과 1개를 주면서 바나나 5개를 구입하고 있는 것이며, 가능한 교역조건이다.

③ A국의 상대가격은 $\dfrac{사과\ 가격}{바나나\ 가격} = \dfrac{100}{30} ≒ 3.3$이다. 이는 사과 1개를 주면서 바나나 3.3개를 구입하고 있는 것이며 가능한 교역조건이다.

④ B국의 상대가격은 $\dfrac{사과\ 가격}{바나나\ 가격} = \dfrac{200}{100} = 2$이다. 수출업자는 사과 1개를 받으면서 바나나 2개를 주고 있어 이 교역조건은 가능하다.

11

| 정답 | ②

| 해설 | 자유무역에서 부분특화 또는 불완전특화 현상이 일어나는 것은 생산가능곡선이 원점에 대해 오목하기 때문이다. 생산가능곡선이 원점에 대하여 오목하면 생산을 늘릴수록 생산의 기회비용이 체증한다. 생산가능곡선이 우하향의 직선이거나 원점에 대해 볼록하면 완전특화가 이루어져 기회비용이 일정하거나 체감한다.

12

| 정답 | ②

| 해설 | 헥셔-오린 정리에 의하면 노동이 상대적으로 풍부한 국가는 노동집약재에 비교우위를 가지고, 상대적으로 자본이 풍부한 국가는 자본집약재에 비교우위를 가진다.

문제에 의하면 $L_A=100$, $K_A=50$이고, $L_B=180$, $K_B=60$이므로 자본이 상대적으로 풍부한 국가는 A국이고 노동이 상대적으로 풍부한 국가는 B국이다.

그리고 생산함수 $X=L^2K$, $Y=LK^2$에 의하면 X재는 노동집약재이고 Y재는 자본집약재이다. 따라서 A국은 Y재, B국은 X재에 비교우위가 있다

13

| 정답 | ①

| 해설 | A국은 숙련노동자의 수가 많은 숙련노동집약적 생산방식을 따른다. A국에서 숙련노동자집약적인 재화를 수출하게 되면 A국의 숙련노동자의 임금수준은 높아지게 되고 그 결과 비숙련노동자의 임금과의 격차는 확대된다.

| 오답풀이 |

② B국은 숙련노동자의 임금이 상대적으로 원래 높았는데, 국가 간 교역을 통해서 숙련노동자의 임금이 하락하게 되므로 비숙련노동자와 임금격차는 축소된다.

③ A국에서는 개방을 통해서 숙련노동자로 변신해야 임금도 높게 받을 수 있으므로, 숙련노동자로 변신하기 위해서 비숙련노동자의 교육투자의 유인이 커지게 된다.

④ B국은 숙련노동자가 받는 높은 상대적 임금의 매력이 감소하게 되어, 비숙련노동자들이 숙련노동자가 되기 위해서 교육을 받을 유인은 작아지게 된다.

14

| 정답 | ②

| 해설 | 헥셔-오린의 요소가격균등화 정리에 의하면 자유무역이 이루어지면 국가 간 생산요소의 이동이 없더라도 자유무역은 재화의 이동을 통해서 생산요소의 이동을 대체하여 생산요소를 간접적으로 이동시키는 것과 같은 효과를 발생시켜 양국의 요소가격이 균등화되는 경향이 있다. 그러므로 두 나라의 임금격차가 좁혀진다.

| 오답풀이 |

① 자유무역이 이루어지면 각국은 비교우위가 있는 재화 생산에 특화되므로 국가 간 산업구조차이가 커진다.

③ 선진국은 주로 자본풍부국, 후진국은 노동풍부국이므로 헥셔-오린 정리에 따르면 주로 선진국은 자본집약재를 수출하고 후진국은 노동집약재를 수출하게 된다.

④ 무역 이전과 무역 이후의 상대가격이 동일하다면 무역에 따른 이득이 전혀 발생하지 않으므로 무역의 이득이 발생하기 위해서는 무역 이후의 상대가격과 무역 이전 두 나라의 상대가격이 서로 달라야 한다.

15

| 정답 | ②

| 해설 | 레온티에프(W. Leontief)가 1947년의 미국의 투입산출표를 이용하여 헥셔-오린 정리의 제1명제인 생산요소부존정리를 검증하였다. 그의 검증결과 미국이 일반적으로 자본이 풍부한 국가로 알려진 것과는 달리 노동집약적 재화를 수출하고 자본집약적 재화를 수입하는 것으로 나타나자 이를 레온티에프 역설(Leontief Paradox)이라고 일컫게 되었다. 미국은 자본집약적이었는데 자본집약재를 수출하지 않고 노동집약적인 재화를 수출했다는 것에 의문을 제기한 것이다. 따라서 당시의 상황은 미국 노동자 일인당 자본장비률이 높다고 봐야 한다.

| 오답풀이 |

③ 레온티에프 역설은 헥셔-오린 정리와는 달리 자본집약재를 수출하는 것이 아니고 자본집약재를 수입하는 것으로 나타났다. 이는 수출재의 자본집약도가 수입재의 자본집약도보다 낮다는 의미이다.

④ 헥셔-오린 정리에 따르면 미국의 경우에는 자본이 풍부한 나라이기 때문에 자본집약재를 수출하고, 노동집약재를 수입하게 된다.

16

| 정답 | ④

| 해설 | 스톨퍼-사무엘슨 정리에 의하면 어떤 재화의 상

www.gosinet.co.kr **gosinet**

파트1
파트2
파트3
파트4
파트5
파트6
파트7
파트8
실전1
실전2

대가격이 상승하면 그 재화에 집약적으로 사용되는 생산요소 소득은 증가하고, 다른 생산요소 소득은 감소한다는 것을 말한다. 즉, 자유무역이 이루어지면 노동풍부국인 A국에서는 노동집약재의 상대가격이 상승하게 되고, 노동집약재의 상대가격이 상승하면 노동의 실질소득은 증가하는 반면, 자본의 실질소득은 감소한다.

17

| 정답 | ④

| 해설 | 립진스키(Rybczynski) 정리 : 재화의 상대가격이 불변인 상황에서 한 생산요소의 부존량이 증가하는 경우 그 요소를 집약적으로 사용하는 재화의 생산이 절대적으로 증가하고 타 요소를 집약적으로 사용하는 재화의 생산은 절대적으로 감소한다.

풍부한 생산요소가 증가한다면, 립진스키 정리에 의하면 풍부한 생산요소를 투입하는 재화의 생산이 증가하고 다른 생산요소를 집약적으로 투입해서 생산하는 재화의 생산은 감소하게 되면 수입수요는 증가한다.

| 오답풀이 |

②, ⑤ 오퍼곡선은 수출상품과 수입상품의 상대가격(교역조건)의 변화에 따라서 수입하고자 하는 수입량과 그 대가로 수출하고자 하는 수출량의 조합의 궤적이다. 동일한 재화의 상대가격에서도 더 많은 수출과 수입이 이루어지므로 오퍼곡선은 X축(수출량) 방향으로 확장 이동한다.

③ 일반적으로 립진스키 정리는 소국을 가정하지만, 대국이라면 희소한 생산요소(자본)의 증가는 생산을 늘리므로 국제가격이 하락하여 희소한 생산요소가 증가하여도 교역조건에 영향을 줄 수 있다.

18

| 정답 | ④

| 해설 | 선진국 간에 발생하는 무역은 일반적으로 산업 내 무역이다. 산업 내 무역의 발생원인으로는 규모의 경제, 독점적 경쟁을 들 수 있다.

19

| 정답 | ④

| 해설 | 수입대체산업이란 수입품을 수입하지 않고 자국에서 생산하기 위해 발전시킨 산업이다. 자유무역이 활성화되면 수출산업은 활성화되고 수입재 산업은 상대적으로 위축된다. 수입대체산업이 활성화시키기 위해서는 유치산업을 보호하기 위해 관세를 부과하여 수입을 제한하는 정책을 시행해야 한다.

| 오답풀이 |

①, ② 비교우위론에 따르면 자유무역이 되면 비교우위 재화의 생산은 증가하고, 비교열위재화의 생산은 감소하므로 두 국가의 산업구조가 각각의 비교우위산업을 중심으로 편재되어 국가 간 산업구조의 차이가 커진다. 두 국가 사이에 요소이동이 자유롭지 못해도 재화의 교역만 자유롭다면 요소가격의 균등화가 달성된다. 이를 헥셔-오린 모형의 요소가격균등화 정리이다.

③ 두 국가의 재화가 자유롭게 거래되면 동일한 상품에 대한 국제상대가격 수준으로 상대가격이 균등화된다.

20

| 정답 | ④

| 해설 | 다음과 같이 자유무역을 하게 되면, 수출국은 생산자잉여가 증가하고 소비자잉여는 감소한다. 수입국은 생산자잉여는 감소하고 소비자잉여는 증가한다.

1. 수출의 경우

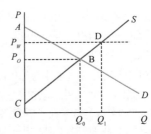

• 무역 전(前) : 대내 균형점 B에서 가격 P_O, 판매량 Q_O 생산자잉여는 삼각형($\triangle$)$P_O B C$

• 무역 후(後) : 세계가격(P_W)이 국내가격(P_O)보다 높은 수준에서 형성되므로 생산자는 판매량이 Q_1으로 증가, 생산자잉여는 삼각형($\triangle$)$P_W D C$

2. 수입의 경우

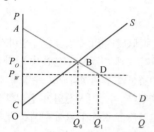

- 무역 전(前) : 대내 균형점 B에서 가격 P_O, 소비량 Q_O, 소비자잉여는 삼각형 $(\triangle) A P_O B$
- 무역 후(後) : 세계가격이 (P_W) 국내가격 (P_O)보다 낮은 수준에서 형성되므로 소비량이 Q_1으로 증가, 소비자잉여는 삼각형 $(\triangle) A P_W D$로 증가

21

| 정답 | ①

| 해설 | ㄱ. 교복은 의무적으로 입어야 하는 옷으로 대체재가 존재하지 않지만 청바지는 다양한 종류의 대체재가 존재한다. 따라서 교복은 청바지에 비해 가격이 변해도 수요량이 변하지 않는 비탄력적인 특징을 갖는다.

ㄴ. 수요곡선이 수직선에 가까울수록 가격이 변해도 수요량의 변화가 적으므로 수요의 가격탄력성은 작아진다.

| 오답풀이 |

ㄷ. 가격이 낮을수록 소비자잉여는 증가하지만 생산자잉여는 감소하므로 가격이 낮아진다고 사회적 잉여가 증가하는 것은 아니다.

ㄹ. 자유무역이 실시되면 수출재의 생산으로 증가하고, 수입재의 생산을 감소한다. 소비자의 수입재에 대한 잉여는 증가하지만 수출재에 대한 잉여는 감소한다. 그러므로 자유무역이 실시되면 모든 구성원의 이익이 증가하는 것은 아니다.

22

| 정답 | ①

| 해설 |

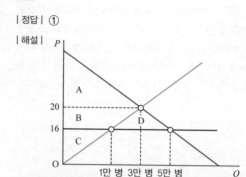

수입국	교역 전	교역 후
소비자잉여	A	A+B+D
생산자잉여	B+C	C
총잉여	A+B+C	A+B+C+D

- 소비자잉여 증가분(B+D) $= \dfrac{1}{2} \times (5+3) \times (20-16) = 16$
- 생산자잉여 감소분(B) $= \dfrac{1}{2} \times (1+3) \times (20-16) = 8$
- 사회적 잉여 증가분(D) $= \dfrac{1}{2} \times (5-1) \times (20-16) = 8$

ㄱ. 국내 사회적잉여 증가분은 8이고, 국내 생산자잉여 감소분도 8이므로 둘은 같다.

ㄴ. 국내 사회적 잉여 증가분이 8이고, 국내 소비자잉여 증가분은 16이므로 국내 사회적 잉여 증가분은 국내 소비자잉여 증가분의 절반이 된다.

| 오답풀이 |

ㄷ. 국내 생산자잉여 감소분은 8이고 국내 소비자잉여 증가분은 16이므로 둘은 같지 않다.

23

| 정답 | ④

| 해설 | 무역이 발생하면 가격상승으로 소비자는 불리해지고, 생산자는 유리해진다. 무역이 이루어지면 이득규모가 손실보다 크므로 경제적 후생은 증가한다.

소비자잉여는 A+B에서 A로 감소하고, 생산자잉여는 C에서 C+B+D로 증가하고, 총잉여는 D만큼 증가한다.

파트1

파트2

파트3

파트4

파트5

파트6

파트7

파트8

실전1

실전2

24

| 정답 | ④

| 해설 | 국제가격으로 수입하던 재화에 대해 관세가 부과되는 경우, 관세부과 후 재화의 국내가격이 상승하므로 생산자잉여는 증가하고, 소비자잉여는 감소한다. 이때 관세부과로 인한 후생손실이 발생하므로 총잉여는 관세부과 이전에 비해 감소한다.

25

| 정답 | ②

| 해설 | 관세를 부과하면 국내가격이 상승하므로 생산은 늘고 소비는 줄어든다. 따라서 생산왜곡손실과 소비왜곡손실이 발생한다.

| 오답풀이 |

① 소국개방경제가 관세를 부과하면 수입품의 국제가격에 영향을 줄 수 없으므로 교역조건은 불변이다. 따라서 국내가격은 국제가격에 관세를 부과한 만큼 상승한다.

③ 소국개방경제가 관세를 부과하면 국내 생산량이 증가하여 생산자잉여는 증가하고, 국내 소비량이 감소하여 소비자잉여는 감소한다.

④ 소국개방경제는 교역조건에 영향을 줄 수 없으므로 관세부과의 교역조건 개선효과는 없고, 무역량 감소로 인하여 국내 소비량 감소, 국내 생산량 증가 등 후생손실효과가 존재한다.

26

| 정답 | ②

| 해설 | 국내가격은 $80,000+10,000=90,000$원이므로, 이를 수요함수에 대입하면 다음과 같다.

$90,000=200,000-2Q_d$ $Q_d=55,000$

국내수요은 55,000병이고 이를 공급함수에 대입하면

$90,000=2Q_s$ $Q_s=45,000$이므로

국내생산량은 45,000병이다.

따라서 수입량=국내수요량-국내생산량=55,000-45,000=10,000(병)이다. 그러므로 관세수입은 10,000(수입량)×10,000(관세)=100,000,000(원)이다.

27

| 정답 | ②

| 해설 | 아래 그래프에서 생산자잉여 변화량은 ⑧에서 ⑧+ⓒ가 되므로 ⓒ만큼 증가하였으므로, ⓒ$=\frac{1}{2}\times(20+30)\times10=250$

사회적 후생손실은 ⓓ+ⓕ 만큼 감소하므로 ⓓ$=\frac{1}{2}\times10\times10=50$, ⓕ$=\frac{1}{2}\times10\times10=50$, ⓓ+ⓕ$=100$

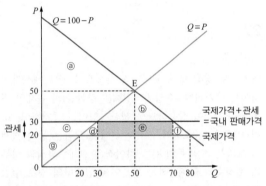

따라서 국내생산자잉여 변화량은 250 증가하고 사회적 후생손실은 100이다.

28

| 정답 | ③

| 해설 | 수량할당의 문제는 관세의 부과 효과와 동일하다. 차이점은 관세의 경우는 정부가 수입품에 관세를 부과하여 관세수입만큼 이익을 얻는 것이고, 수량할당인 경우에는 이 관세 수입을 수입업자가 가져간다. 이를 할당지대라고 한다.

• 수입할당량=초과수요(ED)$=Q_d-Q_s$

             $=(4,000-100P)-(500+50P)$

             $=3,500-150P$

• 새로운 시장가격 : $3,500-150P=500$

             $150P=3,000$ $\therefore\ P=20$

• 국내수입업자는 수입물량 500에 대해서 국제가격인 10에 수입해서 국내소비자에게 20의 가격에 판매하므로 수입업자의 지대$=500\times(20-10)=5,000$이 된다.

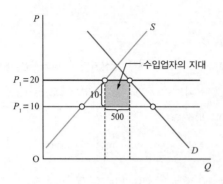

| 오답풀이 |

① 보복관세란 자국상품에 대해 불리한 대우를 하는 나라의 상품에 대한 보복의 성격을 띤 관세이다.

③ 일반관세란 교역 상대국 전체를 대상으로 적용하는 관세이다.

④ 특혜관세란 특정국가에 대하여 관세를 특별히 낮은 세율로 부과하거나 관세를 아예 폐지하여 타국보다도 무역상 유리한 대우를 부여하는 제도이다.

29

| 정답 | ②

| 해설 | 두 정책 모두 국내가격 상승으로 국내 생산자의 잉여는 증가한다. 수입쿼터정책(수량할당)과 관세의 경우 국내가격이 상승하므로 생산자잉여는 증가하고, 소비자잉여는 감소하며, 후생손실이 발생하는 등의 경제적 효과는 거의 동일하다. 차이점은 관세부과시의 정부의 재정수입에 해당하는 부분이 수입쿼터의 경우 수입업자의 초과이윤으로 귀속된다. 관세와 수입쿼터 모두 국내가격이 상승하므로 국내생산량은 증가하고 재화의 공급에서 국내생산이 차지하는 비중이 늘어난다.

| 오답풀이 |

① 국내의 허가된 수입업자가 국제가격과 국내가격의 차액만큼 이익을 보는 경우는 수입쿼터제만의 특징이다.

③ 정부의 관세 수입이 늘어나는 경우는 관세정책의 효과이다.

④ 두 경우 모두 국내가격 상승으로 재화 B의 공급에서 국내생산이 차지하는 비중이 늘어난다.

30

| 정답 | ②

| 해설 | 상계관세란 수출국이 특정 수출산업에 대해 장려금이나 보조금을 지급해 수출상품의 가격경쟁력을 높일 경우 수입국이 그 수입상품에 대해 보조금액에 해당하는 만큼 부과하는 관세를 말하며, 상쇄관세라고도 한다.

31

| 정답 | ③

| 해설 | A국이 수출품에 대해 보조금을 지급하면 일단 국내의 그 수출품가격이 인하되어 수출이 증가한다. 이때 A국이 대국이라면 국제시장에서의 그 수출품의 가격도 인하되어 A국의 교역조건($= \dfrac{수출재\ 가격}{수입재\ 가격}$)은 악화된다. 그러나 A국이 소국이라면 이 국가의 수출품 국내가격이 국제시장에서의 이 재화의 가격에 영향을 주지 않기 때문에 결국 A국의 수출품 국내가격이 국제시장의 그 재화가격 수준으로 다시 상승 하게 된다. 그러면 소국의 교역조건은 여전히 불변이 된다.

ㄱ. 대국이 수출보조금을 지급하면 교역조건이 변동한다. 수출보조금을 지급하면 수출이 증가하면서 국제시장에 수출재가 풍부해진다. 따라서 수출재의 국제가격이 하락하므로 교역조건($\dfrac{수출재\ 가격}{수입재\ 가격}$)은 악화된다.

ㄷ. 소국일 때 교역조건은 일정하므로, 수출재 생산자는 국제시장에서 일정한 국제가격으로 판매를 하고 추가로 정부에게 보조금을 받기 때문에 수출재의 국내가격은 상승한다.

| 오답풀이 |

ㄴ. 소국이 수출보조금을 지급하면 교역조건이 일정하다.

32

| 정답 | ②

| 해설 | 가. 자유무역지역 : 경제 통합에 참여한 각국 간

에 관세 및 수량제한을 없애며, 참여하지 않은 국가에 대해서는 독자적인 관세정책을 유지하는 것으로, 유럽자유무역연합(EFTA), 북미자유무역협정(NAFTA), 중남미자유무역연합(LAFTA) 등이 이에 해당한다.

나. 공동시장 : 관세동맹보다 진전된 형태의 경제통합으로, 경제적인 국경을 철폐하고 국가 간 무역량 확대와 사회적 · 경제적 발전을 이루기 위해 무역제한뿐만 아니라 생산요소(노동 · 자본 등) 이동에 대한 제약을 철폐하는 단계로, 구체적으로 회원국 간 노동(건설 · 컨설팅 등), 자본(은행, 기타 금융 서비스, 해외직접투자(FDI) 등), 기술 등 생산요소의 자유로운 이동이 가능하다. 유럽경제공동체(EEC), 중미공동시장(CACM), 아랍공동시장(ACM), 안데스공동체(ANCOM) 등이 이에 해당한다.

다. 관세동맹 : 참여국 간에 상품의 이동에 대한 차별을 철폐하며, 동맹국 간에는 관세를 폐지하거나 경감하고, 비참여국으로부터 수입할 때에는 각국이 공통의 수입관세를 부과한다.
독일 관세동맹(1834), 벨기에 · 네덜란드 · 룩셈부르크 3국이 결성한 베네룩스 관세동맹(1944) 등이 이에 해당한다.

📄 그 외의 경제통합 형태
• 경제동맹 : 공동시장에서 실시하는 상품과 요소 이동에 대한 제약(국경에서의 장벽)을 억제하고 참여국 각국의 경제정책으로 발생되는 격차를 해소하기 위하여 재정·금융·노동 등의 국내정책, 대외 무역정책 등 국가 경제정책을 조정한다.
• 완전경제통합 : 경제면에서 한 국가로 행동한다.

33

| 정답 | ①

| 해설 | 한국은행이 보유하는 외환자산은 준비자산으로 차변에 기록하고, 보유하게 된 원인에 해당하는 것은 대변에 기록한다. 한국은행이 국내 외환시장에서 8억 달러를 매입하면 준비자산이 8억 달러 증가하게 되므로 국제수지표의 차변에 기록하고, 현금으로 달러를 매입하는 것은 기타 투자로 대변에 기록을 한다.

34

| 정답 | ③

| 해설 | 실질환율을 '평균적인 외국의 재화와 서비스로 표시한 평균적인 국내재화와 서비스의 상대적 가격'으로 정의했으므로, 이것을 식으로 나타내면,

$$실질환율 = \frac{외국의\ 재화와\ 서비스}{국내의\ 재화와\ 서비스} = \frac{국내물가}{해외물가}$$
$$= \frac{192만}{800 \times 1,200} = 2$$

명목환율이 상승하면 실질환율이 상승하는데, 명목환율이 상승하면 달러의 가치가 높아지는 것을 의미하므로 미국제품의 가격경쟁력이 약해진다고 판단한다.

📄 실질환율
일반적으로 실질환율이란 수입재 한 단위를 구매하기 위하여 수출재를 얼마나 지급해야 하는지를 나타내는 것으로 다음 식으로 나타낸다.

$$실질환율 = \frac{해외물가 \times 명목환율}{국내물가}$$

이에 의하면, 명목환율이 높아지면(원환가치의 하락) 실질환율이 높아지는데, 수출품의 가격경쟁력이 높아져서 순수출이 늘어난다.

35

| 정답 | ②

| 해설 | ㄹ. 요소가격균등화 정리란 자유무역을 하면 요소의 상대가격은 물론 절대가격까지도 국제적으로 같아진다는 이론이다. 이는 최종재에 대해서 성립하므로 중간재가 성립하는 경우에는 성립하지 않을 수 있다.
ㅁ. 지출의 크기를 축소하는 정책은 수입품의 수요도 줄이는 것이므로 외국(타국)과 정책마찰을 유발한다.

| 오답풀이 |
ㄱ. 재정흑자란 $(T-G)$가 양(+)임을 의미하고, 경상수지 적자란 $(X-M)$가 음(-)임을 의미한다. $(Y-T-C)+(T-G)-I=X-M$을 변형하면 $(T-G)+(M-X)=(I-S)$이다. 좌변은 재정흑자와 경상수지 적자의 합이다. 우변에 $(I-S)$는 0이 아니므로 재정흑자와 경상수지 적자의 합도 0이 아니다.

ㄴ. $(X-M)$이 음($-$)이라는 것은 경상수지가 적자임을 의미한다. 자본을 외국으로부터 빌리면 자본이 국내로 유입되므로 자본수지 흑자가 발생한다. 결국 경상수지 적자의 경우 자본수지 흑자가 발생한다.

ㄷ. 규모에 대한 수확이 체증하는 경우 규모의 경제가 발생하고 불완전경쟁시장(독점경쟁시장)이 발생한다. 독점경쟁시장의 경우 하나의 시장에서도 상품의 차별성으로 인해 국가 간의 자유무역이 발생한다. 결국 규모에 대한 수확이 체증하는 경우 동종산업간 교역, 즉 산업 내 무역이 활발해진다.

36

| 정답 | ②

| 해설 | • 실질환율 : $q=\dfrac{e \times P_f}{P}$ (e : 명목환율, P_f : 외국의 물가지수, P : 자국의 물가지수)

• 실질환율이 불변이라면 실질환율의 변동률 $\dfrac{dq}{q}=\dfrac{de}{e}+\dfrac{dP_f}{P_f}-\dfrac{dP}{P}=0$이 된다.

• 명목환율의 변동률 $\dfrac{de}{e}=\dfrac{dP}{P}-\dfrac{dP_f}{P_f}$에서 한국의 인플레이션율 $\left(\dfrac{dP}{P}\right)$이 미국의 인플레이션율 $\left(\dfrac{dP_f}{P_f}\right)$보다 높다면 명목환율의 변화율$\left(\dfrac{de}{e}\right)$이 양($+$)이 되어 원/달러 명목환율이 상승한다.

37

| 정답 | ①

| 해설 | 미국 달러화 대비하여 원화의 가치가 6% 상승하므로 명목환율은 6% 하락하고, 미국의 인플레이션율이 4%, 한국의 인플레이션율이 5%이므로 $\dfrac{\Delta e}{e}=\dfrac{\Delta e}{e}+\dfrac{\Delta P_f}{P_f}-\dfrac{\Delta P}{P}$에 대입하면 실질환율은 7% 하락한다.

즉, $\dfrac{\Delta e}{e}=\dfrac{\Delta e}{e}+\dfrac{\Delta P_f}{P_f}-\dfrac{\Delta P}{P}=-6+4-5=-7(\%)$

38

| 정답 | ①

| 해설 | 실질환율이란 양국에서 생산된 재화의 상대가격을 의미한다. 양국의 가격수준이 모두 6% 하락하면 가격변화로 인해서는 양국에서 생산된 재화의 상대가격이 변하지 않지만 환율이 5% 상승하면 국내에서 생산된 재화의 상대가격이 5% 하락하므로 실질환율이 5% 상승하게 된다. 즉, 실질환율 변화율=명목환율 변화율+외국의 인플레이션율-자국의 인플레이션율=5+(-6)-(-6)=5(%)가 된다.

39

| 정답 | ②

| 해설 |

〈환율 변동과 수출입 변화〉

| • 달러당 원화 환율 하락 : 1,100원/달러 → 1,080원/달러 |
| • 원화당 달러 환율 상승 : 1달러/1,100원 → 1달러/1,080원 |
| • 엔당 원화 환율 하락 : 1,000원/100엔 → 900원/100엔 |
| • 원화당 엔화 환율 상승 : 100엔/1,000원 → 100엔/900원 |
| • 달러당 엔화 환율 상승 : 110엔/달러 → 120엔/달러 |
| • 엔화당 달러 환율 하락 : 1달러/110엔 → 1달러/120엔 |

달러당 엔화 환율이 상승하면 엔화표시 수출가격이 하락하여 일본 자동차의 대미 수출이 증가한다.

| 오답풀이 |

① 엔당 원화 환율이 하락하면 엔화표시 수출가격이 상승하여 수출(입국 관광객 수)이 감소한다.

③ 엔화당 달러 환율이 하락하면 엔화표시 수출가격이 상승하여 수출(미국에 입국하는 일본인 관광객 수)이 감소한다.

④ 1달러당 원화 환율이 하락하면(1,100원 → 1,080원) 원화 가치가 상승하고, 100엔당 원화 환율이 하락하면(1,000원 → 900원) 원화 가치가 상승한다.

40

| 정답 | ②

| 해설 | 해외자본의 유입이 발생하면 외환시장에서 외환

의 공급이 증가하여 원/달러 환율은 하락하고, 원/달러 환율이 하락하면 수출기업의 가격경쟁력이 약화되어 수출은 감소한다.

41

| 정답 | ②

| 해설 | 원/달러 환율이 상승하면 외국제품의 상대가격인 실질환율이 상승한다. 외국제품이 상대적으로 비싸지므로 수출이 증가하고, 수출이 증가하면 외국으로 수출을 하면 수출대금으로 달러가 국내로 유입되므로 외환에 대한 공급이 증가한다.

| 오답풀이 |

① 원/달러 환율이 상승하면 외국제품의 상대가격인 실질환율이 상승한다. 외국제품이 상대적으로 비싸지므로 수입이 감소하고, 수입이 감소하면 외환에 대한 수요가 감소한다.

③ 원/달러 환율이 하락하면 외국제품의 상대가격인 실질환율이 하락한다. 외국제품이 상대적으로 저렴해지므로 수입이 증가하고, 수입이 증가하면 외환에 대한 수요가 증가한다.

④ 원/달러 환율이 하락하면 외국제품의 상대가격인 실질환율이 하락한다. 외국제품이 상대적으로 저렴해지므로 수출이 감소하고, 수출이 감소하면 외환에 대한 공급이 감소한다.

42

| 정답 | ③

| 해설 | 원화가치 부양이란 인위적으로 외화의 환율을 인하시키는 것을 의미하고, 환율이 하락하면 경상수지가 악화되고, 경상수지의 악화는 외환보유고를 감소시킨다.

| 오답풀이 |

① 경상수지와 자본수지의 합은 항상 0이므로 경상수지와 자본수지는 반대방향으로 발생한다. 즉, 경상수지의 흑자는 자본수지의 적자를 의미하고, 경상수지의 적자는 자본수지의 흑자를 의미한다.

② 실질환율의 하락은 국내에서 생산된 재화의 상대가격 상승을 의미하고, 국내에서 생산된 재화의 상대가격이 상승하면 수출이 감소하고 수입이 증가하여 경상수지가 악화된다.

④ 국내경제의 불확실성이 커지면 자본유출이 이루어지므로 환율은 상승한다.

⑤ 국내이자율이 상승하면 해외자본의 유입이 증가하므로 환율이 하락한다.

43

| 정답 | ③

| 해설 | 한 나라에서 해외로의 자본도피가 발생하면 달러가 유출되므로 외환의 수요가 증가하고 환율은 상승한다. 그러므로 환율은 평가절하 되고 순수출은 증가한다.

44

| 정답 | ①

| 해설 | 자국 통화가 평가절상(환율하락)되면 순수출이 감소하고 총수요가 감소하므로 경기가 위축된다.

| 오답풀이 |

② 중앙은행이 재할인율을 인하하면 예금은행의 차입이 증가하고 통화량이 증가하여 경기가 부양된다.

③ 사회복지 관련 정부지출이 증가하면 총수요가 증가하므로 경기가 부양된다.

④ 공기업 투자가 확대되면 총수요가 증가하므로 경기가 부양된다.

45

| 정답 | ③

| 해설 | 대규모의 외국인 직접투자가 우리나라로 유입되면 달러가 외환시장에 풍부해져 달러의 가치인 환율이 하락하고, 원화는 평가절상되어 수출품의 외화표시가격이 상승하게 되어 수출이 감소한다.

| 오답풀이 |

① 원화의 평가절상은 원화의 가치가 상승하게 되고 달

파트1 파트2 파트3 파트4 파트5 파트6 파트7 파트8 실전1 실전2

러의 가치인 환율이 낮아지게 되어 우리나라의 수입원가 부담이 낮아지게 된다.

② 미국의 기준금리 인상은 자본유출로 달러의 가치가 상승하게 되어 환율이 인상되고, 원화의 평가절하가 이루어져서, 우리나라의 수출기업에 유리하게 작용한다.

④ 실질환율이란 수입재 한 단위를 구매하기 위하여 수출재를 얼마나 지급해야 하는지를 나타낸다. 즉, 두 나라 간에 재화와 서비스가 교환되는 비율을 말한다.

46

| 정답 | ②

| 해설 | 구매력평가에 관한 등식인 $P_d = E \cdot P_f$에서 P_d는 자국통화표시가격, P_f는 외국통화표시가격, E는 명목환율(외국통화에 대한 자국통화의 교환비율)이다. 여기서 $E = \dfrac{P_d}{P_f}$ 또는 $E \cdot \dfrac{P_f}{P_d} = 1$이다.

명목환율$(E) = \dfrac{P_d}{P_f} = \dfrac{\text{자국통화표시가격}}{\text{외국통화표시가격}}$

$= \dfrac{\text{외국통화구매력}}{\text{자국통화구매력}}$ 이 성립한다.

즉 구매력평가에서 환율은 두 국가의 물가수준의 비율에 의해 결정된다.

47

| 정답 | ③

| 해설 | 구매력평가는 단기적 변동보다 장기적 추세를 더 잘 설명한다.

| 오답풀이 |

① 동일한 재화나 서비스가 서로 다른 국가에서 거래될 경우라도 그 가격은 같아야 한다는 일물일가의 법칙(Law of One Price)을 일반화한 것이다.

② 절대구매력평가가 성립하면 $E \cdot \dfrac{P_f}{P_d} = 1$이다. 이것은 실질환율 $q = \dfrac{E \cdot P_f}{P_d} = 1$이라는 것을 의미한다.

④ 국산품의 가격과 수입품의 가격이 같아야 한다는 것이므로 교역이 안되는 재화가 많을수록 구매력평가가 성립하기 어렵다.

48

| 정답 | ③

| 해설 | 구매력평가는 장기 환율 변화를 설명하는데 유용하고, 이자율평가는 단기 환율의 움직임을 잘 설명한다.

| 오답풀이 |

① 국가 간의 교역이 되지 않는 비교역재 비중이 큰 경우에는 구매력평가의 설명력이 떨어진다.

② 구매력평가의 간단한 기본식은 $P_d = E \cdot P_f$이고, $E = \dfrac{P_d}{P_f}$이므로 명목환율(E)은 두 나라의 물가수준에 의해 결정된다.

④ 동일한 상품이 전 세계 어디서나 동일한 가격으로 판매된다는 것을 전제로 한다. 이를 하나의 물건은 하나의 가격에 대응된다는 완전경쟁적 시장을 의미하는 일물일가의 법칙이라고 한다.

49

| 정답 | ③

| 해설 | 환율은 외환(달러)의 가치이고 자국통화가치의 역수이다. 구매력평가가 성립하면 $P_d = E \cdot P_f$이므로, 구매력평가환율 $E = \dfrac{P_d}{P_f}$가 된다.

시장환율보다 구매력평가환율$\left(E = \dfrac{P_d}{P_f}\right)$이 작으면 외환(달러)의 가치가 저평가되고 자국통화가치는 고평가된다. 시장환율보다 구매력평가환율$\left(E = \dfrac{P_d}{P_f}\right)$이 큰 경우는 외환(달러)의 가치가 고평가되고 자국통화가치는 저평가된다.

빅맥 가격을 미국의 달러를 기준으로 나타내기 위해서 나라별로 책정된 빅맥의 가격을 5로 나누게 되면 실질환율로 표현한 것이 된다.

국가(화폐 단위)	시장환율	빅맥 가격	실질환율
미국(달러)	1	5	$\frac{5}{5}=1$
브라질(헤알)	2	12	$\frac{12}{5}=2.4$
한국(원)	1,000	4,000	$\frac{4,000}{5}=800$
중국(위안)	6	18	$\frac{18}{5}=3.6$
러시아(루블)	90	90	$\frac{90}{5}=18$

표에서 미국의 실질환율을 1이라고 할 경우에 브라질은 시장환율보다 구매력평가환율이 크고, 다른 나라들 한국, 중국, 러시아는 시장환율보다 구매력평가환율 값이 작다.

50

| 정답 | ①

| 해설 | A국의 명목이자율이 6%, B국의 명목이자율이 4%이고, 양국의 실질이자율이 동일하므로 A국의 기대인플레이션율이 B국의 기대인플레이션율보다 2%p 더 높다. 구매력평가에서 A국의 통화가치는 B국의 통화가치에 비해 2% 하락할 것으로 기대된다.

51

| 정답 | ④

| 해설 | ㄱ. 외국제품의 수입증가로 외환의 수요가 늘어나면 환율이 상승한다. 환율이 상승하면 달러로 나타낸 수출품가격이 하락하여 수출이 증가하는 반면, 원화로 나타낸 수입품 가격이 상승하므로 수입이 감소하므로 경상수지가 개선된다.
ㄷ. 환율이 상승하면 수출이 증가하여 수출기업의 생산이 늘어나 고용량이 증가하고 경제성장률이 높아진다.

52

| 정답 | ①

| 해설 | 상대적 구매력평가 $\frac{\Delta E}{E}=\frac{\Delta P_d}{P_d}=\frac{\Delta P_f}{P_f}$ 에서 다른 조건은 일정하고 우리나라의 통화량이 증가하면 우리나라의 인플레이션이 발생한다. 이는 자국의 화폐가치의 하락을 유도하므로 원/달러 환율은 상승한다.

| 오답풀이 |

② 환율하락은 원화가치의 상승을 의미하므로 원화가 평가절상된 것이다.

③ 달러 대비 원화가치의 하락은 환율의 상승(원화가치의 하락)을 의미하며 수출품의 국제가격이 하락하므로 수출이 증가한다.

④ 우리나라의 이자율이 상승하면 해외자본의 유입이 발생하므로 원화가치가 상승하여 원/달러 환율은 하락한다.

53

| 정답 | ②

| 해설 | ㄴ. 달러화 약세는 달러 가격이 하락함을 의미하므로 환율이 하락한다.

| 오답풀이 |

ㄱ. 정부가 외환시장에서 달러를 매각하면 달러가 풍부해지면서 달러의 가격인 환율은 하락한다.

ㄷ. 국가 간의 자본이동이 완전할 때 국가 간의 자본이동이 완전할 때 국가 간의 이자율 차이는 예상환율변화율(예상되는 평가절하)와 일치한다. 국가 간의 자본이동이 어려운 경우 국가 간의 이자율 차이와 예상환율변화율은 일치하지 않는다.

54

| 정답 | ②

| 해설 | 유위험이자율평가설에 의하면 환율의 예상변동율은 두 나라의 이자율 차이와 같다. 한국의 이자율이 연 4%이고, 미국의 이자율이 연 2%이므로 양국의 이자율 차이가 연간 2%이다. 1년 뒤 예상환율이 2% 오른 1,122원이 되기 위해서는 현재 환율은 1,100원이 되어

야 한다. 이것을 식으로 풀어보면 다음과 같다(Ee는 예상환율, E는 현물환율, r은 국내이자율, rf는 해외이자율).

$$\frac{Ee-E}{E}=r-rf$$ $$\frac{1,122-E}{E}=4\%-2\%$$

$$\frac{1,122-E}{E}=0.04-0.02$$ $$1,122-E=0.02E$$

$$1.02E=1,122$$

$$E=1,100$$

55

| 정답 | ④

| 해설 | 다. 실제환율이 균형환율보다 높으면 자국통화가 과소평가된 상태이다. 이때는 자국상품도 과소평가되기 때문에 수출품의 가격경쟁력이 높아지고, 수입품의 가격경쟁력은 약화되어 순수출이 증가한다.

마. 이자율평가에서 국내명목이자율이 외국의 명목이자율보다 클 경우 그 차이만큼 증가한다.

| 오답풀이 |

라. 구매력평가는 무역품목에 대한 물가(경상수지)를 기초로 적정환율을 평가한다. 이자율평가는 국가간 실질이자율 차이에 따른 자금의 흐름(자본수지)을 통해 균형환율을 설명한다.

56

| 정답 | ②

| 해설 | 국내이자율이 세계이자율보다 높으므로 자본유입→명목환율 하락→다른 조건이 일정하다면 실질환율 하락→순수출이 감소한다.

또한 자본이 유입되면 이자율이 하락하여 투자가 증가하여 총자본스톡도 증가한다.

57

| 정답 | ①

| 해설 | 한 나라의 국내저축이 증가하면 대부자금시장에서 저축곡선의 우측 이동으로 금리가 하락한다. 금리가

하락하면 외국으로 순자본유출이 발생하고 외환의 수요증가로 환율이 상승하고 순수출이 증가한다.

58

| 정답 | ②

| 해설 | 확대금융정책은 화폐시장에서 이자율을 하락시켜서 자본이 유출될 우려가 있다. 자본의 유출로 인한 자본수지 적자가 국내수지 적자를 확대시킨다.

| 오답풀이 |

① 확대재정정책은 수입을 증가, 확대금융정책은 수입을 감소시킬 우려가 있다.

③ 확대금융정책은 이자율을 하락시킨다.

④ 확대재정정책은 자국통화의 평가절상을 가져오고 이로 인해 수출이 감소한다.

⑤ 필립스 곡선은 정부의 재정·금융정책으로 경기가 호전되고 실업률이 낮아지면 물가상승률이 높아지고, 불경기가 되면 실업률이 높아지고 물가상승률이 낮아진다는 것으로 이는 케인스 정책이 유효함을 나타내는 것이었다.

59

| 정답 | ③

| 해설 | ㄱ. 국내 실질이자율이 국제 실질이자율보다 낮으면 순자본유출이 발생할 것이고 자본수지는 적자가 될 것이다.

ㄴ. 국내 실질이자율이 국제 실질이자율보다 낮으면, 수출이 증가하고 수입이 감소하여 순수출이 더 증가할 것이다.

ㄷ, ㄹ. 국내 실질이자율이 국제 실질이자율보다 낮으면, 외환에 대한 초과 수요가 발생하여 환율이 상승하게 되어 실질이자율이 더 상승할 것이다.

60

| 정답 | ①

| 해설 | 대국은 국내에서의 경제변화가 세계에 미치는 국가를 말한다. 변동환율제도에서의 확대재정정책은

정부지출을 증가시켜서 IS곡선을 우측으로 이동시킨다. 확대재정정책→이자율 상승, 국민소득 증가→해외자본 유입, 소비 증가, 물가 상승→환율 하락, 실질환율 하락 →국제(경상)수지 악화(순수출 감소)

61

| 정답 | ②

| 해설 | 물건이 잘 팔리지 않아 재고가 늘어난다는 것은 생산물시장에서의 초과공급이므로 IS곡선보다 위쪽에, 화폐의 유동성이 넘친다는 것은 화폐시장이 초과공급이므로 LM곡선보다 위쪽에, 국제수지도 흑자이므로 BP곡선 위쪽에 위치하여야 한다. 그러므로 b점의 상태이다.

62

| 정답 | ④

| 해설 | 국제수지 균형을 의미하는 BP곡선이 이동하기 위해서는 축$(r,\ Y)$이 아닌 상수가 변동해야 한다. 그리고 상수 변동으로 인해 Y가 증가하고 r이 하락해야 BP곡선이 우하향으로 이동한다. 외국이자율이 상승하면 외국의 투자수익률이 상승하여 자본이 외국으로 유출되므로 국제수지 적자가 발생한다. 국제수지 균형을 회복하기 위해서는 소득(Y)이 줄어서 수입이 감소해야 한다. 결국 외국이자율이 상승하면 BP곡선은 소득(Y)이 줄어드는 방향으로 왼쪽(좌상향)으로 이동한다.

| 오답풀이 |

① 외국소득이 증가하면 수출이 늘어나서 국제수지가 흑자가 된다. 국제수지 균형을 회복하기 위해서는 이자율을 하락시켜야 한다. 외국소득이 증가하면 BP곡선은 소득(Y)이 늘어나는 방향으로 우하향한다.

② 외국상품의 가격이 상승하면 사람들은 국내상품의 소비를 늘리므로 수출이 늘고 수입을 줄여서 국제수지 흑자가 발생한다. BP곡선은 소득(Y)이 늘어나는 방향으로 우하향 이동한다.

③ 국내통화의 평가절상이 예상되면 외국의 투자수익률이 하락하여 자본이 국내로 유입되므로 국제수지 흑자가 발생한다. BP곡선은 소득(Y)이 늘어나는 방향으로 우하향 이동한다.

⑤ 국내기업 수익률이 상승할 것이라고 예상이 되면 자본이 국내로 유입되므로 국제수지 흑자가 발생한다. BP곡선은 소득(Y)이 늘어나는 방향으로 우하향 이동한다.

63

| 정답 | ①

| 해설 | 먼델-플레밍 모형이란 고정환율제도에서는 재정정책이 효과적이고, 변동환율제도에서는 금융정책이 효과적이라는 것이다.

고정환율제도하에서 정부가 확장적 재정지출을 하게 되면 이자율이 상승하게 되고, 국내 이자율>해외 이자율이 되어 해외에서 자본(달러)이 유입되어 국제수지는 흑자가 된다. 달러의 유입은 달러의 가치인 환율하락을 가져오게 된다. 그러나 고정환율제도에서는 환율이 고정되어 있어야 하기 때문에 환율을 유지하기 위해서는 중앙은행이 원화를 공급하고(통화량의 증가), 외화를 매입해야만 한다.

64

| 정답 | ③

| 해설 | 변동환율제에서의 먼델-플레밍 모델(Mundell-Fleming Model)에서 확장적 통화정책을 실시하면 이자율이 하락하고 자본유출로 국제 수지가 적자가 되므로 환율이 상승한다. 환율이 상승하면 수출이 증가한다.

〈변동환율제도하의 통화정책의 효과〉

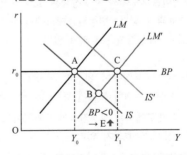

자본이동이 자유로운 소규모 개방경제를 가정할 때, 최초 A점에서 중앙은행이 화폐공급량을 증가시키면 LM곡선이 우측으로 이동하여 B점에서 국민소득이 증가하고 이자율이 하락한다.

B점은 국제수지균형선(BP)선 아래에 있으므로 국제수지 적자이다. B점에서 국제수지 적자이면 변동환율제 하에서 환율이 상승하여 순수출이 증가한다. 순수출이 증가하면 IS곡선이 우측 이동한다.

C점에서 새로운 국제수지 균형이 달성될 때까지 IS곡선이 우측 이동하여 이자율은 최초 수준으로 상승하고, 국민소득은 증가한다.

65

|정답| ③

|해설| ㄱ. 이자율과 채권 가격은 음(−)의 관계이므로 이자율이 하락할 때 국내 채권 가격은 상승한다.

ㄴ. 이자율평가에 따르면 국내 이자율이 하락할 때 자본이 외국으로 유출되므로 환율이 상승한다. 환율 상승은 국내 통화의 가치가 하락함을 의미한다.

|오답풀이|

ㄷ. 국내 이자율 하락으로 자본이 유출되므로 자본수지는 악화된다. 환율이 상승하므로 수출은 늘고 수입은 줄어서 무역수지, 경상수지는 개선된다.

66

|정답| ④

|해설| 고정환율제도에서 재정정책은 효과가 있고, 금융정책은 효과가 없다. 변동환율제도에서 재정정책은 효과가 없고, 금융정책은 효과가 있다.

|오답풀이|

① BP곡선은 자본이동이 완전한 세상에서는 수평이 되고, 자본이 완전히 통제된 경우에는 수직이 된다.

② 고정환율제도에서는 재정정책이 효과적이고 금융정책(통화정책)은 효과가 없다.

③ 변동환율제도에서는 통화정책의 독자성이 보장된다. 그러나 고정환율제도에서는 환율을 방어하는데 통화량을 이용해야 하기 때문에 통화정책의 독자성은 보장되기 어렵다.

67

|정답| ①

|해설| 고정환율제도 하에서 재정정책은 효과가 있고(C점), 통화정책은 효과가 없다(A점). 변동환율제도에서 재정정책은 효과가 없고(A점), 통화정책은 효과가 있다(C점). 변동환율제 하에서 확장적 재정정책으로 정부지출이 증가하면 IS곡선이 IS_0에서 IS_1으로 우측 이동하여 이자율이 상승하고 국민소득이 증가한다(D점). D점에서 외국의 이자율보다 자국의 이자율이 높아 자본유입으로 국제수지가 흑자이므로 환율이 하락하여 자국의 수출이 감소하고 수입이 증가하므로 순수출이 감소한다. 순수출이 감소하면 IS곡선이 다시 좌측 이동하여 A점으로 돌아온다.

|오답풀이|

② 변동환율제 하에서 확장적 통화정책으로 통화공급이 증가하면 LM곡선이 LM_0에서 LM_1으로 우측 이동하여 이자율이 하락하고 국민소득이 증가한다(B점). B점에서 외국의 이자율보다 낮아 자본이 유출되면서 국제수지가 적자이므로 자본이 유출되면서 환율이 상승하여 자국의 수출이 증가하고 수입이 감소하여 순수출이 증가한다. 순수출이 증가하면 IS곡선이 IS_0에서 IS_1로 우측 이동하여 이자율은 다시 상승하고 국민소득이 증가한다(C점).

③ 고정환율제 하에서 확장적 통화정책으로 통화 공급이 증가하면 LM곡선이 우측 이동하여 이자율이 하락하고 국민소득이 증가한다(B점). B점에서 외국의 이자율보다 낮아 자본이 유출되면서 국제수지가 적자이므로 환율상승 압력이 발생하고 중앙은행이 환율을 유지하기 위해 원화를 매입하고 달러를 매도한다. 통화공급이 다시 감소하면 LM곡선이 LM_0에서 LM_1으로 다시 좌측 이동하여 A점에서 균형이 된다.

④ 고정환율제도 하에서 확장적 재정정책으로 정부지출이 증가하면 IS곡선이 IS_0에서 IS_1로 우측 이동하여 이자율이 상승하고 국민소득이 증가한다(D점). D점에서 외국의 이자율보다 자국의 이자율이 높아 자본유입으로 국제수지가 흑자이므로 환율하락 압력이 발생하고 중앙은행이 환율을 유지하기 위해 외화를 매입하고 자국 통화량을 증가시킨다. 통화공급이 증가하면 LM곡선이 LM_0에서 LM_1로 우측 이동하여 이자율이 하락하고 국민소득이 증가한다(C점).

1회 실전모의고사

문제 492쪽

01	④	02	③	03	④	04	④	05	④
06	④	07	②	08	④	09	②	10	③
11	①	12	④	13	④	14	④	15	①
16	③	17	④	18	④	19	④	20	②
21	②	22	③	23	①	24	③	25	③
26	⑤	27	①	28	④	29	⑤	30	②
31	②	32	③	33	③	34	⑤	35	④
36	①	37	⑤	38	④	39	⑤	40	②
41	⑤	42	④	43	④	44	①	45	④
46	④	47	④	48	④	49	①	50	①

01

| 정답 | ④

| 해설 | 독점시장에서의 이윤극대화 조건은 한계수익(MR)이 한계비용(MC)보다 높다면, 한 단위 생산에 추가적인 이윤이 더 크므로 생산을 늘려야 하고, 한계수익보다 한계비용이 높다면 한 단위 생산에 추가적으로 발생하는 비용이 더 크므로 생산을 줄여야 한다. 따라서 MR과 MC가 만나는 점이 이윤극대화 지점이 된다. 독점시장에서는 P가 MR보다 크므로, $P > MR = MC$가 도출된다.

| 오답풀이 |

② 독점시장에서는 개별기업의 수요-공급곡선이 곧 산업전체의 수요-공급곡선이 된다. 따라서 일반적으로 볼 수 있는 우하향의 수요곡선이 나타난다. 수요곡선이 우하향하므로 독점시장에서의 한계수익(MR)은 체감한다.

③ 완전경쟁시장하의 개별기업의 관점에서는 수요곡선이 수평선을 이룬다. 즉 공급의 가격탄력성이 완전탄력적이다.

02

| 정답 | ③

| 해설 | 최고가격제는 공급 부족이 생겨 소비자들은 상품을 원하는 만큼 구입할 수 없다. 이런 상태에서는 소비자들이 최고 가격보다 높은 가격을 지불하고서라도 상품을 구입하려 하기 때문에 암시장이 형성되는 문제가 발생할 수 있다.

| 오답풀이 |

① 유효한 최고가격에서는 초과수요가 존재한다.

② 최고가격은 시장균형가격 이하에서 설정되어야 효과적이다.

④ 최저가격제는 공급자를 보호하기 위해 마련된 제도이며, 최저임금제가 대표적인 예이다.

03

| 정답 | ④

| 해설 | A기업이 협찬 공세를 펼 경우 B기업이 협찬 공세를 하면 30의 보수를 얻지만 협찬 중단을 하면 15의 보수를 얻으므로 협찬 공세가 유리하다. 또 A기업이 협찬 중단을 할 경우 B기업은 협찬 공세(보수 5)보다 협찬 중단(보수 15) 전략이 더 낫다. 따라서 두 기업은 동시에 협찬 공세를 펴거나 협찬 중단을 펴는 전략을 택하게 된다.

04

| 정답 | ④

| 해설 | 수요곡선이 $P = 100 - 2Q$이고, 공급곡선이 $P = 70 + 4Q$일 때 두 식을 연립으로 풀면

$100 - 2Q = 70 + 4Q$

$6Q = 30 \qquad Q = 5$

$P = 100 - 2 \times 5 = 90$

05

| 정답 | ④

| 해설 |

	탄력적	비탄력적
수요의 가격탄력성	생산자가 더 많은 세금부담	소비자가 더 많은 세금부담
공급의 가격탄력성	소비자가 더 많은 세금부담	생산자가 더 많은 세금부담

| 오답풀이 |

① 수요와 공급이 탄력적일수록 주세부과에 따른 사회적인 후생손실이 증가한다.

06

| 정답 | ④

| 해설 | 현시선호이론은 객관적으로 관찰된 소비자의 구매행위로부터 우하향의 수요곡선을 도출한다.

07

| 정답 | ②

| 해설 | 시장 간에 재판매가 불가능해야 한다.

보충 플러스+

가격차별 발생 조건
1. 판매자가 시장지배력을 가지고 있어야 한다.
2. 시장은 분리가 가능해야 한다.
3. 각 시장의 수요의 가격탄력성이 서로 달라야 한다.
4. 시장 간에 재판매가 불가능해야 한다.
5. 시장분리비용이 시장분리에 따른 이익보다 적어야 한다.

08

| 정답 | ④

| 해설 | 효용함수가 $U(X,\ Y)=\min\{2X,\ 3Y\}$로 주어져 있을 때 소비자 균형은 $2X=3Y$가 성립한다. 이것을 정리하면 $Y=\dfrac{2}{3}X$이다.

예산 제약식은 $P_X \times X + P_Y \times Y = M$이며, 여기에 $Y=\dfrac{2}{3}X$를 대입하면

$P_X \times X + P_Y \times \dfrac{2}{3}X = M$ 양변에 3을 곱하면

$3P_X \times X + 2P_Y \times X = 3M$

$(3P_X + 2P_Y) \times X = 3M$

$X = \dfrac{3M}{3P_X + 2P_Y}$

09

| 정답 | ②

| 해설 | 특허권이 소멸되면 경쟁시장으로 바뀌게 되고 완전경쟁시장에 가까워져 한계비용이 수평선을 그린다. 특허권이 소멸된 이후는 새로운 기업들이 진입하여 가격이 떨어지고, 생산량 역시 경쟁 생산량에서 생산을 하게 된다.

10

| 정답 | ③

| 해설 | 독점적 경쟁시장에서 이윤극대화를 추구하는 기업의 장기균형 생산량은 평균비용 최소점의 좌측에서 생산하므로 과잉설비를 보유하게 된다.

| 오답풀이 |

① 초과이윤이 발생하면 다른 기업의 진입이 이루어지므로 독점적 경쟁기업은 장기에는 정상이윤만 획득한다.

② $P > MC$이므로 재화생산이 비효율적인 수준에서 이루어지고 이에 따라 사회적 후생손실이 발생한다.

④ 독점적 경쟁의 경우에는 제품차별화를 통하여 다양한 재화의 생산이 이루어진다.

11

| 정답 | ①

| 해설 | 총생산물이 극대일 때 한계생산물(MP)이 0이 된다.

| 오답풀이 |

② 대체탄력성이 클수록 등량곡선의 곡률이 작아지고 대체탄력성이 낮아질수록 곡률이 커진다.

12

|정답| ④

|해설| 한계비용곡선이 평균가변비용곡선 아래에 있는 경우 최저점 이전은 음(−)의 기울기를 가지고, 최저점은 0, 최저점이 지나면서 양(+)의 기울기를 갖는다.

13

|정답| ④

|해설|

우물의 수	설치 총비용	가구당 설치비용	가구당 한계비용	가구당 한계이득
2개	$800	800/400=2	−	$4
3개	$1,200	1,200/400=3	1	$3
4개	$1,600	1,600/400=4	1	$2
5개	$2,000	2,000/400=5	1	$1

가구당 한계비용과 한계이득이 일치하는 5개를 설치하는 것이 가장 효율적이다.

14

|정답| ④

|해설| 효율성임금이론에 의하면 근로자에게 시장의 임금수준보다 높은 임금을 지불하는 것이 기업주에게도 이득이 된다고 한다.

|오답풀이|

① 높은 임금을 지급할수록 노동자의 근로의욕이 높아져서 생산성이 향상된다.

② 높은 실질임금인 효율성임금을 지급하면 역선택, 도덕적 해이 등을 방지할 수 있어 노동자의 생산성이 향상된다.

③ 사용자들이 근로자의 생산성 높이기 위해 시장의 실질 임금보다 높은 임금을 지급하는 것을 효율성 임금이라고 한다.

15

|정답| ①

|해설| 1) $Q = \dfrac{K}{5} = \dfrac{L}{2} = 200$, $L = 400$, $K = 1,000$

2) $C = wL + rK = 2L + 3K$
$$= (2 \times 400) + (3 \times 1,000) = 3,800$$

16

|정답| ③

|해설|

	제곱합	자유도	평균제곱	검정통계량 F
회귀	SSR	1	$\dfrac{SSR}{1} = MSR$	$F = \dfrac{MSR}{MSE}$
잔차	SSE	$n-2$	$\dfrac{SSE}{n-2} = MSE$	
계	SST	$n-1$		

관측값이 16개이므로 $n = 16$이다.

따라서 B$= n - 2 = 14$이다.

A$= \dfrac{45}{1} = 45$, C$= \dfrac{210}{14} = 15$

17

|정답| ④

|해설| 일시적인 세율 인하 시 소비가 거의 증가하지 않는다.

|오답풀이|

① 프리드먼은 실제소득과 항상소득과의 차이를 임시소득이라고 부른다.

② 소비는 항상소득의 일정비율이므로 항상소득에 의해 결정된다.

18

|정답| ④

|해설| 국가가 경제 활동에 개입해 통제하거나 개인에게 소유권을 줘 개인이 관리하도록 해야 한다.

파트1 파트2 파트3 파트4 파트5 파트6 파트7 파트8 실전1 실전2

| 오답풀이 |
① 사례는 공유지의 비극에 관한 것으로 ㉠은 공유지다.
② 한 사람의 추가적인 소비가 다른 개인의 소비가능성을 감소시키는 특성을 경합성이라 한다. 너나 할 것 없이 물고기를 최대한 많이 잡았다 하였으므로 경합성은 증가했다.

19

| 정답 | ④

| 해설 | 돈맥경화란 피가 몸속에서 제대로 순환하지 않는 동맥경화에 비유하여 개인의 자금 사정이 원활하지 않거나 돈이 시중에 돌지 않는 상태를 뜻하는 말로 사용된다. 경제불황, 노령화 등 여러 사회적 요인으로 인해 투자나 소비가 줄어들고 돈이 회전하는 속도가 떨어지는 현상을 반영한다. 경기 부진으로 가계는 소비를 줄이고 기업은 투자를 축소하여 현금 보유를 늘린다.

20

| 정답 | ②

| 해설 | 현금선호비율의 감소는 현금－예금 비율을 증가시켜 통화승수를 감소시킨다.

| 오답풀이 |
① 예금이자율의 상승은 현금－예금 비율을 감소시켜 통화승수를 증가시킨다.
③ 전자화폐의 사용 증가는 현금－예금 비율을 감소시켜 통화승수를 증가시킨다.

21

| 정답 | ②

| 해설 | 초과지급준비금＝실제지급준비금－법정지급준비금＝50만－20만＝30만 원
실제지급준비금＝예금액－대출액＝100만－50만＝50만 원, 법정지급준비금＝100만×0.2＝20만 원
실제지급준비금＝법정지급준비금＋초과지급준비금
실제지급준비금은 예금액 대비 실제 보유하고 있는 지급준비금이고, 초과지급준비금은 법정지급준비금을 초과하는 부분을 말한다.

22

| 정답 | ③

| 해설 | 한계소비성향은 0과 1사이의 값이므로 정부지출(G)과 조세(T)가 동액만큼 증가하면 IS곡선은 오른쪽으로 이동하고, 화폐량을 증가시키면 LM곡선은 우측으로 이동한다.

$Y=G+T$만 가정하면 $G=\dfrac{1}{1-c}$ 이고, $T=-\dfrac{c}{1-c}$ 이다(c : 한계소비성향).

$Y=G+T=\left(\dfrac{1}{1-c}\right)+\left(-\dfrac{c}{1-c}\right)$
$=\dfrac{1}{(1-0.75)}-\dfrac{0.75}{(1-0.75)}=4-3=1 \Rightarrow$ 증가

$1>c$이기 때문에 정부가 조세를 늘리고 정부지출도 그만큼 늘리는 경우 전체 지출이 늘어나는 효과가 발생하고 IS도 우측으로 이동한다.

23

| 정답 | ①

| 해설 | 환율이 상승하면 달러표시 수출품의 가격하락으로 수출이 증가하므로 수출업자에게 유리하다.

24

| 정답 | ③

| 해설 | 통화안정증권을 발행하여 매각하면 매각대금이 중앙은행으로 들어가므로 통화량이 감소한다.

25

| 정답 | ③

| 해설 | 다. 한계비용은 노동의 한계생산과 역의 관계에 있는데, 한계생산이 증가할 때 한계비용은 감소하고 한계생산물이 최대일 때 한계비용은 최소이다.

라. 노동의 한계생산이 최대가 될 때 한계비용이 최소가 되고, 노동의 평균생산물이 최대가 될 때 평균가변비용이 최소가 된다.

마. 한계생산물과 평균생산이 일치할 때 한계비용과 평균가변비용이 일치한다. 평균가변비용과 노동의 평균 생산이 서로 역의 관계인데, 평균생산물이 증가(감소)하면 평균가변비용은 감소(증가)하고, 평균생산물이 최대일 때 평균가변비용은 최소가 된다.

26

| 정답 | ⑤

| 해설 | 조세부담률이란 경상 GDP에서 조세수입이 차지하는 비중을 의미하는 것으로 개인의 조세부담률은 각자의 소득수준, 소비행태, 재산보유상황 등에 따라 달라진다.

| 오답풀이 |

② $T = -100 + 0.2 \times 500 = 0$

③ $T = -100 + 0.2 \times 1,000 = -100 + 200 = 100$

④ 소득이 1,000인 경우 세금이 100원이므로, 평균세율 $100 \div 1000 = 0.1 (=10\%)$

소득이 1,000인 경우 세금($= -100 + 0.2 \times 2000 = -100 + 400$)이 300원이므로, 평균세율 $300 \div 2000 = 0.15 (=15\%)$

27

| 정답 | ①

| 해설 | 소비측면에서 X재의 가격 상승(하락)하면 X재의 수요가 감소(증가)하지만 Y재의 수요가 증가(감소)하면 두 재화는 대체관계에 있다. Y재의 가격이 하락하면 Y재의 수요량이 증가하고 X재의 수요량도 증가하면 두 재화는 보완관계에 있다.

28

| 정답 | ④

| 해설 | 유동성 함정에 갇히게 되면 통화정책의 효과는 시장에서 나타나지 않게 되고 상대적으로 재정정책이 더 효과적인 수단이 될 수 있다.

| 오답풀이 |

③ 유동성 함정에서는 화폐공급이 증가하더라도 증가한 통화량이 모두 화폐수요로 흡수되므로 이자율이 변하지 않는다.

29

| 정답 | ⑤

| 해설 | 거래적 화폐수요와 예비적 화폐수요는 소득에 의존하며, 투기적 화폐수요는 이자율에 의존한다.

30

| 정답 | ②

| 오답풀이 |

다. 오일러의 법칙 : 노동과 자본에게 각각 한계생산(MP)만큼 분배하면 총생산이 부족없이 나누어진다.

31

| 정답 | ②

| 해설 | 내부수익률이 자금조달비용인 이자율보다 높다면 투자를 하고, 내부수익률이 자금조달비용인 이자율보다 낮다면 투자를 포기하게 된다.

$$투자비용 = \frac{예상수입}{(1+내부수익률)}$$

$$100 = \frac{110}{(1+m)} \qquad m(내부수익률) = 0.1 = 10\%$$

32

| 정답 | ③

| 해설 | 한계대체율(MRS)이 일정

$$MRS_{xy} = -\frac{\Delta Y}{\Delta X} = \frac{MU_x}{MU_y} = \frac{b}{a}$$

| 오답풀이 |

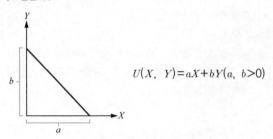

$$U(X,\ Y)=aX+bY(a,\ b>0)$$

① 이 효용함수는 선형 효용함수이다.
② 두 재화 X, Y를 완전대체재로 간주한다.
④ 무차별곡선 우하향 직선의 그래프이다.

33

| 정답 | ③

| 해설 | 실업률(%) $=\left(\dfrac{\text{실업자}}{\text{경제활동인구}}\right)\times100$

$=\dfrac{\text{실업자}}{(\text{실업자}+\text{취업자})}\times100$

구직을 포기한 사람을 구직단념자라고 하며, 구직단념자는 실업자로 분류되지 않고 비경제활동인구에 포함되어 실업률을 감소시킨다.

34

| 정답 | ⑤

| 해설 | 가, 나, 다, 라 모두 맞는 선지이다.

> **보충 플러스+**
>
> **새케인즈 경제학파**
> • 합리적 기대이론을 분석의 틀로 수용하되 임금과 물가의 경직성에대한 미시경제학적 설명을 제시하는 새로운 이론체계를 구축한다.
> • 정보(Information)가 완전히 갖춰져 있지 못하기 때문에 가격이 경직성을 갖게 된다.
> • 불완전경쟁이 존재하기 때문에 가격이 경직적일 수 있다고 설명한다.
> • 메뉴비용(Menu Cost)의 발생으로 가격이 경직성을 가질 수 있다고 본다.

35

| 정답 | ④

| 해설 | 총비용함수 $TC=\dfrac{1}{3}Q^{3}-7Q^{2}+100Q+50$

가. 단기생산함수이다.

다. 한계비용(MC)은 총비용함수(TC)를 미분하면 된다.

$$MC=\dfrac{dTC}{dQ}=Q^{2}-14Q+100$$

마. 총가변비용은 $\dfrac{1}{3}Q^{3}-7Q^{2}+100Q$이고, 총고정비용은 50원이다.

| 오답풀이 |

라. 평균비용(AC)은 총비용함수(TC)를 Q로 나누면 된다.

$$AC=\dfrac{TC}{Q}=\dfrac{1}{3}Q^{2}-7Q+100+\dfrac{50}{Q}$$

36

| 정답 | ①

| 해설 | 일반적으로 물가가 하락하면 개인이 보유한 화폐의 실질구매력이 커지므로 개인의 실질자산이 증가하는데, 실질자산이 증가하면 소비가 증가하므로 총수요가 증가한다.

37

| 정답 | ⑤

| 해설 | 투표의 순서에 따라 다른 결과가 나오는 현상을 투표의 역설 또는 투표의 순환이라 한다. 투표의 순서에 따라서 결과는 달라지기 때문에 의사진행조작이 가능하다.

38

| 정답 | ④

| 해설 | 다. 모든 재화와 서비스의 생산량을 포함한다.
마. 최종생산물의 시장가치이다.

www.gosinet.co.kr gosinet

파트1
파트2
파트3
파트4
파트5
파트6
파트7
파트8
실전1
실전2

39

| 정답 | ⑤

| 해설 | 정부지출은 시장실패시 이루어져야 하며 공공재, 소득분배의 불공평을 시정하기 위한 경우가 시장실패에 해당한다.

| 오답풀이 |

① 가치재는 바람직한 양보다 적게 소비되는 경향이 있어 주로 정부가 해당 재화나 서비스의 소비를 권장하기 위해 공급한다. 교육, 의료, 운동 등이 가치재의 대표적인 예다.

40

| 정답 | ②

| 해설 | 의존효과는 소비자의 욕망이 자주적, 합리적 판단에 의하지 않고 소비재를 생산하는 기업의 강력한 선전광고나 판매망에 의해서 만들어진다는 것이다.

41

| 정답 | ⑤

| 해설 | 기회비용체증의 법칙 : 생산자가 자신에게 주어진 일정량의 자원을 효율적으로 사용해 여러 재화를 생산할 때 어느 한 재화의 생산을 늘려나갈수록 그 재화 생산의 기회비용이 점차 높아지는 현상을 말한다.

42

| 정답 | ④

| 해설 | 생산가능곡선상의 모든 점들은 자원이 최대한 활용되어 최적의 생산물을 생산하고 있는 상태를 의미한다.

| 오답풀이 |

①, ② 두 개의 재화만 생산하는 경제의 생산가능곡선이 원점에 대하여 오목한 경우 한 재화의 생산을 줄이고 다른 재화의 생산을 늘릴 때 한계변환율은 체증한다.

③ 생산가능곡선 위의 점은 생산의 효율성을 달성한 상태를 의미한다.

⑤ 생산가능곡선은 기술수준의 향상, 기술의 진보, 노동력의 증가(인구 증가), 자본량의 증가, 천연자원 발견, 교육수준의 향상, 자원부존량의 증가 등에 따라서 바깥쪽으로 확장된다.

43

| 정답 | ④

| 해설 | ③, ④ Y재 수량으로 계산된 X재의 상대가격은 기회비용과 같으므로 교역조건은 0.5와 1사이에서 결정된다. Y재 수량으로 계산된 X재의 상대가격이 $\left(\dfrac{4}{3}\right)$으로 주어지면 갑은 특화할 수 없다.

| 오답풀이 |

②, ⑤ 기회비용을 계산해 보면 다음과 같다.

	X재	Y재
갑	$\dfrac{4}{4}=1$	$\dfrac{4}{4}=1$
을	$\dfrac{10}{20}=0.5$	$\dfrac{20}{10}=2$

갑은 을에 비하여 Y재에 생산에 비교 우위, 을은 갑에 비하여 X재의 생산에 비교 우위에 있다.

44

| 정답 | ①

| 해설 | 생산비용함수는 $C=\dfrac{1}{2}Q^2+10$을 Q에 대하여 미분하면 Q는 한계비용(MC)이 된다.

완전경쟁시장에서는 $MR=MC$에서 균형을 이루므로, $P=MR=MC$와 같다.

시장가격(P)이 20이므로, $P=MC=Q=20$이다.

평균비용(AC)$=\dfrac{총비용(TC)}{Q}=\dfrac{\dfrac{1}{2}Q^2+10}{Q}$,

$Q=\dfrac{1}{2}Q+\dfrac{10}{Q}=\dfrac{1}{2}\times 20+\dfrac{10}{20}=10.5$

45

|정답| ④

|해설| 최저임금이 오를 때 실업이 가장 많이 증가하는 유형은 노동에 대한 수요가 탄력적인 비숙련 노동자이다.

46

|정답| ④

|해설| 공급의 변화로 공급곡선이 위축되어 이동할 때 수요곡선이 탄력적일 경우 소비자들의 총지출은 증가한다.

보충 플러스+

수요의 가격탄력성

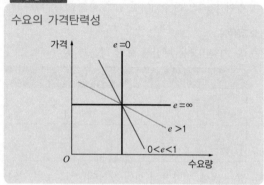

47

|정답| ④

|해설| 일반균형이 성립하려면 개인의 선호 형태가 나타나 있어야 한다.

48

|정답| ④

|해설| 라. 정부개입 비용이 다른 대안에 비하여 높거나 시장치유로 인한 편익보다 낮을 경우 정부개입의 타당성은 상실된다.

|오답풀이|

마. 외부효과가 발생하면 시장은 자원을 효율적으로 배분하지 못한다. 부정적 외부효과가 발생하면 생산량이 사회적으로 바람직한 수준보다 과다하게 생산되고, 긍정적 외부효과가 발생하면 생산량은 과소하게 생산된다.

49

|정답| ①

|해설| $P_a = 100 - Q$, $P_b = 200 - Q$에서

시장 전체의 합을 구하면 $P_a + P_b = 300 - 2Q$이다.

적정 공급량은 $P = MC(=100)$인 점에서 이루어지므로 $300 - 2Q = 100$

∴ $Q = 100$

50

|정답| ①

|해설| 희소성의 법칙 : 인간의 욕망은 무한한 데 반해 이를 충족시켜줄 수 있는 재화나 용역 등의 경제적 자원은 제한되어 있기 때문에 경제문제가 발생한다는 법칙

|오답풀이|

② 수확 체감의 법칙 : 자본과 노동 등 생산요소를 추가적으로 계속 투입해 나갈 때 어느 시점이 지나면 새롭게 투입하는 요소로 인해 발생하는 수확의 증가량은 감소한다는 법칙

③ 수확 체증의 법칙 : 투입된 생산요소가 증가할수록 산출량이 기하급수적으로 증가한다는 법칙

④ 이윤 극대화의 원칙 : 기업은 수입과 비용의 차액인 이윤을 극대화하는 것을 행동원리로 한다는 근대경제학의 사고방식

파트1
파트2
파트3
파트4
파트5
파트6
파트7
파트8
실전1
실전2

2회 실전모의고사

문제 508쪽

01	③	02	⑤	03	④	04	⑤	05	①
06	①	07	③	08	①	09	④	10	⑤
11	③	12	①	13	②	14	⑤	15	①
16	③	17	③	18	②	19	④	20	②
21	③	22	④	23	③	24	④	25	②
26	③	27	③	28	①	29	④	30	②
31	④	32	③	33	④	34	②	35	④
36	①	37	④	38	③	39	④	40	④
41	④	42	④	43	③	44	④	45	⑤
46	③	47	①	48	④	49	④	50	②

01

| 정답 | ③

| 해설 | 작년 재고를 올해 판매하였다고 하더라도 그 판매량은 올해의 GDP에 포함되지 않는다.

| 오답풀이 |

① $GNP = GDP +$(대외수취요소소득−대외지불요소소득)
   $= GDP +$대외순수취요소소득

② NNP(국민순생산)$= GNP −$감가상각비(재투자)
   $=$부가가치의 합계

02

| 정답 | ⑤

| 해설 | 2018년 인플레이션율

$$= \frac{(\text{2018년 물가지수} - \text{2012년 물가지수})}{\text{2012년 물가지수}} \times 100$$

$$= \frac{(150 - 200)}{200} \times 100 = -25(\%)$$

| 오답풀이 |

① 기준연도는 지수가 100이다.

② 2015년도 소비자물가지수

$$= \frac{(40 \times 20 + 10 \times 30)}{(40 \times 10 + 10 \times 15)} \times 100 = \frac{1100}{550} \times 100 = 200$$

③ 2018년 소비자물가지수

$$= \frac{(40 \times 15 + 10 \times 22.5)}{(40 \times 10 + 10 \times 15)} \times 100 = \frac{825}{550} \times 100 = 150$$

④ 2015년 인플레이션

$$= \frac{(\text{2015년 물가지수} - \text{2012년 물가지수})}{\text{2012년 물가지수}} \times 100$$

$$= \frac{(200 - 100)}{100} \times 100 = 100(\%)$$

03

| 정답 | ④

| 해설 | $AD = C + I + G + (X - M)$이므로 해외경제가 호황으로 외국의 소득이 증가하면 국내 재화와 서비스에 대한 수요(수출)가 증가해서 총수요가 증가한다.

| 오답풀이 |

① $AD = C + I + G + (X - M)$이므로 정부가 정부지출과 조세를 동일한 금액만을 증가시키면 IS곡선은 우측으로 이동한다.

⑤ $AD = C + I + G + (X - M)$이므로 순수출$(X - M)$의 증가는 총수요를 증가시킨다.

04

| 정답 | ⑤

| 해설 | 폐쇄경제체제 하의 확대재정정책 효과

• 조세감면 → 가처분소득 증가 → 소비증가 → 국민소득 증가

• 구축효과발생 → 국민소득 증가 → 통화수요 증가 → 이자율 상승 → 민간 소비 및 투자수요 감소

05

| 정답 | ①

| 해설 | 인구증가율이 높아지면 1인당 자본량과 1인당 소
득수준 모두 하락한다. 인구 증가율이 높아지더라도 균
제상태이기 때문에 총소득 증가율과 인구 증가율이 일
치하므로 총소득 증가율은 상승하고 1인당 소득증가율
은 0이 된다. 1인당 자본량의 감소는 자본의 한계생산
성을 증가시킨다.

06

| 정답 | ①

| 해설 | 순수출＝저축－투자이므로, 저축이 투자를 초과
하는 경우 순수출은 양(＋)이다.

총수요(Y)＝내수소비(C)＋기업투자(I)＋정부지출
(G)＋순수출($X-M$)

| 오답풀이 |

② 총수요(Y)가 (내수소비＋기업투자＋정부지출)보다
   클 경우 순수출($X-M$)은 음(－)이다.

③ 통화가치가 하락하면 수출이 증가하고 수입은 감소
   하므로 순수출은 증가하게 된다.

④ 확대재정정책은 정부지출을 늘리는 것이므로 순수
   출을 감소시킨다.

⑤ 순수출＝저축－투자이므로, 순수출이 음(－)일 경우
   투자가 저축을 초과하는 경우이다.

07

| 정답 | ③

| 해설 | 자연실업률은 국가나 경제상황에 따라 다르다.

보충 플러스＋

자연실업률
• 노동의 초과공급이 0인 실업률 : 현재의 임금수준에서 이론
  적으로는 (경기적 실업 없이) 마찰적 실업과 구조적 실업만
  존재하는 상황으로 노동의 수급이 균형을 이루는 상태에서
  의 균형실업률을 의미

• 자연실업률$\left(\dfrac{U}{L}\right) = \dfrac{s}{(f+s)} \times 100$
  (L : 경제활동인구, U : 실업인구, f : 실업인구 중 구직률,
   s : 취업인구 중 실직률)
• 실제실업률 ＞ 자연실업률 : 노동의 초과공급
• 실제실업률 ＜ 자연실업률 : 노동의 초과수요

08

| 정답 | ①

| 해설 | 최저임금이 시장수준보다 높다면 일자리를 지킨
일부 노동자의 명목임금은 증가할 수 있으나 일자리를
잃은 다수 노동자의 임금수입은 제로가 되어 노동자의
총소득은 감소한다.

09

| 정답 | ④

| 해설 | 독점기업은 수요곡선이 주어지면 이윤이 극대화
가 되도록 수요곡선상의 한 점을 선택하여 가격과 생산
량을 정하므로 공급곡선이 존재하지 않는다.

10

| 정답 | ⑤

| 해설 | 교역 상대국이 호황으로 소득이 증가하면 국내
재화와 서비스에 대한 수요(수출)가 증가해서 총수요가
증가한다.

11

| 정답 | ③

| 해설 | 사과수요의 교차탄력성

$$\frac{20}{200} \div \frac{200}{1000} = \frac{0.1}{0.2} = \frac{1}{2}$$

보충 플러스+

교차탄력성

타재화의 가격변동에 따르는 일정재화의 수요량변동의 정도

교차탄력성 = $\dfrac{dQ_x}{GQ_x} \div \dfrac{dP_y}{P_y}$ (단, x는 일정재화, y는 타재화)

수요의 교차탄력성>0 : 대체재
수요의 교차탄력성<0 : 보완재
수요의 교차탄력성=0 : 독립재

12

| 정답 | ①

| 해설 | **한계기술대체율**

등량곡선의 기울기로 측정되며 MPL과 MPK의 비율로 나타낸다.

즉, $MRTS_{LK} = -\left(\dfrac{\Delta K}{\Delta L}\right) = \dfrac{MP_L}{MP_K}$ 이다.

생산함수가 $Q = 2LK$에서 $MP_L = 2K$, $MP_K = 2L$,

$MRTS_{LK} = \dfrac{MP_L}{MP_K} = \dfrac{2K}{2L} = \dfrac{K}{L}$ 이므로 노동과 자본 투입량을 같은 양으로 늘리면 $MRTS$는 변하지 않는다.

13

| 정답 | ②

| 해설 | **공공재** : 공공재는 한 사람의 소비가 다른 사람의 소비량을 제한하지 못하는 비경합성과 그 이용 대가를 지불하지 않는 무임승차를 차단하기 어려운 비배제성을 특징으로 하는 재화이다. 공공재의 공급을 시장에 방임할 경우에는 사회적으로는 분명 유익한 공공재 생산을 위해 자원이 배분(유입)될 가능성은 극히 희박하다.

14

| 정답 | ⑤

| 해설 | 이윤극대화를 추구하는 기업이 요소시장이 완전경쟁이면 한계생산물가치와 한계수입생산물이 일치한다. 한계생산물가치>한계수입생산물이면 요소가격을 증대시킴으로써 이윤증대가 가능하다.

| 오답풀이 |

①, ② 생산요소의 추가적인 고용으로부터 얻을 수 있는 수입과 요소가격이 일치하는 수준까지 지불한다.

15

| 정답 | ①

| 해설 | **거래비용** : 기업 간 거래 과정에서 발생하는 비용으로 거래 전에 정보 수집이나 협상을 위해서 소요되는 비용과 계약 준수에 대한 감시 비용이나 재계약 비용 따위를 포함한다.

| 오답풀이 |

② 기회비용 : 어떤 자원이나 재화를 이용하여 생산이나 소비를 하였을 경우 다른 것을 생산하거나 소비했었다면 얻을 수 있었던 가장 큰 이익

③ 매몰비용 : 지출한 비용 중 회수할 수 없는 비용

④ 경제적비용 : 명시적 비용에 잠재적 비용을 더한 비용으로 기업가가 보유하는 생산 요소에 대한 기회비용인 잠재적 비용을 고려한다는 점에서 회계적 비용과 구분된다.

16

| 정답 | ③

| 해설 | 규모의 경제는 투입규모가 커질수록 장기평균비용이 줄어드는 현상을 말하며 생산량을 증가시킴에 따라 평균비용이 감소하는 현상을 의미한다. 규모의 경제가 실현되는 산업들은 전기, 철도, 가스 등과 같이 고정비용이 매우 크고 가변비용이 상대적으로 아주 작은 산업들이다.

| 오답풀이 |

⑤는 범위의 경제에 대한 설명이다.

파트1
파트2
파트3
파트4
파트5
파트6
파트7
파트8
실전1
실전2

17

| 정답 | ③

| 해설 | 매몰비용 : 지불하고 난 뒤 회수할 수 없는 비용이다. 이미 지불한 매몰 비용은 선택으로 발생하는 비용이 아니므로 선택할 때 고려해서는 안 된다. 합리적 선택을 하려면 선택으로 인해 새롭게 발생하는 비용과 편익만 비교해야 한다.

18

| 정답 | ②

| 해설 | 독점시장의 이윤극대화 조건

$MR = MC \Rightarrow MR = MC_1 = MC_2(P > MC)$

$MC_1 = MC_2$와 $Q_1 + Q_2 = 90$에서

$Q_1 = 90 - Q_2$

$80 + 3Q_1 = 70 + Q_2$

$\Rightarrow 80 + 3(90 - Q_2) = 70 + Q_2$

$\Rightarrow 4Q_2 = 280$ $\therefore Q_2 = 70$

$\therefore Q_1 = 90 - Q_2 = 90 - 70 = 20$

19

| 정답 | ④

| 해설 | 이윤=총수입(TR)−총비용(TC)

$\qquad = P \times Q - ATC \times Q$

따라서 가격(P)과 평균비용이 같으면 이윤이 0이 된다.

평균비용(ATC)$= \dfrac{총비용(TC)}{Q} = \dfrac{\sqrt{Q} + 650}{Q}$

$\qquad = \dfrac{\sqrt{100} + 650}{100} = 6.6$

평균비용(ATC)과 가격(P)가 같아야 되므로 가격은 6.6이다.

20

| 정답 | ②

| 해설 | 소비자 잉여는 소비자가 지불할 용의가 있는 최

대가격과 실제 지불한 가격 간의 차이를 말한다.

a : 구입하지 않을 것이므로 소비자 잉여는 없다.

b : 4,000−4,000=0

c : 5,000−4,000=1,000

d : 6,000−4,000=2,000

따라서 사회전체의 소비자 잉여는 1,000+2,000=3,000(원)이다.

21

| 정답 | ③

| 해설 | 두 기업의 총비용함수가 $40Q$이므로 두 기업의 한계비용(MC)=40으로 동일하다. 두 기업의 비용조건이 동일한 경우 꾸르노 모형의 균형은 완전경쟁 생산량의 $\dfrac{2}{3}$이다. 완전경쟁의 이윤극대화조건을 대입해 보면

$P = MC \rightarrow 100 - Q = 40$이므로 $Q = 60$이 된다.

완전경쟁의 경우 $Q = 60$이므로 꾸르노 모형에서의 생산량은 완전경쟁의 $\dfrac{2}{3}$인 40단위가 된다.

$Q = 40$을 수요함수에 대입하면 $P = 60$이 된다.

22

| 정답 | ③

| 해설 | 총수요=소비(C)+투자(I)+정부지출(G)+순수출($X - N$)이므로 이자율이 상승하면 투자와 소비가 줄어 총수요가 감소하게 된다.

23

| 정답 | ③

| 해설 | 생산자 물가지수는 소비자 물가지수의 포괄범위보다 넓어 전반적인 상품의 수급동향이 반영된 물가지수이다.

www.gosinet.co.kr gosinet

파트1
파트2
파트3
파트4
파트5
파트6
파트7
파트8
실전1
실전2

24

| 정답 | ④

| 해설 | 실질환율 $= \dfrac{(\text{명목환율} \times \text{외국물가})}{\text{국내물가}}$

• 한국의 물가 : 103%(1.03)
• 일본의 물가 : 105%(1.05)
• 명목환율 : 103%(1.03)

  − 기존 실질환율 $= 1 \times \dfrac{1}{1} = 1$

  − 실질환율 $= 1.03 \times \dfrac{1.05}{1.03} = 1.05$

따라서 실질환율은 5% 상승한다.

25

| 정답 | ②

| 해설 | 수요함수 $Q = 140 - 2P$, 공급함수 $Q = -10 + P$ 에서 관세부과 후의 수입량 계산은 다음과 같다.

$140 - 2P - (-10 + P) = 45$ $3P = 105$

$P = 35$

관세부과 이후의 가격은 35이고 국제가격은 30이므로 관세는 5가 된다.

26

| 정답 | ③

| 해설 | 기준금리 인상 → 자본유입 → 외환공급 → 외환공급곡선 우측이동 → 환율하락(평가절상)

27

| 정답 | ③

| 해설 | • 가격탄력성 $= \dfrac{\text{수요량의 변화율(\%)}}{\text{가격의 변화율(\%)}}$

$= \dfrac{\dfrac{\Delta Q}{Q}}{\dfrac{\Delta P}{P}} = -\dfrac{(Q_1 - Q_0)}{Q_0} \div \dfrac{(P_1 - P_0)}{P_0}$ 이므로

$= -\dfrac{(1,000 - 900)}{1,000} \div \dfrac{100 - 120}{100}$

$= \dfrac{100}{1000} \div \dfrac{20}{100} = 0.1 \times 5 = 0.5$

∴ 비탄력적

• 생산자 수익

$1,000 \times 100 = 100,000$

$900 \times 120 = 108,000$

∴ 증가

28

| 정답 | ①

| 해설 | X재의 가격 상승 → X재의 수요 감소

→ ⎡ 대체재 : 수요 증가 → 가격 상승
   ⎣ 보완재 : 수요 감소 → 가격 하락

29

| 정답 | ④

| 해설 | 후생삼각형의 면적은 세율 제곱에 비례하므로 세금이 1.5배가 되면 후생손실은 2.25배가 되며 세금은 125% 증가한다.

〈탄력성과 세금의 경제적 순손실의 크기〉

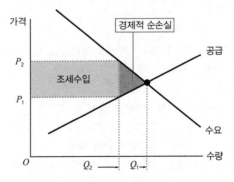

1. 경제적 순손실의 크기는 수요와 공급의 가격탄력성에 의해 결정된다.
2. 수요와 공급의 가격 탄력성이 클수록 세금부과로 거래량이 크게 감소함으로 경제적 순손실이 증가한다.

30

|정답| ②

|해설| • 수요의 소득탄력성 = $\dfrac{수요량의\ 변화율}{소득\ 변화율}$

(소득탄력성>0 ⇒ 정상재, 소득탄력성<0 ⇒ 열등재)

소득↑ ⇒ 수요량↑ ⇒ 소득탄력성>0 ⇒ 정상재

소득↑ ⇒ 수요량↓ ⇒ 소득탄력성<0 ⇒ 열등재

• 수요의 교차탄력성 = $\dfrac{X재\ 수요량의\ 변화율}{Y재\ 가격변화율}$

(교차탄력성>0 ⇒ 대체재, 교차탄력성<0 ⇒ 보완재,
교차탄력성=0 ⇒ 독립재)

X재 가격↑ ⇒ 수요량↓ ⇒ Y재 소득탄력성>0
⇒ 정상재

X재의 가격 상승→X재의 수요 감소→

교차탄력성>0 ⇒ 대체재 : 수요 증가→가격 상승

교차탄력성<0 ⇒ 보완재 : 수요 감소→가격 하락

31

|정답| ④

|해설| (가)는 대체재 가격상승, (나)는 보완재 가격하락
으로 수요증가, (다)와 (라)는 공급증가요인이다.

32

|정답| ③

|해설| **가격차별**

• 의의 : 동일한 재화와 서비스에 대해 서로 다른 가격을
책정하는 이윤극대화 행동의 하나이다.

• 조건
  - 판매자가 시장지배력을 가질 것
  - 서로 다른 고객 또는 시장의 구분이 가능
  - 상이한 시장 사이에 재판매 불가
  - 상이한 시장 간의 수요의 가격탄력도가 다를 것

33

|정답| ④

|해설| 지니계수가 작년보다 낮아졌다고 했으므로 소득
분배가 평등해진 것이다. 이는 로렌츠곡선이 45도선에
가까워진 것을 의미하며, 이 경우 10분위 분배율은 작
년보다 커져야 한다.

34

|정답| ②

|해설| 투자의 이자율 탄력성이 낮을수록 IS곡선의 기
울기가 커지고 구축효과는 작아진다.

|오답풀이|

① LM곡선의 기울기가 커질수록 화폐수요의 이자율
탄력성이 작아지므로 구축효과는 커진다.

③ 화폐수요의 이자율탄력성이 작을수록 구축효과는
커진다.

④ 한계소비성향이 클수록 IS곡선이 완만해지고 구축
효과는 커진다.

35

|정답| ②

|해설| 한계수입은 생산물 한 단위를 더 생산하는 데 총
수입이 얼마나 변하는지를 나타낸다. $\dfrac{총수입\ 증가분}{생산량\ 증가분}$
으로 구한다. 총수입은 판매량×개당 가격으로 구한다.
문제에서 기업이 4(개)를 판매하는 데 드는 총비용은 4
개×400원=5,600(원)이다. 3개를 판매할 때의 총비용
은 3(개)×1,700(원)=5,100(원)이다. 따라서 4개째를
생산할 때의 한계수입은 $\dfrac{5,600-5,100}{1}$=500원이다.

36

|정답| ①

|해설| 명목이자율=실질이자율+예상인플레이션율에
서 명목이자율이 일정하고 인플레이션율이 상승하면
실질이자율은 하락하고, 기대 인플레이션율이 높아지
면 민간은 화폐보유를 줄이려한다.

37

| 정답 | ④

| 해설 | ㄴ. 통화량 : 한 나라의 경제에서 일정 시점에 유통되고 있는 화폐(또는 통화)의 존재량

ㄷ. 물가지수 : 일정시점의 물가를 기준으로 그 후 비교 시점의 물가변동을 백분율로 표시한 것

| 오답풀이 |

ㄱ. GDP(Gross Domestic Product, 국내총생산) : 한 국가의 영역 내에서 모든 경제주체가 일정기간 동안 생산한 재화 및 서비스의 부가가치를 시장가격으로 평가하여 합산한 것

38

| 정답 | ③

| 해설 | **국내총생산(GDP ; Gross Domestic Product)**

일정기간 동안에 한 나라(한 지역) 안에서 생산된 최종 생산물의 시장가치의 합을 말한다.

ㄷ. 판매되지 않은 재고증가분은 생산연도의 GDP에 포함시키므로 판매되지 않은 재고증가분이 발생하면 GDP가 증가하게 된다.

| 오답풀이 |

ㄱ. 중고자동차의 거래는 국내총생산에 포함되지 않는다.

ㄴ. 주가 상승은 생산이 아니므로 GDP에 영향을 주지 않는다.

39

| 정답 | ④

| 해설 | 엄격한 자기자본비율 규제는 금융위기시 발생 가능한 막대한 비용부담을 사전에 방지할 수 있다는 점에서 장점이 있으나 대출금리 상승을 초래해 경제활력을 저해할 수 있다는 단점이 있으므로 적정한 수준의 자기자본비율이 중요하다.

40

| 정답 | ④

| 해설 | 유동성 함정의 상황일 경우 양적완화가 총수요를 증대시키지 않는다.

| 오답풀이 |

① 화폐수요의 이자율 탄력성이 무한대인 경우에 발생한다.

② 채권의 가격이 매우 높아서 추가적인 통화공급이 투기적 화폐수요로 모두 흡수된다.

③ 이자율이 매우 낮아 향후 이자율이 상승할 것으로 예상될 경우 유동성 함정이 발생할 수 있다.

41

| 정답 | ④

| 해설 | 균형국민소득은 총 수요곡선과 총 공급곡선이 교차할 때이므로, 두 식을 연립으로 풀면

$$800 + \frac{4,000}{P} = 1,000 + P - 20$$

양변에 P를 곱해서 정리하면

$$P^2 - 180P - 4,000 = 0$$
$$(P-20)(P+200) = 0$$
$$P = 20 \ \text{또는} \ P = -200$$

음수 값은 버리면 $P = 20$,

이것을 총 공급곡선이나 총 수요곡선에 대입하면

$$y = 1,000 + 20 - 20 = 1,000$$

42

| 정답 | ②

| 해설 | GDP디플레이트$= \dfrac{\text{명목}GDP}{\text{실질}GDP} \times 100$이므로

$$\text{명목}GDP = \frac{\text{실질}GDP \times GDP\text{디플레이터}}{100}$$
$$= \frac{80 \times 125}{100} = 100$$

43

|정답| ③

|해설| ㄱ. 경기적 실업이 0으로 감소하면 실업률이 0
보다 커도 완전고용이라고 한다.

ㄴ. 실망노동자 효과란 경기불황으로 인해 실업자가 구
직활동을 포기함으로써 실업률을 감소시키는 효과
를 가리키는 말이다.

|오답풀이|

ㄷ. 실업률$=\dfrac{\text{실업자 수}}{\text{경제활동인구}}\times100$이다.

경제활동인구는 만 15세 이상의 국민 중 일할 의사
와 능력을 동시에 가진 사람을 말하며, 근로능력이
있더라도 일자리를 구하려는 의사가 없으면 경제활
동인구에서 제외된다. 따라서 실업자수에 변동이
없고 경제활동인구가 많아지면 실업률은 감소한다.

44

|정답| ④

|해설| 기대물가상승률이 상승하면 필립스 곡선은 오른
쪽으로 이동한다.

|오답풀이|

③ 이력가설(이력효과, 기억효과) : 경제 환경의 일시적
인 변화가 경제에 영속적인 영향을 미치는 현상을
의미하는 것으로, 이력현상이 나타나는 경우에는 시
간이 경과함에 따라 물가에 대한 예상오차가 시정되
어도 실업률이 자연실업률로 돌아가는 것이 아니라
자연실업률 자체가 높아진다는 것이다.

45

|정답| ⑤

|해설| 정부지출증가에 따라 대부자금시장에서 국민저
축 감소로 공급이 감소하면 실질이자율이 상승하여 정
부지출 증가만큼 민간소비와 민간투자가 감소한다.

46

|정답| ③

|해설| 전용수입은 어떤 생산요소가 현재의 용도에 계
속 고용되기 위해서 최소한 지불되어야 하는 금액으로,
요소공급에 따른 기회비용을 의미한다.

47

|정답| ①

|해설| 십분위분배율은 가장 불평등한 경우 0의 값을 가
지고 가장 평등한 경우 2의 값을 가진다.

|오답풀이|

② 소득5분위 배율은 이론상 1부터 무한대까지의 수치
를 가질 수 있는데, 소득5분위 배율의 값이 클수록
소득분배의 불평등 정도는 커지게 된다.

③ 완전평등선(대각선)과 로렌츠 곡선 사이의 면적이
클수록 불평등도가 커진다.

④ 지니계수는 0부터 1까지의 수치로 표현되며 값이 0
(완전평등)에 가까울수록 평등하고 1(완전불평등)에
근접할수록 불평등하다.

⑤ 애킨슨 지수는 0과 1 사이의 값을 가지며 그 값이 작
을수록 평등하다.

48

|정답| ④

|해설| 공유지와 같은 공유자원은 경합성은 있고 배제
성이 없는 재화이고, 공공재는 경합성도 없고 배제성도
없는 재화이다. 여기서 경합성이란 한 사람이 공유자원
을 사용하면 다른 사람이 제한을 받게 된다는 것이다.

|오답풀이|

① 공유지의 비극이란 경합성은 있고 배제성이 없는 공
유재와 같은 자원을 말하며 이러한 자원의 과도한
사용으로 인하여 나타나는 문제를 말한다.

② 공유지의 비극은 외부 효과 때문에 발생한다.

⑤ 공유지의 비극을 방지하려면 공유지의 소유권을 확
립해야 한다. 그러면 자원을 낭비하는 일이 줄어
든다.

49

| 정답 | ④

| 해설 | 소비자의 효용이 극대화되기 위해서는 한계효용 균등의 법칙이 성립하여야 하므로, X재와 Y재의 소비에 따른 $\dfrac{M_X}{P_X}$와 $\dfrac{M_Y}{P_Y}$를 계산하면 다음과 같다. X재의 가격은 1,000원이고, Y재의 가격은 2,000원이며, 가영이의 월소득 11,000원이다.

수량	$\dfrac{M_X}{P_X}$	$\dfrac{M_Y}{P_Y}$
1개	600/1,000=0.6	1,000/2,000=0.5
2개	550/1,000=0.55	900/2,000=0.45
3개	500/1,000=0.5	800/2,000=0.4
4개	450/1,000=0.45	700/2,000=0.35
5개	400/1,000=0.4	600/2,000=0.3
6개	350/1,000=0.35	500/2,000=0.25

한계효용균등의 법칙 $\left(\dfrac{M_X}{P_X}=\dfrac{M_Y}{P_Y}\right)$이 성립하는 경우는 X재 3개와 Y재 1개, X재 4개와 Y재 2개, X재 5개와 Y재 3개, X재 6개와 Y재 4개인 경우이다. X재의 가격은 1,000원, Y재의 가격은 2,000원이고, 가영이의 월 소득 11,000원이므로 X재 5개와 Y재 3개를 소비할 때 효용을 극대화할 수 있다.

50

| 정답 | ②

| 해설 | 내쉬평형(Nash Equilibrium) : 게임이론에서 경쟁자 대응에 따라 최선의 선택을 하면 서로가 자신의 선택을 바꾸지 않는 균형상태를 말한다. A가 E전략을 선택하면 B는 M전략을 선택하고, A가 M전략을 선택하면 B는 M전략을 택한다. B가 E전략을 선택하면 A는 M전략을 선택하고, B가 M전략을 선택하면 A는 M전략을 택한다. 따라서 A, B 둘 다 M을 택하는 전략[M, M]이 내쉬평형이다.

출제유형 100% 정복

수리 · 자료해석

기 초 부 터   심 화 까 지

출제유형 연습으로
만점에 도전한다.

- 수리가 쉬워진다-

속산법 · 어림산법 · 빠른 풀이 비법 터득
나올 문제를 미리 알고 반복 연습하자

기초계산	수 · 문자추리/사칙연산
응용수리	거리/속력/시간
	농도, 일의 양, 금액
	경우의 수/확률, 간격, 나이
	약 · 배수, 부등식, 방정식
	평균/표준편차/최빈값/중앙값
	도형계산
	진로의 방향/물체의 흐름과 비율
	집합, 시계, 기타
자료해석	자료이해
	자료계산
	자료변환

GOSINET NCS

고시넷 초록이 NCS
피듈형 ① 통합 기본서

■ 980쪽   ■ 정가_28,000원

고시넷 직업기초능력
3대출제유형 ② 휴노형 문제집

■ 488쪽   ■ 정가_22,900원

고시넷 초록이 NCS
피듈형 ② 통합 문제집

■ 932쪽   ■ 정가_28,000원

고시넷 직업기초능력
3대출제유형 ③ ORP형 문제집

■ 560쪽   ■ 정가_23,800원

고시넷
공기업 전공 경영학
빈출테마와 최신기출

■752쪽   ■정가_30,000원